Historische Sagen

Historische Sagen

Von der Antike bis zur Gegenwart

Herausgegeben und erläutert
von Leander Petzoldt

marixverlag

Covergestaltung: Grafikdesign Morian & Bayer-Eynck, Coesfeld
Bildnachweis: akg images, Berlin
Satz und Bearbeitung: C&H Typo-Grafik, Miesbach
Dieser Titel wurde in der Slimbach gesetzt
Gesamtherstellung: GGP Media GmbH, Pößneck
Printed in Germany

ISBN 978-3-86539-159-9

www.marixverlag.de

Inhalt

EINLEITUNG

„Die Mythen sind nichts anderes als das unaufhörliche, unermüdliche Ersuchen, die hinterlistige und unbeugsame Forderung, die verlangt, dass alle Menschen sich in dem ewigen und doch datierten Bild erkennen, das man eines Tages von ihnen gemacht hat, als ob es für alle Zeiten sein müsste."

Roland Barthes

Die besondere Hinwendung der Gegenwart zu historischen Verhältnissen, Zeitereignissen und Gegenständen ist zweifellos nicht nur das Ergebnis einer nostalgischen Verklärung der Vergangenheit. Es scheint vielmehr ein zutiefst menschliches Interesse dahinter zu stehen, das nach Modellen menschlicher Daseinsbewältigung sucht, das Grundfragen zwischenmenschlichen Verhaltens in einer zerrissenen und bedrohlichen Umwelt zu klären versucht und Ausschau hält nach den Möglichkeiten und Chancen des Einzelnen, sich zu individualisieren.

Ereignisse über die man früher in Dörfern und Kleinstädten noch von Generation zu Generation erzählt hatte und deren Erinnerung durch Denkmäler, Gedenktage und Feiern wach gehalten wurden, sodass sie gewissermaßen Bestandteil der Sozialisation eines jeden waren, der dort aufwuchs, werden in unseren Tagen durch die Quantität der Informationen relativiert.

Es entspricht einer inneren Logik, die populäre Erzählüberlieferung, wie sie sich in der Sage manifestiert, vor dem Hintergrund der Glaubensvorstellungen derer zu sehen, die sie überliefert haben. Dies trifft in besonderem Maße für die eigentlichen, vorwiegend mündlich tradierten Volkssagen zu, deren Struktur durch das Vorhandensein magischer, numinoser (übernatürlicher) und mythischer Elemente gekennzeichnet ist. Diese sogenannten „mythischen" oder „dämonologischen" Sagen sind jedoch nur ein Teil der gesamten sagenhaften Überlieferung. Ihnen stehen die „historischen" Sagen gegenüber, die im Gegensatz zu diesen weitgehend literarisch überliefert sind.

Ist es schon schwierig, die „mythischen" Sagen eindeutig zu definieren, so wird dieses Unterfangen angesichts der Heterogenität „historischer" Sagenüberlieferung beinahe aussichtslos. Denn die historischen Sagen sind Erzählungen, die dem historischen Vorgang eine Dimension des Mythischen verleihen und ihn einer objektiven Beurteilung entziehen.

In der Historischen Sage steht nicht die numinose Begegnung, sondern die historische Persönlichkeit, das historische Ereignis im Mittelpunkt. Sie neigt zudem zur anekdotischen Verkürzung, indem sie die herausragende Persönlichkeit in einer ungewöhnlichen Situation oder bei einer exemplarischen Handlung zeigt. Im Unterschied zum historischen Bericht, zur Regeste, dokumentiert sie nicht die Faktizität des Geschehenen, sondern wählt aus, subjektiviert und relativiert das Geschehen vor dem Hintergrund der populären kollektiven Tradition.

Der moderne Sprachgebrauch spricht in diesem Sinne von der Mythisierung gewisser Begriffe oder Persönlichkeiten. Das bedarf jedoch einer Erklärung.

Der Begriff des Mythischen kennzeichnet eine bestimmte Glaubenshaltung oder Denkweise, die ungeachtet eines wissenschaftlichen Weltbildes die Geschehnisse in der Natur als Taten persönlicher Wesen und nicht anonymer physikalischer Kräfte interpretiert. Ähnlich hat die Historische Sage die Neigung, Alltägliches zum Bedeutsamen zu stilisieren, sie interpretiert Personen und Geschehnisse aus einer mythischen Weltsicht heraus und bietet, indem sie die Komplexität der Verhältnisse ignoriert, eine vereinfachende, nichtsdestoweniger aber vieldeutige Erklärung an. Nicht die objektiven Fakten sind der historischen Sage wichtig, sondern die Art und Weise ihrer Tradierung. Der Wahrheitsanspruch historischer Sagen ist daher anderer Art als der der Wissenschaft. Ihre Bedeutung liegt in ihrer Sichtweise, in der Mythisierung des Alltäglichen, wodurch sie diesem eine besondere Qualität verleiht.

Versteht man, wie Roland Barthes, „Mythos" zunächst schlicht als Aussage, eine Definition, die sich in Übereinstimmung mit der Etymologie befindet, so kann man weitergehend die besondere Qualität des Mythischen als eine „Weise des Bedeutens", die „geschichtlich und intentional determiniert ist", kennzeichnen. Als Aussage aber kann der Mythos jederzeit reproduziert werden, d.h. alles kann mythisiert werden, alles kann in einer Art Metasprache zum mythisch Bedeutenden erhoben werden.

Die mythische Weltsicht vermittelt gewisse, den geistigen Horizont des Individuums überschreitende Vorgänge als rational unerfassbar und unbegreiflich, doch werden diese Vorgänge unter dem Einfluss dieser Weltsicht einerseits als traditionell vermittelt, andererseits in einer aus dem gewöhnlichen Alltag herausgehobenen Weise erlebt. So wird jede Dialektik unterdrückt und das mythische Denken bewegt sich in einer geradezu euphorischen Klarheit.

Damit entzieht der Mythos „dem Objekt, von dem er spricht, jede Geschichte" (Barthes), und unter diesem Aspekt ist auch die Frage nach der Authentizität historischer Sagen eher negativ zu beantworten. Ihre Bedeutung liegt nicht auf dem Gebiet einer auf Fakten gegründeten Wahrheit. Historische Sagen geben auch kein objektives Charakterbild historischer Persönlichkeiten, aber sie sind Chiffren für die Bedeutung dieser Persönlichkeiten und zugleich für ihre soziale Position, die sie vom Erzähler trennt. Der Blickwinkel, aus dem die Historische Sage berichtet, ist, mehr noch als in der Volkssage, der Blick nach oben. Die Unfähigkeit des kleinbürgerlichen Erzählers, sich „die da oben" wirklich vorzustellen, sich in sie hineinzudenken, lässt ihn sie sich anverwandeln. Zugleich reagiert er auf jede Bedrohung seines „kleinbürgerlichen Universums", seines Identitätsraumes, mit dem Abwehrverhalten durch Mythisierung des für ihn Fremdartigen. Die Inhalte dieses Vorgangs aber sind durch eine Art „kollektiver Mythologie" determiniert, die in dem glücklichen Zufall ein Wunder und hinter der Anwendung chemischer oder physikalischer Gesetze Magie sieht.

In ihrer ideologischen Haltung gleicht die Historische Sage dem Sprichwort, denn beide entstammen der gleichen Denkweise. In beiden Fällen werden die Verhältnisse als unabänderlich, sozusagen als Ergebnis einer „universalen Ökonomie" suggeriert; die Aussagen müssen sich mit den bestehenden Verhältnissen decken. Es ist nicht die Aussage einer Menschheit, „die sich schafft", sondern einer, die sich auf den gesunden Menschenverstand beruft, wenn ihr die Argumente ausgehen. Daher dokumentiert sich in der historischen Sage das Unvermögen, die Welt als wandelbar zu begreifen. Die mythische Weltsicht kann daher oft, bei bewusster Missachtung von Kenntnissen über die wirklichen Zusammenhänge, für die Lebensorientierung von Individuen und Kollektiven von wesentlicher Bedeutung sein und infolge ihrer Verankerung im emotionalen Bereich das Verhalten stärker als intellektuelle Erkenntnis beeinflussen. Barthes hat dies in seinen Essays über die „Mythen des Alltags" gezeigt und gleichzeitig dargetan, dass unsere Gesellschaft „der privilegierte Bereich für mythische Bedeutungen" ist.

Trotzdem gibt es in jeder Region außergewöhnliche Vorkommnisse, Katastrophen und wunderbare Rettungen, Bauwerke und Relikte, mit denen sich merkwürdige Erinnerungen verbinden; sie sind in unserer Zeit gewissermaßen zu Wahrzeichen oder touristischen Attraktionen geworden, die dem Unterhaltungsbedürfnis der Freizeitgesellschaft entgegenkommen. Auch einzelne Persönlichkeiten werden in der historischen Sage als außerordentliche geschildert, oder sie stehen in außergewöhnlichen Situationen. In die Sagen gehen jedoch nicht nur Persönlichkeiten von überregionaler Bekanntheit ein, sondern auch lokale Helden, deren Leben durch eine besondere Tat oder Untat oder ein ungewöhnliches Schicksal gekennzeichnet ist, das sie aus der Masse der anderen heraushebt. So werden sie zu Volkshelden wie Wilhelm Tell, Arnold Winkelried, Henneke Wulf bis hin zum Rodensteiner, der als Wiedergänger im Odenwald die Wilde Jagd anführt.

Allen diesen Texten ist gemeinsam, dass sich in ihnen Persönlichkeiten und Ereignisse jeweils durch das Prisma einer bestimmten Gruppenmentalität gebrochen spiegeln. Der Stellenwert historischen Erzählguts ist durch die Neigung des Erzählers bestimmt, Geschehnisse gleich welcher Art zu mythisieren, Persönlichkeiten zu überhöhen und aus der Masse herauszuheben. Damit wird diesem Geschehen eine neue Qualität verliehen, und es gewinnt eine eigenständige Dynamik, die Rückschlüsse zulässt auf das geistige Klima der Gruppe, in der das Geschehen tradiert wird, und Mechanismen populärer Denkweisen freilegt. Die Interpretation dieses Prozesses der Mythisierung wird durch die vergleichende Analyse historischer Fakten mit der volkstümlichen Tradition erleichtert. Eine nähere Bestimmung dieser mythischen Qualität darf diese jedoch nicht als Opposition zum Rationalen begreifen, sondern muss ihre katalysatorische Funktion in der mündlichen und literarischen Überlieferung sichtbar machen. Damit gewinnt die Historische Sage eine Dimension des Ursprünglichen, die sie ungeachtet ihrer unterschiedlichen Quellenlage zu einem wichtigen Zeugnis anthropologischer Grundeinstellungen und Wertsysteme macht, die nicht nur vergangene Zeiträume charakterisieren, sondern teilweise auch in der Gegenwart Gültigkeit beanspruchen können.

Das historische Gedächtnis der Menschen ist kurz, das wird jedem deutlich, der einmal versucht, Ereignisse, etwa im eigenen Umfeld über hundert Jahre, das sind etwa drei Generationen, zurückzuverfolgen. Es kommt hinzu, dass in unserer schnelllebigen Zeit und unter dem Ansturm wechselnder Eindrücke ein Gewöhnungseffekt eintritt, der nicht nur die Aufnahmefähigkeit des einzelnen verringert, sondern es auch fast unmöglich macht, das Wesentliche vom weniger Wichtigen zu unterscheiden.

Die historische Sage will etwas erklären, sie lebt aus der Geschichtlichkeit unserer Welt. In der historischen Sage werden prägende Ereignisse und erinnerungswürdige Geschehnisse für das kollektive Gedächtnis aufbereitet. In ihrer Verknüpfung mit Erinnerungsmalen, Denkmälern und anderen Objektivationen wird immer wieder ihre explikative Funktion deutlich, die das Leben in einen geschichtlichen Zusammenhang stellt und ihm historische Tiefe verleiht.

Innsbruck, im April 2008 *Leander Petzoldt*

I. Antike Erzählstoffe

1. Adams Gefährtin Lilith. Die Rabbinen tichten unter andern, es habe Gott aus dem Leimen der Erde nebst Adam auch eine Weibsperson, namens Lilith, gebildet und ihm solche zur Frau gegeben. Sie ziehen dieses Gedichte aus den Worten Mosis, da es heißet: Gott schuf ein Männlein und Fräulein, und melden weiter, Gott habe dieses Weib, weil sie wegen Gleichheit des Ursprungs sich sehr vermessen gegen ihren Mann bezeiget und ihm lauter Verdruss gemacht, aus dem Paradiese vertrieben, darauf aber diese Worte von sich hören lassen: Es ist nicht gut, dass der Mensch allein sei, ich will ihm eine Gehilfin machen, die um ihn sei. (Gen. 2, 18) Nachdem also Lilith aus dem Paradiese verstoßen worden, habe sie sich mit dem Teufel verheiratet und ihm sehr viele Kinder geboren, welche Geister genennet würden. Diese Geister sollen mit sechs Eigenschaften begabet sein, deren sie drei mit dem Menschen, drei aber mit dem Teufel gemein haben. Sie zeugen, wie die Menschen, ihresgleichen, sie essen Speisen und sind dem Tode unterworfen. Hergegen haben sie, wie die Teufel, gleichsam Flügel und eine Luftart an sich, sie sind unsichtbar und durchdringen die Körper ohne einzige Hindernis. Diese Arten der Geister, sagen sie, sind dem Menschen am wenigsten schädlich und pflegen sogar mit ihnen oftmals in großer Vertraulichkeit zu stehen. Es finden sich aber noch andere unter den alten Arabern, welche der Meinung sind, dass Margi und Margia, die ersten Stammeltern der Geister, gleichwie Adam und Eva der Menschen gewesen und dass selbige aus dem reinesten Feuer, welches weder hitzig noch rauchericht, erzielet worden. Von dieser Margia

Lilith, Adams erste Frau (Frühdruck)

geben sie vor, dass sie einunddreißig Eier geboren habe, aus welchen alle Sorten der Geister ihren Ursprung bekommen.

2. Die Weissagung der Sibylle. Der zweite Kaiser zu Rom, Octavianus (eigentlich Gajus Julius Cäsar Octavianus, aber heute gewöhnlich ›Augustus‹ genannt), war Julius Cäsars Schwestersohn. Er wurde Kaiser und regierte 42 Jahre vor und 14 Jahre nach Christi Geburt. In dem ersten Jahre tötete er alle, die an Julius' Tode schuldig waren; alle Länder und Reiche machte er sich Untertan, und es war Friede allenthalben auf dem Erdreich von Sonnenaufgang bis zu Sonnenniedergang. Wegen der großen Weisheit und Macht des Octavianus beteten ihn viele Leute an, als ob er ein Gott wäre. Die weise Frau Sibylla zeigte aber dem Kaiser am Himmel bei der Sonne eine Jungfrau, die saß in einem goldenen Kreis, gekrönt mit einer goldenen Krone, und hatte ein Kind in ihrem Arm. Die Frau sagte dem Kaiser, dass das eine Jungfrau wäre und das Kind wäre Gott und Herr über alle Herren im Himmel und auf Erden. Als der Kaiser das vernahm, kniete er nieder und betete das Kind an und opferte ihm und baute einen Altar auf dem Berg und wollte sich nicht mehr anbeten lassen. Da steht nun eine Kirche die heißt ›ara celi‹, und das Wunder geschah in der Nacht, da Christus geboren ward.

3. Die Töchter des Pharao. Als Kind hörte ich meine Tante das Märchen erzählen, wie Pharao bei der Verfolgung der Kinder Israels diesen in den Nil-Fluss oder das Rote Meer mit seinem ganzen Heer, seiner Familie und seinen Töchtern folgte. Da trat die Flut ein, und alle ertranken. Die Seeleute erzählten davon, dass Pharaos Töchter dabei nicht umkamen, sondern als Meerjungfrauen im Wasser weiterleben.

Gewiss wird es allerlei, vielleicht auch Menschen, geben, welche dem Leben im Wasser angepasst sind, von ihrer Erlösung am jüngsten Tage wurde mir nichts erzählt. *(Riga)*

Die tiburtinische Sibylle (um 1470)

4. Herodes als wilder Jäger. Zu Kirchdorf erzählt man, Herodis habe sich gewünscht, dass er für sein Teil Himmelreich ewig jagen möge; das sei ihm erfüllt, und so ziehe er denn met sine hünne. Das alte Mütterchen in Woltringhausen sagte auch noch: »Einige sagen Hakkelberg, andere Herodis, es ist aber beides eins.« *(Westfalen)*

5. Die wilden Hunde. Ein Mädchen muss einmal in den Zwölften einen großen Kessel von Campen nach Sieden tragen, da hört sie von weitem den Herodis kommen und sieht auch schon die Hunde, welche auf sie zustürzen. Vor Angst kriecht sie schnell unter den Kessel, den umschnuppern und umbölken die wilden Hunde; nun ist Herodis selber da, der fragt: »Wer bist du?« Sie antwortet, dass sie eine arme Dienstmagd sei und den Kessel von Campen nach Sieden trage; er fragt weiter, ob sie es tun müsse oder ob sie es tun wolle; sie antwortet, dass sie es tun müsse; da sagt er: »Hast du es tun müssen, so sollst du für diesmal ungeschädigt von dannen ziehen«, und fort geht's wieder mit der wilden Meute. *(Westfalen)*

6. Selbstmord des Pilatus. Im Jahr Christi 41 hat Landpfleger Pilatus, durch viele Bedrängungen vom Kaiser Cajus zerknirscht, sich selbst umgebracht, und wie sein Körper in den Tiber geworfen worden, da haben die bösen Geister, seinen Körper an sich reißend, bald in jenen Gewässern Überschwemmungen veranlasst, bald in der Luft durch zusammengetriebene Wolken mit Blitz und Gewitter, Hagel und Donnerschlägen die Menschengemüter erschreckt.

Daher ward sein Körper aus dem Tiber genommen und bei Vienne in den Rhodanus (Rhone) geworfen. Die Einwohner dieser Stadt aber, welche die Sturmluft und der bösen Geister Unwesen nicht aushalten konnten, haben den obenauf schwimmenden Körper von sich getan und in den benachbarten Alpen in irgendeinen tiefen Brunnen gesenkt.

7. Hauptmann Longinus. Der Hauptmann Longinus, der Christus am Kreuz die Seite durchstach, stammte aus Zöbingen bei Ellwangen. Dieser schrieb damals den Seinigen nach Haus, es sei kürzlich in Jerusalem ein merkwürdiger Mann gekreuzigt worden; er habe auch mit dabei sein müssen. Dieser Mann habe viel Wunderbares getan, viele Kranke mit seinem bloßen Wort geheilt, auch Tote wieder lebendig gemacht. Aber mit den vornehmen Juden sei er nicht gut ausgekommen. Die haben auch nicht Ruhe gegeben, bis sie ihn aus der Welt geschafft haben. Der Brief sei richtig in Zöbingen angekommen, die Seinigen haben ihm auch Antwort gegeben und als große Neuigkeit mitgeteilt, dass der große See abgelaufen und auf diese Weise das Ries zum Erdboden geworden sei. *(Schwaben)*

8. Aristoteles und Phyllis. Der griechische König Philipp ließ seinen Sohn Alexander durch den weisesten Meister Aristoteles erziehen und gab beiden mit ihrem Gesinde ein besonderes Haus mit einem schönen Garten. Die hoffnungsvolle Zucht und Lehre wurde aber durch die Minne unterbrochen, in welcher der junge, feurige Alexander gegen die schöne Phyllis, ein Fräulein seiner Mutter, entbrannte; die Schöne erwiderte seine Liebe, und bald vereinigte beide der heimliche Garten. Als Aristoteles dies entdeckte, klagte er es dem Könige, der dem Fräulein mit Strafe drohte. Diese beteuerte ihre Unschuld, welche die Königin bezeugte. Die beiden Geliebten wurden aber scharf beobachtet und auseinandergehalten. Alexander saß brummend in der Schule; und die leidvolle Phyllis sann auf Rache. Sie schmückte sich aufs reizendste und ging frühmorgens mit nackten, schneeweißen Füßen im

Aristoteles und Phyllis
(Lucas von Leyden)

Garten durch den Tau zum rieselnden Brunnen, Blumen und Blüten sammelnd und dabei ihr lüftiges Gewand bis übers Knie aufhebend. Der weise Greis erblickte sie durch das Fenster und ließ sich durch die Liebreizende betören, die ihm eine Hand voll Blumen ins Fenster warf und ihn minniglich grüßte: Er lud sie zu sich herein und bot ihr, die sich kosend zu ihm setzte, zwanzig Mark für eine Nacht. Sie versagte ihr Magdtum für Geld, wollte jedoch seinen Willen tun, wenn er sich einen Sattel, der dort hing, auflegen, mit ihrem Gürtel sich aufzäumen und so von ihr durch den Garten reiten ließe. Der weltweise Aristoteles war nicht stärker als Adam, Samson, David und Salomon; er ließ sich von der Minne reiten: Die Reizende saß auf ihm, mit einem Rosenzweig in der Hand, und sang ein Minnelied, während der alte Graue auf allen vieren durch den Garten trabte. Als sie am Ziele war, sprang sie fröhlich ab, schalt den alten Gauch, dass er ihr Ehre und Liebe genommen, verhöhnte ihn, dass seine hundert Jahre nun wieder zu sieben geworden, und wünschte ihn zum Teufel. Die Königin hatte mit ihren Fräulein von der Zinne des Palastes alles gesehen, so ward die große Schmach bald dem Könige und dem ganzen Hofe kund und erscholl überall, sodass der weise Meister, dem Schimpf und Spotte zu entfliehen, nach einer Woche mit seinen Büchern und aller Habe heimlich zu Schiffe ging und nach einer Insel Galicia fuhr. Dort schrieb er ein großes Buch von den Listen der schönen, falschen Weiber. Nichts vermag dagegen zu helfen, als ferne von ihnen bleiben.

9. Die Kraniche des Ibicus. Der Kränche Kundschaft. Rehzzo in Sicilia war etwas mächtig, ist aber Anno Christi 1543 von Barbarossa übel zerstört worden; daselbst lebte Anno 533 vor Christi Geburt Ibicus, ein berühmter Poet, der war in so hoher Achtung, dass ihn Polycrates, Herr zu Samo, zu sich holen ließe, ihn herzlich traktierte und mit einer ehrlichen Begabung wieder abfertigte; die-

Der Zug der Kraniche

ser ward auf seiner Heimfahrt von etlichen Waltfischern ausgespähet, angegriffen und ermor't; da er nun sterben sollte, sahe er ungefähr etliche Kranich' vorüberfliehen, denen er zuschriehe und sagte, sie sollten seinen Tod rächen, dessen die Mörder nur lachten; lang hernach, als Ibicus schier vergessen und genug von seinen Mitbürgern beklagt worden war, musste die Gemein etlicher Geschäften halber zusammen, darunder sich die Mörder auch befanden. Als nun ungefähr etliche Kränch' überhinflohen, sagten diese undereinander: »Sehet, des Ibici Kränch'!« Die, so darnebenstunden und es höreten, packten des Namens halber diese Gesellen an, welche darauf gefangen und gefoltert: und nach ihrer Bekandtnuss der Justiz gemäß gerichtet wurden.

10. Hero und Leander. Ein Fürst jenseits des Meeres hatte einen Sohn, Leander, der schönste adeligste Jüngling. Die Burg lag am Gestade, und gegenüber, jenseits des Meerarmes, stand eine andre Burg, deren Herrin die reizendste Jungfrau war: Hero, sechzehn Jahr alt und von Gottes Hand so schön gebildet, wie kein Maler sie zu malen vermöchte: goldgelb ihr Haar, die Brauen braun, die Augen klar, die Wangen wie Rosen und Lilien, der Mund rubinglühend, die Zähne wie Elfenbein, das Kinn lieblich, Nacken und Busen blendend weiß. Beide liebten sich herzinniglich, konnten jedoch nicht anders zusammenkommen, als dass Leander nachts hinüberschwamm, geleitet von einer Leuchte, die Hero über die Zinne hinaussteckte. So geschah es manches Mal, bis einst Wind und Wellen so heftig gingen, dass Leander nicht hinüberzuschwimmen wagte. Hero trauerte und schrieb ihm einen sehnsüchtigen Brief, worin sie klagte, dass er wohl durch Jagen, Saitenspiel, Brettspiel, Fechten, Schießen und ritterliche Fahrten sich die Zeit kürzen könne, sie dagegen nur mit ihrer alten Amme stets von ihm rede, die ihr vorspiegele, dass er bald käme, aber darüber einschlafe; sie küsse oft das Gewand, welches er anlege, wenn er herübergeschwommen, und wenn sie, schlaflos liegend, endlich am Morgen einschlafe, täusche sie ein seliger Traum, aus dem sie umso schmerzlicher erwache; dazu fürchte sie noch, dass er etwa eine andere liebe: nur Wiedersehen könne sie beruhigen.

Hero und Leander (Venedig, um 1500)

Ein Fischer überbrachte diesen Brief dem Jünglinge, der tief seufzte und von Schmerz erbleichte. Er schrieb zärtlich zurück: es gebe keine Freude für ihn ohne sie; die Zeit der Trennung dünke ihm schon sieben Jahre lang; wenn er, schlaflos, nachts ihre Leuchte sehe, so gedenke er der schönen stillen Nacht, als er zuerst zu ihr schwamm, wie ihr Licht seine Arme gekräftigt, wie sie von der Burg ihm entgegengekommen, ihn lieblich umfangen, in einen warmen Mantel gehüllt und die seligste Nacht sie beide eingewiegt habe, bis am Morgen die Amme ihn zum leidigen Scheiden geweckt und er trübselig zurückgeschwommen. Jetzt stürme zwar das Meer, dennoch könne er nicht länger fernbleiben und wolle in nächster Nacht kommen; und wenn er verunglücke, empfehle er ihr seine Seele.

Diesen Brief sandte er voraus und schwamm nachts durch das tobende Meer. Der Sturm aber wuchs mit Donner und Blitz, und der Regen strömte, sodass der kühne Schwimmer die Leuchte nicht sah und, von Wind und Wellen getrieben, endlich ermüdete; er beklagte sein junges Leben, noch mehr sein Scheiden von der Geliebten, und seine Seele Gott befehlend, verschied er.

Am Morgen sah man Leanders Leichnam auf dem Meere schwimmen; als Hero dieses vernahm, sank sie auf der Stelle leblos nieder und vereinte sich im Tode mit ihm.

11. Der Zauberer Virgilius. Wie Virgilius zur Schule geschickt ward und welch Abenteuer ihm da widerfahren ist. Als Virgilius geboren wurde, bebte die Stadt Rom. Und er ward klug und verständig und ward auch fleißig zur Schule gehalten, und kurz darauf starb sein Vater. Und als sein Vater tot war, mochte seine Mutter nicht wieder heiraten, denn sie hatte ihren Herrn und Gemahl zu sehr geliebt. Gleichwohl wollten ihre Verwandten sie ihrer Renten und Güter berauben, worunter eins der stärksten Schlösser um Rom war. Und oftmals beklagte sie sich bei dem Kaiser, der ihrem Manne nah verwandt gewesen; aber der Kaiser war ein böser Mann und nicht beliebt bei seinen Großen, noch bei den Untertanen; so ward auch auf ihre Klage nicht gehört.

Dieser Kaiser starb aber bald und sein Sohn Perseus ward Kaiser nach seines Vaters Tod und brachte alle Römer so unter sich, dass er sehr gefürchtet ward. Virgilius aber war an der Schule zu Toledo, wo er eifrig studierte, denn er hatte viel Verstand. Auf eine Zeit hatten die Schüler Urlaub, draußen im Freien zu spielen und sich zu erholen, nach der alten Sitte. Das tat auch Virgilius, und als er allein in dem nahen Gebirge umherstrich, fand er in einem Berge eine Höhle oder Spelunke. Da ging er hinein und ging so tief, dass er kein Licht mehr sah. Da ging er noch tiefer hinein und fand da wieder etwas Licht, das von oben einfiel. Da hörte er eine Stimme, die ihm rief: »Virgilius, Virgilius!« Er sah sich um, mochte aber niemand sehen. Da sprach Virgilius: »Wer ruft mir da?« Da hörte er wieder eine Stimme, sah aber niemand. Die Stimme sagte: »Virgilius, siehst du nicht hier die kleine Leiste, die mit dem Zeichen Tau bezeichnet ist?« Virgilius sprach: »Ja, ich sehe sie.« Da sprach die Stimme:

»Nimm die Leiste hinweg und lass mich heraus.« Da antwortete Virgilius der Stimme, die unter der kleinen Leiste war: »Wer seid Ihr, der so zu mir spricht?« Da ward ihm geantwortet: »Ich bin ein Teufel, der aus dem Leibe eines Juden hierher gebannt wurde bis zum Tage des Gerichts, es wäre denn, dass ich von Menschenhänden befreit würde. Darum bitte ich dich, Virgilius, lass mich heraus; ich will dir auch viel Bücher zeigen, daraus du die Kunst der Nigromantie erlernen magst, und mit dieser Kunst sollst du Mittel finden, alles zu tun und zu erfahren, was du nur willst. Deinen Freunden kannst du dann helfen und deine Feinde kränken, wie du willst.« Durch so große Versprechungen ward Virgilius versucht; er wollte aber erst sicher sein und ließ sich die Bücher geben und zeigen, wie er sie gebrauchen sollte. Als Virgilius nun sicher war, kam er und schob die Leiste auf einer Seite hinweg und fand darunter ein kleines Löchlein; daraus wand sich der Teufel wie ein Aal. Und als er ganz heraus war, stand er vor Virgilius in Gestalt eines großen Mannes. Darüber verwunderte sich Virgilius, dass ein so großer Mann in so kleinem Löchlein Raum hätte. Da sprach Virgilius: »Solltest wohl wieder in das kleine Loch kriechen können, nun du so groß bist?« »Das kann ich wohl«, sagte der Teufel. Virgilius sprach: »Ich wette um das beste Pfand, das ich habe, dass du das nicht tust.« »Gut«, sagte der Teufel, »ich bin's zufrieden.« Da wand sich der böse Feind wieder in das Loch, und als er darin war, schob Virgilius die Leiste wieder vor das Loch, sodass der Teufel betrogen war und nicht wieder heraus konnte, sondern da gefangen bleiben musste. Da schrie der Teufel entsetzlich: »Virgilius, was hast du getan?« Virgilius antwortete: »Bleib hier bis

Der Zauberer Virgilius im Korb (Volksbuch)

zu deinem bestimmten Tage.« Und von diesem Tage an ward Virgilius sehr geschickt in der Schwarzkunst.

12. Virgil im Korb. Darauf geschah es, dass Virgilius sich in eine schöne Jungfrau verliebte, der schönsten eine in ganz Rom und von dem reichsten und mächtigsten Geschlecht. Da bereitete Virgilius einen mächtigen Zauber, ihr sein Gemüt zu offenbaren. Und als sie sein Gemüt erfuhr und wusste, dass Virgilius in sie verliebt sei, da gedachte sie, wie sie ihn betrügen sollte. Und zuerst antwortete sie ihm, dass es sehr gefährlich sei, solche Dinge zu beginnen; aber zuletzt versprach sie, seinen Willen zu tun. Und wolle Virgilius bei ihr schlafen, so müsse er ganz stille vor den Turm kommen, darin sie schlief. Und wenn alles Volk schliefe, würde sie einen Korb herablassen an starken Stricken, darein möchte er sich setzen, so würde sie ihn hinaufziehen in ihre Kammer. Darüber

Virgilius im Korb

war Virgilius sehr erfreut und sagte, das wolle er gerne tun. Nun war ein Tag gesetzt, an dem Virgilius zu dem Turm kommen sollte, der auf dem Markt von Rom stand, und in der ganzen Stadt war kein so hoher Turm mehr. Virgilius kam an den Turm, die Jungfrau ließ den Korb herab, Virgilius setzte sich hinein und die Jungfrau zog ihn hinauf bis zum zweiten Stockwerk. Und als er auf zehn Schuh nah an ihrem Fenster war, befestigte sie das Seil und ließ den Virgilius da hängen. Da sprach die Jungfrau: »Meister, Ihr seid betrogen. Morgen ist Markttag: da soll ein jeglicher Euch sehen und die Büberei, die Ihr treibt, dass Ihr bei mir schlafen wolltet. Ihr Zauberer, Ihr Schelm, Ihr Schalk, hier mögt Ihr bleiben.« Da ging sie hin und schloss ihr Fenster zu; Virgilius aber blieb hangen, bis der Morgen anbrach und alle Leute es sahen und auch der Kaiser sich schämte und der Jungfrau entbot, dass sie ihn herabließe. Das tat sie denn, und als er unten war, schämte er sich und sagte, er würde sich ehstens rächen.

Da ging er nach seinem Hofe, der der schönste in ganz Rom war, nahm seine Bücher und ließ alles Feuer in Rom ausgehen, und niemand mochte es von draußen hineinbringen. Und das dauerte einen ganzen Tag, dass Rom ohne Feuer war. Und Virgilius hatte Feuer genug, aber sonst niemand hatte es, noch konnte es machen. Der Kaiser, seine Barone und alles Volk in Rom verwunderten sich sehr, dass in der ganzen Stadt kein Feuer war. Sie dachten aber wohl, dass Virgilius es gelöscht hätte. Da schickte der Kaiser hin zu Virgilius und bat ihn, Rat zu schaffen, dass man Feuer bekäme.

Da sagte Virgilius: »Wollt Ihr Feuer haben, so lasst ein Gerüst auf dem Markt aufschlagen und stellt die Jungfrau nackt und im Hemde darauf, die mich ehgestern ließ im Korbe hängen. Und dann lasst in ganz Rom ausrufen, wer Feuer haben wolle, der solle auf den Markt an das Gerüste gehen und es zwischen den Beinen der Jungfrau holen, denn anders möge es niemand haben. Und wisst, dass einer dem andern kein Feuer geben, lehnen noch verkaufen kann, sondern wer es haben will, muss es bei dem Gerüste holen gehn. Und ein jeglicher muss selber kommen, das Feuer zwischen den Beinen der Jungfrau zu holen.«

Der Kaiser und alle seine Herren sahen wohl, dass sie nach des Virgilius Worten tun mussten, wenn sie Feuer haben wollten. Darüber betrübten sie sich sehr, ließen aber das Gerüste auf den Marktplatz machen und die Jungfrau im Hemde daraufstellen, und ein jeglicher ging und holte Feuer zwischen ihren Beinen. Die einen kamen mit Kerzen, die andern mit Lampen, der eine zündete Stroh an, der andere Späne, die Reichen aber hatten Fackeln. Drei Tage lang musste die Jungfrau da stehen, sonst wäre Rom nie wieder mit Feuer versehen worden. Und am vierten Tage ging die Jungfrau ganz beschämt nach Hause und dachte wohl, dass Virgilius ihr diesen Schimpf angetan hätte. Darauf wartete Virgilius nicht mehr lange und nahm ein Weib.

13. Der wunderbare Baumgarten. Große Wunder wirkte Virgilius in seiner Zeit, denn er erschuf einen großen und schönen Baumgarten hinter dem Palast, darin er wohnte, und in diesen Baumgarten stellte er alle Arten fruchttragender Bäume und vielerlei Arten von Kräutern, die aus der Erde wuchsen. Und wenn die Zeit kam, so sah man darin täglich reife Früchte; auch fehlte es da nicht an schönen Blumen. In der Mitte dieses Baumgartens stund ein schöner Springbrunnen, der schönste und lustigste, den man je gesehen haben mochte. Auch war er mit allen Arten von Vögeln geziert, die den Tag und die Nacht immer sangen und sich begatteten. Und dieser Baumgarten war nicht anders als mit der Luft beschlossen, und kein Vogel mochte hinausfliegen. Und draußen hörte man wohl den Gesang der Vögel, die in dem Baumgarten sangen; aber niemand mochte hineinkommen. Auch alle Arten zahmer Tiere, die dem Menschen nützlich sind, fand man in dem Baumgarten. Und aus dem Wasser, das aus dem Springbrunnen lief, machte er einen Weiher um den Baumgarten, das klarste Wasser, das je gesehen ward, und alle Arten von Fischen sah man darin. So waren in dem Garten alle Arten von Ergötzlichkeiten, sowohl Kräuter als Bäume, Vögel und Tiere, die sich ein Mensch nur erdenken konnte. Auch tat er noch größere Dinge, denn er machte ein Kellergewölbe in die Erde, darein er seine Schätze legte, und stellte zwei große Männer vor die Türe des Kellers, seinen Schatz zu bewachen; ein jeglicher hatte in seiner Hand einen großen, furchtbaren Hammer, und schlugen damit abwechselnd so entsetzlich auf einen großen Amboss, dass kein Vogel vorbeifliegen mochte, sondern von dem Schall der Hämmerschläge tot zur Erde fiel. Und sonst hatte Virgilius keine Hut bestellt, sein Gut zu bewahren.

14. Das Keuschheitsbild. Ein Bild machte Virgilius hoch in der Luft, das nicht fallen konnte, und die Römer mochten nicht Türen noch Fenster auftun, sie sahen allzeit das Bild. Und dies Bild hatte die Kraft, dass keine Frau, nachdem sie das Bild gesehen hatte, mehr Lust empfand, sich fleischlich zu ergötzen. Und hierüber

Die Rache des Vigilius (Italienisch, um 1400)

waren die römischen Frauen sehr ungehalten und klagten es der Frau des Virgilius, dass sie also um ihr Vergnügen kämen, und die Frau des Virgilius versprach ihnen, dass sie sich bemühen wollte, das Bild zu Fall zu bringen. Da wartete Virgilius' Frau die Zeit ab, da Virgilius außen war, und ging über die Brücke, die Virgilius in der Luft gemacht hatte und stieß das Bild hinunter, und die Frauen taten nun wieder ihren Willen. Und als Virgilius wiederkam und sein Bild nicht mehr fand, ward er betrübt und sprach zu sich selbst, es sollte ihnen nichts helfen, denn er wolle es wieder aufstellen und schwur auch, er wolle es in Erfahrung bringen, wer das Bild heruntergeworfen hätte. Da stellte er es wieder auf und fragte seine Frau, ob sie das Bild heruntergeworfen hätte. Sie sprach aber: »Nein.«

Da kamen die römischen Frauen wieder zu Virgilius' Frau und sagten, es sei nun ärger denn zuvor, und baten sie, das Bild noch einmal hinabzuwerfen. Virgilius aber, der gern gewusst hätte, wer das Bild herabgeworfen, belauschte seine Frau in einem heimlichen Winkel, aus dem er hörte, wie sich die Frauen bei seiner Frau über das Bildnis beschwerten. Und da klomm des Virgilius Weib hinauf und fasste das Bild beim Kopf und warf es hinab. Virgilius aber, der sich versteckt hatte, sah es und nahm sein Weib und warf sie dem Bilde nach, von dem Turm hinab, und sprach: »Der Teufel tue euch Weibern genug. Ich hatte dies nur zu euerm Besten getan; aber ich will mich nicht mehr darum kümmern und die Frauen ihren Willen tun lassen.«

15. Bocca della verità. Zu Rom machte Virgilius durch seine Kunst eine metallene Schlange, und wer beim Eidschwur seine Hand der Schlange in den Schlund steckte, wenn seine Sache nicht gut, sondern falsch war, der verlor seine Hand; schwor er aber einen wahren Eid, so zog er seine Hand wieder heraus ohne Schaden und Sorge.

Bocca della verità (Rom)

So geschah es, dass ein Ritter seine Frau im Verdacht hatte mit seinem Kutscher; aber sie entschuldigte sich standhaft und erbot sich, bei der Schlange zu Rom einen Reinigungseid zu schwören. Der Ritter willigte ein, dass sie den Eid schwüre. Da setzten sie sich in den Wagen und fuhren gen Rom. Und als sie im Wagen saßen, sagte sie heimlich zu dem Kutscher, wenn sie nach Rom kämen, sollte er sich ein Narrenkleid anlegen, damit man ihn nicht erkennte, und sich so bei der Schlange unter das Volk mischen. Das tat er, und als sie nach Rom kamen, erkannte Virgilius durch seine Kunst, dass die Frau schuldig sei, und ermahnte sie, den Eid zurückzunehmen und nicht zu schwören. Das wollte sie aber nicht tun, sondern streckte ihre Hand der Schlange in den Schlund und schwur ihrem Manne, dass sie mit dem Kutscher nicht mehr zu schaffen gehabt hätte als mit dem Narren, der dort stünde. Und weil sie die Wahrheit gesagt hatte, zog sie ihre Hand unversehrt wieder aus dem Schlunde der Schlange. Da fuhr der Ritter mit seiner Frau wieder nach Hause und traute ihr hinfort immerdar; so entkam das Weib dieser Gefahr. Virgilius aber ward sehr zornig und ärgerlich und zerstörte die Schlange, weil das Weib entwischt war und ihren Herrn betrogen hatte. Und Virgilius sagte, die Frauen seien sehr weise zu allem Betrug; was aber ihre Güte beträfe, damit sei es übel bestellt. Eine recht weise Frau sollte so weise sein, auf ihre Seligkeit zu denken.

16. Wie Virgilius die Stadt Neapel von Gestank und Ungeziefer befreite. In Neapel, der Stadt, welche Virgilius gründete, ist ein Fleischmarkt, in dessen Mauer Virgilius durch seine Kunst ein Stück Fleisch einfügte, welches die Kraft hat, dass alles Fleisch, welches auf den Markt gebracht wird, sechs Wochen lang weder durch sein Aussehen die Augen noch durch seinen Geruch die Nasen, noch endlich durch seinen Geschmack die Gaumen belästigt. Auch ist in derselben Stadt das Herrentor, welches nach Nola führt, einer einst berühmten Stadt Kampaniens, und an dem Eingang dieses Tores sieht man einen künstlich gebauten Steinweg, unter welchem Virgilius alle Arten von schädlichem Gewürm verschloss, und daher kommt es nun, dass weder in den unterirdischen Höhlen, über welchen die geräumige Stadt auf Säulen ruht, noch an den Gärten, welche innerhalb der Stadtmauer liegen, eine Mücke oder ein schädlicher Wurm gefunden wird.

17. Die eherne Fliege. Virgilius machte auch eine metallene Fliege von der Größe eines Frosches und setzte sie auf eins der Tore der Stadt, und diese Fliege hatte die Kraft, dass sich seitdem keine lebendige Fliege mehr in die Stadt wagte. Und so befreite Virgilius seine Stadt Neapel von den Fliegen, welche sich sehr darin vermehrt hatten. Ein andermal hatten sich in Neapel die Blutegel so vermehrt, dass alle Quellen und Brunnen gefährlich geworden waren. Da machte Virgilius einen großen goldenen Blutegel und warf ihn in einen Brunnen, und sogleich verschwanden die Blutegel. Durch einen Zufall geschah es viele Jahre nachher, dass bei einer Reinigung des Brunnens jener Blutegel, welchen Virgilius hineingeworfen, herausgeschafft wurde, worauf jene Landplage zurückkehrte und erst nachließ, als der goldene Blutegel des Virgilius wieder in den Brunnen geworfen ward.

18. Bauwerke in Neapel. Virgilius erbaute in Neapel auch ein Stadttor, und über jedem Eingang stand ein Kopf aus parischem Marmor. Und der Kopf über dem Eingang zur rechten Hand zeigte stets heitere, lächelnde Miene, der an dem linken dagegen verdrehte die Augen wie zornig und betrübt. Wer nun durch den Eingang zur Rechten in die Stadt kam, dem gelang alles, was er da vornahm, wer durch den zur Linken kam, dem missriet alles. Nur musste es von ohngefähr geschehen sein und nicht aus Kenntnis des Wunders, denn alsdann hatten die Bilder keine Kraft. Ferner erbaute Virgilius in Neapel einen Glockenturm, der sich, wiewohl er von Stein war, stets mit der Glocke bewegte, die darin hing, sodass Turm und Glocke, als wenn sie ein Leben hätten, sich allzeit miteinander rührten und regten. Virgilius zauberte auch das Bild der Stadt Neapel in eine gläserne Flasche mit sehr enger Mündung, und so lang die Flasche unversehrt blieb, sollte die Stadt nicht Schaden nehmen können. Gleichwohl ward sie 1191 erobert, aber damals hatte die Flasche einen kleinen Sprung, wie des Kaisers Kanzler Konrad, der sie gesehen hat, bezeugt. Derselbe berichtet auch, Virgilius habe zu Neapel in dem sogenannten eisernen Tor alle Schlangen eingesperrt, an welchen die dortige Gegend der vielen unterirdischen Gänge und Kanäle wegen großen Überfluss gehabt, und dieses Tor allein habe man zu seiner Zeit zu zerstören Scheu getragen, damit die Schlangen nicht herauskämen und das Land und die Einwohner belästigten. Vielleicht meinte er damit das obengenannte Herrentor, das nach Nola führt.

19. Der Tod des Virgil. Und weil er sehr mächtig und reich war von Gut, machte er ein schönes, lustsames Schloss, das nur einen einzigen Eingang hatte, denn sonst war es von allen Seiten von einem großen Wasser umflossen, sodass niemand hineinkommen konnte als durch das eine Tor. Und dieses Schloss stand außerhalb der Stadt Rom, und der Eingang war mit vierundzwanzig eisernen Flegeln versehen, denn auf jeder Seite des Tores standen zwölf Männer, die, ohne ein Wort zu sprechen, einer nach dem andern unaufhörlich mit den eisernen Flegeln vor sich niederschlugen; und kein Mensch konnte durch das Tor, wenn die Flegel nicht stillstanden. Und die Flegel ließen sich mit einer eisernen Schraube schließen, von der niemand wusste als Virgilius allein, der einen großen Teil seiner Schätze in dem Schlosse bewahrte, und wenn er hineingehen wollte, schloss er die Schraube.

Und als er dies vollbracht hatte, gedachte er erst ein wunderlich Ding zu vollbringen, denn er meinte, sich wieder jung zu machen, damit er noch lange leben und viel Wunder verrichten könnte.

Da ging Virgilius auf eine Zeit zu dem Kaiser und bat um Urlaub auf drei Wochen, denn er wollte eines Geschäfts wegen, das er vorhätte, außen sein. Aber der Kaiser wollte ihm den Urlaub nicht bewilligen, weil er den Virgilius gern allzeit um sich hatte. Als das Virgilius hörte, ging er nach Hause und ließ denjenigen seiner Leute zu sich, dem er am meisten traute und der ihm der heimlichste war. Mit diesem Knechte ging er nach seinem Schlosse vor der Stadt, und als sie vor den Eingang kamen, standen die Flegel davor und schlugen. Da sagte Virgilius zu dem Knecht: »Geh voran in das Schloss.« Da sprach der Knecht: »Herr, ich kann nicht hindurchgehen, denn die Flegel würden mich totschlagen.«

Da zeigte Virgilius dem Knecht, an welcher Seite des Eingangs die Schraube war, die er drehte: da blieben die Flegel stillestehen, und sie gingen beide durch das Tor in das Schloss. Und als sie in dem Kastell waren, schloss Virgilius das Tor und sagte: »Mein lieber Knecht, da ich dir am meisten vertraue und du mir der heimlichste bist von allen meinen Knechten, so will ich dir am meisten befehlen, mehr als irgendeinem Menschen, der da lebt.« Da führte er den Knecht in den Keller, wo er eine schöne Lampe gemacht hatte, die allzeit in dem Keller brannte. Und Virgilius sprach zu dem Knechte: »Siehst du die Tonne, welche hier steht?« Der Knecht sprach: »Ja.« Da sprach Virgilius:» In diese Tonne musst du mich einsalzen; zuvor aber sollst du meinen Leib ganz in Stücke hauen und meinen Kopf in vier Stücke teilen. Und dann sollst du mein Haupt mitten auf den Boden der Tonne legen und die anderen Stücke darüber, aber mein Herz in die Mitte. Hernach setze die Tonne unter die Lampe, dass sie Tag und Nacht hineintropfe, und neun Tage lang musst du die Lampe einmal des Tages füllen und das nicht lassen: dann werde ich wieder erneuert werden und wieder ein Jüngling sein und lange leben, sofern es mir von Oben nicht benommen wird.«

Als dies der Knecht hörte, erschrak er und sprach: »Lieber Meister, das tu ich nimmermehr: ich will euch nicht töten.« Da sprach Virgilius: »Ich begehre, dass du dies tust, denn es ist ohne Gefahr.« Und Virgilius sprach soviel und drohte zuletzt dem Knecht, bis er endlich tat, was Virgilius befohlen hatte. Er schlug ihn in Stücke, salzte ihn in die Tonne ein und hängte die Lampe darüber, dass sie allzeit hineintropfen mochte. Darauf ging der Knecht aus dem Schlosse und schloss den Eingang wieder, indem er die Schraube drehte. Da gingen die Männer wieder und schlugen mit den Flegeln und niemand mochte hineinkommen. Und jeden Tag kam er ins Schloss und füllte die Lampe, wie Virgilius ihm geboten hatte.

Als nun Virgilius ausblieb, hatte der Kaiser großes Verlangen nach ihm, denn er hatte ihn lange nicht gesehen. Aber Virgilius war getötet und lag in dem Gewölbe. Als nun der siebente Tag kam und Virgilius nicht zurückkehrte, ließ der Kaiser den Knecht kommen, von dem er wusste, dass ihn Virgilius am meisten liebte. Den fragte er, wo sein Meister wäre. Da sprach der Knecht: »Gnädiger Herr, ich weiß nicht, wo er ist; es ist sieben Tage her, dass er hinwegfuhr, ich weiß nicht wohin.« Da sprach der Kaiser: »Du lügst, Bube, du sollst mir deinen Meister zeigen oder ich lasse dich töten.« Da erschrak der Knecht und sprach: »Gnädiger Herr, es sind nun sieben Tage, da ging ich mit ihm hinaus in sein Schloss, und da ließ ich ihn und hab ihn seitdem nicht mehr gesehen.« Da musste der Knecht mit dem Kaiser nach dem Schlosse gehen. Und als sie an den Eingang kamen, mochten sie nicht hindurch, der Flegel wegen. Da sprach der Kaiser: »Lass die Flegel ruhen, dass wir hineinkönnen.« Der Knecht sprach: »Herr, dazu weiß ich keinen Rat.« Da wollte der Kaiser den Knecht töten, und aus Furcht vor dem Tode drehte der Knecht die Schraube und ließ die Flegel stillestehen.

Da ging der Kaiser mit seinem Geleite in das Schloss und suchte in allen Winkeln nach Virgilius. Und als er ihn nicht fand, ging er in den Keller und sah die Lampe über der Tonne hängen, und in der Tonne war das gesalzene Fleisch des Virgilius. Da fragte der Kaiser den Knecht, wer ihn so kühn gemacht hätte, seinen Meister zu töten. Der Knecht antwortete nicht, und der Kaiser zog im Zorn sein Schwert und tötete den Knecht. Und als er das getan hatte, sah der Kaiser und all sein Volk ein nackendes Knäblein dreimal um die Tonne laufen, das sprach: »Verflucht sei der Tag und die Stunde, da Ihr hierherkamt.« Da verschwand das Knäblein und ward nicht mehr gesehen, und Virgilius blieb tot in dem Fasse.

20. Attilas Grab. Als die wilden Reiterscharen der Hunnen nach der Schlacht bei Châlons wieder über den Rhein flohen, kamen sie auch in die Gegend von Glan und Alsenz. Ihr König ließ die Kirche niederbrennen, die Fruchtfelder verheeren und die fränkischen und römischen Ansiedlungen zerstören.

Da ereilte ihn eines Tages plötzlich der Tod, und großes Wehklagen erhob sich unter den Seinen. Nur ungern ließen sie seinen Leichnam im fremden Lande. Doch suchten sie einen Ruheplatz für ihren toten Herrn, wo ihn nie ein Römer oder Germane finden werde.

Damals bedeckte die Höhe zwischen Kallbach und Unkenbach ein tiefer und großer Weiher. Den gruben die Hunnen bei Nacht ab, sodass das Wasser sich ins Moscheltal ergoss. In dem leeren Bette schaufelten die hunnischen Krieger ein tiefes Grab und senkten den toten König mit Ross und Rüstung und all seinem Golde hinein. Selbst Speise und Trank gaben sie ihm in großen Gefäßen mit hinab in die Gruft. So konnte er auch im Jenseits als König leben.

Hierauf deckten sie schnell das Grab zu, stauten den Weiher wieder und zogen fort. Heute ist der Weiher ausgetrocknet; aber noch niemand fand das Königsgrab. Doch heißt der Platz das ›Rote Meer‹ und der Berg der ›Heidensteil‹. *(Rheinpfalz)*

Hexe schlägt Attilas Heer in die Flucht

21. Die drei Särge des Hunnen. Bei einem Einfall in Deutschland kamen die Hunnen nach Schlatt, zerstörten das Frauenkloster bei dem Heilbrunnen und den größten Teil des Dorfes. Zwischen diesem und dem Rheine trafen sie das Heer der Deutschen und erlitten eine völlige Niederlage. Ihr Fürst fiel in der Schlacht; er wurde von ihnen in einen goldenen Sarg gelegt, den ein silberner und letzteren ein hölzerner umschloss, und mit seinen Schätzen und einem lebensgroßen goldenen Götzenkalb, drei Stunden von der Hochstraße, beerdigt. Über dem Grabe errichteten sie einen mächtigen Hügel und rechts und links, in geringen Entfernungen, je einen kleinern, damit die Feinde nicht wissen sollten, wo der Fürst begraben sei. Noch immer ist dieser mit allen den Kostbarkeiten unaufgefunden. Auf dem Schlachtfelde lässt in manchen Nächten Kampfgeschrei und Waffengetös unsichtbarer Streiter sich hören. *(Baden)*

22. Der Geist des Christenverfolgers. Riktius Varus, im trierischen Lande als der grausame Christenverfolger des Jahres 286 bekannt, fand zur Strafe im Grabe keine Ruhe. Als böser Geist hauste er in Trier und Umgebung. Man sah ihn bald hier, bald dort, einmal auf dem Pferde im weißen Mantel, mit einem Totenkopf in der Hand, dann wieder mit einem Hunde hin und her laufend und sein Unwesen treibend. Lange bemühte man sich vergeblich, seiner habhaft zu werden. Endlich gelang es dem Weihbischof Matth. von Eihs († 1729) ihn zu fassen, und er schaffte ihn unter seinem Mantel zur Stadt hinaus. Bei Schweich ließ er sich mit der Fähre übersetzen. Mitten auf der Mosel sank die Ponte so tief, als wenn sie unterginge. Voll Schrecken frug der Fährmann den Bischof, was er bei sich trage. Dieser lüftete seinen Mantel, und Riktius Varus in rotglühender Gestalt grinste den Fährmann an, dass dieser mit Entsetzen sich zurückzog. Der Bischof brachte den Unhold in den Meilenwald hinter Schweich und verbannte ihn dorthin für alle Zeiten. Hier haust er jetzt noch und erschreckt die Leute durch allerlei Spuk. Er wirft ihnen den beladenen Wagen um, spannt die Kühe aus und verschleppt die Wagenräder. Man darf ihn nicht ärgern. Als einmal Leute freitags Holz luden, sagten sie: »Riktius Varus komm, kriegs' ein Stück Pannenkuchen.« Er kam auch, nicht aber um den Kuchen zu nehmen, sondern er stieß ihnen den Wagen um. *(Schweich b. Trier)*

23. Rethra, das Heiligtum der Slawen. Otto I. hatte viel Krieg mit den Slawen zu führen, die die Ostmarken seines Reiches unsicher machten. Zu ihnen gehörten die mächtigen Retharier, deren Stadt Rethra war, der Sitz der Abgötterei. Hier war den Göttern ein gewaltiges Heiligtum, unter denen Redigast das vornehmste war, errichtet worden. Des Gottes Bildnis aber war aus Gold und ruhte auf purpurnem Lager. Die Stadt selbst zählte neun Tore und war auf allen Seiten von einem tiefen See umschlossen. Eine hölzerne Brücke führte hinüber, und nur dem war es gestattet, seinen Weg darüberzunehmen, der sich zu opfern oder eine Weissagung zu hören nahte.

Die Stadt Redigast oder Radigast war von dreieckiger Gestalt, hatte drei Tore und wurde von allen Seiten durch einen ungeheuren, von den Einwohnern nie berührten heiligen Hain umgeben. Zwei der Tore standen jedem in die Stadt gehenden Menschen offen, das dritte, das nach Osten lag und am kleinsten war, führte zu einem nahe gelegenen See. An diesem Tore stand ein aus Holz kunstvoll errichtetes Heiligtum, das anstatt auf Grundsteinen auf den Hörnern verschiedener Tiere ruhte. Die Wände waren mit geschnitzten Götterbildern geziert. Im Innern standen die Bildsäulen der Götter, mit Helm und Panzer bekleidet und furchtbar anzuschauen. An diesem Orte befanden sich die Feldzeichen des Volkes, die nur im Falle der Kriegsnot von hier weggenommen wurden. Um diese Fahnen sorgfältig zu behüten, waren von den Einwohnern des Landes besondere Diener angestellt. Untereinander heimlich murmelnd, wühlten sie, wenn sich das Volk zum Opfer nahte, zitternd die Erde auf, um aus den hervorgezogenen Losen Gewissheit über gewisse Dinge zu suchen. War das geschehen, dann bedeckten sie die Lose mit grünem Rasen und führten ein Ross, das unter allen für das größte gehalten und im Lande als heilig verehrt wurde, mit demütigem Flehen über die Spitzen zweier in die Erde gesteckter und sich kreuzender Lanzen.

So suchten sie, nachdem sie schon vorher durch Losung die Zukunft zu erforschen getrachtet hatten, durch jenes heilige Ross nach einem zweiten Zeichen, und erst wenn in beiden Fällen sich dasselbe Wahrzeichen kundgab, ging man an die Ausführung der Tat. Auch erzählte man sich hier von alters her, dass, sobald der wilde Schrecken eines lange währenden Kampfes drohte, aus den Wogen des obenerwähnten Sees ein gewaltiger Eber mit leuchtenden Zähnen hervorkäme und sich unter furchtbarem Getöse im Angesicht vieler im Sumpfe wälzte.

24. Die Völker des Ostens. Die Menschen, bei denen Adalbert von Prag den Märtyrertod erlitten hat, sind blau von Farbe, das Gesicht ist rot und das Haar lang.

Sciopode, Akephalos und Kynokephalos

Es gibt Inseln in diesem Meere (der Ostsee), die voll sind von wilden Barbaren und die deshalb von den Seefahrern gemieden werden. Desgleichen sollen an den Gestaden des Baltischen Meeres die Amazonen wohnen, ein Land, das man jetzt das Land der Weiber nennt. Ihre Kinder haben Hundsköpfe, wenn sie männlichen Geschlechts sind, die Mädchen aber sind die schönsten Geschöpfe. Sie leben zusammen und treiben Männer in kräftigem Kampfe zurück. Hundsköpfe sind Wesen, die den Kopf an der Brust haben. In Russland findet man sie oft als Gefangene, und sie bellen die Worte mit der Stimme hervor. Dort wohnen auch die Alanen oder die Albaner, die in ihrer Sprache Wizzen heißen. Sie sind die blutgierigsten Vielfraße und werden mit grauen Haaren geboren. Ihr Land wird von Hunden verteidigt. Wenn einmal gekämpft werden muss, so bilden sie die Schlachtordnung aus Hunden. Dort wohnen bleiche, grünfarbige und langlebige Menschen, die man Husen nennt, endlich jene, die Menschenfresser sind. Auch gibt es dort sehr viele andere Ungeheuer, die die Seefahrer gesehen haben wollen, obgleich es kaum für glaublich gehalten wird.

25. Nordlandreise der Friesen. Nach den Erzählungen des Erzbischofs Adalbert von Bremen sind in den Tagen seines Vorgängers adelige Männer aus Friesland gegen Norden gesteuert, um das Meer zu durchschweifen. Unter den Bewohnern jenes Landes ging die Rede, wenn man von der Mündung der Weser in gerader Richtung nach Norden zu ausliefe, träfe man kein Land, sondern nur den unbegrenzten Ozean. Um diese so auffallende Erscheinung zu ergründen, hatten sich diese Genossen miteinander verbunden und liefen mit fröhlichem Jubelgeschrei aus. Sie ließen auf einer Seite Dänemark, auf der anderen Britannien liegen und gelangten zu den Orchaden. Nachdem sie auch diese linker Hand hinter sich gelassen hatten, kamen sie nach langer Irrfahrt zum eisigen Island. Während sie von da aus, das Meer durchforschend, auf die äußerste Achse des Nordens zueilten, verfielen sie plötzlich in jene schwarze Finsternis des starrenden Ozeans, die mit dem Auge kaum zu durchdringen war. Hier hatte der Ozean gleichsam die geheimnisvollen Anfänge seiner Quelle. Die unglücklichen Seefahrer, die bereits verzweifelten und nur an den Tod dachten, wurden mit der heftigsten Gewalt nach jenem Schlunde gezogen, der alle Rückströmungen verschlingt und wieder ausspeit, was man die wechselnde Flut zu nennen pflegt. Als die Seefahrer nur noch die Barmherzigkeit Gottes anflehten, dass er ihre Seelen annehmen möchte, riss jene zurücklaufende Gewalt des Meerstromes einige Schiffe hinweg, die übrigen aber trieb der wiederausspeiende Auslauf des Wassers weit von den andern hin. Mit aller Anstrengung rudernd, unterstützten sie die Macht der sie forttreibenden Strömung und wurden so vom sicheren Tode errettet. Nachdem sie nun der gefahrdrohenden Finsternis und dem Lande

Der Mensch und die Riesen

der Kälte entronnen waren, landeten sie unverhofft auf einer Insel, die rings mit sehr hohen Klippen wie eine Stadt mit Mauern umgeben war. Sie fanden dort Menschen, die in unterirdischen Höhlen verborgen lagen und vor deren Türen eine unermessliche Menge von goldenen Gefäßen und von solchen Metallen aufgespeichert war, die von den Sterblichen für selten und kostbar gehalten werden. Die Ruderer nahmen von diesen Schätzen, soviel sie fortbringen konnten, und kehrten eiligst zu den Schiffen zurück. Plötzlich sahen sie Menschen von wunderbarer Größe hinter sich herkommen, Zyklopen genannt; vor ihnen liefen Hunde her, die die gewöhnliche Größe weit überschritten. Die Hunde stürzten heran und rissen einen von den Genossen hinweg, der augenblicklich vor ihren Augen zerfleischt wurde. Die anderen Seefahrer aber entkamen in die Schiffe und entrannen so der Gefahr, doch verfolgten die Riesen sie bis beinahe auf die hohe See hinaus.

Von Glück geleitet, gelangten die Friesen bis nach Bremen, wo sie dem Erzbischof Alebrand alles erzählten und dem Herrn im Himmel Dankopfer darbrachten.

26. Die Zeitrechnung Gregors von Tours. Die ganze Summe der Jahre seit Erschaffung der Welt ist aber folgende:

Von der Schöpfung bis zur Sintflut	2242 Jahre
Von der Sintflut bis zum Durchzug der Kinder Israel durch das Rote Meer	1404 Jahre
Von dem Durchzug durch das Rote Meer bis zu der Auferstehung des Herrn	1538 Jahre
Von der Auferstehung des Herrn bis zum Heimgang des heiligen Martinus	412 Jahre
Vom Heimgang des heiligen Martinus bis zu dem oben erwähnten einundzwanzigsten Jahre unserer Amtsführung, welches das fünfte Jahr des Papstes Gregorius zu Rom, (das einunddreißigste König Gunthramns), das neunzehnte König Childeberts II. ist	197 Jahre
Die ganze Summe dieser Jahre ist	5 793 Jahre

II. Ursprungs- und Erklärungssagen

27. Die Mäuseturmsage. Im Jahre 974 ward große Teuerung in Deutschland, dass die Menschen aus Not Katzen und Hunde aßen und doch viel Leute Hungers starben. Da war ein Bischof zu Mainz, der hieß Hatto der Andere, ein Geizhals, dachte nur daran, seinen Schatz zu mehren, und sah zu, wie die armen Leute auf der Gasse niederfielen und bei Haufen zu den Brotbänken liefen und das Brot nahmen mit Gewalt. Aber kein Erbarmen kam in den Bischof, sondern er sprach: »Lasset alle Armen und Dürftigen sammeln in einer Scheune vor der Stadt, ich will sie speisen.« Und wie sie in die Scheune gegangen waren, schloss er die Türe zu und verbrannte die Scheune samt den armen Leuten. Als nun die Menschen unter den Flammen wimmerten und jammerten, rief Bischof Hatto: »Hört, hört, wie die Mäuse pfeifen!« Allein Gott der Herr plagte ihn bald, dass die Mäuse Tag und Nacht über ihn liefen

Bischof Hatto von Mainz verbrennt die Armen in der Scheune

und an ihm fraßen, und vermochte sich mit aller seiner Gewalt nicht wider sie behalten und bewahren. Da wusste er endlich keinen andern Rat, als er ließ einen Turm bei Bingen mitten in den Rhein bauen, der noch heutigentags zu sehen ist, und meinte, sich darin zu fristen, aber die Mäuse schwammen durch den Strom heran, erklommen den Turm und fraßen den Bischof lebendig auf. *(Thüringen)*

28. Der Mäuseturm bei Bingen. Bingen ist gar ein alter Flecken, der auch sein' Namen vor Christi Geburt her behalten hat: dann viel alte Skribenten gedenken seiner. Er liegt gleich als in einem Rachen, da sich das Gebirg zu beiden Seiten zusammenzeucht, und lauft da ein schiffreich Wasser mit Namen die Nah in den Rhein. Hie ward vorzeiten Drusus, ein Stiefsohn des Kaisers Augusti erschlagen, oder wie die andern sagen, er fiel zu Tod von seinem Pferd. Es ist noch ein Ort bei diesem Städtlein, das heißt von Druso der Drüselbrunn. Hie hat auch gewohnet vor vierhundert Jahren die Jungfrau Hildegard, die so viel heimlicher Offenbarung

Bingen. Cap. cxcviij.

Bingen ist gar ein alter Flecken/der auch sein nammen vor Christi geburt her behalten hat: dañ viel alte Scribenten gedenckē seiner. Er ligt gleich alß in einem Rachen/da sich das Gebirg zu beyden seytē zusammen zeucht/vnd laufft da ein Schiffreich Wasser/mit nammen die Nah/in den Rhein. Hie ward vorzeiten Drusus ein Stieffsohn des Keysers Augusti erschlagen/oder wie die andern sagen/er fiel zu todt von seinem Pferd. Es ist noch ein ort bey diesem Stettlein/das heißt von Druso der Drüselbrunn. Hie hat auch gewohnet vor 400 jaren die Jungkfraw Hildegard/die so viel heimlicher Offenbarung von Gott gehabt vñ beschrieben hat. Bey dieser Statt steht ein Thurn im Rhein/der heißt der Meußthurn/vnnd hat den nammen von einer solchen Geschicht vberkommen. Es war ein Bischoff zu Mentz zu den zeiten des grossen Keysers Otten/nemlich año Christi 914. der hieß Hatto/vnder dem entstund ein grosse Thewrung/vñ da er sahe daß die Armen Leut grossen Hunger litten/versam̃let er in ein Schewr viel armer Leut/vnd ließ sie darinn verbrennen. Dañ er sprach: Es ist eben mit jnen alß mit den Meusen die das Korn fressen/vnnd niergend zu nütz sind. Aber Gott ließ es nicht vngerochē. Er gebote den Meusen daß sie mit hauffen vber jhn lieffen/im Tag vñ Nacht kein ruhe liessen/wolten jhn also lebendig fressen. Da flohe er in diesen Thurn/vñ verhofft er würd da sicher seyn vor den Meusen. Aber er mocht dem Vrtheil Gottes nicht entrünnen/sonder die Meuß schwummen durch den Rhein zu jm. Da er das sahe/erkannt er das Vrtheil Gottes/vnd starb also vnder den Meusen. Wilt du es für ein Fabel haben/will ich nicht mit dir darumb zanckē/ich hab diß Geschicht mehr dañ in einē Buch gefunden. Du findest hie vnden bey den Königen von Poland auch desgleichen Geschicht/das noch grawsamer ist: dann es wurden Mann/Fraw vnd Kinder von den Meusen gefressen biß auff die Bein.

S. Hildegard.

Der Meußthurn im Rhein.

Die Mäuseturmsage (Conrad Lycosthenes 1557)

von Gott gehabt und beschrieben hat. Bei dieser Stadt steht ein Turm im Rhein, der heißt der Mäusturm und hat den Namen von einer solchen Geschieht' überkommen. Es war ein Bischof zu Mentz, zu den Zeiten des großen Kaisers Otten, nämlich Anno Christi 914, der hieß Hatto, under dem entstund ein' große Teurung, und da er sahe, dass die armen Leut' großen Hunger litten, versammlet er in ein' Scheur viel armer Leut und ließ sie darin verbrennen. Dann er sprach: »Es ist eben mit jenen als mit den Mäusen, die das Korn fressen und nirgendzu nütz sind.« Aber Gott ließ es nicht ungerochen. Er gebote den Mäusen, dass sie mit Haufen über ihn liefen, ihm Tag und Nacht kein Ruhe ließen, wollten ihn also lebendig fressen. Da flohe er in diesen Turn und verhofft, er würd' da sicher sein vor den Mäusen. Aber er mocht dem Urteil Gottes nicht entrünnen, sondern die Mäus schwimmen durch den Rhein zu ihm. Da er das sahe, erkannt er das Urteil Gottes und starb also unter den Mäusen. Wilt du es für ein Fabel haben, will ich nicht mit dir darumb zanken, ich hab dies' Geschicht mehr denn in einem Buch gefunden. Du findest hie unden bei den Königen von Poland auch desgleichen Geschicht', das noch grausamer ist: denn es wurden Mann, Frau und Kinder von den Mäusen gefressen bis auf die Bein.

29. Die Schlangeninsel. Vor etwa 500 Jahren hauste auf Schloss Neuhaus ein grausamer Vogt, der den Donauzoll rücksichtslos einhob. Eines Tages wollte ein Handelsschiff landen, der Vogt kam aber zuvor und zog das Schiff ans Land. Er behauptete, das Schiff hätte sich dem Zoll entziehen wollen und erklärte die Ladung für verfallen. Die Schiffsleute setzten sich zur Wehr, unterlagen aber, der Kaufherr wurde in Ketten gelegt und in die Burg geschleppt. Er verfluchte den Vogt: »Elend sollst du zugrunde gehen, lebend von Schlangen und Nattern aufgefressen werden.« Der Vogt lachte nur darüber und setzte seine Untaten fort. Schließlich drohte ihm die Gefahr, zur Rechenschaft gezogen zu werden. Er flüchtete auf eine Donauinsel, auf der er einen festen Turm erbaut hatte, nur ein Spießgeselle blieb bei ihm. Dieser holte einmal von Neuhaus herüber Lebensmittel. Als er wieder zurückkehrte, fand er das Tor offen und den Vogt, von Schlangen umwimmelt, tot am Boden liegen. Er wollte flüchten, aber die Schlangen erreichten auch ihn und töteten ihn. Seither heißt die Insel die Schlangeninsel. *(Oberösterreich)*

30. Der Mausberg. In den Schaalsee bi Dargow liggt de Musbarg. He is nu ünner Water, wenn ok nich heel deep, vör Tieden awer hett dar en Hus op stahn, un dat is so kamen:

Nich wied von Dargow hett en Hoff legen, dar is en Herrn op weß, en ganz bösen Kerl. He hett Minschen un Tiern quält, un mal, as de Lüd op den Hoff wat versehn harrn, hett he er in de Schün insparrt, un denn hett he de Schün anstecken, un as de Lüd dunn so jammern, röppt he noch: »Hört mal, wat de Müs dar piept!« Von de Tied af an awer hett he sik vor de Müs nich mehr bargen kunnt. In't ganze Hus weern se to gnagen, un dat so vel, se sünd em toletz sülben to Liev gahn. Do hett he sik dat Hus bugen laten op den Barg in'n See. De Müs hebbt em awer ok dar keen Ruh laten. Se sünd achter em ran swömmt öwer dat Water röwer, un dat hett nich lang durt, do is de Mann dod weß. Darvon heet de Barg vondag noch de Musbarg. *(Schleswig-Holstein)*

31. Die feindlichen Brüder. Über dem Kloster Bornhofen, auf zwei absonderlichen, doch nahe beisammen liegenden Bergen, betrachtet man die beiden verfallenen Schlösser Liebenstein und Sternfels, welche in den Hohmannischen und andern Landkarten die zwei Brüder heißen. Von diesen erzählt man folgendes: Es waren nämlich diese Schlösser von zwei reichen Brüdern erbauet und bewohnet worden. Der Schwester aber, welche blind gewesen, habe man vor ihr Erbteil drei Andachten, als dieses Bornhoffen und im Rheingau Kidrich und Nothgottes, angelegt. Nachgehendes hätten diese beide Brüder, weil sie in Uneinigkeit geraten, einander ihre Schlösser verheert. Indem nun dieselben gar ansehnliche Einkünfte haben, auch verschiedene Güter und Weinberge dazugehören, so hat das eine die hochadelige Familie der Herren von Schenck und Oberspey an sich gezogen. Das andere ist als ein kurtrierisches Lehen wieder an Kurtrier zurückgefallen.

32. Der Graf von Gleichen. Ein Graf von Gleichen, den viele Leute in Erfurt gekannt haben, hatte mit seiner Gemahlin ein ehrbares Leben geführt. Als er an einem Kriege gegen die Türken teilnahm, wurde er in einem Treffen gefangengenommen und vom Sultan in die Türkei geführt. Nachdem er dort längere Zeit in Gefangenschaft zugebracht hatte und zu anstrengenden ländlichen Arbeiten verwendet worden war, sah ihn des Sultans Tochter, als sie lustwandelte, trat sogleich an ihn heran und fragte ihn, auf welche Weise er dorthin gekommen wäre. Wie sie sich mit ihm unterhielt, wurde sie von seiner Gestalt und Gewandtheit so eingenommen, dass sie von Liebe zu ihm ergriffen wurde. Sie machte ihm deshalb den Vorschlag, ihn gegen das Versprechen der Ehe aus der Gefangenschaft zu befreien und mit ihm in seine Heimat zu fliehen. Als der Graf ihr hierauf entgegnete, dass er bereits eine Gattin und Kinder in seiner Heimat besäße, antwortete sie ihm, das könnte kein Hindernis sein, weil die türkische Sitte es mit sich brächte, dass ein Mann zwei oder mehrere Frauen hätte. Auf diese Äußerung hin erklärte sich der Graf gern einverstanden und versprach ihr Treue. Die Sultanstochter bewirkte hierauf sofort seine Befreiung und ging mit ihm davon. In Venedig fand er einen seiner Diener, der ihn schon lange gesucht hatte und von dem er erfuhr, dass es seiner Gemahlin wie den Kindern und der übrigen Familie wohlerginge. Nachdem der Graf das vernommen, begab er sich nach Rom und trug den ganzen Verlauf der Sache dem Papste vor, wie er nämlich der Sultanstochter Treue gelobt hätte, um seinen Leib zu retten, nicht aber aus Begehrlichkeit und Sinnenlust. Der Papst erteilte ihm deshalb Freiheit und Vergebung, ließ ihm auch einen Ablassbrief ausfertigen, worauf der Graf in seine Heimat zurückkehrte.

Die Gattin nahm den Heimgekehrten mit Freuden wieder an, ohne sich durch dessen Verhältnis zur türkischen Fürstin verletzt zu fühlen, vielmehr widmete sie dieser, der sie ja den Besitz des teuren Gemahls verdankte, innige Liebe. Die Fürstin fügte sich auch ihrerseits leicht in die Gräfin, sodass beide in der größten Freundschaft und ohne allen Zwiespalt das Leben miteinander verbrachten. Gott aber, der diese Ehe gnädig gestattete, beglückte die wahre oder frühere Gemahlin mit reichem Kindersegen, während der türkischen Fürstin Kinder versagt blieben; doch zog diese gleich einer Dienerin die Kinder der Gräfin auf und pflegte sie mit treuer Liebe.

Das Denkmal befindet sich noch heute in Erfurt. Auf ihm stehen die beiden Frauen des Grafen, die Fürstin mit einer marmornen Krone geschmückt, die Gräfin mit unbedecktem Haupte und mit ihren Kindern zu ihren Füßen.

33. Die Gräfin von Orlamünde. Gleichwie nun dieses Kloster, obbesagtermaßen, an dem Unschuldigen-Kindleins-Tag ehedessen gestiftet wurde, also soll sich auch mit zweien, in derselben Begräbnisgruft befindlichen, unschuldigen Kindern etwas Denkwürdiges zugetragen haben, davon eines ein Jahr, das andere zwei Jahre alt gewesen zu sein vorgegeben wurde, wozu unser Herr Burggraf Albertus solcher Gelegenheit und Anlass gegeben haben soll. Das Faktum wird insgemein von denen Skribenten folgender Gestalt, doch in Nebenumständen diversimodo angegeben:

„Wahre Abbildung der hin und wieder erscheinenden sogenannten „Weißen Frau“ betextet J.H. Jung-Stilling in seiner „Theorie der Geister-Kunde“ (Nürnberg 1808) die Wiedergabe eines Porträts der Prinzessin Agnes von Meran, vermählt mit dem 1340 verstorbenen Grafen Anton von Orlamünde

Es habe sich eine verwittibte junge Gräfin von Orlamünd, namens Beatrix, eine geborene Prinzessin von Meran, oder, wie Hofmann in annalibus Bambergensibus vorgibt, Carinte, aus einem unbekannten Haus, zu eben der Zeit, da Kulmbach mit diesem Kloster an die Herren Burggrafen durch obgedachten Vertrag überging, mit diesen zwei Kindern zu Plassenburg aufgehalten, welche sich in den schönen Burggrafen, Albertum, unglücklich verliebt und solchen gerne zur Ehe gehabt hätte; es wäre auch der Burggraf derselben nicht ungeneigt gewesen, habe sich aber einmal vernehmen lassen: vier Augen verhindern solche Heirat, dass sie nicht geschehen könne; womit er dem Vermuten nach seine Eltern möge verstanden haben, die etwa solche Vermählung nicht gestatten wollen. Als die verliebte Gräfin von dieser, des Burggrafen getanen Deklaration Nachricht erhielt, sei sie auf die unseligen Gedanken verfallen, ob möchten durch die vier Augen ihre zwei Kinder verstanden werden, und habe den grausamen Entschluss gefasset, dieselben auf eine heimliche und subtile Weise aus dem Mittel zu räumen, zu dem Ende sie dann denselben eine Nadel durch den Kopf in das Hirn gestochen und hernach vorgegeben habe, dass beide jähling erkrankt und gestorben wären, worauf man sie in ihr Erbbegräbnis beigesetzet hätte. Nachdem aber hernach dennoch solche Heirat nicht zustand' gekommen, wäre die grausame Mutter über ihren begangenen Kindermord in so schwere Melancholie verfallen, dass sie deswegen in ein Frauenkloster zu Hof verschlossen werden musste. Als nun nach zweihundert Jahren sotane Gruft einmal wieder eröffnet und solche Kinder darinnen gefunden wurden, wären sie noch so schön und unverweset gewesen, als wenn sie erst vor kurzer Zeit gestorben und begraben worden wären, welche Trauergeschichte der Pfarrer zu Melkendorf, Johann Löhr, anno 1559 an die damalige Äbtissin des Stiftes Himmelkron, Frau Margaretha von Döhla, umständlich in teutschen, obwohl nach dem heutigen gout mehrenteils sehr hart klingenden Versen beschrieben, die in Herrn von Falckensteins Nordgauischen Alterthümern, P.III.p.152 zu lesen sind.

34. Der Kindermord. Graf Otto zu Orlamünde starb 1340 (nach andern 1275,1280, 1298) mit Hinterlassung seiner jungen Witwe Agnes, einer geborenen Herzogin von Meran, von der er zwei Kinder, ein Söhnlein von drei und ein Töchterlein von zwei Jahren hatte. Die Witwe saß auf der Plassenburg und dachte daran, sich wieder zu vermählen. Einstens wurde ihr die Rede Albrechts des Schönen, Burggrafen zu Nürnberg, hinterbracht, der gesagt hatte: »Gern wollte ich dem schönen Weib meinen Leib zuwenden, wo nicht vier Augen wären! « Die Gräfin glaubte, er meinte damit ihre zwei Kinder und sie ständen der neuen Ehe im Wege. Blind von ihrer Leidenschaft, trug sie einem Dienstmanne Hayder oder Hager auf und gewann ihn mit reichen Gaben, dass er die beiden Kindlein umbringen möchte. Nun haben die Kinder diesem Meuchelmörder geschmeichelt und ihn ängstlich gebeten:

»Lieber Hayder, lass mich leben,
Ich will dir Orlamünden geben,

Richmodis, die wiedererweckte Scheintote (Köln 1604)

Auch Plassenburg des neuen,
Es soll dich nicht gereuen!«

sprach das Knäblein; das Töchterlein aber sagte:

»Lieber Hayder, lass mich leben,
Ich will dir alle mein Docken (Puppen) geben!«

Der Mörder wurde hierdurch aber nicht gerührt und vollbrachte die Untat; als er später noch andere Bubenstücke ausgerichtet hatte und gefangen auf der Folter lag, bekannte er, so sehr ihn der Mord des jungen Herrn reute, der in seinem Anbieten doch schon gewusst hätte, dass er Herrschaften auszuteilen gehabt hätte, so gereute ihn noch hundertmal mehr, wenn er der unschuldigen Kinderworte des Mädleins gedächte. Die Leichname der beiden Kinder wurden im Kloster Himmelkron beigesetzt und den Pilgrimen zum ewigen Andenken der Begebenheit als ein Heiligtum gewiesen. *(Franken)*

35. Richmodis von Aducht. Ist dir zu Köln am Rhein das sogenannte Wahrzeichen oder dasjenige Haus bekannt, wo das Pferd zum Fenster heraussiehet, weil sich ehemals daselbst eine wunderbare Geschichte zugetragen? Es starb nämlich eine reiche Weibesperson ohne Leibeserben, welcher ihr Ehemann aus besonderer Liebe, so er im Leben zu ihr getragen, nach Landesgebrauch eine güldene Kette am Halse und einige kostbare Ringe an den Fingern gelassen. Der goldsüchtige Totengräber, welcher dieses wusste, wollte der Erde diesen anvertrauten Schatz nicht überlassen, sondern machte sich nächtlicher Weile, in Begleitung einer Laterne, über das Grab, um den Körper seines überflüssigen Zierrats zu berauben. Da er eben den Sarg aufgemachet, richtete sich die in demselben liegende Frau auf und verursachte, dass der Totengräber über Hals und Kopf aus dem Grabe heraufstieg und in der Angst seine Laterne zurückeließ, damit er nicht von dem Gespenst übereilet würde. Die Verstorbene hingegen bediente sich dieses Zufalls zu ihrem Nutzen, nahm die bei dem aufgeworfenen Grabe stehende Laterne in die Hand und verfügte sich in ihrem Sterbekleide nach ihrer ehemaligen Wohnung. Es war beinahe elf Uhr, als sie vor der Haustüre anklopfte, die Magd aber, nachdem sie ihre verstorbene Frau mit einer Laterne erblickte, lief eilends zu ihrem bereits schlafenden Herrn und hinterbrachte ihm, was sie jetzt wahrgenommen hätte. Derselbe hielte solches für etwas Unmögliches und brach aus

Unbesonnenheit in diese Worte heraus: »So wenig es wahr sein kann, dass mein Pferd die Treppe hinaufklettere und durch das Dach des Bodens herausschaue, so wenig ist es möglich, dass meine Frau aus dem Grabe wieder nach Hause kommen kann.« Unterdessen fuhr die Frau immer fort, an die Türe zu pochen, dass er endlich aus Ungeduld sein Bette verließ, um dieses Spektakul selbst anzuschauen. Da er nun sowohl die güldene Halskette, als auch die übrigen Sterbekleider gewahr wurde, entschloss er sich endlich, mit der Magd die Treppe hinunterzugehen und die Haustüre zu eröffnen. Hier sahe er nun seine Frau in leibhaftiger Gestalt, welche ihn freundlich grüßte, ob sie gleich nicht wusste, wie ihr geschehen war, noch wie sie in das Grab gekommen, viel weniger, wer ihr aus demselben herausgeholfen, oder wo sie die Laterne hergenommen hatte; im Gegenteil wusste der Mann gar wohl, dass sie ordentlich begraben und sowohl von ihm als allen andern Leuten für tot gehalten worden. Allein die Umstände, so nach dem Begräbnis mit ihr sich zugetragen, waren ihm gänzlich unbekannt. Genug, er bekam eine körperliche Frau, die er für ein Gespenst gehalten, wiederum in sein Ehebette, hat auch mit derselben innerhalb sieben Jahren noch unterschiedene Kinder gezeuget. Sie hat diese neue Lebenszeit meistens mit Spinnen zugebracht, wie denn von ihrer Handarbeit noch zwei Stück roher, ungebleichter Leinwand zum Andenken verwahrt werden, die ich selbst gesehen habe. Überdem hat man zum Denkzeichen wegen der vorgeschützten Unmöglichkeit, einen Pferdekopf von Stein in das oberste Dachfenster gesetzet, welcher von jedermann kann gesehen werden. Eine ebensolche Geschichte aber können wir in der Hauptstadt unsers Sachsenlandes, ich meine zu Dresden, antreffen. Denn allda wird man dir ebenfalls einen Leichenstein zum Andenken einer solchen Geschichte aufweisen.

36. Die wiedererweckte Scheintote. In dem jetzigen Grötschelschen Hause, geradeüber von der Linde, auf dem Neumarkte starb eine Jungfrau im Brautstande nach längerer Krankheit. Sie wurde mit vielem Putz und Geschmeide geschmückt und begraben. Der habsüchtige Totengräber, der damals dort wohnte, wo jetzt das Hospital ad St. Josephum steht, machte sich des Nachts mit einer Laterne und Grabwerkzeugen auf, um die Tote zu berauben. Als er ihr aber die Ringe vom Finger ziehen will, richtet sich die Tote auf und fasst ihn am Arme – sie war scheintot gewesen. Der Totengräber eilt erschreckt von dannen. Die Lebendigbegrabene aber nimmt die Laterne, geht nach Hause und klopft an. Man hört sie, fragt, wer da sei, öffnet aber erst aus Furcht und Bestürzung nach längerer Zeit. Zum Andenken an dies Ereignis ist die Linde gesetzt und der Stein errichtet worden. *(Schlesien)*

37. Die Bildsäule des Großen Kurfürsten. Früher wusste man hier in Berlin noch viel mehr Geschichten aus alter Zeit zu erzählen, aber es kommt allmählich immer mehr ab; die wenigsten wissen noch, was das Jungfernkissen sei, oder dass der Große Kurfürst eigentlich acht Sklaven hat. Die vier, die oben um den Fuß der Bildsäule sitzen, das sind die vier Hauptsklaven, es sitzen aber noch vier unten im Wasser. Auch was das bedeuten soll, dass ein Paar Kinderköpfe vorn auf der Brust aus dem Mantel heraussehen, weiß der zehnte nicht. Das hängt aber so zusammen: Als der Große Kurfürst regierte, war ein gewaltiger Religionskrieg, und was nur an die Wand pissen konnte, wurde ermordet. Nun kam der Kurfürst mal auf einem Dorfe in eine Stube, da lagen ein paar Kinder in der Wiege, die lachten ihn so freundlich an; da hat er sie in seinen Mantel genommen und befohlen, dass man aufhören solle mit Morden. Und daher stammt denn das Wahrzeichen auf der Brust. *(Berlin)*

38. Der kleine Fehler. Die Statue hat aber noch ein anderes Merkmal, das auch nicht jeder weiß. Das Pferd des Großen Kurfürsten hat keine Hufeisen. Die hatte der Meister, welcher die Statue gegossen hat, angeblich vergessen, und als er nachträglich es bemerkte, soll er sich deshalb von der Brücke in die Spree gestürzt haben. *(Mark Brandenburg)*

39. Städtewahrzeichen. Die Straßburger Münsteruhr. Als die weltberühmte Uhr im Münster zu Straßburg vollendet war, ließ der Stadtrat dem Uhrmacher die Augen ausstechen, damit nicht auch ein anderer Ort ein so künstliches Prachtwerk erhalte. Um sich zu rächen, sagte der Uhrmacher, er habe etwas, das gleich gemacht sei, an der Uhr vergessen, weshalb man ihn zu ihr führen solle. Nachdem er dahingebracht war, tat er einen Griff hinein und riss einen Draht ab. Im Augenblick stand das Werk still und hat bis heute nicht wieder in Gang gebracht werden können.

40. Das Wahrzeichen von Tübingen. Als vor hundert Jahren zwei junge Gesellen und Kameraden auf die Wanderschaft zogen, um ihr Handwerk zu treiben, und der eine nach etlichen Jahren wieder zurückkam, der andre aber nicht, und man deswegen glaubte, er sei umgebracht worden, so wurde der erstere ergriffen und aus einigen Zeichen, zum Beispiel, weil man den Dolch des andern bei ihm fand, für den Mörder gehalten, zum Tode verdammt und gerädert. Nicht lange hernach kam jedoch der andere lebendig, frisch und gesund nach Tübingen zurück. Den Dolch hatte er seinem Kameraden gelegentlich einmal geschenkt.

Darauf wurde zum ewigen Gedächtnis des Unglücklichen und zur Warnung vor voreiligem Todesspruch und Justizmord das Bild des geräderten Mannes in Stein gehauen und in die Kirchenmauer eingefügt. *(Schwaben)*

41. Der Rosenstrauch zu Hildesheim. Als Ludwig der Fromme in der Winterzeit bei Hildesheim jagte, verlor er sein mit einer Reliquie angefülltes Kreuz, das ihm vor allen lieb war. Er sandte seine Diener aus, um es zu suchen, und gelobte, an dem Orte, wo sie es finden würden, eine Kapelle zu bauen. Die Diener verfolgten die Spur der gestrigen Jagd auf dem Schnee und sahen bald aus der Ferne mitten im Wald einen grünen Rasen und darauf einen grünenden wilden Rosenstrauch. Als sie ihm näherkamen, hing das verlorene Kreuz daran; sie nahmen es und berichteten dem Kaiser, wo sie es gefunden. Alsobald befahl Ludwig, auf der Stätte eine Kapelle zu erbauen und den Altar dahin zu setzen, wo der Rosenstock stand. Dieses geschah, und bis auf den heutigen Tag grünt und blüht der Strauch und wird von einem eigens dazu bestellten Manne gepflegt. Er hat mit seinen Ästen und Zweigen die Rundung des Doms bis zum Dache überzogen.

Der Rosenstock zu Hildesheim

42. Der Esel als Dudelsackpfeifer. In der alten Hamburger Domkirche, die nun schon lange abgetragen ist, stand seit alters ein merkwürdiger Grabstein, der als Bild einen Esel zeigte. Und was das seltsamste an diesem Esel war, er stand aufrecht auf den Hinterbeinen und hielt in den Vorderhufen gar artig eine Sackpfeife, auf der er anscheinend recht lustig blies. Mit diesem Esel hatte es aber folgende Bewandtnis:

Ein reicher Kaufmann, der wohl zur Zeit des großen Krieges gelebt haben mag, vermaß sich einstmals im Übermut, er könne nie verarmen; eher möchte ein Esel auf der Sackpfeife spielen, als dass sein Hab und Gut ihm verloren gehen könne. Aber der Mensch denkt, und Gott lenkt: Ehe er sich's versah, war er ein ganz armer Mann geworden und musste in bitterer Not sterben. Da setzte man ihm den pfeifenden Esel zum Grabstein. *(Hamburg)*

43. Hochmut. Andere wollen es besser wissen. Sie erzählen, dass der Stein auf dem Grabe der Gesche van Holten stehe, die einstmals die reichste Frau von Hamburg gewesen. Zu der kam einmal ein armer Verwandter, um sie um Unterstützung zu bitten, aber schnöde wies sie ihn ab, und als er sie an des Glückes Unbestand mahnte, antwortete sie ihm: »Eher kann der Esel auf dem Dudelsack pfeifen lernen, als ich arm werden!« Später ist sie dann so verarmt, dass sie auf ihrem ehemaligen Garten den Hühnern im Hühnerkorbe das vorgeworfene Brot nachgesucht hat. Wie sie so von dem traurigen Mahl zur Gasse schlich, begegnete sie einmal einem herumziehenden Possenreißer, der einen tanzenden, Dudelsack spielenden Esel mit sich führte: Da dachte sie an ihr vermessenes Wort aus der Zeit ihres Reichtumes und erschrak in ihrer Seele. Bald darauf ist sie gestorben. Ihre Familie hat ihr dann den beschriebenen Stein setzen lassen, zur Warnung aller derer, die im Glücke schwelgen. *(Hamburg)*

44. Das Hündchen von Bretten. An einer Kirche zu Bretten ist ein Hündchen ohne Schwanz in Stein abgebildet. Wenn nun jemand in einem Streit den kürzeren zieht, einen Prozess verliert und dergleichen, so pflegt man von ihm zu sagen: »Er kommt daher, wie das Hündchen zu Bretten.« Über den Ursprung des steinernen Hündchens und dieses Sprichwortes erzählt man sich folgendes: Einst hatten Feinde schon lange das Städtchen Bretten belagert und wollten es aushungern. In der äußersten Not legten die Bürger fast ihre letzten Lebensmittel zusammen und mästeten damit ein Hündchen. Als dies sich erholt hatte und recht rund und voll war, ließen sie es zum Stadttor hinaus ins feindliche Lager laufen. Sobald die Feinde das fette Hündchen sahen, dachten sie, haben sie den noch so füttern können, so müssen sie selbst wohl noch viel zu beißen haben, und gaben ärgerlich die Belagerung auf und zogen ab. Zuvor aber hieben sie dem Hündlein den Schwanz ab und schickten ihn so verstümmelt wieder zurück. Zum Dank für die guten Dienste ließen die Brettener Bürger jenen Hund in Stein aushauen und anfangs auf das Stadttor, später außen an die Laurentikirche setzen.

Andre erzählen die Geschichte so: Ein Wirt habe seinen Hund immer mit einem Korbe zu einem Metzger geschickt, um Fleisch und Würste zu holen, und der Hund habe alles immer gut heimgebracht. Da habe der Metzger einmal aus Mutwillen dem Hunde den Schwanz abgeschnitten und diesen zu den Würsten in den Korb gelegt, sodass der Hund seinen eigenen abgeschnittenen Schwanz habe heimtragen müssen. Der Herr aber habe dem treuen Hunde ein Denkmal errichtet. *(Schwaben)*

45. Das Ochsenhorn. Hinter dem Altar der Woldegker Kirche hängt ein sonderbar geformtes Ochsenhorn von ungewöhnlicher Größe. Es soll einmal bei einer Seuche alles Vieh in Woldegk gestorben und nur ein Ochse übriggeblieben sein, dessen Horn in der Kirche aufgehängt wurde. So lange man es bewahrt, soll in Woldegk keine Seuche mehr hausen. *(Mecklenburg)*

46. Die Schwedenkugel in Ellwangen. An einem Bäckerhause ist über dem Fenster noch eine Kanonenkugel aus der Schwedenzeit eingemauert. Zur Zeit der Schlacht von Nördlingen kamen Schweden bis auf Schussnähe zu Ellwangen von der Straße her, die nach Dalkingen führt. Beim jetzt sogenannten Kaiserkreuz (ein Bildstock) schossen sie auf Ellwangen hinein. Eine Kugel fuhr durch die Wand hindurch und tötete einen Bäcker am Backtrog und beschädigte noch mehr Leute. Dies war der letzte Schuss. Die Kugel ließ man zum ewigen Gedächtnis in diesem Hause in die Wand einmauern. *(Schwaben)*

47. Die Waage der Gerechtigkeit. Zu Bamberg ist Kaiser Henrichs Grab, auf welchem ein Grabstein gehauen ist, das bedeutet die Gerechtigkeit, denn das Bild hat ein Waag' in der Hand. Nun ist die Waag' jetzt also, dass das Zünglein nicht gleich innestehet, sondern schlägt auf der einen Seite aus. Davon haben die Alten gesagt: Wenn die Zunge gleich werde einstehen, alsdann werde die Stadt untergehen.

48. Das Bild des Murrmaunk von Geiselwind. Die Reiche und Rauhe Ebrach entfallen beide dem hohen Steigberg, diese zur rechten, jene zur linken Seiten, welche der rauhe Steigerwald eingenommen. Die Reiche kommet von Abts- und Elsendorf auf Wachenroth, Mühlhausen, Pommersfeld, Sambach, Wingersdorf, Schlüsselau, Rebersdorf, Erlich und Öttendorf zur Rednitz. Darein verfließen der Ziegenbach, das Wasser, so von Birkach herabfället, die Haßlach, der Steppach etc., und sind daran zu bemerken der Schwartzenbergische Flecken Geißelwin, woselbst an der Strass', bei einem Springbrunn', eine hölzerne Säule und darauf ein Bild eines Fuhrmanns stehet, dem die um den Hals liegende Katz' die Bratwürst aus dem Mund nimmet und insgemein der Murrmaunk heißet, auch vielen ein kaltes Bad verursachst, wenn sie freventlich rufen: »Murrmaunk Geisseiwin, es sind viel Hexen und Truden drin!« Denn wenn man sie ergreifet, so werden sie in den Brunn' geworfen und hernach mit Steinen und Kot zum Flecken hinaus verfolget.

49. Der Stock im Eisen. Die Erzählung davon ist sehr wunderlich, wiewohl sie bei dem gemeinen Mann und bei glaubwürdigen Leuten gar genau miteinander übereinstimmet. Es ist bekannt, dass, wo jetzt diese große und berühmte Stadt Wien stehet, in vorigen Zeiten ein ungeheurer Wald befindlich gewesen, in welchem das sogenannte Tier Hyaena oder Menschenfresser sich soll aufgehalten haben. Von demselben hat diese Stadt mit Verwechselung des einzigen ersten Buchstabens den Namen bekommen, zum Denkzeichen aber des in derselben Gegend gestandenen Waldes ist ein abgehauener Stock von einem Baum übriggelassen worden, welcher annoch, in einem eisernen Gitter verwahret, gezeiget wird. Es hat sich aber einsmals zugetragen, dass ein Schlösserjunge Schläge halber von seinem Meister entlaufen und einige Zeit in der Irre herumgegangen, weil er die ihm aufgetragene Arbeit nachlässig verrichtet hatte. Diesem begegnete ohngefähr ein Mann in der Gestalt eines Meisters von eben dieser Profession, mit ei-

Der Stock im Eisen.
(Radierung 1871)

nem Schurzfelle umgürtet, welcher ihn um die Ursache seiner Traurigkeit befragte. Er trug kein Bedenken, diesem vermeinten Meister sein Anliegen zu offenbaren, weil er etwa bei demselben anderweitige Dienste zu bekommen verhoffte. Der vermummte Handwerksmann gab ihm darauf zur Antwort: »Wenn du in meine Dienste treten willst, so sollst du von mir ein Schloß um den Stock, welcher das Wahrzeichen dieser Stadt ist, verfertigen lernen, das weder dein Meister noch ein anderer dieser Kunst Verständiger wird aufmachen können und wodurch du dir auf die späte Nachwelt einen Namen und Andenken erwerben wirst.« Der unbesonnene Junge nahm das Geding alsobald an und unterschrieb sich auf Verlangen dieses unbekannten Meisters mit seinem eigenen Blute, welcher ihm um die elfte Nachtstunde wieder an diesen Ort beschieden. Nachdem er sich nun allda richtig eingestellet, fand er den Meister mit gewöhnlichen Werkzeugen bei einem Kohlenfeuer, allwo sie vermöge ihres Pakts das Schloß und den Ring um besagten Stock verfertiget haben. Die Zeit aber, in welcher der Junge eigentlich des Meisters sein sollte, war auf zehn Jahre bestimmt. Hiernächst bekam er von ihm etwas Geld zu seinem Unterhalt, worauf ihm derselbe nebst dem Feuer und Schlösserinstrumenten aus den Augen gekommen. Der Junge ging des folgenden Tages zu seinem vorigen Meister und fragte ihn, ob er sich das in seiner Abwesenheit von ihm verfertigte Schloß zu öffnen getraue, mit dem Zusatz, daß, wenn er solches täte, er ihn für einen rechtschaffenen Meister erkennen wollte. Der Meister wußte zwar nicht, was der Junge mit diesem Vortrag sagen wollte, ging aber dennoch mit ihm hin, um zu sehen, was es mit der Sache für eine Beschaffenheit habe. Und da er mit Erstaunen eine Arbeit zu sehen bekam, welche seiner Kunst ganz fremde schien, mutmaßte er gleich, daß es nicht natürlich damit zugehen müßte und beschloß alsobald, es der Obrigkeit anzuzeigen. Der Junge vermerkte solches und machte sich eilig aus dem Staube, weil er besorgen mußte, daß man ihn desfalls scharf befragen oder wohl gar mit einer Strafe belegen würde. Inzwischen hatte er gleichwohl durch diese seine Arbeit, welche er mit dem unbekannten Meister verfertiget, das ganze Schlösserhandwerk beschämt gemacht, zumalen bis diese Stunde keiner von den erfahrensten Künstlern, welche aus andern Ländern herzugekommen und Hand angelegt haben, dieses Schloß zu öffnen vermögend gewesen.

50. Die Spinnerin am Kreuz. Ritter Adalbert machte einen Kreuzzug nach dem Heiligen Lande, während seine Braut Adelheid daheim sich in Gram und Sehnsucht verzehrte. Nur im Gebete und im Besuche eines benachbarten Kirchleins fand die Verlassene Trost. Da gab ihr frommer Sinn ihr ein, dem Kreuze, für das ihr Verlobter im Morgenlande stritt, sich ganz zu weihen und an der Denksäule so lange zu spinnen, bis Adalbert in ihre Arme zurückkehrte. Täglich trug sie den Rocken hin und spann. Da erschien ihr eines Abends die blutige Gestalt ihres Geliebten und verkündete ihr, dass sie sich ihr Totenkleid spinne, denn erst im Himmel würden sie sich wiedersehen. Schon am folgenden Tage brachte ein Pilger die traurige Kunde, Ritter Adalbert sei im Heiligen Lande gefallen und habe ihm sterbend Adelheids Ring übergeben. Da spann sie noch sechs Wochen vor der Denksäule, teilte dann alle ihre Habe an die Armen aus und starb an gebrochenem Herzen, nachdem von ihrem Gespinst eben ihr Grabkleid fertiggeworden war. Alt und jung beweinte sie, und noch jetzt sieht der nächtliche Wanderer im Mondschein die schöne Spinnerin manchmal vor der Denksäule knien. *(Niederösterreich)*

51. Der Bildstock mit der Näherin. An einem aufgehobenen Feiertag wollte ein fremdes Mädchen mit ihrem kleinen Kinde nach Grünsfeld in den Gottesdienst gehen. Zwischen dem Uhlberger Hof und der Stadt merkte sie, dass es zu spät sei, daher sie sich am Wege niedersetzte und anfing zu nähen, indem sie sprach:

»Gott zu Ehren
Will ich mein Kind ernähren.«

Während sie arbeitete, kam ein Gewitter und erschlug sie, ohne das Kind, welches hart neben ihr lag, zu beschädigen. Auf den Platz, wo dies geschehen, wurde ein Bildstock gesetzt, worauf der Vorfall ausgehauen ist. *(Baden)*

52. Der Glockenguss zu Breslau. Endlich muss ich auch melden von der großen Glock' zu St. Maria Magdalena, welche (wie auch alle anderen) im Gewicht gehet und durch drei oder vier Mann kann gezogen werden. Wann man fünfzig Schläge zeucht, so gehet sie hernach noch fünfzig Schläge von sich selbst, aber mit geringer Hilf; der Schwengel wird allezeit im vollen Schwung vom Messner gefangen und angezogen; auch wird zwischen solchem Läuten wie bei einer Musik etliche Schläge pausierst und darauf wieder frisch angefangen; so hat es auch ein Gesetz, wie viel zur Predigt, Vesper und zum Leichen Schläge müssen geschehen, diese zählet der Messner allezeit ab; was nun mit Standespersonen, wird mit diesen zwei großen Glocken zum Leichen nit geläutet, aber allen armen Sündern, wann sie jetzt vom Rathause herunterkommen, wird mit der St. Marien Magdalenen großen Glocken geläutet, und wie Bericht erhalten, soll es daher kommen: Nachdem der Gießer diese Glocke hat gießen sollen, ist er zuvor zum Essen gangen, dem habenden Lehrjungen aber bei Leib und Leben verboten, den Hahnen am Schmelzkessel nit anzurühren. Dieser aber aus Vorwitz hat's probieren wollen, wie es aussehe, und ist wider Willen ihm der Hahn ganz herausgefallen und das Metall eben in die zubereitete Glockenform geloffen; der Lehrjung', höchst bestürzet, weiß nit, was er tun soll, wagt's doch endlich und gehet weinend in die Stuben, erkennt seine Übeltat und sagt's dem Meister und bittet um Gottes willen um Verzeihung. Der Meister aber voller Zorn ersticht den Lehrjungen auf der Stell'; als nun der Mann voll Jammers hinauskommt und nach Verkühlung abräumet, befindet er die Glocke ganz perfekt, kehret darum mit Freuden wieder in die Stuben, da findet er erst, was er vor Übels getan, weil der Lehrjung' gestorben, worüber der Meister eingezogen und nach etlicher Zeit zum Schwert condemniert worden; weil nun eben diese Glocken ist aufgezogen worden, hat er gebeten, er möchte ihre Resonanz auch wohl hören, wann er die Ehr vor seinem letzten End von den Herren haben könnte, daß man sie ihm zu Gefallen läuten wollte, welches ihm auch willfahrt worden, und solle also consequenter noch dato allen Malefiz-Personen sie geläutet werden, wie ich dann selbst unterschiedlichen Malefikanten sie hab' läuten hören.

53. Der Löwenkampf des Bürgermeisters Gryn. Im Jahr 1262, als Bischof Engelbert auf kurze Zeit wieder mit der Stadt versöhnt war, so hatte er einen Löwen, den zogen ihm zwei Domherren. Die trugen Hass auf Herrn Hermann Gryn, Bürgermeister von Köln, weil er es allzeit mit den Bürgern und der Gemeinde hielt und des Bischofs Gebot nicht vollführen wollte. Darum bedachten sie, wie sie ihn vom Leben zum Tode brächten, und ließen den Löwen fasten und ganz hungrig werden. Darauf luden sie den Bürgermeister zu Gast. Als nun die Zeit kam, dass man essen sollte, so kam der Bürgermeister in der Domherrn Haus und wähnte fröhlich zu sein mit den Herrn. Sie führten ihn vor die Kammer, wo der Löwe lag und wollten ihm ihren Löwen zeigen. Und als er ohne Arg vor die Kammer trat, stießen sie ihn mit dem Rücken hinein zu dem hungrigen Löwen und schlugen die Türe hinter ihm zu.

Und die Pfaffen meinten, der Löwe sollte den Herrn Hermann zerrissen und getötet haben, aber Gott fügte es anders; denn als der Löwe an ihn sprang und den Mund auftat, ihn zu zerreißen, so nahm Herr Hermann schnell seinen Mantel und wickelte ihn um Arm und Hand, in der er auch seine Kogel hatte, die man damals sehr groß zu tragen pflegte. Da fuhr er dem Löwen mit der linken Hand zu seinem Hals hinein und mit der rechten, die den Degen hielt, erstach er den Löwen. Also kam der Bürgermeister aus der Not und ging ungegessen wieder heim. Und zur Stund ließ er die zwei Pfaffen greifen und unter dem Tore bei dem Domkloster an den Balken hängen. Das Tor hieß seitdem das Pfaffentor, und die Löcher, durch welche die Stricke gezogen wurden, waren noch Jahrhunderte sichtbar. Und zum ewigen Gedächtnis ist ein steinern gehauen Bild Hermann Gryns mit dem Löwen auf einen von den Pfeilern vor dem Rathaus (am Portal) gesetzt und auch gemalt in der Klageherren Kammer auf dem Rathaus.

54. Landerwerb mit dem Pflug. Eticho der Welf liebte die Freiheit so sehr, dass er seinem Sohne Heinrich heftig abriet, ein Land vom Kaiser zu Lehen zu tragen. Heinrich aber begab sich durch Zutun seiner Schwester Judith, die Ludwig dem Frommen die Hand gegeben hatte, in des Kaisers Schutz und Dienst und erwarb von ihm die Zusage, dass ihm so viel Land geschenkt sein sollte, als er mit seinem Pfluge zur Mittagszeit umgehen könnte. Heinrich ließ darauf einen goldenen Pflug schmieden, den er unter seinem Kleide barg, und zur Mittagszeit, als der Kaiser schlief, fing er an, das Land zu umziehen. Er hatte auch an verschiedenen Orten Pferde bereitstehen, um zu wechseln, wenn sie ermüdeten. Wie er eben einen Berg überreiten wollte, kam er an ein böses Mutterpferd, das gar nicht zu bezwingen war, sodass er es nicht besteigen konnte. Daher heißt der Berg bis auf den heutigen Tag Mährenberg, und die Ravensburger Herren behaupten das Recht, dass sie nicht genötigt werden könnten, Stuten zu besteigen. Mittlerweile war der Kaiser aufgewacht und Heinrich musste einhalten. Er ging mit seinem Pfluge an den Hof und erinnerte Ludwig an das gegebene Wort. Dieser hielt es auch, wiewohl es ihm leid tat, dass er so belistet und um ein großes Land gebracht worden war. Seitdem führte Heinrich den Namen eines Herrn von Ravensburg; denn Ravensburg lag mit im umpflügten Gebiet. Seine Vorfahren hatten bloß Herren von Altdorf geheißen.

55. Der Grenzlauf. Bei der Teilung des Vermunttales soll es so zugegangen sein: Die beiden Eigentümer, Gaschurner und Steinsberger, vereinbarten, dass von jeder Seite aus beim ersten Hahnenschrei ein Bote aufbrechen solle. Wo sie sich träfen, sollte die Grenze sein. Da war im Engadin ein altes Weible, das riet, den Hahn tags zuvor gar nicht zu füttern, und so krähte er schon am Abend um neune. Der Steinsberger machte sich flugs auf den Weg und kam bis nach Mess hinter dem Bellamaises. Als der Gaschurner ankam, der erst am Morgen aufgebrochen war, hatte der andere schon zwei große Kreuze in einen Stein eingehauen, die heute noch die Mark bilden. So erhielten die Engadiner den größten Teil der Alpen bis weit ins Österreichische hinab. *(Montafon)*

56. Der Kauf von Flandern. Als Kaiser Heinrich IV. zu Aachen gekrönt wurde, kamen die Lehensträger des Reiches dahin, ihm ihre Huldigung zu bringen. Unter ihnen waren auch die Grafen von Flandern und Holland. Da gab es viele Feste und Spiele und Turniere; in einem dieser letzteren warf der Graf von Flandern den von Holland aus dem Sattel. Das ärgerte Floris, und er war darob gar schlecht auf Balduin zu sprechen. Am andern Tage traf er ihn im Palaste und forderte ihn zu einem Spiele Schach auf. »Meine Einlage ist die Grafschaft Holland«, sprach er. »Ich wage es«, erwiderte Balduin, »ich setze Flandern ein, obschon allein meine Landschaft Wals mehr wert ist als Euer ganzes Holland.«

Da setzten sich die Grafen zum Schachtisch und begannen ihr Spiel. Endlich rief der von Holland plötzlich: »Schach, Euer Flandern ist mein!«, und Balduin hätte seine Grafschaft verloren gehabt, wäre der Kaiser nicht dazwischengekommen und hätte der nicht eine große Summe Goldes zum Abkauf festgesetzt. Balduin wandte sich zu den Ständen von Flandern, damit diese ihm die Summe bewilligten, doch die schlugen es ihm ab. Da bat er die größeren Städte seines Landes darum, doch auch diese weigerten sich, sie zu zahlen. In der Not sprang die Stadt Gent ihrem Grafen endlich bei und bezahlte allein die ganze Summe. Dafür wollte sich Balduin dankbar erweisen und gestand ihr das große Privilegium zu, welches seitdem der ›Kauf von Flandern‹ hieß, worin sie zur Hauptstadt des Landes erhoben wurde und der Graf sich verpflichtete, fortan keine Abgaben in Flandern zu erheben, ohne vorher die Zustimmung der Stadt dazu erlangt zu haben. *(Niederlande)*

57. Die Gründung der Stadt Aachen. Kaiser Karl der Große war ein eifriger Jäger, und nichts liebte er so als das edle Waidwerk, mit dem er sich von seinen schweren Staatsgeschäften zu erholen pflegte. Nun waren aber in der Gegend, wo jetzt die Stadt Aachen liegt, vor Zeiten große Eichen- und Buchenwälder, die in ihrer Abwechselung mit dichten Tannen- und Fichtenwäldern, Sümpfen und Heidestrecken treffliche Verstecke für Wild und Raubtiere aller Art abgaben. Es darf also nicht wundernehmen, wenn der Kaiser, sobald er in diese Gegend kam, gerade hier am meisten mit seinem Gefolge jagte. Auf einer dieser Jagden hatte er sich jedoch bei Verfolgung eines Hirsches allzuweit von seinen Begleitern entfernt und kam so, im Walde herumirrend, zu einem in Trümmern liegenden alten Schlosse. Als er jedoch dasselbe näher in Augenschein nehmen wollte, versank plötzlich sein Ross mit den Vorderfüßen in einem Morast. Der Kaiser stieg von dem Pferde herab, um es herauszuziehen und sah an der Stelle, wo dasselbe die Erde durchbrochen hatte, heiße Dämpfe und gleich darauf einen Wasserstrahl aus dem Boden aufspritzen. Der fromme Kaiser sank auf die Erde und dankte Gott in seinem Gebete für diese Entdeckung, denn er erkannte sofort, daß er eine heilbringende Quelle entdeckt habe. Er gelobte gleichzeitig, der Jungfrau Maria hier einen Tempel zu errichten und sich aus dem alten Schlosse ein Jagdschloß und eine Pfalz bauen zu lassen. Das war die erste Entstehung des Kaiserpalastes zu Aachen und der Liebfrauenkirche. Nach und nach fand man noch mehrere heiße Quellen in der Nähe seiner Burg; diese ließ der Kaiser fassen und legte selbst Badehäuser an, die er später fleißig benutzte. Dies ist das sogenannte Kaisersbad gewesen. *(Aachen)*

58. Die Gründung Hildesheims. Die Gegend, in der heute Hildesheim liegt, war früher von hässlicher Wildheit entstellt, von Sümpfen bedeckt, von Wäldern starrend und gut zur Jagd.

Kaiser Ludwig der Fromme, der Sohn Karls des Großen, hatte die Absicht, die Kirche zu Elze zum Haupt und Sitz eines Bistums zu erheben, und besuchte diesen Ort häufig. Einmal überschritt er in der Leidenschaft der Jagd die Leine und ließ an der Stelle, die jetzt die Kirche von Hildesheim einnimmt, sein Zelt aufschlagen, hörte dort auch bei den herübergebrachten Heiligtümern aus der königlichen Kapelle die Messe. Nach Gottes Vorsehung waren das aber die Heiligtümer der Gottesmutter Maria.

Als der König nach Elze zurückkehrte und dort die Messe hören wollte, erinnerte sich der Kaplan, dass er die Heiligtümer im Walde vergessen hatte. Vom Stachel der Angst getrieben, ging er zurück und fand sie da, wo er sie hingehängt hatte, nämlich am Ast eines Baumes, der eine sehr klare Quelle beschattete. Aber, o Wunder, die Heiligtümer, die er leicht mit der Hand aufgehängt hatte, vermochte er mit keiner Anstrengung wieder abzunehmen. Er lief zurück, um dem Kaiser die wunderbare Nachricht zu melden; dieser eilte schnell herbei und ließ eine Kapelle an der Stelle errichten. Den Ort, von dem dadurch erwiesen war, dass er der Gottesmutter so sehr gefallen hatte, begann König Ludwig mit allem Eifer zu fördern und machte ihn anstatt Elze zum Hauptsitz des Bistums.

59. Der Name Frankfurt. Der Kaiser begab sich von Bamberg zunächst nach Würzburg, dann nach Frankfurt, und hier verbrachte er in Festesfreude das Geburtsfest des Herrn. Die Herkunft dieses Ortsnamens soll dir nicht länger unklar bleiben, lieber Leser; deshalb will ich dir jetzt erzählen, was ich von glaubwürdigen Männern darüber gehört habe. Unter der Regierung Kaiser Karls des Großen, des Sohnes König Pippins, kam es zwischen den Seinen und unseren Vorfahren zum Kriege; in diesem Kampfe wurden die Franken von den Unsrigen besiegt; als sie nun, unkundig einer Furt, über den Main zurück mussten, ging vor ihnen eine Hirschkuh hinüber und zeigte ihnen so durch Gottes Erbarmen gleichsam den Weg; ihr folgten sie und erreichten frohen Mutes das rettende Ufer. Danach heißt der Ort Frankfurt. Als sich der Caesar auf diesem Feldzug schon von den Feinden überwunden sah, wich er als erster zurück und erklärte: »Es ist mir lieber, dass die Leute mich schmähen und sagen, ich sei von hier geflohen, als ich sei hier gefallen. Denn solange ich lebe, darf ich hoffen, die mir angetane schwere Schmach zu rächen.«

60. Lübecks Name. Im Jahre 1066 empörten sich die Wenden gegen den deutschen Kaiser, ermordeten ihren christlichen König Gottschalk und setzten den Fürsten von Rügen, Kruto, auf den Thron. Dieser baute auf dem Werder zwischen Trave und Wakenitz eine feste Burg mit Mauern und Türmen, die man Buku, Bughenitz oder Bukowitz nannte, weil der Platz mit schönen hohen Buchen lustig bestanden war. Als nun König Kruto auf einem Seezuge in der Ferne war, kam Buthue, König Gottschalks Sohn, und belagerte den Ort mit Hilfe der Sachsen. In kurzer Zeit gingen den Einwohnern die Lebensmittel aus und die Stadt wäre in die Hände der Feinde gefallen, hätte sie nicht ein kluger Fischer namens Buba durch eine List gerettet. Er nahm eines Tages alles Brot, Fleisch und andere Speisen, soviel er noch auftreiben konnte, in seinen Kahn und fuhr damit ganz sorglos auf die feindlichen Schiffe zu, die die Trave gesperrt hielten. Als er angehalten und sein Kahn untersucht wurde, wunderten sich die Belagerer über die vielen Eßwaren und fragten ihn, was er damit wollte. Da sagte Buba, er hätte sich hinausbegeben, um seine Ware auf den umliegenden Märkten zu verkaufen, weil in der Stadt alles wohlfeil wäre. Wie das die Feinde hörten, verzweifelten sie an der Einnahme der Stadt und hoben die Belagerung gleich auf. Nun kehrte Buba jubelnd zurück, und da sein Anschlag so wohl gelungen war, stellte man ihm einen Wunsch frei. Er aber begehrte nichts für sich oder seine Erben, sondern erbat für seine Amtsbrüder die Gerechtigkeit, dass nur ihnen allein erlaubt werden möchte, lebendige Fische auf dem Markt feilzuhalten, was er auch bewilligt erhielt. Die Stadt aber hieß seitdem Bubastadt (später Lubastadt, Luba, Lübeck) und nahm zur Erinnerung in ihr großes Siegel einen Kahn mit Fischern auf, in ihr kleines aber ein Fischernetz; auch pflegten die Fischer in ihrer Schenke zu Drakenstein, dem Rathause gegenüber, am Tage der unschuldigen Kindlein, den Gürtel Lubas in einer Schüssel auszustellen und vorzuzeigen. Jene Gerechtigkeit ist aber bis 1680 gewahrt worden, wo den Travemündern erlaubt wurde, lebendige Dorsche in die Stadt zu bringen, weil man Seewasser nicht mehr für frisches Wasser hielt.

61. Karlsruhes Ursprung und Name. Markgraf Karl Wilhelm wollte sein Schloss und dessen Garten in Durlach vergrößern, die Stadt gegen Görtzingen erweitern und sie durch gerade Straßen verschönern; allein die Durlacher verweigerten sowohl die Abtretung der erforderlichen Grundstücke als auch die Umänderung ihrer krummen Gassen. Da selbst seine Drohung, wegzuziehen, sie nicht umstimmte, wurde er sehr ungehalten, und in dieser Stimmung ging er nachmittags in den Hartwald auf die Jagd. Beim Verfolgen des Wildes kam er von seinen Leuten ab und setzte sich zuletzt ermüdet auf den Stumpf einer Eiche. An die Verlegung seines Wohnsitzes denkend, fiel er in Schlaf, woraus er erst nach mehreren Stunden erwachte. Sein Gefolge, das ihn nach langem Suchen gefunden hatte, stand um ihn und wurde von ihm mit folgenden Worten angeredet: »So gut wie jetzt habe ich in meinem Leben nicht geschlafen! Zum Andenken will ich hier meinen Wohnsitz bauen, welcher Karlsruhe heißen soll, und über dem Stumpfe die Kirche errichten und einst darin begraben werden.« Sogleich mussten die Jäger, durch Bezeichnung mehrerer Bäume, den Platz kenntlich machen, und bald wurde daselbst die Stadt Karlsruhe mit geraden Straßen erbaut und ihr Schloss vom Markgrafen bezogen. Auf die Stelle des Eichstümmels kam der Altar der Kirche und darunter eine kleine Gruft, worin Karl Wilhelm seit seinem Tode beigesetzt ist. Über ihr steht jetzt, wo die Kirche abgerissen und deren Platz dem Markte beigeschlagen ist, eine steinerne Pyramide mit folgender Inschrift:

»Hier, wo Markgraf Karl einst im Schatten des Hartwaldes Ruhe suchte und die Stadt sich erbaute, die seinen Namen bewahrt; auf der Stätte, wo er die letzte Ruhe fand: weiht ihm dies Denkmal, das seine Asche verschließt, in dankbarer Erinnerung Ludwig Wilhelm August, Großherzog, 1823.« *(Baden)*

62. Hayenfloot. Wie Butjadingen gegen die Fluten der Jade und Nordsee bedeicht worden, hat an einer Stelle der Deich keinen festen Boden gewinnen können, sondern ist stets ausgewichen und gesunken. Da bedeichte man, um das Meer zu versöhnen, einen Knaben namens Hayo in jene Stelle, und seitdem hat der Deich standgehalten. Die benachbarte Gegend aber heißt nach dem geopferten Kinde Hayenfloot. *(Oldenburg)*

63. Die neun Kinder der Gräfin Hildburg. Graf Uffo von der Uffenburg bei Silixen kehrte einst nach langer Abwesenheit aus fernem Lande zurück. Ehe er in seine Heimat kam, träumte ihm unterwegs, seine Gemahlin Hildburg hätte unterdessen neun Kinder geboren.

Erschrocken beschleunigte er seine Reise und Hildburg kam ihm fröhlich mit den Worten entgegen: »Ich glaubte dich tot, aber blieb nicht allein. Ich habe dir neun Kinder geboren, die alle Gott geweiht sind!« Uffo antwortete: »Deine Kinder sind auch die meinen, ich will sie ausstatten!« Es waren aber damit neun Kirchen gemeint, die die fromme Frau gebaut und gestiftet hatte, nämlich das Kloster mit der Klosterkirche zu Möllenbeck und die Kirchen zu Segelhorst, Deckbergen, Ostereisbergen, Westereisbergen, Honrode, Veltheim und Silixen.

64. Der Ursprung des goldenen Domturms zu Hildesheim. Herzog Magnus von Braunschweig fiel im Jahre 1367 mit einem großen Heere und mächtigen Bundesgenossen in das Stift Hildesheim und verheerte das ganze Land aufs furchtbarste. Da sammelte der Bischof Gerhard seine streitbaren Männer um sich und zog, auf sein

Recht und die Heilige Jungfrau vertrauend, mutig dem bei weitem überlegenen feindlichen Heere entgegen. »O Heilige Jungfrau«, rief der Bischof, als er an der Spitze seiner Mannen einherzog, »heute kommt es auf dich an, ob du unter einem Strohdache oder unter einem goldenen Dache wohnen willst; siegen die Feinde, so werden sie den Wohlstand der Stadt und der Kirche vernichten und wir werden nicht mehr die Mittel haben, deinen Tempel würdig zu schmücken, gibst du uns aber den Sieg, so fällt großes Gut in unsere Hände, und dann sollst du unter einem goldenen Dache wohnen!«

Als nun die Truppen des Bischofs in der Gegend von Dinklar den übermächtigen Feind in seiner Siegesgewissheit jubelnd heranrücken sahen, da wurden viele verzagt, aber Gerhard richtete ihren Mut wieder auf und rief, indem er seinen linken Ärmel schüttelte: »Lieben Leute, trauert nicht, hier habe ich noch tausend Mann in meinem Ärmel!« Der Bischof hatte nämlich das größte Heiligtum der Stadt, das von Ludwig dem Dome vermachte Reliquiengefäß, in seinem Ärmel. Nach diesen Worten ihres Führers waren die Krieger gewiss, dass die Hilfe der Heiligen Jungfrau mit ihnen war, gewaltig andrängend setzte das kleine Häuflein in den mächtigen Feind, und nach kurzem Kampfe bedeckten 1500 Feinde, unter ihnen viele Ritter und Edle, die Wahlstatt. Was von den Feinden noch auf den Beinen war, suchte sein Heil in der Flucht, und das ganze Lager fiel mit seinen Schätzen in die Hände der Hildesheimer. Von diesem Gute nun ließ der Bischof, seinem Gelübde getreu, das goldene Dach machen, welches noch heute den östlichen Domturm schmückt.

65. Die Auffindung der Kreuznacher Solquelle. Da war ein Soldat, der hat geträumt, wenn er nach Mainz ginge, auf die Brücke, dort würde er sein Glück suchen und würde es auch da finden. Und so hat er zweimal geträumt. Da hat er dies seinen Kameraden erzählt. Diese haben ihn aber ausgelacht und aus Narretei haben sie gesagt: »Dann geh' dahin.« Später hat er es wieder geträumt. Da hat er sich Urlaub genommen und ist des Morgens früh auf die Mainzer Brücke gegangen.

Er ist von des Morgens an den ganzen Tag auf der Brücke auf- und abgegangen bis des Abends. Ein Brückenknecht hatte ihm den ganzen Tag zugesehen. Das kam dem auffallend vor, und er fragte den Soldat, ob er etwas suchte oder auf jemand warten würde. »Nein«, sagte dieser, »das nicht, aber ich schäme mich bald, es zu sagen. Ich habe dreimal geträumt, wenn ich nach Mainz ginge, auf die Brücke, dort würde ich mein Glück suchen und würde es auch dort finden. Nun bin ich den ganzen Tag hier umhergegangen und habe doch nichts gefunden.« Da hat der Brückenknecht gelacht und gesagt: »Ja, wenn man aufs Träumen soll achtgeben. Da habe ich letzt geträumt, wenn ich nach Kreuznach ginge, hinter Kreuznach, dort ständ ein Häuschen, und hinter dem Häuschen, da ständ ein großer Birnbaum. Wenn ich unter dem Baum nachgraben würde, so würde ich mein Glück finden.«

Und das Häuschen, das war dem Vater des Soldaten. Dieser ist darauf heim und hat dies seinem Vater erzählt. Sie haben darauf an dem Baum nachgegraben und fanden dort die erste Salzquelle. *(Rheinland)*

66. Die Salz-Sau zu Lüneburg. Vor achthundert Jahren war um Lüneburg noch eitel Wald und Morast, da geschah es, dass Jäger einer wilden Sau nachgingen, die sielte sich so recht nach Herzenslust im Schlamme und legte sich dann auf eine trockene Stelle und schlief, und wie die Sonne so recht auf die Sau schien, da gewannen deren schwarzbraune Borsten gar eine schöne weiße Farbe. Das nahm die Jäger wunder und sie töteten die Sau und fanden, dass eitel gutes, reines Salz an den Borsten kristallisiert war, von einer herrlich gesättigten Sole. Dadurch ward das ergiebige Salzwerk zu Lüneburg zuerst entdeckt, und es wurde von selbiger Sau etwa ein Schinken nicht gegessen, sondern zum ewigen Andenken in eines hochweisen Rats zu Lüneburg Küchenstube aufbewahrt, mit lateinischen Versen und in einem gläsernen Kasten. Auch die Haut mit den kandierten Borsten ward aufbewahrt. Das Salzwerk aber ward die Sälze genannt, und weil Lüneburg neben ihm einen namhaften Berg und eine treffliche Brücke hat, die über den Fluss Ilmenau führt, so ward ein lateinischer Denkspruch auf diese drei Herrlichkeiten gedichtet, der gerade so anfängt, wie es in einem Gedichte auf die sieben Wunder von Jena lautet, nämlich: »fons, mons, pons.«

Damit aber allem Mutwillen beim Salzwerke gesteuert werde, wurde in Zeiten ein Turm gebaut, der der weiße Turm hieß, aber seine weiße Farbe nicht wie die Salz-Sau von Salzkristallen erhielt, und in diesen Turm steckte man mutwillige und boshafte Sälzer und legte sie an eine große und schwere Kette, und da hat sich der Teufel auch in den Turm gelegt und darin rumort, wie im Ponellenturm zu Aachen, und hat alle Nacht ein Maul davon abgebissen, und nach mehr denn einigen hundert Jahren ist der Turm gänzlich zerfallen, und nur die große Kette ward noch gezeigt.

67. Die Entstehung des Gymnicher Rittes. Den Ersten Kreuzzug, so berichtet die Sage, machte auch der Graf Hermann von Gymnich als Anführer einer Reiterschar mit. Im Heiligen Lande geriet diese Schar in einen Sumpf. Alle Anstrengungen, sich daraus zu retten, waren vergebens; immer tiefer sanken die Pferde, und die Reiter sahen den sichern Tod vor Augen. In dieser höchsten Not machte der Ritter von Gymnich das Gelöbnis, wenn Gott ihn mit seinen Begleitern aus dem Moor errette, so wolle er zum ewigen Danke in seiner Heimat alljährlich am Himmelfahrtstage mit seinen Mannen eine Bittfahrt durch Gymnichs Fluren zu Pferde halten. Kaum hatte er das gelobt, siehe, da rauschte auf einmal eine Kette Schilfhühner auf. Die Pferde, durch den ungewohnten Flügelschlag aufs heftigste erschreckt, bäumten auf und gewannen in mächtigen Sätzen wieder den festen Boden.

Treu hielt der Gymnicher Graf sein Versprechen, und Jahr um Jahr machte er mit seinen Mannen und Knechten und den von ihm abhängigen Bauern betend den Ritt um Gymnichs Gemarkung; auch nahm er das Wasserhuhn in sein Wappen auf. Die Bittfahrt aber, die der Graf gestiftet, hat man gehalten bis auf den heutigen Tag. Nur einmal, so wird erzählt, ist man von dem frommen Brauche abgewichen; doch gereichte das den Gymnichern nicht zum Segen. Es war im Anfange des 19. Jahrhunderts unter der französischen Fremdherrschaft, da sollen die Gymnicher auf Betreiben einiger Freiheitshelden und Gottesleugner den Bittgang am Himmelfahrtstage unterlassen haben. Da aber kam noch desselben Tages ein Hagelwetter so furchtbar, dass in Gymnichs Gemarkung die gesamte Feldfrucht vernichtet wurde. Nur das Feld eines Mütterchens, das ganz allein den Bittgang gemacht hatte, blieb verschont. Darum findet die Prozession selbst bei dem schlechtesten Wetter statt. In früheren Jahren, als die Grafenfamilie noch in Gymnich wohnte, ritt der Schlossgeistliche mit in der Prozession und trug eine Partikel vom heiligen Kreuze, die noch auf der Burg aufbewahrt wird.

68. Der Ursprung der Hanse. Nachdem der lübische Bürgermeister Alexander von Soltwedel die drei Königreiche Dänemark, Schweden und Norwegen bezwungen hatte, stiftete er im Jahre 1241 den alten, berühmten Hansabund, um die Straßen zu Wasser und zu Lande von den verwegenen Dieben und Räubern zu reinigen und die Feinde des Reiches mit gewappneter Hand zu dämpfen. Der Hamburger Rat willigte dazu ein, ebenso die Wendischen. Daraufhin kamen in Lübeck Verordnete von hundertfünfund-

zwanzig angesehenen Städten zusammen und beschlossen folgendes:

Lübeck ist das oberste Haupt und die Stadt Danzig der Orator oder Kanzler, dazu werden die osterschen Städte gelegt; Braunschweig ist der Kurator oder Marschall samt den sächsischen Städten; Köln ist der Kämmerer oder Rentmeister mit den Westerschen; die wendischen Städte aber und der Hansatambour und Pfeiffer sollen bei Lübeck sein.

Sie haben ferner vier Handelsstädte zu Kontoren ernannt mit Kaufmannschaft zu Wasser und zu Lande, um dahin zu handeln. Das erste Kontor haben sie nach Brügge in Flandern gelegt, da sollte Gold und Silber, Edelgestein, Samt und Seide verhandelt und gewechselt werden; das andere legten sie nach London in England wegen des Lakens oder Tuches; das dritte kam nach Naugarden (Nowgorod) in Rußland, woher sie die Pelzerei wie Zobel, Marder, Biber, Grauwerk und desgleichen Flachs, Wachs, Ochsen- und Kuhhäute und reußisches Leder holten; das vierte Kontor befand sich endlich in Notau in Norwegen, das später wegen der Seeräuber nach Bergen gelegt ist. Dahin sollte man Bier und Brot, Malz und Mehl, geringes Tuch, Schuhe und Leinwand bringen, dafür aber Hering und Rotscheer, Wachs, Tran und Stockfisch wieder holen.

Und als das Regiment allenthalben wohlbestellt war, lobten und priesen sie Gott einmütig und zogen von dannen.

Aber weiterhin hat der moskowitische Bär die livländischen Kälber greulich gefressen. So hat auch auf der anderen Seite der polnische Wolf die preußischen Lämmer getreulich bewacht und fleißig im Busch auf sie gelauert. Der hispanische Fuchs aber hat die westerschen Gänse ziemlich gerupft; ja, der Leu hat oft versucht, wie er Lübeck und Hamburg packen möchte.

Etliche Jahre hat man folgenden alten Spruch gehört:

»Lübeck ein Kaufhaus,
Köln ein Weinhaus,
Braunschweig ein Zeughaus,
Danzig ein Kornhaus,
Hamburg ein Brauhaus,
Magdeburg ein Backhaus,
Rostock ein Malzhaus,
Lüneburg ein Salzhaus,
Stettin ein Fischhaus,
Halberstadt ein Frauenhaus,

Riga ein Hanf- und Butterhaus,
Reval ein Wachs- und Flachshaus,
Krakau ein Kupferhaus,
Wisby ein Pech- und Teerhaus.«

69. Die Fischereibruderschaft in Bergheim. Vor neunhundert Jahren ging die Sieg nicht bei Mondorf in den Rhein, die ging zwischen Beuel und Küdinghoven am Mühlenstumpf in den Rhein. Ein deutscher Kaiser kam damals da in Lebensgefahr, und da haben ihn Leute aus Bergheim gerettet. Dafür hat er sie mit der Fischereibruderschaft belehnt. Das waren damals vierzehn Familien aus Bergheim, Mondorf und Müllekoven, heute sind es noch elf Familien. Das war vor neunhundert Jahren. *(Siegerland)*

70. Die Heringe bei Helgoland. Als das Christentum eingeführt ward, taufte man ein altes kleines Götzenbild zum heiligen Tynthias oder Tynteas um, weil es immer der Fischerei günstig gewesen war. Eines Jahres aber, da die Heringe lange ausblieben, beschloss man, das Bild dreimal um die Insel zu tragen. Bei der Gelegenheit unterstanden sich einige Mutwillige, es zu prügeln; und seit der Zeit ist niemals wieder ein Hering nach der Insel gekommen. *(Helgoland)*

71. Übermut. Andere erzählen so: Man habe immer ein gewisses Kruzifix, wenn man auf den Fang aus wollte, um die Insel herumgetragen, und wenn solches geschehen, hätten die Heringe in unzähligen Mengen oben auf dem Wasser sich sehen lassen. Als aber ein Heringsfänger aus Übermut einmal einen Hering mit Ruten peitschte und ihn darauf wieder ins Wasser warf, sind die Heringe alle weggezogen; und die Heringsfischer und die Einwohner auf dem Lande sind noch obendrein dergestalt von der Pest heimgesucht worden, dass nicht mehr als vierzehn Hausgesessene am Leben blieben. *(Helgoland)*

72. Pumpernickel. Das schwarze, in ganz Westfalen übliche, Pumpernickel genannte Brot soll davon seinen Namen haben, dass einst ein reisender Franzose, dem es nicht schmecken wollte, dasselbe genommen und seinem Pferde mit den Worten gegeben haben soll: »Bon pour Nickel«, das heißt: gut für Nickel, das ist: mein Pferd; nach einer andern Sage hätte man unter Nickel nicht ein Pferd, sondern ein gemeines Frauenzimmer, eine Pfarrköchin etc. zu verstehen. Andere sagen, es habe seinen Namen von dem Bäcker Nickel Pumper, der es im 16. Jahrhundert zu Osnabrück zuerst gebacken habe. *(Westfalen)*

73. Verballhornen = Verbessert durch Johann Balhorn. 1528 hat ein ehrlicher Buchdrucker zu Lübeck, namens Johann Balhorn, aus Soest in Westfalen bürtig, ein neues Fibelbuch für die liebe Jugend ausgehen lassen, das er »verbessert durch Johann Balhorn« genannt. Dieser hat zuerst den Lutherschen Glauben samt dem Vaterunser und dem Hausspiegel hineingedruckt und ein nachdenklich Sinnbild hinzugetan, nämlich einen Hahn, welcher die Christenheit zur Wachsamkeit aufruft, dass ihr nicht fremde Eier ins Nest geleget werden.

Solches alles aber haben die gottlosen Pfaffen dahin verdreht, als hätte der Balhorn den Hahn selbst Eier legen lassen, dem Fibelspruch aber noch die Buchstaben ff, ll, mm, ss hinzugetan; und machten den ehrlichen Mann zum Toren. Daher denn in einigen Landen das Sprichwort aufgekommen: »Verbessert durch Johann Balhorn.« Dieser Balhorn aber hat ihnen eine treffliche Verbesserung angerichtet, als er einige Jahre hernach die neue Ordnung des Lübschen Gottesdienstes in Druck ausgehen lassen. Darüber sie denn höchlich verbittert worden, dergestalt, dass sie, wo sie vermocht, allewege dasselbige Buch gar verdorben und zugrund gerichtet; und ist schier wenig davon übriggeblieben. Hat ihnen aber dennoch nicht baten wollen. *(Lübeck)*

74. Das Hornberger Schießen. Einstens, als die Hornberger noch gut schwäbisch waren, sagte der Herzog einmal seinen Besuch an. Das gab eine nette Aufregung im Städtchen, und alles bereitete sich vor, den Landesvater würdig zu empfangen. Vor allem aber wurde ein Fass Pulver gekauft und die alten Kanonen aus Vätertagen auf den Schlossberg geschleppt, damit sie mit donnerndem Gruß den Fürsten empfingen. Als der große Tag anbrach, war schon seit dem frühen Morgen alles in Bewegung. In der hellen Morgensonne blinkten die blanken Bronzerohre, und die Schützengilde stand dabei und wartete auf den großen Augenblick. Sorgsam hatten die Feuerwerker das Pulver eingefüllt und ordentlich Papier nachgestopft, die glimmende Lunte war auch parat, aber es zeigte und zeigte sich nichts im Tal. Die Sonne stieg höher und höher, zu der brennenden Ungeduld kam der noch brennendere Durst, aber da gab's kein Weichen und Wanken, galt es doch, den Herzog würdig zu empfangen, und nachher, ha, da wollte man sich schon gütlich tun in den kühlen Schenken. Endlich war

Ansicht von Hornberg

die schwere Arbeit getan, das letzte Pulver verschossen und der Wagenzug drunten ins Städtchen eingerückt. Stolz zogen sie hinab im freudigen Gefühl der erfüllten Pflicht. Doch, o weh, der Herzog hatte nur sein Gefolge vorausgeschickt, er selbst rückte einige Zeit später sang- und klanglos in Hornberg ein. Drum sagt man seit jener Zeit, wenn eine mit viel Lärm angekündigte Unternehmung leer ausgeht: »Das geht aus wie's Hornberger Schießen.« *(Schwarzwald)*

75. Das vergessene Pulver. Das kleine Dorf Hornberg im Schwarzwalde wollte einstmals ein großes Schießen halten und machte gewaltige Zurüstungen und lud alle Welt zu diesem Feste ein. Wirklich hatten die Hornberger auch für alles, was bei einem solchen Schießen erforderlich ist, wohl gesorgt; nur eins hatten sie vergessen – das Pulver. Daher sagt man in Württemberg, wenn eine mit viel Lärm angekündigte Unternehmung leer endet: »Das geht aus wie's Hornberger Schießen.« *(Schwaben)*

76. Die Düsseldorfer Radschläger. Nach der Worringer Schlacht zog der Graf Adolf von Berg von dannen mit den Seinigen und gab seinem Freunde und Bundesgenossen, dem Herzog Johann von Brabant, bis Heerdt das Geleit. Da eilte der Graf, noch vor Nacht über den Rhein zu kommen, und sprang als erster vom Floß auf den Kies und lachte im Herzen, wieder daheim zu sein. Und danach führte man sein Ross aufs Ufer. Und es folgten alle anderen

Reiter, Tross und Gesinde. Und viele humpelten oder trugen Wunden im Gesicht, alles von der Worringer Schlacht. Und zuletzt brachte man das Pferd des Erzbischofs Sigefried ans Land. Und der hohe Herr schnitt ein immer saureres Gesicht. Da war eine Schar Jungens vom Dorf ans Ufer gelaufen, aus Neugierde auf die Rüstungen und Waffen und Feldzeichen. Da sprach Graf Adolf sie lachend vom Pferde an: »Wißt ihr nichts Lustiges, ihr Rabauen?«, denn die finsteren Mienen des Kölners behagten ihm nicht an dem schönen Sommerabend und dachte ihn aufzuheitern. Und alsobald fingen die Knaben an, auf den Händen zu laufen und Purzelbäume zu schlagen. Und drehten sich so vor ihnen her, bis zu den ersten Häusern. Darob hielten sich Graf Adolf und die Seinigen die Seiten vor Lachen. Nur der Kölner blieb stumm und ernst. Und seit der Zeit pflegten die Kinder in Düsseldorf Rad zu schlagen und Kunststückchen zu machen vor den Fremden.

77. Der Ulmer Spatz. Es ist schon lange her, da hatten die Ulmer einmal einen sehr großen Balken in die Stadt zu bringen. Da sie den Balken aber der Breite nach trugen, so konnten sie mit demselben nicht durch das Tor kommen und beratschlagten nun, wie diese Schwierigkeit zu beseitigen sei. Nach vielen vergeblichen Vorschlägen stritt man zuletzt nur noch darüber, was vorzuziehen sei: entweder den Balken schmäler oder aber das Tor breiter zu machen.

Da kam endlich durch das Tor ein Spatz geflogen, der trug einen langen Strohhalm zu seinem Neste. Selbiger Spatz nun trug aber den Strohhalm der Länge und nicht der Breite nach. »Halt!« rief da ein aufmerksamer Ulmer, »mir geht ein Licht auf!« Und sofort machte er den Vorschlag, dem Beispiele des Spatzen zu folgen, was denn auch allgemeinen Anklang bei den anwesenden Bürgern gefunden haben soll, sodass sie den Balken auf gute Weise in die Stadt brachten. Seitdem müssen sich die Ulmer den Namen der ›Spatz‹ gefallen lassen bis auf den heutigen Tag. *(Schwaben)*

78. Die blinden Hessen. Einst soll die Stadt Mühlhausen schwer von dem Hessenvolke bedrängt und belagert worden sein. Schon waren die meisten Verteidiger der Stadt gefangen, tot oder verwundet, und der nächste Sturm musste die Belagerer in den Besitz derselben bringen. Da gab die Not den Mühlhäusern einen klugen Gedanken ein. Im Dunkel der Nacht wurden die Mauern der Stadt mit hölzernen Pfählen oder Pflöcken bewehrt und die Pflöcke gleich lebendigen Söldnern geschmückt und gerüstet. Aber zwischen diesen hölzernen Soldaten bewegten sich hin und wieder lebendige Krieger und drohten spottend hinab in das Lager der Feinde. Als nun bei anbrechendem Morgen die staunenden Hessen die neuen Rüstungen und die zahlreichen Streiter und Verteidiger der Mauern gewahrten, da verzweifelten sie an ihrem Siege und zogen kleinmütig von dannen. Davon sollen sie den Namen der dummen oder blinden Hessen bekommen haben. *(Thüringen)*

79. Der Schlachtruf der Schwaben. Herzog Friedrich von Schwaben, Konrads Sohn, überwand die Bayern unter ihrem Herzog Heinrich und dessen Bruder Welf in dem Ries bei Neresheim. Welf entfloh aus der Schlacht, wurde aber im nächsten Streit vor Winsperg erstochen. Die Krei des bayerischen Heeres war: »Hie Welf!«, die der Schwaben: »Hie Gibling!« Die Krei wurde genommen von einem Weiler, aus dem die Säugamme Friedrichs stammte; die Leute wollten damit bezeugen, dass er durch seine Stärke, die er durch die Bauernmilch empfangen hätte, die Welfen habe überwinden können.

80. Der Birnbaum auf dem Kirchhofe zu Ribbeck. Auf dem Kirchhofe zu Ribbeck steht auf der südwestlichen Seite der Kirche ein gewaltiger wilder Birnbaum, ein Knödelbaum, wie die Leute einen solchen in der Mark nennen; der ist aus einem Grabe herausgewachsen. Das soll nämlich so zusammenhängen: Der alte Herr von Ribbeck, der da begraben liegt, war ein großer Kinderfreund und hatte immer etwas für die Kinder in der Tasche. Besonders liebte er Birnen, und wenn diese reif waren, ging kein Junge oder Mädchen bei ihm unbeschenkt vorbei.

Als er nun starb, da dauerte es nicht lange, so kam ein Reis eines Birnbaumes aus seinem Grabe hervor, das wurde bald zu einem stattlichen Baum, der reichlich Früchte trug. Man glaubte allgemein, der alte Herr habe noch, wie er begraben worden, eine Birne in der Tasche gehabt, und ein Kern derselben habe so wunderbar Wurzel getrieben, damit es der Dorfjugend auch nach seinem Tode nicht an Birnen fehle. *(Mark Brandenburg)*

81. Die Tänzer von Kölbigk. Im Jahre 1012 war ein Bauer im Dorf Kolbeke bei Halberstadt, der hieß Albrecht, der machte in der Christnacht einen Tanz mit anderen fünfzehn Bauern, dieweil man Messe hielt, außen auf dem Kirchhof, und waren drei Weibsbilder unter ihnen. Und da der Pfarrherr heraustrat und sie darum strafte, sprach jener: »Mich heißet (man) Albrecht, so heißet dich

Der frevelhafte Tanz auf dem Friedhof (Merian, Frankfurt 1632)

Ruprecht; du bist drinnen fröhlich, so lass uns außen fröhlich sein; du singst drinnen deine Leisen, so lass uns unsern Reihen singen.« Sprach der Pfarrherr: »So wolle Gott und der Herr St. Magnus, dass ihr ein ganz Jahr also tanzen müsset!« Das geschah, und Gott gab den Worten Kraft, sodass weder Regen noch Frost ihre Häupter berührte, noch sie Hitze, Hunger und Durst empfanden, sondern sie tanzten allum, und ihre Schuhe zerschlissen auch nicht. Da lief einer (der Küster) zu und wollte seine Schwester aus dem Tanze ziehen, da folgten ihm ihre Arme. Als das Jahr vorüber war, kam der Bischof von Köln, Heribert, und erlöste sie aus dem Bann; da starben ihrer vier sobald, die andern wurden sehr krank, und man sagt, dass sie sich in die Erde fast bis an den Mittel sollen getanzt haben, und ein tiefer Graben in dem Grund ausgehöhlt wurde, der noch zu sehen ist. Der Landesherr ließ zum Zeichen so viel Steine darum setzen, als Menschen mitgetanzt hatten.

82. Kornfrevel. Die alten Leute in Oberschlesien erzählen von einem glücklichen Zeitalter, das keine Not kannte; denn die Erde war fruchtbar, und das Korn trug Ähren, die bis zum Grunde der Halme reichten. Das war um die Zeit, da Christus noch auf Erden weilte. Auf seinen Wanderungen durch die Welt kam er auch nach Oberschlesien. Auf den Tarnowitzer Höhen ließ er sich mit seiner heiligen Mutter Maria zur kurzen Rast nieder. Er erfreute sich an dem wallenden Korne, das in beginnender Reife stand. Währenddessen kamen Bauern mit ihren Gespannen den Weg herauf, der voller Löcher war. Weil nun das Vorwärtskommen beschwerlich wurde, rissen die Fuhrleute ohne weiteres große Mengen von dem reifenden Korn aus und stopften die Weglöcher damit. Es kamen Frauen aus dem Dorfe und reinigten ihre Sammetschuhe mit den vollen Kornähren, der Dorfhirte trieb seine Schweine in das Feld, Kinder warfen ihr Brot in den Rinnstein und verlangten Kuchen. Als Christus das sah, ergrimmte er in heiligem Zorne, verfluchte das Land, das so verderbter Menschen Wohnsitz war, und machte es steinig und unfruchtbar. Erschrocken und voll Mitleid mit den Menschen fasste die Gottesmutter nach dem wogenden Korne und bat: »So viel, o Herr, lass ihnen, als ich mit meinen Händen halten kann!« Mild lächelnd sah sie Christus an und sagte: »Es sei, weil du für sie gebeten hast.« Das Land wurde darauf steinig, kalt und unfruchtbar. Die Ähren schrumpften zusammen und trugen nur gerade soviel, als die Hände Marias umfasst hatten. *(Oberschlesien)*

83. Stavoren. Westlich im Südersee wachsen mitten aus dem Meer Gräser und Halme hervor an der Stelle, wo die Kirchtürme und stolzen Häuser der vormaligen Stadt Stavoren in tiefer Flut begraben liegen. Der Reichtum hatte ihre Bewohner ruchlos gemacht, und als das Maß ihrer Übeltaten erfüllt war, gingen sie bald zugrunde. Fischer und Schiffer am Strand des Südersees haben die Sage von Mund zu Mund fortbewahrt.

Die vermögendste aller Insassen der Stadt Stavoren war eine sichere Jungfrau, deren Namen man nicht mehr nennt. Stolz auf ihr Geld und Gut, hart gegen die Menschen, strebte sie bloß, ihre Schätze immer noch zu vermehren. Flüche und gotteslästerliche Reden hörte man viel aus ihrem Munde. Auch die übrigen Bürger dieser unmäßig reichen Stadt, zu deren Zeit man Amsterdam noch nicht nannte und Rotterdam ein kleines Dorf war, hatten den Weg der Tugend verlassen. Eines Tages rief diese Jungfrau ihren Schiffmeister und befahl ihm, auszufahren und eine Ladung des Edelsten und Besten mitzubringen, was auf der Welt wäre. Vergebens forderte der Seemann, gewohnt an pünktliche und bestimmte Aufträge, nähere Weisung; die Jungfrau bestand zornig auf ihrem Wort und hieß ihn alsbald in die See stechen. Der Schiffmeister fuhr unschlüssig und unsicher ab, er wusste nicht, wie er dem Geheiß seiner Frau, deren bösen, strengen Sinn er wohl kannte, nachkommen möchte, und überlegte hin und her, was zu tun. Endlich dachte er: Ich will ihr eine Ladung des köstlichen Weizens bringen, was ist Schöners und Edlers zu finden auf Erden, als dies herrliche Korn, dessen kein Mensch entbehren kann? Also steuerte er nach Danzig, befrachtete sein Schiff mit ausgesuchtem Weizen und kehrte alsdann, immer noch unruhig und furchtsam vor dem Ausgang, wieder in seine Heimat zurück. »Wie, Schiffmeister«, rief ihm die Jungfrau entgegen, »du bist schon hier? Ich glaubte dich an der Küste von Afrika, um Gold und Elfenbein zu handeln, lass sehen, was du geladen hast!« Zögernd, denn an ihren Reden sah er schon, wie wenig sein Einkauf ihr behagen würde, antwortete er: »Meine Frau, ich führe Euch zu dem köstlichsten Weizen, der auf dem ganzen Erdreich mag gefunden werden.« »Weizen«, sprach sie, »so elendes Zeug bringst du mir?« »Ich dachte, das wäre so elend nicht, was uns unser tägliches und gesundes Brot gibt.« »Ich will dir zeigen, wie verächtlich mir deine Ladung ist. Von welcher Seite ist das Schiff geladen?« »Von der rechten Seite (Stuurboordszyde)«, sprach der Schiffmeister. »Wohlan, so befehl ich dir, dass du zur Stunde die ganze Ladung auf der linken Seite (Backboord) in die See schüttest; ich komme selbst hin und sehe, ob mein Befehl erfüllt worden!« Der Seemann zauderte, einen Befehl auszuführen, der sich so greulich an der Gabe Gottes versündigte, und berief in Eile alle armen und dürftigen Leute aus der Stadt an die Stelle, wo das Schiff lag, durch deren Anblick er seine Herrin zu bewegen hoffte. Sie kam und frug: »Wie ist mein Befehl ausgerichtet?« Da fiel eine Schar von Armen auf die Knie vor ihr und bat, dass sie ihnen das Korn austeilen möchte, lieber als es vom Meer verschlingen zu lassen. Aber das Herz der Jungfrau war hart wie Stein, und sie erneuerte den Befehl, die ganze Ladung schleunig über Bord zu werfen. Da bezwang sich der Schiffmeister länger nicht und rief laut: »Nein, diese Bosheit kann Gott nicht ungerecht lassen, wenn es wahr ist, dass der Himmel das Gute lohnt und das Böse straft. Ein Tag wird kommen, wo Ihr gerne die edlen Körner, die Ihr so verspielt, eines nach dem andern auflesen möchtet, Euren Hunger damit zu stillen!« »Wie«, rief sie mit höllischem Gelächter, »ich soll dürftig werden können? Ich soll in Armut und Brotmangel fallen? So wahr das geschieht, so wahr sollen auch meine Augen diesen Ring wiedererblicken, den ich hier in die Tiefe der See werfe!« Bei diesem Wort zog sie einen kostbaren Ring vom Finger und warf ihn in die Wellen. Die ganze Ladung des Schiffes und aller Weizen, der darauf war, wurde also in die See ausgeschüttet.

Was geschieht? Einige Tage darauf ging die Magd dieser Frau zu Markt, kaufte einen Schellfisch und wollte ihn in der Küche zurichten; als sie ihn aufschnitt, fand sie darin einen kostbaren Ring und zeigte ihn ihrer Frau. Wie ihn die Meisterin sah, erkannte sie ihn sogleich für ihren Ring, den sie neulich ins Meer geworfen hatte, erbleichte und fühlte die Vorboten der Strafe in ihrem Gewissen. Wie groß war aber ihr Schrecken, als in demselben Augenblick die Botschaft eintraf, ihre ganze aus dem Morgenland kommende Flotte wäre gestrandet! Wenige Tage darauf kam die neue Zeitung von untergegangenen Schiffen, worauf sie noch reiche Ladungen hatte. Ein anderes Schiff raubten ihr die Mohren und Türken; der Fall einiger Kaufhäuser, worin sie verwickelt war, vollendete bald ihr Unglück, und kaum war ein Jahr verflossen, so erfüllte sich die schreckliche Drohung des Schiffmeisters in allen Stücken. Arm und von keinem betrauert, von vielen verhöhnt, sank sie je länger je mehr in Not und Elend, hungrig bettelte sie Brot vor den Türen und bekam oft keinen Bissen, endlich verkümmerte sie und starb verzweifelnd.

Der Weizen aber, der in das Meer geschüttet worden war, spross und wuchs das folgende Jahr, doch trug er taube Ähren. Niemand achtete das Warnungszeichen, allein die Ruchlosigkeit von Stavoren nahm von Jahr zu Jahr überhand, da zog Gott der Herr seine schirmende Hand ab von der bösen Stadt. Auf eine Zeit schöpfte man Hering und Butt aus den Ziehbrunnen, und in der Nacht öffnete sich die See und verschlang mehr als drei Viertel der Stadt in rauschender Flut. Noch beinah jedes Jahr versinken einige Hütten der Insassen, und es ist seit der Zeit kein Segen und kein wohlhabender Mann in Stavoren zu finden. Noch immer wächst jährlich an derselben Stelle ein Gras aus dem Wasser, das kein Kräuterkenner kennt, das keine Blüte trägt und sonst nirgends mehr auf Erden gefunden wird. Der Halm treibt lang und hoch, die Ähre gleicht der Weizenähre, ist aber taub und ohne Körner. Die Sandbank, worauf es grünt, liegt entlang der Stadt Stavoren und trägt keinen andern Namen als den des Frauensands. *(Westfriesland)*

84. Der Untergang von Jumneta (Vineta). An der Mündung der Oder lag einst die sehr angesehene Stadt Jumneta, die den Barbaren und Griechen, die ringsumher wohnten, einen sehr berühmten Mittelpunkt des Verkehrs darbot. Zum Preise dieser Stadt wurden große und kaum glaubwürdige Dinge erzählt. Sie war in der Tat die größte aller europäischen Städte, bewohnt von Slawen und einer gemischten Bevölkerung von Griechen und Barbaren. Auch die hinreisenden Sachsen erhielten Erlaubnis, dort zu wohnen, freilich nur, wenn sie sich nicht öffentlich als Christen zu erkennen gaben; denn bis zum Untergange der Stadt waren alle Bewohner in heidnischem Irrglauben befangen. Was Sitte und Gastlichkeit anlangte, war kein ehrenwerteres und gutherzigeres Volk zu finden. Reich durch die Waren aller Nationen, besaß Jumneta alle möglichen Annehmlichkeiten und Seltenheiten. Die so wohlbegüterte Stadt soll ein König der Dänen, der mit einer sehr großen Flotte heransegelte, von Grund auf zerstört haben, doch sind noch Überreste von ihr vorhanden. Das Meer zeigte sich bei Jumneta in dreierlei Art. Die Insel, auf der sie lag, wurde nämlich von drei Gewässern umspült, eines davon war grün, ein anderes weiß, das dritte aber wurde unaufhörlich von wütenden Stürmen erregt.

85. Der Untergang der Mönche. In katholischen Zeiten, als noch überall im Lande Klöster waren, führten die Mönche im Kloster zu Mönch-Neversdorf das gottloseste Leben. Kein Frauenzimmer in der ganzen Gegend hatte vor ihnen Ruhe. Mit Gewalt rissen sie die Leute aus dem Schlafe, nahmen sie mit und zwangen sie dann dazu, in den Nächten ihnen einen großen unterirdischen Gang auszugraben und auszumauern, der bei Puttlos am Wasser der Ostsee ausmündet. Hierher begaben sie sich oft und trieben ihr ärgerliches Leben mit den Schifferfrauen. Die Mönche sollen allzumal einen Bund mit dem Teufel gehabt haben.

Ihr Leben und ihre Untaten kamen endlich dem König zu Ohren. Da schickte er Kriegsvolk aus, das Kloster zu zerstören und die Mönche allesamt gefangenzunehmen. Aber die Mönche brachten es mit der Kunst dahin, dass sie das Heer bezauberten und es in den großen unterirdischen Gang einzog und da in tiefen Schlaf versank. Hier wird es nun schlafen, bis einst die Türken die ganze Welt erobert haben. Da wird über unser Land ein weißer König herrschen, der auf einem weißen Pferde reitet. Sein Heer wird das letzte in der ganzen Christenheit sein und auch geschlagen werden. Dann aber wird er sein Pferd an einen Weidenbaum binden und in sein Wunderhorn stoßen. Alsobald werden die Schläfer erwachen, und ein Heer wird kampfgerüstet aus dem Neversdorfer Gange hervorsteigen und die Türken schlagen, also dass nur ihrer sieben entrinnen. *(Schleswig-Holstein)*

III. Orakel und Schicksal

86. Die fünfzehn Vorzeichen des Jüngsten Gerichts. Sanct Hieronymus hat funden in den Annales Hebraeorum fünfzehn Vorzeichen des jüngsten Gerichts. Ob sie aber bald nacheinander kommen, oder ob wieder Zeit dazwischen liegt, das sagt er nicht.

Die fünfzehn Vorzeichen des Jüngsten Gerichts (Basel 1476)

1. Tag: Des ersten Tages, so hebet sich das Meer auf über alle Berge vierzig Ellen hoch und steht als eine Mauer an seiner Statt.

2. Tag: Des anderen Tages, so schwindet das Meer unter sich, dass man es kaum sehen mag.

3. Tag: Des dritten Tages, so gehen die Meerwunder aus und lassen sich sehen und brüllen auf gen Himmel. Der Stimme versteht niemand denn Gott.

4. Tag: Des vierten Tages, so verbrennet das Meer und alle Wasser.

5. Tag: Des fünften Tages, so geben alle Bäume und Kräuter blutfarbenen Tau. Man sagt auch, dass dann alle Vögel der Luft sich auf das Erdreich sammeln, ein jeglicher nach seiner Ordnung, und essen noch trinken nicht vor Furcht der Zukunft des strengen Richters.

6. Tag: Des sechsten Tages, so fallen alle Städte und was gebauet ist, und fahren feurige Blitze wider das Antlitz des Firmaments vom Untergang der Sonne bis gen den Aufgang.

7. Tag: Des siebenten Tages, so schlagen die Steine aneinander, dass sie brechen und spalten sich jeglicher in vier Teile und reiben sich aneinander. Das Getöne, das weiß niemand denn allein Gott.
8. Tag: Des achten Tages, so wird ein großes Erdbeben so groß, dass alle Menschen und Tiere niederfallen zur Erde und niemand stehen kann.
9. Tag: Des neunten Tages, so wird alles Erdreich gleich eben und werden alle Berge und Bühel zu Pulver.
10. Tag: Des zehnten Tages, so gehen die Menschen aus den Höhlen, darin sie geflohen waren, als wären sie von Sinnen, und mag eins zu dem anderen nicht reden.
11. Tag: Des elften Tages, so erstehen die Gebeine der Toten und stehen über den Gräbern. Und tun sich alle Gräber auf von Sonnenaufgang bis Untergang, dass die Toten können herausgehen.
12. Tag: Des zwölften Tages, so fallen die Sterne vom Himmel und alle Planeten und Fixsterne lassen feurige Schweife ausgehen, und es wird abermals ein Feuerregen. Auch sagt man, dass an diesen Tagen alle Tiere auf den Feldern mit Brüllen sich sammeln und essen und trinken nicht.
13. Tag: Des dreizehnten Tages, so sterben die Lebenden, dass sie mit den Toten auferstehen.
14. Tag: Des vierzehnten Tages, so verbrennet Himmel und Erde.
15. Tag: Des fünfzehnten Tages, so wird ein neuer Himmel und eine neue Erde und erstehen die Menschen alle.

87. Prodigia und Wunderzeichen. Im siebenten Jahre König Childeberts, das ist im einundzwanzigsten Chilperichs und Gunthramns, gab es im Monat Januar gewaltige Regengüsse, Blitze und Donnerschläge; an den Bäumen sah man Blüten. Ein Stern erschien, den ich schon früher Komet genannt habe; rings um ihn war alles ganz dunkel; gleich wie aus einem Loch leuchtete er, funkelnd und Strahlen schießend, durch die Finsternis. Und es ging von ihm ein Schweif von auffallender Größe aus, der von fern wie die Kriegsprophezeiung aus dem Jahr 1625 (Flugblatt) starke Rauchwolke einer Feuersbrunst aussah. Man sah den Stern im Westen um die erste Stunde der Nacht. Am heiligen Ostertage aber sah man zu Soissons hell den Himmel leuchten, sodass es schien, als seien es zwei Feuer, und das eine war größer, das andere kleiner. Nach Verlauf zweier Stunden verbanden sie sich alsdann, bildeten eine große Leuchtsäule und verschwanden. Im Gebiete von

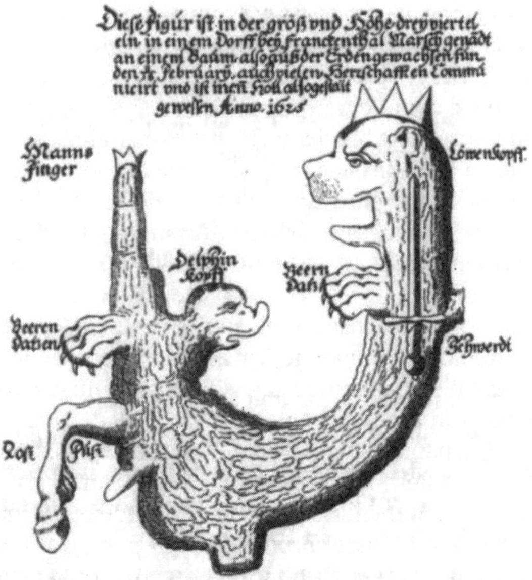

Kriegsprophezeiung aus dem Jahr 1625 (Flugblatt)

Paris floss wirkliches Blut aus einer Wolke nieder und fiel vielen Leuten auf das Gewand und befleckte es so, dass sie vor Abscheu ihre eigenen Kleider nicht mehr tragen mochten. Diese Wunder-

Kämpfende Heere in den Wolken (Frankfurt 1643)

zeichen erschienen an drei Orten im Gebiet jener Stadt. Im Gebiete von Senlis fand ein Mann, als er am Morgen aufstand, sein Haus im Innern mit Blut bespritzt. Es war aber in diesem Jahre eine große Seuche unter dem Volke; verschiedene Krankheiten, Frieseln, Blattern und Ausschlag brachten einer großen Zahl Menschen den Tod. Von denen aber, die sich in Acht nahmen, kamen viele davon. Wir hörten auch, dass zu Narbonne in diesem Jahre die Drüsenpest heftig wütete, sodass es keinen Aufschub gab, wenn jemand von ihr ergriffen wurde.

88. Rabenkampf. In Sachsen erblickte man um 1074 viele Wunderzeichen, die das kommende Unheil vorahnen ließen. Auf der Magdeburger Wiese kämpften die Raben so heftig miteinander, dass mancher von ihnen tot auf dem Platze blieb. Noch viele andere heilige Zeichen offenbarten die Zukunft. Die Hirtenstäbe der Bischöfe wurden bei heiterer, ja sogar von Sommerhitze durchglühter Luft in den Kapellen so naß, dass sie jedem, der sie nur anfühlte, die Hand mit Wasser füllten. In Steterburg war ein hölzernes Kruzifix, das um dieselbe Zeit im Sommer von so reichlichen Schweißtropfen benetzt wurde, dass es nicht aufhörte zu schwitzen, nachdem es gar mit Tüchern abgewischt worden war, und selbst einige Näpfchen mit dem aufgefangenen Schweiße erfüllte. Als Bischof Werinher von Merseburg die Messe feierte und nach gewohnter Weise einen Teil des Brotes auf den Wein legte, sank das Stück auf den Boden des Kelches, gleich als ob es in Blei verwandelt worden wäre. Ein Priester im Magdeburger Bistum, im Dorfe Alten-Weddigen (im Amte Wanzleben), der sich weder durch Lasterhaftigkeit noch durch den Ruhm besonderer Tugend hervortat, sah bei der Messe den Wein sichtbar in Blut verwandelt. Durch dessen Röte und Dichtigkeit erschreckt, wagte er nicht davon zu kosten, sondern trug ihn mit großer Angst nach der Stadt Merseburg, wo er lange ehrfurchtsvoll aufbewahrt wurde.

89. Raben mit Kohlen. Anno 1190 brach erschreckliche Unfruchtbarkeit an Wein und Getreide ein, sodass eine große Hungersnot erfolgte. Auch sind Raben gesehen worden, die in ihren Schnäbeln glühende Kohlen trugen und damit Häuser anzündeten. *(Tirol)*

90. Zeichen am Himmel. Bereits in den Jahren vor dem Beginn der Kreuzzüge sah man am Himmel viele wunderbare Zeichen. Im Süden stand ein Komet und warf seinen Glanz in schräger Richtung wie ein Schwert. Drei Jahre später änderte ein Stern im Osten

Flugblatt mit Kriegsprophezeiung (Regensburg 1623)

in langen Zwischenräumen sprungweise seinen Platz. Am Himmel zogen blutrote Wolken, die sowohl im Osten als im Westen aufstiegen und in der Mitte einander begegneten. Gegen Mitternacht stieg im Norden Feuerglanz auf. Sehr oft bemerkte man auch durch die Luft fliegende Fackeln. Ein Presbyter von ehrbarem Wandel sah um die neunte Stunde des Tages, wie zwei Reiter sich in der Luft begegneten und lange miteinander stritten; der eine trug ein großes Kreuz, schlug den Gegner und besiegte ihn. Ein anderer Presbyter beobachtete, wie ein Schwert von wunderbarer Länge durch den Wirbelwind in die Höhe gehoben wurde. Solange man es sehen konnte, hörte man auch das Klingen des Metalles. Pferdehirten erblickten in der Luft das Bild einer Stadt, der sowohl zu Pferde als zu Fuß große Scharen von verschiedenen Seiten zueilten. Manche von den Männern, die in diesen Scharen waren, zeigten ein Kreuzzeichen auf der Stirn, den Kleidern oder irgendeiner Stelle des Körpers, durch göttliche Fügung eingedrückt. Auch von wunderbaren Geburten erzählten sich die Leute. So wurde ein Knabe geboren, der schon reden konnte; ein anderes Kind hatte vier Arme und vier Beine, ein drittes zwei Köpfe. Außerdem wurden Tiere von merkwürdiger Gestalt zur Welt gebracht, Lämmer mit zwei Köpfen und Füllen mit so großen Zähnen, wie sie sonst nur dreijährige Pferde haben.

91. Die Missgeburt. Damals starb am 25. Juli Liudolf, der hochwürdigste Bischof von Augsburg, und Abt Gebhard von Ellwangen wurde erhoben. Gleichzeitig wurde in Hordorf ein Kind geboren, eine Missgeburt, hinten einer Gans ähnlich, das rechte Ohr und Auge kleiner als das linke, mit safrangelben Zähnen; an der linken Hand war nur der Daumen normal, vier Finger fehlten; vor der Taufe hatte es einen blöden Blick, dann nicht mehr; am vierten Tage starb es. Dieses Ungeheuer brachte ob unserer Missetaten eine schwere Seuche mit sich.

92. Extrakt aus dem Archiv zu Burgdorf. Im Jahre 1618 hat ein Mann zu Burgdorf gelebt, namens Thies, dieser hat zukünftige Dinge vorhersagen können, weshalb man ihn Wickenthies genannt. Derselbe hat das Prognostikon der Stadt Burgdorf auf eine Zeit über zweihundert Jahre hinaus gestellt und zum Zeichen der Wahrheit einige Dinge, welche vorhergesehen würden, angegeben, als:

1) Es sollte ein Hund mitten im Wasser auf der Aue im Teich einer Weide fünf junge Hunde werfen; dieses ist in diesem Säkulo eingetroffen.
2) Sollte das Dorf Dätmissen ganz rot werden, welches insoweit eingetroffen, da alle Gebäude auf dem herrschaftlichen Vorwerk, welche mit Stroh gedeckt waren, jetzt mit Ziegeln belegt worden.
3) Über den Seebock nach Uetze würde das Föhr ausgefüllt werden; ist auch in diesem Säkulo geschehen.
4) Ein großer Kieselstein, drei Fuß hoch und zwölf Fuß im Durchmesser, welcher vor dem Rathause liegt, würde bersten; dieses ist auch wahr geworden.
5) Auf dem Kirchhofe in der Stadt würde man stehen und die Windmühle vor Uetze sehen können. Dieses ist in diesem Säkulo eingetroffen, indem diese Seite der Stadt durch eine Feuersbrunst eingeäschert worden.
6) Eine Kuh würde in Burgdorf ein Kalb mit zwei Köpfen zur Welt bringen, wovon der eine Kopf singen, der andre blöken würde; dieses hat sich auch bestätigt.
7) Das Armenhaus, so etwas von der Stadt gelegen, würde dicht vor Burgdorf verlegt werden; ist auch in diesem Säkulo eingerichtet.
8) Außer dem Hannoverschen Tore, vor der Ahrbecker Föhr, würde ein rotes Haus gebauet werden. Dies ist geschehen, und jetzt ein Wirtshaus.

Extract

aus

der Archive zu Burgdorf,

welches

von einem Manne,

Namens Thies,

wahrgesagt und theils schon wirklich eingetroffen ist.

Wickenthies spricht 1618
Vom Wagen, den ein Pferd nicht zieht;
Man sieht ihn nun in diesen Zeiten,
Wie er schnell und brausend flieht.
Hat sein Bestes, hat sein Gutes,
Hat sein Böses; verschied'nen Muthes
Fährt darauf jetzt Jedermann,
Wenn er nur bezahlen kann.

Fr. Teutrus.

Hamburg.

Druck von J. Kahlbrock Wwe., Grünersood 52.

Titelblatt eines Bänkelsängerdrucks

9) Die große Linde vor dem Kirchhofe, außer dem Hannoverschen Tore, würde der Wind ruinieren; ist auch Anno 1757 geschehen.

10) Der eiserne Klöpper in der großen Glocke zu Burgdorf werde bersten; ist 1715 an einem Sonntag, wie man um ein Uhr zur Kirche läutet, geschehen.

11) Einstmalen stehet er des Nachts auf, wie er wiederkömmt, frägt ihn seine Frau, was er nun gesehen habe. Darauf nennt er ein Haus, woraus eine Leiche getragen worden, er könne aber nicht wissen, wer der sein sollte, indem ein armer Mann in dem Hause wohnte. Hierauf kömmt ein fremder Prediger und stirbt in diesem Hause, welcher mit eben der Anzahl Folgender, wie er gesehen, begraben worden.

12) Einstens, da er des Nachts umhergegangen, kommt er des Morgens zum Amtmann und spricht, heute würde man einen

Kerl bringen mit gelben krausen Haaren und braunem Kamisol, der würde gerädert werden. Wie er noch mit dem Amtmann spricht, welcher ihn verlachet, bringt man einen jungen Kerl, so wie Thies ihn beschrieben, welcher ergriffen, da er seinen alten Vater totgeschlagen hatte. Derselbe ist im vorigen Säkulo vor Burgdorf gerädert.

Sein eigentliches Prognostikon ist aber folgendes: Es würde viel Kriegsheer um Burgdorf herziehen und sich daselbst lagern, endlich bei der vor Burgdorf liegenden Windmühle eine große Schlacht liefern, wobei es so blutig hergehen würde, dass das Blut gleich Strömen vom Berge herunter in den Stadtgraben laufen würde, sodass das Wasser kaum zu erkennen sei; doch hat er diese Versicherung hinzugefügt, dass den Einwohnern dieser Stadt kein Leid widerfahren würde. Die Feinde, welche ein undeutsches Volk wären, würden so in die Flucht geschlagen werden, dass wenn ein Brot auf dem Schlagbaume läge und sie noch so hungrig wären, sich doch keiner die Zeit nehmen würde, solches mitzunehmen. Diese Schlacht würde anfangs sehr zweifelhaft sein, wer von beiden Teilen sie gewinnen würde; wenn aber der Reiter mit dem weißen Pferde von Celle komme, dann würden die Feinde auf einmal in die Flucht geschlagen. Ob aber die Schlacht im Herbst oder Frühjahr geschehen würde, könne er nicht behaupten. Die Haufen, so im Felde gestanden, habe er wegen der Dunkelheit, Furcht und Schrecken nicht recht erkennen können. Das angenehmste für die Stadt Burgdorf würde sein, dass der Schatz der Feinde ihnen zuteil werde und sie dadurch einen großen Reichtum bekommen würden. Unter anderen würden im Ahrbecker Föhr zwei Fuder Geld stehenbleiben, weil der Damm, welcher in Eile gemacht worden, brechen würde. Die ersten, so es angegriffen, würden ihr Leben dabei verlieren, die zweite Partei würde es aber ohne Schwertstreich erobern und die dritte das Leere nachsehen müssen. Hierauf würde ein erwünschter Friede erfolgen, denn gleich darauf würde der Ritter mit dem weißen Pferde von Celle her den Frieden bringen.

93. Der Ring des Polycrates. Die obengedachte Insul Samura hat Polycrates under sich gebracht und seinen Brüdern Pantagnato und Solysonti auch Part daran gelassen, davon er aber bald hernach den einen umbracht' und den andern verjagte, auch Bündnuss mit dem König Amasi in Ägypten machte; darauf gelangen ihm alle Ding so überglücklich, dass er in ganz Graecia ein' großen Namen bekam; es ging ihm allerorten zu Wasser und Land nach Wunsch, und mussten ihm seine Feinde seine Insul mit Mauren und Bollwerken umgeben und befestigen: Aus Rat Amasi warf er mit eigner Hand sein allerliebstes Kleinod, das war ein Ring mit einem Smaragd, in das Meer, zu probieren, ob ihm das Unglück in solcher Wohlfahrt angreifen und des Rings berauben wollte, den er sehr ungern verlor; aber nach sechs Tagen, da er noch um den Ring trauret, kamen seine Fischer und brachten einen Fisch, den sie gefangen. Als diesen der Koch geöffnet und den Ring ungefähr in des Fisches Ingeweid gefunden und solchen seinem Herrn wieder zugestellt, schrieb Polycrates diesen wunderbarlichen Glückesfall dem König Amasi in Ägypten zu; derselbe verstunde wohl, dass solch extraordinari groß' Glück endlich ein bös' End nehmen würde, und damit er nicht mit Polycrato gleichen Unglücks teilhaftig würde, ließe er ihm die gemachte Bündnuss durch einen Herolden wiederumb uffkünden; bald hierauf fielen ihm die Lacedemonier mit Krieg an, aber er lag oben und er hielte sich ritterlich; aber gleich hernach wurde er durch Oretam, einen Persier, in dessen Hände er umb Gottes willen kam, zum Tod gefördert, indem er gekreuziget und uffgehenkt ward, nachdem seiner Tochter zuvor geträumt, dass ihr Vater vom Jove gebadet und von Apollo wieder abgetrocknet würde; welches vom Regen und der Sonnen, als er am Galgen hing, zu verstehen gewesen. Hernach musst' Oretas sein Schelmstück auch büßen und mit der Haut bezahlen, dann er wurde ebenso verräterisch wieder ums Leben gebracht. Dieses trug sich zu ums Jahr vor Christi Geburt 531.

94. Arnulf von Metz. Der neunundzwanzigste Bischof von Metz war Arnulf, ein Mann hell leuchtend durch das Licht seiner Heiligkeit und den Glanz seines Hauses. Er war einem hochedlen und tapferen Geschlecht entsprossen und stand der Kirche Gottes so vor, dass er auch das Regiment im Palast überkam. Im Leben sowohl wie nach seinem Tode vollbrachte er viele Wundertaten, die, wer sie zu erfahren wünscht, in dem über sein Leben geschriebenen Buche nachlesen möge. Eine außerordentliche Geschichte will ich jedoch erzählen, von der ich mich sehr wundern muss, dass sie jener Lebensbeschreiber ganz vergessen hat. Wie Arnulf einstmals Buße tat über einige begangene Sünden, ging er über die Moselbrücke, und wie er da hinuntersah in die tiefen vorüberfließenden Wasserwirbel, die sein Blick nicht durchdringen konnte, so zog er, von zweifelloser Zuversicht erfüllt, seinen Ring vom Finger und warf ihn hinunter in das Wasser und sprach: »Dann will ich glauben, dass mir meine Sündenschuld vergeben ist, wenn ich diesen Ring, den ich hinunterwerfe, wieder bekomme.« Nach mehreren Jahren, da er bereits Bischof geworden war, brachte ihm eines Tags ein Fischer einen Fisch, den er, da er sich des Genusses von Fleisch enthielt, zum Abendessen zuzubereiten befahl. Als ihn aber der Koch ausweidete, fand er in seinem Bauch jenen Ring. Er verwunderte sich darüber und brachte, ohne von der Sache etwas zu wissen, den Ring zu Arnulf. Der erkannte ihn sogleich wieder und sagte, der Vergebung seiner Sünden jetzt gewiss, dem allmächtigen Gott Dank, führte aber hinfort kein freieres Leben, sondern übte sich nur umso strenger in der Enthaltsamkeit. Dies habe ich nicht von irgendeiner geringfügigen Person gehört, sondern mein Gewährsmann ist der erhabene König Karl selbst, der es mir erzählt hat: Er stammte nämlich von dem heiligen Arnulf ab und war sein Enkel im fünften Gliede.

95. Der beinerne Tisch. Die stolze Burgfrau von Falkenstein im Mölltal hat an hölzernen, an marmornen, an silbernen und an goldenen Tischen gespeist; nun möchte sie noch an einem beinernen Tische sitzen. Das Glück ist ihr treu wie ein Hund. Daher weiß sie auch nicht, wie bitter Armut und Hunger schmecken. Einmal kam ein Bettler in die Burg und bat um ein Stücklein Brot, wurde aber von ihr hartherzig abgewiesen. Wie er, über diese Unbarmherzigkeit und Härte erbost, einen Fluch über die Herrin aussprach, da warf sie ihren Ring in den Schlossteich und rief: »So sicher dieser Ring nicht wieder ans Tageslicht kommt, werde ich immer die Reichste im ganzen Lande sein.«

Schon am nächsten Morgen wurde ein Hecht gefangen, der den Ring verschluckt hatte. Die Burgfrau ahnte nichts Gutes. Und wirklich war es mit ihrem Glück von Stund an vorbei, und mit ihrem Reichtum ging es abwärts. Nach drei Jahren brach ein Krieg aus, feindliche Heerscharen drangen ins Mölltal ein und zerstörten das stolze Schloss Falkenstein. Aller Mittel bar, siech und hungrig, wankte die Burgfrau im Land umher und aß ihr mühsam erbetteltes Brot zusammengekauert vor den Hütten fremder Leute, von den Knien, von den dürren, abgemagerten Knien, vom ›beinernen Tisch‹. *(Kärnten)*

96. Der Traum des Minnesängers Walther von Klingen. Der Minnesänger Walther von Klingen, ein reicher und frommer Mann aus freiem Stande, hatte im Jahre 1273 einen merkwürdigen Traum:

Die Herren des hohen Adels, das heißt die Wähler des römischen Königs, waren alle in einem Hause zur Wahl versammelt. In ihrer Mitte stand die goldene Königskrone mit ihrem reichen Schmuck. Die Herren sprachen und verhandelten über die Königswahl. Da sagte einer von ihnen: »Wer von uns diese Krone aufzuheben vermag, soll von allen als König anerkannt werden!« Der Vorschlag gefiel allgemein und wurde angenommen. Nun versuchten alle nacheinander ihre Kräfte, aber keiner von ihnen vermochte die goldene Krone von der Erde zu lichten. Endlich kam Graf Rudolf von Habsburg an die Reihe, der sie mit kräftiger Hand emporhob und sich aufs Haupt setzte. Die Tatsache hat die Wahrheit dieser Erscheinung später bewiesen.

97. Der Teufelsturm am Donaustrudel. Oberhalb der Stadt Grein in Österreich ist in der Donau bei Stockerau ein schlimmer Strudel; das Wasser fällt hoch über den Felsen herab und ist gar gefährlich zu durchfahren. Wenn ein Schiff nur ein wenig an den Felsen rührt, zerstößt es zu kleinen Trümmern. Nur die anwohnenden Schiffer kennen des Wassers Art an dieser Stelle.

Kaiser Heinrich III. fuhr einst den Strudel hinab; auf einem andern Schiffe war sein Vetter Bischof Bruno von Würzburg; und als dieser durch den Strudel fahren wollte, saß auf einem über das Wasser ragenden Felsen ein schwarzer Mann, wie ein Mohr, ein

Der Donaustrudel

greulicher und erschrecklicher Anblick. Der schrie und sagte zu dem Bischof Bruno: »Höre, höre, Bischof! Ich bin dein böser Geist, du bist mein eigen; fahr hin, wo du willst, so wirst du mein werden; jetzt will ich dir noch nichts tun, aber bald wirst du mich wiedersehen!« Alle Menschen, die das hörten, erschraken und fürchteten sich. Der Bischof machte ein Kreuz, segnete sich, sprach ein Gebet, und der Geist verschwand vor ihnen allen. Der Stein wird noch bis auf diesen Tag gezeigt; es ist ein kleines Türmchen ganz von Stein darauf erbaut, Teufelsturm genannt. Etwa zwei Meilen Wegs weiter fuhr der Kaiser mit den Seinen zu Lande und wollte die Nacht über in dem Flecken Pösenbeiß bleiben. Hier war er bei der Frau Richilta der Frau des Grafen Adelbar von Ebersberg, zu Gast. Der Kaiser ging in die Stube, und während er bei dem Bischof Bruno, Grafen Aleman von Ebersberg und der Frau Richilta stand, fiel jählings der Boden in der Stube ein; der Kaiser stürzte ohne allen Schaden auf den Boden der Badestube, dergleichen auch Graf Aleman und die Frau Richilta; der Bischof aber schlug auf eine Badewanne, brach Rippe und Herz und starb wenige Tage hernach.

98. Der stürzende Baum. Als Kaiser Heinrich IV. im Jahre 1105 zu Lüttich weilte, hatte er einen Traum, der wohl wert ist, erzählt zu werden. Er wandelte nämlich in einem mit hohen Bäumen besetzten Garten. Von den Bäumen stürzte der höchste plötzlich zur Erde und riss im Fallen auch einen anderen mit sich zu Boden, worauf allmählich auch die übrigen Bäume umstürzten. Der Traum wurde nachher durch den wirklichen Verlauf der Dinge bestätigt; denn nicht viel später wurde der König krank und starb, und verschiedene Große starben mit ihm.

99. Das Menetekel. (Postsex). Als Heinrich II. im Jahre 1002 in der Hauptkirche zu Regensburg betete, hörte er eine Stimme sagen: »Lies die Schrift an der Wand!« Es stand aber geschrieben: »Nach sechs.« Als er das gelesen hatte, ging er mit innerem Verwundern fort, und da er fürchtete, dass ihm am sechsten Tage der Tod bevorstände, mühte er sich eifrig mit Gebeten, Fasten und Almosen ab. Aber der sechste Tag ging herum, die sechste Woche, der sechste Monat kam, und selbst das sechste Jahr wartete er in Frömmigkeit ab. Nachdem aber das sechste Jahr abgelaufen war, wurde er vom Mainzer Erzbischof Willegis zum Könige gesalbt.

100. Üble Vorbedeutung. Als sich Karl X. zur verhängnisvollen Kammersitzung begab, welche die Julirevolution einleitete, verwickelte er sich auf den Thronstufen in den Teppich und strauchelte, sodass ihm die Toque, die er statt der Krone trug, vom Haupte fiel. Der Herzog von Orléans, der sich zur Seite des Königs befand, hob sie sogleich auf und gab sie dem Monarchen zurück; aber genug, sie war von Karls Haupte in die Hände des Herzogs gekommen, und alle Zeugen des Vorfalls äußerten darüber Bestürzung, welche die Julirevolution nur zu sehr rechtfertigen sollte.

101. Zum Papst bestimmt. Der Vater Hildebrands oder Gregors VII. war ein Zimmermann und in Rom von einem Geistlichen zum Bau eines Hauses gedungen worden, als sein Sohn noch ein Knäblein war. Das Kind legte im kindlichen Spiel die herabfallenden Späne nach Art von Buchstaben zusammen, obwohl es diese noch gar nicht kannte. Als der erwähnte Geistliche herbeikam und das Werk des Knaben betrachtete, brachte er aus diesen Buchstaben folgende Worte zusammen: »Herrschen werde ich von Meer zu Meer!« Heftig sich verwundernd, sagte er dem Vater voraus, dass sein Sohn einst oberster Bischof des apostolischen Stuhles werden würde. Der Vater ließ ihn, wie er es schon vorher im Sinne gehabt hatte, in den Wissenschaften unterrichten.

Gut vorgebildet kam der junge Hildebrand an den Hof Kaiser Heinrichs. Er war sehr braun und hässlich von Angesicht. Heinrich, des Kaisers Sohn, war ein gar zierlicher Knabe, der sich über Hildebrand lustig machte und ihm mit vielen Verhöhnungen manchen Schimpf antat. Der Kaiser wurde dadurch oft zum Lachen veranlasst; die Kaiserin aber nahm das übel und hielt den Sohn streng von weiteren Verhöhnungen ab. In einer Nacht sah der Kaiser im Traum seinen Sohn als König an der Tafel sitzen und jenen Schüler ihm gegenüber an einem anderen Tische; beide reizten sich gegenseitig durch Schimpfen. Der Kaiser sah, dass inzwischen aus der Stirn jenes Schülers ein Horn gewachsen war, mit dem er den Gegner aufnahm und in den Kot warf. Als er seiner Gemahlin den Traum erzählte, sagte sie voraus, dass jener Schüler Hildebrand einst Papst sein und ihren Sohn vom Throne stürzen werde. Um den Sohn bekümmert und in der Hoffnung, Gottes Ratschlag zu ändern, schickte der Kaiser den Schüler gefangen auf das Schloss Hamerstein, damit er hier durch Hunger getötet werde. Das vermochte aber die Kaiserin nicht zu ertragen und stellte dem Kaiser die Schande vor, dass er wegen eines Traumes einen Menschen töten wollte. Aus dem Gefängnis entlassen, wurde Hildebrand Mönch, kam nach Rom und erlangte später die päpstliche Würde.

102. Die Weissagung in der Mühle. Im Jahr 1024 ward Konrad II., ein Franke, römischer Kaiser; unter dessen Regierung kostete es den Kopf, wenn einer sich unterstand, den Landfrieden zu brechen. Nun brach denselben Leopold (Diepold), ein schwäbischer Graf von Kalw, und entwich deshalb, als der Kaiser ins Land kam, mit seiner Gemahlin und einigen Bedienten in den Schwarzwald und hielt sich daselbst in einer leerstehenden Mühle auf, nicht weit von dem Kloster Hirschau. Da geschah es aber, dass der Kaiser einstmals dortherum zufällig jagte und in die Nähe derselben Mühle kam; und kaum erkannte ihn der Graf, als er seine Frau, die eben in Kindesnöten lag, verließ und heimlich in den Wald entfloh. Die Gräfin genas indes eines Söhnleins, während der Kaiser sie in ihren Wehen schreien hörte und dabei zugleich dreimal eine Stimme vernahm, die sagte: »Dieses Kind, o Kaiser, wird dein Tochtermann und Erbe werden!« Darüber erschrak der Kaiser; denn er vermeinte nicht anders, als dass die Mutter des Knaben eine Bäurin oder Müllerin sei, und gedachte, wie er dem zuvorkommen möchte, dass nicht ein Bauer sein Eidam würde. Deswegen schickte er zwei bewaffnete Diener in die Mühle, denen er einen Eid abgenommen hatte, dass sie das neugeborene Kind umbringen und ihm zu desto größerer Versicherung das Herzlein des Kindes überliefern sollten. Die Diener entrissen nun zwar der Mutter das Kind und trugen es in den Wald, schonten aber seiner aus Mitleid und legten es auf einen gespaltenen Baum, damit es vor wilden Tieren sicher sein möchte. Dann fingen sie einen Hasen, nahmen ihm das Herz aus dem Leibe und brachten das dem Kaiser, der sie reichlich dafür beschenkte. Als nun kurze Zeit hernach ein gewisser Herzog von Schwaben in jener Gegend jagte und das ausgesetzte Knäblein fand, nahm er es mit und brachte es seiner Gemahlin; die war unfruchtbar und ließ sich von ihrem Gemahl bereden, dass sie das schöne Kind als ihr eigenes annahm und sich als Wöchnerin stellte und ins Bett legte und ausbreiten ließ, sie habe einen Sohn geboren. Der ward dann getauft und erhielt den Namen Heinrich und ward für einen jungen Herzog von Schwaben gehalten. Als nun fünfzehn Jahre später der Kaiser zu dem Herzoge nach Ravensburg kam und den Knaben sähe, fragte er: »Wer ist dieser Knabe?« Sprach der Herzog: »Das ist mein Sohn!« worauf der Kaiser wider Willen des Herzogs und dessen Gemahlin ihn mit an seinen Hof nahm und ihn, weil er ein wackerer, wohlgezogener junger Herr war, oftmals vor sich kommen ließ.

Da geschah es, dass man die Abkunft des jungen Herzogs von Schwaben beim Kaiser verdächtigte und wissen wollte, der junge Herr sei ein untergeschobenes Kind. Dem Kaiser schien das alsbald sehr glaublich, da die Herzogin zuvor stets unfruchtbar gewesen, auch von ihrer Schwangerschaft nichts verlautet hatte; und wie er nun dem Alter des Knaben nachrechnete, wandelte ihn der Verdacht und die Furcht an, es könne derselbe am Ende das Kind sein, von welchem die Stimme in der Waldmühle geweissagt und welches zu töten er befohlen hatte. Deshalb wollte er abermals dem vorbeugen, dass er nicht sein Tochtermann würde, und schickte ihn mit einem Briefe an die Kaiserin nach Aachen, darin stand geschrieben: »So wahr dein Leben dir lieb ist, o Königin, gib dem jungen Herrn, der diesen Brief überbringt, unverzüglich den Tod!«

Mit diesem Briefe machte sich der junge Heinrich wohlgemut auf den Weg und konnte nicht ahnen, was ihm drohte. Unterwegs aber kehrte er bei einem gelehrten Priester zu Speyer ein und vertraute demselben, der Sicherheit wegen, seine Tasche mit dem Briefe an, bevor er sich zur Ruhe begab. Da trieb die Neugier den Priester, den Brief des Kaisers, ohne das Siegel zu verletzen, künstlich zu öffnen und zu lesen, woraus er dann mit Schrecken erkannte, in welcher Gefahr der Jüngling schwebte. Sogleich war er auch entschlossen, ihm durchzuhelfen und änderte die zwei letzten Wörtlein des Schreibens gar fein und säuberlich um, also, dass sie von den Schriftzügen des Kaisers nicht zu unterscheiden waren. Jetzt lautete der Brief: »So wahr dein Leben dir lieb ist, o Königin, gib dem jungen Herrn, der diesen Brief überbringt, unverzüglich deine Tochter zur Gemahlin!« Darauf beschloss er den Brief mit dem Siegel wieder, sodass er war wie zuvor, und entließ freundlich seinen Gast. Als der nun der Kaiserin den Brief übergeben, tat sie sogleich, wie ihr darin befohlen war, und gab dem Heinrich ihre Tochter und legte sie ihm zu.

Bald kam die Mär davon vor den Kaiser, der anfangs sehr zornig ward. Wie er aber erfuhr, dass die edle Gräfin von Kalw in der Mühle bei Hirschau diesen Jüngling geboren hatte, und wie er der Weissagung gedachte, die er damals gehört, so gab er sich drein und rief aus: »Nun merk ich wohl, dass Gottes Ordnung niemand hintertreiben mag!« und förderte seinen Tochtermann, den ihm das Schicksal bestimmt hatte, zum Herzog von Alemannien, und als Konrad im folgenden Jahre starb, ward Heinrich zugleich deutscher König. *(Schwaben)*

103. Glück und Glas. Schloss Weinberg wurde stark belagert. Im Besitze des Schlosses befand sich ein altes Glas. Ein Greis sagte, wenn das Glas zerbreche, werde die Festung fallen. Das Glas wurde ängstlich behütet, einmal fiel es aber doch zu Boden und zerbrach. In der nächsten Stunde zogen die Feinde als Sieger in die Burg ein. *(Oberösterreich)*

Der Krieg der Raben (Flugblatt)

104. Der Rabenkrieg. Im Herbst des Jahres 1588 sowie im März des folgenden Jahres erschienen an verschiedenen Tagen auf dem Rathause und der Kirche zu Königsberg große Massen von Krähen, Dohlen und Raben, die in heftigen Kampf miteinander gerieten, worauf auch in einer folgenden Nacht ein unversehenes, plötzliches Licht in allen Gassen, das aber bald wieder verschwand, gesehen wurde. Zum Andenken sind über der Türe des Rathauses zwei gegeneinandersitzende Dohlen oder Raben gemalt, die aber kaum noch zu sehen sind; auf dem untersten Rathausgiebel befand sich auch ehmals ein eiserner Rabe, der aber bereits vor langen Jahren abgenommen ist. Dieser Rabenkrieg war aber umso denkwürdiger, als er ein Vorzeichen des Kampfs war, der bald darauf im Jahre 1589 zwischen dem Rat und der Bürgerschaft wegen eines Stück Landes unweit des Pimpinellenberges

Die Schlacht am Himmel (1560)

ausbrach; darüber entstand ein so gewaltiger Lärm in der Stadt, dass Kurfürst Johann George endlich die Stadt berennen ließ und über die Hauptunruhestifter schwere Strafen verhängte. Seitdem führt jenes Land den Namen des Streitlandes. *(Mark Brandenburg)*

105. Vorzeichen. Unter Werner, dem achten Erzbischofe zu Magdeburg, sind folgende Prodigia des schweren und schädlichen Krieges Kaiser Heinrichs IV. vorhergegangen. Um das Jahr 1068 hat sich auf dem Markt zu Magdeburg ein großer Haufe Raben versammelt, die also heftig miteinander gestritten haben, dass sie häufig tot zur Erde fielen, und dieser Streit soll einen ganzen Tag gewähret haben. Etliche Bischofsstäbe, so in ihren Kapellen gestanden, sollen am hellen Tage, da es lauter und klares Wetter gewesen, Wasser geschwitzt, und denen, welche sie angegriffen, gleich die Hände mit Wasser gefüllt haben. Wie dasselbe auch an einem hölzernen Kruzifix in Staderborgk geschehen sein soll. Ein Komet hat etliche Monate geschienen. In der Luft sind feurige Heere gesehen worden, auch hat man ein großes Krachen gehört, gleich als wenn große Feldschlachten in den Lüften geschehen, blutige Waffen und Kriegsrüstungen, belagerte Städte, brennende Fackeln, feurige Pfeile und dergleichen andere Zeichen mehr hat man am Himmel gesehen. Viel greuliche Missgeburten haben sich an den Menschen und Viehe zugetragen, Kinder haben im Mutterleibe geredet. So ist auch Blut aus hausbackenem Brote, wenn man es zerschnitten, haufenweise herausgeflossen. *(Sachsen)*

106. Überirdische Schlachthilfe. In der Nacht vor der Tannenberger Schlacht zeigte sich am Himmel ein wunderbares Merkmal. In der Gegend des Mondes erblickte man nämlich einen Mönch, der eine Zeitlang mit einem Könige kämpfte, zuletzt aber besiegt und vom Himmel verjagt wurde. Und während der Schlacht selbst sah man über dem Heere Jagellos einen polnisch gekleideten Mann schweben, der die Polen zum Streite ermunterte, wenn sie zu weichen begannen, ihnen den Segen erteilte und den Sieg versprach. Dieser Mann soll der heilige Stanislaus, der Schutzpatron Polens, gewesen sein.

107. Geisterheere. Um diese Zeit ereigneten sich viel ungeheuerliche Dinge; so sah man unter anderem, wie die Dämonen nach Weise der Krieger ein Reitergefecht lieferten und mit gewaltigen Eichenstämmen, die sie ausgerissen, sich wie mit Pfeilen beschossen. Während das eine Heer mit Ungestüm den Fluss überschritt, wurde es durch das andere so mit Eichenwürfen verfolgt, dass der Fluss durch die vielen Stämme in seinem Lauf gehemmt wurde.

108. Schlacht in den Wolken. Die Stadt Weißenburg am Rhein soll im Jahre 1520 um die Mittagszeit ein seltsames Brausen in der Luft und schreckliches Getös klingender Waffen gehört haben, samt einem Geschrei vieler aufeinander losgehender Kriegsleute, wie im Felde geschieht, wenn es Schlagens gilt und man mit Blei und Schwert um den Krieg kartlet. Welches einen solchen Schrecken den Einwohnern gebracht, dass sie gedacht, es wäre ein Feind vorhanden, welcher die Stadt gählings anzufallen und zu überrumpeln willens; deswegen ein jeder sich ins Gewehr geschickt. *(Elsaß)*

109. Die Erscheinung. Im Jahre 1432 hatte der Graf von Katzenellenbogen Krieg mit Junker Heinrich (eigentlich Johann) mit der Haube von Nassau, genannt Junker Reinicke. In dieser Zeit sah man zu Westfalen in der Luft ganz geharnischte Leute mit großer Ausrüstung reiten, die sich gegen die Hussiten gewandt hatten. Den Leuten schien es so, als ob sie den Berg herabritten, und die Erscheinung dauerte wohl zwei Tage und zwei Nächte um Johannitag im Hochsommer. Das waren große Wunderzeichen. Ebenso sah man in der Nähe von Zabern im Elsaß wohl sechstausend Mann so deutlich in der Luft reiten und gehen, dass man das Reitzeug und die Eisen an den Hufen der Pferde sah, und dass die Straßburger erschraken und Kundschaft darüber einzogen.

110. Hindenburg und das graue Heer. Als der Feldmarschall von Hindenburg in Neudeck gestorben war und ein paar Tage später nachts in das Tannenbergdenkmal überführt wurde, da sind in den Wolken die grauen Soldaten des Weltkrieges zu sehen gewesen, die ihrem toten Feldherrn das Geleit bis Tannenberg gaben. Alle, die damals in Tannenberg dabei waren, haben es mit eigenen Augen gesehen und viele andere auch. In ganz Ostpreußen ist das graue Heer klar und deutlich zu sehen gewesen. *(Ostpreußen)*

111. Kriegsvorzeichen. Der Krieg 1870/71. Kurz vor dem Kriege 1870 wurden den Menschen Zeichen gegeben. Viele haben dazumal deutlich Feuer am Himmel gesehen; und hinter Königsberg ist ein Leichenstein vom Himmel gefallen. *(Ostpreußen)*

112. Vorzeichen des Ersten Weltkrieges. »Einige Zeit vor Ausbruch des Krieges«, so erzählte mir ein sonst ernster, durchaus rechtschaffener Mensch, »sah ich am Himmel in der Gegend, wo die Balkanreiche liegen, eine riesengroße, blutige Scheibe, welche lange Zeit sichtbar war. Ich rief meinen Schwager und zeigte ihm die Erscheinung und sagte ihm: ›Die große blutigrote Scheibe oder Kugel am Himmel bedeutet den Krieg. Gib acht, wir haben bald einen großen Krieg zu erwarten, und groß und allgemein wird er darum sein, weil die ganze Kugel rot ist.‹ Mein Schwager wollte daran nicht glauben, auch andere glaubten es nicht, denen ich die Erscheinung beschrieb. Aber nicht lange darauf brach der Krieg aus, mein Sohn und mein Schwager wurden in den Krieg eingezogen. Bevor er das Haus verließ, kamen wir auf jene Erscheinung zu sprechen, und jetzt waren alle überzeugt, dass die blutige Kugel den Krieg bedeutet habe.« *(Schlesien)*

113. Die drei Hähne. In Jurgaitschen gehen viele Leute frühmorgens in die Kirche ein bisschen beten. Im Sommer 1914 hatte der Glöckner einmal vergessen, zeitig aufzustehen, und die Kirchentüre war noch nicht aufgeschlossen. Wie schon ein paar Leute da waren und weil sie nicht draußen warten wollten, musste einer nach dem Glöckner gehen. Der Glöckner kam auch gleich und schloss vor allen die Tür auf. Die Leute drängten sich schnell in die Kirche hinein, und jeder wollte seinen Platz aufsuchen. Als sie aber nach dem Altar hinsahen, da erschraken alle und ihnen wurde gleich ganz kalt bei dem, was sie sahen: Vor dem Altar stand ein Mann, den keiner kannte; und sie sahen gleich, dass der nicht von hier war. Seine Kleider waren wie Erde und seine Mütze spitz wie ein Zuckerhut. Keiner konnte sich denken, wie der in die verschlossene Kirche reingekommen war. Unter den Armen hatte er drei Hähne. Einer war rot wie Blut, einer war pechschwarz wie ein Tuch, der dritte war fahl wie Erde. Der mit den Hähnen stand steif wie ein Prickel. Er rührte sich nicht ein bisschen und sah aber alle an. Und alle Leute waren halb tot. Auf einmal sagte hinten ein Alter: »Unser Herre Gott, unser Herre Gott, unser Herre Gott!« Grade, wie er das sagte, hob jener die drei Hähne in die Höhe, hielt sie ein Weilchen ganz still und war auf einmal von dem Platz vor dem Altar verschwunden. *(Ostpreußen)*

114. Himmelserscheinungen vor dem Ersten und Zweiten Weltkrieg. Wia da Hitlakriag ausbrocha is, do homas a Himmelserscheinung gsehgn. Do is a Rad om gwen am Himme und do is a Haknkreiz drin gwen und des Haknkreiz, so wias rundumganga is hots Feiazunga ausgspiem, des is üwas Vejdreich (Viechtreich = Gebiet um Viechtach) üwreganga. Ja, des is gwiss woahr.

Und wej da Erste Wejtkrej ausbrocha is, ja, do hots aa a Himmelserscheinung gem, do is hint (im Viechtreich) a Stern gwen, der hot an ganzn Bogn gmocht, an ganz an helln Streifn vo oan Ende zum anan. Des san sejchane Kometn gwen. Und wenn a Komet an Himme steht, »des is a Vorzeichn eines kommenden Krieges«, hot unsa oida Schuilehra omoi predigt in da Schui, und des is aa so gwen. *(Bayer. Wald)*

115. Friedensweissagung im Ersten Weltkrieg. Die Nachbarin hat's dem Berichterstatter gesagt: »Die Leute erzählen, eine Zigeunerin hat gesagt, am 28. April wird Frieden sein. Sie war in der Straßenbahn, da ist eine Dame von ihr fortgerückt und da hat die Zigeunerin zu ihr gesagt: ›Du bist auch nicht mehr als ich; denn du hast bloß zwanzig Pfennig in der Tasche.‹ Da ist die Dame rot geworden und hat nichts gesagt. Da ist der Schaffner aufmerksam geworden und hat zu der Zigeunerin gesagt: ›Wenn du weißt, wieviel Geld die Dame in der Tasche hat, so weißt du gewiss auch, wieviel Geld ich heute schon eingenommen habe.‹ Darauf hat die Zigeunerin eine Geldsumme genannt, und der Schaffner hat nachgezählt, und es hat gestimmt. Da spricht der Schaffner: ›Wenn du das gewusst hast, so weißt du gewiss auch, wann der Krieg zu Ende ist.‹ Da sagte die Zigeunerin: ›Am 28. April!‹ Jetzt sind alle auf den 28. April neugierig.« *(Schlesien)*

116. Die letzte Schlacht. Das verwunschene Heer des Kaisers wird die letzte Weltschlacht entscheiden. Wenn der letzte deutsche Kaiser in so großer Not sein wird, dass er mit all seinen Soldaten unterm dürren Birnbaum schlafen wird können, dann wird der Baum grünen und Früchte tragen. Und es werden so wenig Soldaten sein und solch ein Elend, dass sie von den Birnen des dürren Baumes sich nähren werden. Da wird beim Essen ein Schwein kommen, das wird eine Trompete auswühlen aus der Erde und diese Trompete wird das verwunschene Heer aus dem Berge rufen. Wenn Kaiser Karl mit seinen Soldaten von Sonnenaufgang, von Osten, aus dem Berg reiten wird durch ein großes silbernes Tor, dann wird die Schlacht anfangen. Diese Schlacht wird von Sonnenaufgang bis Sonnenuntergang dauern, und das Blut wird wie Wasser im Bach rinnen. Die Überlebenden aber werden am Abend auf Bergen von Toten stehen, und der Kaiser Karl wird Sieger sein. *(Galizien)*

Die letzte Schlacht auf dem Walserfeld

117. Der Schlachtenbaum. Es steht irgendwo auf einem Berge ein Baum, der hat Blätter, welche gestaltet sind wie ein Hufeisen. Davon geht die Prophezeiung, der Kaiser werde einmal geschlagen werden und nur soviel Leute übrigbehalten, als in dem Schatten des Baumes Platz haben. *(Hessen)*

118. Der Papst sieht die Seeschlacht von Lepanto. Es war am 7. Oktober 1571 gegen fünf Uhr abends, als die Seeschlacht bei Lepanto sich dem Ende zuneigte. Um dieselbe Stunde war Pius V., der seit der Abfahrt der christlichen Schiffe seine Gebete und Kasteiungen verdoppelt hatte, in Gegenwart mehrerer Prälaten damit beschäftigt, die Rechnungen seines Schatzmeisters Busotti nachzuprüfen. Plötzlich, wie von einer unwiderstehlichen Macht getrieben, steht er auf, tritt an ein Fenster, öffnet es, blickt nach Osten und verharrt so in tiefem Sinnen. Dann, sich seiner Umgebung wieder zuwendend, sagt er mit verzückt glänzenden Augen: »Lassen wir die Geschäfte und danken wir Gott! Die christliche Flotte erringt den Sieg.« Er verabschiedet die Prälaten und begibt sich alsbald in sein Oratorium, wo ein Kardinal, der auf die Mitteilung dieses Vorgangs herbeieilt, ihn vor Freude weinend antrifft. Busotti und seine Kollegen aber, überrascht von der plötzlichen und feierlichen Enthüllung, schreiben sich Tag und Stunde genau auf. Aber vierzehn Tage vergingen, ohne dass eine Bestätigung eintraf, und sie bereuten schon, durch Weitererzählung des Vorfalls An-

Die Seeschlacht von Lepanto

lass gegeben zu haben, dass man sich etwa über den Papst lustig mache. Denn Don Juan hatte zwar sogleich nach dem glücklichen Ausgang der Schlacht an den Papst einen Kurier entsendet, aber der ward durch widrige Winde aufgehalten, und erst auf dem Umweg über Venedig, und zwar durch den Dogen Mocenigo, erhielt der Papst die Siegesnachricht.

119. Swedenborg sieht den Brand von Stockholm. Am 19. Juli 1759 gegen vier Uhr nachmittags stieg Swedenborg, aus England kommend, zu Gotenburg ans Land. Am gleichen Abend war er bei einem Kaufmann namens William Castel in Gesellschaft mit noch fünfzehn Personen zu Gast. Gegen sechs Uhr trat nun Swedenborg aus dem Hause und kam entfärbt ins Gesellschaftszimmer zurück. »Meine Damen und Herren«, berichtete er bestürzt, »jetzt eben ist am Södermalm in Stockholm ein schrecklicher Brand ausgebrochen, das Feuer greift immer mehr um sich.« Die Gesellschaft war fürs Erste betreten und setzte heimlichen Zweifel in die Zurechnungsfähigkeit des seltsamen Mannes, liegt doch Gotenburg über fünfzig Meilen von der schwedischen Hauptstadt entfernt. Swedenborg aber war aufs höchste beunruhigt und trat des öfteren auf die Straße, zurückgekehrt sagte er dann, dass das Haus seines Freundes schon in Asche läge und sein eigenes in Gefahr sei. Um acht Uhr aber, als er wieder herausgetreten war, berichtete er freudig: »Gottlob, der Brand ist gelöscht, die dritte Türe vor meinem Hause!« Die Nachricht brachte nicht nur die Gesellschaft, sondern die ganze Stadt in Bewegung und noch am Abend erhielt auch der Gouverneur von Gotenburg davon Kunde.

Dieser ließ Swedenborg zu sich kommen und befragte ihn darum. Swedenborg beschrieb den Brand genau, wie er angefangen und aufgehört hatte und die Zeit seiner Dauer. Weil nun auch der Gouverneur darauf geachtet hatte, verursachte die Schreckenskunde eine noch stärkere Aufregung in der Stadt, zumal viele wegen ihrer dortigen Freunde und Güter besorgt waren. Am Montag abend kam nun eine Estafette, die von der Kaufmannschaft in Stockholm während des Brandes ausgeschickt war, in Gotenburg an. In dem Brief war der Brand ganz auf die erzählte Art beschrieben. Am Dienstag Morgen endlich traf ein königlicher Kurier beim Gouverneur ein und berichtete von dem Brand, dem Verlust, den er verursacht und von den Häusern, die er betroffen hatte. Die Nachricht aber war nicht im mindesten von der Swedenborgs unterschieden, auch war der Brand genau um dieselbe Zeit, die dieser angegeben hatte, gelöscht worden.

120. Der große Brand von Freising. Am 5. April 1159 wurde die Stadt Freising durch eine gewaltige Feuersbrunst fast vollständig verzehrt. Dem Unglück waren mancherlei Vor- und Wunderzeichen vorausgegangen. Als der Priester zum Beispiel am Tage der Beschneidung des Herrn, am 1. Januar 1159, die heilige Messe las, stürzte der Kelch um und ergoss seinen Inhalt über den Altar. Um dieselbe Zeit sahen glaubwürdige Geistliche und Laien vierfüßige Ungeheuer und andere Gespenster der Nacht hierhin und dorthin fliegen. Tiere der Wildnis, wie Hasen und Füchse, wagten sich wie Haustiere in die Vorhallen der Kirchen und in die Wirtschaftsgebäude der Kanoniker und ließen sich geduldig den Fangstrick anlegen. Knaben und Mädchen zogen öfters in feierlichem Zuge mitten durch die Stadt und, wahre Bittgesänge nachahmend, weissagten sie durch ihre Scherze bitteren Ernst. Denn im folgenden Jahre brannte gerade die Stelle, wo die Domkirche und bischöfliche Residenz gebaut werden sollte, vom Blitz getroffen durch himmlische Feuer nieder. Käuzlein, Wiedehopfe, Uhus schrien das ganze Jahr hindurch auf den Dächern den Sterberuf und erfüllten die Ohren aller Menschen mit ihrer trauerverheißenden Stimme. Kobolde, die man Satyrn nennt, hörte man sehr häufig in den Häusern.

121. Tod Wilhelms von Holland. Im Januar 1256 wurde König Wilhelm von Holland von den Friesen erschlagen, derweilen er mit seinem Heere in Friesland weilte. Als er in eine Stadt dieses Landes gekommen war, fand er hier ein Grabmal von wunderbarer Arbeit. Auf seine Frage, wem das mit so wunderbarer Kunst gezierte Grabmal wäre, sagten ihm die Bürger, dass noch niemand darin begraben läge; es wäre von ihren Voreltern errichtet worden, die durch eine Prophezeiung erfahren hätten, dass an diesem Orte einmal ein römischer König beerdigt werden würde.

Als Wilhelm nun nach Besiegung und Unterwerfung von ganz Friesland als Sieger schon das Land verlassen wollte, wurde er von einigen am Wege in einem Röhricht liegenden Flüchtlingen mit Spießen getötet und von den Bewohnern des Landes im neunten Jahre seines Königtums in dem vorerwähnten Grabmale beigesetzt.

122. Tod in Jerusalem. Erzbischof Gerbert von Köln war der weltlichen Wissenschaft und besonders der Sterndeutung sehr ergeben und deshalb bei dem wissbegierigen Kaiser Otto beliebt. Als der Tag seines Todes herankam, befragte er ein Götzenbild, wann er sterben würde. Das Bild betrog ihn aber mit den Worten: »Wenn du in Jerusalem eine Messe gefeiert haben wirst, dann musst du sterben!« Der Erzbischof hielt sich damals in Rom auf, wo es eine Kirche gab, die Jerusalem hieß. Als er hier eine Messe feierte und sich darauf sehr krank fühlte, fragte er seinen Götzen wieder und sagte: »Siehe, ich sterbe und habe Jerusalem nicht gesehen, warum hast du mich betrogen?« Da antwortete ihm das Bild, es hätte recht gesagt; denn er hätte in Jerusalem gesungen.

Der gelehrte Philosoph

123. Die Botschaft aus dem Jenseits. Es ist noch merkwürdig, wie zwei gute Freunde miteinander verabredet, einer dem anderen seinen Tod wissen zu lassen in folgendem: Michael Mercatus, der fürnehmste Philosophus, und Marsilius Ficinus hielten sehr gute und vertrauliche Freundschaft wegen ihrer Gleichheit im Studieren; nachdem sie nun miteinander Unterredung hielten wegen der Unsterblichkeit der Seelen und künftigen Lebens nach der Satzung des Piatonis und seine Meinung mit göttlichen Gründen bewiesen, vergleichen sie sich untereinander, dass der Erstere, wo es möglich und auf Gottes Zulassung geschehen könnte, so da stürbe, sollte Relation bringen, wie es im anderen Leben sich verhielte; solches bekräftigten sie auch einander mit einem Eid. Nachdem nun sie sich trenneten und ein jeder in einer besonderen Stadt zu wohnen kam, geschah es, dass in einer Morgenstunde, da der Mercatus an seiner Philosophia beschäftigt war, jemand aus der nächsten Gasse in vollem Trab, sporenstreich auf seine Haustür zureitend, überlaut rief: »O Michael! Michael!« Es ist wahr und wahrhaftig und aufs Gewisseste, Mercatus eilete von seinen Büchern, kennete seines Freundes Stimme und siehet den Marsilium rücklings, welcher sein weißes Pferd schon umgewandt hatte und davonritt. Er rief ihm aber nach: »Marsiii! Marsiii!« Allein der Reiter floh geschwinde weg, als wann er den Blitz zum Klepper hätte und von einem Adler geführet würde. Hierüber erschrickt Mercatus und sinnet nach, ob sich auch ein Fall mit seinem Freund Marsilio zugetragen, stellete auch briefliche Nachfrage und erfahret, dass sein Freund Marsilius eben zu der Stunde, da ihm der Reiter auf dem weißen Pferde erschienen war, zu Florenz Todes verblichen wäre.

124. Turpins Gesicht. Es war ein seliger Bischof, Turpin genannt, der war Karl sehr vertraut. Und als die zwei einst beieinander waren, da gelobten sie sich gegenseitig, wer eher sterbe, sollte es dem anderen anzeigen, dass der Tod zu ihm käme. Und als nun Gott zuerst an Karl herantrat, sandte er einen Boten zum Bischof Turpin und ließ ihm sagen, dass er sterben wollte. Nun war der Weg lang, sodass Karl schon tot war, als der Ritter zu Turpin kam. Dieser aber war gerade zu der Zeit, als Karl starb, im Gebete begriffen und sah eine Unmenge schwarzer Ritter mit einem wilden Geschrei vorbeieilen; hinter ihnen kam unwillig und hinkend ein einziger, der mit sich selber redete und sprach. »Ich weiß wohl, dass wir nichts schaffen.« Als der Bischof diese Worte hörte, beschwor er ihn, dass er ihm sage, wohin seine Gesellen und er wollten. Der Teufel antwortete: »Der große Kaiser Karl liegt im Tode, und wir wollen versuchen, ob er uns werden möge.« Turpin antwortete: »So gebiete ich dir in der Kraft Gottes, dass du hier zu mir kommst und mir kundtust, was ihr geschafft habt!« Damit ging der selige Bischof Turpin wieder an sein Gebet, und über eine Weile sah er, wie die Teufel traurig wieder zurückkehrten. Er fragte den einen, was sie geschafft hätten, und dieser sprach: »Wir haben nichts ausgerichtet; wir legten seine bösen Werke auf eine Wagschale und die guten auf die andere, und unser Teil hätte die Wagschale schier niedergezwungen, aber es kam ein Mann ohne Haupt von Galizien, Jakobus genannt, und legte soviel Steine und Holz auf die andere Schale, dass diese niederging. Da eilten die Engel herbei, nahmen Karl und entführten ihn mit Freuden in das Paradies, und wir sind um ihn gekommen.« Als das der Bischof hörte, lobte er Gott. Gleich darauf kam der Ritter und sagte, Karl läge im Sterben. Turpin antwortete: »Seine Seele ist schon im Paradies«, und erzählte ihm, was er gesehen hatte.

125. Das Versprechen. Den 15. December 1609 (hat mir) allhie in der Statt Lucern ein geleerter und wolerfarner Herr und Houpt sines Vatterlandes in den vier Waldstetten, nemlich zu Uri, Johann Conrat von Beroldingen, in Wahrheit erzellt, das sinem An oder Grossvatters Vatter Andreas von Beroldingen, Landammann zu Uri, vast glychförmige Sach und Versprechung zwischen im und siner gutten Gsellen einem ungefer Ano 1490 sich begeben, allein umb so vilwytter, das der eine (der Überlebende) das Geschirr mit Wyn, der andere aber (der Tote) ein Brot bringen sollte. Dann, als derselbig vor ime gestorben und er, der lebend, sye an des Gelübdsyngedenk sich mit dem Geschirr mit Wyn an das bestimpte Ort verfügt, sye des Abgestorbnen Seel oder Geist allda mit dem Brot erschinen, doch sich nit sehen, sondern alein die Stimen hören lassen. Daruff er, der Lebend, gefragt, wie es umb syn, des Abgestorben Seel stande, ob er sälig oder verdampt. Daruffime geantwort worden, er möge es zwar nit wüssen, denn die beschlüßlich Unheil noch nit ergangen, denn er habe noch müssen das versprochen Gelübde, bim Leben beschechen, halten oder erstatten, alls ein Sach der Gerechtigkeit. Aber sonst stande es gar gferlich zwüschen ime und der Urtheil Gottes, und solltend alle Menschen gewarnt sein, sich in kein solche Vermessenheit zu lassen, sondern ire letste Ding besser betrachten.

Diser Mann, so domalen allso noch in Leben, hatt sich diß Gschefft wol beherzigst, ist auch in sinem Vatterland vast vernampt worden, und wo man sin Fenster und Wappen in Hüser begert, hatt er's zwar geben, aber allwegen zur Gedächtnuss und Erinnerung der Sach dise Histori oben in das Gefäss malen und brennen lassen. *(Luzern)*

126. Zeichen vor dem Tod Karls des Großen. Mehrfach hatten Vorzeichen auf das Herannahen seines Todes hingewiesen, sodass nicht bloß andere, sondern auch er selber ihn kommen fühlte. In den drei letzten Jahren seines Lebens gab es sehr viele Sonnen-

und Mondfinsternisse, und an der Sonne bemerkte man sieben Tage lang einen schwarzen Flecken. Der Säulengang, den er zwischen der Kirche und dem Palast mit großer Mühe hatte aufführen lassen, stürzte am Himmelfahrtstage plötzlich bis auf den Grund zusammen. Die Rheinbrücke bei Mainz, ein herrliches Werk, das er in einem Zeitraum von zehn Jahren mit unendlicher Mühe und wunderbarer Kunst so fest aus Holz gebaut hatte, dass man glaubte, es könnte für die Ewigkeit stehen, wurde durch eine zufällig entstandene Feuersbrunst in drei Stunden so vollständig verzehrt, dass außer dem, was vom Wasser bedeckt war, kein Span übrigblieb. Er selbst sah auf dem letzten Feldzug nach Sachsen, gegen Godofrid den Dänenkönig, eines Tags, als er vor Sonnenaufgang das Lager verlassen und den Marsch angetreten hatte, mit einem Male eine Fackel vom Himmel herunterfallen und in hellem Glanze von der rechten auf die linke Seite durch die heitere Luft fliegen, und während sich alle verwunderten, was dieses Zeichen zu bedeuten habe, warf ihn plötzlich das Ross, das er ritt, indem es den Kopf zwischen die Beine nahm, so heftig zur Erde, dass die Spange seines Mantels brach, sein Schwertgurt zerriss und er von der herzueilenden Dienerschaft ohne Waffen und ohne Mantel aufgehoben wurde. Der Speer, den er gerade in der Hand hielt, wurde dabei zwanzig oder noch mehr Fuß weit fortgeschleudert. Zu diesem Unfall kam noch eine häufige Erschütterung seines Palastes zu Aachen und in den Häusern, in welchen er sich aufhielt, ein beständiges Knistern im Gebälk. Auch wurde die Kirche, in der er nachmals seine Grabstätte fand, vom Blitz getroffen und dabei der goldene Apfel, der die Spitze des Daches schmückte, vom Blitzstrahl heruntergerissen und auf den Bischofshof neben der Kirche geschleudert. Auf dem Reif des Kranzes, der zwischen den oberen und unteren Bogen im Innern dieser Kirche herumging, war eine Inschrift in roter Farbe, die besagte, wer der Gründer des Gotteshauses sei und in deren letzter Zeile die Worte standen: Karolus princeps (der Fürst Karl). In seinem Sterbejahr, wenige Monate vor seinem Tode, wurde, wie das Etliche bemerkt haben, das Wort princeps ganz und gar verlöscht. Aber alle diese Vorzeichen ließ er nicht gelten oder verachtete sie, als ginge ihn keines von ihnen irgendetwas an.

127. Die weissagende Glocke. Madrid, den 24. Oktober. Es soll angemerket worden sein, dass kurz vor dem Absterben König Ludewigs I. man zu Velilla, einem Flecken in Aragonien an dem Fluss Ebro, unterhalb Saragossa, die weissagende Glocke habe läuten hören; diese Glocke hat ungefähr zehn Klafter im Umfang und die Eigenschaft an sich, dass sie, ohne einzigen Wind, Erdbeben oder sonsten etwas Sichtbares läutet, wenn dem König oder dem Lande ein besonderer Zufall bevorstehet. *(Hamburgischer Correspondent)*

128. Vorzeichen für Todesfälle in der Zimmerischen Chronik. Dass aber durch solichs Zeichen ein's Menschen Tod zu Zeiten werd verkünd't, das erfind't er, ußer täglichen Erfahrung, zu Lusingen, Kirchen und Güntersdal. Zu Lusingen sagt man, wann ein Künig von Frankreich sterben, so höre man etliche Nächt darvor ein grausam's Geschrei umb das Schloss, und das soll die Melusina sein. So wissen wir, dass zu Güntersdal ist ein Kloster im Preisgew, so die Edelleut von Plumneck sollen gestiftet haben, bis anhere ein gewiss Zeichen gewest, da derselbigen Edelleut einer mit Tod sollt abgehen, so ist gewisslich, dass bei wenig Tagen darvor ein ufgehenkt plumegisch Wappen in der Kirchen ab der Wand gefallen. Gleichergestalt im Kloster Kirchen, das die Grafen von Öttingen im Ries haben gestiftet. Da wurt ein Heiltum gezeigt, welches, so ein Graf von Öttingen sterben soll, sich gewisslich hell und laut tut erschütten, so ungestüm, dass man's im Kloster heiter mag hören und von alterhere, wann sich ein solichs begeben, so hat ein Abtissin daselbst allenthalben, wie sie die Grafen von Öttingen hat megen erfahren, ihnen das zu wissen geton, und allwegen, so das beschehen, hat sich ihren einer niedergelegt und ist gestorben. Vor etlichen Jahren, als die Edelleut von Hochen-Ahelfingen noch in Leben und deren einer oder mehr sterben sollen, so hat man am dritten Tag davor zu angehender Nacht ein feurin Vögel uf dem Dach zu Ahelfingen sitzen sehen, alsdann ist bei den Agnaten für gewiss gehalten worden, das ihren einer in Kürze darnach die Welt verlassen werd. *(Schwaben)*

129. August der Starke zeigt seinen Tod an. An demselben Morgen, wo S.M. der König August der Starke zu Warschau verstorben ist, soll er vor das Bett des Herrn von Grumbkow zu Berlin, den er sehr gerne hatte, getreten sein und diesem sein Absterben selbst angezeigt haben. Herr von Grumbkow ist darauf gleich zu dem Könige gegangen und hat ihm den Todesfall gemeldet, und nachdem dieser gefragt, wo er die Nachricht her habe und dieser ihm die Erscheinung berichtet, hat er die Sache nicht glauben wollen; da hat eine gleich darauf eingetroffene Stafette die Wahrheit derselben bestätigt. *(Sachsen)*

130. Der Traum des Dr. Gudden. Der königlich bayerische Leibarzt Dr. von Gudden träumte vor seiner Abreise nach dem Schloss Hohenschwangau, wohin er sich zur Betreuung des geisteskranken bayerischen Königs Ludwig II. zu begeben hatte, dass er ertrinkt und im Wasser mit einem Menschen kämpft. Er erzählt diesen Traum seiner Frau. Wenige Tage später findet man Guddens Leiche auf dem Grund des Starnberger Sees bei Schloss Berg. Er wollte den König hindern, den Tod im See zu suchen und ertrank dabei mit ihm am 13. Juni 1886.

131. Tiere und Pflanzen spüren den Tod. Als der berühmte Theologe D. Weller zu Dresden auf dem Sterbebette lag, hat sich außen an dem Hause bei seiner Studierstube ein Bienenschwarm angelegt, so etliche Tage daselbst geblieben ist. Die Nacht aber vorher, ehe der teure Mann starb, hat sich der Bienenschwarm, wie Misander mit eigenen Augen gesehen, davon gemacht, dass niemand gewusst, wohin.

Den 5. Januar 1630 starb Nikolaus Walde, Pfarrer zu Schwarzenberg; dem verdorrete das Jahr zuvor sein Birnbaum. Da er's sah, sagte er: »Ich habe lange genug vom Sterben gepredigt, jetzt wird der Birnbaum mein Prediger. Mein Baum verdorret und ich werde auch bald sterben!« Am Neujahrtage steigt er auf die Kanzel, und da er anfangen will zu singen: Helft mir Gottes Güte preisen usw., überfällt ihn ein Schlagfluss, dass er nach Hause geführt werden und sich auf sein Todesbett legen musste. – Heinrich Ryhel, Pfarrer in Wiesental, hatte einen Zeilanderstrauch in seinen Pfarrhof gepflanzt, der trefflich grünte und im Frühjahr, da genannter Pfarrer starb, schon im April ausgeschlagen war. Sobald der Pfarrer krank wurde, fing der Strauch an sichtlich zu verdorren; darauf starb der Pfarrer. *(Sachsen)*

132. Der Lebensbaum. Helene von Dönniges, die sich nach dem Tod ihres Freundes Lasalle mit dem Bojaren Yanco von Racowitza verheiratete, demselben, dessen unglücklicher Schuss Lasalle im Duell tötete, wurde auf dem Gute ihres Mannes in der Walachei getraut. Von dem merkwürdigen Vorfall, der sich dabei ereignete, berichtet sie:

»Während des langen Trauungszeremoniells nach dem griechischen Ritus im Kirchlein verdunkelte sich draußen der Himmel. Schwere Gewitterwolken zogen auf, und bald folgte Blitz auf Blitz. Da plötzlich ein gewaltiger Donnerschlag! – wir alle standen geblendet und erschreckt – der Blitz hatte dicht vor dem Kirchlein in einen Baum, den nächsten von drei gleichen, eingeschlagen und den Stamm mitten entzweigespalten.

Es entstand ein Gemurmel in und um das Gotteshaus – ›böses Omen!‹, ›die arme junge Frau!‹ wurden Stimmen laut –, denn der gespaltene Baum war Yancos Lebensbaum! Sein Vater hatte bei der Geburt seiner drei Kinder je einen jungen Baum, einen neben den andern, auf dem Kirchhügel gepflanzt. Sie hatten sich alle gut entwickelt – jetzt lag der jüngste gefällt am Boden.

Uns beiden wurde dies eigentümliche Ereignis von den Verwandten aus dem Gedächtnis gescherzt, aber das Omen hat sich erfüllt ...« Nicht lange darauf starb Yanco.

133. Friedrich Wilhelm Weber: Zweites Gesicht. Von den Kindern des Postverwalters Zengerling in Driburg, in dessen Hause Weber täglich verkehrte, war ihm ein kleines Mädchen, Emilie mit Namen, besonders ans Herz gewachsen. Wenn der junge Arzt von seinen Krankenbesuchen heimkehrte, sprang ihm die freundliche Kleine schon von weitem entgegen, und nie fand sie die Hand ihres Beschützers leer ... Wenn Weber sich dann, ermüdet von seinen Berufsarbeiten, im Wohnzimmer des Zengerlingschen Hauses auf das Sofa legte und rauchte, so saß die kleine Emilie zu seinen Häupten, spielte und tändelte mit ihm ... Als sie eines Tages in gewohnter Weise mit ihm gescherzt hatte, hüpfte sie plötzlich vom Sofa fort und lief nach der Türe, die in den anstoßenden Hausflur führte. In diesem Momente sah Weber, der dem Kinde mit seinen Augen gefolgt war, zu seiner Überraschung durch die halboffene Tür einen kleinen Sarg in dem Hausflur stehen. Er blickte schärfer hin, aber die Erscheinung blieb. Nun eilte er nach der Stelle, wo er den Kindersarg gesehen hatte, aber jetzt war dieser verschwunden. In der Meinung, dass das Ganze eine Sinnestäuschung gewesen sei, kehrte Weber nach dem Sofa zurück, nahm seine frühere liegende Stellung wieder ein und schaute abermals durch die halbgeöffnete Tür. Aber das Gesicht kehrte nicht wieder, und Weber suchte vergebens nach einer natürlichen Erklärung dieser merkwürdigen Vision. Bei den Eltern des Kindes, denen er das seltsame Erlebnis mitteilte, fand er keinen Glauben. Bald darauf erkrankte die kleine Emilie an den Masern und starb nach zwölfwöchentlichem Leiden ... Am Tage ihrer Beerdigung, als der Leichenzug eben das Sterbehaus verlassen wollte, fügte es der Zufall, dass die Träger den Sarg an derselben Stelle niedersetzten, wo Weber ihn früher gesehen haben wollte. Es war der erschütterte Vater, der, mit der Hand dorthin zeigend, den Dichter auf die Erfüllung des Vorgesichtes aufmerksam machte.

134. Das blutige Schwert. Als ich vormals zu Pavia die Medizin öffentlich vortrug und ohngefähr meine Hand ansähe, erblickte ich an der Wurzel meines Goldfingers in der rechten Hand die Gestalt eines blutigen Schwertes, worüber ich ein großes Schrecken bei mir empfinde. Gleich desselben Abends kam ein Bote mit einem Schreiben von meinem Schwiegersohn, wodurch mir derselbe Nachricht gab, dass mein Sohn wäre in Verhaft genommen worden, mich auch zugleich ersuchte, des folgenden Tages nach Mailand zu kommen. Dieses Zeichen nahm fünfunddreißig Tage zu und begab sich immer wieder aufwärts, des letzten Tages aber reichte es bis an die Spitze meines Fingers und sahe einem flammenden Schwerte ganz ähnlich. Ich wurde bei diesem seltsamen Anblick ganz bekümmert und wusste nicht, was ich tun oder lassen, sagen oder gedenken sollte. Allein ob ich gleich dergleichen nicht vermutet hatte, musste ich doch bald darauf erfahren, dass mein Sohn um Mitternacht wäre enthauptet worden. Am folgenden Morgen war das Zeichen schon ziemlich vergangen und in einigen Tagen verschwand es gänzlich.

135. Todanmelden. In Lindendorf wohnte eine Frau, die hatte zwei Söhne. Als 1914 der Krieg ausbrach, mussten beide ins Feld. Die Frau hatte in ihrer Wohnung eine alte Uhr ohne Uhrwerk. Einmal an einem Tage, da fing die Uhr an zu schlagen. Als die Frau in die Uhr hineinsah, da lag ein Blumenstrauß und ein Kranz darin. Einige Tage später erhielt die Frau die Nachricht, dass der eine Sohn gerade um dieselbe Zeit gefallen war, als die alte Uhr geschlagen hatte. *(Ostpreußen)*

136. Anklopfen. Es war 1917. Zwei Tage bevor Tante Minnas Bruder fiel, kam er drei Nächte lang im Grubenanzug – der Onkel war Bergmann in Palmnicken gewesen –, so wie er immer gekommen war, wenn er aus der Arbeit kam. Er saß auf dem Stuhl und sagte nichts. Am vierten Tage bekamen sie die Nachricht, dass er gefallen war. Auch bei seinen Eltern kam er in den drei Nächten ans Fenster klopfen. Immer dreimal hat er geklopft. *(Ostpreußen)*

137. Ebertraum und Tod. Hakelberg oder Hakeinberg ist Oberjägermeister in Braunschweig gewesen und hat häufig im Harze gejagt. So geht er auch einmal zu einer großen Jagd nach Harzburg, da träumt ihm in der Nacht, ein gewaltiger Kempe komme auf ihn los und gehe ihm so grausam mit seinen Hauern zu Leibe, dass er zu Tode komme. Andern Tages, als seine Jagdgenossen ankommen, erzählt er ihnen den Traum und sie raten ihm, nicht mitzujagen; erfolgt auch ihrem Rat und bleibt zu Haus. Wie sie nun abends heimkommen, haben sie einen gewaltigen Kempen erlegt, den führen sie auf einem Karren heim; der Hakelberg kommt heraus und besieht das Tier, das gerade wie das im Traum gesehene anzuschauen ist; er will es recht genau besehen, fasst es bei den Ohren und zieht den Kopf in die Höhe, aber er mag ihn wohl nicht fest genug gepackt haben, er entgleitet ihm und dabei fährt ihm der große Hauer ins Bein und verwundet ihn. Hakelberg achtet der Wunde aber nicht und sagt: »Wenn ich durch solche Schramme zu Tode kommen sollte, so wollte ich ja lieber ewig jagen.« Allein die Wunde wurde bald schlimmer, und er eilte nun zurück nach Braunschweig, kam aber nur bis zum Klipperkrug, der im Steinfelde bei Wülperode liegt, da legte er sich hin und starb. Seine Sturmhaube, sowie die eiserne Kopfbedeckung seines Maultiers werden dort noch gezeigt. Im Garten des Wirtshauses, der ehedem ein Kirchhof gewesen ist, liegt sein Grabstein, auf dem ein Ritter auf einem Maultier, mit fliegendem kurzen Mantel und hohem Halskragen, eine Reitgerte in der Hand, abgebildet ist; neben ihm her laufen zwei kleine Hunde. Auf dem Rande des länglich viereckigen Steins ist eine nur teilweise noch lesbare Inschrift, welche lautet: »domini 1581 den 13. Martii«. Seit der Zeit nun jagt Hakelberg, gefolgt von vielen kleinen Hunden, den Harz hinauf und hinunter. Andere sagen, besonders mit zwei großen Leithunden, die er an langen Riemen führe, sehe man ihn zu Ross dahinbrausen, und man erzählt auch, da er so große Lust an der Jagd gehabt, habe er gebeten, für sein Teil Seligkeit ewig jagen zu dürfen. *(Norddeutschland)*

138. Die Sage von der Weißen Frau. Es war am Abend vor der Schlacht bei Saalfeld. In einem der Säle des Schlosses von Rudolstadt waren alle Offiziere des Generalstabes versammelt. Man erwartete die Rückkehr des Prinzen, der am Morgen fortgeritten war, um die neuesten Befehle des Herzogs von Braunschweig entgegenzunehmen. Als er gegen acht Uhr zurückkehrte, kündigte er seinen Offizieren an, dass am Morgen des nächsten Tages die Feindseligkeiten beginnen würden. Man setzte sich an die Tafel. Gegen Mitternacht unterhielt sich der Prinz etwas abseits höchst zuversichtlich mit Nostitz, in der Nähe eines Klaviers, das sich im Saal befand.

»In diesem Augenblick schlug die Schlossuhr Mitternacht. Mit dem zwölften Schlag geschah eine sonderbare Veränderung mit der Person des Prinzen. Sein schönes Gesicht erbleichte seltsam,

Die Erscheinung der Weißen Frau

seine über die Tasten des Klaviers gleitenden Finger wurden steif, wie gekrampft; er fährt mit der Hand über die Augen, wendet sich zu mir, der diesem Zwischenfall mit Befremden zusah, und, mit einer raschen Bewegung eine Kerze ergreifend, stürzt er auf die Tür zu und verschwindet.

Die Gäste, mit einer Unterhaltung beschäftigt, bemerkten dieses plötzliche Verschwinden nicht. Ich aber, der einen Augenblick vorher mit dem Prinzen gesprochen hatte, ich suchte mir vergebens zu erklären, was vor meinen Augen geschehen war. Dieses Geheimnis musste aufgeklärt werden. Eilends den Schritten des Prinzen folgend, stürze ich mich auf die Tür zu, durch die er verschwunden war. Sie führte auf einen langen Korridor, der als Ausgang nur eine Seitentür hatte, die in den Schlosshof hinausging. Da sah ich den Prinzen, der, die flackernde Kerze in der Hand haltend, mit ruckweisen Schritten einer in einen Schleier von auffallender Weiße gehüllten menschlichen Gestalt folgte. Dieses phantastische Wesen entfernte sich, ohne furchtvolle Hast zu zeigen; am gegenüberliegenden äußersten Ende der Galerie angekommen, verschwand die Erscheinung.

Es gab, das wusste ich, keine Tür an dieser Seite. Dieses geheimnisvolle Verschwinden setzte mich in Erstaunen. Der Prinz aber warf die Kerze auf die Erde und begann zu untersuchen, ob eine geheimnisvolle Tür an dieser Stelle angebracht sei. Er ließ seine Hände über die Mauer gleiten, schlug dagegen, um sich zu versichern, ob der Schlag nicht die Existenz eines dieser geheimnisvollen Ausgänge verriete, die in alten Schlössern so häufig sind, aber nichts!

Da näherte ich mich, um ihm bei seiner Untersuchung zu helfen. Bei meinem Anblick zitterte er: ›Nostitz! Hast du gesehen? ›Ja‹, antwortete ich mit der größten Kaltblütigkeit, ›ich habe eine ganz in Weiß gekleidete Frau gesehen, die Eure Hoheit ...!‹ Er ließ mir nicht Zeit zu beenden. ›Es ist also kein Traum! Ja ich habe sie gesehen, ... es ist die Weiße Frau ...!‹«

139. Der Meineid. Zwischen Hademarschen und Hanerau zeigte sich vor wenigen Jahren, zwischen Himmel und Erde schwebend, wieder die Weiße Frau und ist von vielen gesehen worden. Sie war vor einigen hundert Jahren Besitzerin des Gutes Hanerau. Einer ihrer Vörweser hatte der Hademarscher Kirche einen großen Teil des Geheges, das Rehas genannt wird, geschenkt und darüber auch ein Dokument ausgestellt. Da ging eines Tages nun die Frau zum Prediger und bat ihn, ihr einmal das Dokument zu zeigen. Der Prediger, nichts Arges denkend, tut ihr den Gefallen. Aber kaum hatte sie das Papier in Händen, so vernichtete sie es und nahm darauf wieder den Teil des Geheges in ihren Besitz. Natürlich führte die Kirche Klage, aber das Dokument fehlte, und die Frau tat einen Eid. So gewann sie ihren Prozess. Aber seit ihrem Tode muss sie nun zwischen der Kirche und dem Gehege wandeln, und alle sieben Jahr lässt sie sich auf dem Wege sehen. *(Schleswig-Holstein)*

140. Die Erscheinung. Die Schlohweiße Frau erscheint in Wäldern und auf Wiesen, bisweilen kommt sie in die Pferdeställe mit brennenden Wachskerzen, kämmt und putzt die Pferde, und Wachstropfen fallen auf die Mähnen der Pferde. Sie soll, wenn sie ausgeht, hell sehen, in ihrer Wohnung aber blind sein.

141. Die Schlüsselfrau. Auf dem Kalkberge unweit der Bohlbrücke bei Swinemünde lässt sich zu gewissen Zeiten eine Weiße Frau mit einem großen Bund Schlüssel sehen, die auf Erlösung harrt. So sah sie auch einmal ein Mann aus Swinemünde, als sie gerade ihre Wäsche im naheliegenden See wusch; da rief er, als er bei ihr war: »Gott helf!« Sie aber wurde sehr zornig und rief: »Hättest du ›Gott helf uns allen!,‹ gesprochen, so wär' ich erlöst, aber so muss ich noch ferner wandeln.« Und damit warf sie ihm grimmig ihr Bund Schlüssel ins Genick; der Mann eilte schnell nach Hause, aber es währte nur drei Tage, da war er tot. *(Norddeutschland)*

142. Der Schlossgeist von Bayreuth. Im Jahre 1809 war General d'Espagne, Divisions-Kommandeur bei der Reserve der schweren Kavallerie des achten französischen Armeekorps, im Neuen Schloss zu Bayreuth mit seinem Stab einquartiert. Gegen Mitternacht hörte man aus dem Schlafzimmer des Generals Geschrei und Gepolter. Der herbeigeeilte Ordonnanzoffizier fand den General mitten im Zimmer unter der umgestürzten Bettstelle. Er war in größter Aufregung, nahm ein Beruhigungspulver und ließ einen Aderlass vornehmen. Als er sich wieder erholt hatte, erzählte er, es wäre ihm eine gespenstische Frauengestalt erschienen, deren Aussehen genau dem Porträt der Weißen Frau in der Ahnengalerie gleiche, schließlich wäre sie auf ihn gestürzt, hätte ihn zu erwürgen gedroht, das Bett mitten ins Zimmer geschoben und dieses plötzlich mitsamt seinem Inhalt umgestülpt. Als er sich vom ersten Schrecken erholt hatte, war das Gespenst verschwunden.

Der General verließ in heftiger Gemütsbewegung noch in der gleichen Nacht die Residenz, um sein Quartier in dem Lustschloss Fantasie zu nehmen. Auf seinen Befehl mussten unter Aufsicht französischer Offiziere der Parkettboden herausgenommen und die Wandtapeten losgelöst werden, um zu untersuchen, ob nicht Versenkungen und verborgene Gänge vorhanden wären, durch die etwa ein ihm Feindseliger eindringen und einen bösen Scherz mit ihm hätte treiben können. Es fand sich aber nichts.

Die Erzählung der Begebenheit wurde in der französischen Armee weit verbreitet. Der General selbst sah in der Erscheinung die Botschaft seines baldigen Todes, der ihn auch am 21. Mai 1809 in der Schlacht bei Aspern erreichte. Das oben erwähnte Bild im Neuen Bayreuther Schloss zeigt die Weiße Frau in einem dunklen, mit Pelz besetzten Kleide und einer Kappe mit weißem Besatz, der über die Stirn hereinfiel. Ein anderes Bildnis der Weißen Frau (Gräfin Orlamünde) befand sich in der Eremitage und zeigte sie in weißer Schäfertracht.

143. Selbstmörderin als Weiße Frau. Am 16. Januar 1778 ertränkte sich Fräulein Christiane von Laßberg, weil sie sich von ihrem Geliebten, dem Schweden von Wrangel, verlassen glaubte, in der Ilm bei der Floßbrücke, die damals ein wenig unterhalb der jetzigen Naturbrücke schräg über das Wasser in den Stern des Weimarischen Parks führte. Kurze Zeit danach kam ein Bürger abends in jene Gegend. Da sah er am jenseitigen Ufer eine Dame in schwarzseidenem Mäntelchen lustwandeln; bei ihr war ein kleiner Hund, und in der Hand hielt sie eine Gerte, mit der sie im Sande rieselte.

Der Mann wunderte sich, zu dieser Zeit eine Frau aus höheren Ständen, denen sie anzugehören schien, dort zu finden. Als er ihr bis auf zwanzig oder dreißig Schritte nahegekommen war, entschwand sie seinen Augen, und er konnte sie, obwohl er suchte, nicht wiederfinden. Nachdenklich ging er heim und erfuhr, dass es Christel von Laßberg gewesen sei, die sich in dieser Kleidung ertränkt habe. Auch andere haben ihren Geist dort als weiße Gestalt umherwandeln sehen, und jedermann fürchtete sich, abends allein in die Gegend zu kommen. Goethe, welcher zum Andenken der ‹armen Christen dort ein Stück Felsen zum Felsentor aushöhlen ließ, von wo man den Ort ihres Todes übersah, mochte es seinen Dienern nicht verdenken, wenn sie nachts nur zu dreien einen Gang nach seinem Garten hinüber wagten. *(Sachsen)*

144. Hindenburg und die Dame in Grau. Es war zu der Zeit, als Paul von Hindenburg vor dem Ersten Weltkriege Kommandierender General in Magdeburg war. Als leidenschaftlicher Jäger kam er gern zu unseren großen, damals berühmten Hasen- und Fasanenjagden nach Ostrau (bei Halle/Saale) und Groß-Weissandt (Anhalt). Auf diesen Jagden wurden an einem Tage meistens mehr als tausend Kreaturen geschossen. Die besten dieser Jagden waren die sogenannten ›Fürsten- und Exzellenzenjagden‹, bei denen Hindenburg niemals fehlte. Die Gäste kamen gewöhnlich am Tage vor der Jagd an. Mein Schloss Ostrau, zwischen dem Petersberg und Köthen in Anhalt gelegen, konnte bequem über zwanzig Personen in Einzelzimmern und noch mehr in Doppelzimmern beherbergen, sodass viele der Jäger auch ihre Frauen mitbrachten.

In der Mitte des Schlosses liegt das etwa zwanzig Meter hohe Treppenhaus mit einer mächtig ausladenden, breiten Treppe aus Eichenholz. Auf der Mitte dieser Treppe befindet sich ein großer Absatz von etwa drei bis vier x zehn bis zwölf Metern. In früheren Zeiten war dies der Platz der Musikkapelle, wenn im Saale getanzt wurde.

Zur Zeit des folgenden Berichts hatte Schloss Ostrau noch kein elektrisches Licht, sodass wir abends mit Kerzen oder Lampen in die Zimmer gingen. Nachdem Hindenburg am Vorabend des Jagdtages angekommen und mit einer Kerze über die große Treppe auf sein Zimmer gegangen war, sagte er am nächsten Morgen beim Frühstück zu meinem Vater: »Ich habe gestern abend, als ich in mein Zimmer ging, auf dem Treppenabsatz eine alte Dame in grauem Kleide, die ich nicht kannte, getroffen. Ich habe mich ihr vorgestellt, doch scheint sie schwerhörig zu sein, da sie hiervon keine Notiz nahm. Ich bitte Sie, mich ihr vorzustellen, wenn sie nachher zum Frühstück kommt.« Daraufhin klärten wir ihn auf, dass es sich nicht, wie er dachte, um eine Hausgenossin im üblichen Sinne handle, sondern um die sogenannte graue Dame unseres Schlosses Ostrau. Von dieser ist zu sagen, dass soviel ich weiß – nie ein Mitglied der Familie sie selber gesehen hat. Ihre Anwesenheit im Schloss wurde dagegen regelmäßig und eindeutig von den Hunden angezeigt, denn diese – ich hatte eine berühmte Windspielzucht – wurden bei Dunkelheit oft plötzlich unruhig, standen von ihren Lagern auf und drückten sich ängstlich, zitternd und leise jaulend an meine Beine. Ich bin dann ins Treppenhaus hinausgegangen, in der Hoffnung, der grauen Dame zu begegnen, was aber leider nie der Fall war.

Dagegen haben viele Gäste – etwa in der Art, wie es der Generalfeldmarschall von Hindenburg beschrieb – die graue Dame im Schlosse angetroffen, ohne je auf den Gedanken gekommen zu sein, dass es ein Gespenst wäre. Ich könnte auch nicht sagen, dass die graue Dame nur zu besonderen Gelegenheiten, kurz vor Todesfällen oder anderem, erschienen wäre, sondern eigentlich sehr unregelmäßig und ohne Besonderes anzuzeigen.

Dagegen war auf Schloss Ostrau eine alte schöne Standuhr aus dem Anfang des achtzehnten Jahrhunderts, vor welcher meine Vorfahren und ich großen Respekt hatten, weil sie in dem Rufe stand, den Tod oder besondere Ereignisse, die die Mitglieder der Veltheim'schen Familie aus dem Hause Ostrau betrafen, dadurch anzuzeigen, dass sie dreizehn schlug und dann stehen blieb. Lange Zeit hatte ich diese Uhr in meinem Arbeitszimmer stehen. Während des Zweiten Weltkrieges versetzte sie mich aber derart oft in Angst und Not, dass ich sie auf den Flur vor meinem Arbeitszimmer brachte.

IV. Genealogische Sagen

145. Lamissio. Zu den Zeiten Angelmunds, des langobardischen Königs, trug es sich zu, dass ein Weib dieses Volkes sieben Knäblein auf einmal gebar und, um der Schande zu entgehen, grausamer als wilde Tiere, sie sämtlich in einen Fischteich warf. Bei diesem Teich ritt der König gerade vorüber, sah die elenden Kinder liegen, hielt sein Pferd an und wandte sie mit dem Spieß, den er in der Hand trug, von einer auf die andere Seite um. Da griff eins der Kindlein mit seinen Händchen den königlichen Spieß fest. Der König sah darin ein Zeichen, dass aus diesem Kind ein besonderer Mann werden würde, befahl, es aus dem Fischbehälter zu ziehen, und übergab es einer Amme zum Säugen. Und weil er ihn aus dem Fischteich, der in ihrer Sprache Lama heißt, gezogen hatte, legte er dem Kind den Namen Lamissio bei. Es erwuchs, wurde ein streitbarer Held und nach Angelmunds Tode König der Langobarden.

146. Geburt von Zwillingen. Der Graf von Altheim, dessen Burg im heutigen Gemeindegebiet Feldkirchen im Innkreis stand, weilte im Krieg. Die Gattin brach ihm die Treue und gebar Zwillinge. Sie wollte die Kinder in einem Sack im Teich ertränken lassen. Der heimkehrende Graf traf aber den Diener am Weg zum Teich und zwang ihn zum Geständnis. Die Knaben ließ er heimlich erziehen, und als sie herangewachsen waren, gab er ein großes Gelage. Dabei fragte er seine Frau, was eine Ehebrecherin verdiene. »Ich ließe sie in ein leeres Fass stecken und ersäufen«, war die Antwort. Der Graf deckte nun ihr Verbrechen auf und ließ trotz der Fürbitte der Söhne die Strafe, die sie selbst angegeben hatte, vollziehen. Am Kirchenportal ließ er zwei Hunde, die gegeneinanderschauen, in Stein meißeln. Die Söhne der Frau erhielten in ihr Wappen einen Hund und hießen die Hundsberger, woraus später Haunsberger wurde. *(Tirol)*

147. Ursprung der Welfen. Warin war ein Graf zu Altorf und Ravensburg in Schwaben, sein Sohn hieß Isenbart und Irmentrut dessen Gemahlin. Es geschah, dass ein armes Weib unweit Altorf drei Kindlein auf einmal zur Welt brachte; als das Irmentrut, die

Geburt von Siebenlingen (Holzschnitt um 1520)

Gräfin, hörte, rief sie aus: »Es ist unmöglich, dass dies Weib drei Kinder von einem Mann haben könne ohne Ehebruch.« Dies redete sie öffentlich vor Graf Isenbart, ihrem Herrn, und allem Hofgesinde. »Und diese Ehebrecherin verdiene nichts anders, als in einen Sack gesteckt und ertränkt zu werden.«

Das nächste Jahr wurde die Gräfin selbst schwanger und gebar, als der Graf eben ausgezogen war, zwölf Kindlein, eitel Knaben. Zitternd und zagend, dass man sie nun gewiss, ihren eigenen Reden nach, Ehebruchs zeihen würde, befahl sie der Kellerin, die andern elfe (denn das zwölfte behielt sie) in den nächsten Bach zu tragen und zu ersäufen. Indem nun die Alte diese elf unschuldigen Knäblein, in ein großes Becken gefasst, in den vorbeifließenden Bach, die Scherz genannt, tragen wollte, schickte es Gott, dass der Isenbart selber heimkam und die Alte frug, was sie da trüge. Welche antwortete, es wären Welfe oder junge Hündlein. »Lass schauen«, sprach der Graf, »ob mir einige zur Zucht gefallen, die ich zu meiner Notdurft hernach gebrauchen will.« »Ei, Ihr habt Hunde genug«, sagte die Alte und weigerte sich, »Ihr möchtet ein Grauen nehmen, sähet Ihr einen solchen Wust und Unlust von Hunden.« Allein der Graf ließ nicht ab und zwang sie hart, die Kinder zu blößen und zu zeigen. Da er nun die elf Kindlein erblickte, wiewohl klein, doch von adliger, schöner Art und Gestalt, fragte er heftig und geschwind, wes die Kinder wären. Und als die alte Frau bekannte und ihn des ganzen Handels verständigte, wie dass nämlich die Kindlein seinem Gemahl zustünden und aus was Ursach sie hätten umgebracht werden sollen, befahl der Graf, diese Weifen einem reichen Müller der Gegend zu bringen, welcher sie aufziehen sollte, und gebot der Alten ernstlich, dass sie wiederum zu ihrer Frau ohne Furcht und Scheu gehen und nichts anders sagen sollte als: ihr Befehl sei ausgerichtet und vollzogen worden.

Sechs Jahre hernach ließ der Graf die elf Knaben, adlig geputzt und geziert, in sein Schloss, da jetzt das Kloster Weingarten steht, bringen, lud seine Freundschaft zu Gast und machte sich fröhlich. Wie das Mahl schier vollendet war, hieß er aber die elf Kinder, alle rot gekleidet, einführen; und alle waren dem zwölften, das die Gräfin behalten hatte, an Farbe, Gliedern, Gestalt und Größe so gleich, dass man eigentlich sehen konnte, wie sie von einem Vater gezeugt und unter einer Mutter Herzen gelegen wären.

Unterdessen stand der Graf auf und fragte feierlich seine gesamte Freundschaft, was doch ein Weib, die so herrlicher Knaben elfe umbringen wollen, für einen Tod verschulde? Machtlos und ohnmächtig sank die Gräfin bei diesen Worten hin, denn das Herz sagte ihr, dass ihr Fleisch und Blut zugegen waren; als sie wieder zu sich gebracht worden, fiel sie dem Grafen mit Weinen zu Füßen und flehte jämmerlich um Gnade. Da nun alle Freunde Bitten für sie einlegten, so verzieh der Graf ihrer Einfalt und kindlichen Unschuld, aus der sie das Verbrechen begangen hatte. Zum ewigen Gedächtnis der wunderbaren Geschichte begehrte und verordnete in seiner Freunde Gegenwart der Graf, dass seine Nachkommen sich fürder nicht mehr Grafen zu Altorf, sondern Weifen und sein Stamm der Weifen Stamm heißen sollte. *(Schwaben)*

148. Die weifische Hochzeit. Aber Herzog Heinrich von Brunsweig, als er an dem Ort, wie gehört, durch den Korb gefallen, do gab ihme Herzog Ulrich sein' Schwester. Man sagt seltsame Ding von sölicher Hochzeit. Wie man sie nachts beide zugelegt, da ist der Hochzeiterna so wehe beschehen, dass sie ein lauten Furz gelassen, und als sie das gegen dem Herzogen entschuldigt, soll er sie mit denen Worten getröstet haben, so man ihme ein sölich Instrument in Leib stieße, würd er sich gar bethon haben, wie dann bewist, dass die Herzogen von Braunschweig in sölichem Handel supra modum viriles sein, also auch, dass ein gemeine Sag von ihnen entsprungen, es hab ihrer jeder drei Zeuglin.

149. Der Schwanenritter zu Cleve. Im Jahre 713, als Hildebert König von Frankreich und Pipin von Herstall Herzog von Brabant war, starb Derick (Dietrich) von Cleve und hinterließ eine einzige Tochter, eine schöne Jungfrau, die hieß Beatrix; die war nun eine Frau von Cleve in den Landen ringsum. Sie litt aber viel Bedrängnis und Anfechtung von ihren Widerparten, die sie an Land und Herrschaft verkürzen wollten. Auf eine Zeit saß die edle Jungfrau auf der Burg von Nymwegen, wo sie damals wohnte, und es war schön klar Wetter, sie schaute auf den Rhein hinab und sah ein wunderlich Ding, ein schöner, weißer Schwan trieb daher, eine goldene Kette an seinem Hals, daran hing ein Schiffchen, das er nach sich zog. Und in dem Schiffchen war ein stolzer Jüngling, der hatte ein goldenes Schwert in der Hand und ein Jagdhorn umhängen und einen köstlichen Ring am Finger. Vor ihm stand ein Schild, gelb und roter Farbe, und darauf in silbernem Inschild acht goldene Zepter, die endigten in Lilien, mitten darin aber saß ein schöner, edler Stein von Zinnober.

Dieser Jüngling, wie man in alten Historien findet, hieß Helias und kam aus dem irdischen Paradies, das etliche den Gral nennen. Und als er aus dem Schiffchen ans Land trat und die Jungfrau zu sprechen begehrte, kam sie von der Burg herab und sprach ihn freundlich an und führte ihn mit auf die Burg. Er hatte viele Worte mit ihr und sagte, er wäre gekommen, ihr Land zu beschirmen und ihre Feinde zu vertreiben. Ihr war aber im Traum offenbart, dass sie allsolchen Mann haben sollte, dabei alle ihre Nachkömmlinge Sieg gewinnen würden.

Der Jüngling behagte ihr so wohl, dass sie ihn lieb gewann, und er sprach zu ihr, dass er ihr Mann sein wolle und durch Gottes Schickung und zu gutem Abenteuer hergekommen sei. Er verwarnte sie aber, dass sie niemals nach seinem Geschlecht oder seiner Herkunft fragen sollte, denn wenn sie das täte, müsse sie ihn von Stund an verlieren und werde ihn nie wiedersehen. Und sagte ihr noch, er hieße Helias und sei ein Ritter.

Die Jungfrau gelobte es ihm und nahm ihn zum Gemahl, denn er war der weidlichste Mann, den man sehen mochte, und er überwand alle, die sich gegen ihn oder seine Lande setzten, und war ein Graf zu Cleve einundzwanzig Jahre lang. Er gewann bei Beatrix, seiner Hausfrau, drei Söhne, der erste hieß Derick, der andere Godert, der dritte Konrad. Und die drei Söhne durften ihn auch nicht fragen nach seiner Herkunft, gleich wie er es der Mutter verboten hatte. Eines Nachts aber, als er bei seiner Frau lag und sie sprachen miteinander, fragte ihn die Gräfin ohne Bedacht:

»Herr, solltet Ihr Euren Kindern nicht sagen, von wannen Ihr gekommen seid?« Sowie sie das gesagt, da verlor sie ihn aus dem Bette, dass sie nicht wusste, wo er blieb, und sah ihn nie wieder. Da wurde sie sehr traurig und starb noch in demselben Jahr.

150. Lohengrin. Der Herzog von Brabant und Limburg starb, ohne andere Erben als eine junge Tochter Els oder Elsa zu hinterlassen; diese empfahl er auf dem Totenbette einem seiner Dienstmannen, Friedrich von Telramund. Friedrich, sonst ein tapferer Held, der zu Stockholm in Schweden einen Drachen getötet hatte, wurde übermütig und warb um der jungen Herzogin Hand und Land unter dem falschen Vorgeben, dass sie ihm die Ehe gelobt hätte. Da sie sich standhaft weigerte, klagte Friedrich bei dem Kaiser Heinrich dem Vogler; und es wurde das Urteil gesprochen, dass sie sich im Gotteskampf durch einen Helden gegen ihn verteidigen lassen müsste. Als sich keiner finden wollte, betete die Herzogin inbrünstig zu Gott um Rettung. Da erscholl weit davon zu Montsalvatsch beim Gral der Laut der Glocke, zum Zeichen, dass jemand dringend der Hilfe bedürfte; alsobald beschloss der Gral, den Sohn Parzivals, Lohengrin, danach auszusenden. Eben wollte dieser seinen Fuß in den Stegreif setzen, als ein Schwan auf dem Wasser geflossen kam und hinter sich ein Schiff daherzog. Kaum erblickte ihn Lohengrin, als er rief: »Bringt das Ross wieder zur Krippe; ich will nun mit diesem Vogel ziehen, wohin er mich führt!« Im Vertrauen auf Gott nahm er keine Speise mit in das Schiff; nachdem sie fünf Tage über Meer gefahren waren, fuhr der Schwan mit dem Schnabel ins Wasser, fing ein Fischlein auf, aß es halb und gab dem Fürsten die andere Hälfte zu essen. Unterdessen hatte Elsa ihre Fürsten und Mannen zu einer Landsprache nach Antwerpen berufen. Gerade am Tage der Versammlung sah man die Scheide herauf einen Schwan schwimmen, der ein Schifflein zog, in dem Lohengrin auf seinem Schilde ausgestreckt schlief. Der Schwan landete bald am Gestade, und der Fürst wurde fröhlich empfangen; kaum hatte man Helm, Schild und Schwert aus dem Schiff getragen, als der Schwan sogleich zurückfuhr. Lohengrin vernahm nun das Unrecht, das die Herzogin litt, und übernahm es gern, ihr Kämpfer zu sein. Elsa ließ hierauf alle ihre Verwandten und Untertanen entbieten, die sich bereitwillig in großer Zahl einstellen; selbst ihr mütterlicher Ahn, König Gothart, kam aus England, durch Gundemar, Abt zu Klarbrunn, berufen. Der Zug machte sich auf den Weg, sammelte sich nachher vollständig zu Saarbrücken und ging von da nach Mainz. Kaiser Heinrich, der sich zu Frankfurt aufhielt, kam ihnen nach Mainz entgegen; und in dieser Stadt wurde das Gestühl errichtet, wo Lohengrin und Friedrich kämpfen sollten. Der Held vom Gral überwand; Friedrich gestand, die Herzogin angelogen zu haben, und wurde mit Schlegel und Barte gerichtet. Elsa fiel nun dem Lohengrin zu, die sich längst einander liebten; doch behielt er sich insgeheim vor, dass ihr Mund alle Fragen nach seiner Herkunft zu vermeiden hätte, denn sonst müsste er sie augenblicklich verlassen.

Eine Zeitlang verlebten die Eheleute in ungestörtem Glück, und Lohengrin beherrschte das Land weise und mächtig; auch dem Kaiser leistete er auf den Zügen gegen die Hunnen und Heiden große Dienste. Es trug sich aber zu, dass er einmal im Speerwechsel den Herzog von Kleve herunterstach und dieser den Arm zerbrach; neidisch redete da die Klever Herzogin laut unter den Frauen: »Ein kühner Held mag Lohengrin sein und Christenglauben scheint er zu haben. Schade, dass sein Adel nicht rühmlich ist; denn niemand weiß, woher er ans Land geschwommen kam!« Dies Wort ging der Herzogin von Brabant durchs Herz, sie errötete und erblich. Als ihr Gemahl sie nachts in Armen hielt, weinte sie. Er sprach: »Lieb, was verwirrt dich?« Sie antwortete: »Die Klever Herzogin hat mich zu tiefem Seufzen gebracht.« Aber Lohengrin schwieg und fragte nicht weiter. Die zweite Nacht weinte sie wieder; er aber merkte es wohl und stillte sie nochmals. Allein in der dritten Nacht konnte sich Elsa nicht länger halten und sprach: »Herr, zürnt mir nicht! Ich wüsste gern, von wem du geboren bist; denn mein Herz sagt mir, du bist reich an Adel.« Als nun der Tag anbrach, erklärte Lohengrin öffentlich, von woher er stammte: dass Parzival sein Vater wäre und Gott ihn vom Gral hergesandt hätte. Darauf ließ er seine beiden Kinder bringen, die ihm die Herzogin geboren hatte, küsste sie und befahl ihnen, Horn und Schwert, die er zurückließ, wohl aufzuheben; der Herzogin gab er das Fingerlein, das ihm seine Mutter einst geschenkt hatte. Da kam mit Eile sein Freund, der Schwan, geschwommen, hinter ihm das Schifflein; der Fürst trat hinein und fuhr wieder Wasser und Wege in des Grales Amt. Elsa sank ohnmächtig nieder, dass man mit einem Keil ihre Zähne aufbrechen und ihr Wasser eingießen musste. Kaiser und Reich nahmen sich der Waisen an; die Kinder hießen Johann und Lohengrin. Die Witwe aber weinte und klagte ihr übriges Leben lang um den geliebten Gemahl, der nimmer wiederkehrte.

151. Peter Dimringer von Staufenberg. In der Ortenau unweit Offenburg liegt Staufenberg, das Stammschloss des Ritters Peter Dimringer, von dem die Sage geht, dass er auf einen Pfingsttag früh den Knecht das Pferd satteln ließ, um von seiner Feste nach Nußbach zu reiten und die Metten zu hören. Der Knabe ritt voran; unterwegs sah er auf einem Stein am Eingange des Waldes eine wunderschöne, reichgeschmückte Jungfrau mutterallein sitzen; sie grüßte ihn, der Knecht ritt vorüber. Bald darauf kam Herr Peter selbst daher, sah sie mit Freuden, grüßte und sprach die Jungfrau freundlich an. Sie neigte ihm und sagte: »Gott danke dir deines Grußes!« Da stieg Peter vom Pferde, sie bot ihm ihre Hände, er hob sie vom Stein auf und umarmte sie, und sie setzten sich beide ins Gras und redeten, was ihr Wille war. »Schöne Frau, darf ich fragen, warum Ihr hier so einsam sitzet und niemand bei Euch ist?« »Das sag ich dir, Freund, auf meine Treue, ich wartete nur auf dich: Ich liebe dich, seit du ein Pferd bestiegest, und überall in Kampf und in Streit, auf Wegen und Straßen habe ich dich mit meiner freien Hand heimlich gehütet, dass dir nie ein Leid geschah.«

Da antwortete der Ritter tugendlich: »Nichts Lieberes konnte mir geschehen, als dass ich Euch erblickt habe, und mein Wille wäre, bis an den Tod bei Euch zu sein.« »Dies mag wohl geschehen«, sprach die Jungfrau, »wenn du meiner Lehre folgest. Willst du mich lieb haben, darfst du fürder kein ehelich Weib nehmen, und tätest du es doch, würdest du den dritten Tag sterben. Wo du aber allein bist und mein begehrst, da hast du mich gleich bei dir und lebst glücklich und in Wonne.« Herr Peter sagte: »Frau, ist das alles wahr?« Und sie gab ihm Gott zum Bürgen der Wahrheit und Treue. Darauf versprach er sich ihr zu eigen, und beide verpflichteten sich zueinander. Die Hochzeit sollte auf der Frauen Bitte zu Staufenberg gehalten werden; sie gab ihm einen schönen Ring, und nachdem sie sich tugendlich angelacht und einander umfangen hatten, ritt Herr Peter seine Straße weiter. In dem Dorfe hörte er eine Messe lesen und tat sein Gebet, kehrte alsdann auf seine Feste heim und dachte bei sich im Herzen, als er allein in der Kemenate war: »Wenn ich doch nun meine liebe Braut hier bei mir hätte, die ich draußen auf dem Steine fand!« Und wie er das Wort ausgesprochen hatte, stand sie schon vor seinen Augen; sie küssten sich und waren in Freuden beisammen.

Also lebten sie eine Weile, sie gab ihm auch Geld und Gut, dass er auf der Welt fröhlich leben konnte. Nachher fuhr er aus in die Lande, und wohin er kam, war seine Frau bei ihm, so oft er sie wünschte. Endlich kehrte er wieder in seine Heimat heim. Da baten ihn seine Brüder und Freunde, ein ehelich Weib zu nehmen; er erschrak und suchte es ihnen auszureden. Sie ließen ihm aber durch einen weisen Mann aus seiner Sippe härter zusetzen. Herr Peter antwortete: »Eher will ich meinen Leib in Riemen schneiden lassen, als dass ich mich vereheliche.« Abends nun, wie er allein war, wusste es seine Frau schon, was sie mit ihm vorhatten, und er sagte ihr von neuem sein Wort zu. Es sollte aber damals der deutsche König in Frankfurt gewählt werden; dahin zog auch der Staufenberger unter vielen andern Dienstmännern und Edelleuten. Er tat sich im Ritterspiel so hervor, dass er die Augen des Königs auf sich zog und der König ihm endlich seine Muhme aus Kärnten zur Ehe antrug. Herr Peter geriet in heftigen Kummer und schlug das Anerbieten aus. Und weil alle Fürsten dareinredeten und die Ursache wissen wollten, sprach er zuletzt, dass er schon eine schöne Frau und von ihr alles Gute hätte, aber um ihretwillen keine andere nehmen dürfte, sonst müsste er innerhalb drei Tagen sterben. Da sagte der Bischof: »Herr, lasst mich die Frau sehen!« Da sprach er: »Sie lässt sich vor niemandem sehen denn vor mir.« »So ist sie kein rechtes Weib«, redeten sie alle, »sondern vom Teufel, und dass Ihr die Teufelin mehr denn reine Frauen minnt, verdirbt Euren Namen und Eure Ehre vor aller Welt!« Verwirrt durch diese Reden sagte der Staufenberger, er wollte alles tun, was dem König gefiele, und alsobald wurde ihm die Jungfrau unter kostbaren königlichen Geschenken verlobt. Die Hochzeit sollte nach Peters Willen in der Ortenau gehalten werden. Als er seine Frau das erstemal wieder bei sich hatte, machte sie ihm klägliche Vorwürfe, dass er ihr Verbot und seine Zusage dennoch übertreten hätte, weshalb sein junges Leben nun verloren wäre. »Und zum Zeichen will ich dir folgendes geben: Wenn du meinen Fuß auf deiner Hochzeit erblicken wirst und ihn alle andern sehen, Frauen und Männer, dann sollst du nicht säumen, sondern beichten und dich zum Tode bereiten!« Peter dachte an der Pfaffen Worte, dass die Frau ihn vielleicht nur

Melusine im Bad (Volksbuch)

mit solchen Drohungen berücken wollte und es eitel Lüge wäre. Als sie nun bald die junge Braut nach Staufenberg gebracht hatten, ein großes Fest gehalten wurde und der Ritter bei der Tafel ihr gegenübersaß, sah man plötzlich etwas durch die Bühne stoßen, einen wunderschönen Menschenfuß bis an das Knie, weiß wie Elfenbein. Der Ritter erblasste und rief: »Weh, meine Freunde, ihr habt mich ins Verderben gestürzt, und in drei Tagen bin ich des Todes!« Der Fuß war wieder verschwunden, ohne ein Loch in der Bühne zurückzulassen. Pfeifen, Tanzen und Singen hörten auf, ein Pfaff wurde gerufen, und nachdem er von seiner Braut Abschied genommen und seine Sünden gebeichtet hatte, brach sein Herz. Seine junge Ehefrau begab sich ins Kloster und betete für seine Seele zu Gott, und in allen deutschen Landen wurde der mannhafte Ritter beklagt. *(Baden)*

152. Die Meerjungfrau als Ahnherrin. Es ist auch unter denen alten unsern Vorfahren ein Sag gewesen, dass ein Freiherr von Zimbern, ein Freiherr von Tengen samt ein Grafen von Kirchberg vor etlich hundert Jahren über Meer zogen seien und haben ein lange Zeit Krieg wider die Ungläubigen gebraucht. Einesmals seien sie miteinandern an das Meer spazierngeritten, do seien sie zu ei'm lustigen Platz kommen, in dem haben sich drei schöner Frauen aus dem Meer gethon, zu welchen sie geritten, haben die gegrüßet und ein freundlich's Gespräch mit ihnen gehalten und seien dermaßen von denen Meerfrauen beredt, dass sie ihnen die Ehe verheißen, auch folgends ihr Leben lang bei ihnen belieben seien; und soll führnehmlich von diesem Freiherren von Zimbern ein besondere Linia abkommen sein. Dieweil aber solichs fabulosum, zudem unwissend, wann, durch was Ursach, auch wie solche Herren mit ihren Namen geheißen, wiewohl etwan größere, auch wunderbarlichere Sachen als mit Melusina etc. auch in unseren Landen, als mit dem Ritter von Staufenberg

Melusine verlässt ihren Gatten (Volksbuch)

und andern, beschehen, so hab ich's vor authenticum nit anziehen, sondern will's allein für ein' alte Sag, die vielleicht unsern Vorfahrn zu Gefallen erdicht', melden etc.

153. Die Malesina. Die Malesina (Melusine) war die Frau eines Ritters. Sechs Tage in der Woche hatte sie menschliche Gestalt, am siebenten aber war sie halb Mensch und halb Fisch. Diesen Tag verbrachte sie in einem Badehause, das ihr der Mann vor der Hochzeit gebaut hatte. Der wusste von der Doppelnatur seiner Frau nichts. Durch ihr häufiges Verweilen im Bade misstrauisch geworden, belauschte er sie eines Tages. Er wurde jedoch von der Frau bemerkt. Erschrocken stieß sie einen Schrei aus; dann wurde sie von einem Sturmwinde davongetragen. Noch heute fliegt sie im Sturme umher. Wenn er recht heult, sagt man: »Die Kinder der Malesina weinen« und streut einen Löffel Mehl zum Fenster hinaus, damit ihnen die Mutter einen Brei koche. Wenn der Sturm brauste, so sagte meine Mutter: »Heute weint die Malesina.« Sie streute dann einen Löffel voll Mehl zum Fenster hinaus und sprach: »Malesina, da hast, koch deinen Kindern einen Brei!«

Man streute einen Löffel Mehl zum Fenster hinaus, damit die Malesina aufhöre zu weinen und der Wind sich lege.

Bei starkem Winde pflegten die Alten zu sagen: »Die Malesina geht um, streuen wir ein wenig Mehl hinaus!« *(Böhmen)*

154. Milosina. Die Milosina, des wor die Windsbraut. Dou wor a Jüngling om Wosser, der hot gsehn, weis hot bodt. Der hots überroscht. Sie wor schein. Sie hot gsogt, sie geht mit ihm, und er hots gheirot. Hot sie noch gsogt, er derf ihr ower kein Vorwurf mochen. Amol is er ower hoam und hot gtrunken. Hot ihr a Vorwurf gmocht. Is sie as dem Fenster naus und hot gwoint. Und heint, wenn der Wind woint, dou wird a onneres Wetter. Dou hobn die Leit a Mehl asstraht, weil die Milosina woint. *(Böhmerwald)*

155. Ursprung der Habsburger. Graf Rudolf von Habsburg leitete seinen Stamm von alten Vorfahren aus der Stadt Rom ab. Als nämlich einstmals zwei Brüder wegen Ermordung eines römischen Edlen aus der Stadt verbannt wurden, gab ihr Vater, ein Römer von hohem Adel, jedem von ihnen eine unermessliche Summe Geldes mit und befahl ihnen, in abgelegene Gegenden zu ziehen. Sie gingen nach Oberdeutschland; der ältere war darauf bedacht, Güter und Burgen anzukaufen, der jüngere aber suchte sich recht viele Vasallen zu verschaffen.

Als nun der Vater nach einigen Jahren seine Söhne besuchte und sah, was der ältere angekauft hatte, lobte er dessen Klugheit; wie er aber den jüngeren fragte, was er getan hätte, antwortete dieser, er habe alles in einer einzigen Burg niedergelegt. Und nachdem er die Menge seiner Vasallen und deren Söhne, aufs beste bewaffnet, auf den Berg beschieden hatte, wo die Burg Habsburg stand, führte er seinen Vater dahin und versicherte ihm, diese Schar wehrbarer Männer, die mit ihren männlichen Nachkommen alle seine getreuen Vasallen vorstellten, was diese auch bestätigten, sei seine Burg. Als das der Vater sah, freute er sich seines hohen adligen Sinnes und wies ihm einen großen Schatz an. Von diesen Brüdern stammen alle späteren Habsburger ab.

Stammbaum der Habsburger

156. Ursprung der Zähringer. Die Sage geht, dass die Herzöge von Zähringen vorzeiten Köhler gewesen sind und ihre Wohnung in dem Gebirge und den Wäldern hinter dem Schloss Zähring gehabt haben, wo es noch jetzt steht, und allda sollen sie Kohlen gebrannt haben. Nun begab es sich, dass der Köhler im Gebirge Kohlen brannte, Grund und Boden nahm und damit den Kohlenhaufen bedeckte, um ihn auszubrennen. Als er die Kohlen hinwegtat, fand er am Boden eine schwere geschmolzene Masse, und als er sie besichtigte, sah er, dass es gutes Silber war. Von nun an brannte er immerdar an dem Orte seine Kohlen, deckte sie mit demselben Grund und Boden zu und fand Silber wie zuvor. Dabei konnte er merken, dass es des Berges Schuld war, behielt es aber geheim, brannte von Tag zu Tag Kohlen und brachte einen großen Schatz Silbers zusammen.

Nun ereignete es sich damals, dass ein König aus seinem Reiche vertrieben wurde und mit Weib und Kindern und allem Gesinde auf den Berg Kaiserstuhl floh und viel Armut mit den Seinen litt. Da ließ er ausrufen, wer ihm hälfe, sein Reich wiederzuerlangen, sollte zum Herzoge gemacht werden und seine Tochter zur Frau haben. Sobald der Köhler das vernahm, trat er mit einer Bürde Silbers vor den König und begehrte seine Tochter zu ehelichen, auch dazu Land und Gegend – wo jetzt das Schloss Zähringen und die Stadt Freiburg steht – zu eigen zu haben; dafür wollte er ihm einen solchen Schatz von Silber geben, dass er damit sein ganzes Reich wiedergewinnen könnte. Als der König das vernahm, willigte er ein, empfing die Last Silbers und gab dem Köhler, den er zum Sohne annahm, die Tochter zur Ehe und die Gegend des Landes dazu, die er begehrte. Der Sohn ließ nun sein Erz schmelzen, erwarb großes Gut damit und baute Zähringen samt dem Schloss; da machte ihn der römische König, sein Schwäher, zu einem Herzog von Zähringen. Er baute Freiburg und andere umliegende Städte und Schlösser; aber als er nun mächtig ward, zunahm an Gut, Gewalt und Ehre, wurde er frevelhaft. Eines Tages rief er seinen eignen Koch und gebot, dass er ihm einen jungen Knaben briete und zurichte, denn ihn gelüste zu schmecken, wie gut Menschenfleisch wäre. Der Koch vollbrachte alles nach seines Herrn Befehl und Willen, und als der Knabe gebraten war und man ihn zu Tische trug und der Herr ihn vor sich stehen sah, fiel Schrecken und Furcht in ihn, und er empfand Reue und Leid um diese Sünde. Er ließ zur Sühne zwei Klöster bauen, das eine zu St. Ruprecht und das andere zu St. Peter im Schwarzwald, damit ihm Gott der Herr barmherzig verzeihen und vergeben möchte. *(Baden)*

157. Ursprung der Grafen Gaschin. Der erste Graf Gaschin war erst ein böhmischer Köhler, der im Walde seinen Meiler hatte. In den Kämpfen zwischen Polen und Böhmen hatten einmal die Polen ihre Gegner besiegt und verfolgten sie. Ein böhmischer Prinz hatte sich auf der Flucht in diesen Wald geflüchtet und traf den Köhler, der ihn zu retten suchte. Dabei verfiel er auf den Gedanken, den Prinzen in einem neuen Meiler, den er eben aufschichtete, zu verbergen. Er steckte ihn unter das Holz und deckte das Ganze mit Erde zu. Als die verfolgenden Feinde herankamen und nach dem Verbleib des Prinzen fragten, schüttelte er mit dem Kopfe, steckte den Meiler in Brand und ging seiner Arbeit nach. Die Polen durchsuchten seine Hütte und den ganzen Umkreis des Meilers, fanden aber nichts. Als sie weit genug entfernt waren, schrie er seinen Gesellen zu: »Gasic! Gasic!«, das heißt: »Löschen! Löschen!« Der Meiler wurde sofort gelöscht und der Prinz wohlbehalten hervorgezogen. Der König von Böhmen belohnte den treuen Mann dadurch, dass er ihn in den Adelsstand erhob und ihm zum ewigen Andenken an seinen rettenden Ruf »gasic« den Namen v. Gaschinski gab, der später in Gaschin verkürzt wurde. *(Oberschlesien)*

158. Johann von Bodmans Rettung. Um das Jahr Christi eintausenddreihundertundacht lebte Johann von Bodmen, des uralten adeligen Geschlechts am Bodensee. Welcher in seiner Jugend ganz wunderlich bei dem Leben erhalten worden, so sich also zugetragen: Es kam ein Schwarzkünstler und fahrender Schüler an diesen Ort, welcher dem Herren zugesagt und versprochen, er wolle durch seine Kunst zuwege bringen, dass forthin in derselben Gegend, um den Bodensee herum, kein Nebel oder Reif den Weinreben mehr Schaden bringen solle, welches man ihm dann aus vorgehenden Taten geglaubt und große Freud' gehalten. Als nun das ganze Hausgesind mitsamt den Junkern fröhlich getanzet, schlug unversehen ein feuriger Strahl in das Schloss, also dass es an allen Orten anfing zu brennen. Daselbsten sind sieben Edelmänner mitsamt dem Hausgesind, Knechten und Mägden, jämmerlich zugrundgangen. Zu dieser Stund erbarmet sich die Säugamm' gar sehr ihres jungen Kindes, und weil sie bessers nicht mögen, erwütschet sie ein ehernen Hafen, setzt das Kind darein, machet viel Tücher zu Ring um es, damit es wohl befestigst wurde, und warf es von einem hohen Turm über das Schloss hinaus, da es dann auch bei dem Leben erhalten und von dem zulaufenden Volk erkennet und hingetragen worden. Dergestalten war Johannes allein von diesem Geschlecht damalen überblieben, auch in allen Tugenden wohl auferzogen. Sobald er auch erwachsen, ist er dem kaiserlichen Feldläger nachgezogen und hat sich dermaßen wohl gehalten, dass er zu Ritter geschlagen worden. Nach diesem kam er wieder heim, erneuert seiner Vorfahren Wohnung und hielt sich dergestalten loblich, dass ihn männiglich sehr geliebet. Es sind seine Nachkommen alle von ihm Har Johannes geheißen und in dem Kloster Salmansweiler ehrlich zu der Erden bestattet worden, da dann diese Historien an einer Tafel gemalet.

159. Der Schelm von Bergen. Es gibt ein altes Rittergeschlecht der Schelme von Bergen. Über die Entstehung desselben existieren aber verschiedene Sagen. Nach der ersten Sage hat Friedrich Barbarossa, als er zum deutschen Kaiser gewählt worden war, in seinem Palast zu Frankfurt am Main ein großes Fest veranstaltet, einen Mummenschanz, zu dem ein jeder freien Zutritt hatte. Die Kaiserin tanzte natürlich auch mit und tanzte unter andern auch mit einem Vermummten, der sich ihr als ein ausgezeichneter Tänzer erwies, sodass sie gar nicht satt ward, mit ihm zu tanzen. Da kam die Stunde der Entlarvung heran, wo jeder seine Maske ablegen musste, also auch der Tänzer der Kaiserin. Wie entsetzt war aber alles, als man sah, wer mit der Majestät getanzt hatte, es war kein Edler, nicht einmal ein Bürger oder Bauer, sondern der Schinder, der nicht einmal in Frankfurt wohnen durfte, sondern in dem ohnweit der Stadt gelegenen Orte Bergen. Da wurde der Kaiser sehr zornig und wollte dem frechen Eindringling den Kopf abschlagen lassen, die Kaiserin aber hatte Mitleid mit ihm und bat für ihn, der Schinder aber sprach: »Gemach, Herr Kaiser, Ihr irrt, nicht die Kaiserin ist durch meine Berührung unehrlich geworden, sondern ich bin dadurch, dass ich mit ihr getanzt habe, zu Ehren gekommen!« Da lachte der Kaiser und sprach: »Du Schelm von Bergen, für einen Schinder hast du wahrlich Verstand, knie nieder, ich will dich zu Ehren bringen!« Und damit schlug ihn der Kaiser zum Ritter als Schelm von Bergen, welcher Name auch seinen Nachkommen geblieben ist, bis das Geschlecht im Jahre 1844 ausstarb. Die östliche Spitze des Waldes bei Bergen heißt jetzt noch davon die Schelmenecke.

160. Das Wagen des Abdeckers. Die zweite Sage erzählt die Sache anders. Nach ihr hätte der Kaiser Friedrich Barbarossa einmal im Walde bei Dreieichenhain gejagt und sich von seinem Gefolge verirrt. Müde und durstig traf er einen auf einer Karre sitzenden Mann und klagte ihm seine Not. Dieser hieß ihn auf sein Wägelchen steigen, gab ihm zu essen und zu trinken und fuhr ihn auf den rechten Weg wieder zu seinem Gefolge. Als er aber dort ankam, da fuhr alles erschreckt zurück, denn der Kaiser saß auf dem Wagen des Abdeckers aus dem Orte Bergen jenseits des Mains, und man rief: »Das ist ja der Schelm von Bergen.« Der Kaiser aber fasste sich kurz, schlug ihn zum Ritter und adelte ihn und seine Nachkommen unter diesem Namen.

161. Früher Adel. Die dritte Sage erzählt, der Kaiser habe, nachdem er den Bau der Burg von Gelnhausen beendigt, als er sich den ersten Abend in derselben zur Ruhe legen wollte, freudig ausgerufen: »Wer es auch sein mag, der morgen zuerst den Schlosshof meiner Burg betritt, er soll geadelt sein!« Am Morgen aber war der erste, der den Burghof betrat, der Schelm von Bergen, der ein gefallenes Pferd abholen wollte. Der gute Kaiser aber hielt sein Wort und schlug ihn zum Ritter und gab ihm als Wappenschild zwei rote Rippen in silbernem Felde und als Helmzierde einen roten feuerspeienden Drachen.

162. Der Lump. Im Jahre 1471 ist zu Frankfurt ein Turnier gehalten worden, dem gar hohe Herrschaften und viele schöne Jungfrauen von den Baikonen aus zusahen. Die Ritter aber hatten gesucht, es einander an äußerer Pracht der Kleidung und Harnische zuvorzutun, nur einer von ihnen hatte einen ganz unscheinbaren Harnisch, rostig und schmucklos, und gerade dieser rannte mit seiner Lanze alle zu Boden, und so blieb er Sieger und Herr des Tages. Der Pfalzgraf aber, der das Turnier angeordnet hatte, ärgerte sich, dass ein so unscheinbarer Unbekannter den Preis über alle Ritter und Edeln davontragen sollte und frug: »Wer ist denn der Lump, der also tapfer ficht und sticht?« »Peter Marburg zum Paradies«, war die Antwort. Davon ist ihm und seinem Sohne der Zuname »der Lump« geblieben.

163. Die Ahnfrau von Rantzau. Einstmals wurde die Großmutter des holsteinschen adligen Geschlechtes derer von Rantzau bei Nachtzeit von der Seite ihres Gemahls durch ein kleines Männlein geweckt, das ein Laternchen trug. Das Männchen führte sie aus dem Schloss in einen hohlen Berg zu einer kreissenden Frau, der sie auf Begehren die rechte Hand aufs Haupt legte, worauf die Frau alsbald genas. Der Führer leitete die Ahnfrau wieder ins Schloss zurück und gab ihr ein Stück Gold mit dem Bedeuten, dreierlei daraus machen zu lassen: fünfzig Rechenpfennige, einen Hering und eine Spille, nach der Zahl ihrer drei Kinder, zweier Söhne und einer Tochter. Er fügte die Warnung hinzu, die Sachen wohl zu verwahren, da ihr Geschlecht sonst in Abnahme fallen würde.

164. Geburtshilfe bei den Unterirdischen. Die neuvermählte Gräfin, die aus einem dänischen Geschlechte stammte, ruhte an der Seite ihres Gemahls, als sich ein Rauschen vernehmen ließ. Die Bettvorhänge wurden zurückgezogen, und sie sah ein wunderbar schönes Frauchen, nur ellenbogengroß, mit einem Lichte vor sich stehen. Dieses Frauchen hub an zu reden: »Fürchte dich nicht, ich tue dir kein Leid an, sondern bringe dir Glück, wenn du mir die Hilfe leistest, die mir nottut. Stehe auf und folge mir, wohin ich dich geleiten werde. Hüte dich, etwas von dem zu essen, was dir geboten wird. Nimm auch kein anderes Geschenk an, als das, was ich dir reichen werde, aber das kannst du sicher behalten.«

Hierauf ging die Gräfin mit und wurde unter die Erde geführt. Sie kam in ein Gemach, das von Gold und Edelsteinen flimmerte und mit lauter kleinen Männern und Weibern gefüllt war. Nicht lange, so erschien der König und führte die Gräfin an ein Bett, wo die Königin in Geburtsschmerzen lag, mit dem Ersuchen, ihr beizustehen. Die Gräfin benahm sich aufs beste, und die Königin wurde glücklich eines Söhnchens entbunden. Da entstand große Freude unter den Gästen. Sie führten die Gräfin zu einem Tische voll köstlicher Speisen und drangen in sie zu essen. Allein sie rührte nichts an, nahm auch ebensowenig von den Edelsteinen, die in goldenen Schalen lagen.

Von der ersten Führerin wurde sie endlich wieder fortgebracht und bis an ihr Bett zurückgeleitet. Da sprach das Bergfrauchen: »Du hast unserm Reich einen großen Dienst erwiesen, der dir gelohnt werden soll. Hier hast du drei hölzerne Stäbe, die lege unter dein Kopfkissen, morgen früh werden sie in Gold verwandelt sein; aus dem ersten lasse einen Hering, aus dem zweiten Rechenpfennige, aus dem dritten eine Spindel machen und offenbare die ganze Geschichte niemandem auf der Welt außer deinem Gemahl. Ihr werdet zusammen drei Kinder zeugen, die die drei Zweige eures Hauses sein werden. Wer den Hering bekommt, wird viel Kriegsglück haben, er und seine Nachkommen; wer die Pfennige bekommt, wird mit seinen Kindern hohe Staatsämter bekleiden; wem die Kunkel zuteil wird, soll sich zahlreicher Nachkommenschaft erfreuen.«

Nach diesen Worten entfernte sich die Bergfrau. Die Gräfin schlief ein, und als sie erwachte, erzählte sie ihrem Gemahl die Begebenheit wie einen Traum. Der Graf spottete sie aus, allein als sie unter das Kopfkissen griff, lagen drei goldene Stangen da. Beide erstaunten und verfuhren genau damit, wie ihnen geheißen worden war. Die Weissagung traf völlig ein, und die verschiedenen

Zweige des Hauses verwahrten die Schätze sorgfältig. Einige, die sie verloren haben, sind erloschen. Die vom Zweige der Pfennige erzählten, einmal hätte der König von Dänemark einem unter ihnen einen solchen Pfennig abgefordert, und in dem Augenblick, in dem ihn der König empfing, hätte der, so ihn vorher getragen, in seinen Eingeweiden heftige Schmerzen gespürt.

165. Der Ring der Grafen Eulenburg. Vor grauen Zeiten diente bei einem Grafen Eulenburg eine sehr große Köchin. Sie war fromm und tugendhaft und vergaß nie, von jedem Essen ein Löffelchen voll auf den Herd zu gießen. Die Gräfin fragte zwar oft um den Grund, warum sie so tue, erhielt aber keine Auskunft, denn die Köchin wusste wohl, dass sie es geheimhalten musste, wenn sie die Unterirdschchen beschenken wollte. Eines Tages, als der Graf zu Eulenburg eben in seinem Arbeitszimmer beschäftigt war, sprang ein Unterirdschchen auf seinen Schreibtisch, bezeigte seine Ehrfurcht und sprach: »Hoher Graf, meine Gesellen wollen allhier ein Fest begehen. Du musst ihnen aber das ganze Schloss einräumen und es mit allem Gesinde verlassen, denn niemand darf unsere Feier sehen.« Der freundliche Graf bewilligte die Bitte gern und versprach, dass er seine Familie und sein Gesinde fortschicken werde, nur er selbst sei schon zu alt, um sich ebenfalls fortzubegeben, wolle sich indes auf den äußersten Flügel des Schlosses machen und gewiss nach nichts umsehen. Das Unterirdschchen war des zufrieden, und der greise Graf hielt pünktlich sein Versprechen. Nun aber war der Haushofmeister um jene Zeit auswärts gewesen und kehrte gerade am Tage des Unterirdschchenfestes zurück. Er wollte leise, weil es schon spät und alles im Schlosse still war, auf sein Zimmer gehen, als er an dem Saale vorbeischlich und es ihm vorkam, wie wenn Musik ertönte; auch fiel ein heller Lichtstrah durch das Schlüsselloch, wie wenn der Saal herrlich erleuchtet wäre. Er glaubte, dass etwa die Herrschaft ein Gastmahl gäbe, schlich auf den Zehen an das Schlüsselloch, schaute durch und sah das wunderbarste Schauspiel, das man sich denken mag. Der ganze Saal wimmelte von kleinen Leutchen, und die große Köchin stand mit einem Unterirdschchen auf dem Trauteppich, wo sie eben kopuliert wurden; sie weinte aber sehr, dass sie einen so kleinen Mann nehmen musste. Ihr Haushofmeister sah dem Ding eine Weile zu, als plötzlich die Lichte erloschen und das Fest jählings beendet war. – Noch saß der Graf in seinem entlegenen Arbeitszimmer, da sprang wieder das Unterirdschchen auf sein Pult und ließ sich also vernehmen:

»Lieber Graf, du versprachst, deine Leute fortzuschicken. Dein Haushofmeister hat uns aber behorcht und unser Fest zerstört; deshalb sollen nie mehr als sieben Eulenburgs in deiner Familie sein. Weil du es aber doch rechtlich mit uns gemeint hast, so schenke ich dir diesen Ring. Hüte dich, ihn zu verlieren; solange du ihn trägst, soll deinem Haushalt kein Unglück widerfahren.« Der Graf hatte von der Rückkehr des Haushofmeisters nichts geahnt. Die Prophezeiung, dass stets nur sieben Grafen Eulenburg leben sollten, ist bis zur heutigen Stunde eingetroffen, auch den Ring wird sich jeder Stammhalter zu verlieren hüten; denn der alte Graf hatte die Gewohnheit, ihn, wenn er sich wusch, auf das Waschbecken zu legen und ging einst, ohne ihn wieder anzustecken, in den Schlossgarten; kaum war er unten, als auch schon das ganze Schloss in Flammen stand. Ein großes Glück war es, dass er sogleich an den Ring dachte, in sein Zimmer stürzte und noch Zeit hatte, ihn wieder auf den Finger zu streifen, worauf das Feuer erlosch. *(Ostpreußen)*

166. Die Geliebte des Marschalls von Bassompierre. Im Herzogtum Lothringen, als es noch lange zu Deutschland gehörte, herrschte zwischen Nanzig und Luenstadt (Luneville) der letzte Graf von Orgewiler. Er hatte keine Schwertmagen mehr und verteilte auf dem Totbette seine Länder unter seine drei Töchter und Schwiegersöhne. Die älteste Tochter hatte Simons von Bestein, die mittlere Herr von Crony und die jüngste ein deutscher Rheingraf geheiratet. Außer den Herrschaften teilte er noch seinen Erben drei Geschenke aus, der ältesten Tochter einen Streichlöffel der mittleren einen Trinkbecher und der dritten einen Kleinodring, mit der Vermahnung, dass sie und ihre Nachkömmlinge diese Stücke sorgfältig aufheben sollten, so würden ihre Häuser beständig glücklich sein.

Die Sage, wie der Graf diese Stücke bekommen, erzählt der Marschall von Bassompierre, Urenkel des Simons, selbst: der Graf war vermählt, hatte aber noch eine geheime Liebschaft mit einer wunderbaren schönen Frau, die wöchentlich alle Montage in ein Sommerhaus des Gartens zu ihm kam. Lange blieb dieser Handel seiner Gemahlin verborgen, wann er sich entfernte, bildete er ihr ein, dass er des Nachts im Wald auf den Anstand ginge. Aber nach ein paar Jahren schöpfte die Gräfin Verdacht und trachtete die rechte Wahrheit zu erfahren. Eines Sommermorgens frühe schlich sie ihm nach und kam in die Sommerlaube. Da sah sie ihren Gemahl schlafen in Armen eines wunderschönen Frauenbildes, weil sie aber beide so sanfte schliefen, wollte sie sie nicht wecken, sondern nahm ihren Schleier vom Haupt und breitete ihn über der Schlafenden Füße. Als die schöne Buhlerin erwachte und des Schleiers inne ward, tat sie einen hellen Schrei, hub an jämmerlich zu klagen und sagte: »Hinführo, mein Liebster, sehen wir uns nimmermehr wieder, nun muss ich hundert Meilen weit weg und abgesondert von dir bleiben.«

Damit verließ sie den Grafen, verehrte ihm aber vorher noch obgemeldete drei Gaben für seine drei Töchter, die möchten sie niemals abhanden kommen lassen.

Das Haus Bassenstein hatte lange Zeit durch aus der Stadt Spinal (Epinal) einen Fruchtzins zu ziehen, wozu dieser Maßlöffel (cuillère de la mesure) stets gebraucht wurde.

167. Die Haare der Wilden Frau. Mehrmalen hat es sich in vorbemeldten Jahren (1645) begeben, dass eine wilde Frau öfters aus dem Wunderberg gegen das Dorf Anif ging, welches eine gute halbe Stunde vom Berg entlegen ist. Alldort machte sie sich in die Erde Löcher und Liegerstatt. Sie hatte ein ungemein langes und schönes Haar, das ihr beinahe bis zu den Fußsohlen hinabreichte.

Ein Bauersmann von dem Dorfe Anif sah diese Frau öfters von- und zugehen und verliebte sich in sie hauptsächlich wegen der Schönheit ihrer Haare. Er konnte sich nicht erwehren, zu ihr zu gehen, betrachtete sie mit vielem Wohlgefallen und legte sich endlich in seiner Einfalt ohne Scheu zu ihr in ihre Liegestätte. Es sagte eins zum andern nichts, viel weniger dass sie etwas Ungebührliches getrieben. In der zweiten Nacht aber fragte die wilde Frau den Bauern, ob er nicht selbst eine Frau hätte; der Bauermann aber verleugnete seine Ehewirtin und sprach: »Nein.« Allein des Bauern Weib machte sich viel Gedanken, wo denn ihr Mann abends hingehe und des Nachts schlafen möge. Sie spähete ihm nach und traf dann ihren Mann auf dem Felde schlafend bei der wilden Frau. »O behüte Gott«, sagte sie zur wilden Frau, »deine schönen Haare! Was tut ihr denn da miteinander?« Mit diesen Worten wich das Bauernweib von ihnen, und der Bauer erschrak sehr hierüber. Aber die wilde Frau hielt dem Bauer seine treulose Verleugnung vor und sagte zu ihm: »Hätte deine Frau bösen Hass und Ärger gegen mich zu erkennen gegeben, so würdest du jetzt unglücklich sein und nicht mehr von dieser Stelle kommen; aber weil deine Frau nicht bös war, so liebe fortan deine Frau und hause mit ihr getreulich und untersteh dich nicht mehr daher zu kommen, denn es stehet geschrieben: Ein jeder lebe getreulich mit seinem getrauten Weib', obgleich die Kraft dieses Gebots einst in große Abnahme kommen werde und mit dieser aller zeitlicher Wohlstand der Eheleute. Nimm diesen Schuh voll Geld von mir, gehe hin und sieh dich nicht mehr um.«

168. Der Glücksring des Zwergenkönigs. Der Ritter Wilhelm Scherffenberger in Kärnten ritt eines Tages von seiner Burg herab in einen Wald, wo er ein seltsames Bild gewahrte. Ein Himmel wurde auf vier Stangen von vier Zwergen getragen; unter ihm ritt ein stolzer und wohlgemuter Zwergenkönig, gekrönt mit goldener Krone; sein Pferd war mit Gold beschlagen, auch waren Sattel und Zaum mit Gold und Edelsteinen verziert und ebenso das Gewand. Als der Scherffenberger verwundert stehenblieb, um den merkwürdigen Zug vorbeizulassen, nahm er seinen Hut ab, worauf der Zwergenkönig sagte: »Wilhelm, Gott grüße dich!« Auf die Frage des Scherffenbergers, woher er ihn kenne, antwortete der Zwergenkönig: »Dass ich dich erkannt habe, soll dir nicht leid sein, ich suche deine Mannheit. Ich führe mit einem anderen Könige Streit über ein großes Land. Die Sache ist so weit geschlichtet, dass in sechs Wochen ein Zweikampf zwischen uns entscheiden soll, aber was soll ich gegen meinen Feind machen! Er ist gar kräftig und kann wohl gar Riesen bezwingen, deshalb habe ich mich nach einem Ritter umgetan, der den Kampf für mich unternehmen kann und habe keinen besseren gefunden als dich, du edler Ritter Wilhelm Scherffenberg. Du brauchst nichts zu fürchten; ich begabe dich mit einem Gürtel, durch den du Stärke von zwanzig Mannen erhalten wirst!«

Der Ritter vernahm den Antrag nicht ungern, aber er hatte doch einige Bedenken, und um sie zu zerstreuen, sagte der Zwerg den ganzen christlichen Glauben her. Nun zagte der Ritter nicht länger, das Begehrte zu erfüllen. Man kam überein, der Ritter sollte sich zu bestimmter Zeit hier mit Ross und Knappen einfinden, bis dahin jedoch gegen alle Welt, selbst gegen seine Ehefrau, verschwiegen sein. Der Ritter Schwur, worauf ihm der Zwergenkönig einen Fingerreif schenkte, der die Tugend besaß, dass der Besitzer nie an Gütern Mangel litt und lebte er selbst tausend Jahre. Der Zwerg entfernte sich, Wilhelm der Scherffenberger ging tief in Gedanken versunken in sein Haus. Seine Fröhlichkeit war verschwunden, und er dachte nur an den zu bestehenden Zweikampf, für den er sich bereitmachte. Als seine eheliche Hausfrau ihn vergeblich bat, ihr sein Geheimnis zu offenbaren, wandte sie sich an den Beichtvater. Da dieser das Beichtgeheimnis aber nicht verraten wollte, schickte sie bewaffnete Freunde zu ihm, die ihn mit dem Tode bedrohen mussten. Sie setzten ihm grimmig das Messer auf die Brust und zwangen ihn so, das Geheimnis preiszugeben.

Nun ging man den Ritter mit Bitten und Vorstellungen an, von der heillosen Fahrt abzustehen, es sei nur Lug und Trug und der Zwerg nur ein böser Geist; er würde Ehre und Seligkeit verlieren, wenn er den Kampf unternähme. Der Ritter sah jetzt ein, dass der Vertrag durch die Verletzung des Geheimnisses schon gebrochen war und beklagte das als einen Schlag auf seine Ehre.

Von der Zeit ab hatte er keine frohe Stunde mehr. Der Zweikampf unterblieb. Eines Tages war er wieder in dem Walde; plötzlich sah er das Zwerglein neben sich traben, das ihn mit den Worten schalt: »Wer Euch für kühn und männlich ansieht, der hat gelogen. Wie habt Ihr mich verraten! Ihr habt Gottes und guter Frauen Hass an mir verdient. Wisset nun, Ihr sollt ferner sieglos sein, und wäre das Fingerlein nicht, das ich Euch geschenkt, so müsstet Ihr fortan in schwerer Armut leben mit Weib und Kind!« So schalt es und suchte ihm mit Behendigkeit nach dem Finger zu greifen, aber es war ein Glück, dass der Ritter früh genug mit der Hand zurückfuhr und sie in der Brust barg; denn sonst würde er gewiss den tugendreichen Ring verloren haben. Da fluchte ihm der Zwerg und verschwand.

Wie der Zwerg gesagt hatte, so ist es auch gekommen. Der Scherffenberger hatte kein Glück mehr im Streit und verlor in einem Kampfe Sieg und Leben. Ihn fand der Ritter Auffenstein mit sieben Wunden im Sande liegen. Als der Scherffenberger den Auffenstein erkannte, sagte er mit schwacher Stimme zu ihm: »Freund Auffenstein, nehmt diesen Ring; glaubt mir, solange er in Euren Händen ist, wird Euch Reichtum und vielfache Ehre nie verlassen.« Dann ist er gestorben. Der Herr von Auffenstein hingegen, dem er das Fingerlein schenkte, hat immer größeres Glück gehabt.

169. Das Oldenburger Horn. Im Jahr 990 (967) beherrschte Graf Otto das Land. Weil er als guter Jäger große Lust am Jagen hatte, begab er sich am 20. Juli gedachten Jahres mit vielen seiner Edelleute und Diener auf die Jagd und wollte zunächst in dem Walde Bernefeuer das Wild heimsuchen. Während nun der Graf selbst ein Reh hetzte und diesem vom Bernefeuersholze bis an den Ochsenberg allein nachrannte, verlor er sein ganzes Jagdgefolge aus Augen und Ohren, stand mit einem weißen Pferde mitten auf dem Berge und sah sich nach seinen Windhunden um, konnte aber

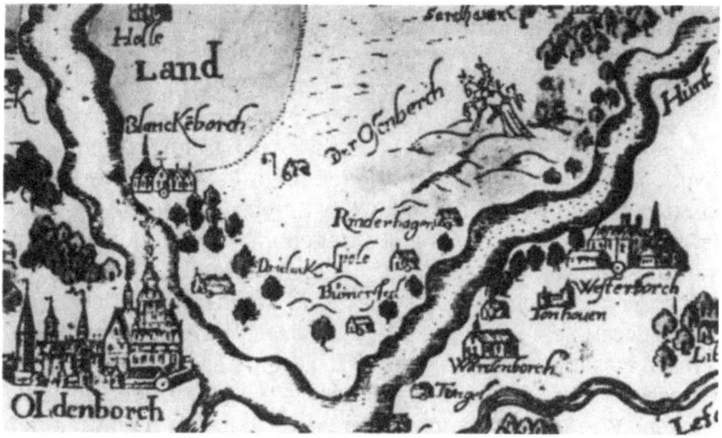

Karte mit der Sage vom Oldenburger Horn (2. Hälfte 17. Jh.)
Der Ausschnitt zeigt den Osenberch mit einer Darstellung der Szene.

auch nicht einmal einen lautenden Hund zu hören bekommen. Hierauf sprach er bei sich selber, weil eine große Hitze war: »Ach Gott, wer nur einen kühlen Trunk Wassers hätte!« Sobald der Graf das Wort gesprochen hatte, tat sich der Ochsenberg auf und es kam eine schöne Jungfrau aus der Kluft, wohlgeziert, mit schönen Kleidern angetan, auch schönen, über die Achsel geteilten Haaren und einem Kränzlein darauf; in der Hand hatte sie ein köstlich silbern Geschirr in Gestalt eines gefällten Jägerhorns, das vergoldet war. Dieses Horn reichte sie dem Grafen und bat, daraus zu trinken und sich zu erquicken.

Als der Graf das vergoldete silberne Horn von der Jungfrau auf- und angenommen, den Deckel davongetan und hineingesehen hatte, gefiel ihm der Trank nicht und er verweigerte ihn deshalb, worauf die Jungfrau sprach: »Mein lieber Herr, trinket nur auf meinen Glauben! Es wird Euch keinen Schaden tun, sondern zum besten gereichen!« Sie sagte weiter, wenn er, der Graf, daraus trinken wollte, sollte es ihm und den Seinen wie dem ganzen Hause Oldenburg Wohlergehen und die Landschaft zunehmen und ein Gedeihen haben. Wenn ihr der Graf aber keinen Glauben schenken, noch daraus trinken würde, so sollte künftig im nachfolgenden gräflich oldenburgischen Geschlecht keine Einigkeit bleiben. Während aber der Graf auf solche Rede kein Acht gab, sondern ein großes Bedenken machte, daraus zu trinken, hat er das silberne, vergoldete Horn in der Hand behalten und hinter sich geschwenket und ausgegossen,

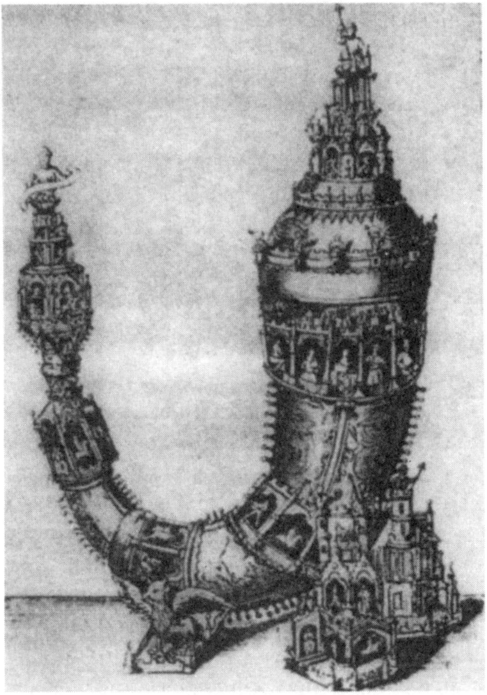

Das Wunderhorn

wovon etwas auf das weiße Pferd spritzte, und wo das Pferd begossen und naß wurde, sind ihm die Haare abgegangen. Als das die Jungfrau sah, hat sie ihr Horn wieder verlangt; aber der Graf ist mit dem Horn vom Berge geeilt, und beim Umsehen hat er bemerkt, dass die Jungfrau wieder in den Berg gegangen ist. Weil der Graf darüber erschreckt war, hat er seinem Pferd die Sporn gegeben und seinen Dienern erzählt, was sich zugetragen hatte, das silberne, vergoldete Horn gezeigt und mit nach Oldenburg genommen. Und da er das Horn auf so wunderbare Weise bekommen hat, ist es von ihm und allen folgenden regierenden Herren des Hauses für ein köstliches Kleinod gehalten worden. *(Oldenburg)*

170. Die Klage der Jungfrau. Mal ist Graf Anton Günther auf die Jagd geritten, hat sich im Eifer der Verfolgung etwas weit von seinem Gefolge entfernt und ist zum Osenberge unweit Oldenburg gekommen. Der schnelle Ritt hatte ihn dürsten gemacht, und da musste es sich auch gerade treffen, dass sich, als er vor dem Berge stand, derselbe offentat und eine Jungfrau heraustrat, die ihm aus einem prächtigen Horne zu trinken bot. Der Graf aber hat das Horn mit der Rechten ergriffen, sich mit der Linken schnell in den Sattel geschwungen, hat das Getränk, ihm über das Haupt weg, rückwärts verschüttet und ist eilig davongeritten. In der Ferne hat er noch das Klagen der Jungfer gehört, hat noch einmal umgeschaut und gesehen, wie sich der Berg wieder geöffnet und die

Jungfer verschwunden ist. An der Stelle aber, wo der verschüttete Trank sein Pferd getroffen, sind alle Haare wie fortgesengt gewesen. Das Horn hat er mit sich genommen, und es ist lange zum ewigen Andenken an die wunderbare Begebenheit in Oldenburg bewahrt worden, bis es später in die Hannoversche Kunstkammer gekommen; besonders wunderbar ist aber noch an demselben, dass die Spitze desselben abgebrochen ist und alle Gold- und Silberschmiede sich vergeblich bemüht haben, sie wieder anzusetzen, denn es ist von einem Metall, das kein Mensch kennt. *(Norddeutschland)*

171. Einbein. Karl Ewert, ein Schäfer aus Patzig, ritt eines Tages durch die Ralswieker Berge. Ohne etwas zu ahnen, kam er an einen Hügel, auf welchem die kleine Gesellschaft eben eine Hochzeit feierte. Da er nun wusste, dass die Unterirdischen in solchem Falle jedem Vorübergehenden, der sie darum bittet, einen Becher Weins geben mussten, so hielt er an und bat um einen Trunk. Einer der kleinen Leute brachte denn auch einen prachtvollen silbernen Becher, der bis zum Rande mit funkelndem Weine gefüllt war, und reichte ihn Karl Ewert dar. Kaum aber hatte dieser das kostbare Gefäß in der Hand, so schoss es ihm wie ein Blitz durch den Kopf: Der Becher muss dein werden! Indem er sich so stellte, als ob er trinke, gab er plötzlich seinem Pferde die Sporen, und dieses rannte in großen Sprüngen von dannen. Die Zwerge waren im ersten Augenblicke so bestürzt, dass sie gar nicht wussten, was sie machen sollten, aber das dauerte nur kurze Zeit. Dann befahl der König dem Läufer: »Eile dem Diebe nach und bringe ihn tot oder lebendig zur Stelle!« Der Läufer war zwar auch nur ein kleines Männchen, wie alle Zwerge, ja er hatte sogar nur ein Bein, aber laufen konnte er ganz furchtbar, und das schnellste Pferd einzuholen, war für ihn eine Kleinigkeit. Dieser setzte also dem diebischen Karl Ewert nach und war ihm auch bald dicht auf den Fersen. Die Zwergschar aber rief mit lauter Stimme hinterher: »Vierbeen loop; Eenbeen kriegt di!«

So ging es in wildem Lauf durch das Dorf, und schon glaubte sich Karl Ewert verloren, da sah er plötzlich die Mauer des Gutshofes vor sich. Er spornte sein Ross aus Leibeskräften an, und dieses setzte denn auch glücklich über die Mauer. Dadurch war Karl Ewert mit seiner Beute geborgen; aber der Läufer war doch so dicht hinter ihm gewesen, dass er seinem Pferde den ganzen Schwanz ausgerissen hatte. *(Rügen)*

172. Das Straßburger Wappen. Das Wappen Straßburgs zeigt einen von zwei goldenen Löwen gehaltenen silbernen Schild, über dem ein offener Helm und über diesem eine goldene Krone sitzt, zu deren beiden Seiten Schwanenflügel stehen. Schief über den Schild läuft eine rote Straße. Der Silberschild deutet auf den Namen Argentia, Silberstadt, und die rote Straße entweder auf den von Attila durch die Stadt gemachten Blutweg oder, nach anderen, auf das von den Bürgern für die Religion und das Reich verflossene Blut.

173. Das Wappen Württembergs. Als Herzog Konradin von Schwaben in Hohenschwangau Abschied von seiner Mutter genommen hatte und nach Italien gezogen war, behielt sie seinen mit ihm aufgewachsenen Lieblingslöwen, den ihm ein Schah von Persien zum Spielen gesandt hatte, auf ihrem Schlosse zu Ravensburg zurück. Nachdem sie lange Zeit keine Botschaft von Konradin erhalten hatte, kam der Löwe eines Tages mit blutiger Tatze aus dem Schlosshofe zurück und winselte sehr. Da das Tier zutraulich wie ein Hund war, wunderte sich jedermann, niemand aber vermochte die Ursache der blutigen Vordertatze zu erklären. Eine Woche nachher kam ein Eilbote und brachte die betrübende Nachricht von dem traurigen Ende des letzten Hohenstaufen in Neapel. Konradin hatte sein Blut an demselben Tage und zur selben Stunde auf dem Schafott verspritzt, als der Löwe sich jammernd aus dem Schlossgarten einfand.

Von dieser Zeit an erhielt jeder der drei schwarzen Löwen im Hohenstaufenschen Wappen zum steten Gedächtnis eine blutige Vordertatze. Württemberg nahm dann als Erbe der Hohenstaufenschen Güter das Wappen dieser Familie in das seinige auf. Der schildhaltende schwarze Löwe im Wappen des Königreichs Württemberg hat in Übereinstimmung mit dem Wappenschilde dieses Landes ebenfalls eine rote Vorderpranke.

174. Das Rad im Mainzer Wappen. Dem Bischof Willegis, dessen Abkunft unbekannt ist, der sich aber durch sein Wissen und seine Tüchtigkeit auf den Erzbischofsstuhl von Mainz emporschwang, wurde seine spätere Höhe schon vorausgesagt. Seine Mutter hatte nämlich einst einen Traum, sie würde eine Sonne gebären, die den Erdkreis mit ihrem Glanze erfüllte.

In Mainz aber sagten die Leute, Willegis wäre der Sohn eines Wagners. Die vornehmen Mainzer Domherrn waren verdrossen, weil ein Mann niedrigeren Standes über sie gesetzt war, und sie

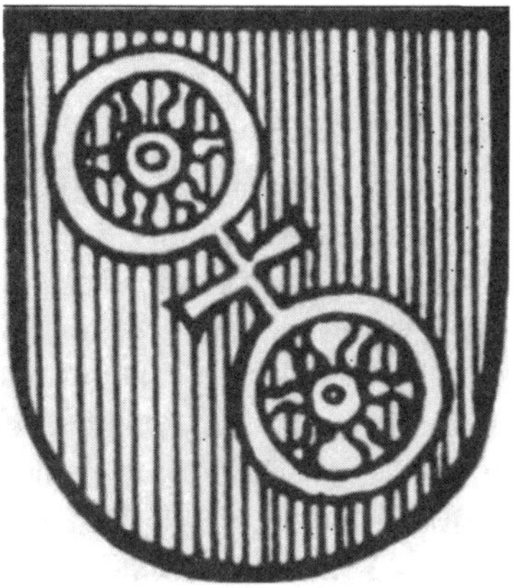

Mainzer Wappen

malten ihm deswegen bei Nacht mit Kreide Räder an alle Türen, damit er, wo er ginge und stände, an seine niedere Abkunft erinnert würde. Unter die Räder aber schrieben sie:

»Willegis, Willegis,
Denk, woher du kommen bis!«

Aber Willegis nahm kein Ärgernis daran, sondern ließ sich ein Wappen malen mit weißem Rade auf rotem Grunde, damit er selber immer seiner Herkunft eingedenk sein möchte. Der Spott der adligen Herren hörte auf. Auch sein Nachfolger behielt das Rad im Wappen bei, und es ist deshalb das Wappen der Mainzer geworden. *(Oldenburg)*

175. Der geschundene Wolf. Herzog Otto von Bayern vertrieb des Papstes Legaten Albrecht, sodass er flüchten musste; er kam nach Passau. Da zog Otto vor die Stadt, nahm sie ein und ließ den Legaten jämmerlich erwürgen. Etliche sagten, man hätte ihn schinden lassen, weshalb die Passauer einen geschundenen Wölf im Wappen führten. Auch zeigte man einen Stein, der Blutstein genannt wurde; darauf soll Albrecht geschunden und zu Stücken gehauen worden sein. Es sei, wie ihm wolle, er hat den Lohn dafür empfangen, dass er soviel Unglück in der Christenheit angestiftet hat.

V. Fahrten und Abenteuer

176. Tristan und Isolde. König Morgan wurde von seinem Lehnsmanne, dem König Riwalin von Parmenie, angegriffen und besiegt, sodass er um Frieden bitten musste, der ihm auf ein Jahr gewährt wurde. Er ging zu Marke, dem König von Kurnewale und England, wo er freundlich aufgenommen wurde und sich in dessen schöne Schwester Blancheflur verliebte.

Tristan schneidet dem Drachen die Zunge aus (Schloss Runkelstein)

Als Markes Land vom Feinde überfallen wurde, zog auch Riwalin mit in den Kampf, wurde aber schwer verwundet. Die ebenfalls von Liebe entbrannte Blancheflur besuchte ihn auf seinem Krankenlager in Bettlerkleidung. Riwalin gesundete wieder, und beide lebten in heimlicher Liebe glücklich miteinander.

Inzwischen hatte Morgan wieder ein Heer gesammelt und verwüstete Riwalins Land, sodass dieser gezwungen wurde, zu dessen Verteidigung heimzueilen. Blancheflur entfloh mit ihm und wurde von Riwalin öffentlich zu seiner Gemahlin erhoben. Während des Kriegszuges ward sie dem treuen Marschall Rual anvertraut, der sie in seinem Kastell der Obhut seiner Frau übergab. Riwalin fiel in heftigem Kampfe, worüber Blancheflur von unsagbarem Schmerz übermannt wurde; in ihrer Herzensqual rang sie vier Tage erbärmlich mit dem Leben, gebar ein Söhnlein und gab ihren Geist auf.

Um das Kind vor Morgans Nachstellungen zu sichern, ließ Rual die Nachricht verbreiten, die Königin hätte ein Kind totgeboren und gab den Knaben für den Sohn seiner Frau aus. In der Taufe erhielt das Kind den Namen Tristan, da es in Trauer empfangen und in Trauer geboren worden war. Es wurde auf das sorgfältigste erzogen, lernte viele fremde Sprachen, auch Saitenspiel und ritterliche Übungen. Von Kaufleuten entführt, schloss der Knabe sich in fernen Landen zwei alten Pilgern an, von denen er sich wieder trennte, als er einige Jäger traf, die zu Markes Hofe gingen. Hier gab er sich für einen Kaufmannssohn aus, der seinem Vater entflohen wäre, um die Welt zu sehen. Marke fand Gefallen an dem frischen Jünglinge, ernannte ihn zu seinem Jägermeister, und Tristan stieg umso höher in des Königs Achtung und Liebe, als er Gelegenheit fand, seine Kenntnisse und Kunstfertigkeiten zu zeigen. Der getreue Rual hatte seinen Pflegling inzwischen überall gesucht; durch die beiden Pilger wurde er auf die Spur geleitet, verkleidete sich als Bettler und zog an Markes Hof, wo er trotz der Verkleidung von Tristan erkannt wurde. Jubelnd führte dieser den alten Freund zu König Marke, der nun von Rual erfuhr, dass er in Tristan den Sohn seiner geliebten Schwester vor sich hatte. Marke war froh, in dem trefflichen Jüngling einen Neffen zu haben, der ihm, dem kinderlosen Manne, einst als Erbe folgen könnte. Tristan wurde unter großen Feierlichkeiten zum Ritter geschlagen. Bald darauf zog er gegen Morgan, um sein väterliches Land Parmenie wiederzuerobern; er besiegte den Gegner, gab das Land dem getreuen Rual als Lehen und zog wieder zu Marke zurück.

Hier angelangt, fand er das ganze Land in Trauer; denn Marolt, der Schwager des Königs von Irland, war gekommen und hatte einen schon früher aufgedrungenen Tribut von dreißig schönen Knaben gefordert. Tristan erreichte, dass man den Tribut verweigerte und ein Zweikampf zwischen Marolt und ihm stattfand, in dem ersterer fiel. Allerdings war Tristan verwundet worden, und Marolt hatte ihm gesagt, die Wunde wäre mit einem vergifteten Schwerte geschlagen und könnte deshalb nur von seiner Schwester Isolde, der Königin von Irland, wieder geheilt werden. Marolts Leichnam wurde nach Irland gebracht, wo der Held tief betrauert wurde, besonders von der Königin Isolde und ihrer gleichnamigen Tochter. In Marolts Schädel fanden sie einen Splitter, der aus Tristans Schwert gebrochen war, als er den tödlichen Streich geführt hatte. Die junge Isolde nahm den zurückgebliebenen Splitter heraus und bewahrte ihn in einem Schreine. Der König aber ließ ein Gebot ausgehen, dass, wer von Kurnewale nach Irland käme, es mit dem Leben büßen müsste. Tristans Wunde verschlimmerte sich immer mehr; kein Arzt konnte sie heilen. Darum entschloss sich der Held, die Königin Isolde aufzusuchen. Als Spielmann wurde er gut empfangen, fand auch Aufnahme bei der Königin, die ihn seines herrlichen Saitenspiels wegen gern heilte, wofür er sie und ihre Tochter die Kunst des Spiels lehrte. Weil er befürchtete, doch schließlich erkannt zu werden, gab er vor, er müsste wieder zu seiner geliebten Gattin, und nahm Urlaub.

In Kurnewale war alles erfreut über Tristans Heilung, doch regte sich der Neid mancher Großer, weil Marke seinen Neffen allen andern vorzog und ihm sein Reich hinterlassen wollte. Um dem drohenden Sturme zu entgehen, riet Tristan selbst dem Könige, sich doch noch zu verheiraten, und empfahl ihm die schöne junge Königstochter Isolde, erbot sich auch, die Brautwerbung zu übernehmen. Sich als Kaufmann ausgebend, kam er glücklich in Irland an und fand Aufnahme am Hofe. Damals hauste ein furchtbarer Drache in Irland, der das Land so bedrohte, dass der König seine Tochter demjenigen zu geben versprach, der den Drachen besiegen würde. Tristan wagte den Kampf, erschlug das Untier nach vielen Gefahren, schnitt ihm die Zunge aus und verbarg sie in seinem Busen. Um sich von den Anstrengungen zu erholen, suchte er einen verborgenen Platz auf, fiel aber bald in tiefe Bewusstlosigkeit. Mittlerweile kam auch der Truchseß des Königs, der ebenfalls nach Isoldes Hand strebte, fand den Drachen, begann auf ihn loszuhauen und zu stechen, obwohl er schon tot war, und suchte den wirklichen Sieger, den er so schwach anzutreffen hoffte, dass er ihn leicht töten könnte, fand ihn aber nicht. Dann ritt er stolz zu Hofe, gab sich als Retter des Landes aus und begehrte die Hand der Königstochter als Lohn. Isolde war tief bekümmert, weil sie den anmaßenden Mann heiraten sollte, wurde aber durch einen Traum ihrer Mutter getröstet, in dem dieser offenbart wurde, dass ein anderer den Drachen getötet hätte. Die Königin ritt am andern Tage mit ihrer Tochter, ihrer Nichte Brangäne und einem Knappen aus, um den sieghaften Mann zu suchen, den sie auch glücklich fanden. Sie merkte gleich, dass die Bewusstlosigkeit Tristans von einem Zauber herrühren müsste; sie suchte, fand und entfernte die Zunge, und Tristan kam wieder zu sich. Die junge Isolde erkannte jetzt in ihm auch den früheren Spielmann wieder, doch sagte ihm die Königin Schutz für Leben und Leib zu.

Als der Truchseß die Hand der Königstochter begehrte, verweigerte diese sie ihm. Es sollte ein Zweikampf zwischen ihm und Tristan stattfinden. Zufällig bekam die junge Isolde das Schwert

Tristans in die Hände, bemerkte die Scharte, holte den bei Marolt gefundenen Splitter, und siehe, er passte genau. Nun war der Sieger ihres geliebten Onkels in ihrer Hand; ein glühender Hass gegen Tristan fasste sie, doch hielt die Mutter ihre Hand über ihn, weil sie ihm Schutz gewährt hatte. Tristan erklärte, warum er hergekommen wäre, nämlich um für seinen König Marke zu werben. Der Zweikampf fand nicht mehr statt, weil der Truchseß sich aus Feigheit zurückzog. Der König gab seine Einwilligung zur Ehe seiner Tochter mit Marke, und sie zog in der Begleitung Tristans und Brangänes in Markes Land. Die Königin bereitete einen Liebestrank, den sie ihrer Nichte Brangäne mit dem Auftrage anvertraute, davon ihrer Tochter und dem Könige Marke zu trinken zu geben, sobald sie ehelich verbunden würden. Während sich Tristan einstens auf dem Schiffe, das sie zur Reise benutzten, in Isoldens Gemache befand, dürstete ihn und er bat sich einen Trunk aus. Brangäne war zufällig nicht anwesend, und eine der Mägde nahm das Glas mit dem Liebestrank, den sie für Wein hielt, und reichte ihn Tristan, der ihn in ritterlicher Weise der Königin bot. Zaudernd trank diese davon und dann er selbst. Im selben Augenblicke kam Brangäne herzu, sah das Unheil, ergriff das Glas und schleuderte es ins Meer; aber es war zu spät, die beiden hatten von dem Tranke genossen, und er wirkte schnell:

Minne, die aller Herzen Nachstellerin,
Schlich in beider Herzen hin;
Ehe sie es wurden gewahr,
Stieß sie ihre Siegesfahne dar
Und zog sie beide in ihre Gewalt:
Sie wurden eins und Einfalt,
Die zwei und Zweifalt waren vorher;
Sie zwei waren da nicht
Mehr widerstrebend unter sich.
Isoldens Hass, der war dahin;
Die Sühnerin Minne,
Die hatte der beiden Sinne
Vom Hasse so gereinet,
Mit Liebe so vereinet,
Dass jedes dem andern war
Klar und hell wie ein Spiegelglas.
Sie hatten beide ein Herz,
Ihr Kummer war sein Schmerz,
Sein Schmerz war ihr Kummer;
Sie waren beide eines Sinns

An Liebe und an Leide
Und verhehlten sich's doch beide:
Das tat der Zweifel und die Scham ...

Marke belauscht Tristan und Isolde

Wohl suchten sie beide die aufkeimenden Gefühle zu bekämpfen, doch gelang es ihnen nicht, und ehe Isolde in König Markes Land kam, hatte sie schon die eheliche Treue gebrochen. Brangäne erzählte ihnen von dem Zaubertranke, versprach ihnen aber ihre Hilfe und Verschwiegenheit, weil sie sich mitschuldig fühlte. Da sie aber die einzige Person war, die um ihre heimliche Liebe wusste, wollte Isolde sie ermorden lassen. Die gedungenen Knechte hatten Mitleid mit ihr und schenkten ihr das Leben. Weil sie aber selbst in der Todesnot keinen Verrat an der Königin und Tristan begangen hatte, schloss sich Isolde inniger an Brangäne an, und diese gab den beiden Liebenden Gelegenheit, sich zu sehen und zu treffen und die auf dem Schiffe begonnene Liebe fortzusetzen.

Zu dieser Zeit kam ein Ritter Gaudin aus Irland, der so wunderbar spielte, dass der König ihm auf seine Bitte seine Gemahlin Isolde zum Lohne gab. Tristan war zufällig auf der Jagd, reiste aber nach seiner Rückkehr in höchstem Zorne dem Ritter nach, dem er die Geliebte wieder entführte und zu Marke brachte. Der heimliche Umgang der beiden Geliebten wurde entdeckt, und Isolde musste sich zur Reinigung von der Anklage einem Gottesurteil unterwerfen. Tristan verkleidete sich als Pilgrim, trug die Königin vom Schiffe ans Land, fiel verabredeterweise mit ihr zu Boden, und sie konnte nun schwören, sie habe niemals einem Manne zur Seite gelegen, als ihrem Gemahl und dem Pilgrim.

Marke wurde bald wieder von Zweifeln an der Unschuld seiner Gemahlin gequält und verbannte sie von Haus und Hof. Tristan zog mit ihr in eine Höhle, wo der König sie nach langer Zeit gelegentlich einer Jagd fand. Er hatte jedoch den König kommen sehen, sich mit Isolde auf ein Ruhebette niedergelassen, aber ein Schwert zwischen sich und seine Geliebte gelegt, sodass Marke wieder an ihre Unschuld glaubte und sie in Gnaden aufnahm.

Doch nicht lange dauerte die Ruhe; der König wurde bald von der Untreue seiner Gemahlin überzeugt, und Tristan nahm Abschied von ihr, übergab ihr aber einen Ring, dass sie sich immer seiner erinnerte. Die Hofleute wussten den König nach Tristans Abreise noch einmal zu überzeugen, dass er sich geirrt hätte und Isolde ihm doch treu geblieben wäre.

Tristan irrte ruhelos umher, war in Alemannien, in der Normandie, in Parmenie und schließlich in Arundel, wo er sich die Liebe der schönen Tochter des Herzogs Jovelin erwarb, die auch Isolde hieß. Sie liebten sich beide, aber Tristan machte sich die bittersten Vorwürfe über seine Treulosigkeit gegen seine Jugendgeliebte. In sich selbst zerrissen, bald auf Flucht sinnend, bald wieder von der Schönheit und Hingebung der Jungfrau zurückgehalten, führte er ein Jammer- und Klageleben und schmachtete in Liebe und Leid, in Trauer und Vorwürfen dahin.

177. Heinrich der Löwe. Herzog Heinrich der Löwe ist im Bann gewesen; da ist er, um sich zu lösen, in's gelobte Land gezogen, und hier ist es eines Tags geschehen, dass er im Kampf mit einem Pascha zusammengetroffen, der ihn, als er ihn eben niederhauen wollte, bat, er möchte ihm doch das Leben schenken, und als er das auch wirklich tat, ihm zum Danke einen Löwen schenkte, der dem Herzog unsäglich treu gewesen und ihm überallhin gefolgt ist. Nun kommt eines Tages jemand zu ihm, der sagt ihm: »Eile, dass du heimkommst, deine Gemahlin kann nicht länger widerstehen, sie wird sich wieder vermählen!« Das will ihm der Herzog nicht glauben, und indem er ihm nach den Füßen blickt, sieht er, dass er einen Pferdefuß hat. Da sagt er zu ihm: »Du bist der Teufel, der mich versuchen will!« Jener aber antwortet, ja, das sei er, aber versuchen

Heinrich mit dem Löwen

wolle er ihn nicht, sondern ihm beistehen, denn weil er ein so braver Kerl sei, daure er ihn. Da ist der Herzog nach und nach wankend geworden und ist einig mit dem Teufel geworden, er möge ihn heimbringen; als er ihn aber aufnimmt, da hat sich der Löwe an ihn gedrängt und hat mit aller Macht seinen Fuß umkrallt, und er hat das treue Tier nicht lassen mögen, sodass ihm der Teufel endlich versprochen, ihn am folgenden Tage nachzubringen, was er denn auch getan. So sind sie denn nach Braunschweig gekommen und gerade noch zur rechten Zeit angelangt, ehe die Vermählung der Herzogin stattgefunden, und diese hat einmal über das andere freudig ausgerufen: »Hab ich doch meinen Heinrich wieder!« So hat der Herzog noch lange glücklich mit seiner Gemahlin gelebt; als er aber endlich gestorben und man ihn im Dom beigesetzt, da hat ihm der Löwe auch dahin folgen wollen; man hat jedoch die Türen verschlossen, und da hat er seine Krallen tief in die steinernen Pfosten eingehauen, um zu seinem Herrn hindurchzukommen, sodass man ihn nur mit Gewalt hat fortbringen können.

Bald danach ist er denn auch gestorben, und da hat man zum Andenken an das treue Tier sein Bild in Erz gegossen und es vor dem Schlosse aufgestellt, und das, wie die Spuren seiner Krallen am Dom, ist noch heute zu sehen.

178. Das Volksbuch von Heinrich dem Löwen. Auf seinem fürstlichen Schloss zu Braunschweig lebte Herzog Heinrich, der tapfere Held, mit seiner edlen Gemahlin so glücklich, dass ihm nach seiner Untertanen Meinung nichts mehr zu wünschen übrig schien. Doch den hochgebornen Herrn dürstete nach Abenteuern und Ruhm, und das trieb ihn mächtig hinaus in die Ferne. Eines Tages versammelte er um sich die männlichsten seiner Ritter und Grafen, die nicht minder nach Preis und Ehre gelüstete. Zu langer Fahrt gerüstet, trat er vor sein Ehgemahl hin, um Abschied zu nehmen, brach seinen Goldring entzwei, gab die eine Hälfte der weinenden Frau und sprach zu ihr: »Wenn ich binnen sieben Jahren nicht wieder zurück bin, so nimm einen andern zum Ehgemahl. Gott der Herr im Himmel und seine Heiligen wollen dich behüten!« Also zog er mit seiner auserlesenen Schar von dannen. Nachdem sie etliche Tage geritten, kamen sie an ein großes Wasser, wo eben ein geräumig Schiff zur Abfahrt bereitlag. Da besannen sich die Herren nicht lange, ließen ihre Rosse stehn und stiegen zu Schiffe. Schon fuhren sie manchen Tag und manche Nacht auf dem weiten Meer, erblickten aber noch keinen Streifen Landes. Wiederholte Stürme zerbrachen ihre Segel, also dass sie des Schiffes nicht mehr Meister blieben. Dabei ging die Speise nach und nach zu Ende, und der bittere Hunger kam über die edlen Helden. Vergeblich hob der Herzog seine Hände empor und rief die Barmherzigkeit Gottes an. Von Stunde zu Stunde wuchs die Not, immer lauter klagten die Gefährten einander ihr Elend und rangen sich die Hände wund. Endlich sprach der Herzog:

Aufbruch ins Heilige Land
(Fresko aus Kaden a. d. Mosel)

Heinrich in der Ochsenhaut
(Fresko aus Kaden a. d. Mosel)

»Hier hilft ja doch kein Klagen und Seufzen. Mache sich jeder ein Los, geschrieben mit dem eignen Blut. Das Loszeichen soll entscheiden, welcher von uns den andern soll zur Speise dienen. Ich nehme mich selber nicht aus.« Dessen weigerte sich keiner, und sie warfen die Lose in einen Hut. Und siehe, einer der kühnsten Helden zog sein eigen Los heraus, erschrak aber darüber nicht, sondern sprach mit herzlichen Worten: »Tut mit mir nach Gefallen. Gern geb' ich euch mein Fleisch zur Speise. Behüte Gott nur unsern frommen Herrn, dass das Los uns alle nach und nach treffe, er aber verschont bleibe.« Der treue Held ward nun geschlachtet, in Stücke zerhauen und zur Speise bereitet. Von Hunger bewältigt, verschlangen die Gefährten sein Fleisch mit Begier. Doch an diesem Opfer war's nicht genug. Bald musste das blutige Los wieder geworfen werden, und immer wieder; aber keiner gab unwillig sein Leben hin, vielmehr mit Freuden, da Gott ihnen wenigstens die Gnade tat, ihren lieben Herrn mit dem Todeslos zu verschonen. Zuletzt stand der fromme Herzog mit einem einzigen Knecht allein. Nun wollten sie nicht mehr losen, zumal jeder des andern einziger Trost war. Hätten Treu' und Heldenmut nur dem

Hunger gebieten können! Aber der zwang den edlen Herrn nach langem Widerstande, dass er zu dem Knecht sagen musste:

»Es ist jetzt mein Wille, dass wir beide losen. Auf wen das Los fällt, der soll dem andern sein Fleisch geben, und wenn ich's selber wäre.« Da beteuerte der Knecht mit lauter Stimme: »Das werd' ich meinem Herrn nie tun, will lieber selber sterben.« Dennoch warfen sie das Los, und es fiel auf den Herzog, welcher dem Knecht alsbald befahl, er solle ihn töten. Vergeblich! Der Knecht wollte nicht dran, so heftig der teure Herr in ihn drang. »Sollt' ich mein Leben fristen mit dem Fleisch meines hochgebornen Herrn, es müsste mich immer reuen!« Bei diesem Spruche blieb der Treue. Endlich, da der Herzog nicht nachließ, kam dem Knecht ein anderer Rat. »Ich will Euch«, sprach er, »in Ochsenhäute nähen und erwarten, was kommen mag. Vielleicht lacht Euch noch das Glück, dieweil Ihr jung und stark seid.« Solches ließ der Herzog sich gefallen, und als er samt seinem Schwerte in den ledernen Sack eingenähet war, rief der Knecht mit lauter Stimme Gottes Barmherzigkeit an. Die zögerte auch nicht länger; denn alsbald kam der ungeheure Vogel Greif geflogen, schoss herab, packte den Herzog mit seinen Klauen und trug ihn zu seinen Jungen ins Nest. Während dieser Luftfahrt zagte der kühne Held nicht im geringsten, sondern betete still: »Gott lenk' es mir zum besten!« So geschah es auch. Der Greif flog bald wieder von dannen, noch mehr Beute zu holen. Wie der Herzog das merkte, dankte er Gott und schnitt sich mit seinem Schwerte aus der Ochsenhaut. Nun atmete er wieder freudig auf und jubelte, dass er sich auf festes Land gerettet sah. Das wollten die jungen Greife nicht verstehen und rückten mit bösem Gekreisch samt und sonders auf den Herzog los. Der aber rief in seinem Herzen zu Gott, dem Allmächtigen, schwang sein Schwert und hieb die schlimme Brut wacker zusammen, also dass Köpfe und Klauen und Flügel bei jedem Streich abflogen. Nachdem er sie alle totgeschlagen, nahm er eine ihrer Klauen mit sich, die noch heute in dem Turm zu Braunschweig zu sehen ist, und stieg vom Baume, darauf das Nest lag, herab. Noch voll von Verwunderung über die riesenhaften Ungetüme, sah er sich im Walde um und erblickte ein neues Abenteuer. In Todesnot rang ein königlicher Leu mit einem scheußlichen Lindwurm. Da sprach der kühne Herzog bei sich selber: »Fürwahr, der Leu ist in aller Welt als ein treues Tier bekannt. Dem will ich helfen gegen das unholde Gewürm, und sollt' es mir das Leben kosten, hoff aber mit Hülfe Gottes, des Hehren, dem Lindwurm wohl obzusiegen.« In solchen Gedanken sprang er mit geschwungenem

Schwert auf den Lindwurm zu. Der fauchte ihn grimmig mit offenem Rachen an. Darob lachte der kühne Mann und rief dem Löwen ermunternd zu, worauf derselbe mit frischem Mut seine Klauen und Zähne gegen den Wurm brauchte. Unterdessen schlug der Herzog mit dem Schwert auf das beschuppte Untier, dass Funken sprangen und dasselbe in seinem Blut zu brüllen anfing vor Schmerz und Grimm. Endlich glückte es dem ritterlichen Herrn, mit einem Hiebe des Lindwurms Haupt abzuschlagen, dass er alsbald verendete. Da erhob der Leu ein freudig Gebrüll, und als der Herzog sich müde auf seinen Schild niederlegte, streckte sich der Leu traulich neben ihn hin. Von nun an blieb der Löwe bei ihm, jagte ihm Wildpret und ernährte also seinen Erretter in dem weiten, einsamen Wald. Gleichwohl war's dem Herrn nicht ganz geheuer in des Löwen Gesellschaft. Darum suchte er sich von ihm loszumachen. Nun floss in diesem Walde ein großes, breites Wasser. Auf diesem zu entrinnen, baute sich der Herzog ein Floß aus Ästen und Reisig, und eines Tages, während der Leu auf Wildpret aus war, setzte sich der kühne Mann darauf und fuhr davon. Eben kam der Löwe an das Ufer, nachdem er seinen Herrn lange gesucht, und wie er ihn fern im Wasser ersah, sprang er in die Flut und schwamm zu dem Floß, welches er auch bald erklettert hatte. Wieder vereint schwammen die beiden Tage und Nächte, wie sie der Wind hintrieb. Dem Löwen immer noch misstrauend, schlief der Herr wenig, die Sorgen plagten ihn Tag und Nacht. Auch der Hunger stellte sich wieder ein, da schon lange kein Land mehr zu sehen, geschweige zu betreten gewesen war. Trotzdem tat der Leu seinem Herrn nichts zuleide; er lag friedlich neben ihm und sah ihn traurig an. Oft rang der Herr die Hände und klagte Gott sein Leid und flehte: »Hilf uns doch ans Land, uns Armen, dass wir nicht elendiglich verhungern müssen!« Einst hatte er auch in schafloser Nacht also gebetet; da beschloss Gott der Herr in seiner wunderbarlichen Weisheit, den frommen Fürsten gar durch den bösen Feind zu prüfen. Plötzlich stand der Satan vor ihm und hohnlachte: »Vernimm neue Zeitung, wahre, nicht erlogne! Du treibst hülflos auf Wasserfluten, dem sichern Tod entgegen, indessen ein Fürst aus fremdem Land, gestern um die Mittagsstunde in Braunschweig eingezogen, dein Weib und Land gewinnt. Morgen ist Beilager, das weiß alle Welt.«

Der Herzog glaubte dem Bösen und antwortete traurig: »Wohl mag meine Reise schon länger denn sieben Jahre dauern; drum wird man mich für tot schätzen. Ich ergebe mich in Gottes Willen; er tue mit mir, wie ihm gefällt.« »Ha, hör' du, lass dir sagen, du redest wahrhaftig noch gar viel von Gott, der dich doch nicht aus dem Wasser errettet. Ich bin's; ich will dich noch heute zu deiner Gemahlin und deinen vielen Freunden führen, so du mein sein willst.« Dergleichen redete der Satan noch viel; doch der Herzog wollte nicht: »Bräch' ich die Treue Gott, dem Ewigen und Guten, ich müsste, und hieß' ich tausendmal der hochgeborne Herzog von Braunschweig, doch ewiglich verloren sein.« Hierauf machte ihm der Teufel einen andern Vorschlag: »Ich will dich vor die Stadt Braunschweig auf den Girsberg hintragen und daselbst ohne Schaden niederlegen. Du wartest dort, bis ich auch den Löwen bringe, was in Bälde geschehen soll. Finde ich dich dann schlafend, so sollst du mein eigen sein. Nun besinne dich nicht lang!« Aber der Herzog, des Teufels Gelüst und List wohl kennend, besann sich reiflich, bis er, von großer Liebe zu seinem fürstlichen Ehgemahl bewogen, seine Einwilligung gab. Zudem betete er inbrünstig, Gott, der Treue und Gute, wolle ihn erretten, er wolle ihn fahren lassen in seinem Geleit und ohne Schaden heimgelangen lassen, noch bevor die Hochzeit beginne. Auch nahm er sich fest vor, auf dem Berge gar treulich zu beten, dass ihn der Schlaf nicht übermanne, bevor der böse Feind mit dem Löwen zurück sei.

Seinen Pakt zu erfüllen, ergriff jetzt der Teufel den edlen Herrn, führte ihn durch die Lüfte und legte ihn säuberlich auf den Girsberg hin: »Halt die Augen offen, bis ich wieder da bin!« rief der Böse spottend und hob sich alsbald wieder in die Luft, den Löwen auch abzuholen. Der Herzog fühlte sich todmüde, und das war nach so viel schlaflosen Nächten, nach so bitterm Hunger und Kummer, und nach dem scharfen Luftritt kein Wunder. »O lieber Gott«, seufzte er, »erhalte mich wach, sonst schlummre ich ein zu ewigem Wehe!« Half leider nichts; der Schlummer überkam ihn mehr und mehr. Da lag er mit geschlossenen Augen. Nicht lange, so schwebte der Satan mit dem Löwen einher und freute sich schon über den schlummernden Herrn. Doch nun erblickte der Löwe den Herzog ebenfalls, hielt ihn, weil er ihn regungslos daliegen sah, für tot und begann laut und jämmerlich zu brüllen. Von dem wohlbekannten Ton erweckt, sprang der Herzog erschrocken auf, worüber der Teufel so ergrimmte, dass er den Löwen recht mit Teufelsgewalt neben seinen Herrn hinwarf. Dem Löwen krachten die Rippen. Das war aber auch alles, was der Teufel von seiner Mühe hatte. Abermals sah er mit Verdruss, dass er mit all seiner List und Gewalt nur Gott dem Herrn gedient hatte, von dem alles Heil kommt. Der Herzog aber dankte Gott auf den Knien für die gnädiglich abgewendete Gefahr. Darum half ihm Gott in seiner großen Huld auch fürderhin.

Den Löwen zur Seite, ging der Herr in seine Stadt Braunschweig hinein und wandte sich der fürstlichen Burg zu, von wannen er ein groß und festlich Getöne vernahm. »Was mag wohl das sein?« sprach er bei sich selber und wollte eben, sich zu erkundigen, in das Schloss eintreten, als die Trabanten und Soldaten mit lautem Geschrei herzusprangen und ihm den Eintritt verwehrten. Darob verwunderte sich der Herzog billig und fragte: »Was ist das für eine neue Mär? Ist ein fremder Herr hier eingezogen, dass da droben also gepfiffen und jubilieret wird? Dessen berichtet mich, ihr Leute.« Sie versetzten: »Der Herr ist uns gar nicht fremde. Heute noch soll er samt der edlen Frauen das Land Braunschweig kriegen, nachdem die hochgeborne Wittib sieben Jahr um den verlorenen Herrn getrauert.« Daran erkannte der Herzog, dass ihm der Teufel recht berichtet, und eilte sich nun umso mehr, ans Ziel zu kommen. Freundlich redete er die Wache an und ließ nicht ab mit demütigen Bitten, bis sie versprachen, ihm einen Becher Wein zu verschaffen. Hierauf wandte er sich an einen unter ihnen, der ihm besonders gefiel: »Du scheinst mir ein wackerer Mann. Bitte doch die Fürstin um einen Becher von ihrem eignen Wein für mich, mein mattes Herz zu erlaben. Es soll dich wahrlich nicht gereuen.« Der Knecht sah den Fremdling und seinen Löwen mit bedeutsamen Blicken an und lief dann gar schnell zur Fürstin, die seltsame Mär zu melden. Die lachte des kühnen Begehrens, goss aber doch einen Becher voll von ihrem köstlichen Wein und befahl: »Heiß ihn das austrinken. Ein Abenteurer mag er wohl sein. Wie kam er nur mit seinem Löwen in dies Haus!«

Der Diener brachte den Becher und fragte den Unbekannten: »Mich wundert, wer du sein magst, dass du zu trinken begehrst von diesem edlen Wein, den die Herzogin allein trinkt.« Der Herzog aber, nachdem er den Becher geleert, warf seinen halben Goldring, darauf sein Name mit Helm und Schild geschnitten war, in das Geschirr und bat gar beweglich, solches der Fürstin zu überreichen. Der Diener nahm's mit stiller Verwunderung und bracht's der Herzogin. Die fragte er: »Ach hochgeborne Fürstin, geruht doch diesen Goldring anzuschauen. Habt Ihr ihn wohl verloren?« Die Herzogin nahm den Goldring und betrachtete ihn genau. Je mehr sie ihn aber beschaute, desto bleicher ward ihr Angesicht. Das ist mein Ehgemahl, der Herzog von Braunschweig, dachte sie, stand eilig auf und lief in ihre Kammer. Nach einer Weile rief sie ihren Kammerjunker und sprach: »Habt Ihr da draußen vor dem Schlosse den Fremdling mit seinem Löwen auch gesehen?« »Ach, gnädige Frau«, antwortete dieser, »gar wohl hab' ich ihn gesehen und betrachtet. Der Löwe geht mit ihm in aller Treue, und er selber scheint ein feiner Mann, den die Leute all' mit Verwunderung anschauen.« Jetzt trat die edle Frau auf die Zinne und sah hinunter, erblickte auch wirklich den Fremden samt seinem Löwen. Wiederum beschaute sie den empfangenen Ring und sprach: »Das ist von meinem lieben Herrn. Walte Gott, dass sich mein Herzenswunsch erfülle!« Länger säumen wollte sie nicht mehr, sondern befahl: »Lasst ihn heraufkommen, dass ich ihn selbst um den Ring befrage, woher er ihm geworden; denn wisset, die andere Hälfte des Ringes gab mir mein lieber Herr bei seinem Abschied, als er sprach: Sollt' ich binnen sieben Jahren nicht zurück sein, so nimm einen andern Gemahl.‹«

Vor allen begierig, dies Geheimnis zu erforschen, wurden die Räte der Herzogin. Sie liefen und fragten den Fremdling, woher er den Ring bekommen. Der lachte und sprach: »Das will ich euch wohl vertrauen. Von niemand hab' ich ihn erhalten, sondern selber genommen vor mehr denn sieben Jahren.« Darüber schauten sie ihn an, als gedächte er ihrer zu spotten; doch schien ihnen der Mann zu ernst dazu. Zur Fürstin gingen sie denn und meldeten getreulich, was der Mann mit dem Löwen geantwortet. Dessen noch mehr verwundert, lief die edle Frau durch den Saal dem nahenden Fremdling entgegen und rief: »Gott, mein Gott! Meinem allerliebsten Herrn ist der Ring gewesen. Sollt' er noch am Leben, sollt' er zurückgekehrt sein!« Der Fremdling stand vor ihr, und wie sie ihn näher anschaute, fiel sie vor Freuden zur Erde. Der Herzog tät sie sorglich aufrichten, indessen all die Herren ausriefen: »Herr Gott im Himmelreich, was soll da noch werden?« Die Fürstin aber bot dem teuren Herrn ihre weiße Hand, nannte seinen Namen und sprach: »Bekennet Euch nur als unsern lieben Herrn. Wir alle preisen Gott, dass er Euch wohlbehalten wieder zur Heimat gesendet.« Der edle Herzog sprach: »Einstmals war ich freilich ein Herr das sag' ich ohne Scherz; jetzt geschieht mir wenig Ehre mehr; doch das sei Gott anheimgestellt. Anders war es wohl, als ich vor sieben Jahren ohne Sorgen von Braunschweig auszog.« Diese Worte bewegten die Herren und Knechte. Sie erhuben einmütig ihre Stimme: »Seid Ihr denn unser alter, lieber Landesherr, so seid uns im Namen Gottes willkommen!« Hierauf ward ihm fürstliche Ehre geboten, die Fürstin aber dankte Gott auf den Knien, dass er ihren milden, frommen Herrn aus der Not errettet. Ein köstlich Mahl war bald gerüstet. Allda saß der Herzog seiner Gemahlin fröhlich zur Seiten, hielt trefflicher Mahl als auf dem elenden Floß und ließ auch seinen treuen Löwen den Hunger stillen.

Die Mär vernahm der Bräutigam der Herzogin und fing gar sehr an zu trauern: »Wie hochgeboren ich bin, jetzt hab' ich meinen Korb und kann heimziehen als ein Junggeselle.« Hätte nicht der Landesherr selber ihm die Braut weggenommen, er würde nicht von ihr gelassen haben. Wie er nun den Herren am Hofe sein Missgeschick klagte, hielten sie zusammen Rat, in welcher Art man den hochedlen Freier trösten möchte. Der Herzog selber kam und bat seine Getreuen, ihm zu raten, wie er den hohen Gast solle zufrieden stellen. Die Herren dankten ihm und rieten: »Wir wollen ihm ein hochgeboren Fräulein aus Franken geben, das weilet allhier am Hofe und ist so schmuck und schön als nur eine im ganzen Land.« Der Herzog lachte gar fröhlich; denn das dünkte ihm gut, und so gingen die Herrn zu dem beklagenswerten Freier und trugen ihm das Fräulein an.

»Euer Gnaden«, sprachen sie, »haben wohl vernommen, wie unser lieber Herr, den wir so lang betrauert, nach schweren Mühsalen und Nöten durch Gottes Hülfe wieder zurückgekehret ist. Da es denn Gott also gefüget, dass Ihr dadurch der Herzogin Hand verloren, so bitten wir Euch, Ihr wollet nicht verschmähen das holdselige und fürstliche Fräulein, das Euch zum Trost soll anerboten sein.« Solches vernahm der Fürst nicht ungern und sprach sittiglich: »Lieben Herren und Räte! Ich bitt' euch nur um dies, dass ihr den gnädigen Herrn und sein Gemahl um ihre Einwilligung bittet. Sagen sie mir's zu, so werbet mir die edle Braut, und versagt diese mir nicht die weiße Hand vor Gott, so führ' ich sie binnen kurzen Tagen als mein trautes Ehgemahl in mein heimatlich Schloss.«

Alsbald eilten die Räte zu dem edlen Fräulein, welches sie gar schön willkommen hieß und, als es ihr Anliegen vernommen, zuerst sich errötend zierete und wehrte, endlich aber gar fröhlich zu lachen anfing. »Fraget, ihr edlen Herren, den Herzog und sein Ehgemahl. Was ihnen gefällt, soll auch mir gefallen.« Die Herren antworteten: »Die Einwilligung ist schon da. Darum wollet uns ein kurzes Jawort geben für den hochgebornen Fürsten, dessen Hand selbst die gnädige Herzogin nicht verschmähet hätte, so ihr Ehgemahl nicht wiedergekommen wäre.« »Geschehe denn Gottes Willen!« rief da die edle Maid. »Soll ich einmal zur Ehe schreiten, so ergeb' ich mich darein.« Die Räte aber versicherten sie der hohen Ehre, welche der Herzog ihr damit anzutun gedächte, und brachten im stillen dem jungen Herrn ihr Jawort: »Gott geb' Euch Glück dazu, hochedler Herr. Ihr Bett sollt Ihr besteigen und mit ihr Beilager halten in Freud' und Ehren.«

Dessen ward der junge Fürst gar fröhlich, dankte den Räten aufs beste und rief: »Nun wendet sich's zum Guten. Jetzt mag ich mit Ehren heimziehen. Walt' Gott, dass bald Hochzeit sei mit meiner holden Braut!«

Das verhießen ihm die Herren, gingen eilig hin zu dem Fräulein und führten sie zu ihm. Er empfing die teure Fürstin gar liebreich, sagte ihr viel Dank und schloss sie in seine Arme. Nicht lange, so fuhr das edelschöne Paar auf einem goldenen Wagen zur Kirche unter solchem Pfeifen- und Trompetenschall, dass man schier sein eigen Wort nicht hörte.

Da wurden sie in Gegenwart einer großen Versammlung nach christlichem Brauch getraut, und als sie nach Hause kamen, war schon alles zur Hochzeit bereit bis auf das Brautbett; denn das war ja für die Herzogin schon zugerüstet gewesen und kam jetzt der neuen Braut zugute. Hei, wie am selbigen Tage zu Ehren der Hochzeit ein lustig Rennen und Turnieren anhub! Da ward manch ein Speer zerbrochen und manch kühner Ritter aus dem Sattel gehoben, so eifrig beflissen sich die hochgebornen Herrn. Als nun die Hochzeit zu Ende war und jeder sich von dem gnädigen Herzog beurlaubt hatte, empfingen Braut und Bräutigam großes Gut, und mit einem zahlreichen fröhlichen Geleite edler Herrn zog das glückliche Paar von dannen in sein eigen Land.

Nach diesen wunderbarlichen Begebenheiten regierte der Herzog Heinrich noch lange Jahre Land und Leute gar tugendlich und wehrte jeglichem Unrecht mit weisem, frommem Sinn, tat auch den Armen so viel Gutes, dass ihn jedermann musste liebgewinnen. Darum bewahrte Gott ihn und sein fürstlich Ehgemahl fortan vor allem Unglück. Nicht böse Krankheit, nur Schwäche des Alters warf ihn zuletzt aufs Lager. Da sprach er: »Sollt' ich nicht wieder aufkommen, so befehl' ich Gott meine Sach', Christo ergeb' ich meine Seele; der wolle ihrer warten, weil alles Heil von ihm kommt.« Die Herzogin neigte sich weinend auf ihn nieder, er aber fuhr fort: »Für mich ist hier keines Bleibens mehr. Schütz' Euch der Himmel, meine Fromme und Vielgetreue, und bewahre in seinen Gnaden meine Leut' und mein Land.« Das war sein letztes Wort. Er reichte jedem die Hand und gab seinen Geist auf. Stattlich ward er, das Schwert zur Seiten, begraben auf der Burg zu Braunschweig. Es weinten seine Getreuen; der Löwe aber legte sich auf sein Grab und wich nicht von dannen, bis er auch starb. Des Löwen Treue zu ehren, ward dem königlichen Tier ebenfalls ein stattlich Grab bereitet und sein Bild auf einer Säule zum Denkmal dargestellt, welches noch jetzt zu sehen ist in der guten Stadt

Braunschweig. Nicht minder zeuget von der Wahrheit dieser Geschichten die Greifenklaue, heutzutage noch aufgehangen zu Braunschweig in dem Schlossturm.

179. Thedel von Walmoden. Im Braunschweiger Lande lebte einst ein schlichter und ehrbarer Held, Aschen von Walmoden mit Namen, der war wegen seiner Tapferkeit und Gottesfurcht hin und her berühmt in der Welt; seine Gemahlin Bertha von Gernrode war ehrbar und tugendsam wie er, und sie lebten in Frieden und Frömmigkeit miteinander. Dafür segnete sie der liebe Gott, segnete sie mit Hab und Gut, segnete sie insbesondere mit gehorsamen Kindern. Einst bescherte er ihnen ein Söhnlein, welchem sie in der heiligen Taufe den Namen Thedel oder Dietrich gaben; den hielten sie zur Zucht und Tugend an, ließen ihn fleißig studieren und sandten ihn, damit er der Künste gewiss werde, gen Paris. Thedel studierte hier fleißig fort, blieb immerdar wacker und brav, und als er nach sechs Jahren frisch und gesund heimkehrte, hatten sie eitel Freude und Ehre von ihm bis an ihren späten Tod.

Als er kurze Zeit nach seiner Rückkehr einer Taufe als Gevatter beiwohnte und die ergreifenden Worte vernahm, welche der Priester über das Kindlein sprach, gingen ihm dieselbigen so sehr zu Herzen, dass er bei sich in seinem Sinn gedachte, wollte Gott, du wärest auch also getauft! Und er hatte nicht eher Ruhe, als bis er den Pfarrherrn gefragt, ob er dereinst auch wohl also getauft sei. Der Priester berichtete ihm, dass über ihn ganz dieselben Verheißungen der ewigen Seligkeit und des Beistandes Jesu Christi ausgesprochen seien, und da wurde der Thedel froh und unverzagt und antwortete aus seinem Gemüt und Herzensgrund: »Gott sei Lob und Preis! Nun fürchte ich mich selbst vor dem Teufel nicht, sintemal er mir nicht ein einziges Haar krümmen kann. Froh und frei wage ich's mit dem Bösewicht!« Solche Rede verdross den Teufel sehr, und er sann hin und her, wie er den kühnen Ritter zu Fall bringen möge. Lange nachher entschliefen des Junkers Eltern in dem Herrn; da erbte Thedel viel Geld und Gut und überkam auch das Haus Lutter am Barenberge, woselbst er von nun an lebte, wie es einem christlichen Ritter ziemet und wie er es auch gar nicht anders gewohnt war. Einst ging er mit seinem Schreiber auf ein weit Feld bei Brelem, welcher Ort ‹die Har› genannt wird, und sie lauerten Hasen und Füchsen auf. Als sie nun da so standen, siehe, da kam ein großer Zug Reiter einhergesprengt: Verstorbene waren es aus Thedels Heimat und ihm wohlbekannt; voran ritt auf einem feinen schwarzen Pferde ein schwarzer Mann mit einer großen schwarzen Fahne: Der Teufel selber war es, der mit seiner unheimlichen Schar die Luft durchstreifte. Thedel, der kühne und edle Held, gab Garn und Schlingen an den Schreiber und eilte auf fünf Reiter zu, die hinterhertrabten. Da kam einer derselben, der auf einer schwarzen dreibeinigen Geiß saß und dem Helden bekannt war, auf ihn zu und fragte ihn: »Was stehet Ihr hier so einsam? Suchet Ihr Abenteuer und habt Ihr Lust, Lieb und Sinn, mit uns nach dem heiligen Grabe zu ziehen, so springet flugs auf meinen dreibeinigen Bock und sitzet hinten auf! Ihr könnet Euch gar das schwarze Pferd verdienen, auf dem der stolze schwarze Mann dort sitzet! Ihr müsst aber auf dem ganzen Wege nicht reden, denn sonst bräche Euch der böse Feind den Hals. So Ihr mitziehet, könnet Ihr daselbst ohne Strafe und Pein verweilen bis in die andere Nacht; wenn aber dann zum drittenmal der Kirchring umgezogen wird, so müsst Ihr nicht länger säumen.« Thedel schwang sich in Gottes Namen auf und machte sich unverzagt ins Feld. Als sie ans Meer kamen, setzten sie über die kleine Pfütze und waren in der heiligen Stadt; Thedel betete am Grabe des Erlösers, verewigte dort sein Gedächtnis durch eine gemalte Denktafel, ging zum heiligen Abendmahl und trauete Gott dem Herrn.

Als der Held sich nun weiter in Jerusalem umsah, erblickte er unvermutet ein gar liebes Gesicht: Herzog Heinrich war es mit seinem Löwen. Kaum hatte der gewaltige Fürst ihn gesehen, als er ihm die rechte Hand gab und zu ihm sprach: »In zwei Jahren habe ich nun nichts aus dem deutschen Land vernommen; wie kommst du hieher, und wie steht's daheim? Wie geht's zumal unserer lieben Gemahlin mit den Kindern? Und wie unseren Räten samt allen Getreuen?« Thedel erzählte ihm sein Abenteuer und berichtete alsdann, wie es der fürstlichen Gemahlin und den Kindern samt dem ganzen Lande wohlgehe. »Doch«, fügte er hinzu, »das Gerücht ist landkundig, Ihr wäret mit allen Rittern ertrunken, und so Ihr nicht auf Michaelis wiederkehrt, will die edle Fürstin den Pfalzgrafen ehelichen.« Der Herzog erschrak, nahm den Thedel mit in seine Herberge, ließ ihn mit sich speisen und gab ihm dann wichtige und wohlpetschierte Briefe, die er daheim besorgen solle.

Je näher die bedungene Frist ihrem Ende kam, umso eifriger suchte der Teufel den Ritter zum Sprechen zu bewegen; Thedel indes widerstand allen Lockungen, so schlau sie auch berechnet waren, und nachdem er sich auf solche Weise das schwarze Pferd errungen hatte, saß er auf und ritt von dannen und ritt immerzu, bis er bei Lutter auf die Har kam, allwo er den Schreiber noch beim Hasengarn antraf. Der treue Diener, der vor Schrecken und Angst grau geworden war, wurde hoch erfreut, als er den lieben Herrn stark und gesund wiederkehren sah, pries und lobte Gott, hing das Jägergarn an das schwarze Pferd, und die beiden trabten wohlgemut gen Lutter. Hier brachte ein Knecht das Tier in den Stall, erkundete von dem Helden mit Fleiß, auf welche Weise es anzubinden, zu zäumen und zu satteln sei, und musste es nach des Schwarzen Anweisung mit glühenden Kohlen und Dornwachsen füttern. Nun hätte schier jedermann gar gern gewusst, woher das seltsame Tier stamme; der Ritter indes verriet nichts, denn der Schwarze hatte zugleich gedroht, sobald jener melde, woher er es genommen, müsse er am dritten Tage darauf gewisslich sterben. Nachdem Thedel von seiner Hausfrau Anna herzlich bewillkommnet war und er auch ihr das Abenteuer erzählt hatte, ohne jedoch den Geber des Pferdes zu nennen, gingen sie zu Tisch und aßen und tranken mit Lust und Wonne, wobei indessen auch Gottes nicht vergessen wurde. Nach der Mahlzeit hätte nun des Junkers Hausehr gar zu gern das Nähere über das Tier hören mögen; er aber wich ihr aus und antwortete: »Ich habe es gegen bares Geld von einem Kaufmann aus Niederland erstanden, des Namen ich nicht erfahren habe.« Des andern Morgens sodann machte er sich mit dem Schreiber und einigen Knechten auf gen Braunschweig, klopfte am Tor der Burg, überbrachte der edlen Frau die Grüße des Herzogs und sprach: »Der durchlauchtige Herr entbeut Euch:

So viel Heiles und guter Nacht,
Als manch rot Mündlein im Jahr lacht,
Desgleichen auch, als viel Sandkorn
Im Meer sind und in allen Born,
Daneben, so viel Grasstiel sind,
Die man auf dem ganzen Weg find't
Von Braunschweig bis Jerusalem.

Das ist Euch ja ein sicheres Zeichen, dass er's noch herzlich gut mit Euch meint, die auch Ihr so oft um ihn geweint habt!« Mit diesen Worten übergab er ihr zum Wahrzeichen die Briefe, welche erst ehegestern geschrieben und gesiegelt waren. Die Herzogin wurde hoch erfreut, küsste die Briefe inbrünstig, dankte dem lieben Gott für den Schutz, welchen er ihrem Gemahl hatte angedeihen lassen, und ließ, während sie selber las, den Thedel aufs beste bewirten; hierauf ließ sie in der Freude ihres Herzens einen güldenen Ring herholen, schenkte ihm denselben nebst einem

Hut mit einem güldenen Kranze, gab ihm außerdem ein prächtig Gewand, hing ihm eine Kette von ungarischem Golde um, die wog wohl hundert Gülden schwer, versicherte ihn ihrer ferneren fürstlichen Huld und reichte ihm zum Abschied die Hand. Thedel dankte, befahl die edle Frau dem lieben Herrgott und ging wohlgemut in seine Herberge. Als er sich hier von dem Wirt die Rechnung erbat, hörte er zu seiner neuen Überraschung, dass auch die bereits von der gütigen Fürstin quittiert sei. Auf der Heimreise sprach er beim Grafen von Schladen ein, und hier versuchte ihn der Böse aufs neue. Der unverzagte Held Thedel hatte sich nämlich anheischig gemacht, dass er sich nimmer erschrecken lassen und selbst in der größten Gefahr nimmer ein Kreuz vor dem Teufel schlagen wolle. Nun hatte man bei Schladen einen Pferdedieb gehangen, und den nahm der Böse vom Galgen und setzte ihn in ein abgelegenes Gemach, wohin man wohl des Tages einmal zu gehen pflegt. Als Thedel in tiefer Nacht sich zu Bette begeben wollte und gleichfalls zuvor dort einkehrte, fand er den Leichnam, und das behagte ihm über die Maßen; er fasste ihn beim Schopf, setzte ihn zur Seite und sprach: »Armer Schelm! Was hast denn du hier noch zu schaffen?«, wobei er doch über die kindische List des Teufels gar herzlich lachen musste; nachher setzte er den Erhenkten an seine vorige Stelle, ging gemütlich zu Bett und schlief sanft und behende ein. Der Schreiber jedoch und am andern Tage auch der Graf wären fast umgekommen vor Entsetzen, obgleich Thedel, bevor sie sich dahin begaben, sie von dem Vorfall bereits in Kenntnis gesetzt hatte. Der Graf ließ nun flugs den Henker kommen und den Dieb wieder an den Galgen tragen; der unverzagte Held unterdes tat sich gütlich an der Morgensuppe, nahm heiteren Sinnes Abschied und ritt mit seinem Gefolge heim.

Eine Zeit darauf kehrte Herzog Heinrich mit seinem Löwen aus Jerusalem zurück und bat viele Fürsten, Grafen, Ritter und Herren zu sich; auch Thedel, der unverzagte Held, wurde huldvoll geladen und ritt hin. In Braunschweig angekommen, tat er ein prächtiges Kleid an und ging an Hof. Kaum war der Herzog sein ansichtig worden, da gab er ihm die Hand und hieß ihn herzlich Gott willkommen, nahm ihn auch mit in sein Gemach, um die andern Gäste mit zu empfangen. Nach der Mahlzeit, bei welcher viel gesungen wurde, begann ein Ringen und Springen, ein Tanzen, Fechten und Turnieren, und dabei wurde mit Trommeln und Pfeifen hantiert, wie dergleichen bis dahin noch niemals im deutschen Reiche erhört gewesen, noch ersehen. Thedel, der unverzagte Held, war bei allem gegenwärtig und fand im Ringen und Springen, im Rennen und Turnieren, im Kampf mit Schwert und Hellebarde, desgleichen im Reden und Tanzen nicht seinesgleichen, sodass sich alle baß verwunderten und ihn höchlich lobten, und die, so vom Saal zusahen, allzumal laut ausriefen:

»Der Thedel hat das Beste getan
Heut diesen Tag auf offnem Plan
Beid' im Turnieren und im Rennen,
Im Fechten und wie man's mag nennen!«

Auch der Herzog selber hatte des ein Gefallen, ließ ihn zu sich holen und sprach mit hellen Worten: »Du hast uns heute gar sehr erfreuet, sintemal du dich vor männiglich so gar ritterlich bewiesen! Wir haben auf unseren Reisen manch ehrlich Ritterspiel mit Rennen und Stechen, mit Fechten und Turnieren angesehen; doch so wie du heute hat niemand gestritten. Ist doch dein schwarzes Pferd nicht einmal gestrauchelt, und hast du doch in allem den Preis davon getragen!« Nachdem nun aufs neue reichlich gegessen war, als Lachs, Forellen, Karpfen und Hecht, imgleichen Schweine, Hirsche, Rehe und Hasen, und daneben der köstlichsten Weine und Biere getrunken, überkam der unverzagte Held einen güldenen Kranz, an welchem ein gülden, mit Edelgestein durchwirktes Kleinod hing; den setzte ihm eine zarte Jungfrau aufs Haupt. Thedel dankte minniglich, trat mit der Jungfrau hin an den Tanz und ergötzte sich in Zucht und Ehren.

Es war aber ein Neider unter der Schar der Edelleute, der suchte Thedels Ruhm zu schmälern und sprach zum Herzog: »Es gibt niemanden in der Welt, den man nicht erschrecken könnte, auch den Thedel nicht ausgenommen! Wenn Ihr morgen früh zur Kirchen reiten wollt, alsdann steckt ein dünnes Federlein in Euren Bart, und wenn Thedel alsdann, wie er gewisslich tun wird, die Feder auszupfen will, so beißet ihm nach der Hand. Ich sage Euch bei meiner Seelen, alsdann wird er sich erschrecken wie ein Mäuslein; denn Ihr seid ein gar erschrecklicher Held, und der Thedel stellt sich nur so unverzagt.« Der Herzog ging auf diesen Rat ein, und als ihm der unverzagte Held am andern Morgen das Federlein wegziehen wollte, neigte sich jener leise gegen ihn und schnappte ihm jählings nach der Hand. Da reichte ihm Thedel, der unverzagte Held, einen herzhaften Backenstreich und sprach mit zornigem Mund: »Seid Ihr gar ein Hund worden, dass Ihr also beißen tut? Oder wolltet Ihr mich mit solcher Gefahr erschrecken?« Der Herzog sprach zu ihm: »Thedel, wir schwören es dir, wenn uns das ein anderer getan hätte, er sollte es teuer büßen! Dir aber bleiben wir huldreich zugetan, du bist ein unerschrocken Held, und wir haben den Narrenlohn wohl verdient mit unserm törichten Tun. Doch dich losen Schelm und Bösewicht«, fuhr er gegen den neidischen Ritter und kindischen Rater fort, indem er sich hoch aufrichtete, »dich sollten wir um deine Torheit und Böswilligkeit aufs Rad flechten, so gram sind wir dir! Scher dich von Stund an aus unseren Landen, sonst möchte dir's noch übel ergehen!« Der rote Ritter schied also, und dem unverzagten Helden schenkte der Herzog nach der Mahlzeit ein edles braunes Ross. Als Thedel gen Lutter heimkehrte, fand er einen Fehdebrief vor, den ihm der Bischof von Halberstadt geschrieben hatte. Flugs sammelte der unverzagte Held dreihundert Reiter und tausend Landsknechte, besiegte die zahlreichen Scharen des Bischofs und nahm diesen gefangen, machte auch reiche Beute und verheerte das feindliche Gebiet. Bald darauf entschlief des Helden Gemahlin in dem Herrn, und nachdem dieselbe zu Goslar mit großer Pracht beigesetzt war, übergab jener all sein Gut seinem Sohne, trat in den Deutschen Orden und ritt gen Livland wider die Unchristen. Hier verrichtete der unverzagte Held zu Jesu Ehren große Taten und machte in gar kurzer Zeit das ganze Land seinem Orden Untertan, weshalb ihn denn der Deutschmeister sehr lieb und wert hielt. Eines Tages begehrte derselbige zu wissen, woher der Thedel das seltsame schwarze Pferd genommen. Dieser bat, es verschweigen zu dürfen, denn sobald er das entdeckte, müsste er des dritten Tages sterben. Der Meister jedoch, der das nicht glauben mochte, forderte bei seines Gehorsams Pflicht Auskunft, und nun durfte sich der Thedel nicht länger weigern. Er bat deshalb um vierzehn Tage Frist, beichtete in mittlerer Zeit und empfing das heilige Abendmahl; alsdann berichtete er, und am dritten Tage entschlief er fein gemach, indem er betete:

»Vater, ich befehle meinen Geist in deine Hände!«

Und damit hat nun auch diese Geschichte ein Ende.

180. Herzog Ernst. In dem Lande Bayern und Österreich regierte vorzeiten ein hochgeborener Herzog mit Namen Ernst, der sein väterliches Erbe friedsam in Gerechtigkeit und Einigkeit beisammenhielt. Der fromme Fürst vermählte sich mit der edlen und schönen Jungfrau Adelheid, der Tochter des Königs Lotharius. Der überaus schöne Sohn beider erhielt in der heiligen Taufe den Namen des Vaters, der kurze Zeit darauf starb. Die betrübte Mutter ließ ihr Kind, ihre einzige Freude, in vielen Sprachen und Wissenschaften unterrichten. Es wuchs mit einem jungen Grafen auf, der

Liedflugblatt

Wetzel hieß und sein Vetter war. Beide hielten allezeit zu großer Freude der Mutter zusammen.

Zu derselben Zeit herrschte im römischen Reiche mit großer Gewalt Kaiser Otto I., dessen Sohn Kaiser Heinrich der Vogler war. Otto I. gewann die Stadt Straßburg, zerstörte sie mit Gewalt und gab ihr den Namen, den sie noch jetzt führt; denn vorher hieß sie Silbertal. Er überwand auch die Ungarn, die von Augsburg aus alles Land verdarben, ehe er Kaiser wurde, unterwarf ferner dem römischen Reiche noch andere Länder und war ein Freund der Gerechtigkeit. Als er noch in der Blüte seiner Jugend stand, wurde ihm die überaus schöne Jungfrau Ottogeba angetraut, die Tochter des Königs von England. Aber nur kurze Zeit lebte der Kaiser in süßem Glücke mit ihr, denn sie starb bald. Da beschlossen seine Räte, bei der Herzogin Adelheid in Bayern anzufragen, ob sie den gewaltigen Kaiser Otto zum Gemahl haben wollte. Die fromme Herzogin erschrak im Grunde ihres Herzens, als sie diese Botschaft hörte; denn sie wünschte in dem stillen und ehrbaren Witwenstande zu beharren. Sie berief die Edlen des Landes samt Herzog Ernst zusammen, legte ihnen den kaiserlichen Antrag vor und bat sie, dem Kaiser eine höfliche Antwort zu geben. Die Herren waren allesamt der Meinung, dass man den Kaiser nicht vergebens bitten lassen dürfte. Der junge Herzog Ernst übernahm es mit seinem vertrauten Freunde Wetzel, der Herzogin den Rat und die Meinung aller Edlen kundzutun. Sie erschrak über diesen Rat und sprach: »Mein lieber Sohn, ich fürchte, wenn ich mich mit dem Kaiser vermähle, so möchte zwischen ihm und dir Zwietracht und Uneinigkeit entstehen, wodurch ich in großen Jammer kommen würde.« Da widersprach Herzog Ernst: »Herzallerliebste Frau Mutter! Eine derartige Furcht soll Euch nicht von der Vereinigung mit dem allerwürdigsten Fürsten abhalten. Ich selbst will mich mit

Hilfe des barmherzigen Gottes, der unser allerbester Kaiser ist, jenem meinem irdischen Kaiser in glücklichen wie in widerwärtigen Sachen allezeit dienstbar zeigen und ihm gehorsam sein und hoffe, es durch meine Treue zu erringen, dass ich mich stets der Gnade seiner kaiserlichen Majestät zu erfreuen habe!«

Der Einfüßler (Sciopode)

Ermutigt durch solche Worte ihres geliebten Sohnes gab sie dem Kaiser die Willfährigkeit ihres Herzens zu wissen, der dadurch über die Maßen froh wurde und sich mit großer Macht und Herrlichkeit aufmachte, die Herzogin zu besuchen. Sie wurde ihm von ihrem Sohne, Herzog Ernst, und anderen Herren ihres Landes würdig und mit großem Gefolge entgegengeführt. Der Kaiser geleitete sie mit allem Volke unter großem Jubel nach der Stadt Mainz, wo er eine große Hochzeit hielt, wie sie einem so mächtigen Kaiser wohl gebührte.

Nach der Feier zog der Kaiser um etlicher wichtiger Ursachen willen in verschiedene Städte, schickte bald darauf einen angesehenen Herrn zu dem jungen Herzog Ernst und ließ ihn an seinen Hof entbieten. Der edle Jüngling kam mit einem großen Zuge zu seinem Stiefvater, der ihn mit hoher Freundlichkeit empfing, erwies dem Kaiser alle Ehrfurcht, fiel ihm zu Füßen und zeigte sich in allem als ein gutwilliger und gehorsamer Sohn. Der Kaiser nahm ihn bei der Hand, führte ihn in den Saal und sprach zu ihm: «Wisse, mein geliebter Sohn, dass ich deine Mutter von ganzem Herzen liebe. Auch dir möchte ich gern mehr dienen als ich vermag. Ich will darauf denken, dass ich dein Land vergrößere; denn ich habe ein herzliches Wohlgefallen an dir!« Die Kaiserin sprach zu ihrem Sohne: »Geliebtester Sohn, ich bitte dich flehentlich, du wollest deinen Vater in allen Ehren halten und ihm immer gehorsam sein!« Zugleich beschenkte sie ihn mit herrlichen Kleinodien und begabte auch alle seine Herren und Diener, jeden nach seinem Stande, worauf sie liebreich voneinander schieden.

Am Hofe des Kaisers aber war ein falscher und ungetreuer Mann, der Pfalzgraf Heinrich, dem das ruhige Leben, das der Kaiser und die Kaiserin mit ihrem Sohne führten, ein Dorn im Auge war. In seinem argen Herzen sann er, wie er den bösen Samen der Zwietracht säen könnte. Er verklagte den jungen Fürsten fälschlich bei seinem Stiefvater, dem Kaiser Otto, und sprach: »Welch ein getreuer Vater des Kaiserreiches seid Ihr, allergnädigster Herr; aber ich habe eine seltsame, ja boshafte Rede vor Ew. Majestät zu bringen von Eurem Sohne, dem Herzog Ernst, den Ihr so lieb habt und vor anderen ehrt. Er trachtet danach, Euch ein Ende zu machen, um das ganze Reich allein zu besitzen. Hütet Euch vor ihm und seiner Bosheit!« Der König wurde zornig über ihn und sprach: »Was sagst du, Heinrich? Wenn mir das ein anderer berichtete, würde ich ihm den Kopf abschlagen lassen! Ich habe nie etwas Unrechtes von meinem Sohne gesehen noch gehört.« Pfalzgraf Heinrich sprach: »Nicht von einem allein habe ich es erfahren, sondern von zweien und dreien, auch habe ich es von dem Herzog selber gehört, dass er auf Bübereien sinnt. Ich wollte Ew. Majestät nur vor solcher Gefahr warnen, das bin ich schuldig und verpflichtet zu tun!« Da wurde der Kaiser traurig und sagte zu dem Verleumder: »Mein lieber Heinrich, wenn dem so ist, so bitte ich dich um guten Rat, wie ich ihn aus dem Lande vertreiben kann!« Der falsche Graf erwiderte: »Sammelt insgeheim und ohne Wissen der Kaiserin Euer Kriegsvolk, während Euer Sohn in Regensburg ist, und lasst ihn aus dem Lande verjagen.« Der Kaiser tat ohne Wissen seiner Gemahlin, wie ihm geraten worden war, und ließ sein Heer wider den frommen Herzog Ernst ziehen, Österreich verwüsten mit Sengen und Brennen, grimmig hausen und zog dann nach dem Bistum Würzburg. Heimlich schickte er Kriegsleute nach Bamberg, um die Bürger in aller Stille zu überfallen. Die Bamberger aber wehrten sich und entließen eilends einen Boten an ihren Herrn, den Herzog Ernst, nach Regensburg. Sobald dieser hörte, was geschehen war, erschrak er sehr, ging zu seinem Freunde Wetzel, erzählte ihm unter bitteren Tränen, was ihm gemeldet worden war, und sprach: »Ach, allmächtiger Gott, welche Verleumdung mag zu meines Vaters Ohren gekommen sein!« Er sammelte seine Ritter, wohl an die viertausend streitbare Männer, und zog gen Bamberg, das inzwischen von dem Pfalzgrafen Heinrich besetzt war. Als dieser dem Herzog Ernst entgegenzog, kam es zum Kampfe; der Pfalzgraf entkam nur mit Not zum Kaiser und meldete ihm, sein Sohn Ernst hätte fast all sein Volk erschlagen. Der Kaiser wurde zornig, wollte den Schlag rächen, entbot ein großes Kriegsvolk und eroberte eine Stadt nach der anderen. Herzog Ernst wurde darüber bekümmert, schickte einen Boten zu seinem Vater und ließ ihm sagen, er möchte sein Land doch nicht so verwüsten; denn er hätte ihm doch sein Leben lang nichts Böses zugefügt.

Als der Kaiser den Brief des Herzogs Ernst erhielt, brauste er auf wie ein grimmiger Löwe. Die Kaiserin wollte ihn besänftigen; aber er sprach: »Liebe Frau, ich lasse mich nicht überreden, gehe du deinen Geschäften nach! Die Übeltat, die Ernst an mir verübt hat, ist zu groß, als dass ich sie vergessen könnte.« Die jammernde Frau wollte ihn wenigstens zu einer Zusammenkunft veranlassen, aber auch das lehnte der harte Mann ab. Mit betrübtem Herzen ging die Kaiserin in ihre Kammer und schrie im Gebete zu Gott. Wie eine Stimme kam es ihr da vom Himmel, dass an all diesen Dingen nur der Pfalzgraf Heinrich schuldig sein könnte. Sie schickte einen Diener zu ihrem Sohne Ernst und ließ ihm sagen, wie es bei seinem Vater, dem Kaiser, stünde und dass das Unglück von dem Pfalzgrafen Heinrich angerichtet wäre.

Als Ernst das vernahm, machte er sich mit seinem Freunde Wetzel und einem einzigen Diener auf und ging nach Speyer, wo der Kaiser mit seinen Kurfürsten gerade einen Reichstag hielt und wo eine große Versammlung von Fürsten und Herren war.

In des Kaisers Hofe stieg Ernst mit seinen Getreuen von den Rossen, ließ den Diener die Pferde halten und ging mit Wetzel in den Palast hinauf. Sie fanden den Kaiser mit dem Pfalzgrafen allein in einer Kammer. Herzog Ernst trat auf den Pfalzgrafen zu und sprach: »Du meineidiger, ungetreuer Pfalzgraf, warum verleumdest du mich bei meinem Vater?« In wildem Zorn zog er dann sein Schwert und durchstach ihn. Von Furcht ergriffen, sprang der Kaiser wohl vier Klafter tief hinab in eine Kapelle und verbarg sich. Ernst aber verließ die Burg und die Stadt mit seinen Getreuen. Erst nach einer guten Weile kam der Kaiser aus der Kapelle heraus und erzählte, was vorgefallen war. Es entstand ein großer Aufruhr; Reiter wurden nach allen Seiten ausgesandt, aber Gott nahm die Verfolgten in seinen Schirm und führte sie eine sichere Straße.

Auch die Kaiserin wurde von dem Getümmel aufmerksam und hörte von ihrem Gemahl, dass ihr Sohn den Pfalzgrafen erstochen hätte und auch ihn selbst umgebracht haben würde, wenn er nicht entronnen wäre. Doch die Kaiserin glaubte nicht daran, dass ihr Sohn sich auch an dem Vater würde vergriffen haben.

Der Kaiser beschloss in seinem Zorn, den jungen Fürsten aus seinem Lande zu vertreiben und ihn nimmermehr in Gnaden aufzunehmen. Er sammelte ein Heer und führte es selbst nach Regensburg, wo er Ernst vermutete. Aber dieser war nicht in der Stadt, und die treuen Regensburger beschlossen deshalb, ihm einen Boten zu schicken und um Hilfe zu bitten. Ernst ließ ihnen sagen, sie sollten nur noch eine kleine Weile warten, er verhoffte, bald bei ihnen zu sein. Herzog Ernst ritt ohne Verzug zu Herzog Heinrich von Sachsen und bat um Hilfe. Dieser ließ gleich fünftausend Reiter rüsten und zog selbst mit. Bevor es aber vor der Stadt Regensburg zu einer Schlacht kam, schickte Herzog Heinrich von Sachsen einen Boten zum Kaiser und ließ um eine Unterredung bitten. Er gewährte sie ihm, und Herzog Heinrich sagte, er wäre nicht gekommen, um Krieg mit ihm zu führen, sondern nur um Herzog Ernst in seine Stadt Regensburg zu bringen. Den Zorn des Kaisers suchte er dadurch zu besänftigen, dass er ihm sagte, er möchte doch seinem Sohne vergeben und gnädiglich sein; man wüsste ja nicht, ob er wirklich so schuldig wäre, wie man von ihm sagte, oder ob man ihn nicht angeschwärzt hätte. Herzog Ernst aber kam unangefochten in die Stadt hinein. Dann ritt Herzog Heinrich von Sachsen wieder in seine Heimat.

In der Stadt ließ Herzog Ernst die Bürger zusammenkommen und sagte zu ihnen: »Liebste Bürger und guten Freunde, ihr seht den Trotz meines Vaters, der sich unterfängt, mich von Land und Leuten zu vertreiben. Ich will mich nicht mehr gegen ihn wehren. Schickt ihm eine Botschaft und bittet um Gnade, dass er euch aus der Stadt ziehen lässt.« Aber die Regensburger wollten lieber bleiben, und so zog Ernst mit dem ihm zugegebenen Sachsenvolke wieder ohne Gefahr aus der Stadt heraus. Daraufhin übergaben die Regensburger dem Kaiser die Schlüssel der Stadt und baten um Gnade, die ihnen gewährt wurde, als sie ihm Treue schwuren und sich verpflichteten, sich ihm gegenüber zu verhalten, wie es ehrlichen Bürgern geziemte.

Nun teilte der Kaiser sein Volk in zwei Haufen. Das eine Heer zog die Donau hinab, nahm alle Städte und Flecken ein und verderbte viel Land. Doch auch dem Kaiser wurden viel Leute erschlagen; denn Herzog Ernst hatte eine nicht geringe Macht bei sich. Der Kaiser selbst war mit dem anderen Heerhaufen an den Lech gezogen und nahm dort die Stadt für sich in Besitz, die früher dem Herzog gehörte. Später vereinigte er seine Heere wieder, und nun war er so stark, dass Herzog Ernst ihm nicht widerstehen konnte. Da schickte er die Sachsen wieder in ihr Land zurück und ließ dem Herzog Heinrich von Sachsen Dank sagen, sich selbst aber warf er mit seinen Gesellen, dem Grafen Wetzel und einiger Ritterschaft in eine starke Festung. Hier schickte er sich an, das Land zu verlassen, sodass der Kaiser nunmehr ohne alle Mühe Besitz davon ergreifen konnte.

Von der Burg aus sah Herzog Ernst, wie sein Land in Flammen stand. Er beschloss deshalb, einen Zug nach dem heiligen Lande zu unternehmen und nahm nur fünfzig Ritter mit sich. Als die Kaiserin erfuhr, dass ihr Sohn aus Deutschland hinwegziehen wollte, schickte sie ihm ohne Wissen seines Vaters und ganz im geheimen hundert Mark Silbers, dazu viele andere Kleinodien und entbot ihm tausend Segenswünsche auf die Reise.

In Ungarn wurde Herzog Ernst mit seinen Getreuen gut vom Könige empfangen, der ihm etliche Boten mitgab, um ihn den rechten Weg durch den Wald nach der Bulgarei zu weisen. Später kamen sie in das griechische Kaiserreich und ritten geradeswegs nach Konstantinopel, wo sie von dem Kaiser aufs ehrenvollste empfangen wurden. Hier blieb Herzog Ernst drei Wochen, bis ein überaus großes Schiff kam, das der Kaiser mit Lebensbedürfnissen und den besten Schiffsleuten versehen ließ. Mit zwölf Schiffen machte sich Herzog Ernst nun auf die Fahrt nach dem heiligen Lande. Nach sechs Wochen erhob sich ein starkes Ungewitter auf dem Meere. Die Schiffe der Griechen wurden von den grausamen Stößen des Orkans zerschmettert und versanken. Nur das Schiff des Herzogs Ernst war so gut mit Eisen beschlagen, dass die Wellen es nicht so bald auseinanderzureißen vermochten. Endlich erblickten sie eine Küste, auf die sie zusteuerten und dann ans Land gingen. Vor ihnen lag eine Stadt; hier wohnten die Agrippiner, deren König aber mit seinem Volke ausgezogen war, um eine indische Königstochter abzufangen, die durch sein Land wollte, um sich mit einem fremden Königssohn zu vermählen. Die Gassen der Städte waren deshalb leer, ebenso das Schloss. Sie fanden so kostbare Speisen und Getränke und in so reicher Auswahl, dass sie das Schiff mit Lebensmitteln ausrüsten konnten. Die Gemächer waren überaus prächtig und herrlich, besonders in einer Kammer strotzte alles von Gold und Edelgestein und edlen Stoffen. In diesem Raum standen zwei herrlich bereitete Betten mit Decken, Goldstoffen und Betten aus lauterem Golde. Mitten in der Kammer war ein Tisch mit einer kostbaren Decke, auf der die lieblichsten Gerichte standen. An diese Kammer stieß ein kleiner Saal und daran wieder ein Garten mit einem schönen Brunnen, der sein Wasser in zwei goldene Tröge sprudelte, in denen Herzog Ernst mit seinem Freunde Wetzel badete. Später legten sie sich in die beiden köstlichen Betten und überließen sich dem Schlafe, bis sie durch ein fernes Geräusch erweckt wurden. Der König zog mit seinem großen Heere wieder in die Stadt.

Die Agrippiner waren wunderbare Gestalten; von den Füßen bis zum Halse waren sie Menschen, von dem Halse ab glichen sie großen Kranichen. Der König hatte die geraubte schöne Jungfrau bei

Kampf gegen die Agrippiner (Volksbuch, 16. Jh.)

sich, und nun wurde ein Siegesfest veranstaltet mit Singen, Tanzen, Springen und Gaukeln. Der König setzte sich zu der schönen Jungfrau an den Tisch und bot ihr öfter den Schnabel zum Kusse. Ernst und Wetzel hatten sich hinter der Tür versteckt und fassten den Entschluss, die schöne Jungfrau zu retten. Sie meinten: »Hätten wir doch unsere Freunde vom Schiffe hier!«, und diese wiederum sprachen in Furcht: »Wollte Gott, dass unser Herzog Ernst und sein Freund Wetzel wieder bei uns wären!« Man hielt sie für tot. Als der König zu Bett gehen wollte und die Jungfrau durch zwei Diener holen ließ, sprangen Herzog Ernst und Graf Wetzel hervor und schlugen dem einen Diener den Kopf ab; der andere aber entrann und machte Lärm. Der König wollte die Jungfrau niemand anders überlassen und stach sie mit seinem spitzigen Schnabel in beide Seiten, sodass das Blut herunterfloss und sie zur Erde fiel. Als das die beiden Helden sahen, wurden sie grimmig wie Löwen. Herzog Ernst durchbohrte den König mit seinem Schwerte. Sie trieben die eindringenden Diener zur Kammer hinaus, und diese wurde verschlossen. Herzog Ernst und Wetzel trösteten die Jungfrau, aber ihr Leben konnten sie nicht retten; sie starb in Herzog Ernts Armen. Dann fingen die beiden Helden mit den Agrippinern den Kampf an und schlugen sich eine Bahn bis zum Stadttore, wo ihnen ihre Mannen vom Schiffe schon entgegenkamen, um ihnen zu helfen. Schnell sprangen sie auf ihr Schiff und segelten davon. Die Agrippiner zogen ihnen nach und schossen mit Giftpfeilen, aber Herzog Ernst hatte in seinem Schiffe ein Wurfzeug, mit dem er drei bis vier Fahrzeuge der Feinde in den Grund warf, sodass sie von der Verfolgung abließen. Herzog Ernst und seine Ritterschaft dankten dem lieben Gott von Herzen, dass er sie von den greulichen Kranichköpfen erlöst hatte. Mancher seiner Getreuen war von den giftigen Pfeilen geritzt worden und starb. Man band sie auf einige Dielen fest und heftete wohlverwahrtes Gold daran, dass sie von denen, die sie am Ufer fänden, ehrlich begraben werden könnten.

Als Herzog Ernst mit den Getreuen fünf Tage unterwegs gewesen war, erhob sich ein großes Ungewitter. Mit Schrecken bemerkten die Schiffsleute, dass sie in die Nähe des Magnetberges gekommen waren und nicht mehr von ihm loskonnten. Die Kraft des Berges zog alles Eisenwerk auf dem Schiffe an, sodass dieses auseinanderfiel. Jeder rettete sich, wo und wie er konnte. Herzog Ernst kam mit seinem Freunde Wetzel und fünf anderen Rittern auf die Trümmer eines anderen vom Magnetberge angezogenen Schiffes, in dessen Innern sie viele Tote fanden, die sie bald auf Deck brachten. Nach einiger Zeit kamen Greife, ungeheuer große, seltsame Vögel mit langen Krallen, und nahmen die Leichname hinweg, um sie ihren Jungen zum Fraße zu bringen. Darüber erhob sich bei den Rittern neues Jammern und Wehklagen. Sie durchsuchten das ganze Schiff und fanden viele Edelsteine, die sie zu sich nahmen, legten auch ihre Rüstung an und ließen sich dann in Ochsenhäute einnähen, die sie in einer Kammer fanden, um sich so von den Greifen forttragen zu lassen. Zuerst wurden Herzog Ernst und Wetzel eingenäht und aufs Schiff gelegt. Bald kam ein furchtbar großer Greif, nahm sie beide mit und entführte sie in die Luft, als wenn ein Habicht eine Lerche dahintrüge. Die Diener sahen ihren Herrn samt dem Grafen Wetzel dahinfahren und wurden sehr traurig. Auch die beiden Helden selbst waren in Ängsten, denn der Greif hatte sie so hart angepackt, dass sie sich nicht rühren konnten, und wenn sie sich in ihrer Rüstung nicht so wohl verwahrt hätten, so wären sie nicht davongekommen. Als der Greif sie in das Nest gelegt hatte, schwang er sich wieder in die Luft. Herzog Ernst sagte zu seinem Freunde Wetzel: »Lebst du noch?«, und als er Antwort erhielt, meinte er weiter, sie wollten noch eine Weile warten, um erst besser zu Kräften zu kommen. Dann schnitt sich Ernst aus der Ochsenhaut, erlöste auch seinen Freund Wetzel, und beide priesen Gott. Sie stiegen eilends den felsigen Berg hernieder.

Mittlerweile hatten sich auch die übrigen Diener auf dieselbe Weise durch die Ochsenhäute gerettet und waren in das Greifennest getragen worden; nur einer von ihnen war übrig geblieben und musste vor Hunger und Durst elendiglich in dem Schiffe sterben. Die Diener befreiten sich in dem Greifenneste von den Häuten, stiegen hernieder und irrten im Walde umher. Endlich sahen sie einen Hirsch daherspringen, der scheinbar verfolgt wurde. Sie ersahen daraus, dass sich andere Menschen in dem Walde befinden mussten. Einer von ihnen stieg auf einen hohen Baum und sah zwei Männer im Walde gehen. Er fing an zu pfeifen und zu rufen. Darauf wurden die beiden aufmerksam; es waren Herzog Ernst und Graf Wetzel; voller Freude vereinten sie sich. Sie kamen dann an ein gewaltig brausendes Wasser und beschlossen, mit einem Floße darauf weiterzufahren. Das Floß schoss wie ein Pfeil dahin. Nach langer Zeit verschwand der Fluss in einem Berge. In der Höhle war es so finster, dass keiner den anderen sehen konnte, und das Wasser brauste so sehr, dass niemand des anderen Stimme zu vernehmen vermochte. Das ungestüme Fahren dauerte wohl einen halben Tag lang; endlich gewahrten sie einen Schimmer in der Ferne, der immer heller wurde und sich zuletzt als ein wie Feuer leuchtender Fels darstellte. Davon schlug Herzog Ernst ein Stück ab; es war ein strahlender Karfunkelstein. Er hob ihn auf und hat ihn später seinem kaiserlichen Vater mitgebracht, der ihn in die Krone setzen ließ.

Als Herzog Ernst und seine Genossen durch den finsteren Berg gefahren waren, kamen sie an einen großen Wald und später in eine schöne Landschaft mit vielen Städten und Schlössern. In einer Stadt sahen sie seltsame Menschen, die nur ein Auge mitten auf der Stirn über der Nase hatten; es waren die Arimasper. Diese eilten herbei und verwunderten sich über die Menschen mit zwei Augen; denn solche hatten sie noch nie gesehen. Der Statthalter kam selber zu ihnen hinaus und begrüßte sie. Man hielt sie für Satyrn oder Waldmenschen und glaubte, sie wären halb Menschen und halb Böcke. Auf ihre eindringlichen Fragen erzählte Herzog Ernst, dass er mit seinen Gesellen aus Deutschland käme, wo sein Vater ein gewaltiger Kaiser in der Christenheit wäre. Er hätte eine Wallfahrt nach dem Heiligen Grabe in Jerusalem vollbringen wollen, aber auf dem Meere viele Leute verloren.

Der Statthalter sandte Botschaft an den König der Arimasper, der die Fremden an seinen Hof kommen ließ und sie aufs beste empfing. Einmal nahm er den Herzog Ernst und seine Genossen mit auf die Jagd. Da kamen Feinde in das Land, die Einfüßler oder Sciopoden. Sie hatten nur einen einzigen Fuß, der aber so groß war, dass, wenn sie sich beim Sonnenschein hinlegten, sie den Fuß emporhielten und sich damit beschatten konnten. Mit dem einen Fuß vermochten sie so geschwind zu hüpfen, dass niemand sie einzuholen imstande war. Die Arimasper hielten die Einfüßler für unüberwindlich, aber Herzog Ernst wusste Rat; er zog ihnen entgegen und besiegte sie und andere Völker, die die Arimasper bedrohten. Darunter waren die Panochen, die so große Ohren hatten, dass die Lappen bis auf die Erde hingen. Herzog Ernst besiegte auch diese durch eine List in einem Walde, den er anzünden ließ. Schließlich wusste er noch die Riesen zu überwinden, die den Arimaspern seit jeher viel Schaden zugefügt hatten. Er verlor dabei allerdings viele seiner Leute, da die Riesen die Bäume aus der Erde zogen und sich gewaltig wehrten. Einen der Riesen nahm Herzog Ernst als Gefangenen mit sich, wie er auch von den Panochen und Einfüßlern Leute mit heimführte.

Der Kampf gegen die Kraniche (Holzschnitt, 15 Jh.)

Nach einiger Zeit nahm Herzog Ernst Abschied von den Arimaspern und zog mit seinen Mannen weiter. Sie bestiegen ein Schiff und fuhren geradeswegs nach Indien, wo sie zu den Pygmäen oder Zwergen kamen. Als diese ängstlich waren und glaubten, Herzog Ernst wollte ihnen Krieg bringen, sagte dieser: »Wir sind nicht gekommen, den Frieden zu brechen, wir wollen euch vielmehr Frieden bringen!« Die Zwerge waren froh und erzählten ihnen von großen Vögeln, die ihnen Schaden täten. Es waren Kraniche, die mit ihren spitzen Schnäbeln die Zwerge erstachen, wo sie sie fanden. Herzog Ernst schoss unter die Vögel, dass das ganze Feld voller Kraniche lag und die Pygmäen ein ganzes Jahr von ihrem Fleisch zu essen hatten. Der Zwergenkönig war sehr froh und bot Ernst Gold und Edelgestein an, aber Herzog Ernst wollte nichts nehmen, sondern bat sich nur zwei der kleinen Männlein aus; dann zog er wieder zu den Arimaspern und blieb eine Zeitlang bei ihnen.

Als er einst am Meere spazierenging, sah er von fern ein Schiff kommen, darin waren Mohren. Herzog Ernst fand Lust daran, mit ihnen nach Indien zu ziehen, nahm also seine Genossen und die wunderbaren Leute und fuhr fort. Er wurde von dem Mohrenkönig mit großer Ehrerbietung empfangen und zur Mittagstafel geladen. Bei der Tafel kam ein Bote des Königs von Babylon und sprach: »Du König der Mohren, wenn du von deinem Glauben nicht abstehst, so will ich dich mit deinem ganzen Lande verderben! Das lässt dir der mächtige König von Babylon sagen!« Der Mohrenkönig war erschrocken; aber Herzog Ernst sprach ihm Mut zu und sagte zu dem Boten: »Melde deinem Herrn, er sollte nur kommen, wir wollten seiner als echte Kriegsleute warten.« Der König von Babylon war erzürnt über solche Botschaft und rüstete an hunderttausend Heiden, fiel in das indische Mohrenland ein, erschlug Männer, Weiber und Kinder und verwüstete, was er fand. Da zog der Mohrenkönig ihm entgegen und Herzog Ernst mit den Seinen ihm zur Seite. Als man zum dritten Male zum Angriff blies, erhob sich ein Spießkrachen und ein Geschrei, dass man es eine Meile weit hören konnte. Graf Wetzel beschützte mit seinen Reitern das Panier seines Herrn, des Herzogs, auf das es die Heiden abgesehen hatten; aber sie wehrten sich so tapfer, dass um sie her alles voll Toter lag, besonders der Riese, den Herzog Ernst mitgebracht hatte, schlug mit seiner Keule tapfer um sich. Unter den Toten floss das Blut dahin wie ein Bach, in dem mancher Heide und mancher Mohr ertrinken musste. Endlich nahmen sie den feindlichen König gefangen, und so war der Sieg entschieden. Der König von Babylon sagte zu Herzog Ernst: »Lieber Herr, wenn Ihr mir nicht aus dieser Gefangenschaft helft, werde ich mein Lebtag hier gefangen bleiben müssen; komme ich aber los, so will ich Euch mit meinem Volke nach der Stadt Jerusalem geleiten, und Ihr sollt keine Not leiden!« Wohl wollte der Mohrenherrscher den König von Babylon nicht freigeben, aber auf Ernstens Fürsprache hin entließ er ihn aus der Gefangenschaft, nachdem er geschworen hatte, das Königreich der Mohren nimmermehr mit Krieg anzufechten.

Bald darauf nahm Herzog Ernst Urlaub vom Mohrenkönig und zog mit dem babylonischen Könige fort. Als sie dessen Land erreichten, kam ihnen viel Volks entgegen und empfing sie herrlich. Endlich erreichten sie die schöne Stadt Babylon, wo Ernst drei Wochen blieb, sich dann aber von dem Sultan verabschiedete, der ihm viel Gold und Silber bringen und mancherlei Kleinodien schenken ließ. Er gebot, Herzog Ernst mit den Seinen zur Stadt Jerusalem zu geleiten. Als Ernst nahe vor der Stadt angekommen war, schickte er seine wunderlichen Leute mit einem Diener vor sich her und behielt nur den Riesen mit seiner großen Stange bei sich. Das Volk in Jerusalem erstaunte sehr und lief in den Straßen und auf den Plätzen zuhauf. Endlich ritt Herzog Ernst mit seinem Freunde Wetzel in die Stadt ein, neben sich den Riesen und zwei Diener. Es verbreitete sich im Volke die Sage, dass der Fremde, der mit so wunderlichen Leuten ankam, niemand anders als der Sohn des Kaisers, nämlich der Herzog Ernst von Bayern und Österreich, wäre. Bald hörte auch der König von Jerusalem von der Ankunft des Herzogs Ernst, freute sich und ging in dessen Herberge, von wo er ihn voll Ehrerbietung in seinen königlichen Palast führte. Nachdem sie hierauf mit großen Freuden zusammen gespeist hatten, ging der König mit seinem Gaste zum Heiligen Grabe. Herzog Ernst fiel auf die Knie, dankte Gott und sprach: »O du barmherziger Gott, du hast mich wunderbar erhalten und mir deinen lieben Sohn mehr als einmal geschickt, der mich gestärkt und bewahrt hat bis auf diese Stunde. Darum sage ich dir Lob, Ehre und Dank bis in Ewigkeit!« Nach diesem Gebete zog er mit dem Könige wieder in den Palast und blieb lange Zeit in Jerusalem. Sechs Monate später kehrten zwei Pilger nach Deutschland zurück, gingen zum Kaiser Otto und zeigten ihm an, dass sein Sohn, der Herzog Ernst, in Jerusalem wäre und viel wunderliche Leute aus unbekannten Ländern mit sich gebracht hätte. Der Kaiser war erstaunt, ging zu seiner Gemahlin und erzählte ihr die Neuigkeit.

Nachdem sich Herzog Ernst ein ganzes Jahr in Jerusalem aufgehalten hatte, machte er sich auf den Heimweg. Mit gutem Winde kam er alsbald an die französische Küste, von da nach Paris und nach kurzer Zeit über Italien nach Deutschland. In Rom ging er zum Papst und bat ihn, sich für ihn beim Kaiser zu verwenden; doch der Papst schlug ihm die Bitte ab, weil er nicht in Einigkeit mit diesem lebte.

Auf der Reise nach Deutschland erfuhr Herzog Ernst, dass der Kaiser einen Reichstag in Nürnberg abhalten wollte. Er machte sich mit seinem Genossen Wetzel dahin auf den Weg und ritt mit den Seinigen in die Stadt ein, wo ihn keiner erkannte. Die seltsamen

Leute hatte er in zwei verdeckte Wagen versteckt, sodass sie niemandem auffielen. Später kam der Kaiser mit seiner Gemahlin und all seinen Herren in die Stadt. An einem Christtage wurde eine feierliche Messe in der Kirche abgehalten. Auch die Kaiserin fuhr mit etlichen Jungfrauen zur Kirche. Unerkannt trat Herzog Ernst zu ihr hin, bat sie um ein Almosen und gab sich endlich zu erkennen. Die Mutter zitterte vor Freude und sagte schließlich: »Wir haben nicht Zeit, jetzt miteinander zu reden; aber morgen in der Kirche falle mit deinem Freunde Wetzel dem Kaiser zu Füßen und bitte ihn, dir um Christi Willen zu verzeihen. Ich will heute den Bischof und andere Herren ersuchen, dass sie sich bei deinem Vater für dich verwenden; so hoffe ich des Kaisers Herz zu erweichen.« Der Bischof versprach der Kaiserin, so zu tun, wie sie wünschte.

Am anderen Tage trat Herzog Ernst mit seinem Freunde Wetzel in die Kirche. Herzog Ernst blieb an der Türe stehen, Wetzel aber trat hinter den Altar; denn wenn der Kaiser seinen Sohn nicht begnadigt, sondern ihm nach dem Leben getrachtet hätte, würde er den Kaiser erstochen haben.

Da saß der Kaiser auf seinem Stuhle, ganz herrlich, und die Kaiserin neben ihm. Der Bischof von Bamberg hub an, das Evangelium mit lauter Stimme zu singen. Als das Amen aus war, verzog er etwas mit der Predigt, wie er es mit der Kaiserin verabredet hatte. Da ging Herzog Ernst mit großem Mute vor den Kaiser, fiel vor ihm nieder und sprach: »Allergnädigster Kaiser und Herr, ich bitte Ew. Majestät, dass Ihr einem Sünder verzeihen wollt, der sich vor langer Zeit wider Euch vergangen hat, aber, wie Gott weiß, in der Hauptsache unschuldig ist!« Der Kaiser sprach: »Je nach der Übeltat, wegen der du dich entschuldigst, kann ich dir verzeihen.« Da verwandten sich die Kaiserin, der Bischof und viele andere Fürsten und Herren für ihn, bis der Kaiser sprach: »Seine Sünden sollen ihm verziehen sein, doch will ich wissen, wer er ist.« Nun warf Herzog Ernst den Mantel von seinem Angesicht zurück, der Kaiser erkannte ihn und entfärbte sich vor Zorn. Herzog Ernst sah das, erschrak sehr und winkte seinem Gesellen Wetzel am Altare, dass er achthaben sollte. Als der Kaiser sah, dass alle Herren so eifrige Bitte für seinen Sohn einlegten, beruhigte er sich, erkundigte sich nach Wetzel und gab seinem Sohne und dessen Freunde den Kuss des Friedens. Alle waren sehr erfreut und gingen mit großer Freude heim.

Herzog Ernst fragte seinen Vater, warum er ihn denn verfolgt hätte, und dieser erzählte ihm, er, Herzog Ernst, habe ihm gemäß der Mitteilung des Pfalzgrafen nach dem Leben getrachtet, um das

Reich selber zu erhalten. Als Herzog Ernst ihm nun versicherte, dass er niemals solche Worte wider ihn geredet hätte, verwunderte sich der Kaiser nicht wenig über des Pfalzgrafen Verräterei.

Bei dem Mahle führte Herzog Ernst auch seine wunderlichen Leute vor und erzählte von seinen Gefahren und Abenteuern, vor allen Dingen aber von dem Steine und sagte zum Kaiser: »Unter manchen anderen Merkwürdigkeiten habe ich diesen seltsamen Stein mitgebracht, der wie eine Flamme glänzt, Karfunkel heißt und mit seltenen Wunderkräften versehen ist. Nehmt ihn hin als Merkzeichen meiner Dankbarkeit und Ehrfurcht!« Mit diesen Worten reichte Herzog Ernst den Karfunkelstein seinem Vater dar. Dieser konnte des Staunens nicht müde werden und sprach endlich zum Herzog Ernst: »Nun, lieber Sohn, vor diesen Herren verspreche ich dir, dass du alles Land wiederhaben sollst, und noch mehr Städte will ich dir dazu schenken!« Das tat der Kaiser, und alle schieden fröhlich voneinander. Die Kaiserin lobte Gott in ihrem Herzen.

Herzog Ernst mit seinem treuen Freunde, dem Grafen Wetzel, ritt in sein Land und regierte dort in guter Ruh. Der Kaiser zog nach Speyer auf den Reichstag und hielt einen herrlichen Hof, weil sein Sohn in das Land zurückgekommen war. Die Kaiserin aber, Ernstens Mutter, bestellte Bauleute nach Salza und ließ Gott zum Dank ein herrliches Münster errichten, in dem sie später begraben wurde.

181. Herzog Friedrich von Schwaben. Herzog Heinrich von Schwaben hatte drei herrliche, wohlerzogene Söhne, Heinrich, Ruprecht und Friedrich.

Bevor der Herzog in dem ehrwürdigen Alter von 106 Jahren starb, ermahnte er seine Söhne, gerecht und einträchtig zu sein; sie folgten seiner Lehre auch. Nun ritt aber eines Tages der jüngste der Brüder, Friedrich, auf die Jagd. Vor ihm lief ein Hirsch; während er ihn verfolgte, ließ Friedrich seine Dienstmannen weit hinter sich. Die Nacht war schon hereingebrochen, als er zu einer Burg im Walde kam und um Herberge zu bitten gedachte. Doch das Tor war offen, niemand kam ihm entgegen. Er band sein Ross an und ging in einen schönen Saal, wo aber auch niemand zu sehen war, trotzdem der wohlbesetzte Tisch bereitstand. Friedrich stillte seinen großen Hunger und legte sich in einer prächtigen Kammer schlafen. In der Nacht klagte ihm ein weibliches Wesen, ohne dass er es sehen konnte, seine Not. Es war die Königstochter Angelburg, die durch den Hass ihrer Stiefmutter Flanea in großes

Unheil gekommen war. Ein Zauberer Flaneas hatte dem König, Angeiburgs Vater, das Augenlicht derart genommen, dass er nur innerhalb seines Palastes etwas sehen konnte. Er wurde in die Meinung versetzt, als habe Angelburg mit zweien ihrer Jungfrauen den Zauber durch Ringe bewirkt, die sie am Finger trugen, weshalb der König die drei zum Tode verurteilte. Doch die heuchlerische Stiefmutter bat ihn, sich mit der Buße zu begnügen, die sie selber den angeblich Schuldigen auferlegen würde, und diese Buße bestand nun in folgendem:

Angelburg und die beiden anderen Jungfrauen mussten den ganzen Tag über als Hirsche im Walde laufen; nur in der Nacht fanden sie, wieder zu Jungfrauen umgewandelt, in einem Waldhause Nahrung und Ruhe. Erlösung konnte ihnen nur ein Fürstensohn bringen, wenn er Angelburg als Hirsch verfolgte, in das Waldhaus drang und während eines ganzen Jahres dreißig Nächte bei ihr im Waldhause zubrachte, ohne sie zu sehen oder ihre Ehre anzutasten. Würde die Ehre Angelburgs verletzt, so sollte sie für immer und ewig Hirsch bleiben, auch in der Nacht; würde Angelburg gesehen, so sollten alle drei Jungfrauen in drei weiße Tauben verwandelt werden und zu dem allerklarsten Brunnen in der Welt, der auf einem Berge stände, fliegen. Jeden Mittag sollten sie ihre Menschengestalt wiedererlangen und sich in dem Brunnen baden, während ihre Gewänder an dem Rande lägen. Die Nächte sollten sie nach Tauben Weise auf den Ästen und Bäumen zubringen. Käme während des Badens der Fürst, der Angelburg gesehen hätte, so müsste er ein Auge verlieren und so lange von der Prinzessin geschieden sein, bis ihm eine werte Jungfrau das Auge wiedergäbe; wäre der Fürst aber so geschickt, ihnen die Gewänder am Brunnen heimlich wegzunehmen, so sollte er diese als Pfand behalten, bis Angelburg ihm die Ehe verspreche. Kehrte sie dann mit ihrem Manne und den Jungfrauen heim in das Land ihrer Mutter und glaube man dort, was ihr begegnet wäre, so sollte des Königs Zorn versöhnt sein; nähme aber ein ungeborener Mann die Kleider hinweg und begehrte sie zur Ehe, so dürfte sie ihm das nicht versagen und wäre er auch der elendeste Mensch, sie wollte denn ihr Leben lang nackt und bloß bleiben.

In allen Landen schon hatte Angelburg Erlösung gesucht, doch hatte ihr nirgends ein Wald besser gefallen als in Schwaben, waren doch auch die Schwaben die wertesten und im Jagen berühmtesten Fürsten.

Als sie in der Nacht ungesehen zu Friedrich ins Zimmer getreten und ihm ihre Not geklagt hatte, gelobte er, wie ein Biedermann zu tun. Er blieb zwei Nächte in dem Waldschlosse, am Morgen aber, wenn die Hirsche ausliefen, verschwand das Haus. Friedrich kehrte zu seinen Brüdern zurück, verschwieg aber, was ihm widerfahren war.

Nach drei Wochen ritt er, wie Angelburg es gewünscht hatte, wieder in den Wald, traf den Hirsch, jagte ihn und hatte dasselbe Abenteuer. So schritt das Werk der Erlösung immer weiter vor. Zwischen Friedrich und der noch nie gesehenen Jungfrau erwuchs eine immer innigere Liebe; selbst bei einem von seinen Brüdern angestellten Ritterfeste verzehrte er sich in Sehnsucht.

Indessen ließ die Stiefmutter durch den Zauberer Erkundigungen einziehen, und es zeigte sich, dass nur noch zehn Nächte an der Erlösung fehlten. Da versprach der Zauberer, die Erlösung zu hintertreiben. Friedrich wurde krank; die bekümmerten Brüder ließen ihn durch die Ärzte untersuchen, aber keiner wusste zu raten, bis schließlich der falsche Zauberer als Arzt herbeigeholt wurde. Er verlangte mit dem Prinzen allein zu sein und sagte ihm dann, seine Krankheit wäre die Liebe. Friedrich fragte, woher er das wüsste. Der zaubrische Arzt sagte, er fühlte das an seinem Pulsschlage. Da gestand Friedrich seinen Kummer, und der Zauberer riet ihm, Angelburg heimlich zu betrachten, wenn sie entschlafen wäre. Er gab ihm dazu ein zaubrisches Feuerzeug, mit dem er schnell ein Licht anzünden konnte.

Friedrich ließ sich betören, und als die Zeit, die Angelburg ihm bezeichnet hatte, um war, jagte er wieder dem Hirsche nach und ging zur Nachtzeit in die Burg. Die Prinzessin kam wieder zu ihm und schüttete ihr Herz aus, weissagte aber kommendes Leid. In der darauffolgenden Nacht zündete Friedrich wirklich das Licht an und sah die schlafende Jungfrau in ihrer sonnengleichen Schönheit. Er verlor die Besinnung und ließ nicht ab zu schauen, bis Angelburg in großem Jammer erwachte. »O weh, nun muss ich als Taube den lichtesten Brunnen suchen, ohne Trost der Erlösung! Warum hast du das getan? Du wirst in drei Monaten ein Auge verlieren und nicht eher wieder sehend werden, bis du drei große Kämpfe siegreich bestanden hast, für jede von uns drei Jungfrauen einen.«

Zum Abschied gab Angelburg ihm einen goldenen Ring mit einem wunderkräftigen Stein, der ihn in Feuersnot bewahren könnte; auch die anderen Jungfrauen, die Fürstentochter Malmelona und die Grafentochter Salme schenkten ihm Ringe, von denen der eine Dreimannesstärke verlieh, der andere vor Gift schützte.

Friedrich ritt nun zu seinen Brüdern zurück und verlangte Teilung des gemeinsamen väterlichen Erbes, um seinen Anteil zu Geld zu machen. Die Brüder redeten treulich ab, aber er beharrte; dann nahmen sie drei dürre Scheite und zündeten sie an. Sie brannten zusammen in großem Glänze; als sie eines wegnahmen, verminderte sich die Flamme, sie teilten die zwei anderen, und die Flamme verlosch ganz. »So wird unsere Macht und Ehre nur ungeteilt groß und herrlich erglänzen!« sagten die Brüder; doch Friedrich ließ sich nicht abwendig machen, teilte mit ihnen und verkaufte seinen Anteil. Beim Abschiede sagten sie ihm aber Hilfe in der Not zu, gaben ihm einen entzweigespaltenen Ring zum Wahrzeichen und begleiteten ihn eine Tagereise weit.

Mit dreißig der Seinigen zog Friedrich nun von Reich zu Reich und fragte allenthalben, wo der lichteste Brunnen wäre. Als ihm die Zehrung ausging, schickte er seine Gefährten zurück, denn er wollte sie nicht in Not sehen; vergeblich zeigten sie sich bereit, alles mit ihm zu leiden oder, wenn er mit ihnen heimritte, ihm Land und Leute mit ihrem Eigentum wieder auszulösen.

Friedrich verabschiedete sich und ritt weiter durch Feld und Wald. Er kam in große Armut und Gefahren, kämpfte für die Fürstin Osann von Prafant, die von dem wüterischen Arminolt, dem Fürsten von Norwegen, bekriegt wurde. Friedrich befreite sie von ihrem Widersacher, sie bot ihrem Ritter Hand und Habe, aber er folgte seinem Gelübde. Darauf kam er in einen hohlen Berg, wo ihn die schöne Zwergenkönigin Jerome festhielt. Er musste lange bei ihr bleiben, und sie bekamen eine Tochter, Ziprona genannt.

Endlich gelang es ihm, aus dem Berge zu entrinnen; er bestand einen weiteren Kampf gegen die Feinde des Königs Turneas, der ihm jedoch für zehnjährigen Dienst keinen Lohn gab. Dieser König hatte einen Hirsch im Walde, den alle seine Vorfahren nicht hatten erjagen können. Der Hirsch war aber gleichfalls eine durch den Fluch von Angeiburgs Stiefmutter verwandelte Königstochter mit Namen Pragnet von Persoloni, die dadurch entzaubert wurde, dass Friedrich ihr den Dienst jener zehn Jahre zu eigen gab. Sie schenkte ihm dafür ein Kraut, das unsichtbar machte, wenn man es auf das Haupt legte. Sie verschaffte ihm sein Auge wieder und zeigte ihm den Berg, wo der langgesuchte Brunnen war, sagte ihm auch, wie er sich verhalten müsste: »Gehe morgen früh auf den Berg, dort wirst du einen Stein sehen und daneben einen klaren Brunnen. Das Kraut aber sollst du auf dem Haupte haben und bei dem Steine sitzen bis Mittag. Dann werden die drei Tauben kommen und sich in Jungfrauen verwandeln, die ihre Gewänder neben dem Brunnen niederlegen. Das Gewand der Prinzessin raube, bringe es in Sicherheit und nimm dann das Kraut vom Haupte, dann werden sie dich sehen und erschrecken. Aber lass dich nicht irre machen durch ihre Bitten, lass jede sagen, was sie will, schweig aber vollständig still dazu! Hüte dich, dass du das Gewand eher herausgibst, als bis dir eine von den dreien die Ehe zugesagt hat. Mache dein weiches Herz hart wie Stein und kehre dich nicht an ihr Weinen, Bitten und Klagen; lasse dich nicht betören, ehe dir nicht die Ehe versprochen ist!«

Friedrich folgte dem Rate; er verlangte Angelburg, die ihn nicht wiedererkannte, zur Ehe, und sie musste, um ihre Gespielinnen vor dem Tode durch Kälte zu bewahren, ihm die Ehe angeloben. Jetzt erst gab Friedrich sich zu erkennen, und die Ringe, die er einst empfangen, dienten ihm zum Wahrzeichen. Herzlich war das Wiedersehen, zwanzig Jahre waren sie getrennt. Die Prinzessin musste gestehen: »Ich habe dein immer gedacht, früh und spät; weder auf dem Baume noch auf dem Felde konnte ich dein vergessen. Tag und Nacht war mein Herz des Jammers voll!«

Jetzt waren sie alle froh, nachdem die Erlösung vollbracht war. Sie zogen in Angelburgs mütterliches Erbland, wo sie wohl empfangen wurden. Die Landesherren, besonders die Väter der beiden Gespielinnen Angeiburgs, sicherten ihre Hilfe gegen die Macht der bösen Stiefmutter zu. Friedrich sandte nach seinen Brüdern um Beistand. Der Vater der Grafentochter Salme übernahm selbst die Botschaft an die Brüder. In prächtigem Aufzuge kam er nach Schwaben und wurde ehrenvoll empfangen, als er sich durch den halben Ring, den Friedrich von seinen Brüdern mitgenommen hatte, beglaubigte. Er trug sein Gesuch vor, und die Fürsten waren sofort bereit, ihre Mannen zu senden; denn alle waren hocherfreut zu hören, dass Friedrich noch am Leben war. Viertausend Mann der edlen Ritterschaft aus Schwaben zogen zu seiner Hilfe herbei, an ihrer Spitze die Brüder Ruprecht und Heinrich und die drei Söhne des ersteren, nämlich Konrad, Ulrich und Ludwig. Auch die Fürstin Osann von Prafant und die entzauberte Pragnet führten ihm ihre Hilfsscharen zu.

Die Stiefmutter und ihr schwacher Gemahl, der König Mompolier, kamen ihrerseits mit einem großen Heerbanne und mit ihnen der König Turneas, der Friedrichs Dienste so wenig belohnt hatte. Sie belagerten die Stadt Rogant, vor der sich die Heere trafen. Die Schwaben beanspruchten das Recht des Vorstreites, ein Vorrecht, das ihnen einst ihr tapferer Fürst Gerold in der Schlacht zu Runzifal von Kaiser Karl dem Großen erworben hatte. Ein Herr von Teck, genannt Vivianz, führte das Banner mit drei goldenen Sternen. Es erhob sich eine gewaltige Schlacht, Mompolier und Turneas wurden gefangengenommen. Flanea, die Stiefmutter, floh allein, weinend und wehklagend, über das Feld. Da sah sie einen wohlgewappneten Ritter daherreiten; es war der Zauberer Jeroparg, der den Herzog Friedrich zu drei Kämpfen aufforderte, die er an drei aufeinanderfolgenden Tagen für jede der drei Jungfrauen zu bestehen schuldig war. Als sich Friedrich zum ersten Kampfe anschickte, wurde ihm durch den Trug des Zauberers statt eines Becher Weines starkes Gift geboten, aber der Ring von Malmelona rettete ihn; der Kampf blieb unentschieden. Im zweiten Kampfe nahm der Zauberer dreifache Manneskraft an, aber der von Salme geschenkte Ring gab Friedrich denselben Vorteil; der Zauberer musste aus dem Kampfkreise weichen. Am dritten Tage richtete Jeroparg brennendes Feuer gegen Friedrich; doch dieser wurde durch den Ring geschützt, den Angelburg ihm gegeben hatte. Er schlug den Zauberer zu Boden, der nun seine und Flaneas ganze Verirrtheit erkennen musste. Zur Strafe dafür wurden beide verbrannt.

Friedrich verzieh seinem Schwäher auf Angeiburgs Bitten; das Reich des gefangenen Turneas nahm er an sich und ließ ihm nur eine Grafschaft. In großer Pracht und Herrlichkeit feierte Friedrich seine Hochzeit mit Angelburg. Die Zwergenkönigin Jerome, die sich so sehr um ihn gebangt hatte, sandte ihm ihre Tochter Ziprona mit kostbaren Geschenken. Friedrichs Bruder Heinrich wurde mit Malmelona, sein Neffe Ulrich mit Salme, sein Neffe Konrad mit Osann von Prafant, der dritte Neffe Ludwig mit Pragnet von Persoloni vermählt.

Friedrich war nun Herr über drei Reiche. Angelburg gebar ihm einen Sohn, der Heinrich genannt wurde. Als er in das neunte Jahr ging, starb die Königin; Friedrich musste ihr vor ihrem Ende geloben, nach ihrem Tode Jerome zur Ehe zu nehmen, was er auch erfüllte.

182. Der Sängerkrieg auf der Wartburg. Auf der Wartburg bei Eisenach kamen im Jahre 1206 sechs tugendhafte und vernünftige Männer mit Gesang zusammen und dichteten Lieder, die man später »Den Krieg auf der Wartburg« nannte. Die Namen der Meister waren: Heinrich Schreiber, Walther von der Vogelweide, Reimar Zweter, Wolfram von Eschenbach, Biterolf und Heinrich von Ofterdingen. Sie sangen und stritten von der Sonne und dem Tag; die meisten verglichen den Landgrafen Hermann von Thüringen und

Der Zauberer Klingsor auf der Wartburg

Hessen mit dem Tage und setzten ihn über alle Fürsten. Nur der Ofterdingen allein pries Herzog Leopold von Österreich noch höher und stellte ihn der Sonne gleich. Die Meister hatten aber untereinander ausbedungen, wer im Streite des Singens unterläge, sollte sein Haupt verlieren, und der Henker Stempfei musste mit dem Stricke daneben stehen, dass er ihn alsbald aufhängte. Heinrich von Ofterdingen sang klug und geschickt; allein zuletzt wurden ihm die andern überlegen und fingen ihn mit listigen Worten, weil sie ihn aus Neid gern vom Thüringer Hofe weggebracht hätten. Da klagte er, dass man ihm falsche Würfel vorgelegt hätte, womit er hätte verspielen müssen. Die fünf andern riefen Stempfel, um Heinrich an einen Baum zu hängen. Heinrich aber floh zur Landgräfin Sophia und barg sich unter ihrem Mantel. Nun mussten sie ihn in Ruhe lassen, und er machte mit ihnen ab, dass sie ihm ein Jahr Frist gäben; er wollte sich nach Ungarn und Siebenbürgen aufmachen und Meister Klingsor holen, was der über ihren Streit urteilte, das sollte gelten. Dieser Klingsor galt damals für den berühmtesten deutschen Meistersinger; und weil die Landgräfin dem Heinrich ihren Schutz bewilligt hatte, so ließen sie sich alle die Sache gefallen.

Heinrich von Ofterdingen wanderte fort, kam erst zum Herzog von Österreich und mit dessen Briefen nach Siebenbürgen zu dem Meister, dem er die Ursache seiner Fahrt erzählte und seine Lieder vorsang.

Klingsor lobte diese sehr und versprach ihm, mit nach Thüringen zu ziehen und den Streit der Sänger zu schlichten. Unterdessen verbrachten sie die Zeit mit mancherlei Kurzweil, und die Frist, die man Heinrich bewilligt hatte, nahte sich ihrem Ende. Weil aber Klingsor immer noch keine Anstalten zur Reise machte, wurde Heinrich ängstlich und sprach: »Meister, ich fürchte, Ihr lasst mich im Stich, und ich muss meine Straße allein und traurig ziehen; dann bin ich ehrenlos und darf zeitlebens nimmermehr nach Thüringen.« Klingsor antwortete: »Sei unbesorgt! Wir haben starke Pferde und einen leichten Wagen, wir werden den Weg schnell fahren.« Heinrich konnte vor Unruhe nicht schlafen, doch gab ihm der Meister eines Abends einen Trank ein, dass er in tiefen Schlummer sank. Darauf legte er ihn in eine lederne Decke und sich dazu und befahl seinen Geistern, ihn schnell nach Eisenach ins Thüringerland zu schaffen und ins beste Wirtshaus niederzusetzen. Das geschah, und sie brachten ihn in Heigrevenhof, ehe der Tag erschien. Im Morgenschlaf hörte Heinrich bekannte Glocken läuten und sprach: »Mir ist, als ob ich das schon mehrmals gehört hätte, und deucht, dass ich zu Eisenach wäre.« »Dir träumt wohl«, sprach der Meister. Heinrich aber stand auf, sah sich um und merkte, dass er wirklich in Thüringen war. »Gott sei Lob und Dank, dass wir hier sind, dies ist Heigrevenhaus, und hier sehe ich St. Georgs Tor und die Leute, die davor stehen und über Feld gehen wollen.«

Bald wurde die Ankunft der beiden Gäste auf der Wartburg bekannt. Der Landgraf befahl, den fremden Meister ehrlich zu empfangen und ihm Geschenke zuzutragen. Als man Ofterdingen fragte, wie es ihm ergangen und wo er gewesen wäre, antwortete er: »Gestern ging ich zu Siebenbürgen schlafen und zur Metten war ich heute hier; wie das zuging, habe ich nicht erfahren.« So vergingen einige Tage, ehe die Meister singen und Klingsor richten sollten. Eines Abends saß er in seines Wirtes Garten und schaute unverwandt die Gestirne an. Die Herren fragten, was er am Himmel sähe? Klingsor sagte: »Wisset, dass in dieser Nacht dem Könige von Ungarn eine Tochter geboren werden soll; sie wird schön, tugendreich und heilig und des Landgrafen Sohne zur Ehe vermählt werden.«

Als dem Landgrafen Hermann diese Botschaft hinterbracht worden war, freute er sich, entbot Klingsor zu sich auf die Wartburg, erwies ihm große Ehre und zog ihn zum fürstlichen Tische. Nach dem Essen ging er aufs Richterhaus, wo die Sänger saßen, und wollte Heinrich von Ofterdingen frei machen. Da sangen Klingsor und Wolfram mit Liedern gegeneinander, aber Wolfram tat so viel Sinn und Behendigkeit kund, dass ihn der Meister nicht überwinden mochte. Klingsor rief einen seiner Geister, der kam in eines Jünglings Gestalt: »Ich bin müde geworden vom Reden«, sprach Klingsor, »da bringe ich dir meinen Knecht, der eine Weile mit dir streiten mag, Wolfram.« Der Geist fing an zu singen, vom Anbeginne der Welt bis auf die Zeit der Gnaden, aber Wolfram wandte sich zu der göttlichen Geburt des ewigen Wortes, und als er von der heiligen Wandlung des Brotes und Weines redete, musste der Teufel schweigen und weichen. Klingsor hatte angehört, wie Wolfram mit gelehrten Worten das göttliche Geheimnis besungen hatte, und glaubte, dass Wolfram wohl auch ein Gelehrter sein möchte. Hierauf gingen sie auseinander. Wolfram hatte seine Herberge in Titzel Gottschalks Hause, mitten in der Stadt, dem Brotmarkt gegenüber. Als er nachts schlief, sandte ihm Klingsor seinen Teufel von neuem, dass er ihn prüfen sollte, ob er ein Gelehrter oder ein Laie wäre; Wolfram aber war bloß gelehrt in Gottes Wort, in anderen Künsten aber unerfahren. Da sang ihm der Teufel von den Sternen des Himmels und legte ihm Fragen vor, die der Meister nicht aufzulösen vermochte, und als er nun schwieg, lachte der Teufel laut und schrieb mit seinem Finger auf die steinerne Wand, als ob sie ein weicher Teig gewesen wäre: »Wolfram, du bist ein Laie Schnipfenschnapf!« Darauf entwich der Teufel, die Schrift aber blieb in der Wand stehen. Weil jedoch viele Leute kamen, um das Wunder zu sehen, verdroß es den Hauswirt; er ließ den Stein aus der Mauer brechen und in die Hörsei werfen. Nachdem Klingsor das ausgerichtet hatte, verabschiedete er sich von dem Landgrafen und fuhr samt seinen Knechten, mit Geschenken und Gaben belohnt, in der Decke wieder weg, wie und woher er gekommen war.

183. Der Tannhäuser. Der edle Tannhäuser, ein deutscher Ritter, hatte viele Länder durchfahren und war auch in Frau Venus Berg zu den schönen Frauen gekommen, das große Wunder zu schauen. Und als er eine Weile dort gehaust hatte, fröhlich und guter Dinge, trieb ihn endlich sein Gewissen, wieder hinauszuziehen in die Welt, und er begehrte Urlaub. Frau Venus aber bot alles auf, um ihn wankend zu machen. Sie wollte ihm eine ihrer Gespielinnen zum ehelichen Weibe geben, und er möchte gedenken an ihren roten Mund, der lache zu aller Stund. Tannhäuser antwortete, kein ander Weib begehrte er, als die er sich in den Sinn genommen; er wollte nicht ewig in der Hölle brennen, und gleichgültig wäre ihm ihr roter Mund; er könnte auch nicht länger bleiben, denn sein Leib wäre krank geworden. Und da wollte ihn die Teufelin in ihr Kämmerlein locken, der Minne zu pflegen, allein der edle Ritter schalt sie laut und rief die himmlische Jungfrau an, dass sie ihn scheiden lassen musste.

Reuevoll zog er die Straße nach Rom zu Papst Urban, dem wollte er all seine Sünden beichten, damit ihm Buße aufgelegt würde und seine Seele gerettet wäre. Wie er aber beichtete, dass er auch ein ganzes Jahr bei Frau Venus im Berg gewesen, da sprach der Papst: »Wann der dürre Stecken grünen wird, den ich in der Hand halte, soll dir deine Sünde verziehen sein und nicht anders.« Der Tannhäuser sagte: »Und hätte ich nur noch ein Jahr leben sollen auf Erden, so wollte ich solche Buße und Reue getan haben, dass sich Gott erbarmt hätte!« Und vor Jammer und Leid, dass ihn der Papst verdammte, zog er wieder fort aus der Stadt und von neuem in den teuflischen Berg, ewig und immerdar darinnen zu wohnen. Frau Venus aber hieß ihn willkommen, wie man einen lang abwesenden Liebsten empfängt.

Danach wohl auf den dritten Tag hub der Stecken an zu grünen, und der Papst sandte Botschaft in alle Lande, sich zu erkundigen, wohin der edle Tannhäuser gekommen wäre. Es war aber nun zu spät; er saß im Berge und hatte sich sein Lieb erkoren, und daselbst muss er nun sitzen bis zum jüngsten Tage, wo ihn vielleicht Gott woanders hinweisen wird. Und kein Priester soll einem sündigen Menschen Misstrost geben, sondern verzeihen, wenn er sich anbietet zu Buß und Reue.

184. Das Grab Walthers von der Vogelweide. Im Gange des neuen Münsters, gewöhnlich Lorenzgarten genannt, liegt Walther unter einem Baum begraben. In seinem Testament hatte er verordnet, dass man auf seinem Grabstein den Vögeln Weizenkörner zu picken und Wasser zu trinken gäbe. In den Stein, unter dem er begraben liegt, machte man vier Löcher zum täglichen Füttern der Vögel. Das Kapitel des neuen Münsters verwandelte aber dieses Vermächtnis für die Vögel in Semmeln, die an Walthers Jahrestag den Chorherren gegeben werden sollten und nicht mehr den Vögeln. Im Gange des vorbesagten Gartens soll von Walther folgender Vers in lateinischer Schrift zu lesen gewesen sein:

Der du bei Leben, O Walther, der Vögel Weide gewesen bist,
Blume der Wohlredsamkeit, Mund der Pallas, du starbest.
Damit nun deine Frömmigkeit den himmlischen Kranz erlangen möge,
So spreche, wer dieses liest: »Sei Gott seiner Seele gnädig!«

185. Das Begräbnis Heinrich Frauenlobs. Frauenlob wurde im Jahre des Herrn 1317, am Tage von Andreas (29. November), im Kreuzgange des Mainzer Domes ehrenvoll begraben und von seiner Wohnung bis an seine Grabstätte von Frauen getragen, die man laut jammern und weinen hörte wegen des unbegrenzten Lobes, das Heinrich dem gesamten weiblichen Geschlecht in seinen Gesängen gewidmet hatte. Es wurde auch an seinem Grabe eine solche Menge Weines ausgegossen, dass er im ganzen Kreuzgange umherfloss.

186. Das Herzmaere. Der Brennberger, ein edler Ritter, war zu Wien am Hofe des Herzogs von Österreich und sah die auserwählte Herzogin an, ihre Wangen und ihren roten Mund, die gleich den Rosen blühten. Er sang Lieder zu ihrem Preise, wie selig derjenige wäre, der sie küssen dürfte, und wie kein schöneres Frauenbild auf Erden lebte als diejenige, die sein Herr besäße und der König von Frankreich; diesen beiden Weibern täte es keine gleich. Als die Herzogin von diesem Lobe vernahm, ließ sie den Ritter vor sich kommen und sprach: »Ach, Brennberger, du allerliebster Diener mein, ist es dein Ernst oder Scherz, dass du mich so besingst? Und wärst du nicht mein Diener, nähm ich dir's übel!« »Ich rede ohne Scherz«, sagte Brennberger, »und in meinem Herzen seid Ihr die Schönste auf Erden. Zwar spricht man von der Schönheit der Königin zu Frankreich, doch kann ich's nicht glauben.«

Da sprach die zarte Frau: »Brennberger, allerliebster Diener mein, ich bin dir hold und bitte dich sehr, nimm mein Gold und Silber und schaue die Königin und sieh, wer die Schönste unter uns zweien ist. Bringst du mir davon die Wahrheit, so erfreust du meinen Mut.« »Ach, edle Frau«, sagte der Brennberger, »ich fürchte die Mühe und die lange Reise. Und brächte ich zurück, was Ihr nicht gerne höret, so wäre mein Herze schwer; brächte ich Euch aber gute Mär, dass ihr Euch freutet, so geschäh's auch mir zulieb, darum will ich die Reise wagen!« Die Frau sprach: »Ziehe hin und lass dir's an nichts gebrechen, an Geschmeide noch an Gewändern.«

Brennberger aber ließ sich einen Kramladen machen; darein tat er, was Frauen gehört, Gürtel und Spinnzeug, und wollte das als Krämerin feiltragen. Er zog im Dienste seiner Frau über Berg und Tal, bis er nach Paris kam; hier nahm er Herberge bei einem auserwählten Wirt, der unten am Berge wohnte und der ihm Futter und Streu, Speise und Trank aufs freundlichste gab. Brennberger hatte aber weder Ruhe noch Rast, winkte den Wirt heran und fragte um

Rat, wie er's anfinge, der Königin unter die Augen zu kommen; denn um ihretwillen habe ihn die Herzogin aus Österreich hergesandt. Der Wirt sprach: »Stelle dich dahin, wo sie zur Kirche zu gehen pflegt, so siehst du sie sicherlich!«

Da kleidete Brennberger sich frauenmäßig an, nahm seinen Kram, setzte sich vors Burgtor und hielt Spindel und Seide feil. Endlich kam die Königin gegangen, ihr Mund brannte wie ein Feuer, und elf Jungfrauen folgten ihr nach. »Gott grüß dich, Krämerin«, sprach sie im Vorübergehen, »was Schönes hast du feil?« Die Krämerin dankte tugendlich und sagte: »Hochgelobte Königin, gebt mir die Gnade, es anzuschauen, und kauft von mir samt euren Jungfrauen!«

Abends spät sprach die edle Königin: »Nun hat sich die Krämerin vor dem Tore verspätet; lasst sie ein, fürwahr, sie kann heute bei uns bleiben!« Und die Krämerin saß mit den Frauen züchtig zu Tische. Als das Mahl vollbracht war, sagte die Königin: »Bei wem wollt ihr schlafen?« Die Krämerin wäre gerne daheim gewesen und antwortete: »Gott dank Euch, edle Königin! Geliebt's Euch, so lasst mich allein liegen.« »Das wäre schlechte Ehre«, versetzte sie, »wohlan, ich habe zwölf Jungfrauen hier, bei der jüngsten ziemt euch zu liegen, da ist eure Ehre gar wohl bewahrt!«

Also lag die Krämerin die lange Nacht bei der zarten Jungfrau und hielt dreizehn Tage feil in der Burg, und jede Nacht schlief sie bei einer andern Jungfrau. Wie nun die letzte Nacht kam, sagte die Königin: »Hat sie bei euch allen gelegen, was sollt ich's denn entgelten?« Da wurde dem Brennberger angst, dass es um sein Leben geschehen wäre, wenn er bei der Königin liegen müsste, und schlich sich des Abends von dannen zu seinem Wirt, setzte sich alsbald zu Pferde und ritt ohne Aufenthalt, bis er nach Wien kam.

»Ach, Brennberger, allerliebster Diener mein, wie ist es dir ergangen, was bringst du guter Märe?« »Edle Frau«, antwortete der Ritter, »ich habe Lieb und Leid gehabt, wie man noch nie erhört. Dreizehn Tage hielt ich meinen Kram vor dem Burgtor feil. Nun möget Ihr Wunder hören, welches Heil mir widerfuhr; jeden Abend wurde ich eingelassen und musste bei jeder Jungfrau besonders liegen. Ich fürchtete mich, es könnte nicht so lange verschwiegen bleiben, und die letzte Nacht wollte mich die Königin selber haben.« »Weh mir, Brennberger, dass ich je geboren ward«, sprach die Herzogin, »dass ich dir je den Rat gab, die edle Frau zu kränken. Nun sage mir aber, welche die Schönste unter uns zweien ist?« »Frau, in Wahrheit, sie ist schön ohnegleichen, nie sah ich ein schöner Weib auf Erden! Ein Lichter Schein brach von ihrem

Angesicht, als sie das erste Mal vor meinen Kram ging, sonderliche Kraft empfing ich von ihrer Schöne.« »Ach, Brennberger, gefällt sie dir besser als ich, so sollst du auch ihr Diener sein!« »Nein, edle Frau, das sag ich nicht; Ihr seid die Schönste in meinem Herzen.« »Nun sprachst du eben erst, kein schöner Weib hättest du je gesehen?« »Wißt, Frau, sie hat einen hohen Mund, aber Ihr seid schöner an Hals und Kinn; aber nach euch ist die Königin das schönste Weib, das ich je auf der Welt gesehen habe. Das ist meine allergrößte Klage, ob ich einen unrechten Tod an ihr verdient hätte!« Als der edle Brennberger seine schöne Herrin mannigfaltig besungen hatte, gewahrte es ihr Gemahl. Er ließ den Ritter fahen und sagte: »Du hast meine Frau lieb, das geht dir an dein Leben!« Und zur Stunde ward ihm das Haupt abgehauen; sein Herz aber gebot der Herr auszuschneiden und zu kochen. Das Gericht wurde der edlen Frau vorgestellt, und ihr roter Mund aß das Herz, das ihr treuer Dienstmann im Leibe getragen hatte. Da sprach der Herr: »Frau, könnt Ihr mir sagen, was Ihr jetzt gegessen habt?« Die Frau antwortete: »Nein, ich weiß es nicht; aber ich möchte es wissen, denn es schmeckt mir schön.« Er sprach: »Fürwahr, es ist Brennbergers Herz, deines Dieners, der viel Lust und Schmerz brachte und dir dein Leid wohl vertreiben konnte.« Die Frau sagte: »Habe ich das Herz gegessen, das mir Leid vertrieben hat, so tue ich einen Trunk darauf zu dieser Stund, und sollte meiner armen Seele nimmer Rat werden; von Essen und Trinken kommt nimmermehr in meinen Mund!« Und eilends stand sie auf, schloss sich in ihre Kammer und flehte die himmlische Königin um Hilfe an: »Es muss mich immer reuen um den treuen Brennberger, der unschuldig den Tod erlitt um meinetwillen. Führwahr, er ward nie meines Leibes teilhaftig und kam mir nie so nah, dass ihn meine Arme umfangen hätten.« Von der Zeit an kam weder Speise noch Trank über der Frauen Mund, elf Tage lebte sie und am zwölften schied sie davon. Ihr Herr aber stach sich mit einem Messer tot, aus Jammer, dass er sie so unehrlich verraten hatte.

187. Frau Welt. Herr Wirnt von Gravenberg war ein reicher und feingebildeter edler Ritter, der nach der Welt Ruhm geizte und dem dieser auch in vollem Maße zuteil wurde. Er verbrachte seine Zeit am liebsten damit, ausgewählte Kleider zu tragen, auf die Beize zu gehen, zu jagen, Schachzabel oder auf der Saiten zu spielen.

Eines Tages saß er in seinem Gemach und ergötzte sich an einer Aventiure, die er in einem Buche fand, als plötzlich eine weibliche Gestalt von wunderbarer Schönheit und königlichem Äußeren vor ihn trat. Sie war noch viel schöner als Frau Venus oder die Göttin Pallas Athene selbst, ihr Antlitz und ihre Farben leuchteten wie ein Spiegel. Ihre Schöne gab so lichten Schein, dass das Schloss von ihr erhellt wurde. Nie hatte er ein minniglicheres Weib auf dieser Erde gesehen, noch nie eine solche Pracht in der Kleidung bewundern können. Der Ritter war über diese Erscheinung nicht wenig erschrocken und verwundert, fasste sich aber und bewillkommnete die Frau aufs höflichste und wie es sich für einen Ritter geziemt.

Sie erwiderte seinen Gruß freundlichst, stellte sich ihm als eine ihm wohlbekannte Dame dar und meinte, er möchte doch nicht erschrecken, sie wäre dieselbe, für die er sein Leben lang schon soviel gewagt, nach der er gerungen, von der er gesprochen und die er besungen hätte; er wäre ihr Dienstmann den Abend und den Morgen gewesen, und darum wäre sie jetzt gekommen, um ihm nach seines Herzens Begehr den Lohn für seine treuen Dienste zu zeigen. Der Ritter widersprach ihr und meinte, er wüsste nicht, dass er ihr je gedient hätte, wäre aber, von ihrer Gestalt und Schönheit hingerissen, gern bereit, ihr bis an sein Ende zu dienen, falls sie es gestattete. Er schätzte diesen Tag hoch, weil er ihn erlebt hätte, fühlte sich glücklich, sie gesehen zu haben und fragte nach ihrem Lande und ihrem Namen.

Da entgegnete die Frau: »Lieber Freund, ich will dir gern Antwort geben und dir meinen hochgelobten Namen nennen. Du brauchst dich dessen nicht zu schämen, dass du mir untertänig bist und mir auf dieser Erde dienst; denn Kaiser und Könige, Grafen, Freie und Herzöge haben ihre Knie vor mir gebeugt und meinem Gebote Folge geleistet. Nur einer ist gewaltiger als ich: Gott! Alle anderen dienen mir. Ich bin »die Welt«, geheißen, die Welt, nach der du so lange begehrt hast. Den Lohn sollst du nun schauen!« Dann wandte sie sich und kehrte ihm den Rücken zu. Aber welch ein Schrecken! Überall war sie besteckt und behangen mit Kröten und Nattern, mit Schlangen und Fliegen; ihr Leib saß voller Blattern, und ihr Fleisch war von Maden zerfressen bis auf das Gebein. Es war ein schaudererregender, entsetzlicher Anblick. Dann verschwand die Frau Welt.

Jetzt erkannte Wirnt von Gravenberg, wie nichtig doch der Lohn der Welt wäre. Er schied von Frau und Kindern, nahm das Kreuz, fuhr über das wilde Meer und half im Heere Gottes gegen die Heidenschaft streiten. Nach langer und steter Buße starb er eines seligen Todes.

188. Der edle Möringer. Zu Mörungen an der Donau lebte vorzeiten ein edler Ritter; er verabschiedete sich von seiner Frau, weil er weit in St. Thomas' Land ziehen wollte, befahl ihr Leute und Gut und sagte, dass sie seiner sieben Jahre harren möchte. Frühmorgens stand er auf, kleidete sich an und empfahl dem Kämmerer, seine Frau bis zu seiner Wiederkehr sieben Jahre lang zu pflegen. Der Kämmerer sprach: »Frauen tragen lange Haare und haben kurzen Mut; nicht länger als sieben Tage mag ich eurer Frauen pflegen.« Da ging der edle Möringer hin zu dem jungen Herrn von Neufen und bat, dass er sieben Jahre seiner Gemahlin pflegte; der sagte ihm zu und gelobte seine Treue.

Also zog der edle Möringer in die Ferne, und ein Jahr verstrich um das andere. Als das siebente fast herum war, lag er im Garten und schlief. Da träumte ihm, wie ein Engel riefe und spräche: »Erwache, Möringer, es ist Zeit! Kommst du heute nicht in dein Land, so nimmt der junge von Neufen dein Weib!« Der Möringer raufte seinen grauen Bart vor Leid und klagte Gott und dem heiligen Thomas flehentlich seine Not; in den schweren Sorgen entschlief er von neuem. Als er aufwachte und die Augen öffnete, wusste er nicht, wo er war; denn er sah sich daheim in Schwaben vor seiner Mühle, dankte Gott, jedoch traurig im Herzen, und ging zu der Mühle. »Müller«, sprach er, »was gibt's Neues in der Burg? Ich bin ein armer Pilgrim.« »Viel Neues«, antwortete der Müller, »der von Neufen will heute des edlen Möringers Frau nehmen; leider soll unser guter Herr tot sein.« Da ging der edle Möringer an sein eigenes Burgtor und klopfte laut an. Der Torwart trat heraus. »Geh und sage deiner Frauen, hier stehe ein elender Pilgrim. Ich bin vom weiten Gehen so müde geworden, dass ich sie um ein Almosen bitte, um Gottes und Sankt Thomas' willen und des edlen Möringers Seele.« Und als die Frau das hörte, ließ sie das Tor eilends auftun und dem Pilger für ein ganzes Jahr zu essen geben und versprechen.

Der edle Möringer trat in seine Burg, und es war ihm leid und schwer, dass ihn kein Mann empfing. Er setzte sich auf die Bank nieder, und als die Abendstunde kam und die Braut bald zu Bett gehen sollte, redete ein Dienstmann und sprach: »Sonst hatte mein Herr Möringer die Sitte, dass kein fremder Pilgrim schlafen durfte, er sang denn zuvor ein Lied.« Das hörte der junge Herr von Neufen, der Bräutigam, und rief: »Singt uns ein Liedlein, Herr Gast, ich will euch reich begaben!« Da hub der edle Möringer an und sang ein Lied, das anfängt: »Ein's langen Schweigens hatt' ich mich bedacht, so muss ich aber singen als eh«, und sang darin, dass ihn der junge Mann an der alten Braut rächen und sie mit Sommerlatten schlagen sollte; ehemals wäre er Herr gewesen und jetzt Knecht und ihm nun auf der Hochzeit eine alte Schüssel vorgesetzt worden. Sobald die edle Frau das Lied hörte, trübten sich ihre klaren Augen und sie setzte dem Pilgrim einen goldenen Becher hin, in den sie klaren Wein schenkte. Möringer aber zog ein goldrotes Fingerlein von seiner Hand, womit ihm seine liebste Frau vermählt worden war, legte es in den Becher und gab ihn dem Weinschenken, damit er ihn der edlen Frau vorsetzen sollte.

Der Weinschenk brachte ihn: »Das sendet euch der Pilger, lasst's euch nicht verschmähen, edle Frau!« Und als sie trank und das Fingerlein im Becher sah, rief sie laut: »Mein Herr ist hier, der edle Möringer!«, stand auf und fiel ihm zu Füßen. »Gott willkommen, liebster Herr, und lasst euer Trauern sein! Meine Ehre hab ich noch behalten, und hätte ich sie verbrochen, so solltet ihr mich vermauern lassen!« Aber der Herr von Neufen erschrak und fiel auf die Knie: »Liebster Herr, Treu und Eid hab ich gebrochen, darum schlagt mir mein Haupt ab!« »Das soll nicht sein, Herr von Neufen, sondern ich will euren Kummer lindern und euch meine Tochter zur Ehe geben. Nehmt sie und lasst mir meine alte Braut!« Darüber war der von Neufen froh und nahm die Tochter; Mutter und Tochter waren beide zarte Frauen, und beide Herren waren wohlgeboren.

189. Der Ruf zur Befreiung des Heiligen Landes. Im Jahre 808 kamen zwei Mönche zu Karl dem Großen und brachten ihm die Schlüssel des Heiligen Grabes, des Kalvarienberges, des Ölberges und der Schönen Pforte, die sich dem Petrus von selbst geöffnet hatte, ferner die heilige Lanze und Fahne. Sie wünschten, dass dem Kaiser seine Aufgabe zur Befreiung des Christenvolkes völlig klar würde. Karl der Große, der ein Freund der Pilger war, ließ in Jerusalem ein Schutzhaus für die Wallfahrer erbauen, dem er Gärten, Ländereien und Weinberge im Tale Josaphat zuwies, wie außerdem eine Büchersammlung.

190. Gottfried von Bouillon und der Erste Kreuzzug. Die Ursach' aber und der Anfang der ruhmreichen, loblichen und christlichen Expedition ist fürnehmlich die gewesen: Der loblich, teu'r Fürst, Herzog Gottfridt von Lothringen, seines Geschlechts und Herkommens ein Grafe von Bullon, hat Kaiser Heinrich loblicher Gedächtnus dem Vierten allzeit mit Treuen angehangen, und als sich begeben, dass Kaiser Heinrich mit Macht in Italiam zogen und Rom im

Kreuzzugspredigt

Jahr Christi tausendeins undachtzige belagert, ist ihm gemelter Herzog Gotfridt auch nachgefolgt, und nachdem auf ein' Zeit die Stadt Rom hart gesturmbt worden, auch ein gut Teil der Mauren und Munition zerbrochen hat er sich so ritterlichen in solchem Sturmb gehalten, dass er der allererst auf die Mauren kommen, durch welche namhafte ehrliche Tat die Stadt Rom fürnehmlich von den Kaiserischen erobert ist worden. In diesem Sturmb, so im Junio beschehen, het sich gemelter Herzog Gotfrid dermaßen gebrucht, dass er von wegen einer so großen Übung in ein' todtliche Krankheit fallen was, derhalben gelobt und verhieße er sich Gott dem Allmächtigen, wann es Sach' wär, dass er lebendig und bei Kräften bliebe, so weite er zum Heiligen Grab ziehen und solch's wiederumb aus denen Händen der Ungläubigen zu bringen sich understehen. Darauf ward er in einer Kürze wunderbarlich gesund, und sobald er wiederumb in teutsche Land kam, nahm er Urlaub vom Kaiser und sucht alle Mittel, damit er Geld, ein somma Kriegsvolk zu versölden, zusammenbringen möchte. Und als er sollichs bis in das zwölft' Jahr beharret, verkauft er zuletzt mit Bewilligung seiner beider Brüder, Herrn Balduini und Herrn Eustachi, alle ihre liegende Güter, des Willens, wider die Ungläubigen diese merkliche Barschaft zu Wohlfahrt gemeiner Christenheit zu gebrauchen. Zu solchem ward ihm auch nit wenig verursachen das groß' Blutvergießen und die stetige Krieg, so zwischen dem Kaiser und denen teutschen Fürsten durch Anstiften der Päpst erregt wurden.

191. Das Kreuzheer in Konstantinopel. Als aber Herzog Gotfrid von Bulion und der ganz' Hauf durch Hungern und Bulgarei in Thratiam kommen, haben sie durch Untreu Kaiser Alexi von Constantinopel viel guter Leut' verloren, doch seindt sie, dreimal hunderttausend stark ohn Weib und Kind, glicklichen und wohl über den Arm des Meers Hellesponti, genannt Bosphorus, in Asiam geschifft, und wiewohl ihnen etliche sarazenische Fürsten und Potentaten mit großer Anzahl Volks entgegenzogen und ihnen den Pass oder Eingang Syriae zue wehren sich understanden, jedoch lagen sie denselben allwegen ob, deren sie ein große Anzahl erschluogen. Nach diesen Victoriis ruckten sie fort auf Niceam die Stadt. Underwegen aber und nit weit von Nicea ward dem teutschen Haufen an Proviant und allerhand Nahrung abgehen, und als sie berichtet, wie stark die Türken verhanden und nümlich dass sie nit fern von dannen ihr Leger geschlagen, ritten sie erstlichs mit großen Sorgen und Fürsichtigkeit auf die Füeterung, hernach aber von Tags zu Tags begaben sie sich, ihe länger ihe weiter hinaus, bis zu letzten, dass sie auf zehen Meil' Wegs sich vom Leger theten, plünderten und raubten. Zuletzten, als sie des türkischen Königs Solimans gar kein Sorg mehr heten, welcher sich bisher mit Fleiß also still gehalten, und ihren bei zweihunderten zu Ross und dreitausend zu Fuß sich abermals ohn alle Ordnung vom Leger geton, warden sie in solcher Eil' von gedachtem Türken Solimanno umbzogen und der mehrerteil erschlagen.

192. Sultan Saladin. Um die vielgerühmte Barmherzigkeit der Brüder des Johanniterordens auf die Probe zu stellen, verkleidete sich Saladin einst als Pilger und fand als solcher in ihrem Spital Aufnahme, weigerte sich aber drei Tage lang, Speise zu sich zu nehmen, bis er endlich am vierten Tage verlangte, man solle ihm den rechten Vorderfuß des großmeisterlichen Schlachtrosses kochen und zubereiten. Schon trat ein Bruder mit dem Beile heran, um den Vörderfuß des Pferdes abzubauen, als Saladin rief: »Halt ein, mein Wunsch ist erfüllt, ich möchte lieber Hammelfleisch essen!« Zum Dank für die freundliche Aufnahme verpflichtete er sich, dem Orden jedes Jahr am Johanniterfeste tausend Goldgulden zu zahlen, was in friedlichen wie in kriegerischen Zeiten bis zu seinem Tode immer geschehen sein soll.

Als Saladin von der Riesenstärke des Königs Johannes von Jerusalem hörte, bat er ihn um Übersendung des Schwertes, mit dem Johannes einst einen Sarazenen der Länge nach gespaltet hatte. Johannes erfüllte den Wunsch, doch dem Sultan gelang derselbe

Krafthieb an einem Verbrecher nicht. Er bat den König, ihm das richtige Schwert zu leihen, da das gesandte wohl ein falsches sei. Johannes ließ ihm antworten: »Das Schwert ist schon das rechte, nur meinen Arm kann ich nicht mitschicken!«

193. Die Eroberung Jerusalems. Während die Kreuzfahrer am 15. Juli 1099 Jerusalem berannten und der Kampf sich schon vom Morgen bis zur siebenten Stunde des Tages ohne Entscheidung hingezogen hatte, fing ihre Hoffnung an zu wanken. Schon sollte der große Belagerungsturm, der sehr gelitten hatte, mit den übrigen Maschinen, die bereits vom Feuer ergriffen waren, von der Mauer entfernt werden, um den Kampf auf den folgenden Tag zu verschieben. Als der Feind merkte, dass die Christen bereits zu wanken anfingen, rief er sie mit umso größerer Frechheit zum Kampfe heraus, bis der Streit plötzlich eine andere Wendung erhielt.

Es erschien nämlich ein vom Ölberg herabschreitender Krieger, den man vorher nie gesehen hatte und der sich auch nachher nicht wieder blicken ließ. Mit einem funkelnden Schilde, den er am Arme schwenkte, gab er den Kreuzfahrern das Zeichen, den Kampf zu erneuern.

Herzog Gottfried, der mit seinem Bruder Eustachius oben auf dem erwähnten Belagerungsturme stand, wurde durch den Zuruf des fremden Kriegers ermuntert, sodass er die Seinen zurückrief. Sie kamen auch mit Jubel herbei und entwickelten solchen Eifer, als ob sie frische Kräfte erhalten hätten. Selbst die Verwundeten kamen neugestärkt heran. Die Fürsten und Anführer ermutigten die übrigen durch glänzendes Beispiel. Und selbst die Weiber wollten nicht ohne Teilnahme sein, brachten den Männern einen Labetrunk und stachelten sie mit Worten an. Innerhalb einer Stunde wurden in freudiger Siegesgewissheit der Graben ausgefüllt, die Vormauer gestürzt und der Belagerungsturm mit Gewalt der großen Mauer genähert. Säge, Balken, Stroh, Flechtwerk oder was die Belagerten sonst zum Schutze der Mauer aufgehängt hatten, wurden in Brand gesteckt. Der Nordwind trieb den Rauch und die Flammen mit Heftigkeit gegen die Stadt, sodass die Verteidiger fast erstickt und geblendet weichen mussten. Jetzt wurde die Fallbrücke durch die Pilger vom Belagerungsturm auf die Mauer niedergelassen. Allen andern voran stürzte Gottfried von Bouillon mit seinem Bruder Eustachius über die Brücke auf die Mauer, und viele Ritter und Knechte folgten ihm auf dem Fuße. Das Stephanstor wurde gesprengt, und das ganze Volk drang ein. Dieser Sieg wurde an einem Freitag um die neunte Stunde des Tages gewonnen, und es schien eine göttliche Fügung gewesen zu sein, dass das gläubige, für den Ruhm des Erlösers fechtende Volk seinen heißen Wunsch an demselben Tage und zu derselben Stunde erfüllt sah, in der der Herr in eben dieser Stadt gelitten hatte.

194. Das Wunderross Friedrichs von Zollern. Vor vielen, vielen Jahren lebte der Graf Friedrich von Zollern mit seinem frommen, gottesfürchtigen Weibe Udalhilt. Nachdem Friedrich lange Zeit mit ihr gelebt und etliche Kinder von ihr bekommen hatte, zog er in die Heidenschaft, um weitgelegene Länder zu erkunden. Für die Zeit seiner Abwesenheit empfahl er seiner Gemahlin die Herrschaft und alles, was er hatte. Mit wenigen Dienern lebte er lange Jahre in der Ferne, geriet aber in große Armut und viel Mangel, sodass er zuletzt Diener und Pferde abgeben musste. In seiner größten Not kam ein Gespenst zu ihm, das ihn durch allerlei Versprechungen verführen und ihm bessere Tage verschaffen wollte. Lange widerstand er ihm, bis der Böse zuletzt ein Ross brachte und sagte: »Dieses Ross wird dich ohne Gefahr deiner Seele und deines Leibes führen, wohin dich gelüstet. Nur eines musst du merken: Wenn du abends oder sonst unterwegs absteigst, musst du das Pferd gegen den Niedergang der Sonne abzäumen und absatteln. Versäumst du es einmal, hast du dein Ross ewig verloren, sonst kannst du es für dein Leben lang haben.« Was der Graf dem Gespenst dafür hat leisten müssen, ist nicht bekannt geworden oder doch in Vergessenheit gekommen.

Das wunderbare Pferd Friedrichs von Zollern (Holzschnitt, um 1482)

Mehrere Jahre noch reiste Graf Friedrich mit dem Rosse, zuletzt lenkte er seinen Weg wieder zu Weib und Kind. Doch in seiner Heimat war er schon aufgegeben; seine Gemahlin hatte die Landschaft wohlweislich regiert, die Söhne und Töchter waren längst erwachsen.

Unbekannt in der Heimat angekommen, erfuhr er, dass daheim alles wohl stände. Schließlich schickte er seiner Frau eine Botschaft. Sie kam mit einigen der Kinder eilends herbei, ging ihm von der Burg herab entgegen und empfing ihn mit großer Freude. Schnell stieg Friedrich von seinem Rosse, begrüßte Weib und Kinder herzlich und ging mit ihnen auf das Schloss hinauf.

Das Wunderross übergab er seinen Dienern, ohne sich weiter darum zu kümmern. Da sie aber nicht recht mit ihm umgingen, so verschwand es plötzlich, und die Diener liefen eilends zum Grafen, um ihm zu sagen, was geschehen war. Im Herzen tat es ihm leid, dass er das wunderbare Tier verloren hatte, aber die Freude, wieder daheim bei der treuen Gemahlin und den lieben Kindern zu sein, war viel größer, sodass er sich das Ross schnell aus dem Sinn schlug und zu den Dienern sagte: »Nun, wenn es nicht mehr da ist, dann ist es geschehen, und ich will mich in Gottes Willen ergeben!« So schieden die Diener wieder, und es fiel kein böses Wort mehr. Wenige Stunden später klopften drei schöne, weißgekleidete Jungfrauen an das Burgtor und wünschten den Grafen persönlich zu sprechen. Vor ihn geführt, verneigten sie sich, und eine von ihnen bekannte: »Wir waren Geister und verflucht und in der Gewalt des bösen Feindes, durch dessen Wirkung wir drei dich lange Zeit und weite Wege getragen haben. Weil du aber um den Verlust des Rosses nicht ungeduldig gewesen bist, sondern alles Gott anheimgegeben hast, so sind wir der teuflischen Gewalt entledigt und aller Marter und Pein entronnen, wie auch der Seligkeit wiedergegeben, während wir sonst bis an den jüngsten Tag die Plage der höllischen Geister hätten ertragen müssen.« Sie dankten dem Grafen in herzlichen Worten und verschwanden.

Dieser Graf hat es zu einem hohen Alter gebracht, ist nach seiner Reise noch lange daheimgeblieben und hat mit seiner Familie in frohem Kreise gelebt. Im Kloster zu Stetten, das er mit der Gräfin 1259 gestiftet haben soll, liegt er begraben.

195. Ritter Dietrich von Deern. Dieser war mit den Kreuzfahrern nach Palästina gezogen und dort in einer Schlacht in die Hände der Sarazenen gefallen. Manches Jahr schmachtete er in tiefer Kerkersnacht und gab alle Hoffnung auf, jemals wieder die Freiheit zu erlangen. Da tat er einst, als ihn eben wieder eine unnennbare Sehnsucht nach der Heimat überfiel, das Gelübde, er wolle, wenn er je wieder sein Vaterhaus wiedersehen werde, dort neben der Lahn auf dem heiligen Steine, wo die Gebeine des heiligen Lubentius ruhten, eine Kirche bauen. So flehte er andächtig, da kam ein süßer Schlummer, wie er ihn lange nicht gekostet, über ihn, und als er erwachte, fand er sich mitten in einem frischen grünen Walde, umtönt von dem lieblichen Gesang der Vögel. Er wollte seinen Augen nicht trauen, da hörte er von Vorübergehenden die heimischen Laute, er raffte sich auf, eilte ihnen nach und fragte, wo er sich befinde. Zwar schauten diese den hagern Mann in ärmlichen Kleidern verwundert an, allein sie sprachen: »Ihr seid in dem Walde von Deern!« Fort stürmte er hinauf ins Schloss und lag bald in den Armen seiner Gemahlin und Kinder, welche ihn längst für tot gehalten hatten. Und seines Wortes eingedenk, erbaute er auf der Höhe, welche man den Herrnberg nennt, die Dietrichskirche von Dietkirchen. Zum Andenken an den heiligen Lubentius nennen aber heute noch die Lahnschiffer den stromaufwärtsblasenden, linden Wind den St. Lubentiwind und auf dem Strom selbst eine Strömung der Wellen gegen den Strom, die sich bald in der Mitte und bald an dem linken, bald an dem rechten Ufer so breit wie das Geleise eines Schiffleins zeigt, noch heute den Lubentiusstrom. Das Stift zu Dietkirchen aber bewahrte noch im Jahre 1525 ein übergoldetes Brustbild des guten Heiligen und ein silbernes Schifflein, welches ihm, ihrem Patron, die Lahnschiffer geweiht hatten.

196. Der Mann im Pflug. Zu Metz in Lothringen lebte ein edler Ritter namens Alexander mit seiner schönen und tugendhaften Hausfrau Florentina. Er gelobte eine Wallfahrt nach dem Heiligen Grabe, und als ihn seine betrübte Gemahlin nicht von dieser Reise abwenden konnte, machte sie ihm ein weißes Hemd mit einem roten Kreuz, das sie ihm zu tragen empfahl. Der Ritter wurde von den Ungläubigen gefangen und mit seinen Unglücksgefährten in den Pflug gespannt; unter harten Geißelhieben mussten sie das Feld ackern, dass das Blut von ihrem Leibe lief. Wunderbarerweise blieb nun jenes Hemd, das Alexander von seiner Frau empfangen hatte und beständig trug, rein und unbefleckt, ohne dass ihm Regen, Schweiß und Blut etwas schadeten; auch zerriss es nicht. Dem Sultan selbst fiel diese Seltenheit auf, und er befragte den Sklaven genau über Namen und Herkunft und wer ihm das Hemd gegeben habe. Der Ritter unterrichtete ihn von allem: »Und das Hemd habe ich von meiner tugendsamen Frau erhalten; dass es so weiß bleibt, zeigt mir ihre fortdauernde Treue und Keuschheit an.« Durch diese Nachricht neugierig gemacht, beschloss der Heide, einen seiner Leute heimlich nach Metz zu senden; der sollte kein Geld und Gut sparen, um des Ritters Frau zu seinem Willen zu verführen, so würde sich nachher ausweisen, ob das Hemd die Farbe verändere. Der Fremde kam nach Lothringen, kundschaftete die Frau aus und hinterbrachte ihr, wie elendiglich es ihrem Herrn in der Heidenschaft ginge, worüber sie höchst betrübt wurde, aber sich so tugendhaft bewies, dass der Abgesandte, nachdem er alles Geld verzehrt hatte, wieder unverrichteter Sache in die Türkei zurückreisen musste.

Bald darauf nahm Florentina das Pilgerkleid und eine Harfe, die sie wohl zu spielen verstand, und reiste dem fremden Heiden nach, holte ihn auch noch zu Venedig ein und fuhr mit ihm in die Heidenschaft, ohne dass er sie in der veränderten Tracht erkannt hätte. Als sie an des Heidenkönigs Hofe anlangte, wusste der Pilgrim ihn so mit Gesang und Spiel einzunehmen, dass ihm große Geschenke dargebracht wurden. Der Pilgrim schlug diese alle aus und bat bloß um einen von den gefangenen Christen, die im Pfluge gingen. Die Bitte wurde bewilligt, und Florentina ging unerkannt zu den Gefangenen, bis sie zuletzt zu dem Pfluge kam, in den ihr lieber Mann gespannt war. Sie forderte und erhielt diesen Gefangenen, und beide reisten zusammen über die See glücklich nach Deutschland heim. Zwei Tagesreisen vor Metz sagte der Pilgrim zu Alexander: »Bruder, jetzt scheiden sich unsere Wege; gib mir zum Angedenken ein Stücklein aus deinem Hemde, von dessen Wunder ich so viel habe reden hören, damit ich es auch andern erzählen und beglaubigen kann.« Der Ritter erfüllte die Bitte, schnitt ein Stück aus dem Hemde und gab es dem Pilgrim; sodann trennten sich beide.

Florentina kam auf einem kürzeren Wege einen ganzen Tag früher nach Metz, legte ihre gewöhnlichen Frauenkleider an und erwartete ihres Gemahles Ankunft. Als diese erfolgte, empfing Alexander seine Gemahlin aufs zärtlichste; bald aber bliesen ihm seine Freunde und Verwandten in die Ohren, dass Florentina als ein leichtfertiges Weib zwölf Monate lang in der Welt umhergezogen sei und nichts habe von sich hören lassen. Alexander entbrannte vor Zorn, ließ ein Gastmahl anstellen und hielt seiner Frau öffentlich ihren geführten Lebenswandel vor. Sie trat schweigend aus dem Zimmer, ging in ihre Kammer und legte das Pilgerkleid an, das sie während der Zeit getragen hatte, nahm die Harfe zur Hand, und indem sie ihm das ausgeschnittene Stück von dem Hemde vorwies, offenbarte sich, wer sie gewesen war, und dass sie selbst als Pilgrim ihn aus dem Pfluge erlöst hatte. Da verstummten ihre Ankläger, fielen der edlen Frau zu Füßen, und ihr Gemahl bat sie mit weinenden Augen um Verzeihung.

197. Das Lied der Treue. Ritter Haym geriet in den Türkenkriegen in türkische Gefangenschaft. Als seine Gattin dies erfuhr, verkleidete sie sich als fahrender Sänger, da sie eine wunderschöne Stimme hatte und das Harfenspiel meisterte. Nach langen Beschwerden erreichte sie das Ziel ihrer Reise und erlangte es, vor dem Sultan zu spielen, der ein Freund des Harfenspieles und von Schwermut gedrückt war. Ihr Spiel machte auf ihn einen solchen Eindruck, dass er dem vermeintlichen Spielmann einen Wunsch freigab. Dieser verlangte nichts als die Freiheit seines Herrn, des Ritters Haym. Gerührt über so viel Treue ließ der Sultan den Sänger in die Heimat geleiten und entließ auch den Ritter bald.

Haym trachtete so schnell als möglich nach Hause, wo ihn seine schon früher angekommene Gattin empfing. Während Haym beklagte, dass er nicht wisse, wer der Sänger sei, der ihn freigesungen, trat ein Sänger ein und sang das Lied von der Gattentreue. Haym erkannte seinen Retter. Dieser entpuppte sich als sein Weib. *(Oberösterreich)*

VI. Persönlichkeiten mit magischer Begabung

Albertus Magnus

198. Albertus Magnus. Albertus Magnus wurde 1193 in Schwaben geboren. Wie man sagt, war er auch in seiner Jugend ein rechter Schwabe – die bekanntlich erst mit vierzig Jahren gescheit werden. In Köln in ein Kloster aufgenommen, zeigte er sich tölpelhaft und dumm, sodass er nichts begreifen konnte. Aber auf sein inbrünstiges Gebet erschien ihm eines Tages die Mutter Gottes und stellte ihm die Wahl, entweder in der Gottesgelehrtheit oder in der Weltweisheit Ausgezeichnetes zu leisten. Albertus zog letzteres vor; die Mutter Gottes gewährte ihm zwar die Erfüllung seines Wunsches, war aber sehr ungehalten darüber, dass er nicht die Gottesgelehrtheit gewählt hatte, und sagte ihm deshalb, er würde drei Jahre vor seinem Tode wieder ganz dumm werden. Das ist später auch geschehen, denn er blieb in einem Vortrage stecken und wusste kein Wort mehr zu sagen. Von ihm erzählte man sich deshalb, er sei zweimal in wunderbarer Weise verwandelt worden, aus einem Esel in einen Weltweisen und umgekehrt aus einem Weltweisen in einen Esel.

Der Gelehrte Albertus Magnus war in allen möglichen Wissenschaften bewandert, selbst in der Baukunst, und er soll sogar allerlei Maschinen und auch das Schießgewehr erfunden haben. Eine von ihm gefertigte Bildsäule stand ihm Rede und Antwort auf seine Fragen. Sie wurde von seinem Schüler Thomas von Aquino aus Unwissenheit und Einfalt zerstört. Selbst in wunderbaren Künsten war er sehr erfahren, ist aber trotzdem kein Schwarzkünstler gewesen, obschon er die seltsamsten Streiche ausführen konnte.

199. Der Wintergarten des Albertus Magnus. Es lebte aber in jenen Tagen zu Köln Albert, der Bischof von Regensburg, des Predigerordens, leitend und lesend, groß in der Schwarzen Kunst, größer in der Philosophie, aber am größten in der Theologie; der bat den König demütig, dass er am Feiertage (Epiphanias 1248) mit ihm speisen wolle. Der König hoffte ein wunderbares Zeichen zu sehen und wollte dem würdigen Vater seine flehentliche Bitte

Albertus fertigt eine künstliche Figur an

nicht abschlagen. Als also die Feier der Epiphanias vorüber war, empfing der Bischof, aus seinem Studierzimmer heraustretend, sehr liebenswürdig den König und seine Begleiter und führte ihn aus dem Speisesaale in seinen Garten, wo Diener von wunderbarer Schönheit alles zum fröhlichen Mahle Erforderliche vorbereiteten. Es war aber in diesen Tagen ein sehr harter Winter und die ganze Oberfläche der Erde mit dickem Schnee bedeckt. Deshalb fing die ganze Schar der Vornehmen an gegen den Bischof zu murren, weil er bei so schrecklicher Kälte seine Gäste ohne Ofen im Garten speisen ließ. Aber nachdem der Bischof, des Zukünftigen kundig, mit dem König bei Tische saß und jeder Gast, nach Stand und Würde gesetzt, die Speisen erwartete, siehe, da verschwand auf einmal in einem Augenblicke die ungeheure Masse von Eis und Schnee, und die Hitze wurde unter den leuchtenden Strahlen der Sonne immer drückender, das Gras keimte auf dem Boden, und Blumen von seltener Schönheit sprossen empor. Ein jeder Baum war sofort mit grünem Laub bedeckt und brachte alsbald für alle reife Früchte zum Essen hervor; der Weinstock blühte, verbreitete einen angenehmen Duft und bot frische Trauben in großer Fruchtbarkeit sogleich dar; das Zwitschern der Vögel und deren Flügelschlag ward hörbar, und ihr angenehmer Gesang verursachte allen Speisenden großes Frohlocken. Was soll ich mehr sagen: Die Kälte des Winters schwand gänzlich und die Sommerhitze wurde so arg, dass einige von den Gästen wegen der heißen Lufttemperatur die doppelten Kleider auszogen und sich halb entkleideten und sehr viele unter den dichtbelaubten Zweigen der Bäume Kühlung suchten. Die Diener aber trugen überall eine reichliche Masse von Gerichten, sodass sie üppig die zahlreiche Menge der Gäste sättigten. Und der König freute sich mit den Tischgenossen bei diesem Hoffest, weil er so viele, so große und so unerhörte Wunder sah. Als das Mahl zu Ende war, verschwand die Menge der Dienerschaft wie ein Spuk, das Gezwitscher der Vögel verstummte, das Laub auf den Bäumen verging sofort, die blühende Erde verdorrte, die Menge des Schnees kam wieder und die plötzliche Kälte wurde so grausam und unerträglich, dass alle, die vorher bei ausgezogenen Röcken während des Mahles geschwitzt hatte, jetzt zitternd zu dem Feuer im Speisesaale eilten.

200. Blendwerke zu Köln. Graf Wilhelm von Holland, zum deutschen Kaiser gewählt, belagerte als solcher die Stadt Aachen im Jahre 1248, zog aber zum Christfeste nach Köln, um dasselbe hier in Ruhe zu feiern. Nun lebte aber damals hier ein Mönch, Albertus genannt, im deutschen Reiche als großer Schwarzkünstler verrufen. Das war aber ein hochgelehrter Mann, in Mathematik, Naturwissenschaft und Mechanik wohl erfahren. Diesen ließ nun der König zu einem Abendschmause einladen und begehrte von ihm, einige seiner Künste zu seiner und der Gäste Ergötzlichkeit zu zeigen. Albertus konnte und wollte das Begehr des Königs nicht ablehnen und nahm einen Krug voll Rheinwein, murmelte darüber einige Worte, und augenblicklich fuhren aus dem Kruge bläuliche Flämmchen. Darauf spritzte er den Wein gegen die Decke und sämtliche Gäste suchten ihre Köpfe unter dem Tische und auf andere Weise vor den herabfallenden Feuertropfen zu schützen, diese aber verwandelten sich in kleine bunte Vögelchen, die lustig umherflatterten und lieblich sangen. Das gefiel dem König und seinen Gästen sehr wohl, dass aber aus den Bechern, wenn man daraus trinken wollte, Flammen fuhren, mochte den durstigen Rittern und Herren nicht gefallen.

Nachdem diese feenartigen Erscheinungen einige Zeit die Gäste unterhalten hatten, schritt Albertus feierlich einige Male um die Tafel, die nur mit spärlichen und trocknen Gerichten, wie solche der Winter liefert, besetzt war – und diese waren in die süßesten und reizendsten Früchte, wie sie nur der Sommer liefert, verwandelt. Köstliche, seltene Früchte erquickten Gesicht und Geruch, und die ganze Tischgesellschaft eilte, auch den Geschmack daran teilnehmen zu lassen. Aber als sie die lieblichen, süßen Früchte zu erfassen glaubten, schwand der Zauber, und die königlichen Herren hielten einander bei den Nasen oder steckten die Finger in den Mund oder kaueten an den Zipfeln ihrer Mäntel. Der Hofnarr saß unter der Tafel und hatte einen Kuhschwanz zwischen den Zähnen.

Anfänglich ärgerten sich die Herren, teils, dass sie um den gehofften Genuss betrogen, teils, dass sie von dem Schwarzkünstler zum Gegenstand des Lachens gemacht worden waren; da es aber alle ohne Ausnahme betroffen, mussten sie endlich doch über die lustige Verwechslung lachen.

201. Wie Albertus Magnus sein Lehramt beendete. Albertus Magnus war zum Jüngling herangewachsen, und seine Eltern bestimmten ihn zum Gelehrten, und so bezog er die Hohe Schule zu Padua. Hier trat er in den neugestifteten Orden der Predigermönche ein, die auch in Padua ein Kloster hatten.

Schon bald jedoch vermeinte er, es sei ihm versagt, in die Tiefen der Gotteswissenschaft eindringen zu können. Da trat die Gottesmutter nächtlicherweile zu ihm, stärkte und tröstete ihn und verhieß ihm, er werde ein großer Gelehrter der Kirche Gottes werden.

Er selbst erzählte diese Begebenheit, als er, vom Alter bereits gebeugt, in seiner feinsinnigen Art im Konvent der Dominikaner in Köln vor einer zahlreichen Schar seine Vorlesung hielt. Da er eben bemüht war, für einen Lehrsatz Gründe zu suchen, fing plötzlich sein Gedächtnis an zu wanken. Alles staunte. Als Albertus eine Zeitlang stillgeschwiegen, fasste er sich wieder und sprach: »Seht, meine Lieben, ich will euch Altes und Neues berichten. Als ich in den Tagen meiner Jugend mich dem Studium hingab, ging ich auf Antrieb des Heiligen Geistes und auf eine Mahnung der Heiligen Jungfrau in den Orden der Prediger und ward von ihr angespornt, treu dem Studium obzuliegen. Was ich nicht aus den Büchern schöpfen konnte, habe ich durch Gebet erlangt. Da ich nun einmal die milde Jungfrau und Herrin mit besonderer Andacht anflehte, mich mit dem Lichte der göttlichen Weisheit zu erleuchten und zugleich mein Herz im Glauben zu bestärken und zu bewahren, stand sie vor mir und sprach: ›Albertus, sei getrost! Harre aus in der Tugend und Wissenschaft! Denn Gott wird deine Wissenschaft bewähren und zum Besten der Kirche rein erhalten. Damit du im Glauben nicht wankest, wird am Ende deines Lebens alle Wissenschaft und Täuschung von dir genommen werden. Du wirst wieder sein wie ein Kind an Unschuld und Reinheit des Glaubens. Darauf wirst du zu Gott gehen. Zum Zeichen aber, dass deine Zeit abgelaufen ist, wirst du in öffentlicher Vorlesung das Gedächtnis verlieren. Nun, meine Brüder, ist das Verkündete geschehen. Jetzt weiß und erkenne ich, dass mein Lebensende nahe ist.« Als er solches gesprochen, schloss er seine Vorlesung für immer, brach in Tränen aus, sagte allen ein herzliches Lebewohl, stieg vom Lehrstuhl herab und begab sich in seine Zelle.

Von da an entfielen seinem Gedächtnisse alle gelehrten Gründe, nur den Text der Heiligen Schrift und des Aristoteles wusste er noch. Er schrieb und diktierte jetzt nichts mehr, sondern losgelöst von allem irdischen, nur mehr für Gott lebend, wandelte er in Gedanken und dem Verlangen nach schon in jenem ewigen Vaterlande. Er verkehrte nun auch nicht mehr mit den Personen, die noch im Gewühle der Welt lebten. Bald nach jenem Vorfalle kam der Erzbischof Siegfried mit Begleitung zum Kloster, um seinen teuern Albertus, den Liebling Gottes und der Menschen, seiner Gewohnheit nach zu besuchen. Als er an dessen Zelle kam, klopfte er an und sprach: »Albertus, bist du da?« Der aber öffnete nicht mehr, sondern sprach nur: »Albertus ist nicht mehr hier, sondern er ist hier gewesen.« Als das der Erzbischof vernahm, sagte er seufzend und weinend zu seinem Gefolge: »Er sagt die Wahrheit.« Mit diesen Worten wollte er andeuten, dass der ruhmreiche Mann, nachdem er auf Erden durch Lehren, Predigten und Schreiben und durch Ausübung aller Tugenden sich heiß abgemüht, jetzt bereits, frei von allem Irdischen, nur mehr wie ein himmlischer Mensch dastehe.

202. Dr. Theophrastus Bombastus Paracelsus. Ein sehr vornehmer Herr zu Innsbruck lag am Tode, kein Arzt gab Hoffnung, und zum Dr. Theophrastus mochte der Herr nicht senden, weil er glaubte,

Theophrastus Paracelsus

dieser heile nur mit Teufelshilfe. Endlich, da dem Vornehmen das Messer an der Kehle stand, wurde Theophrast doch gerufen. Dieser kam, richtete einen Trank her und gab dem Kranken davon ein. Der Kranke bekam darauf die heftigsten Schmerzen. Die Umgebung und er selbst meinte, das letzte Stündlein habe geschlagen, und es wurde eilends nach dem Doktor gesendet, aber dieser war nirgends zu finden. Jetzt glaubte der Kranke steif und fest, Theophrast habe Rache an ihm genommen, weil er ihm nicht gleich sein Zutrauen geschenkt, und ihn vergiftet, und er befahl daher, den Giftmischer zu verhaften, wo man ihn fände, und ihm

Der dritte Theil
Der grossen Wundtartz-
ney deß weitberhümpten / bewerten / vnnd
erfahrnen / Theophrasti Paracelsi von Hohenheim.
der Leib vnd Wundartzney Doctorn. Von der ver-
gifften schädlichen Kranckheit / die Fran-
zosen genannt.

Mit Röm. Keis. Maiestet Freyheit nicht
nachzudrucken.

Werk des Paracelsus

das Lebenslicht auszublasen. Aber vergebens zogen Bewaffnete durch alle Straßen, suchten den Doktor in allen Häusern und in seiner eigenen Wohnung und rings um die Stadt – er blieb verschwunden. Nach zwölf Stunden ließen bei dem vornehmen Kranken alle Schmerzen nach, bald war er frisch und gesund, und mit einem Male stand der Doktor bei ihm im Krankenzimmer. Da bat ihn der Vornehme demütig um Verzeihung und bot ihm reichen Lohn. Theophrast aber flüsterte ihm leise ins Ohr: »Du bist ein Lump!« und ging zur Türe hinaus. *(Innsbruck)*

203. Des Paracelsus Ende. Theophrastus, der große Wunderdoktor, welcher in der ganzen Welt herumreiste, hatte einen Teufel in einem Glase, mit dessen Hilfe er die größten Taten verrichtete. Der Teufel hatte ihn alle Kräuter und Blumen kennen gelehrt, woraus man Arznei bereitet. Nun machte Theophrastus, wie der Herr Christus im Evangelium, Blinde sehend, Taube hörend, Lahme gehend, Aussätzige rein und so weiter – aber nur durch die Schwarze Kunst. So sehr ihn auch die Kranken suchten, um geheilt zu werden, so fürchteten sie sich doch auch vor ihm, weil er es mit den Höllengestern hielt. Bei Kaisern und Königen aber stand er in großer Gunst, weil er sie nicht nur gesund machte, sondern ihnen auch ihr Reich stützen und schirmen half; denn er brauchte nur das Glas ein wenig zu öffnen, so sagte ihm der Teufel immer, was zu tun sei. Zuletzt aber ist es ihm schlecht ergangen. Als er schon alt war und sich vor dem Tod fürchtete, gab ihm sein Teufel den Rat, er solle sich in kleine Stücke zerhauen, in Rossmist begraben und nach Jahr und Tag gewinnen lassen; dann werde er wieder ein Jüngling sein. So ließ er sich denn durch seinen treuen Diener zerhauen und begraben. Dieser aber konnte die Zeit vor Ungeduld nicht abwarten; den vorletzten Tag öffnete er vorwitzig die Grube, und es lag Theophrastus da lebendig, ein schöner Jüngling; nur der Kopfdeckel war noch nicht ganz zugewachsen. Nun aber kam ihm die Luft ins Gehirn, und er musste sterben. Sonst hätte er wieder alt und mit Hilfe des Teufels und eines treuen und nicht vorwitzigen Dieners immer und immer wieder jung werden können. *(Siebenbürgen)*

204. Das Gift. Das war ein großer Doktor und Zauberer, und er besaß das Kraut des Lebens, mit dem er alle Leiden und Krankheiten heilte. Wen er behandelte, der wurde gesund, was er auch immer für ein Übel haben mochte. Deshalb kamen die Leute aus nah und fern herbei, um bei ihm Rat und Hilfe zu suchen. Das erregte den

Neid der anderen Ärzte, sodass sie ihm nachstellten und ihn aus dem Wege zu schaffen trachteten. Aber sie konnten ihm nichts anhaben. Was sie auch gegen ihn unternahmen, vereitelte er durch seine Kunst. Da versuchten sie, ihm mit Gift beizukommen. Doch auch das wusste er unschädlich zu machen, indem er sich im Zimmer an den Füßen aufhängte, sodass das Gift wieder beim Munde herausfloss. Zuletzt aber war es ihm doch misslungen. Während er sich wieder einmal auf diese Weise des Giftes entledigen wollte und an den Füßen dahing, kam ganz unerwartet sein Diener in die Stube. Um den Herrn, wie er meinte, vor dem Selbstmord zu retten, schnitt er den Strick ab. Da war es leider um ihn geschehen. Das Gift konnte nicht mehr aus dem Leibe und tötete ihn. In seinem letzten Augenblick übergab er noch dem Diener mehrere Flaschen mit dem Auftrage, sie in die Drau zu werfen. Der Diener tat es. Mit lautem Gebrause schäumten die Wellen des Flusses auf, als sie die Flaschen verschlangen. Es war das Kraut des Lebens drinnen, und er hätte ein reicher Mann werden können, wenn er nur ein Fläschchen weggeworfen und die übrigen für sich behalten hätte. *(Kärnten)*

205. Das Volksbuch: Leben, Taten und Höllenfahrt des berufenen Zauberers und Schwarzkünstlers Dr. Johann Faust. Fausts Geburt und Erziehung. Johann Faust soll in dem anhaltischen Marktflecken Sandwedel oder Soldwedel geboren worden und der Sohn armer, aber gottesfürchtiger Bauersleute gewesen sein. Der Bruder seines Vaters aber war ein wohlbegüterter Bürger zu Wittenberg, und da derselbe keine Leibeserben hatte und an dem Knaben Johann besondere Geistesanlagen bemerkte, so nahm er diesen zu sich, erzog ihn wie sein eigenes Kind, hielt ihn fleißig zur Schule und schickte ihn endlich, als er die Jahre hatte, auf die Universität zu Ingolstadt. Hier lag Faust mit Fleiß dem Studium der Philosophie und Theologie ob, sodass er nach etlichen Jahren zum Magister ernannt und dabei durch ganz besonderes Lob seines bisherigen Wohlverhaltens ausgezeichnet wurde. Wie nun aber in damaliger Zeit alles zauberische Unwesen, als Wahrsagen, Versprechen, Teufelsbannen und dergleichen, gar sehr im Schwange war, so geschah es, dass Faust auch davon allerlei hörte und dasselbe näher kennenzulernen trachtete; denn es schien ihm ein ganz besonderes Glück, mächtigen Geistern gebieten und durch ihre Hilfe wunderbare Taten verrichten zu können. Er suchte also Zigeuner, welche schon damals im Lande herumschweiften und sich mit Wahrsagen aus der Hand und ähnlichen Künsten beschäftigten, und andere anrüchige Menschen auf, welche nach der Meinung des Volkes im Besitz geheimer Wissenschaften sein sollten. In dem Umgange mit diesem Gesindel und in der Beschäftigung mit einem durchaus unchristlichen Wissen verlor er gar bald die Liebe zur Religion und zu dem Berufe eines Theologen. Er gab daher sein bisheriges Studium auf und wählte dagegen das der Heilkunde. In dieser war damals der Aberglaube recht eigentlich zu Hause; denn man suchte nicht sowohl den menschlichen Körper und die natürlichen Stoffe, welche auf ihn einen Einfluss ausübten, kennenzulernen, sondern strebte vielmehr in Besitz übernatürlicher oder doch solcher Mittel zu kommen, mit denen man einen Einfluss ausüben könnte, ohne über den Zusammenhang von Ursache und Wirkung sich Rechenschaft geben zu dürfen. So legte sich denn auch Faust mit allem Fleiß besonders auf die Wissenschaft der Magie, durch welche man glaubte eine willkürliche Herrschaft über die Geister ausüben zu können, sowie auf die Wissenschaft von den Gestirnen und ihrem Lauf und auf die Kunst, aus der Stellung, welche die Gestirne zur Zeit der Geburt eines Menschen gegeneinander gehabt hatten, dessen Glück oder Unglück vom Anfang bis zum Ende seines Lebens vorauszubestimmen. Auch das Kalenderschreiben ließ er sich angelegen sein, das heißt, er suchte vorherzubestimmen, welche Witterung das ganze Jahr über sein würde, an welchem Tage es gut sei, Ader zu lassen, zu schröpfen, zu purgieren, welche Konstellationen der Planeten stattfinden würden, und so weiter. Durch dieses Treiben, bei welchem ihm sein natürlicher Verstand sehr wohl zustatten

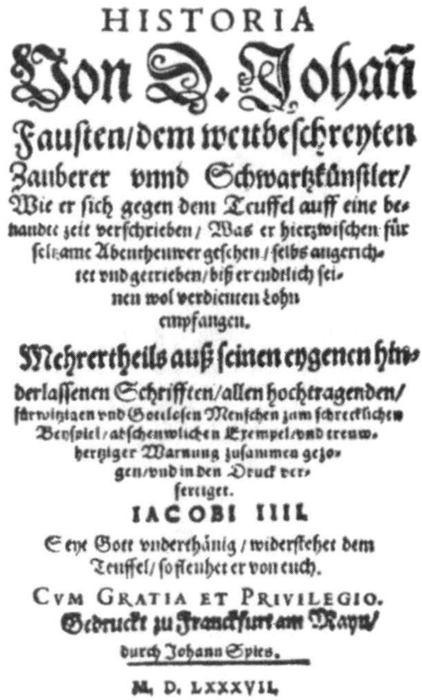
HISTORIA
Von D. Johañ
Fausten/dem weitbeschreyten
Zauberer vnnd Schwartzkünstler/
Wie er sich gegen dem Teuffel auff eine benandte zeit verschrieben/ Was er hierzwischen für seltzame Abentheuwer gesehen/ selbs angerichtet vnd getrieben/ biß er endtlich seinen wol verdienten Lohn empfangen.
Mehrertheils auß seinen eygenen hinderlassenen Schrifften/ allen hochtragenden/ fürwitzigen vnd Gottlosen Menschen zum schrecklichen Beyspiel/ abscheuwlichen Exempel/ vnd treuwhertziger Warnung zusammen gezogen/ vnd in den Druck verfertiget.
IACOBI IIII.
Seyt Gott vnderthänig/ widerstehet dem Teuffel/ so fleuhet er von euch.
CVM GRATIA ET PRIVILEGIO.
Gedruckt zu Franckfurt am Mayn/
durch Johann Spies.
M. D. LXXXVII.

Titelseite der ersten Ausgabe des Volksbuches von Doctor Faust (Spies, Frankfurt am Main, 1587)

kam, erlangte er bald einen nicht geringen Ruf. Seine Eltern und sein Oheim, der ihn an Kindes Statt angenommen hatte, waren mit der Veränderung seines Studiums sehr unzufrieden; da er aber eine große Überredungskraft besaß, so wusste er ihnen bald eine gute Meinung von der überaus nützlichen Medizin und von der Sternkunde beizubringen, und ihnen glaubhaft zu machen, dass er dazu sogar für diese Wissenschaften geboren und weit geschickter für sie als für die Theologie wäre. Die Ingolstädtische Universität schien ihm in dieser Beziehung selbst das beste Zeugnis zu geben, denn es waren noch nicht drei Jahre verflossen, so erteilte ihm diese Universität den Titel eines Doktors der Medizin, um welchen er angehalten hatte.

206. Faust zitiert den Satan. Als sich Faust endlich für vollkommen vorbereitet zu seinem großen Werke ansah, beschloss er dasselbe zu unternehmen. Zu diesem Ende begab er sich an einem heiteren Tage an einen im dichten Walde gelegenen Kreuzweg, von welchem fünf Straßen ausliefen und der etwa eine halbe Meile von Wittenberg entfernt war. Hier harrte er den ganzen Nachmittag, bis die Nacht einzubrechen begann. Dann machte er mitten auf den Kreuzweg einen Reif mit vielen seltsamen Zeichen, wie er dieselben aus den magischen Schriften erlernt hatte, und zeichnete in demselben noch zwei andere Kreise. Nun harrte er mit Sehnsucht auf die Stunde der Mitternacht. Sie erschien, Faust trat keck in den mittelsten Kreis und befahl unter schändlichem Missbrauch des göttlichen Namens dem Teufel zu erscheinen. Der Gerufene erschien nicht, aber statt seiner kam eine große feurige Kugel, welche auf den magischen Kreis sich zuwälzte und dicht vor demselben mit einem fürchterlichen Knall zersprang und mit einem feurigen Strahl in die Luft fuhr. Faust erbebte bei dieser schrecklichen Erscheinung und war einen Augenblick unschlüssig, ob er bei seinem gottlosen Unternehmen beharren sollte. Als aber die Erscheinung verschwunden war, ohne ihm Schaden zuzu-

Der Magier (Radierung, nach Rembrandt, um 1652)

Faust und Mephisto

fügen, da war sein Gelüst nach Gemeinschaft mit den unterirdischen Geistern größer als zuvor, und er wiederholte seine Beschwörung mit härteren Worten. Alsbald erhob sich ein ungeheurer Sturmwind, und Wagen, von wildschäumenden Rossen gezogen, brausten daher und fuhren schnell wie der Blitz an Faust vorüber, dass ihn der Staub der Straße, welcher aufgeworfen worden war, über und über bedeckte. Faust war vor Furcht und Grausen fast ohnmächtig und wünschte in seinem Herzen, tausend Meilen weit entfernt zu sein von dem Orte des Schreckens. Als die Erscheinung vorüber war, erholte er sich ein wenig und sah wider Erwarten ein Gespenst vor seinen Augen, welches langsam um den Zauberkreis herumwandelte. Er fasste bei diesem Anblick neue Hoffnung und frischen Mut und rief dem Gespenste zu: »Sage an, du Geschöpf der Hölle, ob du mich als deinen Herrn und Meister anerkennen und mir dienen willst?« Das Gespenst antwortete: »Ich will dir dienen, aber um welchen Lohn? So lange du lebst auf dieser Erde, will ich dir gehorsam sein und alle deine Wünsche erfüllen, wenn du die Bedingungen eingehst und hältst, welche ich dir vorlegen werde. Morgen, in deiner Behausung, sehe ich dich wieder.« Faust hatte nicht Zeit zu antworten, denn das Gespenst war schon verschwunden; aber er war entschlossen, alle Bedingungen desselben anzunehmen. Er zertrat die magischen Kreise, welche er gezogen hatte, und eilte, nachdem er mit den Beschwörungen drei volle Stunden zugebracht hatte, vergnügten Herzens nach Hause, denn er glaubte am Ziele seines höchsten Wunsches zu stehen.

207. Faust erfährt die Bedingungen, unter denen Satan ihm dienen will. Faust fand in seiner Wohnung keine Ruhe, denn jeden Augenblick war er gewärtig, den Geist erscheinen zu sehen, welcher ihm zu kommen versprochen hatte. Seine Ungeduld steigerte sich mit jeder Stunde, und schon machte er sich Vorwürfe, den Geist nicht durch neue Beschwörungen festgehalten zu haben, als er plötzlich – es war in der Mittagsstunde – hinter dem Ofen seines

Zimmers einen seltsamen Schatten gewahrte, welcher sich auf die mannigfaltigste Weise veränderte und sich bewegte. Sogleich begann Faust das Gespenst zu beschwören und ihm zu gebieten, sich deutlicher zu zeigen. Da schaute hinter dem Ofen ein menschliches Haupt mit einem scheußlich grinsenden Gesicht hervor und neigte sich gegen ihn. Faust rief: »Tritt hervor!« Aber der Menschenkopf antwortete mit heiserer Stimme: »Du stehst mir zu nahe und vermagst meinen Anblick nicht zu ertragen.« Faust ereiferte sich über diese Weigerung des Gespenstes und befahl demselben nochmals unter den härtesten Beschwörungen, sogleich in seiner ganzen Gestalt vor ihn zu treten. Im Augenblicke gehorchte ihm das Gespenst. Es erschien mit einem Menschenhaupte, aber mit einem zottigen Leib und scheußlichen Krallen, einem Bären ähnlich, und zugleich fuhren stinkende Schwefeldünste nach allen Richtungen von ihm aus, welche sich entzündeten und das ganze Zimmer mit Flammen, Dampf und Gestank erfüllten. Faust bebte und rief dem Geiste zu: »Weiche zurück!« Das Gespenst gehorchte und nahm seine vorige Stellung hinter dem Ofen wieder ein. »Warum«, sagte Faust, »erscheinst du mir in dieser scheußlichen Gestalt? Nimm eine andere an, in der ich dir nahen kann.« Da gab ihm der Geist diese Antwort: »Nein, Sterblicher! Denn wisse, dass ich ein Fürst und kein Diener der Unterwelt bin, und keine deiner Beschwörungen kann mich zwingen, in einer andern Gestalt zu erscheinen als in einer solchen, die meiner angemessen ist. Aber die geringeren Geister können auch das Gewand menschlicher Sterblichkeit anlegen, und wenn du es begehrst, so soll ein solcher den Auftrag erhalten, in jeder irdischen Gestalt, die du ihm auferlegst, dich zu begleiten und dir in allen Dingen gehorsam zu sein, wenn du diese Bedingungen eingehst, die hier verzeichnet sind.« Damit warf das Gespenst Fausten eine Pergamentrolle zu, welche dieser aufhob und auf der folgende fünf Punkte verzeichnet waren:

1. Du sagest Gott und allen himmlischen Heerscharen ab;
2. Du gelobest, den Menschen Feind zu sein, besonders aber allen denjenigen, welche dir dein böses Leben vorwerfen und verweisen;
3. Du hassest am meisten die Priester und alle Diener des göttlichen Wortes und leistest ihnen auf keine Weise Gehorsam;
4. Du gehest in keine Kirche und enthältst dich der Sakramente;
5. Du hassest den Ehestand und hütest dich ihn jemals zu vollziehen.

Dafür sollen alle sinnlichen Genüsse dir zu Gebote stehn, solange du lebst auf Erden, das ist von heute ab noch vierundzwanzig Jahre, und sollst berühmt werden unter den Menschen und nicht deinesgleichen haben, weder in Kunst und Wissenschaft noch in Reichtum und allen Gütern der Erde.

208. Faust verschreibt sich dem Satan. Als sich Faust wieder allein sah, ergriff er ein scharfes Messer, öffnete eine kleine Ader an seiner linken Hand und schrieb dann mit seinem Blute und mit eigener Hand folgendes nieder:

Ich, Johannes Faustus, Doktor, bekenne hier öffentlich am Tage: Nachdem ich jederzeit zu Gemüt gefasset, wie die Welt mit allerlei Weisheit, Geschicklichkeit, Verstand und Hoheit begabt und allezeit mit hochverständigen Leuten geblühet hat; nachdem ich zu der Überzeugung gekommen bin, dass ich von Gott dem Schöpfer nicht auf gleiche Weise erleuchtet bin, nachdem ich gleichwohl aber der Magie fähig bin, auch erkannt habe, dass die himmlischen Influen, welche bei meiner Geburt gewaltet, mich für dieselbe bestimmt haben, nachdem endlich gewiss und am Tage ist, dass der irdische Gott, den die Welt den Teufel zu nennen pflegt, so erfahren, mächtig, gewaltig und geschickt ist, dass ihm nichts unmöglich; so habe ich beschlossen und beschließe, mich zu diesem irdischen Gott zu wenden, und derselbe soll mir nach seinem Versprechen alles leisten, was mein Herz, Sinn, Gemüt und Verstand begehrt und haben will, und soll dabei keinen Mangel scheinen lassen; und wenn er mir solches sein Versprechen erfüllt, so verschreibe ich mich ihm hiermit mit meinem eigenen Blute, welches ich, wie ich allerdings bekennen muss, von dem Gotte des Himmels empfangen habe, und gelobe, diesen meinen Leib mit allen seinen Gliedmaßen, welche mir von meinen Eltern gegeben sind, samt meiner Seele ihm, dem irdischen Gotte, feilzutragen, also dass ich mich ihm mit Leib und Seele verspreche. Dagegen sage ich, vermöge der mir vorgehaltenen Artikel, ab Gott und allen himmlischen Heerscharen und jedem, der Gottes Freund ist. Zu Bekräftigung meiner Verheißung will ich diesem allen treulich nachkommen, und wenn die vierundzwanzig Jahre verstrichen sind, während welcher der irdische Gott mir zu dienen versprochen hat, so soll derselbe dieses sein Unterpfand, Seele und Leib, angreifen und darüber zu schalten und zu walten Macht haben, und soll mir in allem, was ich gelobt und verheißen, weder das Wort Gottes selbst, noch die, welche es bekennen und predigen, hinderlich und im Wege sein, ob sie mich schon bekehren wollten.

Zu Urkund dieser Handschrift habe ich selbige mit meinem eigenen Blute bekräftiget und eigenhändig geschrieben.

209. Faust reitet ein Fass aus Auerbachs Keller in Leipzig. Häufig kam es vor, dass Faust für gutes Geld Pferde, Schweine und dergleichen verkaufte, welche sich nachher in wertlose Gegenstände, wie Strohbündel, verwandelten. Auch bezahlte er häufigWirte und andere, denen er schuldig war, mit blankem Gelde, das sich nach einigen Tagen als Spreu, Hornscheiben und dergleichen zeigte. Einst war Faust mit einigen Studenten zur Messe von Wittenberg nach Leipzig gefahren und ging mit denselben durch die Stadt, um sich die reichen Kaufmannsgüter zu besehen. Da kamen sie denn auch zu Auerbachs Keller, in der Nähe des Marktes, wo einige starke Knechte eben damit beschäftigt waren, ein sehr großes und schweres Fass Wein aus dem Keller herauf zuschroten. Die Knechte strengten alle ihre Kräfte an, um das Fass mit Hebebäumen und Winden in die Höhe zu bringen, es wollte ihnen aber nicht gelingen. Da sagte Faust, welcher mit seinen Gefährten stehengeblieben war, so laut, dass es die Küfer hören mussten: »Nun seht, diese schwächlichen und ungeschickten Kerle bringen das Fässchen da nicht herauf, wozu ein einziger Mann genug wäre, wenn er die Sache recht anzupacken verstände.« Als das die Küfer hörten, wurden sie unwillig und schalten Faust einen Gecken und Schwadronierer, der sich lieber um sein Tintenfass bekümmern als hier Maulaffen feil haben solle. Die Studenten, welche Faust begleiteten, gaben den Küfern ähnliche grobe Redensarten zurück und so entstand ein Gezänk, welches viele Leute herbeizog und eben in eine Prügelei ausarten wollte, als der Herr des Kellers erschien, seinen Knechten Ruhe gebot und sich nach der Ursache des Streits erkundigte. Als er dieselbe vernommen, sagte er zu Faust: »Seid so gut und entfernt euch mit euren Begleitern und lasset künftig solche Scherze unterweges.« Faust erwiderte: »Ihr irrt Euch, Herr; ich habe keinesweges gescherzt.« »Nun«, sagte der Weinhändler ganz unwillig, »so schafft doch in Teufels Namen das Fass allein herauf, und wenn ihr's könnet, so mögt ihr's behalten.« Faust rief alle Umstehenden zu Zeugen auf, dass ihm der Weinhändler das Fass mit Wein geschenkt habe, stieg dann hinunter in den Keller und setzte sich rittlings auf das Fass. Siehe, da begann sich dieses zu bewegen und kam wie ein gehorsamer Gaul mit Faust die Treppe herauf. Die Leute, welche das mit ansahen, schlugen vor Erstaunen die Hände über dem Kopfe zusammen, die Küfer kratzten sich hinter den Ohren, der Weinhändler schrie, das gehe nicht mit rechten Dingen zu, Faust aber ließ das Fass, welches nach aller Anwesenden Zeugnisse ihm gehörte, in ein Wirtshaus schaffen und zechte den guten Wein, welchen es enthielt, mit seinen Kameraden und mit vielen Leipziger Einwohnern und Messfremden unter lautem Jubel aus.

210. Faust zaubert dem Kaiser Maximilian einen Garten. Zum Danke für das kostbare Geschenk, mit welchem ihn der Kaiser beehrt, bereitete Faust demselben eine angenehme Überraschung. Als nämlich der Kaiser eines Morgens in seinem Schlafgemach erwachte, kam es ihm schier vor, als träumte er noch, und er musste sich recht auf sich selber besinnen, um sich zu überzeugen, dass er wach sei. Sein Schlafgemach hatte sich nämlich in den schönsten Garten verwandelt. Die lieblichsten Blumen, die herrlichsten Bäume mit Blüten und Früchten und auf den Zweigen von allerlei lustigen Vögeln belebt, auch plätschernde Springbrunnen umgaben ihn. Nachdem sich der Kaiser eine Zeitlang an dem allen ergötzt, rief er seine Kämmerlinge, welche die Wache vor seinem Schlafgemach hatten. Diese traten herein und waren nicht minder erstaunt als ihr Herr, bestätigten diesem auch, dass er sich wirklich in seinem Schlafgemach befände, welches durch einen seltsamen Zauber so verwandelt sei. Der Kaiser dachte sogleich an Faust und entließ die Kämmerlinge wieder, nachdem er sein Morgengewand angetan hatte. Dann wandelte er allein durch den reizenden Garten, horchte auf den Gesang der Vögel, ergötzte sich am Dufte der Blumen, brach sich Früchte von den Bäumen und genoß eine und die andere, welche ihm trefflich mundeten, endlich aber ließ er sich in einer Rosenlaube auf einer Rasenbank nieder. Da säuselte aus weiter Ferne eine liebliche Musik herüber und wiegte den Kaiser in einen sanften Schlummer. Als er wieder erwachte, war die ganze Erscheinung verschwunden, und der Kaiser saß in seinem Morgenkleide auf seinem Lehnstuhl. Er würde alles, was er gesehen und genossen, dennoch für einen Traum gehalten haben, wenn ihm nicht die abermals herbeigerufenen Kämmerlinge nochmals die Erscheinung bestätiget hätten.

211. Faust gewinnt die schöne Helena von Griechenland. Faust harrte ungeduldig, dass die Nacht erschiene, und hatte sich vorgenommen, seine Sinnlichkeit im Zaume zu halten und mit argwöhnischem Ernst die Schönheit derjenigen zu prüfen, die Mephistopheles ihm zuführen würde. Der Abend sank hernieder, ungeduldig ging Faust in seinem Zimmer auf und ab. Plötzlich steht er still, ihm ist, als hörte er im Nebenzimmer ein Geräusch, er horcht hin, schaut nach der Tür, durch welche Mephistopheles schleichend eintritt. »Sie ist da«, flüstert er ihm zu, »sie schlummert und durchlebt im Traume die Jahrtausende, damit sie imstande ist, in dieser neuen Welt sich zurechtzufinden. Erwecke sie nicht, sondern erwarte ihr Erwachen.« »Welch abgenutzte Buhlerkünste!« erwiderte Faust missmutig seinem Diener und trat in das Gemach. Versteinert blieb er auf der Schwelle stehen. Ein magisches, rosiges Licht erfüllte das Zimmer, und auf einem seidenen Lager ruhte das schönste Frauenbild, das jemals sterbliche Augen geschaut, schöner als das schönste Bild, das ein Künstler jemals geträumt hatte. In nichts gekleidet als in ihre unsterbliche Schönheit, so erschien sie seinen an sie sich anhängenden Blicken, die samtene Haut von frischem Leben gerötet, von ewiger Jugend geschwellt. Die rundlichen Glieder fügten sich zum schönsten Ebenmaß des ganzen herrlichen Leibes aneinander, der vom Haupte bis zum Fuße eine reine Wellenlinie bildete. Die rechte Hand war an einem Kissen herabgesunken, auf dem Kissen ruhte der rechte Arm und auf diesem das edle Haupt, die Augen im Schlummer geschlossen, die zarten, durchsichtigen Nüstern der stolz und gerade herabsteigenden Nase bewegten sich leise, um den schmalen Mund zitterte es wie ein tiefer Schmerz, freie Locken deckten wie goldene Wögen die Schläfe, der linke Arm ruhte auf der Hüfte und schloss sich mit der kleinen Hand an das gerade ausgestreckte Bein, welches in dem zierlichsten und dabei vollkommen ausgebildeten Fuß ausging, der rechte Fuß, auf welchem sie ruhte, preßte sich eng an den linken an und war am Knie umgebogen, sodass sich der rechte Schenkel unter den linken barg, die lilienweißen Brüste, bis zu den Rosen jungfräulicher Jugend schwachgewölbt, hoben sich unruhig – ja sie war das Musterbild weiblicher Schönheit, die herrlichste aller Frauen, die Griechin Helena. Faust dachte an keinen Zweifel mehr, allen Ingrimm gegen die Hölle, selbst seinen Hass gegen Gott und Menschen hatte er vergessen, aber auch jenes Mädchen, wegen dessen er eben noch seine Verbindung mit der Hölle hatte aufgeben wollen: Was war ihre dürftige, verschämte Lieblichkeit gegen diese Fülle des höchsten Liebreizes, der sich neidlos und verschwenderisch vor seinen Sinnen ausbreitete? Lange hatte Faust, in seliges Schauen versunken, regungslos dagestanden, als er bemerkte, wie der schmerzliche Zug um Helenas Mund allmählich in seliges Lächeln überging, wie das ungestüme Wogen ihres Busen sich mäßigte, wie sich endlich die langen schwarzen Wimpern der Augenlider aufschlugen und die schönsten Augensterne wie ein Morgen der Liebe aufgingen. Da zog es ihn mit Allgewalt zu ihr hin, und er stürzte mit ausgestreckten Armen, sprachlos, weinend vor dem Lager des schönen Weibes nieder auf seine Knie. Helena richtete sich etwas empor, fuhr mit der kleinen, schönen Hand über die Stirn und sagte mit silberreiner seelenvoller Stimme: »Träume ich oder wache ich? Ist dein Name Faust? Bist du es, der mich der Liebe und dem Leben wiedergegeben hat? Ja, meine Sinne leben und lieben, dir danke ich, dass meine Augen noch einmal erquickendes Licht trinken – schaurig ist das Reich der Schatten –, hier ist Licht, Leben, Liebe, und du, du Faust, hast mir alles wiedergegeben, was ich war, was ich bin, nimm mich hin, ich bin dein!«

212. Faust zieht sich mit Helena aus der Welt zurück. Im Taumel wollüstiger Liebe vergaß Faust alles, was ihn bisher gequält und beunruhigt hatte, er vergaß die ganze Welt und auch sich selbst. Nach Jahresfrist legte Helena einen Knaben in seine Arme, welchen sie ohne Weh und Schmerz geboren hatte.

Faust drückte ihn jubelnd an sein Herz. Noch einmal versammelte er alle seine Freunde um sich, bewirtete sie mit einem Mahle, wie er ihnen noch niemals geboten hatte, zeigte ihnen seinen Sohn, welchem er den Namen Justinus gegeben hatte, und sagte ihnen dann, dass er auf längere Zeit diese Gegend verlassen würde, dass er seinem Famulus Wagner sein ganzes Hauswesen übergeben und dass er sie sicher noch einmal wiedersehen werde. Sein Mantel trug ihn mit der Geliebten und der Frucht ihrer Liebe in ein fernes schönes Land des Südens, in eine Einsamkeit, wo nur die Reize der Natur und seiner Helena ihn umgaben. Hier schuf Faust sich und ihr eine Welt, wie sie nur seine üppige Phantasie zu ersinnen vermochte, kein sterbliches Auge hat sie jemals geschaut als nur sein eigenes. So ward der Rest seines irdischen Daseins von ihm selbst zu einem entzückenden Traume gemacht, zu einem Traume, aus dem ihm ein furchtbares Erwachen bevorstand.

213. Faust macht sein Testament. Wagner studierte in Wittenberg emsig in Fausts an astrologischen und magischen Schriften reicher Büchersammlung und bewirtschaftete seine Besitzung als ein treuer, seinem Herrn ganz ergebener Diener. Viele Jahre waren verflossen, und Wagner begann zu fürchten, dass Faust vielleicht niemals wiederkehren würde, als dieser eines Tages plötzlich vor ihm erschien. »Wie lange bin ich fern gewesen?« fragte Faust. »Zehn Jahre«, erwiderte Wagner. »Zehn Jahre?« wiederholte Faust langsam und erbleichend: »Zehn Jahre – es ist nicht möglich! zehn Jahre – rufe mir einen Notar und die nötigen Zeugen, ich will mein Testament machen.« Faust vermachte seinem Famulus Wagner alles, was er besaß, sein Haus, seine Äcker und Wiesen, sein ganzes Hausgerät und seine Bücher und verlangte dagegen nur, dass derselbe getreulich bis an sein bevorstehendes Ende bei ihm aushalten und nach seinem Tode sein Leben und seine Taten der Wahrheit gemäß verzeichnen und veröffentlichen solle. Solches hat Wagner auch erfüllt, denn er hielt bis ans Ende bei seinem Herrn aus, von ihm rührt das meiste her, was wir noch von Faust wissen.

214. Satan kündigt Faust das Bündnis und lädt ihn vor das Gericht Gottes. Als es Abend wurde, setzte sich Faust in sein Studierzimmer, um zu rechnen, wie lange er noch zu leben habe. Er berechnete von Tag und Stunde, an welchem er das grauenhafte Bündnis mit Satan geschlossen hatte, und fand, dass ihm von den verheißenen vierundzwanzig Jahren nur noch dreißig Tage übrig wären. Als er voller Angst und Schrecken seine Rechnung noch einmal übersah, in der Hoffnung, noch einen Fehler zu entdecken, da gab es plötzlich einen furchtbaren Knall, und als Faust aufsprang und sich umwendete, da stand Satan in Rauch und Flammen gehüllt vor ihm und sprach mit einem fürchterlichen Ernste: »Mensch, du weißt, dass deine Zeit in wenigen Tagen abgelaufen ist; ich komme, um dir unser Bündnis zu kündigen. Du darfst nicht sagen, dass ich dich verlockt habe, dich von deinem Schöpfer ab und zu mir zu wenden; du selber hast mich gerufen mit Beschwörungen in jenem Namen, vor welchem auch die Geister der Unterwelt sich fluchend beugen. Faust, du bist von mir geladen und gefordert zum Tage des Gerichts vor den Stuhl des Allerhöchsten, damit er richte zwischen mir und dir!«

215. Fausts schreckliches Ende und Begräbnis. Am Morgen trug Faust seinem Famulus auf, alle seine Freunde und auch den Geistlichen, welcher sich seiner angenommen hatte, einzuladen, ihn zu besuchen. Alle kamen, denn jeder war begierig, Fausten wiederzusehen, den sie seit länger als zehn Jahren nicht erblickt hatten, auch hatte sich schier das Gerücht von seiner Rückkehr und von seinem nahe bevorstehenden Ende verbreitet. Als alle beisammen waren, trat Faust ganz heiter unter sie und lud sie ein, mit ihm einen Spaziergang nach einem nahegelegenen Dorfe Timlich zu machen. Hier angekommen, bestellte Faust bei dem Wirte in der Schenke ein gutes Mittagsmahl. Sie genossen es unter munteren Gesprächen, obgleich nicht in der Ausgelassenheit, die sie früher an Faust gewöhnt gewesen waren. Faust erkundigte sich nach allem, was während seiner Abwesenheit von Wittenberg vorgefallen wäre, auch nach dem einen und andern Bekannten, den er vermisste. Die Anwesenden wunderten sich im stillen, wie es käme, dass Faust so gar nichts von dem wüsste, was in den letzten zehn Jahren in der Welt vorgegangen war; als ihn aber einer fragte, wo er sich die Zeit her aufgehalten habe, antwortete er ganz unbestimmt, dass er sehr entlegene Länder bereist habe. Als es Abend wurde, trieben mehrere von den Anwesenden zum Aufbruch. Da stand Faust mit einer feierlichen Miene auf und sagte: »Lieben Freunde, ich bin euch in früheren Zeiten ein guter Kamerad gewesen und ihr habt alle, wie ihr wohl zugeben werdet, manches Gute von mir genossen, dass ich aber bei euch noch in freundlichem Andenken stehe, das bezeugt mir unser heutiges Zusammensein. Wir sind alle, seitdem wir uns das letzte Mal gesehen, um zehn Jahre älter geworden, und gar mancher von euch mag seine früheren Ansichten wohl geändert haben. Was mich betrifft, so weiß ich aus mancherlei Anzeichen, dass heute der letzte Tag meines Lebens gekommen ist, und ich bitte euch daher inständig, mir die letzte Liebe und Freundschaft zu erzeigen und bei mir auszuharren bis mein Stündlein geschlagen hat, hernach auch, für ein ehrliches Begräbnis meines Leichnams zu sorgen. Ihr habt die Herrlichkeit meines früheren Lebens gesehen, seid nun auch Zeugen der Schrecklichkeit meines Endes und beherzigt dasselbe. Übrigens lasst diese meine Worte nicht eure Heiterkeit stören, sondern lasst sie nur so viel bewirken, dass ihr heut bei mir ausharret.« Die Freunde waren sogleich bereit, bei ihm zu bleiben, bis auf zwei oder drei, welche vorgaben, dringende Geschäfte in der Stadt zu haben. Tief ergriffen von seinen Worten drangen die Anwesenden in ihn, sich doch solcher traurigen Vorstellungen zu entschlagen und auf ein noch langes Leben zu hoffen, da er ja noch nicht über die kräftigsten Jahre des Menschenlebens hinaus sei. Faust erwiderte nur, dass es sehr leicht möglich sei, seine Ahnungen trügten ihn, sie sollten es nur mit ihm abwarten. Hierauf ließ er die Abendmahlzeit auftragen und begann solche heitre und allgemein anziehende Gespräche, dass darüber viele von den Anwesenden seine früheren Worte ganz vergaßen, andere meinten, er selbst habe sich seiner trüben Vorstellungen entschlagen. Da schlug die

Uhr am Kirchturm elf. Faust erhob sich, fasste ein volles Glas und sagte: »Freunde, auf eine gute Zukunft!« Dann ging er zu dem Geistlichen und sagte zu ihm: »Erzählet den Freunden alles, was ihr von mir wisst und – lebt wohl – lebt alle wohl – keiner, dem sein Leben lieb ist, folge mir. Ich hoffe, wir sehen uns noch wieder.« Mit diesen Worten entfernte sich Faust und begab sich in ein Gemach im oberen Stockwerk. Der Geistliche ergriff sogleich das Wort und erzählte in eindringlicher Sprache alles, was zwischen ihm und Faust vorgegangen, sowie dasjenige, was ihm Faust über sein früheres Leben mitgeteilt hatte und schloss mit den Worten: »Ich fürchte, er hat in seinem Herzen den Glauben an die Gnade Gottes nicht finden können; aber nur Gott, der Herzen und Nieren prüft, darf ihn richten.« Mit dem zwölften Schlage der Glocke erhob sich ein furchtbarer Sturmwind, welcher das Haus aus seinen Fugen reißen zu wollen schien, furchtbare Blitze erhellten die Nacht, man hörte ein Zischen wie von sprühenden Flammen oder von Schlangen und Otterngezücht, furchtbare Schläge, Hin- und Herwerfen der Stühle und Tische im obern Gemach, ein scheußliches Brüllen, dann Weheruf und Angstgeschrei von Fausts Stimme, ein grässliches Knacken, auch ein Wimmern – dann trat plötzlich Stille ein. Die Wirtsleute hatten sich zitternd und unter Angstgeschrei zu den Gästen im untern Zimmer geflüchtet, diese saßen ebenfalls bebend mit leichenblassen Gesichtern da. Als es still wurde, erhob sich der Geistliche und sagte: »Gott sei seiner Seele gnädig!« »Amen!« sagten alle aus einem Munde. Sie blieben noch zusammen bis der Morgen anbrach; da gingen sie zagen Schritts hinauf in das Gemach, in welchem Faust geendigt hatte. Tisch und Bänke waren umgestürzt und die Wände mit Blut und Gehirn besudelt, auf dem Fußboden lagen Haare und Zähne zerstreut. Ein Leichnam war nicht zu sehen; als sie aber hinunterkamen auf den Hof, da lag ein scheußlich entstellter Kadaver auf dem Mist, jeder Knochen an demselben war zerbrochen, das Gesicht durchaus unkenntlich. Sie hoben den Leichnam auf und schlugen ihn in eine weiße Leinwand, während der würdige Geistliche zu dem Pfarrer des Ortes ging und ihn um ein Grab auf dem Gottesacker bei seiner Kirche für einen fahrenden Scholastikus, welcher diese Nacht im Wirtshause plötzlich gestorben sei, bat. Nach Mittage trugen sie den Leichnam Fausts an seine letzte Ruhestätte, nach der Einsenkung desselben erhob sich über seinem Grabe ein furchtbarer Sturmwind. Da sagte der Geistliche: »Du, Mörder, hast seinen Leib getötet, aber es ist nur Einer, der vermag Leib und Seele zu verderben in der Hölle, und der bist du nicht!«

Christoph Wagner trat die Erbschaft seines Herrn und Meisters unangefochten an. Niemand hat je wieder von der schönen Helena und ihrem Sohne Justinus gehört.

216. Faust in der Volksüberlieferung: Fausts Geburtsort. Eine Stunde von Maulbronn, in dem württembergischen Städtchen Knittlingen, ist der berühmte Zauberer Johannes Faust geboren. Nachdem er viel studiert und spekuliert und kraft des Teufels, dem er seine Seele verschrieben, viel höllischen Spuk allerorten angestiftet und ein ruch- und gottloses Leben geführt, hat ihn endlich der Teufel zur bestimmten Stunde geholt, als sich Dr. Faust gerade in Maulbronn aufhielt. Dort steigt man noch jetzt vom Kloster aus durch ein Fenster über mehrere Dächer in ein ausgemauertes Gemach, darin er gehaust. An der Wand aber befindet sich ein unvertilgbarer großer Blutflecken; daselbst hat ihm der Teufel den Schädel zerschlagen, als er mit ihm davonging. *(Schwaben)*

217. Fausts höllisches Leben. Dr. Faust fuhr oft in die Hölle zum Gastmahl des Teufels. Vier Teufel bildeten die Räder in seinem Wagen, auf vieren im Bärenfell saß er, und vier als Blitze zogen das Fuhrwerk.

Wenn er unten ankam, beschnitten ihm vier Teufelinnen das Haar und den Bart, vier trugen ihn ins Bad, vier salbten ihn und trugen ihn ins Bett.

Ihrer so viele der schönsten Teufelinnen beschlief er, als Tage im Jahr sind, soviel des Weines, als Wasser im Bach fließt, soff er, soviel der Speise, als ein eiserner Tisch zu tragen vermochte, fraß er, und dann kehrte er wieder auf die Erde zurück; und über seiner Hin- und Herfahrt verfloss nicht mehr Zeit, als ein Hauch vom Munde im Winter verdampft. *(Oberpfalz)*

218. Fausts Luftfahrt. Faust bediente sich seines Mantels, um auf demselben in die Lüfte zu fahren. So hat er sich mehrmals in dem Hause des Junkers in der Schlössergasse, das durch den Anker auf der steinernen Spitze des Daches noch kenntlich ist, auf den Mantel gesetzt, und da die Treppen des Hauses so geschickt angebracht sind, dass sie an den Mauern hinweggehen und in der Mitte einen Raum bis unter das Dach zulassen, so ist dieses der Weg gewesen, den Faust bis in die obere Luft genommen hat. Daher konnte auch die Öffnung im Dache nie zugemauert werden, sondern es fielen die Ziegel des Nachts immer wieder herunter, die man am Tage aufgelegt hatte. *(Thüringen)*

219. Faust äfft einen Barbier. Dr. Faust hett sik an 'n Bösen verköfft hatt. Eens lett he sik rasieren. As de Barbier dorbi is, is Dr. Faust mit 'n Mal de Hals half af. De Barbier löppt rut vör Angst. Dor röppt Dr. Faust, wo he hen will! Dor is de Hals wedder an wächst. As de Barbier farig is, hett he em 'n Goldstück gäben – as dee dat buten besüht, is 't 'ne Wörtelschiw. *(Mecklenburg)*

220. Faust frisst einen Wirtsjungen. Es saß einmal Johannes Faust von Knütlingen zu Magdeburg im Wirtshaus und trank dort andern zu, wie es der Sachsen und auch anderer Deutschen Brauch ist. Da ihm nun des Wirts Junge seine Kanne oder Becher zu voll schenkte, schalt er ihn und drohte ihm, er wolle ihn fressen, wenn er es noch einmal täte. Der spottete seiner und sprach: »Jawohl, freßt auch uns!« und schenkte ihm abermals zu voll. Da sperrt der Faust sein Maul auf und frisst ihn; hierauf erwischt er den Kübel mit dem Kühlwasser und spricht: »Auf einen guten Bissen gehört ein guter Trunk«, und säuft auch dies aus. Nun redet aber der Wirt seinem Gaste ernstlich zu, er solle ihm seinen Diener wieder verschaffen, oder er wolle sehen, was er mit ihm anfange. Faust aber hieß ihn zufrieden sein und hinter den Ofen schauen: da lag der Junge, bebte vor Schrecken, war ganz mit allem Wasser begossen. Dahin hatte ihn der Teufel gestoßen, das Wasser auf ihn gestürzt, den Zuschauern die Augen bezaubert, dass sie gedeucht, er wäre gefressen und jener hätte das Wasser gesoffen. *(Sachsen)*

221. Faust in der Schweiz. Ein anderes Mal geriet er mit seinem Wirt hinderlätz. In der Wirtsstube trieb sich auch des Wirts Söhnchen herum. Da schrie Füst den Wirt an: »Wenn ds Mül nu üfftüesch, sä friss d'r dy Büeb!« Und der Wirt sagte: »Sä fris-ä!« Nun verschluckte der Zauberer das Büblein vor des Vaters Augen, bis es nur noch mit den zappelnden Beinen zum Rachen herausschaute. Auf des Wirtes Bitten spie er ihn wieder heraus. *(Uri)*

222. Wie Faust die verlorenen Komödien des Terenz und Plautus wieder zur Stelle schaffen will . Als bei einer Magisterpromotion im Beisein vieler Theologen, Professoren und Abgeordneten des Rats darüber gesprochen wurde, dass so viel von den Komödien des Terenz und Plautus vor Zeiten verlorengegangen sei, erbot sich D. Faust, wenn es mit Erlaubnis der Herrn Theologen und ohne eine Gefahr geschehen könne, alle diese verlornen Komödien wieder ans Licht zu bringen und auf einige Stunden vorzulegen, dass man sie in Eile durch einige Studenten könne abschreiben lassen, wenn man sie haben und ihrer nachher nützen wolle. Aber weder die Theologen noch die Ratsherren wollten auf diesen Vorschlag eingehen, denn, sagten sie, der Teufel möchte in solche neu erfundene Komödien allerlei ärgerliche Sachen mit einschieben, und man könnte ja auch ohne dieselben aus denen, die noch vorhanden wären, genug gut Latein lernen. So durfte der Teufelsbanner hierin kein Meisterstück sehen lassen. *(Thüringen)*

Der Teufel verschafft Faust die verlorenen Komödien des Plautus und Terenz (Volksbuch um 1842)

223. Faust lässt die Straße durch Teufel pflastern. Als Doktor Faustus auf seiner Reise durch die Welt auch nach Siebenbürgen kam, hatte er ein solch schlechtes Wetter getroffen, dass er, trotzdem seinen Wagen zwei schwarze Teufel zogen, nur schwer weiterkonnte. Auf Hammersdorfer Hattert blieb er stecken. Da mussten sich noch zwei Teufel vorspannen; sie fauchten alle vier, aus den Augen fuhren Blitze, aus ihrem Mund schossen Flammen, aber der Wagen bewegte sich nicht von der Stelle. Nun kam der alte Luzifer mit allen Teufeln, klaubten alle Steine vom Hammersdorfer Hattert auf – seitdem finden die Hammersdorfer auf ihrem Hattert nicht einmal einen Stein, wenn sie nach einem Hund werfen sollen – und pflasterten eine Straße vor dem im ärgsten Galopp dahinsausenden Faustus. Wenn ihnen manchmal die Steine ausgingen, rissen sie die Straße hinter dem fliegenden Wagen wieder auf, um vorne pflastern zu können. Daher kommen in der Steinstraße die vielen Lücken, welche nicht gepflastert sind. Doktor Faustus ist aber durch den Rotenturm gerade in den Höllenrachen gefahren. *(Siebenbürgen)*

224. Faust an der Mosel. Man glaubt, Dr. Faust sei auch viel in dieser Gegend gewesen. Einst sei er vierspännig durchs Dorf gefahren. Da kam der Teufel und empfahl sich zu jeder Arbeit. Die Arbeit war folgende: Der Teufel sollte vor ihm die Straße pflastern und hinter ihm das Pflaster wieder aufreißen, während er schnell mit seinem Wagen fuhr. Da gab ihn der Teufel frei, denn die Arbeit konnte er nicht verrichten. (Mosel)

225. Faust entwirft Seekarten. Doktor Faust hat den Niß einmal in seinen Diensten gehabt. Er fuhr mit ihm in einem gläsernen Kasten über die See an den Küsten entlang, um alle Tiefen und Untiefen auszuspähen. Alles, was er so durch seinen Glaskasten wahrgenommen, hat er aufgenommen und zu Papier gebracht; denn die Seekarten, die die Kapitäne und Steuermänner gebrauchen und worauf alles gezeichnet ist, die rühren von dem Dr. Faust her. Als sie an die Fährstelle am Eingange des Flensburger Hafens kamen, da war es aber nahe daran, dass der Glaskasten untergehen sollte. Da rief Dr. Faust: »Hol Niß!« Niß sollte nämlich nicht weiterfahren, weil es nicht mehr ging, und sollte das Schiff zum Stehen bringen. Seit der Zeit heißt nun der Ort Holnißfähr. *(Schleswig-Holstein)*

226. Faust stellt dem Teufel Aufgaben. Der ›Dokter Füst‹ oder ›Dokter Füster (auch Füstus) hatte den Bösen ganz in seiner Gewalt und traktierte ihn grenzenlos. Die heikelsten Aufgaben stellte er ihm.

Einisch hätt der Tyfel sellä-n-am Wybervolch ds Strumpfbändli erchundigä. Lang, lang heig-er ummägspanyveret und gstudiärt, und zletscht heig-er miässä bikännä, das syg är nid imstand z'erchundigä; ds Wybervolch heig all Tag äs nyws Strumpfbändli. *(Uri)*

227. Die gelöste Aufgabe. Ein anderes Mal musste ihm der Teufel einen Sack voll Frucht oder Reis über die Axenfluh hinabwerfen und im Hinunterfallen wieder alle, und zwar jedes Körnlein in einem eigenen Sackli, auffangen, sodass kein einziges verlorengehe. Doch schau! Er brachte sie alle, kein einziges fehlte! Als sie ihn nachher fragten, wie er das zustandegebracht, sagte er: »O, äs sind nu vill meh lääri Sackli g'sy as seeligli mid-ämä Cheeräli!« *(Uri)*

228. Das Weihwasser. Einmal hat er ihm einen Star Mohn in die Lammer hineingeschmissen, dann hat er aber etwas zurückbehalten und hat es in den Weihbrunnen geschüttet. Jetzt hat der Teufel sollen den Mohn in der und der Zeit bringen. Da ist er auch gekommen damit zurück, jetzt hat er alle Korn. Und da hat der Dr. Faustus auf den Weihbrunnen gezeigt und hat gesagt, was ist denn mit den da drinnen, aber die hat er nit außer gebracht. *(Südtirol)*

229. Faust spürt sein Ende. Als der Vertrag, den Faust mit dem Teufel geschlossen hatte, zu Ende ging und die letzte Nacht kam, ließ sich Faust vom Teufel so hoch tragen, dass er die Engel singen hörte. Er seufzte tief auf, denn er dachte an Gott und die Ewigkeit und an seine Sünde. Der Teufel drohte ihm, ihn fallen zu lassen, wenn er nochmals seufze. Da war Faust still, nun gehörte er aber dem Teufel. Hätte er noch einmal reuig geseufzt, hätte der Teufel die Macht über ihn verloren. *(Oberösterreich)*

230. Faust lässt seine Zaubermittel vernichten. Als Dr. Faust merkte, dass er sterben müsse, ließ er seinen Diener kommen und übergab ihm eine Phiole, die das Heilmittel gegen Podagra enthielt, mit dem Auftrage, dass er zum Wasser gehe und das Glas hineinwerfe. Da der Diener zurückkam und auf die Frage, wie sich das Wasser gezeigt habe, antwortete, dass es ganz ruhig geblieben, drohte er, ihm den Hals umzudrehen, wenn er nicht alsogleich nochmal zum Wasser ginge und das Glas hineinwerfe. Der Diener ging und kam mit der nämlichen Antwort zurück. Darüber wurde der Doktor böse und streckte seine Krallen nach dem Diener aus, dieser aber entlief und ging ans Wasser und warf jetzt die Phiole hinein. Da begann das Wasser zu kochen und zu brausen und spie Feuer aus wie ein Backofen. Und als der Diener danach zurückkam, war der Doktor mit dem Bericht zufrieden, denn er wusste nun, dass sein Mittel gegen das Podagra, das ihm von den großen Herren soviel Ruhm und Geld eingetragen hatte, ihn nicht überleben und der Verlust von jedem Podagrius, solange die Welt stünde, fort und fort beklagt und empfunden werden würde. *(Oberpfalz)*

231. Fausts Tod. Es ist auch umb die Zeit der Faustus zu oder doch nit weit von Staufen, dem Stetlin im Breisgew, gestorben. Der ist bei seiner Zeit ein wunderbarlicher Nigromanta gewest, als er bei unsern Zeiten hat mögen in deutschen Landen erfunden werden, der auch soviel seltsamer Händel gehabt hin und wieder, dass sein in viel Jahren nit leichtlichen wurt vergessen werden. Ist ein alter Mann worden und, wie man sagt, ellengclichen gestorben. Viel' haben allerhand Anzeigungen und Vermuetungen noch vermeint, der bös' Geist, den er in seinen Lebzeiten nur sein Schwager genannt, hab' ihme umbbracht. Die Bücher, die er verlassen, sein dem Herren von Staufen, in dessen Herrschaft er abgangen, zu Handen worden, darumb doch hernach viel Leut haben geworben und daran mein's Erachtens ein sorglichen und unglückhaftigen Schatz und Gabe begehrt. *(Schwaben)*

232. Die misslungene Wiederbelebung. Dr. Faust hett to sinen Bedeenten seggt, he sall em kort un kleen hacken, oewer keenen Druppen Blott vörbikamen laten, un denn sall he em in 'n Fatt leggen un in Piermess packen – en dreeviertel Johr süll he em ruhig liggen laten, denn wier he ni geburen – denn hadd de Düwel keenen Andeel an ein. As dat bald sowiet is, seggt de Düwel to den Bedeenten: »Wi willn mal eens hengahn un tosehn, wat Dr. Faust maakt.« – Ne. – Oewer de Düwel lett em keen Rauh – toletzt geiht he mit. As se den Mess upracken, is dat all 'n lütten Jung wäst – in Bloot het he swemmt. Dor is he afstorben: so hett de Düwel em doch kragen. *(Mecklenburg)*

233. Faust in Neu-Ruppin. Lange Zeit nach seinem Tode hat man ihn noch öfter in einem Dickicht am See mit mehreren Leuten am Tisch sitzen und Karten spielen sehen, und da soll er noch jetzt sein Wesen treiben. *(Norddeutschland)*

234. Pan Twardowski. Twardowski, der polnische Faust, der seine Seele dem Teufel verschrieben hatte, fuhr einst von Posen nach Gnesen. In dem Gasthause Wygodda sagte ihm der Kutscher, dass es unmöglich sei, weiterzufahren, da vor ihnen nur Sumpf und Moor sei. Twardowski bestand aber darauf, die Reise fortzusetzen, ging hinaus und pfiff. Sofort kamen Tausende von Teufeln und schütteten durch den Sumpf einen Damm auf, sodass Twardowski weiterfahren konnte. *(Posen)*

235. Die Zauberbücher Fausts. Vom Jahr 1786 bis 1794 war zu Grünwettersbach Johann Ulrich Maier Pfarrer, der einen kleinen Körper, aber einen großen Geist hatte. Als ein Dreizehnschüler verstand er die Zauberkunst vollkommen, über welche er viele Werke, namentlich das sechste und siebente Buch Moses besaß. Letztere hatte er bei seinem Aufenthalt in der Maulbronner Klosterschule sich verschafft, indem er nachts in die Bücherei stieg und den von Doktor Faust hinterlassenen Abdruck, der an einer goldenen Kette hing, vollständig abschrieb. Menschen und Tiere bannen, sie krank oder gesund machen, Wetter bereiten, wahrsagen und Geister berufen war ihm ein leichtes; doch gebrauchte er seine Kunst niemals zu bösen Zwecken. In der Christnacht pflegte er alle seine Pfarrkinder in Nebelgestalt an sich vorbeiziehen zu lassen, wobei diejenigen sich legten, welche im kommenden Jahre starben. Am meisten zu schaffen hatte er mit dem Geist eines Kapuziners, welcher in und bei der Kirche sowie im Pfarrhaus um-

Nr. 16. Biblioteka tanich książeczek powieściowych. Tom 16.

Mistrz Twardowski.

Bardzo ciekawa, zajmująca i wesoła historya o sławnym polskim czarnoksiężniku.

Spisana wiernie podług podań ludowych i starych zabytków piśmiennych.

Napisał

Aleksander Borucki.

Cieszyn. Nakładem Edwarda Feitzingera.

Titelblatt eines polnischen Volksbuches (19. Jh.)

ging. (Der Gottesdienst zu Grünwettersbach wurde nämlich früher, als es noch katholisch war, häufig von Kapuzinern versehen, und zwei derselben sind im Kirchturm, da, wo die beiden ausgehauenen Köpfe sich befinden, eingemauert.) Dieses Gespenst fürchtete zwar den Pfarrer und wartete ihm das Vieh; aber in mancher Nacht band es auch dasselbe im Stalle los und trieb es in den nahen Grasgarten oder in die Hecken des Waldes. Überdies neckte es das Gesinde auf vielfältige Weise, beohrfeigte zuweilen nachts den läutenden Kirchner oder den Nachtwächter und lärmte öfters im Kirchturm dergestalt, dass die Bewohner der benachbarten Häuser nicht schlafen konnten. Nachdem Maier den Geist wegen dieser Streiche mehrmals vergebens gezüchtigt hatte, beschloss er, ihn aus dem Orte zu verbannen. Zu diesem Zwecke ließ er sich zwischen elf und zwölf in der Christnacht vom Küster in die Kirche leuchten, wo er den ihm ausweichenden Kapuziner bis ganz oben in den Turm verfolgte. »Was willst du?« sprach hier das Gespenst, welches nicht weiter konnte, »du bist selbst nicht rein und hast einmal deinem Vater einen Groschen gestohlen!« »Damit habe ich Papier gekauft und Gottes Wort darauf geschrieben!« gab der Pfarrer zur Antwort und brachte dadurch den Geist zum Schweigen, welchen er dann beschwor, aus dem Dorfe zu weichen. Infolgedessen fuhr derselbe, unter einem heftigen Knall, zum Turm hinaus, und damit er ja nicht wiederkomme, setzte Maier noch eine gewisse Inschrift über die Pfarrhaustüre. Als der Todestag des letztern herangekommen war, welchen er, gleich jenem seiner Frau, vorhergesagt hatte, legte er sich in seinen fertigen Sarg und befahl dem Vikar und dem Schulmeister, seine Zauberbücher in der Waschküche zu verbrennen. Diese Männer wollten aber solche seltenen Werke behalten, weshalb sie sie beiseite schafften und dem Pfarrer meldeten, sie hätten seinen Befehl vollzogen. Auf dessen Antwort, er wisse wohl, was vorgegangen sei, und sie sollten ihm augenblicklich gehorchen, verbrannten sie die Bücher bis auf zwei, worüber Maier, der wieder alles wusste, ihnen sagte, dass sie ihre Unfolgsamkeit mit dem Leben bezahlen würden. Hierdurch geschreckt, überlieferten sie auch die beiden Bücher dem Feuer, welche, gleich den andern, äußerst schwer verbrannten. Nachdem dies geschehen war, verschied der Pfarrer, noch nicht dreiundvierzig Jahre alt, zum großen Leidwesen seiner Gemeinde und wurde an der Kirche, neben seiner Frau und seinen zwei Kindern, begraben. *(Baden)*

236. Das sechste und siebente Buch Moses. Es gab ursprünglich zwölf Bücher Moses, für jeden der zwölf Stämme eins. Die sind aber früh bis auf fünf verlorengegangen. Auch das sechste und siebente trifft man noch hie und da, zum Beispiel in Tübingen oder sonst in Abschriften. Diese zwei Bücher enthalten tiefe Geheimnisse über die Magie, weshalb sie leicht gemissbraucht werden könnten und deshalb bei schwerer Strafe verboten sind. Albertus Magnus hat seine Zaubermittel daraus entnommen. Durch solche Zauberei hat Mose im göttlichen Namen die Wunder in Ägypten getan. Die Ägypter taten dieselben, aber kraft der Schwarzen Magie, das ist kraft des Teufels. Auch die Zigeuner verstehen solche ägyptische Zauberkünste und heißen deshalb ›Ägyptier‹. *(Baden)*

237. Der fahrende Schüler. Leopold von Österreich suchte auf jede Weise den auf der Burg Trausnitz gefangenen Friedrich den Schönen zu befreien. Er fand einen erfahrenen Schwarzkünstler, mit dem er sich über die Entführung Friedrichs beriet. Während er sich einst mit ihm hinter verschlossenen Türen befand und der Schwarzkünstler seine Kreise zog, kam der Teufel in Gestalt eines Wanderers mit zerrissenen Schuhen, den Hut auf dem Kopfe und mit triefenden Augen zu ihm. In längerer Verhandlung trug ihm Leopold auf, Friedrich ohne jegliche Gefährdung zu entführen. Der Teufel antwortete, er wollte das wohl gern tun, nur müsste Friedrich selber einwilligen.

Der Teufel begab sich auf die Trausnitz in Verkleidung eines gewissen fahrenden Schülers aus dem Aargau; er hatte sich ein Tuch um den Hals geschlungen, als wollte er Brote darin sammeln, und sprach zu Friedrich: »Stecke dich in dieses Tuch, so werde ich dich zu deinem Bruder Leopold bringen!« Auf Friedrichs Frage, wer er wäre, antwortete der Teufel: »Sei unbesorgt, wenn du da hineingehst, werde ich dich sicher führen!« Friedrich aber machte das Kreuzzeichen, rief Christi Namen an und verscheuchte den Bösen; seine Wächter aber mahnte er, sich durch Gebet vor dem Teufel zu schützen. Als er nach seiner Freilassung den fahrenden Schüler sah, sprach er: »Das ist der Teufel, der mich entführen wollte!«

238. Die dienstbaren Geister des Trithemius. Der berühmte Trithemius, aus Trittenheim an der Mosel gebürtig und Abt in Spanheim, schnitzte sich aus Holz eine Dienerin, welche alle häuslichen Arbeiten verrichtete, und aus Papier eine Taube, welche seine Briefe durch die Luft trug.

Johannes Trithemius,
Abt von Sponheim

239. Der Abt von Sponheim als Zauberer. Der Geheimcode. Zu Anfange des sechzehnten Jahrhunderts lebte Johannes von Trittenheim, aus einem Dorfe bei Trier gebürtig, ein gar gelehrter, weiser Mann, aber von dem man nicht recht weiß, ob er dem Teufel nicht etwa gar zugetan und geheim Johannes Trithemius, Abt von Sponheim war, wiewohl er es nicht Wort haben wollte, sondern vorgab, es gehe alles natürlicher Weise zu, was ihm jedoch kein verständiger Christ glaubte, der sein Tun las oder hörte. Er war Abt zu Spanheim auf dem Hunsrück (da war nach dem Sprüchwort der Teufel Abt), wo er eine überaus herrliche Bibliothek eingerichtet hatte. Von hier aus ward er von dem Herzog, man weiß nicht, aus was für Ursache, und von seinen Brüdern, den Mönchen, vertrieben, die ihn wegen seiner Geschicklichkeit und großen Namens in allen Landen und der Gunst halber, die er bei vielen Kaisern und Fürsten genoß, beneideten und ihn hassten, weil er im Kloster auf Zucht und Zwang härter wachte, als sie wollten. Er sagte, sein Geist habe ihm etliche Jahre zuvor offenbaret, er werde nicht als Abt zu Spanheim sterben. Dieser Abt hat nun viel Wunders getrieben, namentlich viel mit Gespenstern verkehrt, weshalb er den Herren bekannt, angenehm und wichtig geworden. Er hat sich aus Ehrgeiz und Ruhmsucht in solche Gemeinschaft des Teufels begeben, wie er selbst in seinen Schriften zu verstehen gibt. »Da ich«, spricht er, »mit dem Gedanken umging, wie ich doch etwas erfinden und hervorbringen möchte, das kein Mensch wüsste und worüber sich alle verwundern müssten, legte ich mich einstmals des Abends mit solchen Gedanken schlafen. Da kommt einer des Nachts zu mir, ich weiß nicht, wer er war, reizt mich, in solchem Vornehmen und Nachtrachten fortzufahren, er wolle mir dazu helfen, wie er denn auch getan. « Was er ihn aber gelehrt habe, sagt er, sind solche Künste, die nicht gemeine Leute, sondern allein Fürsten wissen mögen. Unter diesen Künsten, bekennt er, sei auch die gewesen, wie man einem weit von dannen durch Schrift, die andere lesen und verstehen und doch die Bedeutung und den Sinn derselben verfehlen, etwas zu wissen tun könne. Er gibt dieses Exempel: »Ich will, dass mein Freund aus meinem Briefe dies verstehe: ›Lieber Freund, Du bist in großer Gefahr, denn der und der haben sich miteinander besprochen, sie wollten an dem und dem Tage in Deine Behausung einfallen und Dich und die Deinigen umbringen. Derohalben siehe Dich vor.‹ Die Worte schreibe ich ihm aber nicht so, sondern etwa diese: Lieber Freund, ich habe, wie Du weißt, einen Bau angefangen, da geht mir viel Geld auf; ich bitte, Du wollest mir fünfzig Gulden leihen, ich will sie Dir in kurzem treulich und mit Dank wiedergeben. »Aus diesen Worten schöpft er die vorhin erwähnte Meinung, jedoch muss er die Kunst wissen, die der Schreiber des Briefes weiß.«

240. Die Zitation. Kaiser Maximilian der Erste, hochlöblichen Andenkens, hatte zum Ehegemahl Maria, Karls von Burgundien Tochter, die ihm herzlich lieb war, also dass er sich heftig um ihren Tod bekümmerte. Das wusste der Abt wohl, erbot sich, er wolle sie ihm wieder vor Augen bringen, dass er sich an ihrem Gesichte ergötze, so es ihm gefalle. Jener lässt sich überreden und willigt in diesen gefährlichen Fürwitz. Sie gehen miteinander in ein besonderes Gemach, nehmen noch einen zu sich, also dass ihrer drei waren, und es verbietet ihnen der Zauberer, dass ihrer keiner beileibe ein Wort rede, solange das Gespenst da sei. Maria kommt hereingegangen wie der verstorbene Samuel zum Saul, spaziert fein säuberlich vor ihnen herum, neigt sich gegen den Kaiser, liebäugelt und lächelt ihn an, derselben lebendigen Maria so ähnlich, dass gar kein Unterschied daran war und nicht das geringste daran mangelte. Ja, in Anmerkung und Bewunderung der Ähnlichkeit wird der Kaiser eingedenk, dass sie ein schwarz Flecklein hinten am Halse gehabt; auf dies hat er acht und findet es auch also, als sie zum andern Male vorüberging. So genau weiß der Teufel, der allenthalben zugegen ist, wie ein jeder geschaffen ist, und so ein gutes Gedächtnis hat er, und so ein Meister im Abkonterfeien ist er. Da ist dem Kaiser ein Grausen angekommen, er hat dem Abte gewinkt, er solle das Gespenst wegtun, und darauf hat er mit Zittern und voll Zorn zu ihm gesprochen: »Mönch, mache mir der Possen keine mehr!« und hat bekannt, wie schwer und mit aller Mühe er sich kaum habe enthalten können, sie anzureden. Darauf war's gespielt, aber Gott hat den frommen, gottesfürchtigen Herrn behütet und gewarnt, dass er hinfort sich solcher Schauspiele enthalten möge.

241. Das Speisenwunder. Demselbigen Abt wartete sein Geist dermaßen auf den Dienst und war ihm allenthalben und jederzeit also willig und bereit, dass, wenn er über Land reiste und etwa in eine kalte Herberge kam, ihm dann der Geist Speise und Trank von anderswoher zutrug. Er ist einmal im Frankenland gereist, und unter seinen Gefährten ist ein vornehmer Mann gewesen, ein kaiserlicher und der Stadt Nürnberg Rat, der das auch erzählt hat. Als sie in ein Wirtshaus gekommen sind, da ist nichts Gutes zu essen und zu trinken gewesen. Da hat der Abt nur ans Fenster geklopft und hat gesagt: »Adfer!« das heißt: bringe. Nicht lange danach wird eine Schüssel mit einem gekochten Hechte zum Fenster hereingereicht und daneben eine Flasche Wein. Davon hat der Abt gegessen und getrunken, die andern aber haben einen Abscheu darob gehabt und es nicht gegessen. Wo hat denn der Teufel den Hecht und Wein hergenommen? Hat er sie erschaffen? Nein. Das kann er nicht. Er hat sie vermutlich aus eines reichen Herrn Küche und Keller gestohlen. Da der Koch den Fisch angerichtet hat, damit man ihn auftrage, ist er ihm entrückt worden, sodass er nicht gewusst hat, wohin er gekommen sei, und ist ohne Zweifel deshalb in Verdacht und Ungemach bei seinem Herrn geraten, als wenn er ihn entwendet hätte, daran der Teufel doch seinen Gefallen gehabt. Den Wein hat er leicht zuwege gebracht, sintemal er zu vielen Kellern, wenn auch nicht zu allen, durch Gottes Verhängnis einen Schlüssel hat. Nun hatten aber damals gerade zu Oppenheim am Rhein etliche Edelleute ihre Höfe, in die sie einzogen, so oft sie in die Stadt kamen. In dem einen, genannt der Frankensteiner Hof, hielt ein Bürger Hochzeit. Da die Gäste zum Abendmahl wiedergekommen waren und zu Tische saßen, sott man Fische, und als diese nun gar gesotten waren und vom Feuer abgenommen und angerichtet werden sollten, bläst plötzlich ein heftiger Wind zu Schornstein, Küchenfenster und Türe herein, wehet alle Lichter aus und stürzt den Kessel über dem Feuer um, dass es auslöscht. Darüber sind alle erschrocken, wie leicht zu erachten. Als sie sich nun wieder besannen und zu sich selbst kamen, das Licht wieder angezündet hatten und suchten, wo die Fische waren, ist nicht ein Auge oder Grätlein von einem Fisch gefunden worden. Sie haben also den Gästen mittlerweile Nüsse aufgesetzt, bis sie andere Fische geholt und zugerichtet hatten, und danach sich entschuldigt und erzählt, wie es zugegangen sei. Wohin sind denn die Fische anders gekommen als zu dem Abt oder einem Zauberer seinesgleichen, der Gäste geladen und nichts für sie gekocht hatte?

242. Agrippa von Nettesheim, der Allwissende. Obgenannten Abts Schüler war ein berühmter Schwarzkünstler mit Namen Cornelius Agrippa, der den Teufel in einem schwarzen Hunde mit sich führte, der ihm anzeigte und wirkte, was er nur wollte und was er, der Teufel, konnte. Das hat sein eigener Diener einmal dem Augustin Lercheimer von Steinfelden selbst erzählt. Der Diener nun hat heimlich von dannen ziehen wollen und zu einer Zeit, da sein Herr nicht zu Hause war, seine Habe zusammengesucht und sich zur Reise fertig gemacht. Da ist Agrippa heimgekommen und hat mit der Hand dem Hunde, der auf dem Lotterbettlein lag, den Rücken gestreichelt und sich dann zu dem Diener gewendet und ihn gefragt, warum er denn von ihm wegziehen wolle? Dieser Agrippa rühmte sich, dass er und der Abt eine solche Kunst verstanden, dass kein Ding so fein sei oder geschehe, dass sie solches nicht

Agrippa von Nettesheim

in vierundzwanzig Stunden wissen könnten, und das alles auf natürliche Weise. Als nun aber die Zeit, die ihm der Teufel versprochen, um war und er empfand, dass er sterben müsse, löste er dem Hunde das Halsband ab, darauf seltsame Zeichen und Schrift standen, und sprach zu ihm: »Gehe hin, du verfluchtes Tier, du hast mich in Ewigkeit verderbt!« Damit läuft der Hund fort, springt in die Rhone, die vor Lyon vorbeifließt, und nachdem dies geschehen, ist der Agrippa gestorben und der Hund ist im Wasser geblieben und ist nicht wieder gesehen worden. Diesen Zauberer hatte aber der Kaiser zum Ritter geschlagen und er hat sich Kaiserlicher Rat geschrieben, womit aber der kaiserlichen Majestät eine geringe Ehre geschehen, dass ein öffentlich von Gott Abtrünniger und dem Teufel mit Leib und Seele Eigener sich für seinen Rat ausgab.

243. Kartaphilus der Zauberer von Dillingen. Es war ums Jahr 1435. Das griechische Reich hatte dem Ansturm der Türken nicht mehr länger Widerstand leisten können und war mit seiner Hauptstadt Konstantinopel in die Hand des Sultans Mohamed II. gefallen. Auf der Sophienkirche in Konstantinopel war das Kreuz mit dem Halbmond vertauscht, und schrecklich hauste der gewaltige Eroberer in der besiegten Stadt. Wer fliehen konnte, floh! An vielen deutschen Höfen fanden sich flüchtige Griechen ein, auch nach Dillingen kam ein solcher. Kartaphilus mit Namen, ein alter, ernster Mann mit langem, silberweißem Barte und gebückter Haltung, samt seinem Diener. Dort residierte zu dieser Zeit Bischof, Kardinal Peter von Schaumberg, ein prachtliebender, freigiebiger Herr. Der nahm sich des Vertriebenen huldvoll an, und Kartaphilus, der sich einer großen Gelehrsamkeit erfreute und sich als tüchtiger Heilkünstler entpuppte, stieg von Tag zu Tag in des Fürsten Gunst. Er ließ ihm ein Gemach in einem Turme seines Schlosses einräumen, das jedoch außer dem Diener des Fremden niemand betreten durfte, und allgemein ging das Gerücht, Kartaphilus mache dort für den ritterlichen, lebenslustigen Bischof Geld. Und drang die Kunde von dem Wissen und der Tüchtigkeit des Griechen in weite Kreise, und in dieser Zeit war derselbe ein gesuchter vielbegehrter Arzt und mancher Kranke mag durch ihn Linderung und Befreiung von Schmerz und Pein gefunden haben. Seltsam war das Benehmen des Alten jedoch, wenn er sah, dass der Kranke, an dessen Lager er gerufen ward, unrettbar verloren und dem Tode verfallen sei. Dann harrte er geduldig des Augenblicks, in dem sich die Seele von dem sichen Körper trennte und zog dann begierig den letzten Atemzug des Sterbenden ein. Darauf hauchte er in eine gläserne Phiole, die er aufs sorgfältigste wieder verschloss. So mag er es geraume Zeit getrieben haben. Eines schönen Tages aber war Kartaphilus plötzlich verschwunden, und der Diener über dem Verbleib seines Herren gefragt, gab nur ausweichende Antworten. Da ließ der Bischof die Wohnung des Griechen mit Gewalt öffnen. Rauch und Qualm erfüllten das Gemach. Am Boden waren Kreise mit seltsamen Figuren gezeichnet, und in einer Ecke lag Karaphilus mit starren Augen, mit umgedrechtem Halse und zerschmettertem Gehirne. Zitternd gestand der Diener, dass sich sein Herr in die Kammer eingeschlossen und ihm streng befohlen habe, niemand einzulassen, ehe er sich wieder zeige. Aus mancher Rede des Entseelten wisse er, dass derselbe geglaubt habe, sich mit Hilfe eines Dämons und des letzten Lebenshauches, welchen er zu diesem Behufe seit Jahren von Sterbenden gesammelt, wieder verjüngen zu können. Dem Anscheine nach jedoch müsse ihn sein Glaube und seine Kunst betrogen haben und das Experiment misslungen sein.

Der Leichnam des Unglücklichen wurde auf Befehl des Bischofs auf dem Schindanger verscharrt. *(Schwaben)*

244. General Luxemburg und der Teufel. Vor Zeiten war einmal ein großer General, der hieß Luxemburg und hatte einen Bund mit dem Teufel geschlossen, dass er ihm eine bestimmte Zeit dienen solle; das wurde aber dem Teufel gar bald leid, denn der Luxemburg quälte ihn so, dass er ihm endlich alle seine Briefschaften, mit denen er sich ihm verschrieben hatte, zurückgeben wollte, aber jener nahm es nicht an, sondern fuhr fort, den Teufel tüchtig in Atem zu setzen. So wollte Luxemburg auch einmal eine große Reise unternehmen, doch wollte er nicht die gewöhnliche Straße nehmen, sondern durch die Luft fahren, und da musste ihm denn der Teufel eine Brücke bauen. Da es aber gar schnell ging, und er dem Teufel auch vorher nichts davon gesagt hatte, so musste der immer die Bohlen und Balken, über die Luxemburg eben gefahren war, hinten abreißen und sie vorne wieder anbauen, damit nur die Brücke nicht unterbrochen wurde, denn sonst wäre der Kontrakt gelöst gewesen. Nur hin und wieder erlaubte ihm der General ein wenig Ruhe, und dann fuhr er auf ebner Erde. Da geschah es auch einmal, dass ein Bauer auf einem Strohwagen hinter ihm herfuhr, und als der Teufel nun die Luftbrücke baute, da folgte er immer hinten nach, ohne dass er, da es Nacht war, gemerkt hätte, wo er sich befand; einmal zwar wollten seine Pferde nicht recht vorwärts und er wusste nicht warum, allein er hieb mit der Peitsche tüchtig auf sie los, und da liefen sie wieder vorwärts, seine Peitsche jedoch blieb an einem Pfahle sitzen, sodass er sie in der Schnelligkeit im Stich lassen musste. Endlich gings nun wieder zur Erde hinab, und als ein Kreuzweg kam, fuhr der Bauer ab; da rief ihm Luxemburg nach, diesmal sei's ihm noch so hingegangen, aber er solle nicht wiederkommen. Der Bauer war ganz verwundert und wusste nicht, was jener wollte, als er aber nach einiger Zeit nach Hause zurückkehrte und ins erste Dorf kam, sah er an der Spitze des Kirchturms seine Peitsche hängen, und da ward ihm denn klar, dass er müsse durch die Luft gefahren sein.

So quälte denn Luxemburg den Teufel noch manches Jahr, bis endlich die Zeit des Bündnisses um war; da kam der Böse an, ihn zu holen, Luxemburg aber hatte Wachen aufgestellt, die ihn nicht hereinlassen sollten, allein die schob der Teufel den einen Mann zur Linken, den andern zur Rechten, sodass sie augenblicklich tot niederfielen; darauf eilte er in das Zimmer des Generals, und als dessen schnell nachgeeilte Dienerschaft dahin folgte, fand sie ihn nicht mehr, aber auch der General war verschwunden, und nur seine hohle Haut lag am Boden. *(Uckermark)*

245. Der Herzog von Luxemburg. Pacta und Verbündnis des in der Bastille zu Paris im Verhaft sitzenden Herzogs von Luxemburg, so er mit dem leidigen Satan getroffen. Die gantze Welt war zum höchsten verwundert und kunte sich nicht einbilden, aus was Ursach' doch der in dem jüngst vergangenen niederländischen Krieg teils durch tapfere Kriegsaktionen, teils aber durch barbarische und unmenschliche verübte Greueltaten (wovon die beide holländische schöne Flecken Budegrave und Schwammerdamm ein unauslöschliches Zeugnus, solange die Welt stehet, werden geben können) in gantz Europa berufene Herzog von Luxenburg, so plötzlich und wider aller Menschen Vermuten in des Allerchristlichsten Königs Ungnade geraten, dass er in die sogenannte Bastillie zu Paris in enge Verhaftung gesetzet worden. Es ginge zwar insgemein die Sage und Vermutung dahin, als ob er bei der so beschreiten Giftsache mit interessiert gewesen, welches man, weiln hiervon keine gründliche Nachricht vorhanden, an seinen Ort gestellet sein lässet; jedoch aber hat man nachgehends erfahren, dass derselbe in seiner Gefangenschaft ausgesagt und bekennet, dass er sich mit dem höllischen Mordgeist, dem leidigen Satan, in eine Verbündnus auf nachgesetzte Punkten eingelassen und sich mit ihme folgendermaßen verbunden.

1. Sollst du, Luzifer, mir also bar hunderttausend Pfund an Geld einliefern.
2. Alle erste Dienstag eines jeden Monats tausend Pfund liefern.
3. Soll dieses Geld, so du mir bringen wirst, geb- und gangbar sein, also und dergestalt, dass nicht allein ich, sondern auch alle, denen ich davon geben werde, solches zu ihrem Nutzen anwenden und gebrauchen können.
4. Besagtes Geld soll nicht falsch oder betrüglich noch' von einer solchen Materie sein, welche unter der Hand entweder wieder verschwindet oder zu Stein, Kohlen und dergleichen wird, sondern es soll dasselbe von solchem Metall sein, welches von Menschenhänden geprägt worden und in allen Orten und Landen, wo es auch hinkommen mag, gültig und gangbar sei.
5. Wofern ich eine gute Summa Gelds vonnöten haben würde, es mögte auch sein zu was für einer Zeit oder zu was für einem Gebrauch es immer wolle, so sollst du obligiert und verpflichtet sein, mir verborgene oder vergrabene Schätze einzuhändigen, und zwar nicht also, dass ich dieselbigen an demjenigen Ort, wo sie verborgen oder vergraben sein, selber erst heben müsste, sondern du sollst mir selbige, ohne einige meine Mühewaltung, an dasjenige Ort, wo ich mich zur selben Zeit aufhalten und befinden werde, zu Handen liefern, darmit nach meinem Belieben und Gefallen zu schalten und zu walten.
6. Sollst du mich weder an meinem Leib und Gliedmassen beschädigen, noch an meiner Gesundheit angreifen, sondern mir dieselbe ohne einige menschliche Schwachheit und Gebrechen funftzig Jahr lang unversehret erhalten.
7. Dafern ich aber je wider Verhoffen in einige Krankheit fallen sollte und du solches nicht verhindern könntest, so sollst du mir heilsame und bewährte Artzneimittel verschaffen und zu meiner vorigen Gesundheit, sobald es möglich sein wird, verhelfen.
8. Die Jahr, auf welche wir uns miteinander vergleichen werden, sollen in zwölf Monaten, wie es nicht allein hier in Frankreich, sondern auch in der gantzen Welt gebräuchlich ist, bestehn, und zwar jeden Monat zu dreißig oder einunddreißig Tagen, ein Tag und Nacht zu vierundzwanzig Stund' gerechnet. Diese Zeit soll sich anfangen heut Dato den – – – – dieses 1676sten Jahrs und sich endigen eben diesen Tag des 1727. Jahrs, also und dergestalt, dass im geringsten nichts von dieser Zeit abgehe und du mir dieselbe verkürtzest oder eine falsche und verkehrte Rechnung und Ausdeutung (wie du wohl ehemalen andern zu tun gepflogen) dahermachest.

9. Wann nun diese Zeit allerdings verflossen und ausgelaufen, sollst du mich nach dem gemeinen Lauf der Natur, jedoch sonder großen Schmertzen und Qual, auch ohne Spott und Schand' sterben lassen und nicht verhindern, dass mein Leib ehrlich zur Erden bestattet werde.
10. Sollst du mich beim König, wie auch bei allen vornehmen Herren, in Summa bei großen und kleinen, hohen und niederen Mann- und Weibspersonen, beliebt und angenehm machen, sodass ich ihrer Gunst und Gewogenheit jederzeit versichert seie und sie mir in allem, was ich an sie begehren werde, unverweigert willfahren mögen.
11. Sollst du mich selbander an alle Ort und Ende der Welt, wohin ich verlange, un-beschädiget führen und mich derselben Sprache alsobald kundig machen, dass ich dieselbe fertig reden könne, auch wann ich meiner Kuriosität ein Genügen getan, mich unversehrt wieder zurück in meine Wohnung bringen.
12. Sollst du obligiert und verbunden sein, mich für allem Geschoss, als nämlich Stücken, Bomben, Feuermörsern, Granaten, Musketen, Pistolen, Feuerröhren und allen andern Gewehr und Waffen, sie mögen auch Namen haben, wie sie immer wollen, bewahren, dass mich keines derselben berühren, noch mir an meinem Leib und Gliedern einigen Schaden zufügen möge.
13. Sollst du mir behilflich sein, alle, sowohl des Königs öffentliche als meine Partikulier-Feinde zu überwinden und über sie zu triumphieren.
14. Sollst du mir einen Ring verschaffen und zuwegen bringen, welcher mich, so oft ich denselben an den Finger stecke, unsichtbar und unüberwindlich mache.
15. Sollst du mich für allem, was wider mich in geheim vorgenommen und angesponnen wird, zeitlich warnen, mir auch Mittel und Wege an die Hand geben, solche wider mich gemachte Vorschläge zu hintertreiben und zunichte zu machen.
16. Mußt du mir in allen Stücken, so ich dich fragen werde, gewisse, wahrhaftige und gründliche, nicht aber verkehrte, zweifelhafte oder zweideutige Nachricht erteilen.
17. Sollst du mich alle Sprachen, so ich verlangen werde, lesen, reden und aussprechen lernen, und zwar so gut und perfekt, als ob ich derselben von Jugend auf kündig gewesen wäre.
18. Sollst du mir Klugheit, Witz und Verstand verleihen, von allen Sachen vernünftig zu diskurrieren und ein Urteil darüber zu fällen.

19. Sollst du mich vor allen Gerichts- und Ratsstühlen des Königs, davor ich möchte zitiert und geladen werden, wie auch dem päpstlich- und kanonischen Recht präservieren und vertreten.
20. Sollst du mich und mein Hauswesen verwahren, dass weder Einheimische noch Fremde mir dasselbe angreifen oder etwas davon entfrembden, sondern solches unversehrt erhalten.
21. Soll mir zugelassen sein, dass ich dem äußerlichen Schein nach als ein guter Christ mein Leben führen und dem öffentlichen Gottesdienst ohne Verhinderung beiwohnen möge.
22. Sollst du mich die Universalmedizin präparieren und zurichten lernen, mir auch den rechten Gebrauch derselben und der Dosis oder das Gewicht, wieviel man einer Person davon eingeben soll, sagen.
23. Wofern ich in irgendeiner Occasion, Scharmützel oder Gefechte an meiner Person attakiert und angegriffen werden sollte, sollst du mir zuvörderst und vor allen Dingen Hülf und Beistand leisten.
24. Sollst du verhindern, dass niemand, wer es auch sein mag, diesen unsern gemachten Akkord innenwerden oder erfahren, viel weniger aber entfrembden oder zu Handen bekommen können.
25. So oft ich deiner begehren werde, sollst du mir in einer lieblichen und angenehmen, keineswegs aber in einer erschröck- und abscheulichen Gestalt erscheinen.
26. Sollst du mir Mittel verschaffen, das Gedächtnus zu erhalten und zu stärken, und dieses nicht nur für meine Person, sondern dass solches auch alle und jede Menschen, denen ich's mitteilen werde, helfen solle.
27. Sollst du mir zusagen und versprechen, dass du alle obangeführte Punkten und einen jeden insonderheit unverbrüchlich halten und diesem allem fleißig nachkommen wollest: Wofern du aber an einem im geringsten fehlen oder dich hierinnen saumselig erzeigen würdest, so soll alsdann dieser Pakt und Vertrag null und nichtig und von gantz keinen Kräften sein.
28. Dahingegen gelobe und verspreche ich, dir nicht allein unterschiedliche Manns- und Weibspersonen in deinen Gewalt zu liefern, sondern verläugne auch Gott, die Allerheiligste Dreieinigkeit, und kündige derselben den Bund, den ich in der Tauf mit ihr gemacht habe, gäntzlich auf, trete hingegen mit dir in eine neue Verbündnus und ergebe mich dir mit Leib und Seel' immer und ewiglich.

246. Luxemburgs Künste. General Luxemburg is allerwägt dörchkamen. As Krieg wäst is, hett he'n Sack vull Hackels in de Luft streut, dor sünd dat luter Husoren wäst. Eens führt he ok mit sinen Kutscher na Doberan. De Kutscher denkt, he führt in 'n Weg. De Pietsch hackt ein fast, he denkt, an 'n Duurnbusch. Annern Morgen geiht he in de Stadt ümher, he will sik dat besehn – dor süht he sien Pietsch an 'n Klockenturm hängen. – Eens sitt dor 'n Frachtführer fast in 'n Armstrang von de See – he kann dor nich dörchkamen. Dor kümmt Luxemburg ok an, un de Düwel mött em 'ne Brügg doroewer bugen. De Frachtführer denkt, dor kannst du ok roewerführen un führt hinnerdrinn. Dor röppt Luxemburg em to: »Dat do oewer nich wedder, dat du achter mi anführst!« – De Brügg is wedder weg wäst. *(Mecklenburg)*

247. Luxemburg fällt in Ungnade. Luxemburg hett sik eens vertüürnt hatt mit König Fritz. Dor hett König Fritz to em seggt, he bruukt em nich mihr – he künn afkamen, he süll rut ut de Stadt. Dor hett de König Posten stellt – ut alle soeben Düür is he togliek rutgahn. Nahst hett König Fritz eens seggt: »Hätt ich meinen Luxemburg doch wieder!« »Ik bün ok noch nich weg«, röppt dat – dor steiht he wedder bi em. *(Mecklenburg)*

248. Der Damm. In de Twölften hett Luxemburg oewer't Water führt. De Düwel hett vörn'n Koppsteendamm maken müsst un hinnen wedder upriten un dorbi dat föfft Rad an 'n Wagen sien. Un rügglingsoewer hett he gahn müsst, dat he rund wäst is as 'n Rad. Donn hett de Düwel to em seggt: »Luxemburg, bekihr di to Gott!« *(Mecklenburg)*

249. Luxemburgs Ende. Luxemburg is jo'n Hoochstudierter wäst. As de Tiet aflopen is, sitt he in sien Sloß un hett all de Adelschaften bi sik. Dor kümmt de Düwel an un will em afhalen. Luxemburg fängt an to studieren – de Adelschaften kiken dörch 't Sloetellock. Dor seggt de Düwel: »Gottes Hand hält mich zurück – süß wull ik juug woll de Ogen utpuusten.« Dor seggt Luxemburg to sinen Diener, he sall tosehn, wat dor baben up 'n Dack sitt. De Diener mellt: »Da sitzt ein schwarzer Rabe auf.« Luxemburg studiert ümmer duller. De Düwel seggt to den Diener: »He süll seggen, dor seet 'ne witt Duw up.« Ne, dat ded' he nich. De Düwel bütt em väles Geld. Ne – he mellt wedder: »Dor seet 'n Raw up.« Luxemburg studiert wider. Dor schickt he den Diener to 'n drüdden Mal rut, he sall tosehn, wat up 't Dack sitt. Dor bütt de Düwel em goor to väl

Geld un he lett sik dämpen un mellt an Luxemburg: »Dor sett'ne witt Duw up.« Dor röppt Luxemburg: »Du hest mi bedragen!« un lett dat Studieren na un leggt dat Book daal. De Düwel hett noch seggt: »Luxemburg, Luxemburg, hätt ich die Gnade bei Gott, die du hast, so wollt ich die Leiter raufsteigen zum Himmel und wenn sie voll lauter Schwerter wär. « Nahst is he mit em afgahn. *(Mecklenburg)*

Kopernikus

250. Die Weisheit des Kopernikus. Kopernikus hat auf dem Domberg, wo jetzt die evangelische Kirche steht, eine Bank gehabt. Da hat er jeden Tag gesessen und gegrübelt, der berühmteste Sternkundige der Welt. Einmal wollen sie es ausprobieren. Er war einmal verreist gewesen. Sie waren an seine Bank gegangen und hatten mit feiner Säge ein Ende abgeschnitten, sodass an den vier Füßen ein Haarbreit weg war. »Wenn er so klug ist, ob er das wird spüren?« Aber er hat es gespürt. Und hat denn auch gleich gesagt: »Nun ist es nicht mehr richtig! Entweder der Himmel hat sich gehoben oder die Erde sich gesenkt.« So klug ist er gewesen. Das haben die alten Leute erzählt. *(Ostpreußen)*

251. Kopernikus baut einen Kanal. Kopernikus hat auch gemacht, dass das Wasser auf den Domberg bergan fließen konnte. Und im Mühlgraben, da ist erst kein Wasser gewesen. Das geht gegen den Berg. Da hat ihm ein Ochsenpflüger müssen nachgehen. Der Graben geht im Zickzack hinter Frauenburg. Er geht um den Berg herum, gar nicht richtig geradeaus. Den hat er erfunden. Da hat Kopernikus gesagt:

»Der Ochsenpflüger soll mit ein paar Ochsen nachfahren. Da wird der Kanal kommen!« Und da haben sie nachher müssen graben. Da hatten sie gesagt, das wird nicht möglich sein, das geht gegen den Berg. Na, sie sollten mal! Und nun treibt er die ganze Mühle. *(Ostpreußen)*

252. Von einem bösen Herrn in Groß-Särchen (Krabat). In Groß-Särchen bei Hoyerswerda war einst ein gar böser Herr. Derselbe hat den dort vorbei fließenden Bach (um ihm eine andere Richtung zu geben?) mit einem Pfluge umgeackert; da er aber den davor gespannten polnischen Ochsen nicht gehörig bändigen konnte, so hat der Bach einen ganz krummen Lauf bekommen, den er noch heute hat. Derselbe Herr fuhr oft in wunderbar kurzer Zeit nach Dresden. Immer lenkte er selbst die Pferde und befahl dem Kutscher sich hinten in den Wagen schlafen zu legen. Einmal wachte der Kutscher aber auf und als er sich umsah nahm er wahr, dass die Reise nicht auf der Erde fort sondern durch die Luft ging. Im ersten Schreck schrie er laut und wollte aufstehen: sein Herr bedrohte ihn aber sehr und befahl ihm, sich ruhig wieder nieder zu legen, sie könnten sonst beide sehr unglücklich seyn. Ueber das Gespräch waren sie auch wirklich schon in Gefahr gekommen. Denn die Pferde, auf die der Herr nicht Acht gegeben, hatten sich nicht hoch genug gehalten und der Wagen war an die Spitze des Camenzer Thurmes angefahren, welche noch bis auf den heutigen Tag davon krumm gebogen ist.

Dieser Herr hat auch bisweilen schwarzen Hafer in den Kacheltopf gethan und dazu einige Worte gesprochen. Darauf sind gleich Soldaten, anfangs nicht größer als Haferkörner, hervorgekommen; zusehends aber sind sie gewachsen und endlich wie andere Menschen geworden, haben sich im Schlosshofe aufgestellt und sind hin und her marschiert, wie der Herr sie commandiert hat. Wenn er dann wieder ein Paar Worte gesprochen, so sind sie kleiner und immer kleiner geworden und alle wieder in den Ofentopf hinein gegangen, und sah man hinein, da war darin nichts als schwarzer Hafer. Einmal behorchte der Großknecht den Herrn und merkte sich die Worte, und versuchte das Kunststück auch, als der Herr eben auf dem Felde war. Es gelang ihm auch richtig; wie er aber die Soldaten wieder in den Kacheltopf bringen wollte, wusste er das Wort nicht, und sie fielen alle über ihn her und schlugen auf ihn los und er gerieth in große Todesgefahr. Der Lärmen, den sie machten, war so groß, dass der Herr ihn auf dem Felde hörte. Der kam schnell herzu gelaufen, befreite den vorwitzigen Großknecht, commandierte das wilde Heer in den Ofentopf hinein und machte es wieder zu Haferkörnern.

253. Pfeifer Huisile, der Tiroler Faust. Es ist noch nicht lange her, dass man mal sagte, wenn sich die Wölken über die Berge zusammenzogen, als könne ein Wetter werden: »Das Pfeifer Hulsile wird wohl um die Wege sein.« Denn das Wasser besorgte das Pfeifer Hulsile auf die Berge und goss es von dort in die Täler herab. »Dös hoat no öppes gekönnt.« Ober der Lamse ist das Mannl auf einem Ziegenbock heruntergefahren. Wo es gefahren ist, ist gleich hinter ihm ein Graben aufgerissen gewesen und die Güsse kommen. Eigentlich hat es über den Platzhof nach Gossensaß herabfahren wollen; aber die Glocken des Warbls Kirchl läuteten, die sind so hochgeweiht, dass es dort nicht fahren durfte und seitwärts biegen musste.

Ein Pfarrer war es bei Lebzeiten; es hat Bauerndienste verrichtet und ging mal mit einem spitzen Hut und einer Feder dran und mit einem Körbl auf dem Rücken, worin es seine Künste drin hatte, und das Körbl war mit einem Luck verschlossen. *(Südtirol)*

254. Der Wettermacher. An der Gschleierwand kam es zu zwei Bauern, die Nachbarn waren. Der eine tat ihm, was er wollte, der andere nicht. Beide waren bei der Heuarbeit. Der erste hatte das schönste Wetter, und weil mal die Sonne schien, konnte er den ganzen Tag hagn; der zweite konnte nichts tun, denn es regnete auf seinem Mahl den ganzen Tag und doch lagen die Wiesen der beiden Bauern so nahe beieinander, dass nur die Grenzsteine dazwischen waren. Das hatte das Pfeifer Huisile gemacht.

Pfeifer Huisile (Paul Flora)

255. Verblenden. Von Pfersch fuhr das Hexenmannl nach Sterzing; es saß auf einem Baumstamme, hatte aber nur einen Hahn vorgespannt, und doch war es schneller dort, als man es mit einem Ross gekonnt hätte. Als die Leute näher hinsahen, war der Stamm, auf dem es gefahren war, nur ein Strohhalm. *(Südtirol)*

256. Maria hilft Huisile. Das Pfeifer Huisile durfte am Tage nur ein Vaterunser beten, mehr hatte ihm der Teufel nicht erlaubt; es war auf dem ›Jaufensteg‹ in der Kirche, der gegenüber ein großer

Baum steht. Dort betete es, als es über das Joch gehen wollte, drei Vaterunser. Nachher fehlte es den Weg und kam statt auf das Joch auf die Jaufenspitze. Hier wartete schon der Teufel auf ihn und machte ihm Vorwürfe: »Du hast ja heute drei Vaterunser gebetet! Bist mir ungehorsam gewesen! Ich werde dich hier von der Bergspitze hinunterstürzen!« Pfeifer Huisile sah hinab und rief: »Da unten steht a Weibes und höpts Fürtig au!« Und das war so, es war die Mutter Gottes selbst, die ihn schützen wollte; aber er rief: »Dös isch mir z'weibisch.« Von den Weibern hat er nie etwas wissen wollen, und vom Teufel möchte er nicht lassen.

257. Huisiles Ende. Schwer wurde es den Leuten, das Hexenmandl zu fangen, und als sie es endlich hatten, ihm den Garaus zu machen, rief es noch immer, nachdem es bereits zwei Stunden in glühendem Öl gesotten hatte: »I hann z'kalt.« Es wär auch noch außer kemen, wenn es nur einen Tropfen Wasser oder a Bröckl Erdn kriegt hat. Alle Vorübergehenden hat es angebettelt, sie möchten ihm nur soviel Wasser geben, als am kleinen Finger hängenbleibt, wenn man ihn hineintaucht; aber niemand gab es ihm. Da musste sich das Pfeifer Huisile ergeben, und zwar in derselben Stunde, in der unser Herr Jesus Christus verschied. *(Südtirol)*

258. Punklers Ring. Jedermann kennt den Eberhard im Bart, den ersten Herzog von Württemberg. Zu dessen Zeit wohnte auf Lindenbrunn ein mächtiger Raubritter, und den zu bekämpfen zog der Herzog auf die Burg los und belagerte sie. In seinem Gefolge hatte Eberhard einen kunstreichen Schützen, der hieß Punkler, und der tat jeden Tag drei Schüsse, von denen ein jeder einen Mann aus der Besatzung traf; tat er mehr Schüsse, die waren ungewiss. Das merkten die von der Burg bald, und einer rief eines Tages dem Schützen zu: »Punkler, wahrhaftig, willst du uns denn den Ring am Tore selbst nicht ungeschändet lassen?« Punkler rief ihm hinwieder: »Den hole ich mir, und zwar bei hellem Sonnenschein und an dem Tage, an welchem wir die Burg in unseren Händen haben werden.« So geschah es auch; er hatte mit einem begonnen und so nach und nach die ganze Mannschaft zusammengeschossen, und als darauf das Schloss erobert wurde, nahm er den Ring vom Tore und hing den an die Türe seines Hauses in Rohrbach, welches in der Wormser Diözese liegt; da kann man denselben noch schauen.

Er hatte aber kein' gut Ende, der Punkler; denn er wurde den Bauern langsam verhasst wegen seiner Zaubereien', und die überfielen ihn eines Tages und schlugen ihn mit ihren Hacken und Schaufeln tot. Man sagt, er habe auf ein Kreuzbild drei Pfeile geschossen und dadurch vom Teufel die Gabe erlangt, täglich drei sichere Schüsse zu tun. *(Württemberg)*

259. Eine Teufelsverschreibung. Im Jahre 1695 hat die Magd des Kaufmanns Junge zu Zittau im Bette des bei diesem wohnenden Schülers Gottfried Heinrich Pursche ein zugenähtes ledernes Beutelchen gefunden. Als man es öffnete, fand man darin ein Stückchen mit Blut getränktes Papier und ein mit Blut geschriebenes Zettelchen. Auf der einen Seite desselben stand:

»Seegen zum Festmachen
††† Satan Gott Juva permittere necesse est oportet
Nagel (das heißt, Teufel) der Erste ist mein Schutz.«

Die andere Seite enthielt die Worte: »Gottfr. Heinrich Pursche. O Satan, ich will Dir dienen, ja ich will Dich auch lieben bis in den Tod, gib nur, dass ich meine Feinde überwinden möge, hiermit hast Du mich selbst, mache mich stark, fest und unüberwindlich.« Pursche gestand, er habe zwei solche Zettel, den einen mit Tinte, den andern mit Blut geschrieben; der erste sei verloren gegangen, den andern habe er vors Fenster gelegt, dass ihn der Teufel holen solle. Dieser holte das Papier aber nicht, daher nähte es Pursche in ein Säckchen und trug es am Halse mit sich herum, nahm es aber ab, als er am Gründonnerstag zum Abendmahl gehen musste, und verbarg es im Bette, wo man es fand. Er ward zu Staupenschlag und Landesverweisung verurteilt, zuvor aber in Haft genommen, um sich zu bessern.

260. Die Jenaer Christnacht-Beschwörung. Es fanden sich in Jena drey Schatz-Beschwörer zusammen, nemlich Johann Gotthard Weber, Studiosus Medicinae; Hans Friedrich Geßner, ein Bauer und Schäfer von Dröhrisch; und Hans Zenner, ein Brau-Knecht von Ammersbach: welcher letztere sonderlich in der Beschwörungskunst erfahren zu seyn glaubte, und öfters nur betauerte, dass er einige Tractätlein darvon eingebüsset habe. Sie redeten eine Zeitlang unter einander von einem sehr grossen Schatz, den aber Zenner wegen seines abgelegten Eides nicht offenbahren dürfe; wiewol er, seinem Vorgeben nach, schon einige Münzen mit einer von Vogelleim bestrichenen Stange durch die eisernen Gitter heraus gezogen hatte. Er zeigete seinen Cameraden eines von diesen kostbaren Geldstücken: Auf der einen Seite sahe man fünf Schilde mit einem Elephanten; auf der andern die Bahnioni-

Zeitgenössische Skizze des Unglücks in Jena

sche Hure auf dem sieben-köpfichten Thiere, davon Apocalypheos 17. geredet wird. Zugleich sahe man auch auf dieser Seite der Müntze drey Mannsbilder, mit Kronen auf ihren Häuptern. Benahmter Zenner gab ferner vor, sie wären bey dieser Gelegenheit von dem Geist gewarnet worden, dass sie nicht mehr auf solche verächtliche Weise mit der Vogelleim-Stange wiederkommen solten, sonst würde es ihnen ihr Leben kosten. Doch wisse er noch einen gewissen andern Schatz in Heichlers Weinberge, wo sich öfters ein Geist einer weissen Frauen sehen liesse. Sie wurden also mit einander einig, denselben gewöhnlicher massen in der Christ-Nacht zu sehen. Dieses geschahe im Jahr 1715. Bey dieser Unterredung zog Weber zwey Manuscripta magica, nemlich Fausts Höllen-Zwang und Clauiculum Salomonis, aus der Tasche heraus, und lass aus denselben die Regeln vor, welche bey Beschwörung der Geister zur nöthigen Vorbereitung zu mercken wären. Nachdem sie nun vorhero das dasige Weinbergs-Häusgen besichtiget, so gingen sie alle drey am Heil. Abend Nachts um 9 Uhr, mit einer Laterne und 2 Anschlitt-Lichtern dorthin. Ein jeder dieser drey Beschwörer hatte ein Sigillum magicum von dem Weber zu sich genommen; dieser Weber aber hatte über die Thür des Hausgens vorher das bekannte Wort Tetragrammaton mit dem Bleyweißstifte angeschrieben. Als sie nun in das benamte Haus hinein gekommen, haben sie sogleich, ehe sie sich noch niedergesetzet, ein Vater Unser mit einander gebetet. Weilen aber an statt eines verlangten Wind-Ofens nur einige Schmiede-Kohlen von Heichlern waren dahin geschafft worden, haben sie dieselben aus

Noth um der grossen Kälte willen anzünden müssen; welche aber einen so schrecklichen Dampf von sich gegeben, dass sie kaum bleiben können; so gar wurden sie wider ihre Absicht genöthiget, dieserwegen die Thür aufzumachen, um von dem Dampf etwas befreyet zu werden. Nach diesem allen hat Weber seine Bücher, Sigilla magica und andere Sachen auf den Tisch geleget; Geßner aber mit des Webers blossen Degen einen Zauber-Kreuz oben in der Decke gemacht, und Weber diesen Degen nachhero in den getheileten Boden gestossen. Sie haben fernerhin kein Wort mehr mit einander gesprochen, sondern Geßner hat um 10 Uhr seine dreymalige Beschwörung würcklich vollbracht. Die Umstände davon waren diese: Nach Benennung etlicher Namen Gottes hat er den Och, als Fürsten der Sonnen, beschworen, dass er den Geist Nathanaels, welcher vor den Besitzer dieses Schatzes gehalten wurde, herstellen sollte, damit ihnen derselbe wohl erfahrne Geist zu Hebung des Schatzes behülflich seyn möchte. Weber aber hatte schon aus Faustens Höllen-Zwang die hierzu nöthigen Beschwörungs-Wörte einmal völlig hergelesen; eher es wolte sich auf dißmal noch kein Geist zeigen. Er wurde dahero genöthiget, diese Forumuln noch einmal dem Geist vorzulegen. Kaum hatte er dieselben bis auf die Helfte geendiget, so ist er ganz ausser sich selbst gekommen, und gleich als schlafend mit dem Kopf auf den Tisch darnieder gesuncken. Den andern dabey gegenwärtigen Persohnen fehlete aber dißmal noch nichts. Ausser dem wusste Weber nichts auszusagen, weil er sich nicht besinnen können, was mit ihm und seinen andern Mitbrüdern fernerhin vorgegangen. Übrigens war der traurige Ausgang dieser gottlosen Unternehmung kein anderer, als welcher sich auf solche gebühret. Denn, folgenden Tages fande man Webern halb todt; die beyden andern aber gar todt, und statt des gesuchten Schatzes ihre Hosen voll Morasts; dass man kaum vor Gestanck bleiben konte. Der Besitzer des Weinberges, Heichler, der um diese Sache gewusst, auch darzu behülflich gewesen, befande sich eben in der Kirche, als ihn die plötzlich Überfallene Angst nöthigte, seinen Weinberg zu besuchen. Als er nun daselbst ankam, befande er diesen entsetzlichen Spectacul. So bald er selbigen erblicket, ist er sogleich wieder umgekehret, und hat des Webers Stuben-Gesellen, Caspar Rechen, abgeholet, solchen mit sich dahin geführet, und sich mit ihm berathschlaget, was bey so gestalten Sachen zu thun wäre. Als nun Webers Stuben-Geselle solche schreckliche Tragoedie zu Gesicht bekam, wusste er selbst nicht, wozu er sich entschliessen sollte. Sie besahen mit einander die todten Körper, und nachdem sie den halb todten Weber aufgerichtet, nahmen sie das magische Buch, und andere auf dem Tisch gelegene Zauber-Stücke zu sich, und brachten dieselben seinem gewesenen Beichtvater, dem Hrn. D. Weissenborn. Worauf man es den Stadt-Gerichten angezeiget, welche gar bald Anstalt gemachet, den halb todten Weber in die Stadt zu bringen, und seiner zu pflegen, damit er zur Inquisition gezogen werden könne. Die zwey todten Körper wurden mit drey Wächtern von der Bürgerschaft bewachet; welche aber die Nacht über von dem Gestancke der Todten, von den Gespenstern, und anderm Ungemach dermassen zugerichtet worden, dass sie folgenden Tages von denen ankommenden Gerichts-Personen gleichermassen halb todt angetroffen wurden, und auf einem Karn in die Vorstadt geführet werden musten. Einer von diesen Wächtern, Namens Beyer, ist auch bald darauf verschieden. Was nun die andern zwey todten Teufels-Banner anbelanget, so sind sie nach der Section und Besichtigung der Herren Medicorum auf einer Schinders-Schleife öffentlich in der Stadt zum Abscheu herum geführet worden, bis man sie endlich durch des Scharfrichters Hand unter dem Galgen tief eingraben lassen. Bey Untersuchung der magischen Sachen wurde folgendes schöne Inventarium davon angetroffen: nemlich, unter den Signis magicis war eins von Zinn, darauf ein Löwe auf der einen Seite gebildet, nebst den Rand-Worten: Non, Chad, Helsn, Sadag, San, Jacoj. Auf der andern Seite fände sich zwischen zweyen Charactern das Wort Verchiel, und neben umher diese Worte: Bicit, Leo de tribu Juda, radig David. Auf einem kleinern Sigillo von Bley war der bekannte doppelte Triangel, darinnen der Name Gottes Adonai, und hinten die Worte: Christus est veritas et vita, geschrieben stunden. Jener hatte bey seinem Hinausgehen ein Pater noster um die Hände gewickelt, an welchem unten in einer Capsel Facies Salvatoris mundi, und auf der andern Seite die Bildnisse des Ignatii Loyolae und Francisci Xaverii angemachet waren. Warum die Geister-Beschwörer dieser Jesuiter ihre Bildnisse mit zu brauchen pflegen, mag wol keine andere Ursach seyn, als weil dieselbigen vor die eigentlichen Patriarchen und Kunstverständigen in der Daemonologie gemeiniglich gehalten werden. Man wird dahero meistentheils das Bild des Ignatii Loyolae mit einer Zauber-Ruthe und einem Glanz umgeben gemahlet finden; wobey ein fliegender Drache gesehen wird. Was durch dieses letztere Sinnebild eigentlich mag verstanden werden, kan ich nicht gewiss sagen; vermuthlich wollen sie damit anzeigen, wie die bösen Geister insgesamt vor der Gegenwart selbiger beyden heiligen Väter fliehen müssen. Es ist dannenhero in der Römischen Kirche der Gebrauch entstanden, dass diese Jesuiter-Patres ihren gewidmeten Seelen solche Bilder in der Absicht zu verehren pflegen, damit sie selbige an ihren Kammer-Thüren anheften, und also vor den Nacht-Gespenstern mögen gesichert seyn. Besonders bedienen sich derselben das andächtige Frauen-Volck dazu, damit sie von dem Alpen nicht mögen bedrückt werden. Doch dieses beyläufig. Ich muss jetzt in meiner Erzehlung fortfahren. Benamter Weber hatte in einem viereckigten Beutel jederzeit viel abergläubische und zauberische Sachen an seinem Leibe getragen; als da waren z. E. ein mit auf die Welt gebrachtes kleines Kindes-Häutgen. Ein magisches Sigill von Bley, mit unerkenntlicher Schrift, das Bidlnis St. Nicolai und Nicasii, welcher sonsten auch in der Römischen Kirche vor einen Patron wider die Ratten und Mäuse gehalten wird. Ferner ein Stücklein eines indurati menstrui virginei: ein Zettelgen, darinnen Webers Geburts-Stunde, auch sein und seiner Tauf-Pathen Namen, aufgezeichnet waren; und einige Stücke von metallischen Steinen, welche wider die Zauberey helfen solten. Hierbey möchte man wohl mit Recht sagen, dass dergleichen Leute mit sehenden Augen blind seyn: Sie nehmen den Teufel mit in ihre Freundschaft auf, und fürchten sich doch vor demselben. Denn damit er ihnen nicht Schaden solle, so suchen sie sich durch Göttliche Geheimnisse der Religion darvor zu beschützen.

261. Eines Tübinger Studenten Verbündnis mit dem Teufel. Am 11. Dezember 1596 wird dem Senate angezeigt, ein Student Namens Leipziger habe sich dem Teufel verschrieben, wenn er ihm etwas Geld wolle zustellen. Es wurde beschlossen, ihn durch die Theologen in Untersuchung nehmen zu lassen, und namentlich zu befragen, ob er schon lange mit dem Teufel zu thun gehabt, und wie oft er von ihm Geld empfangen, was Geding er mit dem Teufel getroffen, welche Bücher er gelesen? u.f.w. Er antwortete: es sey das erstemal, habe noch kein Geld vom Teufel erhalten; seine Schulden haben ihn dazu gebracht, sey mehr als 200 fl. schuldig, namentlich tribulire ihn der Messerschmied wegen 3 1/2 fl.; er habe es nur auf zwei Jahre mit dem Teufel treiben wollen, und wäre er gestorben in dieser Zeit, hätte er vorher ihm abgesagt und ihm erklärt, er haben einen anderen Helfer, Jesum. Beschluss: ihn bis zum Christtage im Karcer zu lassen, und ihm anzuzeigen, dass er sich zum heil. Abendmahl vorzubereiten und dieses zu genießen habe, auch das ganze halbe Jahr zu Hause bleiben müsse, ausser um in alle Kirchen und in die Lextionen zu geben. –

Am 8. Januar 1597 wird angezeigt, Leipziger hatte sich nicht zu Hause, habe auch in Wirtshäusern drei silberne Becher und drei Löffel gestohlen und dieselben verkauft. Beschluss: peinlich gegen ihn zu verfahren, vorher aber seinem Vater (in Sachsen) Nachricht zu geben, dass er einen Anwalt schicke.

262. Das Chhstophelgebet. Diese Begebenheit hat sich vor weniger Zeit zugetragen und ist folgenden Inhalts: Extrakt aus dem bei dem Hochfürstl. Brandenburg-Bayreuthischen Vögteiamte zu Markt Lenkersheim geführten Inquisitionsprotokoll, über die Anno 1732 allda in Verhaft gesessene Diebesbande, unter welchen sonderlich Oßwald Stahlis, gewesener Wirt und Metzger zu Mulfingen an der Daxt wegen des sogenannten Christophelgebets mit angegeben worden. Dieser hat ausgesagt, dass kraft dessen der Teufel gezwungen würde, soviel Geld zu bringen, als man von ihm verlange; wenn man aber dasselbe beten und gebrauchen wolle, so müsse wenigstens eine Kompanie von drei Personen da sein, welche vorhero beichten und fromm leben müssten. Wenn nun diese Geistesbannung vorgenommen werden sollte, müsste einer aus der Gesellschaft an allen vier Ecken des Zimmers vier heilige Evangelia (nämlich an jedem Orte eines) beten; darauf man an demjenigen Ort, wo man sich niederlassen wolle, einen Kreis mache unter Sprechung gewisser Worte und alsdenn ein gewisses Gebet verrichte, welches entweder könne von jemand auswendig gesagt oder nur hergelesen werden. Das letztere pflege am meisten zu geschehen, weil es auf vier Bogen lang wäre und viele Worte von fremden Sprachen in sich enthalte. Eben dieser Gefangene bekannte, dass dieses Gebet erstaunend anzuhören, weil darinnen Gott und alle heiligen Engel beschworen würden, dass sie den heiligen Christoph, als den großen Herrn der Schätze, sollten aus dem Himmel kommen lassen, damit er die unterirdischen Geister nötigen möchte, Geld und Gut zu bringen. Woferne nun solches zum erstenmal nichts würke, so erfolge darauf eine andere und noch härtere Beschwörung: wenn auch diese noch nicht zulänglich, dass der Geist noch nicht mit seiner Hülfe erscheinen wollte, so würde außer dem vorigen noch ein anders Gebet verrichtet, welches der eigentliche Höllenzwang sei. Worauf alsdenn der Geist erscheinen müsste, wenn er auch in den innersten Abgründen verborgen wäre. Von den Formalien dieser Beschwörung wollte der Inquisit keines auswendig wissen, unter dem Vorwand, dass sie viel zu lang wären und dahero nicht könnten im Gedächtnis behalten werden. Sie hätten die Sache vor etlichen Jahren einmal praktizierest, da denn der Geist einen großen Zwerchsack mit Geld gebracht; als sie aber eben über dem Empfang dessen gewesen, wäre ein Lärm auf der Gasse entstanden, dass das Haus brenne (indem der Geist den Ruß in der Feuermauer angezündet gehabt), darüber sie hätten entlaufen müssen; der Geist aber wäre mit seinem Gelde bald wieder verschwunden. Das war also der fatale Ausgang dieser Narrenkomödie. Inquisit gestand ferner zu, dass sie dergleichen Geisterbann zur andern Zeit wieder vorgenommen hätten; allein die Sache wäre ihnen ebenfalls nicht wohl gelungen, weil der Geist mit einem entsetzlichen Wind gekommen, dass sie gemeinet, das ganze Haus würde einfallen: dahero wären sie wieder entlaufen und hätten alles im Stich lassen müssen. Dieses ist extrahiert aus den Akten, MarktLenkersheim den 30. Junii 1733. subskripsit George Christoph- - - Amtsvoigt.

263. Hinrichtung eines Zauberers in Konstanz. Es waren zween Gesellen in dem Turgöw, da zoch einer den andern, er künde gelstrye und den Kügen die Milch nehmen, Wetter und Hägel machen, dass er Gott und dem Land, den Lüten und den Erdenvücher ein schädlicher, verderblicher Mann wär und wäger tot dann lebendig; dem widersprach der ander und bot sin Unschuld dar. Diese Sach kam offen zu Rechten, dass die von Wil diese Sach gen Costantz für Landgericht, dahin die beiden zu den Rechten kummet. Und was des einen Fürsprech Ulrich Blaurer und des anderen Cunrat Schatz, daselbst ward uff obgemelte Klag und Antwurt, Red und Widerred zu Recht gesprochen, wa der Kläger mit sechs unversprochenen Mannen fürbrächte und dass die schwaren Eid zu Gott und den Heiligen und er der sibend wär, dass ihm zu wissen wär, dass der antwortet, solliches künde und hätte getan und ouch dem Land und den Lüten ein schädlicher Mann und besser tot, denn lebendig wär, dass darnach aber söllte beschehen, dass recht wär. Also verhört man da an dem Landgericht viel Zügen, der ein Teil verworfen wurdet, doch am letzten lait er sechs Zügen, die schwurent, dass er ein söllicher böser Mann wäre und schädlich dem Land und den Lüten wär und was der Kläger der sibend; uff des erkannten sich die Richter, dass er die Sach wohl gewisst hette, und ward damit verurteilt zu dem Tod, dass man ihn sollt verbrennen. Also ward er desselben Tages an dem espan verbrennt uff Samstag vor Sant Oschwaldstag.

264. Der Hexenprozess gegen Frau von Neitschütz. Die Frau von Neitschütz, eine geborene von Haugwitz, Mutter der bekannten

Gräfin von Rochlitz, soll, wie aus den Untersuchungsakten, welche nach dem Tode ihrer Tochter über deren Verhältnis zum Kurfürst Georg IV. geführt wurden, hervorgeht, eine arge Zauberin gewesen sein. Es ward konstatiert, dass sie Fledermausherzen unter ihren Stuhle genagelt hatte, um im Spiele zu gewinnen, sie trug ihr Spielgeld in einem Beutel von Fledermaushäuten und soll einen Diebsdaumen gehabt haben. Sie pflegte Umgang mit einer gewissen Zauberin namens Baumeisterin, der Hexe Margarete aus dem Dorfe Zinnig im Spreewald, der Traum-Marie, dem Dresdner Scharfrichter Melchior Vögel und vier anderen Zauberinnen. Eine ihrer Vertrauten namens Krappin soll ausgesagt haben, die Gräfin, sie und die Margarete hätten durch Zauber den Kurfürsten Georg III. umgebracht, indem sie ihn (wahrscheinlich ein wächsernes Bild von ihm) im Feuer getötet, sodass sein Herz im Leibe gebrannt wie ein Licht: und allerdings fand sich auch bei der Sektion des Körpers sowohl das Herz als der ganze Leib blutleer. Sie hat auch ihre Tochter gelehrt, gewisse Zaubercharaktere, die ihr ihr Sprachlehrer Saladin mitgeteilt, sich mit einer Rabenfeder in die Hand zu schreiben, wenn sie den Kurfürsten anrührte, und am Karfreitag in der Bartholomäuskirche zu Dresden ein Schächtelchen versiegelt und an sich genommen, worin sich verschiedene Gegenstände ihrer Tochter und des Kurfürsten, die mit dessen Schweiß und dem Blute jener benetzt und in zwei Säckchen gewickelt waren, um die Liebe beider unauflöslich zu machen, befanden; vorher war es aber heimlich auf den Altar, als man die Passion sang, gesetzt worden, um den Segen darüber sprechen zu lassen. Bekanntlich starb nun die Rochlitz am 4. April 1694 an den Blattern, und der Kurfürst, von denselben angesteckt, folgte ihr am 27. April 1694, und kurz nach seinem Tode ward ein Hexenprozess gegen die Frau von Neitschütz eingeleitet, worin sie angeklagt ward, den Kurfürsten Johann Georg III., um den Kurfürsten Johann Georg IV. zur Regierung zu bringen, durch Zauberei ermordet und diesem durch Zauberei Liebe zu ihrer Tochter eingeflößt zu haben. Infolge davon ward der Leichnam der letztern aus der Hofgruft in der Sophienkirche ausgegraben, weil Verdacht vorhanden war, dass ihr von ihrer Mutter nicht bloß das Porträt des Kurfürsten mit einem gespaltenen Penseebande, sondern auch in Papier eingewickelte Haare und das Haarband des Kurfürsten, trotzdem dass dieses auf Anraten des Leibmedikus der Leiche vorher abgenommen worden war, in den Sarg mitgegeben worden sei; und wirklich fanden sich, außer verschiedenen Ringen, am Kinne der Leiche einige braune Haare, in ein Papier gewickelt, am Beine ein gelber Schwamm und am linken Arm ein schwarzes, mit Atlas überzogenes Haarband, das sehr fest umgestreift war, und hinter dessen Ellenbogen Sr. Kurf. Durchlaucht Porträt, an den vier Enden mit größeren Diamanten besetzt, das mit einem penseefarbenen Bande stark verbunden, aber mit den weiten Ärmeln wohl verdeckt war. Dass mit allen diesen Dingen offenbar gewisse sympathetische Wirkungen erzielt werden sollten, versteht jeder, dem das sogenannte Bannen bekannt ist. Der Prozess endigte auch mit der Verurteilung sämtlicher Inkulpaten. Die Traum-Marie ward dreimal gefoltert und kam an den Pranger, die Hexe Margarete und der Scharfrichter starben, nachdem sie dreimal torquiert worden waren, im Gefängnis (1695) die alte Neitschütz aber, welche ebenfalls den ersten Grad der Tortur ausgestanden, starb lange nachher (1713), eigentlich straflos, weil ihr Prozess niedergeschlagen worden war, auf dem Gute Gaußig bei Bautzen.

265. Die Alraune Kaiser Rudolphs II. Von der kaiserlichen weltberühmten Bibliothek hat vor nicht gar langer Zeit der damalige Vorsteher dieses vortrefflichen Bücherschatzes aufrichtig bekannt, dass er nach dem gewöhnlichen Betzeichen keine bleibende Stätte mehr daselbst habe, wo er nicht mit Gewalt wollte herausgetrieben werden. Absonderlich versicherte er dieses von demjenigen Zimmer, in welchem unterschiedene Manuskripta nebst andern raren Monumenten verwahret werden, wie er mir denn zwei Mandragoras, mit rotem Scharlach bekleidet und gleichsam in ordentlichen Totenladen nach Proportion ihrer Größe liegend, gezeiget, auch mir solche in die Hand zu nehmen vergönnet hat. An denselben funden sich besondere Zeichen, als wenn sie unterschiedenen Geschlechts wären, und sollte sich Kaiser Rudolphus II. derselben bedienet und gar seltsame Dinge damit verübet haben. Unter andern erzählte er mir auch, dass sie, wie kleine Kinder, hätten müssen gebadet werden, und zwar mit unverfälschtem Weine. Wenn dieses nicht geschehen wäre, hätten sie ein Geheule angefangen wie neugeborene Kinder, welche erst von Mutterleibe kommen und die äußere Naturluft anfangs nicht recht vertragen können, hätten auch nicht eher nachgelassen, bis ihnen ihre ordentliche Pflege widerfahren sei. Dieses Gewächse wird, wie man insgeheim dafür hält, nirgends anders gefunden als unter einem Galgen, welcher seine gehörigen Früchte träget, ich will soviel sagen, an welchem ein oder mehr arme Sünder hangen, welche in der ersten Auflösung begriffen sind. Aus den körperlichen Ausflüssen,

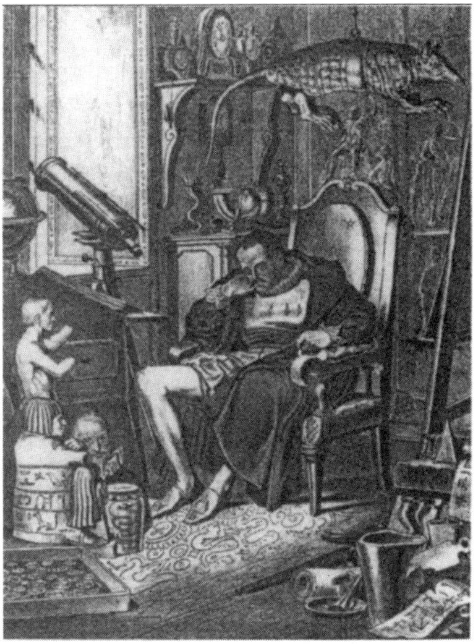

Kaiser Rudolf II. in seinem Kuriositätenkabinett

welche von diesen auf die Erde heruntertropfen, soll diese Pflantze ohne einigen andern Samen Wurtzel fassen, und in einer Nacht ihren Stengel auf eine Elle in die Höhe treiben. Wer nun dieselbe ausgraben will, der muss in der Tasche des schwartzen Kaspars wohl erfahren sein, damit er die darzu erforderten Charakteres um die Mandragoram her machen und niemand ihm dieses kostbare Kleinod entführen möge. Will er also mit gutem Fortgang zu seinem Zweck gelangen, so muss gar keine Menschenhand an dieses Gewächs geleget werden; hingegen kann ein eintziger schwartzer Hund, der gar keine Flecken von anderer Farbe hat, wenn er an den Stengel gebunden wird, selbiges zwischen der elften und zwölften Nachtstunde aus der Erde bringen, indem derselbe von einem unsichtbaren Wesen durch Schläge darzu angetrieben wird. Auf diese Art bringet der Hund diese Wurtzel seinem Meister zuwege, wiewohl derselbe seine angewandte Mühe noch darzu mit dem Tode bezahlen muss. Soweit bringet die Geldbegierde die blinden Menschen, dass sie mit so wunderlichen Umständen nicht ohne Gefahr ihres eigenen Lebens ihr Glück unter dem Galgen machen wollen. Es stehen aber solche abergläubische Leute in der festen Einbildung, dass dieses Gewächs von gewissen Ausflüssen der erhenkten Körper gezeuget werde und die Kraft habe, sie nach Hertzenswunsch mit Gelde reichlich zu versehen, da sie doch bedenken sollten, dass der Galgen nicht sowohl eine Schatzkammer der Reichtümer, sondern vielmehr ein trauriger Schauplatz sei, auf welchem unglückselige Leute wegen erworbenen ungerechten Guts andern zum Abscheu und zur Warnung nackt und bloß in freier Luft ausgestellet werden und deren abtriefendes Fett so wenig als sie selbst das Vermögen hat, ihnen etwas mitzuteilen. Wenn sie nun diese Wurzel auf obberührte Art erlan-

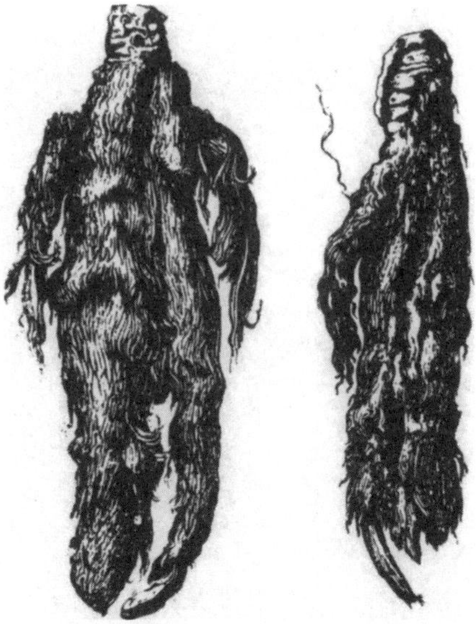

Die Alraunen Kaiser Rudolphs II., Marion und Trudacias

get haben, so pflegen sie derselben ordentlich, wie eines Kindes, waschen sie mit Weine, geben ihr ein Bette, wie auch gewisse Speisen und Getränke zu ihrer vermeinten Nahrung. Wird denn dieses alles von ihnen mit gebührendem Fleiß ins Werk gesetzet, so glauben sie gantz gewiss, dass sie dieser Mandragorae alles dasjenige Geld zu danken haben, was sie in ihrem Geldkasten antreffen. Und dieses ist es, was ich dir von der so berufenen Mandragora habe erzählen können.

266. Cagliostro und die Halsbandaffäre. Paris, den 5. September. Der Graf von Cagliostro und seine Frau sitzen nicht in der Bastille, sondern in dem Zuchthaus. Man will zuverlässig wissen, dass er ein eingeborener portugiesischer Jude sei und dass er sich vor zwanzig Jahren bei einer heftigen Pest zu Alexandrien aufgehalten und von verschiedenen portugiesischen Juden, die sich allda seiner Kur bedienet, ansehnlich geerbt. Von diesen Erbschaften soll er den großen Aufwand, den seine Lebensart erforderte, bestritten haben. Man hat bei ihm verschiedene Schriften gefunden, die sich auf eine sogenannte ägyptische Freimaurerei beziehen. Dieser Empiriker hielt vor der Arretierung in seinem Quartiere geheime Zusammkünfte unter dem Namen der ägyptischen Loge, wozu nur gewisse Personen beiderlei Geschlechts unter den fürchterlichsten Eidschwüren zugelassen wurden. Da aber nur gewisse Leute den Zutritt dazu erhielten, so hatte die Wachsamkeit der Polizei nicht in die Geheimnisse dieser Zusammenkünfte dringen können. Es wurde darin gespielt, gespeiset und gezecht. Cagliostro machte Experimente mit Schmelztiegeln und Kohlen und verblendete damit die Unerfahrnen, auch mit einer Blendlaterne bildete er dieser Gesellschaft ein, ihnen die

Schatten verstorbener Leute zu zeigen. So glaubte der Kardinal, bei der Hochzeit zu Kanaan (!) in Galiläa gegenwärtig zu sein, mit Voltairen, Montesquieu und Heinrich IV. zu speisen. Cagliostro behauptet zwar, dass er von dem Halsschmuck nichts wisse, weil er zu der Zeit, da solcher gekauft worden, zu Lyon gewesen wäre, allein er sagt nicht, dass er versprochen hatte, die Diamanten noch einmal so groß zu blasen.
(Vossische Zeitung. Berlin 1785)

Cagliostro.

267. General Sparr als Hexenmeister. Der General Sparr ist bei Lebzeiten ein großer Zauberer gewesen, und das kam daher, weil er einen Bund mit dem Teufel gemacht hatte. So hat er denn zum Beispiel, wenn er Fische aß, die Gräten in einen Napf gespieen und Wasser darauf gegossen, und sogleich sind es wieder lebendige Fische gewesen. Auch durch die Luft flog er dahin, über Wälder und Seen. Namentlich sah man ihn oft von seinem Schlosse in Prenden, das er sich aufs künstlichste mit einer Zugbrücke erbaut hatte, nach Lichterfelde, das ihm ebenfalls gehörte, fahren. Einmal sah ihn ein Bauer eben aus dem Prendenschen Schlosse kommen und folgte mit seinem schwerbeladenen Ackerwagen dicht hinterher. Da ging's auf einmal in die Höhe; der Bauer aber fuhr immer hintendrein. Wie im Sturm ging es über Feld und Wald, bis sie endlich wieder auf ebener Erde stillhielten. Der alte Sparr hatte das aber übel vermerkt, drehte sich schnell um und sagte, indem er dem Bauern ein paar tüchtige Maulschellen gab: »Diesmal habe ich dich noch so mitgenommen, und du kamst glücklich davon; aber versuch's nicht wieder!«

Ein andermal fuhr er auch so durch die Luft, da fiel dem Kutscher die Peitsche aus der Hand und blieb am Kirchturm zu Biesental hangen. Jener wollte sich bücken, um sie aufzuheben; aber da hielt ihn der alte Sparr zurück und sagte: »Bedenke, mein Sohn, wo du sitzest!« Da sind sie denn weitergefahren; die Peitsche soll aber noch lange nachher am Biesentaler Kirchturm zu sehen gewesen sein.

Als es nun endlich mit dem alten Sparr zu Ende gegangen, da hat er lange gelegen und hat nicht leben, nicht sterben können. Endlich haben sie ihm dann die Fußsohlen aufgeschnitten und dort die Oblaten gefunden, die er beim Abendmahl einst genossen. Sobald sie aber die herausgenommen, ist auch seine Seele sogleich davongefahren!

Kaum war er aber tot, da ließ sich um Prenden unaufhörlich die wilde Jagd hören und ließ den Leuten fast keine Nacht Ruhe.

Da begegnete es auch einmal einem Bauern, dass er das Hallo und Jagdgeschrei hörte und in seinem Übermute mit einstimmte. Aber alsbald wurde es still, und eine Stimme rief:

»Hast du helfen jagen,
Sollst du auch helfen tragen.«

Und sogleich flog ihm eine Menschenlende auf den Rücken, an deren Fuß noch ein Schuh mit einer Schnalle saß, auf welcher der Name dessen, dem sie gehört hatte, zu lesen war. Schnell warf er seine Last ab; aber das half nichts: Sie saß ihm sogleich wieder im Rücken, und soviel er sich auch mit Abwerfen abmühte, er konnte sie nicht loswerden. Da riet ihm einer, er solle sie doch nach dem Wildkeller des Sparrschen Schlosses tragen. Das tat er und wurde sie auf diese Weise glücklich los. *(Mark Brandenburg)*

268. Der alte Fritz und die Bücher Moses. Der Alte Fritz, ja, das war einmal ein König, der konnte aus Häckerling und Elsenbüschen Soldaten zaubern; und außerdem verstand er die Kunst, sich fest zu machen, sodass ihn keine Kugel zu treffen vermochte. Das kam aber daher, weil er das sechste und siebente Buch Moses besaß. Dass dies seine Richtigkeit hat, kann man auch aus dem Bilde des Alten Fritz sehen, welches in Stettin auf dem Paradeplatz in Stein gehauen ist. Die Schriften nämlich, die dort mit ausgemeißelt sind, stellen nichts anderes dar als jene beiden Bücher. Einmal hatte der Alte Fritz eine große Schlacht verloren und musste, nur von zehn Reitern begleitet, die Flucht ergreifen. Das sahen die Feinde und folgten ihm nach mit einem ganzen Regiment Soldaten. Als sie nun an einen Berg kamen, auf dem sich der König mit seinen Getreuen, zu Tode erschöpft, ausruhte, da erblickten sie mit einemmal den ganzen Hügel dicht mit Soldaten besetzt, obgleich nichts vorher davon zu sehen gewesen war. Sie kehrten bestürzt um. Doch als sie nach einer kleinen Weile zurückschauten, waren es keine Soldaten, die auf dem Berge gewesen waren, sondern nichts als Elsenbüsche. So hatte der Alte Fritz ihnen mit seiner Kunst die Augen verblendet.

269. Die Grafen v. d. Trenck reiten das Feuer aus. Auch die Grafen v. d. Trenck auf Schakaulack konnten jede Feuersbrunst ausreiten. Im Jahre 1809 brannte die Vorstadt Labiau ab. Da kam plötzlich der damals lebende Graf v. d. Trenck auf seinem Schimmel und ritt dreimal um das Feuer. Ein feuriger Streifen zog sich hinter dem Pferd her, den Schweif des Schimmels hinauf, längs dem Rücken des Pferdes, bis an die Lehne des Sattels. Nach dem dritten Umritt stürzte sich der Graf mit seinem Pferd in das nächste Wasser. Als er auf der andern Seite herausritt, war das Feuer aus. *(Ostpreußen)*

270. Der Alte Dessauer als Zauberer. Ein richtiger Zauberer und Hexenmeister war auch der Alte Dessauer. Der König Friedrich Wilhelm hatte diesen General nach dem nördlichen Ostpreußen geschickt, um dort große Leute für die Garde zu suchen. Bei dieser Gelegenheit hatte der Alte Dessauer das Land kennengelernt und rühmte es dem König. Da schenkte der König dem General und Fürsten die Herrschaft Norkitten. Der Alte Dessauer ließ eine Mühle in Bubainen bauen. Als diese beinahe fertig war, kam eines Tages ein litauischer Müllergeselle herbei, der an der Mühle mitarbeiten wollte. Das wurde ihm abgeschlagen, weil der Fürst bloß Dessauer arbeiten ließ und glaubte, dass die Litauer nichts könnten. Darüber wurde der Geselle sehr entrüstet und schwor, dass man ihn noch zurückholen werde. Der Müllergeselle war ein großer Zauberer, und er brachte es nun zuwege, dass an der Arbeit gar nichts mehr vorangehen wollte und die Mühle nicht fertig werden konnte, mochte der Mühlenmeister auch schimpfen so viel er wollte, und mochten die Arbeiter auch schwitzen von morgens früh bis abends spät. Da sah der Meister endlich ein, wem er dies zu verdanken habe, und er rief den litauischen Gesellen zurück, und die Mühle wurde dann ohne besondere Beschwerde bald fertig, sodass es die schönste Mühle im Lande war. Wie nun aber der Geselle seine Bezahlung forderte, da wies ihn der Fürst schnöde ab, und der Geselle bekam nichts; denn der Fürst war selber ein Zauberer, dem daher in seinem Schlosse der Geselle nichts anhaben konnte. Dass der Alte Dessauer ein Zauberer war, ist ganz gewiss, denn es konnte ihm keine Kugel etwas anhaben. Auch ist es bekannt, dass er einmal, als er im Hochsommer von Memel nach Königsberg reiste, mit seinem Wagen und sechs Pferden davor, mitten über das Haff fuhr und das Wasser so fest hielt, als wenn es im strengsten Winter wäre. Der Geselle war aber doch ein größerer Zauberer als der Fürst. Als dieser nun einige Zeit darauf nach Königsberg reisen musste, da ging ihm der Geselle dahin nach, denn er wusste wohl, dass er dem alten Herrn überall, nur nicht in dessen Schlosse Meister war. Als der Geselle in Königsberg ankam und vor dem königlichen Schlosse vorbeiging, lag der Fürst gerade im Fenster und rauchte aus einer großen Pfeife Tabak. Der Geselle stellte sich vor ihn hin und forderte seinen Lohn für den Bau der Mühle. Der Alte Dessauer aber lachte ihn aus. Da zauberte der Geselle ihm auf einmal ein Elchgeweih an den Kopf, das mit jedem Augenblick größer wurde. Anfangs merkte der Fürst nichts davon, als aber die Leute auf der Straße verwundert stehenblieben und ihn ansahen, da fasste er sich an den Kopf und fühlte nun das große Geweih. Er wurde darüber sehr erschrocken und wollte in die Stube zurückgehen, aber das Geweih war zu groß, und er konnte den Kopf nicht aus dem Fenster ziehen. Da lachte der litauische Geselle, bis der Fürst durch einen Offizier ihm das Geld auszahlen ließ, soviel er forderte, worauf dann das Geweih von seinem Kopfe verschwand. Seitdem hat der Alte Dessauer sich mit keinem Litauer mehr in Zauberkünste eingelassen. *(Ostpreußen)*

271. Bilokation. Der Alte Dessauer auf den Norkitter Gütern konnte aus einem Fenster seines Schlosses herausschauen und gleichzeitig in der Mühle zu Bubainen sein, wo er den betrügerischen Erbmüller aus der Mühle jagte. Zu derselben Zeit aber bestrafte er in Dörfern und Feldern die Pächter, die die Bauern knechteten und plagten. *(Ostpreußen)*

272. Das Pferd des Generals Ziethen. Ziethen hett'n Peerd hadd, wenn dat morgens ut'n Stall rut güng, denn hett he de Slach gewunn; wull dat Peerd awer nich rut, denn is em dat siech gahn. Mal morgens hett dat Peerd ni rut wullt, un do hett Ziehten seggt: »Soll ich immer den Ochsenkopf haben!« un he hett dat Peerd mit Gewalt rut trocken. Un den Dag is he fulln. He hett'n Hackeissack bi sik hadd, wenn he dar den Hackeis rut smeten hett, denn sünd dar luter Büscher bi em rüm wess, dat sünd sin Soldaten wess, un dat fromm Kriegsvolk is dör er weg trocken un he achterher. Mal hett een pissen müss; he stell sik an'n Bom hen, un do pisst he Ziethen in'n Stewel. »Verfluchter Tambour!« hett he seggt. *(Mecklenburg)*

273. Die Künste des alten Ziethen. Zieten hett sien Soldaten in Duurnbüsche verwandeln un ut Hackeis Soldaten maken künnt. Eens is he mit König Fritz tosaam gefangen wäst. Dor heet he seggt: »De ihrst Noot ward kihrt«, un hett den König an de Hand faat't un em ut 't Lager rutleddt – he hett em ok unsichtbar maakt. *(Mecklenburg)*

274. Soldaten verzaubert. Zieten is eens mit de Franzosen to Gang' wäst. Dor hett he sien Soldaten to 'ne grote Schonung maakt un sik sülben to 'n Duurnbusch. In dat Holt hebben de Franzosen grad' Halt maakt. Dee verrichten nu ehr Nootdurft un en General hett Zieten de Stäwel vull pißt, dat dat baben rutkamen is. Naher is he de Franzosen narückt un hett se fastdrüben. *(Mecklenburg)*

275. Kugelfest. Zieten is kugelfast wäst. Abends na en Slacht sünd em soeben Kugel ut 'n Rock follen.

276. Der alte Blücher. De oll Blücher sall sien Soldaten in Duurnbüsche verwandelt hebben, wenn de Feind to stark wäst is – mien Ogen hebben 't nich sehn. He sall ok nachts frieren laten künnt hebben. He is jo in de Nijohrsnacht oewer'n Rhein gahn; dor is'ne Brügg oewer froren wäst. *(Mecklenburg)*

277. General Seidlitz und der Teufel. Seidlitz hett sien Soldaten ok in Water un Brücken verwandelt – wenn de Feinde denn doroewer gahn sünd, is he ehr in 'n Rücken follen. *(Mecklenburg)*

278. Die Frage an den Teufel. Seidlitz hett von 'n Düwel verlangt, he süll em seggen, wat von Anfang an in de Welt passiert wier un wat noch passieren ded' bett an dat End' von de Welt. Dor hett de Düwel seggt, dat künn he nich anners to weiten krigen – denn müsst he sik enen ganzen trugen Deener hohen un von den'n müsst he sik slachten un terfleischen un denn in warmen Piermess inpacken laten; denn will de Düwel den Deener en Öl gäben und dee sall denn dor alle stund' von de Öl upgeeten up den Piermess – üm 'n dreeviertel Johr würd he denn as 'n nigeburenes Kind hervörkamen; wenn he denn wedder erwachsen wier, denn künn he alles weiten. Dat hett Seidlitz ok daan – de Deener hett em slacht't. Nu drapen em dor eens Lüd'bi, dat he ümmer wat upgütt up den Piermess. Dor fragen se em, worüm he dat ded'. Ihrst will he nich bekennen – toletzt seggt he dat. Dor verteilen de Lüd'dat den König – dee let ohne Urdel un Recht den Piermess upriten. Donn is dat all as 'n läbendes Wäsen, as 'n Kind – is all tosamenheilt. So is Seidlitz to End' kamen. *(Mecklenburg)*

VII. Volkshelden und starke Leute

279. Till Eulenspiegel. Wie Till Eulenspiegel geboren und dreimal getauft wurde. Es ist in dem Lande Braunschweig, in dem Walde Seib, ein Dorf gelegen, Kneitlingen genannt; da wurde das fromme Kind Eulenspiegel geboren. Sein Vater hieß Claus Eulenspiegel, seine Mutter Anna Wertbeck; und nachdem diese das Kind geboren hatte, schickten es die Eltern zur Taufe ins Dorf Amptlen, dabei das Schloss Amptlen erbaut war, das von den Magdeburgischen, neben anderer Mithilfe, hernach als ein Raubnest vertilgt ward. Als das Kind getauft ward, erhielt es den Namen Tyll Eulenspiegel. Damals war es Sitte im Lande, dass sich die Paten gleich nach der Taufe samt der Wehmutter und dem Kindlein in ein Bierhaus begaben und sich allda gütlich taten. So geschah es nun auch nach unseres Kindleins Taufe; und da der Weg weit, die Hitze aber groß gewesen war, so erlabten sich die Gäste an manch einem gu-

Eulenspiegels Wahrzeichen (Volksbuchillustrationen, ca. 1845)

ten Trunke. Als nun die Zeit kam, dass man sich mit dem Kinde Tyll Eulenspiegel wieder heimverfügte, geriet die Wehmutter, die das Kind trug und auch auf ihre alten Tage noch ein Schlückchen getan hatte, unterwegs in Angst und Not, weil sie durch einen Fehltritt von einem hohen Stege in einen schmutzigen Graben hinunterfiel. Doch weil Unkraut nicht leicht verdirbt, geschah dem Kinde kein Leid, außer dass es mit Kot übel besudelt wurde. Eulenspiegel wurde also an einem Tage dreimal getauft. Erstlich nach gemeiner Ordnung, danach in der Pfütze und zuletzt in warmem Wasser, um ihn wieder zu reinigen. Dieses war das erste Zeichen von Eulenspiegels wunderbarer Natur, so wie auch der mancherlei Unfälle, so er in seinem Leben zu erdulden hatte; denn Untreue schlägt seinen eigenen Herrn.

280. Von Eulenspiegels Grundsätzen. Eulenspiegel war allezeit gern in Gesellschaft, und so lange er lebte, meidete er dreierlei Sachen. Erstlich ritt er kein graues, sondern allezeit ein falbes Pferd, wegen des Gespöttes. Zweitens wollte er nicht bleiben, wo Kinder waren; denn man achtete der Kinder mehr als seiner. Drittens: wo ein alter, wilder Wirt war, bei dem war er nicht gern zur Herberge; denn ein alter, wilder Wirt achtete nicht, was an Eulenspiegel Gutes war. Auch war alle Morgen dies sein Gebet: Gott wolle ihn behüten vor gesunden Speisen, großem Glück und starkem Tranke. »Denn«, sagte er »gesunde Speisen sind in der Apotheke; wer sie aber braucht, der ist krank; von großem Glück hat zu sagen, wer nicht da steht, wo der Stein hintrifft, der vom Dache fällt; solch Glück mag ich missen. Der starke Trank endlich ist das Wasser, denn es treibt große Mühlräder um; davon trinkt sich einer wohl leichtlich den Tod.« – Wenn Eulenspiegel auf seinen Wanderungen bergab ging, so seufzte er und beklagte sich; »denn«,sagte er »nun muss ich demnächst wieder bergauf steigen.« Wenn es aber bergan ging, dann war er lustigen Mutes, lachte und sprach: »Ei wie leicht wird es gehen, wenn ich diesen Berg wieder hinuntersteige!«

281. Wie Eulenspiegel vorgab, dass er zu Magdeburg von der Laube fliegen wollte. Nachdem Eulenspiegel eine Zeitlang ein Messner gewesen, kam er nach Magdeburg und machte allerlei Anschläge, sodass sein Name erst recht bekannt wurde und man von Eulenspiegel überall zu sagen wusste. Er wurde von den vornehmsten Bürgern der Stadt überlaufen, dass er etwas Seltsames treiben sollte. Da sagte er, er wolle es tun auf dem Rathaus und von der Laube herabfliegen. Alsbald entstand ein Geschrei in der Stadt, sodass sich Junge und Alte auf dem Markte versammelten, solches zu sehen. Da stand Eulenspiegel auf der Laube im Rathaus und bewegte sich mit den Armen, wie wenn er fliegen wollte. Die Leute sperrten Augen und Mäuler auf und meinten, er wolle fliegen. Eulenspiegel aber lachte und sprach: «Ich glaubte, es wäre kein größerer Narr in der Welt als ich; nun sehe ich wohl, dass hier beinahe die ganze Stadt voll Narren ist; denn ob ihr auch alle sagtet, ihr könntet fliegen, so glaubte ich es doch nicht. Ich bin ja weder eine Gans noch ein Vogel, dazu habe ich weder Flügel noch Federn, ohne welche niemand fliegen kann; da seht ihr nun offenbar, dass es erlogen ist.» Damit lief er von der Laube und ließ das Volk stehen, welches teils lachte, teils sagte: «So ein Schalk er auch ist, so hat er doch wahr gesagt!»

282. Wie Eulenspiegel mit einem Totenkopfe herumzog und, denselben für ein großes Heiligtum ausgebend, viel Geld gewann. Es hatte sich Eulenspiegel in allen Ländern seiner Bosheit wegen bekanntgemacht; und wo er einmal gewesen war, da war er nicht wieder willkommen, es wäre denn, dass er sich verkleidet gehabt hätte, sodass man ihn nicht kannte. Er hätte bei seinem Müßiggange in der Welt nimmermehr ein Fortkommen auf ehrliche Art gefunden; doch mit Gaukelspiel hatte er sich allzeit Geld genug gewonnen und war von Jugend auf guter Dinge gewesen. Da nun aber seine Schalkheit überall bekannt war, so begann seine Nahrung hinter sich zu gehen, und er wusste fast nicht mehr, was er treiben sollte, um ohne zu arbeiten Geld zu bekommen. Er nahm sich endlich vor, sich für einen Stationierer oder solchen auszugeben, der mit Heiligtümern im Lande herumwanderte. Zu dem Ende verkleidete er sich in das Gewand eines Priesters, nahm einen Totenkopf und ließ ihn in Silber fassen. So kam er in das Land Pommern, allwo sich die Priester damals mehr an das Saufen als an das Predigen hielten. Wenn nun in einem Dorf Kirchweih, Hochzeit oder eine andere Versammlung war, so machte sich Eulenspiegel zu dem Pfarrer und bat ihn, dass er ihn predigen und den Bauern sein Heiligtum verkündigen ließe, womit er sie bestreichen wollte wider allerlei leibliche Gebrechen. Was er dafür an Opfer von den Bauern bekäme, das wollte er mit dem Priester teilen. Der ungelehrte Pfaff war wohl damit zufrieden, in der Hoffnung, Geld zu bekommen. Wenn nun das meiste Volk in der Kirche war, stieg Eulenspiegel auf den Predigtstuhl, sagte ihnen allerlei ungereimtes Zeug von alten und neuen Dingen und sprach sonderlich auch von dem Haupte Brandonis, der ein heiliger Mann gewesen wäre. Solches Haupt führe er bei sich und heile damit allerlei Krankheiten. Auch sammle er Almosen zum Bau einer Kirche des heiligen Brandonis, und wer wolle, möge beisteuern dazu. Er warne aber sonderlich die Weiber im voraus: welche eine Ehebrecherin wäre, die möge ja nicht zum Opfer kommen, denn von einer solchen nähme er nichts an. Hierauf reichte er den Leuten das Haupt zu küssen, welches er vielleicht irgendwo unter einem Galgen aufgelesen hatte, gab den Bauern und Bäuerinnen den Segen und ging von der Kanzel. Zuletzt stand er vor dem Altar, fing an zu singen und mit den Schellen zu klingen. Da drängten sich die bösen Weiber samt den guten mit ihrem Opfer zu dem Altar, und die, welche in einem bösen Gerücht standen, die wollten die ersten sein mit ihrem Opfer. Eine jegliche gedachte auf diese Art zu beweisen, dass sie keine Ehebrecherin sei, und Eulenspiegel nahm das Opfer von guten und bösen Weibern und verschmähete niemand. Die einfältigen Frauen glaubten fest an seine listige und schalkhafte Sache und meinten, welche Frau sitzen bliebe, die hätte kein gutes Gewissen. Wenn eine Frau kein Geld hatte, die opferte einen goldenen Ring und hatte immer eine Achtung auf die andere, ob sie auch opferte. Die, mit denen es nicht richtig war, brachten die größten Gaben, damit sie Eulenspiegel ja nicht zurückweise, und meinten sich damit vor aller Welt Augen ganz rein zu waschen. Es waren auch viele, die zwei- oder dreimal opferten, damit es das Volk ja sehen möchte. Eulenspiegel bekam also die schönsten Opfer, die jemals gebracht worden, und gebot ihnen bei dem Bann, mit keiner Schalkheit mehr umzugehen, denn sie wären nunmehr ihrer Sünde ganz frei. Darauf wurden die Frauen allenthalben fromm, und er passierte gleichfalls für einen frommen Prediger. So wusste Eulenspiegel die Bosheit zu praktizieren.

283. Wie Eulenspiegel eine Wirtin mit dem bloßen Hintern in die Asche setzt. Zornige böse Nachreden bringen einen bösen Lohn. Als Eulenspiegel von Rom reiste, kam er in ein Dorf; da war eine große Herberge, aber der Wirt war nicht zu Hause. Da fragte Eulenspiegel die Wirtin, ob sie auch Eulenspiegel kennte? Die Wirtin sprach: «Nein, ich kenne ihn nicht; ich habe wohl von ihm hören sagen, dass er ein auserlesener Schalk sei.» Da sprach Eulenspiegel: «Liebe Frau! warum sagt Ihr das und kennt ihn doch nicht.» Die Frau sprach: «Was ist daran gelegen, dass ich ihn nicht kenne? Die Leute sagen eben, er sei ein böser Bube.» Eulenspiegel sagte:

Eulenspiegel

»Liebe Frau! hat er Euch etwas Leides getan?« Die Frau sprach: «Ich sage, wie ich es von den Leuten gehört habe, die bei mir aus- und eingehen.» Eulenspiegel schwieg still.

Des Morgens, da es Tag wurde, scharrt er die heiße Asche auf dem Herd voneinander, geht vor das Bett der Wirtin, nimmt die Frau aus dem Schlaf, trägt sie in die Küche und setzt sie mit bloßem Hintern in die heiße Asche und spricht: »Nun Wirtin! jetzt könnt Ihr wohl von Eulenspiegel sagen, dass er ein Schalk sei; Ihr empfindet es nun wohl und habt ihn gesehen.« Das Weib schrie, was sie konnte; Eulenspiegel aber lief aus dem Hause und lachte.

284. Wie Eulenspiegel vor seinem Ende beichtete und den Pfaffen bezahlte. Als Eulenspiegel zu Möllen auf den Tod krank lag, kam ein Pfaff zu ihm, der hatte gehört, dass Eulenspiegel durch seine schalkhaften Streiche sich viel Geldes verdient hatte, und dachte sich noch etwas bei ihm zu verdienen. Der Pfaff redete ihm zu, er solle seine Sünden bereuen und Beichte tun, damit er ein sanftes und seliges Ende habe. »Ach, lieber Herr«, antwortete Eulenspiegel, »mein Ende wird nicht sanft sein, denn der Tod ist ein bitteres Gewächs; aber meine Sünden will ich auch beichten.« Hierauf erzählte er dem Pfaffen allerlei Schalkheiten, die er nicht ausgeübt hatte, und sagte, dass es ihn herzlich reue, sie unterlassen zu haben. Dem Pfaffen war es nur um das Beichtgeld zu tun, und darum erteilte er dem Kranken dennoch die Absolution nach dieser Beichte. Eulenspiegel bestellte ihn gegen Abend wieder, da wollte er ihm seinen Dank abstatten. Als nun der Pfaffe des Abends kam, langte Eulenspiegel einen Topf unter dem Bette hervor, dahinein hatte er seine letzte Arbeit getan und einiges Kupfergeld oben darauf gelegt. Er reichte dem Pfaffen den Topf und sagte: »Sehet, lieber Herr, das ist alles, was ich mir erübrigt habe, da nehmt euch etwas heraus; aber bedenket, dass ich ein armer Mann bin, und greifet nicht zu tief in den Topf.« Der Pfaffe dachte aber einen guten Griff aus dem vollen Topfe zu tun und fuhr mit der Hand fast bis auf den Boden des Topfes. Da fühlte sich Eulenspiegels Geld gar weich an, und der Pfaff fuhr schnell mit der Hand zurück. Da sah er, dass er angeführt war und sich die Hände mit ungerechtem Gute besudelt hatte, warf den Topf weg und lief davon; Eulenspiegel aber lag auf seinem Sterbebette und lachte so laut er konnte.

285. Der märkische Eulenspiegel Hans Clauert. In Berlin wohnte ein Bürger mit Namen Jakob Schulze, der auch zugleich Apotheker war. Mit diesem war Clauert sehr gut bekannt und sein vertrauter Freund; deshalb pflegte er auch gewöhnlich seine Herberge bei ihm zu haben, wenn er in Berlin war. Als er nun einstmals bei ihm einkehrte und beide in Jakob Schulzens Wohnung zechen wollten, ließen sie Bier aus dem Stadtkeller holen. Die Magd blieb mit dem Bier ziemlich lange aus, und weil Clauert bemerkt hatte, dass dieselbe übrigens eine scharfe Hechel war, so sagte er, bevor sie wiederkam, zu Schulzen: »Lieber Jakob, wenn du mir erlauben willst, so will ich mich mit deiner Magd ein paar Stunden zanken; du darfst dich aber gar nicht darum bekümmern.« Jakob Schulze, der Clauerts Weise wohl kannte, erwiderte ihm: »Das kann ich schon geschehen lassen.« Als nun die Magd mit dem Biere kam, sagte Clauert: »Siehe, lieber Jakob, hier gehet die Magd wie eine Jungfrau in Haaren, und zu Rüstorf stillt eine Frau ihr Kind!« Dieses Dorf lag nämlich ganz nahe an der Stadt Berlin. Die Magd sagte: »Das lügst du von mir, wie ein alter einäugiger Schelm und Bösewicht.« Clauert antwortete: »Du magst sagen, was du willst, es bleibt dennoch wahr, dass du hier als eine Jungfrau gehst; und siehe, lieber Jakob, zu Rüstorf stillt eine Frau ihr Kind.« Hatte die Magd zuvor heftig gescholten, so machte sie es jetzt noch zehnmal ärger, und dies währte länger als eine halbe Stunde. Da wollte sie endlich zum Bürgermeister laufen und ihn verklagen, dass er beweisen solle, wo und mit wem sie ein Kind gehabt hättte und welche Frau dasselbe stillte. Clauert erwiderte darauf: »Davon weiß ich nichts, dass du ein Kind haben sollst, aber das weiß ich sicher, dass eine Frau zu Rüstorf ihr eigenes Kind stillt und dass du in deinen Haaren gehst wie eine Jungfrau, wofür ich dich auch gehalten habe und noch halte, da ich dir nichts Böses nachzusagen weiß.« Die Magd konnte vor Zorn Clauerten noch nicht recht verstehen und drohte daher fortwährend, ihn zu verklagen. Da sagte ihr endlich Jakob Schulze, was Clauert eigentlich meine, sodass sie sich nun zufrieden geben musste, sonst würde der Zank sicherlich nach Clauerts Worten zwei Stunden gewährt und vielleicht dann noch keine Ende genommen haben.

286. Wilhelm Tell. Die drei Waldstädte. Von den drei Waldstädten ist Uri zuerst mit Erlaubnis des Römischen Reiches ausgereudet und bewohnt worden. Dann kamen die Römer nach Unterwalden, endlich die Schweden nach Schwyz und ließen sich hier mit Erlaubnis des Römischen Reiches nieder. Viele Zeiten und Jahre saßen die drei Länder in guter Ruhe, bis die Grafen von Habsburg in ihre Nähe kamen. Diese Grafen gaben ihre Töchter den Grafen von Tirol zur Ehe und hielten große Freundschaft mit ihnen. Später wurde ein Graf Rudolf von Habsburg zum römischen König eingesetzt. Er wurde so mächtig, dass er alle Lande ringsum an sich zog, Thurgau, Zürichgau, Aargau, und das bewerkstelligte er mit Hilfe seiner Freunde, der Grafen von Tirol, die er zum Danke dafür zu Herzögen von Osterreich machte.

Als Rudolf etliche Jahre König war, schickte er in die Länder und bat sie, ihm untertänig zu sein, so wollte er von ihnen eine bescheidene Steuer für das Reich fordern, wollte sie dafür aber beschirmen, sie mit frommen Leuten bevögten, nicht wegnehmen vom Reiche und sie bei allen ihren Rechten und Freiheiten lassen. Die Länder gingen darauf ein, und der König hielt ihnen, was er versprochen hatte, solange er lebte. Als er gestorben war, wurden die Vögte hochmütig, je länger, je strenger. Sie meinten, die Länder müssten tun, was sie wollten. Das dauerte fort, bis des Königs Geschlecht ausgestorben war und die Grafen von Tirol, die durch die Frauen des Hauses Habsburg von ihnen herstammten, in den Besitz seiner Lande, Schlösser, Leute und Güter kamen.

287. Gessler. In diesen Zeiten waren Edelleute im Thurgau und im Aargau, die auch gern große Herren gewesen wären. Sie baten die Erben um Verleihung der Vogteien und um die Länder und gaben gute Worte, sie wollten des Reiches getreue Vögte sein. Da wurde einer mit Namen Gessler Vogt zu Uri und zu Schwyz, einer von Landenberg Herr zu Unterwaiden. Diese Vögte sollten die Länder in Treuen bevogten; sie taten es aber nicht. Hatten die Länder zuvor hochmütige Vögte gehabt, so waren diese noch übermütiger, taten den Leuten großen Drang an, beschatzten den einen hier, den anderen da, trieben großen Mutwillen und gingen Tag und Nacht mit dem Gedanken um, wie sie die Länder vom Reiche in ihre eigene Gewalt bringen möchten. Sie ließen auch Burgen und Häuser machen, von denen sie über die Länder wie über eigene Leute herrschen wollten. Und wo einer eine hübsche Frau oder eine hübsche Tochter hatte, da nahmen sie sie ihm und behielten sie in den Häusern, die sie gebaut hatten, so lange es ihnen beliebte, und wer etwas dazu redete, den fingen sie, beschatzten ihn und nahmen ihm, was er hatte.

Der Vogt von Landenberg auf Sarnen vernahm, dass in Melchi einer wäre, der ein hübsches Gespann Ochsen hätte. Er schickte einen Knecht hin, sie zu holen und ließ dem Manne sagen, die Bauern sollten den Pflug selber ziehen, er wollte die Ochsen haben. Während der Knecht die Ochsen auszuspannen begann, kam der Sohn des Bauern herzu und schlug ihm mit dem Treiberstecken einen Finger entzwei. Der Vogt wollte ihn deswegen strafen, und als er ihm entrann, ließ er den Vater nach Sarnen bringen, ihn blenden und ihm nehmen, was er hatte.

Der Untervogt Wolfenschiessen wird im Bad erschlagen

288. Der Vogt von Wolfenschiessen. In der Zeit war ein Biedermann auf Altsellen, der eine hübsche Frau hatte. Der Vogt, der hier Herr war, wollte die Frau haben, es wäre ihr lieb oder leid. Sie tat wie eine fromme Frau und bat, er möchte sie mit seinen Reden unbekümmert lassen. Das aber half nichts; denn der Herr meinte seinen Mutwillen mit ihr zu treiben, kam auf Altsellen in das Haus, als der Mann ins Holz gefahren war, zwang die Frau, ihm ein Bad zu machen und sprach, sie müsste mit ihm baden. Die

Frau bat Gott, dass er sie vor Schande behütete, und da Gott die Seinen noch nie verlassen hat, wenn sie ihn in Nöten anrufen, so kam inzwischen der Mann nach Hause und fragte, was ihr fehlte. Als sie es ihm erzählt hatte, wurde er sehr zornig, ging hin, schlug den Herrn mit seiner Axt zu Tode und erlöste seine Frau von der Schande.

289. Stauffacher. In denselben Zeiten war einer zu Schwyz, der hieß Stoupacher; er wohnte in Steinen, diesseits der Brücke, und hatte ein hübsches steinernes Haus gebaut. Einmal ritt Gessler vorbei, rief den Stoupacher und fragte ihn, wem die hübsche Herberge wäre. Stoupacher erwiderte traurig: »Gnädiger Herr, sie ist Euer und mein Lehen« und wagte nicht zu sagen, sie gehörte ihm, so sehr fürchtete er den Herrn. Dieser ritt hinweg; der Stoupacher aber hatte großen Kummer und war besorgt, dass er ihm Leib und Gut nehmen würde. Er hatte aber eine kluge Frau, die sah seine

Der erst Schweitzer Bundt. Cap. lxviij.

Der Schwur auf dem Rütli

Betrübnis, tat, wie noch Frauen tun, und hätte gern gewusst, was ihm fehlte, doch wollte er es ihr nicht sagen. Zuletzt drang sie mit großer Bitte in ihn: »Sage mir deine Not! Wohl sagt man, Frauen geben kalte Räte; aber wer weiß, was Gottes Wille ist!« Und wie sie ihn so oft und so dringend bat, offenbarte er ihr endlich seinen Kummer. Da stärkte sie ihn mit Worten und sprach: »Das wird noch guter Rat!« und fragte ihn, ob er nicht in Uri jemand wüsste, dem er seine Not klagen könnte. Sie nannte ihm die Geschlechter Fürst und Zerfrauen. Da gedachte Stoupacher über den Rat der Frau nach, fuhr gen Uri und blieb hier, bis er einen fand, der auch solchen Kummer hatte. Die Frau hatte ihn auch gebeten, in Unterwalden nachzufragen, denn sie meinte, dort wären ebenfalls Leute, die solchen Druck nicht gern ertrügen.

Nun war des armen Mannes Sohn, der dem Knechte Landenbergs den Finger zerschlagen hatte, aus Unterwalden entflohen und nirgends sicher. Ihn dauerte das Schicksal seines Vaters, und er hätte ihn gern gerächt. Dieser junge Mann kam auch zu Stoupacher, und so waren ihrer drei zusammen, der Stoupacher von Schwyz, einer der Fürste von Uri und der aus Melcher von Unterwalden, und ein jeder klagte dem anderen seine Not und seinen Kummer, beratschlagten und schwuren zusammen. Und als die drei einander geschworen hatten, suchten sie und fanden einen aus Niedwalden, der auch zu ihnen schwur, und nach und nach fanden sie immer mehr Leute, die sie an sich zogen und die schwuren, mit Leben und Gut zu ihnen zu halten und sich der Herren zu wehren. Und wenn sie etwas vornehmen wollten, so fuhren sie nachts vor den Mythenstein an einen Ort, der heißt im Rütli. Hier tagten sie zusammen, und ein jeglicher brachte Leute mit sich, denen sie trauen konnten. Das trieben sie lange Zeit im Verborgenen und tagten nirgend anders als im Rütli.

290. Der Apfelschuss. Da fuhr einmal der Landvogt Gessler nach Uri, steckte einen Stecken unter die Linde zu Uri, legte einen Hut auf den Stecken, stellte einen Knecht dazu und gebot, jedermann sollte sich vor dem Hute neigen, als wäre er selber da; wer es nicht täte, den wollte er schwer bestrafen.

Nun war ein redlicher Mann, der hieß Tall (Thäll, Tell). Er hatte auch mit Stoupacher und seinen Gesellen geschworen und ging mehrere Male vor der Stange auf und ab, wollte sich aber nicht neigen. Der Knecht verklagte ihn bei seinem Herrn, dieser ließ ihn kommen und befragte ihn wegen seines Ungehorsams. Der Tall erwiderte: »Es ist von ungefähr geschehen. Ich habe nicht gewusst,

Wilhelm Tell: Gesslerhut und Apfelschuss

dass es Euer Gnaden so hoch ansehen würden. Wäre ich witzig, so hieße ich anders und nicht der Tall!« Der Tall aber war ein guter Schütze; er hatte hübsche Kinder, die ließ der Herr kommen und zwang den Tall, dass er einem seiner Kinder einen Apfel vom Haupte schoss. Er selbst legte dem Kinde den Apfel auf das Haupt. Als der Tall sah, dass Widerstand unmöglich war, steckte er einen Pfeil in seinen Göller, den anderen nahm er in die Hand, spannte die Armbrust, bat Gott, dass er sein Kind behütete und schoss diesem den Apfel vom Haupte. Der Herr fragte, was er mit dem zweiten Pfeile gemeint hätte. Der Tall sorgte für sein Leben und hätte gern eine Ausrede genommen, der Herr aber ließ nicht ab und sprach: »Sage mir die Wahrheit, ich will dich deines Lebens sichern und nicht töten!« Da sprach der Tall: »Da Ihr mich meines Lebens versichert habt, so will ich Euch die Wahrheit sagen. Wäre mir der Schuss fehlgegangen, so hätte ich mit diesem Schusse Euch oder einen der Euern erschossen!« Der Herr antwortete: »Es ist wahr, ich habe dich des Lebens versichert und will dich nicht töten, aber an einen Ort bringen lassen, wo du weder Sonne noch Mond jemals wiedersehen sollst.«

Da brachten ihn die Knechte in einen Nachen, legten sein Schießzeug aufs Hinterteil des Schiffes und fuhren ab. Als sie nach Axen kamen, brach ein so heftiger Sturm los, dass sie alle fürchteten, sie müssten ertrinken. Nun sprach einer unter ihnen: »Herr, Ihr seht wohl, wie es uns gehen will, darum bindet den Tall los; er ist ein starker Mann und kann gut fahren. Heißt ihn, dass er uns helfe, damit wir von hinnen kommen!« Der Herr sprach zu Tall:

»Willst du dein Bestes tun, so will ich dich losbinden, dass du uns allen hilfst?« Der Tall sprach: »Ja, Herr, gern!«, stellte sich ans Steuer und fuhr, blickte aber immer nach seinem Schießzeug. Als sie an die ›ze Tellen blatten‹ kamen, rief er sie alle an und sprach, sie sollten mit Macht ziehen; kämen sie vor die Platte hin, so hätten sie das Böse überstanden. So zogen sie alle mit Macht, aber bei der Platte lenkte er den Nachen zu ihr hin, ergriff sein Schießzeug, sprang auf die Platte, stieß den Nachen zurück und ließ die anderen auf dem See treiben. Dann eilte er durch die Berge, so schnell er konnte, und lief durch Schwyz hin bis gen Küßnacht in die hohle Gasse. Hier kam er vor dem Herrn an, und als dieser daherritt, stellte er sich hinter eine Staude, spannte seine Armbrust, erschoss den Herrn und lief wieder durch die Berge nach Uri heim.

Tell erschießt Gessler

291. Henning Wulf. In der Kirche zu Wewelsfleth in der Wilstermarsch befindet sich ein altes Gemälde auf einer langen Tafel, das auf einem großen grünen Platze einen Schützen mit abgespanntem Bogen zeigt. In einiger Entfernung vor ihm steht ein Knabe, der hat auf dem Kopfe einen Apfel, welcher von einem Pfeil durchbohrt ist. Einen andern Pfeil hat der Schütze quer im Munde. Ein Wolf oder Hund steht zwischen dem Knaben und dem Schützen und richtet auf diesen seinen Blick. Dies ist eine Erinnerung an folgende Begebenheit: In den Zeiten König Christians I. wohnte ein reicher Mann, Henning Wulf mit Namen, im Kirchspiel Wewelsfleth und hatte seinen Hof mit vielen Ländereien in der Dammducht. Als die Leute in der Marsch sich gegen den König empörten und ihn nicht anerkennen wollten, ward er ihr Hauptmann und Anführer. Weil der König aber mit großer Macht heranzog und die Hamburger ihm halfen, wurden die Marschleute geschlagen, und Henning Wulf musste fliehen. Da verbarg er sich in einem Rethschallen, und niemand wusste ihn zu finden. Aber sein treuer Hund, der auf dem Gemälde mit abgebildet ist, war ihm nachgelaufen, und da er ihm nicht in den Sumpf folgen konnte, ward er sein Verräter. Man holte den Henning Wulf heraus und brachte ihn zum König, und da dieser wusste, dass er von allen der vortrefflichste Schütze sei, befahl er ihm höhnisch, seinem einzigen jungen Sohne einen Apfel vom Kopfe zu schießen; gelänge es ihm, solle er frei sein. Henning Wulf musste gehorchen, holte seinen Bogen und seinen Knaben und tat glücklich den Schuss; hatte aber vorher einen zweiten Pfeil in den Mund genommen. Da fragte ihn der König, für wen denn dieser bestimmt sei, und Henning antwortete, wenn er, seinen Sohn getroffen hätte, sei der Pfeil für den König selber gewesen. Da erklärte ihn dieser in die Acht, und Henning musste fliehen. Sein Land aber ward eingezogen und musste bis in unsere Zeit noch schwere Abgaben tragen und heißt das Königsland. Man zeigt auch noch das Haus, wo Henning Wulf gewohnt hat. *(Schleswig-Holstein)*

292. Punker von Rohrbach. Ludwig III., Pfalzgraf bei Rhein, zubenannt der Bärtige, hatte unter seinem reisigen Volk einen gewissen Punker von Rohrbach, bei Heidelberg gebürtig, welcher im Geruch eines Zauberers stand, weil er die Armbrust mit solcher Meisterschaft führte, dass er auch das kleinste und fernste Ziel niemals verfehlte. Dem Pfalzgrafen selbst kam der Mann unheimlich vor, er fürchtete sich fast vor demselben, so treffliche Dienste er ihm auch leistete, so im Feld wie auf der Jagd. Um ihn nun in die Falle und zum Geständnis seiner Zauberkünste zu bringen, befahl ihm der Pfalzgraf eines Tages, seinen eigenen Knaben zum Ziele zu nehmen und ihm einen Pfennig vom Barett zu schießen, ohne dieses oder den Knaben zu verletzen. Erfüll' er diese Bedingung nicht, so sei er des Todes. Lange weigerte sich Punker, weil der Teufel ihm möglicherweise die sonst so sichere Hand fehllenken könne und er alsdann diesem verfallen sei. Alles Bitten und Beschwören scheiterte an des Pfalzgrafen hartem Sinn. Der Knabe mit dem Barett auf dem Kopfe und dem Pfennig drauf musste sich an das Ziel stellen. Nachdem der unglückliche Vater einen Bolzen auf die Armbrust gelegt hatte, nahm er einen zweiten, steckte ihn in sein Koller und schoss dann glücklich den Pfennig herab, ohne das Barett auch nur zu streifen. Auf die Frage des Pfalzgrafen, zu welchem Zwecke er einen zweiten Pfeil in sein Koller gesteckt habe, gab ihm Punker zur Antwort: »Wenn ich, von dem Teufel ob solcher Versuchung misslenkt, meinen Knaben erschossen hätte, dann, Herr, würde ich Euch selbst mit diesem zweiten Pfeil durchbohrt und also meinen Sohn gerächt haben, weil ich doch selbst dem Tode geweiht worden wäre.« *(Bayern)*

293. Winkelried und der Lindwurm. In Unterwalden beim Dorf Wyler hauste in der uralten Zeit ein scheußlicher Lindwurm, welcher alles, was er ankam, Vieh und Menschen, tötete und den ganzen Strich verödete, dergestalt, dass der Ort selbst davon den Namen Ödwyler empfing. Da begab es sich, dass ein Eingeborener,

Winkelried erschlägt den Drachen (Amsterdam 1678)

Winkelried geheißen, als er einer schweren Mordtat halben landesflüchtig werden müssen, sich erbot, den Drachen anzugreifen und umzubringen, unter der Bedingung, wenn man ihn nachher wieder in seine Heimat lassen würde. Da wurden die Leute froh und erlaubten ihm wieder in das Land; er wagt' es und überwand das Ungeheuer, indem er ihm einen Bündel Dörner in den aufgesperrten Rachen stieß. Während es nun suchte, diesen auszuspeien und nicht konnte, versäumte das Tier seine Verteidigung und der Held nutzte die Blößen. Frohlockend warf er den Arm auf, womit er das bluttriefende Schwert hielt, und zeigte den Einwohnern die Siegestat, da floss das giftige Drachenblut auf den Arm und an die bloße Haut, und er musste alsbald das Leben lassen. Aber das Land war errettet und ausgesöhnt; noch heutigestags zeigt man des Tieres Wohnung im Felsen und nennt sie die Drachenhöhle.

294. Der getreue Winkelried. Als der Herzog Leopold mit großem Heere vor die Stadt Sempach zog, drohte er die Besatzung zu henken und zu ertränken, verwüstete alle Felder vor der Stadt und ließ das Korn unter Spott- und Hohnreden abmähen; so rief man unter anderem denen in der Stadt zu, man sollte doch den Mähern das Morgenbrot bringen.

Unterdessen kamen die Eidgenossen mit vier Hauptbannern heran. Sobald die Österreicher die Feinde erblickten, eilten sie mit großem Geschrei den Berg herab, warfen mit Steinen und stießen mit den Eidgenossen hart zusammen, sodass wohl sechzig der letzteren getötet wurden und das Banner von Luzern unterging, ehe die Österreicher irgendwelchen Schaden erlitten. Da half der allmächtige Gott den getreuen Eidgenossen, dass sie siegten. Das hatte man einem getreuen Manne unter ihnen zu verdanken. Als dieser sah, dass es den Schweizern so übel erging und die Ritter mit ihren Lanzen und Spießen überall die Soldaten niederstießen, bevor die Schweizer sie mit ihren Hellebarden erreichen konnten, da drang der ehrbare, fromme Mann vor, erfasste soviel Spieße, als er ergreifen konnte und drückte sie nieder. Freudig rief er aus: »Fliehet alle dahinten!« Da wurden viele Grafen, Ritter und Knechte erschlagen, und die Schweizer behaupteten das Feld.

295. Ein Schwabenstreich. Ruhmwürdig ist die Courage, welche jener teutsche Soldat gehabt, in dem Kriegsheere Barbarossae; dieser tapfere Alemann und Schwab konnte wegen seines abgematteten Pferds der Armee nicht folgen, hatte also ziemlich weit nach derselben seinen müden Schimmel an dem Zaum geführt, ganz alleinig, dem aber fünfzig starke Türken begegneten, vor welchen er sich allein ganz nicht entsetzt, sondern mit einer Hand sein Ross gehalten, mit der andern also gefochten und einen solchen Streich geführt, dass er einem Türken vom Kopf hinab den ganzen Leib, auch durch den Sattel, bis auf die Haut des Pferds voneinander zerspalten, ob welchem die andere der Gestalten erschrocken, dass sie eilends die Flucht genommen: dergleichen tapfere Courage gebühren einem rechtschaffenen Soldaten.

296. Der Rössleswirt von Cannstatt. Als nach der Einnahme von Paris im Jahr 1871 Bismarck mit Jules Favre den Frieden zu handeln anfing, da wollte Favre die Bedingungen nicht annehmen, die ihm Bismarck auferlegte, mit dem Bemerken, die Deutschen brauchten den Mund gar nicht so voll zu nehmen, ihre Truppen seien durch den Krieg so heruntergekommen,dass sie über kurz oder lang so wenig mehr könnten wie die französischen. Bismarck erwiderte nichts, sondern klingelte nur. Als der Diener erschien, sagte er kurz: »Man schicke den Rössleswirt von Cannstatt herein!« Dies geschah sofort. Als Favre den Rössleswirt sah, kratzte er sich hinter den Ohren und sagte nichts mehr, sondern unterschrieb stillschweigend die Bedingungen. Denn der Rössleswirt war nicht nur der dickste Mann in seinem Regiment, sondern auch in der ganzen württembergischen Felddivision, hatte auch durch den Feldzug von seinem dicken Bauch nichts eingebüßt. So hat der Rössleswirt von Cannstatt das Vaterland in seinem Teil gerettet, nicht durch besondere Tapferkeit, sondern dadurch, dass er auf seinen behäbigen Wanst wohl achthatte, dass davon nichts abgehe. *(Schwaben)*

297. Hans Dollinger und der Türke. Eines Tages war Regensburg in großer Aufregung. Ein Riese kam dahergereist, Craco mit Namen, der einem Goliath vergleichbar war, denn seine Wehr und Waffen waren gewaltig. Es wurde von ihm gesagt, er wäre ein Zauberer und niemand könnte ihn besiegen. Er ritt vor des Königs Tor und hielt eine herausfordernde Rede, verlästerte Gott und Menschen und fragte, ob niemand hervorkäme, mit ihm um Leib und Seele, Gut und Ehre zu stechen. Aber keiner wollte dem Türken erliegen, und der Kaiser war verzagt, dass sein Hof so lästerlich dastand und er keinen Mann senden konnte, mit dem Riesen zu kämpfen. Nur einer wäre so kühn gewesen, Hans Dollinger, der aber saß eingekerkert, weil er einen Verrat an seinem Herrn und

König begangen haben sollte. Als Dollinger von dem Riesen und von der Bedrängnis des Königs hörte, bat er, ihn seiner Fesseln zu entledigen und mit dem ungeschlachten Manne streiten zu lassen. Der Zweikampf begann; verschiedentlich wurden die Speere gewechselt. Schließlich wurde Dollinger von dem Türken so getroffen, dass er auf den Rücken fiel. Den König ergriff eine große Furcht; er ging hin, um zu sehen, ob Dollinger sich ein Leids getan, aber da sprang dieser frisch und gesund auf und fing ein neues Stechen mit dem Türken an. Diesmal unterlag der freche Riese. Der Speer drang ihm in den Kopf hinein, dass der gewaltige Mann tot zu Boden fiel. Alle Welt jubelte ihm zu; der bescheidene Dollinger aber legte Wehr und Waffen ab und machte sich auf den Weg zum Kerker. Da aber trat ihm der Kaiser tief gerührt entgegen, vergab ihm seine Schuld und machte ihn wieder frei und ehrenfest.

298. August der Starke. Derselbe Mann, der das erzählte, wusste auch viel von August dem Starken; der hatte einmal ein Hufeisen für sein Pferd bestellt, und als der Schmied es ihm bringt, fragt er ihn, ob's auch wohl gut halten werde, es scheine ihm nicht stark genug. Ja, sagte der Schmied, er werde es nicht zerbrechen und sein Pferd es nicht zertreten. Da nahm August der Starke das Hufeisen und brach es in zwei Stücke. Darauf gab er dem Schmied ein Goldstück als Belohnung, der aber sagte, er wolle nun auch einmal sehen, ob das probehaltig sei, nahm den Louisdor und brach ihn entzwei. Da nahm August der Starke eine eiserne Stange und legte sie dem Schmied um den Hals, und da erkannte der, dass der Kurfürst doch stärker sei als er, und bat, dass er ihn wieder lösen möchte, was derselbe auch tat.

299. Das Geheimnis der Stärke. Ein andermal soll er zwei Trompeter im Schlosse zu Wien auf jeder seiner Hände zu einem Fenster hinausgehalten haben, und zwar so lange, bis sie einen Marsch draußen bis zu Ende gespielt hatten. Allein diese gewaltige Körperstärke hat der Fürst nur besessen, so lange er Kurfürst von Sachsen gewesen, denn als er nachher König von Polen geworden, hat er alle Kraft verloren, und das ist darum geschehen, weil er seinen Glauben gechangiert hat und katholisch geworden ist. *(Sachsen)*

300. Der starke Klas. Ein Bauer tat stets so, als wäre er stark und fleißig. Jedesmal, wenn ein Knecht sich bei ihm verdingen wollte, ließ er ihn einen schweren Stein um den Hofplatz tragen. Wenn er es nicht konnte, rief der Bauer nur: »Scher dich weiter!« Die Starken aber behielt er, und sie mussten tüchtig arbeiten, sodass der Hof gedieh. Dadurch gewann der Besitzer, der selbst nicht viel schaffte, einen großen Ruf, und er galt nicht nur als ein tüchtiger Bauer, sondern auch als ein Mann von gewaltigen Kräften. Zwar hatten ihn einige Dorfbewohner längst durchschaut und nannten ihn einen Großtuer. Aber die meisten hörten nicht auf diese wenigen oder beschuldigten sie des Neides.

Einst hatte der Bauer keinen Knecht, und er war sehr froh, als sich ein Fremder erbot, bei ihm zu arbeiten. Das war der starke Klas. Andere Knechte, die bei dem Großtuer gedient hatten, warnten ihn:

»Er lässt seine Leute schuften und drückt sich selbst vor jeder schweren Arbeit.« »Den will ich mir doch einmal ansehen«, sagte Klas und ging zu ihm. Der Bauer wies auf den großen Stein, den sollte Klas um den Hofplatz tragen. »Mach mir's doch mal vor!« sagte Klas. Empört über solche Zumutung, rief der Bauer: »Bist du hier Herr oder ich?« Da antwortete Klas: »Ich bin nur gewohnt, dass der Herr in der Arbeit vorangeht. Aber ich will dir zeigen, dass ich stark genug bin.«

Er hob den Stein mit Leichtigkeit, ging damit über den Hofplatz und schritt dann aus dem Tor hinaus. Da rief der Bauer: »Wohin willst du?« Klas antwortete nicht, sondern ging gemütlich seines Weges weiter und warf die Last mitten auf die Dorfstraße. Dort lag nun der Stein, und alle Fuhrwerke mussten ausbiegen. Der Bauer schrie erbost: »Sofort bringst du den Stein zurück!« »Hol ihn dir, wenn du kannst«, rief Klas und ging davon. *(Schleswig-Holstein)*

301. Der starke Berger. Als der Krieg ausbrach, nahm der starke Berger ein starkes Pferd mit, wie er ein solches für seinen schweren Körper gebrauchte, und trat als Freiwilliger bei der Schleswig-Holsteinischen Kavallerie ein, wo er bald durch seine Kraft, Geschicklichkeit und ruhiges, liebenswürdiges Benehmen der Liebling seiner Kameraden und Vorgesetzten wurde.

Es war eine regnerische Zeit, die Wege total aufgeweicht. Die Eskadron lag in den ziemlich weit vom Dorfe ausgebauten Baustellen in Quartier, der Rittmeister im Dorfe selbst. Wenn die Reiter zum Appell kamen, so sahen ihre Pferde infolge der schmutzigen Wege recht unsauber aus. Der Rittmeister knurrte, schalt und drohte mit Strafe, wenn die Pferde nicht proper zum Appell kämen. Was geschah? Berger kam mit seinem Pferde auf dem Nacken angeschleppt. Er hatte den Kopf unter dem Leib des Pferdes durchgesteckt, hielt mit der rechten Hand die Vorderbeine und mit der linken die Hinterbeine des Tieres fest, stellte das Pferd behutsam nieder und meldete dann dem Rittmeister, der ihn verwundert anstarrte: »Herr Rittmeister, nur auf diese Weise war es mir möglich, mein Pferd proper zur Stelle zu bringen.« (Schleswig-Holstein)

302. Der Riese Eishere. Es war ein Mann aus dem Thurgau, nach seinem Namen schon ein bedeutender Teil eines furchtbaren Heeres – er hieß nämlich Eishere –, so groß gewachsen, dass man hätte glauben können, er sei vom Stamme Enaks, wenn die Entfernung von Zeit und Ort nicht so groß wäre. So oft er an den Thurfluss kam, wenn dieser durch Gießbäche aus den Alpen angeschwollen war und über seine Ufer trat, und er nun sein gewaltiges Ross, ich will nicht sagen in die Strömung, aber auch gar nicht in das Wasser zu treiben vermochte, so nahm er es beim Zügel und zog es schwimmend nach sich, mit den Worten: »Beim Herrn Gallus, du sollst mir folgen, du magst wollen oder nicht.« Als dieser also im Gefolge des Kaisers mitzog, mähte er die Bemanen, Wilzen und Avaren wie das Gras auf der Wiese und spießte sie wie Vögelchen auf seine Lanze. Siegreich nach Hause gekehrt, sagte er, wenn ihn die Müßiggänger fragten, wie es ihm im Wendenlande gefallen habe, ärgerlich darüber und voll Verachtung der Feinde: »Was soll ich mit diesen Kröten? Sieben oder acht oder auch neun von ihnen spießte ich auf meine Lanze und trug sie hierhin und dorthin, weiß nicht, was sie dazu brummten; unnützerweise haben der Herr König und wir uns gegen solche Würmer abgemüht.«

303. Der Riese Miligedo. Als die Ordensmeister ins Land kamen, lebte ein großer Riese in Preußen, Miligedo, der seiner Größe und Stärke wegen im ganzen Lande bekannt war. Als er sich zum christlichen Glauben bekehrt hatte, tat er seinen Landsleuten vielen Schaden, sodass sie ihn fürchteten und in ihre Gewalt zu bekommen suchten. Nachdem nun die Kreuzherren das Schloss Bartenstein besetzt hatten, in dem sich auch Miligedo befand, belagerten es die Preußen unter ihrem Obersten Matingo und trachteten vor allen Dingen danach, den Miligedo mit List aus dem Wege zu räumen. Einer von ihnen, ein großer und starker Mann, trat vor das Schloss und forderte den Riesen zum Zweikampfe heraus, der sich nicht lange nötigen ließ und mit einer großen Keule heraneilte, deren Knopf voller Blei gegossen war. Auf einen Streich schlug er dem Preußen Haupt, Harnisch und Hirnschädel ineinander. Von den zwanzig Preußen, die jetzt hervorbrachen, schlug er bald fünfzehn zu Boden, während die übrigen die Flucht nahmen. Miligedo zog wieder in Frieden auf die Burg, doch als er bald darauf gar zu kühn und keck war, wurde er von fünfzig Mannen überfallen, die ihn schließlich überwältigten und erschlugen. *(Ostpreußen)*

304. Die Riesen von Enns. Dass vor alten Zeiten Riesen gewesen sind, solches beweisen nicht allein die Historici, sondern es bezeugen es auch viele Naturalien-Kabinette, welche verschiedene Knochen von denselben aufweisen. Selbst in der Stadt Ens, die sich eines großen Altertums rühmet, wirst du verschiedene Knochen von dergleichen Art Leuten finden. Ja, die Einwohner wollen gar behaupten, es hätten vor undenklichen Jahren Riesen in dieser Gegend gewohnet, und dieses suchen sie hierdurch zu bestärken: Vor einiger Zeit sollte der sogenannte Platzturm aufgeführet werden, wozu man denn notwendig einen tiefern Grund als zu andern Häusern suchen musste, und bei dieser Gelegenheit fand man ungeheure Menschenknochen, welche in ihrem Umfang und Länge bis zehn Schuhe austrugen und an starken eisernen Ketten bis jetzo noch in dem Durchgange dieses Turms aufbehalten werden, wie ich sie denn selbst mit meinen Augen gesehen habe.

305. Der Riese Haymon. Bei Regierung Kaisers Ludwigen des andern dies Namens, ungefähr umb das Jahr Christi 860, ist in das Inntal kommen aus Italien, oder, wie andere wellen und glaubwürdiger zu halten ist, von dem Rheinstrom eine lange Mannsperson, Haymon genannt, so nach Anzeig' und Ausweisung derselben Wappen von adelichem Geschlecht geborn sein muss, dann dergleichen Wappen dazumal gar teur, seltsam und in hohem Ansehen gewesen sind, dieser, weil er stark war von Gliedern und lang zwölf Werchschuh vier Zoll und also den Goliath um etwas wenig in der Länge übertroffen, hat er der Riesen Art nach ein übermütiges, stolz und aufgeblasenes Herz bekommen. Und weil in dieser Landfarth, in dem obern Inntall ein anderer Ries war mit Namen Thürsus, hat er denselben nit leiden wellen, sondern ihme stark nach seinem Leben gesetzt und nachgetrachtet. Haymon war noch jung und in dem fünfunddreißigsten Jahr seines Alters. Einstmals kamen sie bede nahent bei dem Seevelt an einem Bach zusammen, kämpfen miteinander so ernstlich, dass Thürsus auf

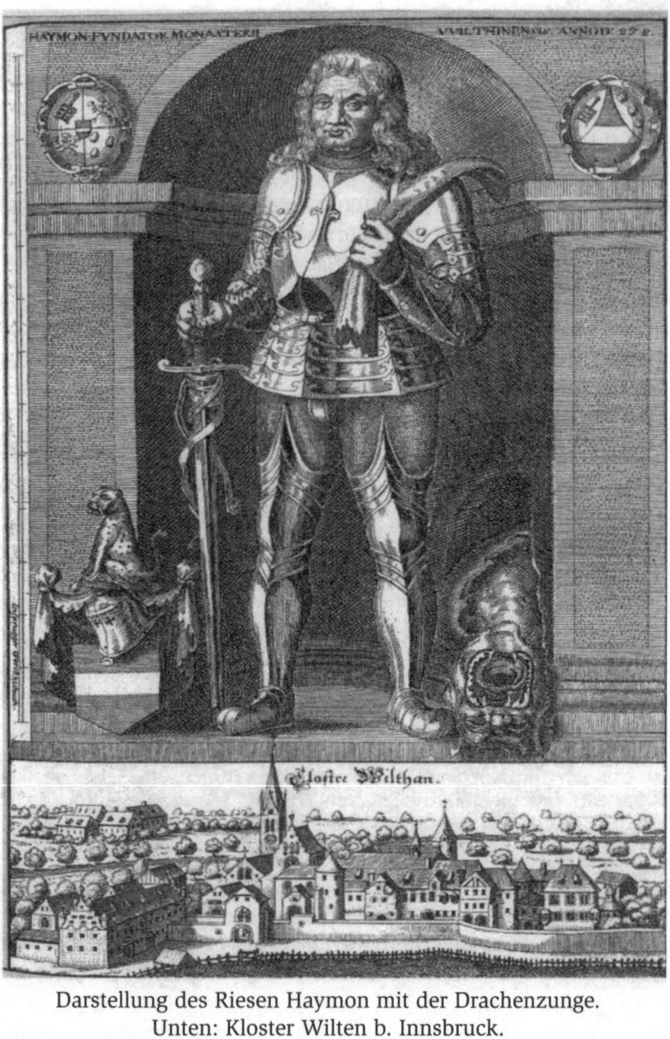

Darstellung des Riesen Haymon mit der Drachenzunge.
Unten: Kloster Wilten b. Innsbruck.

dem Platz verbleiben und sterben müssen. Dasselbig Ort wird noch heutigs Tags von den Inwohnern daselbsten der Thürsenbach genannt, und die roten Stein, so daraus genommen und hernach zu Wasser gebrannt, werden Thürsenblut genannt. Ab sollicher Tat bekommt der Haymon einen großen Schmerz, und weil er ein Christ war, gedenkt er auf Mittel und Weg, wie er das vergossene Blut stillen und sein Gewissen befriedigen möchte. Die Benediktiner-Münich zu Tegernsee waren dazumal in hohem Ansehen. Obgedachter Haymon wird durch ihr Andacht dahin bewegt, dass er ihm aus dieser und vorgehender Ursachen halber fürgenommen und sich entschlossen hat, in die Ehr des heiligen Benedikti ein ansehnlich Kloster aufzubauen an das Ort, da es dieser Zeit gesehen wird und fürnehmlich auch darum, weil es an einem frischen Wasser, die Sill genannt, nahent gelegen, auch der Stein halber einen großen Vorteil geben, dann wie oben angezeigt worden, war vor etlich hundert Jahren daselbsten ein Stadt von den Römern erbaut worden, Veldidena genannt, so hernach die Herzogen in Baiern zerstört und allein die Stein und gehaueten viereckigen Stuck von Tuffstein haben liegen lassen. Als er nun angefangen zu bauen, hat sich derselben Orten befunden ein großer Drack, so sich in den Höhlen aufgehalten, dann es dazumal ein grobe wilde Landfarth und bloße Aue war. Dieser hat mit seinem vergifteten Atem die Luft fast infiziert, den Arbeitern großen Schrecken eingejagt, auch mit seinem Schwanz die neuen Mauern umfangen, niedergeworfen und zerrissen. Der Ries' bekümmert sich sehr darob, befiehlt das Werk dem allmächtigen Gott, setzt sich wider den Drachen, treibt denselben in ein enges Loch und tötet ihn gar meisterlich. Hernach schnitt er ihm sein Zung' aus dem Rachen, nahm dieselb' mit ihm, gab sie hernach dem neuerbauten Kloster, allda sie noch heutigs Tags gewiesen wird. Nach solcher Niederlag vollendet er den angehebten Bau und starb letztlich im Jahr Christi 878. Sein Leib wird zu der gerechten Hand des hohen Altars im Chor begraben. Sein Bildnis wird über viel Jahr in Holz geschnitten und noch heutigs Tags gewiesen. *(Tirol)*

VIII. Räubersagen

306. Schinderhannes überfällt eine Mühle. Et wuaren schlemme Tieden, as de Räuberhauptmann Schinderhannes on Konsorten öwer Lank trocken. Seventenhongert ses on negenzig, kort vör Chreßdag hant di Räubersch enn de Ohligsmöhl enngebroken on hant de Möller on sin Familligen geknewelt. Di Frau hadd vör kottem üar Erwdeil utbetalt gekregen, wi se seggen seshongert Ricksdahler. De Schuster vam Brahmenhof wuar gekommen on hadd üar gerohen, dat Geild op Hippetehk ut te dohn; awer de Möller hadd gesach, he weul et selwer bruken. De Schuster stong enn keinem godde Geroch. Ow he wohl de Räubersch en Wenk gegewen hadd? Die Möllerschfrau hadden, as si merkten, dat et so verdächtig onräuig wuad em Hof, fottens de Geildsack herutgeholt, wuar no'em Böhn gelaupen on hadd en enn en Haupen Hault'asch verstoppt, de se do verwaarden. Meddlerwiel hadden di Räubersch Posten utgestellt. Wahl twentig Mann stark wuar di Bande; allemolen hadden se Flenten un Pischtollen, on üar Gesechter hadden se kohlrabeschwatt gemakt. Fief oder ses Mann hant met en Weesbaum newen de Huusdüar en Look en de Wank gerammt, on dann send se herenn gekommen. Wahslechter

hant se an de Wäng geklewt on ahngestoken, dat se öwerall sehn kaunen. De Möller on sin Frau, die aul Bessemoder on di Dochter wuaden geknewelt; de Möllerknech awer es öwer et Möhlrad herut gekropen on no de Bröck gelaupen on hätt do Mord on Brank geschreen on de Brögger alarmeert. De Räuberhauptmann – einen sag es ›Hüskes-hannes‹ vör em – heel einmol dem Möller on dann weer sin Frau de Pischtoll vör et Gesech on waul weten, wo se dat Geild versteppt hädden. Di awer heelen sech beeds drahn, se hädden et fottgebrach on Schaulden dornet betalt. Meddlerwiel send dann auk di Brögger met Flenten on Messgaffeln ahngekommen, wuaren awer doch te bang, gegen di Räubersch ahntegohn. Denn di wuaren fest gegen Blei on Ihser, as vertellt wuad. Kisten on Kasten hant di kapottgeschlagen. Kopper on Tenngescherr, ok Lienen, Schenken on Speck hant se opgeladd on send dann onger Floken on Scheeten op de Kraumeweg too dovangetrocken. Auk wat Geild hadde se metgekregen, awer di Erwschaft hadden die Lüd doch glöcklicherwies geredd. *(Rheinland)*

307. Schinderhannes übertölpelt den Pfarrer. Bei Kirberg im Kreise Limburg vor dem Tore stand früher ein Haus, darin wohnte ein Bauer, bei dem soll Schinderhannes sein Absteigequartier gehabt haben. Und der Bauer hat für ihn herumvigiliert und -baldowert, sodass Schinderhannes immer gewusst hat, wer sich in den Gasthöfen der Umgegend aufhielt.

Einmal haben Bauern in der Schenke zusammengesessen und sich vom Schinderhannes erzählt. Ein Kurzwarenkrämer, den der Wirt den Krämerjakob nannte, setzte sich zu ihnen und hörte zu. Da sagt ein Kirchendiener, der auch unter den Gästen sitzt, sein Pfarrer möchte gar zu gern mal Bekanntschaft mit dem Schinderhannes machen. Heute sei der hochwürdige Herr zur Kindtaufe in ein Nachbardorf geritten, und da hätte er ihn beim Abschied verwarnt: »Hochwürden, geben Sie auf Ihren Braunen acht, der Schinderhannes ist ein Freund von Pferden.« Kurze Zeit darauf steht der Krämerjakob auf und bezahlt seine Zeche und verlässt das Wirtshaus. Er geht straks auf den nahen Waldweg, den der Pfarrer benutzen muss, und kaufte einem Bettler unterwegs seine Krücken ab. Die hängt er auf einen Baum, setzt sich darunter und verbindet sich seinen Fuß, als wenn er ein Krüppel sei. Nicht lange wartet er, da kommt der Pfarrer auf seinem prächtigen Pferd des Wegs daher. »Ach, hochwürdiger Herr«, ächzt da der Schinderhannes (denn das war der Krämerjakob), »wollen Sie nicht einem armen Mann in der Not helfen? Böse Buben haben mir meine

Krücken abgenommen und sie an den Baum gehängt.« Dabei machte er ein solch jämmerliches Gesicht, dass der gute Pfarrer voller Mitleid war. Er stieg vom Pferde, versuchte den Baum hinaufzuklettern, und nach einigem vergeblichen Turnen gelang es ihm auch. Doch kaum ist er oben, da schwingt sich der Krüppel mit einem plötzlichen Ruck aufs Pferd und ruft dem Pfarrer, der ganz entgeistert im Baum sitzt, zu: »So, Herr Pfarrer, jetzt wissen Sie auch, wie der Schinderhannes aussieht!«, und in der nächsten Minute war er mit dem Pferde verschwunden. *(Hessen)*

308. Die List. De Schinderhannis isch dur en Wald gange und het vo witem e Ritter cho seh. No het er zwo Chrucke abghaue und hets uf d'Stude ue ghangt. Und isch i de Grabe ie glege und het ghület. De Ritter hat gfroget warum as er hül. Druf het de Schinderhannis gseit, sie heigem d'Chrucke uf d'Stude ne ghänkt und jetzt chön er nüma laife, er sell im au d'Chrucke abelänge, er wellem's Ross hebe. De Ritter isch uf d'Stude ne gange. De Schinderhannis aber isch ufs Ross ue ghockt und isch furtgritte. No het de Ritter d'Chrucke gha und de Schinderhannis 's Ross. *(Baden)*

309. Der gutmütige Räuber. E Mädche moot durch de Bösch jon alleen. Et drog ene Korv. Da kom op eemol eene on frog et, off et dann jaa net bang wöa, su alleen durch de Bösch ze jon. Et hätt Angs vürm Schennerjohannes, saht dat Mädche. Et bruch net bang ze sen, saht dä Mann, hä dät möt em jon. Wie se an et Dörp kome, saht dat Mädche, et dät sich och bedanke, et wöa jetz deheem, et hönnt jetz alleen jon. »Et ös jot«, saht dä Mann, »sag ävve deheem, de Schennerjohannes wöa su schlömm net, wie se sage, hä hätt dich durch de Bösch jefuöt!« *(Siegerland)*

310. Der Kollege. De Schennerjohannes on ne andere Räuber han sich jetroffe. De andere Räuber hät däm Schennerjohannes de Pistol op de Broß jesatz on dä moot em et Jeld on de Uhr eruusjenn. Domols hatte me noch keen Revolver jehatt. Dä Räuber hatt en zweiläufije Pistol. De Schennerjohannes saht für dä Räuber, hä sall em ne Schoß durch de Mau jenn on eene durch de Hot, dat se sehn könnte, dat e em Jefech wöa jewäß. Dat hät dä andere Räuber och jedohn. »Du domme Käel!« saht du de Schinnerjohannes. »Du bäs keene richtije Räuber, du moß bei mir noch en de Liehr john!« Dä woa jo jetz wehrlus, dä hatt jo keene Schoß mieh en de Pistol on hä moot net müë däm Schennerjohannes die Saache, die hä ehm affjenonn hatt, weddejenn. Hä hät em och et Singk noch affjenonn. *(Siegerland)*

311. Schinderhannes schröpft die Juden. Der Schinderhannes hat mehr im Vogelsberg und in der Wetterau gelebt. Und die Juden sind aus der Wetterau heraus nach Friedberg auf den Markt gelaufen. Und der Schinderhannes hat das gewusst, dass die Leute immer hin- und herlaufen, die Juden, und wie die Juden dann zurückkamen vom Markt, da hat der Schinderhannes aufgepasst, da mussten sie alle die Schuhe ausziehen. Und der Schinderhannes hat zu jedem Juden gesagt, er wär der Schinderhannes. Sie mussten die Schuhe alle auf einen Haufen werfen. Die Juden hatten allgemein immer Angst. Dann hat er den Haufen Schuh auseinandergewühlt, dann hat er auf die Uhr geguckt, wer in zwei Minuten nicht seine Schuh' erwischt, der musst sein Geld dalassen. Und dann sind die Juden wieder weitergezogen. Dann sind Marktfrauen gekommen, denen hat er den Korb durch den Wald getragen und denen hat er das Geld wieder geschenkt. *(Hessen)*

312. Schinderhannes entkommt der Polizei. Der Schinderhannes war auch einmal in Lindenschied in der Wirtschaft. Die Leute erkannten ihn nicht. Auf einmal kamen zehn Polizisten herein und fragten nach dem Schinderhannes. Da ging er heimlich in den Stall, wo sie ihre Pferde stehen hatten. Das beste nahm er und setzte sich drauf. Bei den anderen schnitt er den Sattelriemen durch. Dann ritt er fort und rief zum Fenster hinein: »Hier ist der Schinderhannes!« Schnell liefen die Polizisten in den Stall, wo sie ihre Pferde stehen hatten, und wollten auf dieselben steigen, aber fielen mit dem Sattel herunter. *(Mosel)*

313. Des Schinderhannes Ende. De Schinderjohannes woa he em jau jefange jenonn woade van de Franzuse. Späte vam Jerich möt 12 singer Jenosse zom Dud verurdeelt woade. Hä wued och em Napoleon vürjestellt. Zu diesem sagte Schinderjohannes: »Du ene jruße, ich ene kleene!« Napoleon hät vestande: Hä selvs wöe ene jruße, on Schinderjohannes wöe ne kleene Spötzbov. Dröm hät de Napoleon en net bejnadig. Als nun Napoleon abends mit seinen Jeneralen zu Tisch saß, da sagte der Napoleon zu seinen Jeneralen: »Was mag der damit richtig jemeint haben?« Worauf ein Jeneral sagte: »Du ene jroße Feldherr, ich ene kleine!« Worauf der Napoleon rief: »Da soll der Kerl bejnadig werden!« und schickte einen Eilboten mit dem Bejnadijungsschreiben, welches aber eine

Authentische
Beschreibung der Herkunft
des
Schinderhannes und schwarzen Jonas
nebst
der Abbildung aller Personen
wie sie den 16ten Junii 1802. Morgens um halb 4 Uhr nach Mainz
transportirt worden sind.

Erklärung des Kupfers:

No. 1. Der Schinderhannes. No. 2. Der schwarze Jonas, welcher seinen 6jährigen Knaben zwischen seine Beine hat, der ihn schmeichelt und seine Haare aus dem Gesicht streicht. No. 3. Des Schinderhannes Beischläferin mit einem halbjährigen Mädchen des schwarzen Jonas auf dem Schoose. No. 4. Des schwarzen Jonas Frau. No. 5. Der schwarze Peter. No. 6 Matthes Weber; beide letztere wurden von Bergen hieher geliefert. No. 7. Amschel Riedeburg, ein Jude von Rödelheim. Ein Offizier nebst 6 Mann von den französischen Gens d'armes begleiten den Wagen.

Frankfurt am Mayn 1802.

Transport des Schinderhannes und einiger Mitglieder seiner Bande von Frankfurt nach Mainz. Vierseitiges Flugblatt aus dem Jahre 1802.

Stunde zu spät kam, da er schon vor ner Stunde jehängt worden war. *(Siegerland)*

314. Schinderhannes in Österreich. Der Jörgbauer in Rauris erzählt: »Mein'm Ahnl ist das Vieh zweimal vertickt worden. Einmal kam der Hirt von der Alm und sagte: ›Ich kann mir nimmermehr helfen, die Kühe grasen nicht mehr, aber wenn sie einen dürren Zaunstecken erwischen, dann kauen sie daran. Milch geben sie auch keine mehr.‹ Darauf ging mein Ahnl nach Zell am See zum Schinderhannes, der stellt ein Glas mit Wasser vor ihn und ließ mein Ahnl hineinschauen. Da sah er nun sein Haus und seinen Hof daheim, und über dem First des Daches ging ein Weibsbild, das aus einem ›Sechterl‹ Wasser auf den Hof goss. Er kannte nun die Hexe, welche die Kühe vertickt hatte.« *(Hohe Tauern)*

315. Die Kuh. De Schennerjohannes jongk ens va Beuel noh Pötzje. Ongewäjes traf hä do en ahl Frau, die woa am kriesche. »Worm krieschs do?« frög de Johannes. Du saht die Frau: »Ich han von nem

Jüdd ze Beuel en Koh jejolde, on ich kann se net bezahle, on hä hät jesaht, hä dät me alles fottholle, wann ich se höck net bezahle dät. Jetz well ich bei dä Jüdd john. Half han ich et Jeld.« »Wevell moß do dann han?« frög de Johannes. »40 Richsdaler koß die Koh!« »Dä, häs de noch 20 Daler! « »Da moß ich mich ävve bedanke!« saht die Frau. »Dat ös jaa net nüdig«, saht de Johannes, »du johs jetz noh Beuel on sähs für dä Jüdd, du hätts dat Jeld, ävve du hätts et net mötbracht wän em Schennerjohannes. Hä sall mötkomme noh Pötzje on sich dat Jeld holle. Du löß der dat ävve schrefflich jevve, dat do die Koh bezahlt häs!« Die Frau ös noh Beuel jejange on hät dat em Jüdd jesaht vam Schennerjohannes, dat se dat Jeld net mötbraht hätt, et wöa ze jefährlich. »Da moß ich wal möt Üch john«, saht dä Jüdd, on hä ös möt noh Pötzje jejange. Do hät die Frau em dat Jeld jejevve on dä Jüdd ös wedde op Beuel sanjejange. Ongewäjes stond de Schennerjohannes on ref däm Jüdd: »Komm ens her!« »Wat ös?« saht dä Jüdd. »Jävv ens die 40 Richsdaler eruus, die do van dä Frau für die Koh kreeg häs!« »Ai, ich has jekricht kein Jeld bei der Frau«, saht dä Jüdd. »Bös do an die Bröhd krank!« saht de Johannes on trock en Pistol eruus on helt se däm Jüdd vür de Broß. »Ems möt däm Jeld!« Du hät dä Jüdd lamentiert, ävve hä moot die 40 Daler eruusröcke. *(Siegerland)*

316. Der Räuber Schekorra. Die masurischen Wälder waren früher dichter und größer als heute. In dem Walde in der Nähe von Liebenberg hauste damals ein Räuber mit Namen Schekorra. Er tat manchen Leuten Gutes, manchen aber Böses. So ging einmal aus Liebenberg eine Frau an diesem Walde entlang; sie weinte, denn sie führte eine Kuh zum Markte, die musste sie verkaufen, um einem Gläubiger die Schulden abzuzahlen. Als Schekorra die Frau weinen sah, fragte er sie nach der Ursache. Sie erzählte ihm ihr Leiden. Da schenkte Schekorra ihr so viel Geld als sie brauchte; sie kehrte nach Hause zurück und freute sich, dass sie ihre Kuh nicht verkaufen musste. In der Nacht ging Schekorra nach Liebenberg, schlich sich in die Wohnung des Gläubigers der Frau und stahl noch mehr Geld, als er der Frau gegeben hatte. Als er sein Wesen weiter trieb, wurde er von den Bewohnern von Liebenberg stark verfolgt. Einmal wurde ihm der rechte Arm abgeschossen, ein anderes Mal der linke; dann wurde er getötet. *(Ostpreußen)*

317. Der edle Wagnerloisl. Der Räuber Wagnerloisl hatte in der Nähe der Burg Alt-Aist seinen Unterschlupf und machte die Gegend unsicher. Er gab der Pflegschaft viel zu schaffen, ohne dass sie ihn fassen konnte. Armen half er gerne. Einst fand er spät abends ein Nachtlager in der Ortschaft Tal und erfuhr von der Bäuerin, dass der Bauer fort war, um den Pachtschilling für die Herrschaft aufzutreiben, den er binnen drei Tagen zahlen musste, wenn er nicht in den Schuldturm kommen wollte. Am nächsten Morgen übergab der Räuber der Bäuerin das Geld und sagte: »Das Geld schenke ich dir; ich bin der Wagnerloisl. Wenn der Pfleger darum fragt, sage es ihm, ich bin im Brandstätterholz.« Die Bäuerin trug das Geld zum Pfleger nach Schloss Haus. Als der Pfleger erfuhr, wo der gesuchte Räuber sei, suchte er sogleich mit seinen Leuten das Brandstätterholz ab. Inzwischen hatte sich aber der Wagnerloisl in die Stube des Pflegers geschlichen und das Geld, das der Pfleger auf dem Tische hatte liegen lassen, wieder mitgenommen. *(Oberösterreich)*

318. Der bayrische Hiesel im Inxhofe. Der bayrische Hiesel, seiner Zeit berüchtigter Spitzbube, geboren in Kissing bei Friedberg, soll sich eine Zeitlang im Inxhofe, einer Einöde mitten im Schöngeiseninger Forste, aufgehalten haben. Obwohl er den Jägern sagen ließ, sie sollten herauskommen, wenn sie den bayrischen Hiesel sehen wollten, so wagte es doch keiner derselben, und der Räuber blieb unangefochten. Bei dem Inxhofe befand sich eine Höhle im Walde, genannt Kuchelschlag, welche früher Räubern zum Aufenthalt diente, in der auch der bayrische Hiesel mit seinen Leuten auf eine Zeit Quartier nahm. Der gefürchtete Räuber begab sich hierher und wählte sich unter den Wildschweinen, welche ein eigener Wildhüter füttern musste, die schönsten aus, die er dann in der Höhle mit seinen Leuten verzehrte, ohne dass der Wildhüter dagegen Einsprache tun konnte. Von hier aus überfielen die Räuber zu gewissen Zeiten die Bauernhöfe der Nachbarschaft. Als sie endlich, von den Gerichten verfolgt, abziehen mussten, hinterließen sie viele Schätze, welche sie in der Eile nicht mitnehmen konnten. Die hat nun der Teufel als herrenloses Gut in Verwahrung genommen, Schatzgräber haben umsonst versucht, diese Schätze zu heben. Sie sollen immer tiefer versinken. *(Bayern)*

319. Umständliche Beschreibung, was sich bei Gefangennehmung des Matthias Klostermayrs oder bayrischen Hiesels den 14. Januar 1771 zugetragen. Nachdeme schon Anno 1768, den 28. Ju. von der Kayserin Königin Majestät ein sehr scharfes Mandat wegen dem Bayerischen Hiesel und seiner schädlichen Bande von Wildprätschützen emaniert, wurde nach mehrmalig fruchtlosen Streifen

Die Gefangennahme des Bayerischen Hiesels (zeitgenöss. Flublatt)

die in Buchloe unter Kommando des Herrn Premier-Lieutenants Schedel gelegene Militair-Mannschaft zu deren ohne ausgesetzten Verfolgung detachiert und ruckte nach eingezogener sichern Kundschaft Montag den 14. Januar 1771 morgens um halb drei Uhr von Buchloe aus in möglichster Stille und nachdem dasselbe unterwegs, von ungefähr durch des Wirts Töchterlin von Osterzell, erfahren hatte, dass sich diese Rotte in der untern Stube des Wirtshauses in Osterzell bei ihrem Vater mit einem Kartenspiel divertierte, so teilte der Herr Lieutenant seine bei sich habende Leute, zehn Jäger und vier Amtknechte, in drei Haufen, welche das Wirtshaus frühmorgens nach sieben Uhr auf allen Seiten zugleich umgaben; dabei wurde die Vorsicht gebraucht, dass diejenige, welche gegen die Stube anrücken sollten, unter den Fenstern hinkriechen mussten, damit sie vor der Zeit von der Hieselischen Bande nicht etwa entdeckt und die gute Anstalt vereitelt werden möchte; ein Teil aber wurde in das der Kuchel gegenüberstehende Söldnerhaus beordert, woselbst sie eine allenfallige Retirade hatten und die gegen die Gasse gehende Kuchltüre, wodurch die Wildschützen einen Ausfall hätten tun können, bestreichen konnten. Sobald die abgeredte Position genommen ware, des Hiesels Bub etwas von der Streif erblickte und seiner Kameradschaft davon Nachricht gabe, so sprungen alle zugleich vom Tische auf und liefen aus der Stube in die Kuchel, woselbst sie ihre Büchsen liegen gehabt, setzten sich plötzlich in Positur und fingen gleich an auf das Kommando zu feuern, wobei zum Glück einem von diesen Wildschützen, welcher auf den Herrn Lieutenant angeschlagen, das Pulver aufgebrannt. Sie setzten sich aber, nachdem sie zum öftern ermahnet worden, sich zu ergeben, unter einer desperaten Gegenwehr und beständigem Schimpfen in eine so vorteilhafte Stellung, dass sie aus der Kuchel drei Türen zugleich bestreichen konnten, ohngeachtet auf sie durch alle Fenster hinein und durch die Türen ein entsetzliches Feuer, sowohl von den Grenadiers als Jägern gemacht wurde, der Hiesel öffnete in etwas die Tür gegen der Stuben und schosse den schönsten Grenadier Steiner an dem Ofen durch die Brust plötzlich tot, und in angedauerter Démêlée wurde auch der Grenadier Kopp schwer blessiert, der sogleich in ein benachbartes Bauernhaus gebracht, bald hernach aber providieret worden und an seiner Wunde gestorben ist. Die Türen wurden von den Grenadiers wie eine Scheibe durchschossen, denn sie feuerten unaufhörlich und fast Plutonweise. Gleich beim Anfang des Lärmens schrie der Hiesel aus vollem Hals mit diesen Formalien: »Ihr tausend... ich schicke euere Seelen alle in die Ewigkeit, dass sie in der Hölle herumtanzen müssen, ich will's euch machen wie den Ulmern« (stieße anbei die allerabscheulichsten Schimpf- und Schmähworte aus und fluchte zugleich auf das allergrässlichste, so aber Bescheidenheit wegen nicht angeführt wird). Damit nun die Leute der boshaften Desperation nicht allzusehr ausgesetzt wurden, so verfiel der Herr Lieutenant Schedel auf den klugen Einfall, einen Teil seiner Grenadiers und Jäger die Stiegen hinauf, in die obere Stube zu beordern, so in größter Geschwindigkeit geschehen musste, weil diese just diejenige Türe zu passieren hatten, wo die Wildprätschützen am stärksten herausfeuerten, da es dann geschahe, dass der Jäger von Konenberg, Johannes Schmidt, der sich in etwas verweilte, und aus Vorwitz zu dieser Türe hineinschauete, ebenfalls über den Haufen geschossen wurde. Als ein Teil der Grenadiers unten beständig mit den Wildprätschützen chargierte, wurde oben der Boden und die gewölbte Decke durchbrochen und aufgehauen und aus dem in der

Kammer befindlichen Bett der Strohsack zerrissen, das Stroh um Pulverpatronen gewickelt, angezündet und durch das gemachte Loch hinuntergeworfen, zu gleicher Zeit aber unaufhörlich durch dieses Loch hinuntergefeuert, auch mit Hinunterwerfung des angezündeten Strohes kontinuiert, welches dann nicht nur Feuer, sondern auch einen so starken Rauch verursachet, dass die Schützen ihre Pulverhörner und andere Zugehör in dem Dunst nicht mehr finden konnten und sich veranlasset sahen, umso mehr in das an die Kuchel stoßende Speisgewölb zu retirieren, weil einem von ihnen, der durch das Loch hinauf gegen die Grenadier angeschlagen, durch einen Schuss die ganze untere Kienlade bis an den Hals weggerissen worden und ein anderer von ihnen unter der Warze der linken Brust hineingeschossen worden, dass er liegenbleiben musste, bis er nach geendigter Attaque und Versehung mit den H.H. Sakramenten endlich auch gestorben; der mit der weggeschossenen Kienlade lag just unter dem Loch und musste mithin alle Schüsse und heruntergeworfenes Feuer von Stroh und Pulver aushalten, sodass ihme die Kleider am Leibe verbrannt und seine Haut wie eines besängten Schweines ausgesehen; und weil das Feuer gefährlicher zu werden begunnte, so wurde solches durch das Loch von oben herab mit dem auf der Kühle stehenden weißen Sud Bier gelöschet, der Rauch und Dampf aber dadurch vergrößert, sodass diese Konfusion sie endlich nötigte, sich zu verkriechen. Als nun der Hiesel den Anblick seiner zwei totgeschossenen und zum Teil stark verwundeten Kameraden wahrgenommen, er selbst aber durch zwei Schuss in die Beine und einen Streifschuss an der rechten Seite des Backens blessiert ware und merkte, dass einer in den Backofen, der andere darunter, der Bub mitsamt dem geladenen Gewehr in das Ofenloch sich verkrochen und der Sattler in den Kamin, wo das gerauchte Fleisch gehangen, gestiegen und also von der meisten Kameradschaft verlassen ware, so wagte es auch der sich vorhero zu seiner Sicherheit in den Backofen verschloffene Wirt, hervorzukriechen und unter dem Loch um Gottes Barmherzigkeit willen zu bitten, dass sie doch ihn verschonen möchten, weil er ganz unschuldig seie; worauf ihn dann die Grenadier, die ihn erkannten, durch das Loch hinaufzogen. Endlich schrie der Hiesel: »Jesus, Maria und Joseph! Kann ich dann keine Pardon erhalten!« Als man solches oben gehört, befahl der Herr Lieutenant, dass alles stille sein und mit Schießen aufhören sollte, da er dann auf wiederholtes Bitten des Hiesels hinunter antwortete, wann er durch die Stube-Türe ohne

(Radierung 18. Jh.)

Gewehr und Hirschfänger herausgehen wollte, so verspreche er ihm bei seiner Offiziers-Parole, dass ihm jetzt nichts am Leben und von niemand ein Leid geschehen sollte, welches er auch versprach, doch aber nicht zuerst, sondern vorhero ein anderer seiner Kameraden herauskam, der sogleich gebunden in den Schnee hinausgeworfen wurde. Nach diesem kam der Hiesel selbst unter die Türe, welche von den Grenadiers mit gespannten Hahnen und vorgehaltenen Bajonets umgeben ware; er bat den

Herrn Lieutenant nochmals, mit aufgehobenen Händen um sein Leben und fiel ihm um den Hals, worauf er auch gebunden zu seinen Kameraden in den Schnee geworfen wurde und anzeigen musste, wie stark sie wären und wohin sie sich verkrochen; so auch getreulich getan …

320. Der Räuber Sierke. Vor langer Zeit, vielleicht vor ungefähr hundert Jahren, hat in der Eylauer Heide der Räuber Sierke gewohnt. Immer trug er schwarze Kleider, die aber auf dem Rücken ein rotes Kreuz hatten. Seine Wohnung war in der Erde angelegt und der Eingang durch große Steine geschützt. Eine zweite Wohnung hatte er sich dadurch eingerichtet, dass er die Kronen zweier Bäume zusammengebunden und sich darunter ein Versteck gemacht hatte. Die Wände der Erdhöhle waren bunt gefärbt. War es nötig, diese Farbe wieder aufzufrischen, so musste ein Maler kommen. Auf dem Wege zur Höhle wurden ihm von Sierke die Augen verbunden, und wenn er mit seiner Arbeit fertig war, so wurde er auch mit verbundenen Augen wieder fortgeführt. So konnte niemand die Wohnung finden und verraten.

In der Höhle lebten auch mehrere Frauen, die dem Räuber Sierke die Hauswirtschaft besorgen und für ihn betteln mussten. Oft raubte er Kinder reicher Leute, weil sie ihn ausgeschrieen hatten. Eine der Frauen hatte nur auf diese Kinder aufzupassen, dass sie den Ausgang nicht fänden.

Sierke war oft tagelang von seiner Höhle fort und ging meist verkleidet umher, oftmals auch als Frau verkleidet. Auf einem solchen Wege traf er auch einmal eine Frau, die er aufforderte, ihm in seine Höhle zu folgen. Als sie nicht wollte, fesselte er sie und band sie an einen Baum. Das wurde ihm aber zum Verhängnis. Denn in demselben Augenblick kamen Soldaten in einem Wagen, die ausgesandt waren, ihn zu fangen. Die ergriffen ihn und lieferten ihn im Gefängnis ab. Nachdem er eine längere Zeit gesessen hatte, gelobte er Besserung und wurde darum entlassen. Wie er aber durch ein Dorf ging, schrieen ihm die Kinder wieder nach; erbost darüber mordete er von neuem und begann sein altes Leben. *(Ostpreußen)*

321. Die Ameisenfolter. Einem Mädchen, das allein durch die Heide ging, gab Sierke den Auftrag, ihm Schnaps und für einen Dittchen Pälkenägel zu holen. Sie brachte es und wurde von Sierke, mit dem Kopf nach unten in einen Ameisenhaufen hängend, an einen Baum gebunden. Das Mädchen war eines von den ärgsten Ausschreiern gewesen. *(Ostpreußen)*

322. Der schlaue Fleischer. Sierke war ein sehr starker Mensch. Ein Fleischer aus Neuendorf wollte einst seine Kraft mit ihm messen. Bei dem Ringkampf wurde er aber bezwungen. Da sagte Sierke: »Diesmal will ich dich noch leben lassen, aber deine rechte Hand musst du mir lassen.« Der Fleischer musste seine rechte Hand auf einen Baumstumpf legen und Sierke schlug wuchtig zu. Aber der Fleischer zog seine Hand schnell weg und entfloh, während Sierke sich noch mit dem Beil beschäftigte, das tief in den Stubben gefahren war. *(Ostpreußen)*

323. Räuber Danneil. Im Huy beim Kloster Huyseburg hat sich vor langen Jahren ein grausamer Räuber, namens Danneil, aufgehalten, der hat sich dort mit seinem Bruder eine Höhle gebaut, und da er selbst ein Schmied, sein Bruder aber ein Steinhauer gewesen, so ist ihnen das Werk auch rasch vonstatten gegangen. Als es nun fertig gewesen, hat Danneil zum Dank seinen Bruder erschlagen, damit er ihn nicht verraten könne, und nun raubte er sicher von hier aus in der ganzen Umgegend. Zu dem Ende hat er namentlich weithin durchs Holz bis nach der Landstraße hin Bindfäden gezogen, an welchen in seiner Höhle Glocken befestigt waren; stieß nun einer an dieselben, so stürzte er rasch zu Pferde hervor und plünderte denselben und brachte den Raub in seine sichere Höhle; damit man aber seine Spur nicht finden könne, hatte er dem Pferde die Hufe verkehrt aufgeschlagen, und so leiteten die Spuren, wenn er oben in seiner Höhle gewesen, hinab, und wenn er ausgegangen, wiesen sie hinauf. Namentlich aber stellte er den Mädchen nach; die schleppte er mit sich in seine Höhle, und wenn sie dann Kinder gebaren, hängte er diese in den Bäumen auf, dass es ein grässlicher Anblick war. So hat er auch einmal eine gefangen, die ist volle sieben Jahre bei ihm gewesen und hat ihm müssen die Wirtschaft führen; aber zuletzt hat sie es nicht mehr mit ansehen können, wie er so eins ihrer Kinder nach dem andern aufgehängt, und da ist sie ihm endlich entflohn. Nach Tische nämlich pflegte Danneil immer seinen Kopf in ihren Schoß zu legen, da musste sie ihn lausen, worüber er gewöhnlich einschlief. Da hat sie sich denn eines Tages die Tasche voll Erbsen gesteckt und, als er schlief, seinen Kopf sanft auf den Boden gelegt und ist davongeeilt nach Huyseburg, welches kaum eine halbe Stunde von der Höhle entfernt ist, und hat während ihrer Flucht den ganzen Weg entlang die Erbsen verstreut. Als sie nun schon eine Weile fort ist, da erwacht Danneil und sieht sie eben auf dem Berge ins Kloster gehen; da wirft er wütend sein Messer hinter sie her und hätte sie auch getroffen, wenn sie nicht grade in dem Augenblick in die Klosterpforte getreten wäre; so aber fuhr das Messer in die Tür, und da hat man die Spur desselben noch lange Jahre sehen können. Mit Hilfe der auf den Weg gestreuten Erbsen hat man nun Danneils Höhle gefunden, und da hat er sich denn in derselben eingeschlossen; er hatte sie aber so gut verwahrt und sich auch mit Lebensmitteln versehen, dass man ihm lange nichts hat anhaben können. Da hat man denn heißes Wasser durch ein Loch, das man von oben hineingehauen, hinuntergegossen, aber das hat Danneil abgezapft; endlich aber hat man aus heißem Wasser und Erde einen Dreckbrei bereitet und den hineingeschüttet, und so ist der Räuber endlich zu Tode gebracht worden. *(Sachsen)*

324. Die schöne Räuberin. Der letzte Schinder, der Schinderhans genannt, ging mit Schuhriemen handeln, die er aus den gegerbten Häuten des verreckten Viehs geschnitten hatte.

Auch soll diese Keuschen die Schinderhansen-Pass gewesen sein. Dorthin lockte man Leute von der Straße fort und brachte sie um und warf sie, in Säcke eingenäht, in die Mürs.

An dieser Räuberbande Spitze stand ein wunderschönes Mädchen, die als Lockvogel auf die Straße ging und die armen Opfer in die Keuschen lockte, sie war des Schinderhansen Schwester und hieß allgemein die Schinder-Regerl. Sie war klein von Gestalt, sehr zart gebaut und derart schön, dass ihren Lockungen kein Mann widerstehen konnte. Sie hatte auch mehrere Liebhaber.

Einen nun dieser Unglücklichen, die sie nach genossener Liebeslust auf die Seite räumte, fand man zwischen Bruck und Tinlach, wo gegenwärtig ein Kreuz steht. Manche sagen, es soll der Ermordete ein Gendarm gewesen sein. Diese letzte Untat führte nun zur Entdeckung der ganzen bisher rätselhaften Untaten, denn so viel Knechte und Mägde sie auch in ihrem Räuberdienste hatte, niemand ließ verlauten, dass diese Orgien in der Schinderkeuschen mit Mordtaten verbunden waren.

Nun aber wurden die Schinder-Regerl, ihr Bruder Hans und die ganze Räuberbande ausgehoben.

Die Räuberin aber wäre wohl wieder freigegangen, wenn man nicht sie in einen eisernen Käfig im Schloss Wieden bei Kapfenberg trotz ihres hochschwangeren Zustandes eingesperrt hätte, die Wärter nicht alle Augenblicke gewechselt worden wären und die Richter nicht mit verbundenen Augen das Urteil gefällt hätten. Ihre Verantwortung hat immer gleich gelautet: »Zwischen Ja und Nein steht der Galgen.«

Am Schinderbühel, oberhalb Kapfenberg, war die Richtstätte, und wo der Galgen stand, ist heute ein kleiner Hain gegenüber einem Kreuz an der Straßen. Dort wurde die Räuberbande justifiziert; man hat ihnen eine Hand abgeschlagen, den Spitzeln ein Auge ausgestochen, mehrere Räuber wurden auf das Rad geflochten, der Hans wurde gehängt, und über die Regerl gehen zwei Überlieferungen. Inninger erzählt, der Henker hätte nach der Enthauptung der Regerl das Haupt der Hingerichteten aufgehoben und geküsst. *(Steiermark)*

325. Räuberbanden im Rheinland. Die Mutzberger. Wenn Mutzbergs Pitter von einem Raubzug zurückkehrte, steckte er eine Art Licht an. Je nachdem wie es brannte, konnte er sehen, ob die Sache gut ausging oder nicht.

Sein letzter Raubzug suchte die ›Korzert‹ in Untensiebeneick heim. Alle Leute dort wurden gebunden und geknebelt, die ganze Einrichtung aber hinausgeschleppt und auf Wagen verladen. Nun war es einem Knecht des Hofes gelungen, sich in dem geräumigen Schornstein zu verstecken. Er kletterte darin hoch, als die Räuber abzogen, und konnte vom Dach aus dann beobachten, welche Richtung sie einschlugen. Als der Mutzberger diesmal das Licht ansteckte, sah er sofort, dass er verraten war. Eine Flucht hielt er für aussichtslos, und als wenige Stunden später die Landjäger kamen, ließ er sich willenlos mit seinen Raubgesellen abführen. *(Rheinland)*

326. Die Räuber am Wallbruch. Gemeinsam mit den Räubern am Mutzberg arbeitete eine Bande, die in der Wallbruchsmühle ihren Sitz hatte. Die Bauern der Umgegend konnten sich vor Raub nur dadurch schützen, dass sie Nacht um Nacht Posten ausstellten.

Über die Wege hatten die Räuber Leinen ausgespannt, die zur Mühle hinführten und dort Schellen in Bewegung setzten, sobald ein Reisender sie berührte. Ein junger Bauernbursche, welcher gleichfalls der Räuber wegen Posten stehen musste, war nun mit ihnen gut bekannt. Er suchte sie öfters des Nachts am Wallbruch auf und spielte mit ihnen Karten. Wenn dann eine der Schellen ertönte, sagten sie: »Käsperkeu, wart en bettschen!« Kurze Zeit darauf kehrten sie wieder zurück, beladen mit dem Hab und Gut des Wanderers. *(Rheinland)*

327. Die Räuber von der Winzer Mark. Die dritte Räuberbande, welche vorzeiten die Herrschaft Hardenberg unsicher machte, hauste in der Winzer Mark. Einmal kam sie in der Nacht zum Handwiser im Dönberg. Dem Hund wurde ein Braten vorgesetzt. Dann verschaffte sich der Anführer heimlich Zugang zum Haus, holte eine ungeborene Kinderhand hervor und murmelte: »Was schläft, das schläft!« Alles im Hause schlief schon, als der Hauptmann den Spruch sagte, nur die Magd lag noch wach im Bett; aber vergebens versuchte sie sich zu erheben und Hilfe herbeizuholen; ihre Glieder waren wie erstarrt. So packten die Räuber in aller Ruhe das ganze Zinnzeug ein, außerdem zwei geschlachtete Schweine, achtzig Plätze und sechzig Schwarzbrote. Beim Abzug sperrten sie die Tür zum Schlafzimmer auf, stellten eine brennende Lampe in die Türöffnung und hefteten ein Messer in den Türpfosten.

Die Magd fand die ganze Nacht über keinen Schlaf; erst am anderen Morgen waren ihre Glieder soweit wieder beweglich, dass sie aufstehen und den Bauern und seine Frau aus ihrem todesähnlichen Schlaf erwecken konnte. *(Rheinland)*

328. Die Mordbrennerbande des Wein-Hans, Wampe-Görge und Schramme-Hans. Im Jahre 1661 ist zu Wohlau eine unerhörte Exekution mit einem gewissen Hans Liebmann, auch Weinhans genannt, seiner Frau Barbara Wildin, auch Kinderfresserin genannt, ihrem Sohne Hans Liebmann, desgleichen Hans Hahn, sonst Schrammhans genannt, und seiner Frau Barbara und ihrem Schwiegersohne Georg Wilde, oder Wampe-Görge genannt, vollzogen worden. Sie sind nämlich mit glühenden Zangen unterschiedliche Male gezwickt worden, dann nach dem Galgen geschleift, dort gerädert und auf ein Kreuz gesetzt und hier mit Feuer zu Asche verbrannt worden. Dies ist geschehen, weil sie unzählige Male geraubt und gemordet, Häuser angesteckt, Frauen genotzüchtigt und Blutschande getrieben; namentlich aber, weil sie von mehreren ermordeten Frauen und Kindern das Herz gegessen haben, um unsichtbar zu werden und sich fest zu machen. Ihr Gestöhn soll man noch lange Jahre nachher auf dem Hochgericht bei Nacht gehört haben. *(Schlesien)*

329. Die Räuberbande im Mühlviertel. Vor hundert Jahren hauste im Gebiet der damaligen Pflegschaft Berg bei Rohrbach der Steinhauer Gröger, ein verwegener Geselle, mit seiner Bande, die sich mit Diebstahl, Raub und Schwärzerei abgab. Sein Name war daher weit berüchtigt. Einmal saß er unerkannt bei Bauern im Wirtshaus. Ein Bauer sagte zu einem anderen, der heiratslustig war: »I wissat da ana vom Stoanhauer Kröger, aber stehln tuats!« Gröger sagte nichts und ging ruhig fort, aber nach vierzehn Tagen schickte er dem Bauer die Nachricht, es habe ihn gefreut, dass er von ihm gesprochen, er werde ihn dafür heimsuchen. Das tat er auch und brach bei ihm ein. Ein andermal führte er ein Mädchen, das ihn bat, sie vor dem Gröger zu schützen, sicher durch den Wald. Er hatte immer großen Zulauf. Von ihm ging das Sprüchel:

»Wen d`Arbeit nit gfreut,
Wer in Galgen nit scheit,
Geht zum Steinhauer Gröger,
Der braucht allerhand Leut.«

Auf einem Streifzug wurde einer seiner Gesellen festgenommen und in das Marktgefängnis gebracht. Gröger rief die Lackerhäusler Schwärzer zu Hilfe. Sie kamen in hellen Haufen und umzingelten Haslach; der erschreckte Marktrichter gab ihnen den Gefangenen heraus, der nun im Triumph fortgeführt wurde, nachdem die Eindringlinge in den Wirtshäusern sich eine unentgeltliche Zeche verschafft hatten. Nun wurde aber ein Soldatenkommando aus Linz aufgeboten, Gröger und seine Bande wurden umzingelt und gefangen, in seinem Hause wurde ein großes Diebslager entdeckt. Nachdem Gröger seine Strafe in Linz verbüßt hatte, fand er als alter Mann in einem Schiffergasthaus in Urfahr Unterschlupf. Als eisgraues Mandl saß er an der Lände und wackelte mit dem Kopf. *(Oberösterreich)*

330. Die Bande des Baron Möller. In Devwinkel, einer großen Waldung bei Güstrow, soll zu Anfang dieses Jahrhunderts eine Räuberbande sich aufgehalten haben, an deren Spitze ein Baron Möller stand, einer seiner Genossen hieß der schwarze Fritz. Schließlich wurden sie alle gefangengenommen, und Baron Möller, der schwarze Fritz und ein Dritter gehängt. Wie sie noch am Galgen hingen, kommt mal ein Bauer aus Alt-Strenz in trunkenem Zustande abends aus Güstrow, wo Markt gewesen. Beim Galgen angekommen, ruft er: »Baron Möller, ik hevv mi hüt 'n por Fisk köft, kumm hüt abend hen un et bi mi Fisk un Tüffel!« Der ist auch wirklich zum Bauern gekommen und hat mit ihm gegessen, ohne ein Wort zu sprechen. Zuletzt sagt er zu dem vor Entsetzen starren Bauern: »Morgen abend komm du zu mir, dann sollst du bei mir essen.« Der Bauer geht in seiner Angst zum Prediger, dem alten Kirchenrat Simonis in Lüssow, und erzählt ihm den Vorfall. Der Prediger gibt ihm eine tüchtige Ohrfeige, dann aber den Rat, er solle den ersten Bußgesang Nr. 256 lernen und abends zwölf Uhr auf die Feldmark gehen. Wie der Bauer hinkommt, steht Baron Möller schon da. Der Bauer betet in seiner Angst den Psalm her, da sagte Baron Möller: »Das ist dein Glück, sonst sollte es dir schlecht bekommen sein.«

331. Der Schelmnickel. Der Schelmnickel hieß Nikolaus Schmidhofer und war ein Holzknechtskind. Von seiner frühesten Jugend an zeigte es sich, dass er ein Unhold werden und auf dem Galgen enden werde. Denn er hatte um den Hals einen roten Strich.

Er hatte als Kind schon den Trieb, Tiere zu martern, und hat auf einer gestohlenen Nadel eine Reihe Fliegen lebend aufgespießt.

Und weil dieser Trieb ihm nicht durch vernünftige Erziehung gebändigt wurde, sondern anwachsen konnte, so ward in ihm ein unwiderstehliches Begehren, Menschen zu töten.

Da riet ihm noch dazu ein boshafter Mensch, er solle ohne Beicht und Reue zur Kommunion gehen und solle eine schwarze Katz lebendig sieden und das Wasser trinken. So ist er ganz blutdürstig geworden.

Seines Zeichens ein Köhler und Holzknecht, suchte er für seinen Nebenzweck, für die Räuberei, einige Kameraden, von denen

Wiener Flugblatt über einen Mörder und seine Hinrichtung (178

ein paar überliefert sind. Der ›Moar Peder‹ half ihm, die geraubten Sachen in den Schlupfwinkel tragen. Es war nicht bloßer Diebstahl, sondern gemeiner Raub, was er betrieb. So hat er mit zwei Gehilfen im Rosegger Gasthaus in Fladnitz in der Christnacht mit einem Sägblock die Haustür eingestoßen und dann, während die zwei bewaffneten Wächter hinten hinausflohen, nach Belieben im Wirtshaus gesoffen und geraubt. Später wollte er gemeinsam mit seinem Spießgesellen Schabes Egyd den Angerwirt umbringen, doch hatte im letzten Augenblick die Wirtin davon erfahren, sofort mehrere Tische überdeckt und viele Teller und Bestecke aufgelegt, dass es aussah, als ob viele Gäste kommen sollten. Und so hat der Nikl sich nicht hingewagt und ist zum Holzmeister hinter dem Osserberg, mit dem er auch eine Abrechnung hatte; dort haben sie drei Leute umgebracht: die alten Eltern und die Tochter, die sich verzweifelt gewehrt hat. Das kleine Kind aber ließen sie leben und haben ihm in die Fersen ein Kreuzel hineingeschnitten (dieses Kind ist Bauer in der Gasen geworden). Noch wollte der Nikl den Angerwirt, den Rauchegger und den Wachsegger ermorden, kam aber nicht mehr dazu.

In den fünfziger Jahren des vorigen Jahrhunderts haben die neu eingeführten Gendarmen ihn und seine Spießgesellen gar bald erwischt, und der Nikl und seine Bande sind in Graz hingerichtet worden. *(Steiermark)*

332. Derselbe hat ein Kind (nach einigen einen kleinen Studenten) ohne Grund gefangen und an den Füßen über einem Ameisenhaufen derart aufgehängt, dass der Kopf in den Ameisenhaufen hineinstieß. Wie man das Kind entdeckte, hat es zwar noch gelebt, aber seine Augen waren bereits ausgefressen.

Einem anderen hat er die Haut vom Rücken herabgezogen und ihn nach solcher Misshandlung laufengelassen.

333. Der Schelmnickel hat einen Glastrager auf einen Baum hinaufgejagt und dann herabgeschossen, weil ihm das Klirren der brechenden Glaswaren gefallen hat. *(Steiermark)*

334. Die Bande des Schelmgregerl. Um 1787 wurde einem Keuschler auf dem Sattelbogen (Pfarre St. Veit) ein Kind geboren und auf den Namen Gregor getauft. Der Bub lernte zuerst das Zimmermannhandwerk, doch hielt er nicht aus und trieb sich in der Welt herum, bald allein, bald mit Zigeunern, denen er so mancherlei abspitzte.

Im Alter von achtundzwanzig Jahren aber gründete er eine Räuberbande aus zwölf Mann, mit denen er in seiner Heimat fürchterlich hauste. Er überfiel aber nicht nur reiche Reisende, sondern auch Bauernhöfe. Daher blieb auch sein Unterschlupf, die Räuberhöhle unweit von Puntschi in Unterwald, nicht lange verborgen, nachdem zwischen Unterwald und Margareten viele Klagen eingelaufen waren. Als man ihn endlich samt seinen Räubern in der Höhle überrascht und gefangen hatte, hat man ihn auf einen Wagen hinaufgebunden. Er aber rief herab: »Wenn ich will, komme ich euch aus. Bindet mich nicht so grob!«

Und so hat man ihn nach Hüttenberg geführt und dort an den Wagen angeschmiedet, aus Furcht, er könnte ihnen auskommen. In Klagenfurt nun war das Endgericht. Die meisten Komplizen wurden gehenkt. Ihm konnte man keinen Mord nachweisen, so hat man ihn zu vierundzwanzig Jahren Wasserschöpfen nach Gradiska verurteilt. Da hat er nun ein Vierteljahrhundert teils Wasser geschöpft, teils Mühl getrieben, aber seine zähe Natur hat es ausgehalten.

Als alter Mann hat man ihn endlich wieder ausgelassen, und er hat sich in Grenzberg eine ›Keuschen‹ gekauft, dort mit seiner alternden Tochter gehaust und ist erst 1890 einhundertundzweijährig gestorben.

Er war ein kleiner, stark gebauter Mann, weißhaarig und trug einen weißen langen Vollbart. In seinen letzten Jahren war er blind.

Da man ihn aus der Strafanstalt entließ, hat man ihm auf die Schulter einen Galgen hinaufgebrannt, eine Wunde, die immer blieb.

Als er starb, wurde die Keuschen verkauft und seine Tochter, ein kleines, heimatloses Weiblein, zog im Lande herum und brachte sich mit Kartenaufschlagen fort. Der Schelmgregerl aber lebt noch heute im Völksmunde dieser Gegend als Schelmgregerl fort, teils infolge seiner Räubertaten, mehr jedoch infolge seiner überweltlich anmutenden Hilfeleistungen. *(Steiermark)*

335. Grausamkeit. Einmal hatte Gregerl als Räuberhauptmann ein Bauernhaus überfallen, gerade als die schwangere Bäurin Krapfen buck. Er verlangte von ihr die Aussage, wo das Geld versteckt sei, doch sie weigerte sich, es ihm zu sagen. Da hat er ihr die Hände in das heiße Schmalz gehalten, dass das Kind im Mutterleibe aufschrie. *(Steiermark)*

336. Rinaldo Rinaldini. Aus Italien, den 26. April. Die päpstliche Macht hat endlich die zu Montebello verschanzt gewesene Räuberbande, dreißig Mann stark, glücklich von dort vertrieben. Rinaldini, ihr Anführer, wehrte sich zwar sehr beherzt; allein er ward übermannet und verlor dabei das Leben. Der Bandit Zulini, der ihn verriet, ist für diesen Dienst reichlich belohnt worden. *(Vossische Zeitung. Berlin 1786. Nr. 57)*

Schwanck, von dem frommen Adel.

Als zu Franckfurt vor manchem Jar
Am Mayn, der Haubtstatt da war
Eins tags gehalten Halßgericht
Uber gar ein jungen Bößwicht
Gar ein hurtigen Reuttersmon
Der war ein wolgestalt Person
Von Leibe schön, gerad vnd lang
Vnd hett ein gar höflichen gang
In der kleidung geschmückt vnd sauber
Der war gewesen ein Straßrauber
Uber welchen Augspurg die Statt
Tausende Gulden verbürget hat
Diesem solt man den Kopf abhawen
Ob welchem aber Mann vnd Frawen
Gar sehr grosses Mitleyden hett.
Als man den verurtheilen thete
Vnd zu dem Gericht füret auß
Bracht jn für ein grosses Wirtshauß
Darinn vil frembdes Adels lag
Solten da machen ein vertrag
Mit der fränkischen Ritterschafft
Nun diese waren auch behafft
In mitleyden vnd mit erbarmen
Als sie sahen außfüren den Armen
So guter höflicher gestalt
Vnd doch kaum zweinzig järig alt
Da dawret sie das junge Blut
Wurden zu that, vnd wolgemut
Giengen hin für den öbern Rhat
Vnd da aufs demüthigest bat
Der Adel angelegt ein Bitt
Vnd vermeint den Jungen darmit
Beym Ober Rhat Huld zu erwerben
Daß er nit müst so elend sterben
Sonder würt von dem Schwerd errett.
Der öber Rhat da fragen thet
Ir lieben Getrewen, saget an
Wist ir was der Jung hat gethan
Darumb er sol werden gericht?
Der Adel sprach: das wiß wir nicht
Allein thawr vns die jung Person
Vmb den doch warlich jedermon
Ein sonderlich mitleyden hat.
Darauff antwort der öber Rhat:
Ihr lieben Getrewen, so wist
Daß der Jung ein Straßrauber ist
Welcher den Kaufleuten auß vertrawen
Etlich Wägen hat auff gehauwen
Sie gfangen vnd geschetzet hart
Mit seiner Rott auf dem Spessart
Vnd hat auch sonst vil schadens thon
Darumb wöll wir jhn richten lon
Weil jhr aber so grosse Bitt
Anlegt, wöll wir jhn richten nicht
Sonder zu ehren euch gemein
Sol jhm das Leben gschencket sein
Gantz quitledig all seiner band
Jedoch sol er raumen das land
Vnd nimmermehr kommen darein
Zu straff dieser verhandlung sein.
Als nun der Adel an dem ort
Vom öbern Rhat hört diese wort
Da sprachens gleich mit Entsatzung
Wie? Hat geraubet dieser Jung
Die Kaufleut schon auff dem Spessart
Vnd er ist doch nicht edler art
Das hab wir nicht gewüst vorhin
Derhalb nur eylents mit jhm hin
Vnd last jhm nur sein Kopf abschlagen
Wolt der Bawrenknecht in den tagen
Sich mit Raub auff dem Spessart nehren
Welches doch nur zusteht mit ehren
Dem frommen Adel aller massen
Den Kaufleuten in busen blassen
Daß jhn die Gülden herauß stieben,
Den die Reißdienst gar hoch thund lieben
Die bey jhn bleiben hin biß her
Nur dapffer gute Reuttersmär
Darmit der fromb Adel abschied
Vnd war des vrtheils wol zufried.

Der Beschluß.

Froh sollen deß all Kaufleut sein
Daß alle Strassen werden reyn
In Franken, Bayern, Sachsen, Schwaben
Daselbst ist grosse achtung haben
Der Adel, daß auff keiner Straß
Kein Rauber mehr auffragen laß
Er sey denn von Adels geschlecht
Das zu der that hab fug vnd recht.
Derhalb ist jetzt sicher wandeln
Gen Franckfurt vnd Leipzig zu handeln
Dergleich durch all Gebirg vnd Thal
Das vor vnsicher war zu mal
Wer jetzund durch den Spessart zög
Vnd Goldt auff seinem Haupte trüg
Man nem jhm nicht ein Hellerstil
Darauff so laß sich wer da wil
Doch hüt er sich vor vngemachs
Auff allen Strassen thût Hans Sachs.

Flugblatt mit dem Gedicht von Hans Sachs und Darstellung des Galgens.

337. Der fromme Adel. Es ist einmal zu Frankfurt a. M. Halsgericht gehalten worden über einen jungen Reitersmann, der Straßenräuberei getrieben hatte; weil er aber ein junger, hübscher, feiner Gesell war, so haben viele Mitleid mit ihm gehabt. Als er aus dem Gerichtshofe weggeführt ward, kam der Zug mit ihm an einem Wirtshause vorüber, wo gerade viel fremder Adel versammelt war, um mit der fränkischen Ritterschaft einen Vertrag zu schließen. Wie nun diese den jungen Übeltäter erblickten, wandelte auch sie Mitleid mit ihm an und sie legten bei dem hohen Rate eine Fürbitte für ihn ein, dass er nicht solle zum Tode verurteilt werden. Der Rat aber entgegnete ihnen, sie wüssten wahrscheinlich nicht, was er verübt, er sei ein Straßenräuber gewesen und habe im Spessart die Frankfurter Kaufleute überfallen, wenn sie aber es wünschten, so wolle der Rat ihm das Leben schenken und ihn um ihretwillen nur aus dem Lande verweisen. Da antworteten die Ritter aber, weil er auf dem Spessart Wegelagerei getrieben und es doch nur dem frommen Adel zustehe, sich vom Raube zu nähren, er aber nur ein Bauernknecht gewesen sei, möchten sie ihn in Gottes Namen um einen Kopf kürzer machen, und so geschah es auch.

338. Eppelein von Geilingen. Der rettende Sprung. Im Weinmonat des Jahres 1385 gab es in Nürnberg große Aufregung. Der Raubritter Eppelin von Gailingen hatte den Einwohnern als Wegelagerer wieder einmal großen Schaden zugefügt, war aber samt dreizehn Helfershelfern in einem fürchterlichen Treffen bei Lauf besiegt worden und befand sich als Gefangener in den Händen der Nürnberger Stadtknechte. In Nürnberg war er nicht nur wegen seiner Räubereien verhasst; er hatte es einmal verstanden, die Bürger jämmerlich zum besten zu haben. In einem Zimmer der sogenannten Peunt hatte der Rat allerlei Seltsamkeiten aufbewahrt, darunter als größtes Kleinod einen goldenen Käfig mit einem schönen Vogel von Gold und Edelsteinen darin. Unerkannt stolzierte einmal der Ritter Eppelin von Gailingen in das Zimmer, ließ durch drei verkleidete Knechte im Nebenraum einen Lärm verursachen, sodass die Aufmerksamkeit der Besucher und der Diener abgelenkt wurde, und nahm dann die Gelegenheit wahr, das kostbare Vogelhaus samt seinem Inhalt unter den Mantel zu nehmen und damit fortzueilen. Als man den Diebstahl merkte, war Eppelin längst über alle Berge.

Jetzt hatte man ihn bei Lauf fest gefasst, er sollte den Lohn für alle seine Schandtaten erhalten, und das war der Galgen. Als Gnade bat er sich vor seinem Ende aus, man möchte ihn nochmals Gottes Sonne schauen, nach der Gegend blicken lassen, die ihm so

Eppelin v.Geilingen entflieht den Nürnbergern

wert gewesen wäre und die er nicht wiedersehen sollte, und sein herrliches Ross zu besteigen erlauben. Der Rat erfüllte seine Bitte, und Eppelin wurde von einem Gefühl der Rührung ergriffen, als er sein Ross erblickte. Er lief hinzu und schlang die Arme um den Hals des treuen Tieres, das, laut aufwiehernd, seinen Herrn erkannte. Als er sich ein wenig mit dem Rosse beschäftigte, nahm er einen günstigen Augenblick wahr, saß mit raschem Sprung im Sattel, packte die Zügel mit kräftiger Faust und drückte dem Tiere mit Macht die Sporen in die Flanken, sodass es zwei ungeheure Sätze bis zur Brüstung machte und bei dem dritten samt seinem Reiter verschwunden war. Im Burggraben erhob sich das Ross wieder, sprang an der anderen Seite die schräge Böschung hinauf und führte seinen Herrn ins Weite. Die Nürnberger hatten das Nachsehen, und darum sagt man von ihnen: »Die Nürnberger hängen keinen, sie hätten ihn denn zuvor!«

339. Die Hinrichtung. Vor nicht lang sangen die Nürnberger Gassenbuben noch diesen alten Reim:

»Eppela Gaila von Dramaus,
Reit allzeit zum vierzehnt aus;«

und:

»Da reit der Nürnberger Feind aus
Eppela Gaila von Dramaus.«

In alten Zeiten wohnte im Bayreuthischen bei Drameysel, einem kleinen, nach Muggendorf eingepfarrten Dörfchen, Eppelin von Gailing, ein kühner Ritter, der raubte und heerte dort herum, und sonderlich aufgesessen war er den Nürnbergern, denen schadete er, wo er mochte. Er verstand aber das Zaubern, und zumal so hatte er ein Rösslein, das konnte wohl reiten und traben, damit setzte er in hohen Sprüngen über Felsen und Riffe und sprengte es über den Fluss Wiesent, ohne das Wasser zu rühren; und über Heuwagen auf der Wiese ritt er, dass seines Rosses Huf kein Hälmlein verletzte. Zu Gailenreuth lag sein Hauptsitz, aber rings herum hatte er noch andere Burgen, und im Nu wie der Wind flog er von einer zur andern. Von einer Bergseite war er flugs an der gegenüberstehenden und ritt oftmals nach St. Lorenz in Muggendorf. Zu Nürnberg hielten ihn weder Burgmauern auf, noch der breite Stadtgraben, und viele andere Abenteuer hat er ausgeübt. Endlich aber fingen ihn die Nürnberger, und zu Neumarkt ward er mit seinen Helfershelfern an den Galgen gehängt. In der Nürnberger Burg stehen noch seine Waffen zur Schau, und an der Mauer ist noch die Spur vom Huf seines Pferdes zu sehen, die sich eingedrückt hatte, als er darübersprang.

340. Die Fabel von Apelle Vocali. An einem Ort der Brustwehre auf der Burg zeigt man im Steine die Eindrücke von dreien nebeneinander in einer Linie stehenden Hufeisen als ein Denkmal, dass einsmals ein Hexenmeister, Apelle Vocales, woraus das gemeine Volk Heppele von Galen machet, von hier mit seinem Pferde, so nach dem eingedruckten Zeichen drei Füße nebeneinander gehabt haben muss, über den mehr als zwanzig Ruten breiten Graben gesetzt haben soll. Mein Herr beliebe sich hierbey zu erinnern, was ich von einer ganz gleichen Fabel, die auf dem Schlosse Wischerad für wahr erzählet wird, aus Prag berichtet habe.

341. Die Hinrichtung des Diez Schwinburg. Kaiser Ludwig der Bayer ließ im Jahre 1337 den Landfriedensbrecher Diez Schwinburg mit seinen vier Knechten gefangen in München einbringen und zum Schwerte verurteilen. Da bat Diez die Richter, sie möchten ihn und seine Knechte an eine Zeil, jeden acht Schuhe voneinander, stellen und mit ihm die Enthauptung anfangen; dann wolle er aufstehen und vor den Knechten vorbeilaufen; vor denen er vorbeigelaufen sei, denen möchte das Leben geschenkt sein. Als ihm das die Richter spottweise gewährten, stellte er seine Knechte auf, je den liebsten am nächsten zu sich und kniete getrost nieder. Wie sein Haupt gefallen war, stand er alsbald auf, lief vor allen vier Knechten her, fiel dann hin und blieb liegen. Die Richter getrauten sich doch den Knechten nichts zu tun, berichteten alles dem Kaiser und erlangten, dass ihnen das Leben geschenkt wurde.

342. Die Vitalienbrüder. Im Jahre 1389 fing die Königin von Dänemark, Margarete, den König Albrecht von Schweden, der ein Herzog aus Mecklenburg war, und hielt ihn sieben Jahre gefangen. Die Rostocker und Wismarschen aber wollten ihren Herrn als getreue Untertanen zu Hilfe kommen. Sie ließen ausrufen, alle diejenigen, die auch gegen die Dänen zögen, sollten sicheren Schutz und Hafen bei ihnen haben. Da tat sich aus mancher Gegend ein ungestüm Volk zusammen von Edelleuten, Bürgern, Amtsleuten und Bauern. Sie nannten sich Vitalienbrüder, weil sie vorgaben, des Königs Volk mit Vitalien zu stärken. Bald waren ihrer so viele, dass die ganze Ostsee unsicher wurde. Sie plünderten die alte Stadt Wisby und nahmen alle Schiffe, nur die der Wismarschen und Rostocker nicht. Ihre Hauptleute aber waren Klaus Störtebeker, Gödke Michelsen und Wichmann Wichelt, verwegene Buben, die man in zehn Jahren nicht ergriff.

Nun fielen etliche von ihnen ein großes Stralsundisches Schiff an und wollten es mit Gewalt nehmen, obschon sie hörten und sahen, dass es nicht Dänen, sondern Deutsche waren; aber die Stralsunder hielten sich und wurden den Vitalienbrüdern über, sodass sie ihrer etliche Hundert gefangennahmen. Weil nun soviel Ketten, Stöcke und Helden nicht vorhanden waren, dass man die Schelme alle schließen konnte, ihnen auch nicht zu trauen war, dass sie nicht vielleicht bei nachtschlafender Zeit zu würgen anfingen, so dachte man eine neue Weise aus, die man von ihnen selbst gelernt hatte. Man nahm Tonnen, deren das Schiff viele geladen hatte, schlug in den einen Boden ein so großes Loch, dass ein Hals darin verschlossen werden konnte, steckte in jede Tonne einen von der sauberen Brüderschaft, sodass der Kopf draußen blieb, machte dann die Tonne fest zu und stapelte sie aufeinander. Man ließ sie solange darin, bis sie gerichtet wurden und hieb ihnen dann die Köpfe ab.

343. Klaus Störtebekers und Gödeke Michaels Herkunft. Störtebeker soll von der Halbinsel Jasmund stammen und eines Bauern Sohn aus Ruschwitz sein; auf diesem Hofe soll er als Knecht gedient haben und später von dort entlaufen sein. Im Jahre 1840 fanden Arbeiter von Ruschwitz beim Umackern einer wüsten Stelle den Grundbau eines Hauses und erzählten damals, sie hätten immer gehört, dass Störtebekers Eltern an dieser Stelle gewohnt hätten. Störtebeker soll von gewaltigem Körperbau und übermenschlicher Kraft gewesen sein, sodass er eiserne Ketten sprengen und ein Hufeisen auseinanderreißen konnte; dazu war er der Liebe nicht abhold und ein gewaltiger Trinker.

Sein Genosse war Michael Gödeke oder umgekehrt Götke Micheel auch kurzweg Gömichel, wie der Volksmund ihn gewöhnlich nennt; er soll aus dem Dorfe Michaelsdorf nahe bei Barth gebürtig gewesen sein und eigentlich Gottfried Borgwardt geheißen haben; später soll er den väterlichen Namen mit dem seines Geburtsortes vertauscht haben. Andere erzählen, Gödeke sei in dem nun schon lange eingegangenen Bauerndorfe Swent geboren, das ehedem zwischen Ruschwitz und dem Spykerschen See lag. *(Pommern)*

344. Eine andere Geschichte von Störtebekers Herkunft. Klaus Störtebeker ist, bevor er ein Seeräuber geworden, ein Edelmann gewesen und war zu Halsmühlen bei Verden geboren; sein Schloss stand bei Verden in der Nähe der Halsmühle, und seines Schwagers Hofstelle in Dauelsen wird noch gezeigt. Es behaupten freilich auch an der Ostsee viele Städte und Orte, dass er dort geboren sei, zum Beispiel Wismar, nach andern wäre er aus der Gegend von Barth in Pommern gewesen. Gödeke Michels soll erst ein Knecht des Gutes Ruschwitz auf Jasmund gewesen sein. In Mecklenburg wird ein alter Burgwall des Gutes Schulenburg bei Sülz an der Recknitz als eine Burg von Störtebeker und Michels gezeigt. Ebenso sollen sie zu Neustadt in Holstein eine Schanze gehabt haben, und noch 1771 existierte hier der Familienname Störtebeker. In seinen jüngeren Jahren hat er lustig gelebt, hat Fehden ausgefochten, turniert und gerauft, dabei geschmaust und gezecht, und darnach in Hamburg mit andern wilden Gesellen so lange banketttiert und gewürfelt, bis er Hab und Gut verprasst hatte. Wie ihm nun zuletzt die Hamburger Schulden halber sogar sein ritterlich Gewand und Rüstzeug genommen und ihn der Stadt verwiesen haben, da ist er unter die Vitalienbrüder gegangen und ein Seeräuber geworden, wie vor ihm noch keiner gewesen ist. Derzeit war aber das Haupt derselben Gödeke Michels, ein tapferer, gewaltiger Mann und guter Leute Kind, über dessen Heimat sich Holstein, Mecklenburg, Pommern und Rügen streiten; andere aber nennen eine verfallene Burg bei Walle im Verdenschen als seinen Geburtsort. Der hat den neuen Genossen mit Freuden angenommen, und nach abgelegten Proben seiner Kraft (denn er hat eine eiserne Kette wie Bindfaden zerreißen können) wie auch seiner Unerschrokkenheit und Tapferkeit, hat er ihm gleich ein Schiff untergeben und hernach den Oberbefehl über die ganze Verbrüderung mit ihm geteilt. Weil nun der neue Genosse, der seinen adeligen Namen abgelegt, so ganz unmenschlich trinken konnte, dass er die vollen Becher immer in einem Zuge, ohne abzusetzen, hinunterstürzen konnte und dies Becherstürzen täglich unzählige Male wiederholte, so nannte man ihn Becherstürzer (plattdeutsch Störtebeker). Als die Raubgesellen einstmals die Nordsee recht rein geplündert hatten, fuhren sie nach Spanien, um dort zu rauben. Störtebeker und Gödeke Michels machten wie immer gleiche Teile der Beute, nur die Reliquien des heiligen Vincentius, die sie aus einer Kirche genommen, behielten sie für sich und trugen sie seitdem unter ihrem Wams auf der bloßen Brust. Und daher ist's gekommen, dass sie hieb- und schussfest gewesen sind; kein Schwert und Dolch, keine Armbrust, Büchse oder Kartaune hat sie je verwunden, geschweige denn töten können, so ging die Sage.

345. Stürz' den Becher. Wenn Störtebeker Gefangene machte, die ein Lösegeld versprachen, so ließ er sie leben. Waren sie aber arme Teufel und alt und schwächlich dazu, so wurden sie gleich ohne weiteres über Bord geworfen. Erschienen sie ihm jedoch tüchtig und brauchbar, so machte er erst eine Probe mit ihnen. Wenn sie nämlich seinen Ungeheuern Mundbecher voll Wein in einem Zuge leeren konnten, dann waren sie seine Leute, dann nahm er sie als Gesellen an. Die es aber nicht konnten, die wurden auch abgetan. Man sagt aber, nur ein einziger Mensch, ein Junker Sissinga aus Gröningen, habe diese Probe bestanden. Störtebeker und Gödeke Michels haben auch zuweilen Reue über ihr Leben gefühlt, und deshalb soll jeder von ihnen dem Dom zu Verden sieben Fenster zur Abbüßung ihrer sieben Todsünden geschenkt haben; das Störtebekersche Wahrzeichen, zwei umgestürzte Becher, ist in einem dieser Fenster angebracht. Auch Brotspenden an dortige Arme haben sie gestiftet, und hierin finden viele eine Bestätigung der Angabe, dass beide Verdensche Landeskinder gewesen seien.

346. Störtebekers Schiff fährt durch die Luft. Als der Fischer und Lotse Tietz Dumrath aus Lobbe eines Nachts zwischen Thiessow und der Oie mit dem Fischfang beschäftigt war, tauchte plötzlich ein großes Schiff mit vollen Segeln neben ihm auf. Das Schiff rief ihn an: »Hierher, Lotse!« Und als Dumrath durchdrehte und an Bord der mächtigen Barke stieg, trat ihm der Führer des Schiffes – und das war Klaus Störtebeker in eigener Person – entgegen und befahl ihm in barschem Ton: »Bring uns sicher nach dem Strom!« Dumrath ergriff das Steuer mit fester Hand und lugte scharf aus, und als es im Osten zu dämmern anfing, war die Einfahrt des Stromes erreicht. Da befahl ihm Störtebeker: »Geh nach unten und schlaf dich aus!« Dumrath gehorchte, aber kaum befand er sich unter Deck, so erhob sich in den Lüften ein gewaltiges Sausen und Brausen, und er hörte, wie an Bord jemand rief: »Holl af, holl af! Wi segeln sünst de Nikolaikirch in Grund und Bodden!« Das Schiff machte eine kurze Wendung, und bald darauf fiel der Anker rasselnd und prasselnd in die Tiefe. Als der Lotse gleich darauf an Deck erschien, lag die Barke schon fest verankert vor Stralsunds Hafen. Mit einer Handvoll Dukaten wurde Dumrath entlohnt. Er war froh, dass er das unheimliche Schiff wieder verlassen konnte. *(Rügen)*

347. Störtebekers Milde gegen Arme. Auf ihren Beutezügen richteten Störtebeker und Gödeke Michael ihre Angriffe vornehmlich gegen reiche Leute; den Armen aber taten sie nie etwas Böses, ja sie unterstützten dieselben wohl gar mit Geld und gaben ihnen reichliche Gaben. Eines Tages ging Störtebeker durch ein Rügensches Dorf, da sah er vor der Haustür eine Frau sitzen, die ein Paar Beinkleider flicken wollte. Es fehlte ihr aber ein Stück Zeug dazu. Da warf ihr Störtebeker einen Lappen Tuch hin, und als die Frau denselben umwendete, klebten an der Rückseite lauter blanke Goldstücke. *(Rügen)*

348. Der Helfer in der Not. In Hagen auf Jasmund saß einst ein Mann vor der Haustür und weinte; er sollte aus dem Hause ausziehen, weil er die rückständige Miete nicht bezahlen konnte. Da kam Störtebeker durch das Dorf; er sah den Alten und fragte ihn, was ihm fehlte. Und als er die Not des Mannes vernommen hatte, gab er ihm so viel Geld, dass er auf mehrere Jahre hinaus die Miete für die Wohnung bezahlen konnte.

In ähnlicher Weise hat er einst einer Frau in Bobbin geholfen. Sie war eine arme Witwe und sollte, da sie die Wohnungsmiete nicht zahlen konnte, das Haus räumen. Da soll ihr Störtebeker so viel Geld gegeben haben, dass sie nie wieder in Not kam. Das betreffende Haus ist noch jetzt in Bobbin vorhanden. *(Rügen)*

349. Gefangennahme und Hinrichtung. Störtebeker war nach Spanien gesegelt, allein da seine Beute hier nicht besonders groß gewesen war, so zog er es vor, nach der Elbmündung zurückzufahren und lauerte mit den übrigen Vitalienbrüdern bei Helgoland auf die Hamburger Englandfahrer. Diese hatten aber hierüber Nachricht bekommen und stachen in Begleitung von Kriegsschiffen in die See. Dies hatte indes Störtebeker nicht erwartet, sondern ist ruhig bei der Insei Neuwerk vor Anker gegangen. Hier hat sich nun ein von den Hamburgern abgeschicktes Everschiff hinter das Admiralschiff, welches die Benennung ›Der rote Teufel‹ führte, geschlichen und demselben die Röhre, in welcher sich das Steuerruder dreht, durch geschmolzenes Blei festgelötet, worauf die Hamburger mit ihrer Flotte herangesegelt sind. Wie nun der Störtebeker es an der Zeit hielt, ihnen aus dem Wege zu gehen, konnte er sein Schiff nicht herumdrehen. Er merkte zwar bald, wo es steckte und ließ eilig einen Topf voll siedendes Öl um damit das Blei wieder zu schmelzen, bringen. Doch die Hamburger sind auch nicht müssig gewesen während der Zeit, sie begannen am andern Morgen den Kampf, der drei Tage gedauert haben soll; jedenfalls erst nach langer, verzweifelter Gegenwehr Störtebekers und seiner Genossen, die ihr Leben teuer verkauften, da sie das ihnen bevorstehende Los wohl kannten, neigte sich der vollständige Sieg auf die Seite der Hamburger.

Die Gefangennahme Störtebekers
(Illustration zu einem Liedflugblatt)

›Die bunte Kuh‹ unter Simon von Utrecht verrichtete Wunder der Tapferkeit, sie rannte gegen das erste Piratenschiff so kräftig an, dass dessen Vorderkastell zerborst. Das Nähere von Simons und der übrigen Hamburger Taten ist uns nicht aufgezeichnet, nur der glorreiche Erfolg des Seetreffens. Ein Teil der Feinde entfloh bei Zeiten; viele der Piraten waren erschlagen oder ins Meer geworfen worden, ihre Schiffe mit ihren reichen Ladungen an Tuch, Wachs, Baumwolle etc. erbeutet, und als höchster Siegespreis dürfte die Gefangennehmung des unverwundbaren Störtebeker gelten, der mit einem Unterbefehlshaber Wichmann und siebzig Gemeinen in die Hände der Hamburger fiel.

In Hamburg machte man kraft des vom Kaiser verliehenen Blutbannes über Seeräuber kurzen Prozess mit den Gefangenen. Störtebeker saß in einem Keller des Rathauses, der, so lange derselbe gestanden hat, Störtebekers Loch genannt worden ist. Die Sage erzählt, als man ihm sein Todesurteil verkündet, habe er nicht gern daran gemocht, sondern er habe für sein Leben und seine Freiheit dem Rat eine goldene Kette, so lang, dass man den ganzen Dom, ja die Stadt damit umschließen könne, angeboten; die wolle er aus seinen vergrabenen Schätzen herbeischaffen. Der Rat aber hat dieses Anerbieten mit Entrüstung zurückgewiesen.

Schon am folgenden Tage fand die Hinrichtung auf dem Grasbrook statt. Das Volkslied über Störtebeker sagt, dass diese zweiundsiebzig wilden Gesellen, die ihrer Bitte gemäß im besten Gewande so stattlich und mannhaft hinter Trommlern und Pfeifern in den Tod geschritten seien, von den Weibern und Jungfrauen Hamburgs sehr beklagt worden wären. Der Scharfrichter Rosenfeld enthauptete sie und steckte ihre Köpfe auf Pfähle hart am Elbstrande. Nach einer andern Volkssage hätte Störtebeker, der es schwer bedauert, dass alle seine Kameraden seinetwegen ihr Haupt auf den Block legen sollten, gebeten: »Wenn ihr mir den Kopf abgeschlagen habt, so lasst mich gehen. Diejenigen meiner Kameraden, an denen ich ohne Kopf vorüberkomme, mögen am Leben bleiben!« Diese letzte Bitte soll ihm denn auch gewährt worden sein. Als ihm der Kopf abgehauen war, fängt er auch wirklich an zu gehen und kommt noch an elf seiner Gesellen vorüber. Da strauchelt er und fällt tot nieder, jenen elfen aber soll Wort gehalten worden sein.

350. Die Flucht. In Hamborg hebbt se Störtebeker fatkregen. Seelüd hebbt em dat Stür mit Blie begaten. Denn kann een'n ne stürn. He hett seggt, wenn se em frie laten wulln, denn hebbt se en Ked hem schullt de 3 mal üm Hamborg reckt, en golln Ked. Se hebbt em awer doch henricht. Struvenseel un Brand sind mit em gefangen nahmen. De wüllt utkniepen. Se hebbt ole Teerjacken antrocken un wulln na Mekelnborg. Do ward se awer gefangennahmen un inspunst. Se jammert so dull un jammert so dull. Do kömt de Wärters, wat se makt. Se kriegt de Wärters tofat un smiet er in't Lock un slüt se in. Un denn los. Nu künnt se ni rut. Dar is'n grote Dör. Dar passt ok en op. Se seggt, he schall apen maken, sünst makt se em dod. De deit dat. He slüt apen. Se kamt weg. Se wüllt na Lübeck hin un denn na Mekelnborg. As se in Lübeck sünd, hebbt se sik en Boot stahln. Darmit hebbt se na Wismar wullt, un do sind se verunglückt. *(Oldenburg)*

351. Der Tod des Scharfrichters. Aber noch war Gödeke Michels mit dem Reste der Vitalienbrüder zu vertilgen. Gleich nach Störtebekers Hinrichtung liefen die Hamburger wieder in die Nordsee, um ihr Werk zu vollenden. Wiederum war es Simon von Utrecht auf seiner bunten Kuh, welchem nach den alten Berichten der Preis auch dieses Seezuges gebührt, der mit völliger Niederlage der Piraten endigte. Unter den achtzig nach Hamburg gebrachten Gefangenen war Gödeke Michels mit seinem Unterhauptmann Wigbold, einem frühern Magister der Weltweisheit, der seinen Stand auf dem Katheder zu Rostock mit dem Schiffskastell vertauscht hatte. Auch diese achtzig Seeräuber wurden ebenso wie ihre früheren Spießgesellen auf dem Grasbrook enthauptet. Als nun aber der ehrsame Rat der Stadt Hamburg, welcher der Hinrichtung beigewohnt hatte, die schwere Arbeit des Scharfrichters Rosenfeld wahrgenommen hatte, der bis an die Knöchel im Blute

Am 10.9.1573 wurden in Hamburg vor großem Publikum im Hinrichtungskreis 33 kahlgeschorene Seeräuber enthauptet und ihre Köpfe auf den Galgen genagelt. (Flugblatt, Wiekiana)

stand, fragte er ihn nach Vollendung seiner Aufgabe voll Teilnahme, ob er sehr ermüdet sei. Darauf soll Rosenfeld gar grimmig gehohnlacht und trotzig erwidert haben, es sei ihm noch nie wohler gewesen, und habe er noch Kraft genug um den ganzen Rat ebenfalls zu köpfen! Welcher höchst frechen Antwort wegen ein hochedler Rat sich sehr entsetzte und den unverschämten Kerl sofort abtun ließ.

352. Störtebekers Grab. Auf der kleinen Insel Tollow, die südlich vom Kirchdorf Zudar inmitten der Malziner Wiek gelegen ist, soll Klaus Störtebeker begraben sein. Seine Leiche ruht, wie die Sage berichtet, in einem goldenen Sarge, und der Sarg ist an eine goldene Kette angeschlossen, deren loses Ende bis dicht unter die Erdoberfläche reicht. Die Kette ist angebracht, damit die Stelle, wo der Seeräuber begraben ist, umso leichter wiedergefunden werden kann. Manche sagen, der Sarg sei auf der Insel selbst beigesetzt, andere erzählen, er stehe im Meeresgrund vornean in der Seeschaling.

Viele Menschen haben im Laufe der Jahre schon nachgegraben, um den goldenen Sarg und die goldene Kette zu finden; aber bisher sind alle diese Versuche vergeblich gewesen. Und doch ist das Geheimnis, wo der Schatz ruht, nicht so ganz unbekannt. Immer ein Fischer in einem der benachbarten Küstendörfer kennt den Ort, aber er darf keinem anderen Menschen Mitteilung darüber machen. Erst kurz vor seinem Tode ist er verpflichtet, das Geheimnis einem anderen Fischer anzuvertrauen, damit es nicht in Vergessenheit gerät. So kommt es, dass immer nur ein einziger Lebender die Stelle des Begräbnisses kennt. Niemand aber ahnt, wer zur Zeit im Besitze des Geheimnisses ist. *(Rügen)*

353. Der goldene Mast. Die Schiffe der Seeräuber wurden auf Abbruch verkauft, und dabei erstand sich ein armer Tagelöhner die Mastbäume, um sie als Brennholz in seinem kleinen Haushalte zu verwenden. Wie er sich nun daranmachte, die Masten in Stücke zu sägen, siehe, da fielen statt der Sägespäne kleine, blanke Körnchen zur Erde. Er schaute näher zu, und da ergab es sich, dass sämtliche Mastbäume inwendig hohl und die Höhlungen mit lauterem Golde gefüllt waren. Das war das Gold, aus welchem Störtebeker die Kette hatte anfertigen wollen, die er als Lösegeld in Aussicht gestellt hatte. Der arme Tagelöhner aber wurde durch die gefundenen Schätze ein steinreicher Mann, dass er genug hatte sein Leben lang. *(Rügen)*

354. Die Entschädigung. Der Sage nach durchsuchten die Hamburger Störtebekers Schiff besonders eifrig nach seinen Ungeheuern Schätzen. Außer einigen Pokalen und anderm Geräte fanden sie aber anfangs nichts, bis endlich ein Zimmermann, der mit der Axt zufällig gegen den Hauptmast schlug, eine Höhlung darin entdeckte, welche voll geschmolzenen Goldes war. Von diesem Schatze wurden die beraubten Hamburger Bürger entschädigt und die Kosten des Kriegszuges bezahlt, von dem Überrest aber, so heißt es, ließ der Rat eine schöne goldene Krone für den St.-Nikolai-Turm anfertigen. Als nun 1500 dieser Turm abgebrochen wurde, da soll die Krone auf den St.-Katharinen-Turm gekommen sein, der allerdings um 1602 schon eine Krone getragen hat, aber keinenfalls die jetzige, welche erst 1656 vom Oberalten Hermann Rentzel geschenkt worden ist. *(Rügen)*

IX. Kriege und Notzeiten

355. Vögel als Brandfackeln. Auff ein zeit belagert er ein Statt in Irlandt, Dufflin genant, da er aber die nicht gewinnen kondt jhrer vesten mauren halb, thet er Hadingen seinen bossen nach vnd schüff, das man die Haußschwalben auffieng vnd jnen vnder die flügel an gezündten Schwammen bandt vnd die wider fliegen ließ, als die widerumb in ihre Nester geflogen, giengen die Tächer an vnd wurden brennend. Dieweil nun das Volck in der Statt dem Feüwr zulaufft vnd mehr sorg tregt auff die Brunst dann auff den Feindt, nam Fridlew in solchem gethümmel die Statt ein. Nach dem ward jm sein Volck in Engellande geschlagen, vnd da er forcht, er möcht schwerlich widerumb auff das Wasser kommen, ließ er die erschlagnen Krieger widerumb auffrichten, vnd in ein Schlachtordnung stellen, also das der Feinde vermeinet, jren weren noch so vil vber die zal des erschlagnen Volcks, wolt er nicht mehr schlagen vnd gab die flucht. Den list, so er (wie obgemelt) mit den Schwalben gebraucht, hat er von König Hading in Dennmarck gelernet, welcher sein jugend wol zugebracht, sich aller wollust enthalten vnd seine gedancken allem zu den Waffen stünden, mit Mannlichem gemut betrachtende, wie er die zeit seines Lebens in ansehenlichen Kriegen zubringen möcht. Er griff auff ein zeit mit Krieg an den Hellespontischen König Handuanum, der jhm zü Duna in der vesten Statt widerstand thete, welcher Rinckmauren so hoch waren, das er die mit dem Sturm nicht anlauffen oder besteigen kondt, derhalben ließ er allerley Vögel auffahen, so in die Statt gewohnt hatten, befalhe, vnder ihr gefider angezündte Schwammen zü stecken, welche mit dem Feüwr widerumb in jre Nester geflogen vnd die Statt allenthalber angezündt, die Bürger lieffen alle, das Feüwr zu löschen vnd Hessen vnder den Pforten kein Wacht. Also nam Hading die Statt ein•vnd fieng Handuanum, doch ließ er ihn seinen Leib widerumb mit Gelt lösen, schanckt jm das Leben, welches er jm als einem Feindt hett nemen mögen. So offt nachmals die Statt Widerumb belagert ward, musst man auß Königlichem befelch alle heimische Vögel vmbbringen.

356. Attila und die Hexe von Augsburg. An dem Kloster der Mindern-Brüder zu Augsburg sieht man an einem Turm ein Gemälde, welches eine Geschichte vorstellt, die zu Augsburg durch mündliche Erzählung von alten Zeiten her erhalten ist. Als nämlich Attila, der Hunnenkönig, mit seinem Heer bei Augsburg über den Lech gehen wollte, ist ihm eine Hexe in fürchterlicher Gestalt, nackt auf einem Rappen reitend, entgegengestürzt und hat ihm mit grimmiger Stimme dreimal zugerufen: »Zurück, Attila! Zurück, Attila! Zurück, Attila!«, wodurch er dermaßen erschrocken, dass er auf der Stelle mit seinem Heer zurückgezogen. *(Bayer. Schwaben)*

Attila und die Hexe

357. Die Hungersnot. Im Jahre 850 zog ein Mann mit seinem Weibe und seinem kleinen Sohne von Grabfelden nach Thüringen, um das Elend seiner Not zu lindern. Auf dem Wege machte er in einem Walde halt und redete sein Weib also an: »Ist es nicht besser, dass wir den Knaben hier töten und sein Fleisch essen, als dass wir alle vom Hunger umkommen?« Als sie jedoch widersprach, dass er ein solches Verbrechen nicht begehen sollte, riss er endlich, weil der Hunger drängte, den Sohn gewaltsam aus den mütterlichen Armen. Und er hätte seinen Willen durch die Tat erfüllt, wenn ihm Gott nicht in seiner Erbarmnis zuvorgekommen wäre. Wie der Mann nachher in Thüringen erzählte, als er den Degen aus der Scheide gezogen hatte und schwankend den Mord aufschob, sah er von ferne zwei Wölfe bei einer Hirschkuh stehen und ihr Fleisch zerreißen. Sogleich lief er, den Sohn verschonend, zu dem Aas der Hirschkuh, trieb die Wölfe fort, nahm von dem angefressenen Fleisch und kehrte mit dem unversehrten Sohne zu der Frau zurück. Er war nämlich, als er den Sohn aus den Armen der Mutter genommen hatte, etwas seitwärts gegangen, damit sie den Knaben nicht sterben sähe oder hörte. Als die Frau nun den Mann mit dem frischen, blutüberströmten Fleisch kommen sah, glaubte sie, ihr Sohn sei getötet und fiel rücklings fast leblos nieder. Ihr Mann aber kam herzu, tröstete sie, richtete sie auf und zeigte ihr den lebenden Knaben. Da atmete sie auf und dankte Gott, dass sie für wert geachtet sei, ihren Sohn wiederzubekommen. Nicht weniger auch dankte der Mann dem Schöpfer, der ihn vom Mord des Kindes rein zu erhalten gewürdigt habe.

358. Die Pest im Heer Barbarossas. Als die Truppen Barbarossas im Jahre 1166 Rom einnahmen und es nach Art der damaligen Kriegführung plünderten, ließ Gott, der von der Höhe herab alles sieht, diese der herrlichen Stadt zugefügten Unbilden keineswegs ungestraft, wie man erzählte. Es kam nämlich ein stinkender und giftiger Nebel hernieder, von dem fast das ganze Heer krank wurde. Er ergriff in dem Heere des Kaisers zuerst den Erzbischof von Köln, mehrere Bischöfe, Herzöge und andere Mächtige und tötete sie sofort. Und dieselbe, den Tod bringende Seuche verfolgte den König, der sich jetzt zurückzog. Nach wunderbar göttlichem Strafurteil erschien bei allen, die auf diese Weise starben, ein gewisses schwarzes Zeichen zwischen den Schultern.

359. Pest wird durch eine Henne übertragen. Die Zeit, als Graf Jos sampt seiner Gemahl zu Mößkirch bei dem Schweher sich enthielte, begab sich sterbender Leuf halb ein ungewöhnliche Sach'; dann als die Büchsenschützen daselbst gewohn sein, ihren Liechtbraten, das ist, so das jährlich Schießen ein Ende, zu Herbstzeiten zu haben, allda sie dann die Herrschaft, auch ihre Weiber, Freundt und gueten Gesellen darzu laden, ließen sie, die Schützen, des Stadtknechts, war dozumal Paule Mayers, Weib, Margret Mötzin,

Hühner, Hennen, Vögel und andere Victualia einkaufen. Ungeferdt schickt es sich, dass ein Hennen mit dem Geschwer (als man dann sagt, dass die Hennen und anders Geflügel auch Pestem überkommen) ufkauft warde. Wie nun das Geflügel, wie gebreuchlich, sollt' bereit' werden, wollt' diese bresthaftige Henna der Köchin nit gefallen, und wollt' die hinwerfen; so het aber des Stadtknechts Weib ein Schwester, hieß Eva, het ein Schlosser von Kaufbeuren, hieß Gorius Eiselin, war auch Burger zu Mößkirch. Dieselbig ihr Schwester het ein Betauren, dass die Henna, die gleichwohl sonst feist und wohlleibig, sollte hingeworfen und verloren werden, und bat des Stadtknechts Weib, ihr die zu vergonnen. Das beschach. Die guet Eva nahm die Hennen mit ihr heim, kocht die. Nachts aßen sie, der Mann, auch ihre Kinder die Hennen und waren fröhlich darob. In der Nacht ward'n sie krank, überkamen Pestem, daran das Weib und die Kinder gleich hinsturben.

360. Der liebe Augustin. Einer der beliebtesten Volkssänger im alten Wien soll der liebe Augustin gewesen sein, der in der zweiten Hälfte des 17. Jahrhunderts in den besuchtesten Schenken seine Lieder und Späße beim Klange seines Dudelsackes vortrug und stets ein geneigtes Ohr bei den im Wirtshaus Erholung suchenden Bürgern fand. An jenem Tag, wo der Volkssänger Augustin in einem Lokal erschien, konnte der Wirt immer auf eine fette Einnahme rechnen. Anders wurde dies freilich, als das furchtbare Pestjahr 1679 ganz Wien in Furcht, Schrecken und Jammer stürzte. »Zu Wien aber«, erzählt nun der schlesische Rechtskandidat Johann Konstantin Feigius, »hörte man nunmehr kein ander Lied singen als dieser ist gestorben, dieser stirbt, und jener wird bald sterben, denn in der Stadt waren schon allbereit dreihundert Häuser gesperret, welche völlig ausgestorben, und ob in beiden Lazaretten schon täglich eine große Menge Leute begraben worden, so wuchse doch die Zahl der Infizierten darinnen so groß, dass sie sich zuweilen auf die dreitausend und mehr Personen hinaus erstreckte, so waren umb die gantze Stadt herumb fast alle Lust- und Weingärten, Gässen und Straßen mit toten und kranken Leuten angefüllet, ja sogar dass man nicht Leut' genug haben kunte, die Toten unter die Erde zu bringen, und daher es bisweilen geschahe, dass die mit dem Tode allbereit Hingehenden, auf die Wägen unter die Toten geleget und miteinander in die hierzu gemachte Gruben geworfen worden, als sie einen namens Augustin, der ein Sackpfeifer gewesen, welcher zwischen der

Kaiserlichen Burg und St. Ulrich auf selbigem Weg wegen eines starken Rausches gelegen und geschlafen hat, begegnet ist, denn dieser Mensch ist von denen Siechknechten ohne einiger Vermerken auf den Wagen, in Ansehung, dass er die böse Krankheit hätte und in Totenzügen allbereit begriffen, geladen, nebenst anderen Toten weggeführet und in eine Gruben geworfen worden, weilen man aber die Körper nicht eher mit Erden verschüttet, bis eine Reihe derselben nach der Länge und Breiten völlig vollgewesen, als ist besagter Mensch, nachdem er die gantze Nacht unter den Toten ohne Aufhören geschlafen, erwacht, nicht wissend, wie ihm geschehen oder wie er möge dahinkommen sein, hat aus der Gruben hervorsteigen wollen, solches aber wegen der Tiefen nicht zuweg' bringen können, weswegen er dann auf den Toten so lang herumbgestiegen und überaus sehr geflucht, gescholten und gesagt hat, wer Teufel ihn dahin musste gebracht haben, bis endlich mit anbrechendem Sonnenschein die Siechknechte mit toten Leuten sich eingefunden und ihm herausgeholten haben. So hat ihm dieses Nachtlager auch nicht das wenigste geschadet.« Der liebe Augustin soll, nachdem die Seuche vorüber war, dieses grauenvolle Abenteuer noch oft gereimt vorgetragen haben, was ihm schallenden Beifall und klingenden Sold eintrug.

361. Die eingemauerten Flüchtlinge. Auf dem Amthofe in Lutter ist in der Mauer der großen Scheune eine vermauerte Tür; der eine Torflügel schlägt gerade dagegen. Als der alte Amtmann Siems noch lebte, haben die Drescher oft gesagt, er solle doch die Tür mal öffnen lassen, dahinter stecke was. Es hat auch beim Dreschen da immer hohl geklungen. Indessen, der alte Siems hat nicht dranwollen. Es wird erzählt, zu Zeiten des großen Krieges hätten Menschen mit ihren Habseligkeiten sich hier einmauern lassen; Speise und Trank hätten sie wohl auf ein halbes Jahr mitgenommen. Darnach aber konnte sie keiner erlösen, denn der Maurer war selbst in den Kriegsnöten umgekommen, und weiter wusste niemand sonst von den Versteckten. So sind sie zuletzt alle elend verhungert. Aber ihre Gebeine samt vielen Schätzen sollen noch jetzt hinter der Mauer liegen. *(Braunschweig)*

362. Die Ungarn in St. Gallen. Die Ungarn fielen, als sie von der Schwäche und dem Ungemach des Deutschen Reiches erfahren hatten, wütend in Bayern ein und drangen verwüstend nach Alemannien vor. Der Abt Engelbert von St. Gallen war eifrig bemüht, das Kloster zu schützen. Er hieß die kräftigeren der Brüder die Waffen ergreifen und zog selbst daher wie ein Riese des Herrn, mit einem Panzer angetan, über dem Kutte und Stola hingen.

Die Ungarn kamen scharenweise und warfen sich auf die Städte und Siedlungen. Unter den St. Gallener Mönchen befand sich ein gewisser sehr einfältiger und närrischer Bruder mit Namen Heribald, dessen Worte und Taten oft belacht wurden. Als die übrigen flohen, blieb er zurück. Die köchertragenden Feinde drangen in das Kloster ein und fanden den unerschrockenen Heribald in der Mitte stehend. Sie fragten ihn aus, ließen ihn aber am Leben, als sie merkten, dass er ein Ungeheuer von Narrheit war. Vor allen Dingen erkundigten sie sich, wo der Schatz des Klosters sich befände; aber in der Schatzkammer war nichts Goldenes mehr vorhanden. Zwei Ungarn stiegen auf den Kirchturm, um den Hahn zu stehlen, den sie aus Gold gemacht wähnten, in der Meinung, der sogenannte Gott des Ortes könne nur aus einem edlen Metall gegossen sein. Beide stürzten ab, der eine, als er mit seinem Speer nach dem Hahn schlug, der andere,

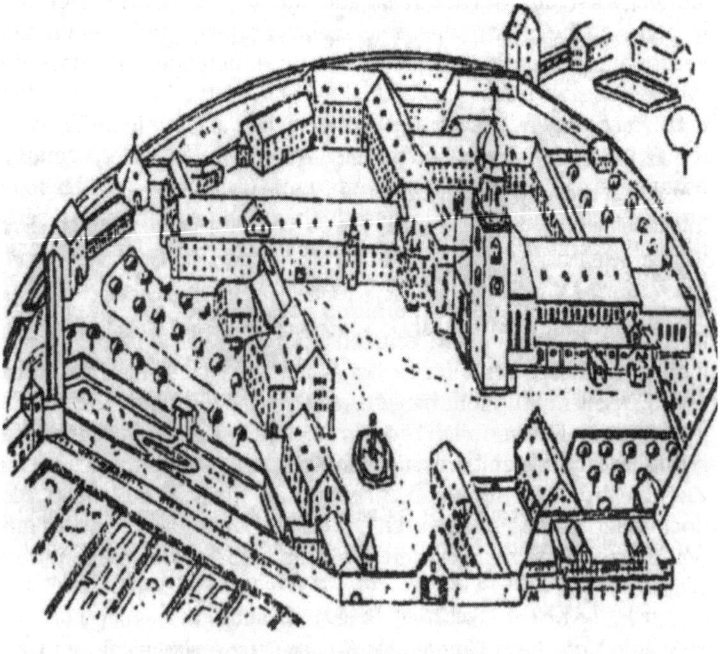

Das Kloster St.Gallen um 1700

(Duft: St. Otmar in Kult u. Kunst. St. Gallen 1966)

weil er sich auf den Rand gesetzt hatte, um seinen Leib zu leeren. Die beiden toten Ungarn wurden von ihren Genossen zwischen den Pfosten der Türflügel verbrannt.

Im Keller waren zwei Fässer Wein zurückgeblieben, aber die Feinde öffneten sie nicht; denn Heribald rief, als einer von ihnen mit geschwungener Axt eines der Fassbänder aufhauen wollte: »Laß sein, guter Mann, was willst du, dass wir trinken sollen, wenn ihr wieder fortgegangen sein werdet!«, und so wurden die Fässer geschont. Später ließen sich die Feinde auf dem Hofe des Klosters nieder und schmausten, und auch Heribald durfte sich sättigen und aß mehr als jemals sonst. Als sie sich durch den ungemischten Wein warm getrunken hatten, schrieen sie in entsetzlicher Weise zu ihren Göttern. Einen gefangenen Priester zwangen sie nebst Heribald, das gleiche zu tun. Die beiden sangen ihr lateinisches Lied und erregten damit solches Aufsehen, dass die Ungarn bei dem ungewohnten Gesange zusammenkamen und dann vor ihren Fürsten zu tanzen anfingen.

Endlich zogen die Feinde wieder ab und die geflüchteten Brüder kamen vorsichtig zurück. Der gefangene Priester und Heribald hatten sich beim Fortzuge der Ungarn entfernt und hielten sich verborgen. Der Abt Engelbert wunderte sich darüber, dass die Weingefäße unbeschädigt geblieben waren und erfuhr von dem endlich anlangenden Heribald die Ursache davon. Als sie ihn fragten, wie ihm die zahlreichen Gäste des heiligen Gallus gefallen hätten, berichtete dieser unter anderem: »Ei, zum besten! Niemals erinnere ich mich, glaubt mir, fröhlichere Leute im Innern unseres Klosters gesehen zu haben; denn auch Speise und Trank schenkten sie sehr reichlich. Was ich vorher von unserm sehr zurückhaltenden Kellermeister kaum erbitten konnte, dass er mich wenigstens einmal, wenn mich dürstete, mit Getränk versehe, davon gaben mir diese, wenn ich bat, im Überfluss.« Da sprach der Priester: »Und wenn du nicht trinken wolltest, zwangen sie dich durch Ohrfeigen.« »Das kann ich nicht in Abrede stellen«, antwortete Heribald, »denn das eine missfiel mir sehr, dass sie nämlich so ohne Zucht waren. Sie schlugen mir schwere Streiche auf den Hals, doch machten sie gleich durch Darbringung von Wein wieder gut, was sie an mir verfehlt hatten, was von euch gewiss niemand tun würde.«

363. Der Mord beim Mahle. Als Kaiser Otto den Markgrafen Gero zum Oberbefehlshaber seiner Heere gegen die Wenden gemacht hatte, beratschlagten die Vagrier, Heveller, Obotriten, Uchern und

Zusiker miteinander, wie sie ihn umbringen möchten, da er allen Heiden wegen seiner ausgezeichneten Tapferkeit sowohl wie seines Kriegsglückes furchtbar war. Es hatte aber Kaiser Otto einen leiblichen Bruder namens Heinrich, der es mit den Widersachern hielt, sich zu den Sorben tat und sie in ihren Vorsätzen stärkte. Hierauf beschlossen dreißig Fürsten mit vereinten Kräften und einer großen Anzahl von Kriegern den Markgrafen Gero anzugreifen und niederzuhauen. Aber Gero hatte von ihrer Ankunft Kunde erhalten, stellte sich, als wäre ihm der Anschlag unbekannt und ließ sie zu sich zu Tafel laden. Aus angeborener Frechheit und übermütiger Sicherheit folgten die feindlichen Fürsten der Einladung. Gero ließ sie dann durch einen Hinterhalt bei der Tafel überfallen und töten. Über diese Niederlage der Heidenfürsten haben sich folgende Volksreime erhalten:

»Zu Lausitz ein Fürst
war ich, Dreißig
wendische Herren tötete
ich, Stiftete Gernrode
von eigener Hab,
Daselbst man sieht noch
heut mein Grab.«

Und es ward eine große Schlacht geschlagen im Lande Lausitz, wo Markgraf Gero mit den Wendenfürsten kämpfte; er focht mit Verzweiflung, die Krieger traten auf die Körper ihrer gefallenen Mitstreiter, und die Schwerverwundeten selbst verteidigten noch, auf ihre Schilder gelehnt, den letzten Teil des vaterländischen Bodens. Gero selbst wurde schwer verletzt und büßte die Tapfersten seiner Schar, eine ungeheure Anzahl der edelsten Ritter und seinen einzigen Sohn Siegfried ein, einen erst kürzlich verheirateten jungen Mann von achtzehn Jahren. Dieser Verlust beugte ihn so sehr, dass er seiner Würde entsagte, nach Rom wallfahrtete, seine Waffen auf den Altar der Peterskirche niederlegte und dem Papste Johann XII. seine Sünden beichtete.

364. Das hinterhältige Gelöbnis. Um dieselbe Zeit erschlug Adalbert, ein edler fränkischer Graf, Sohn der Tochter des Sachsenherzogs Otto, Konrad, der von manchen für einen Bruder Ludwigs gehalten wird. Deshalb griff der König jenen Ritter in seiner Burg Babenberg an; jetzt befindet sich dort ein berühmter Bischofssitz. Als er aber sah, dass er hier mit Gewalt nichts ausrichten konnte, griff er auf den Rat Erzbischof Hattos von Mainz zu einer List. Wie man nämlich nicht nur in Berichten über die Taten der Könige findet, sondern auch heute noch auf Grund volkstümlicher Überlieferung auf Kreuzwegen und Höfen hören kann, suchte Hatto Adalbert in seiner Burg Babenberg auf, und, indem er ihn an seine Treuepflicht erinnerte, riet er ihm, den König um Gnade zu bitten. Adalbert folgte willig seinen Mahnungen und bat demütig um freies Geleit und Sicherheit für seine Person. Um mich kurz zu fassen: nachdem der Priester sein Wort verpfändet hatte, machten sie sich auf den Weg. Kaum aber hatten sie die Burg verlassen und näherten sich dem nächsten Dorff, das noch heute Teuerstadt heißt, da sagte der Bischof: »Es wird uns schwerfallen, noch länger zu hungern; wenn es Euch beliebt, wollen wir zum Frühstück einkehren, ehe wir vor den König treten.« Adalbert, der wie die Großen der alten Zeit völlig arglos war und nicht im geringsten an eine List dachte, begleitete ihn nun bereitwillig zum Frühstück in die Burg zurück, aus der sie gekommen waren. Nachdem sie sich gesättigt hatten, kamen sie an den Hof. Da aber wurde der Fürst vor Gericht gestellt und als des Hochverrats schuldig zum Tode verurteilt. Nun gemahnte er den Bischof an sein verpfändetes Wort. Der aber antwortete, er habe es ja durchaus gehalten, denn er habe ihn doch heil und unversehrt in seine Burg zurückgeführt. Darauf wurde Adalbert enthauptet, und seine Güter wurden eingezogen; daraus soll später die Bamberger Kirche reichen Besitz erhalten haben.

365. Die Bremer Taufe. Bei dem Dörfchen Paradies ereignete sich im Jahre 1476 die Bremer Döpe. Die Bremer hatten in Verbindung mit den Münsterischen einen Einfall in das Ammerland gemacht und verbrannten Edewecht, Zwischenahn, Westerstede, Linswege und zertraten die Saaten und Früchte auf Feldern und Äckern. In Rastede verbrannten sie einige Häuser und begingen im Kloster allerlei Unfug. Von hier aus wandten sich die Bremer auf den Rückweg. Der Bürgermeister, Bernd Balleer, empfahl den Weg über die Geest an Oldenburg vorbei, aber der Hauptmann Arp Bicker wählte den kürzeren Weg durch das Moor über Huntorp nach Stedinger Land. Während die Bremer mit siebenhundert raubbeladenen Wagen dahinzogen, rüstete sich Graf Gerhard mit wenigen Soldaten und Bürgern, sie zu verfolgen, und die Moorriemer, die von dem Nahen des Zuges Kundschaft erhielten, gruben allenthalben die Wege durch und sammelten sich gleichfalls zum Streite. Zuerst griff Gerhard mit nur vierzig Männern den Zug an, bald aber mehrte sich die Schar der Angreifer, und die Bremer erlitten eine Niederlage, wie sie noch keine zuvor erfahren hatten. Was nicht unter den Schwertern und Spießen der Oldenburger fiel, versank und ertrank in den Gräben und Morästen, und nur wenige konnten sich durch die Flucht retten. Der ganze Raub fiel den Oldenburgern wieder in die Hände, dazu fünfzehn Geschütze und über siebenhundert Gefangene. Über fünfhundert Männer fanden ihren Tod und unter ihnen der Hauptmann Arp Bicker. So groß war der Schrecken unter den Bremern, dass eine einzige Frau, sie soll die Hanebolsche geheißen haben und aus Hanken- (später Schauenburgs) Haus an der Schüttingstraße zu Oldenburg gewesen sein, ihrer zwanzig in einem Backofen gefangennahm. Man nannte die Schlacht, weil so viele Bremer in Sumpf und Wasser ihren Untergang gefunden hatten, die Bremer Döpe, und unter diesem Namen kennt sie das Volk noch heute.

366. Jedem Mann ein Ei … Der wichtigste Mann im Heere war Seyfried Schweppermann, ein erfahrener Nürnberger Krieger, dem Ludwig die ganze Leitung des Feldzuges überlassen hatte; unter seiner Oberanführung begann die Schlacht. König Ludwig befand sich in der Rüstung eines gemeinen Soldaten im Mitteltreffen bei der Sturmfahne. Sein Gegner Friedrich aber prangte an der Spitze seiner Leibwehr auf stolzem Rosse, in vergoldeter Rüstung, mit einem Helm geschmückt, auf dem sich der Reichsadler erhob. Schweppermann bemerkte ihn, zeigte ihn seinen Reitern und gebot ihnen, diesen goldenen Ritter nicht aus den Augen zu verlieren. Während der Schlacht machte Schweppermann mit dem ganzen Heere eine unerwartete Wendung, sodass die Feinde Sonne, Wind und Staub ins Gesicht bekamen, zugleich brach auch der Graf von Nürnberg auf des Oberanführers Geheiß aus einem Hinterhalt hervor; er führte österreichische Fähnlein, um den Feind zu täuschen. Schon jubelte man in den wankenden Reihen der Österreicher in dem Glauben, der sehnlichst erwartete Leopold von Österreich sei es, der Hilfe bringe, aber welcher Schrecken ergriff sie, als sie sahen, dass es Feinde waren.

Nach der Schlacht, als man Friedrich den Schönen gefangengenommen und den Feind gewaltig geschlagen hatte, setzten sich die ermüdeten Sieger zu einem dürftigen Mahle an die Tafel. Es war nichts zu haben als Brot und eine Schüssel voll Eier, und zwar von letzteren nur soviel, dass auf jeden Mann ein Ei kam, aber doch noch ein einziges übrig blieb. Da legte es Ludwig seinem Feldhauptmann auf den Teller mit den Worten: »Jedem Mann ein Ei, dem frommen Schweppermann aber zwei!« Auf den frommen Ritter Seyfried Schweppermann hatte der König einige Tage gewartet; denn er wollte ohne ihn nicht anfangen zu streiten. Als nun

Schweppermann kam und die Feinde überschaute, wurde ihm so angst, dass die Füße in den Stegreifen zitterten und die Sporen klangen. Viele junge Ritter und Knechte hatten ihren Spott darüber, weil der König gerade auf diesen Mann seine Hoffnung gesetzt hatte, und sie meinten, er würde dem Herzog von Österreich nicht viel Schaden tun können. König Ludwig aber fing den Streit nach Rat und Weisung des frommen Ritters an und gewann ihn.

367. Die Eroberung Roms. Nach Karls des Großen Tode war Italien der Schauplatz vieler Kämpfe zwischen den einzelnen Reichen. Zuletzt schien Wido die Oberhand zu behalten; er wurde 895 zu Pavia gekrönt. Seine Gegner riefen König Arnulf aus Deutschland gegen ihn zu Hilfe, der mit seinem Heere mühelos bis nach Rom gelangen konnte. Doch die Tore dieser Stadt waren ihm verschlossen, da die Stadt von Agiltrude, der Witwe des mittlerweile verstorbenen Wido, besetzt war. Arnulfs Heer war in großer Not; an eine Eroberung der Stadt war nicht leicht zu denken, sie wurde kräftig verteidigt. Plötzlich aber kam den Deutschen ein merkwürdiger Zufall zu Hilfe.

Eines Tages entstand nämlich vor den Mauern der Stadt ein großer Lärm; ein Hase wurde aufgescheucht, der im vollen Laufe der Stadtmauer zueilte. Wie es ähnlich überall zu geschehen pflegt, liefen einige deutsche Krieger mit lautem Geschrei hinter dem Tiere her. Die Römer auf der Mauer aber meinten, es sei das Geschrei der heranstürmenden Kämpfer und verließen erschreckt ihre Posten, da sie diese Stelle für unhaltbar hielten. Als die Deutschen das sahen, holten sie eiligst Leitern herbei, stiegen auf die Mauer, öffneten die Tore und zogen in die Stadt ein, ohne einen Blutstropfen vergießen zu müssen. Agiltrude floh, und bald war ganz Rom in Arnulfs Gewalt.

368. Die Weiber von Weinsberg. Im Jahre 1140 belagerte König Konrad III., der Hohenstaufe, die Feste Weinsberg, die dem Herzog Welf von Baiern gehörte. Dieser zog zwar zum Entsatze heran, wurde aber geschlagen, worauf die Festung, vermöge einer Übereinkunft, in Konrads Hände kam. Dabei hatte er aus königlicher Milde den Weibern die Erlaubnis erteilt, dass eine jede mitnehmen dürfe, was sie auf ihren Schultern tragen könne. Da gedachten die Frauen mehr an die Treue, die sie ihren Männern schuldig waren, als an die Rettung ihrer Habe, ließen alle Dinge fahren, und eine jegliche nahm ihren Mann auf die Schultern und trug den von der Burgfeste herab. Als nun der junge Herzog Friedrich, der Neffe des

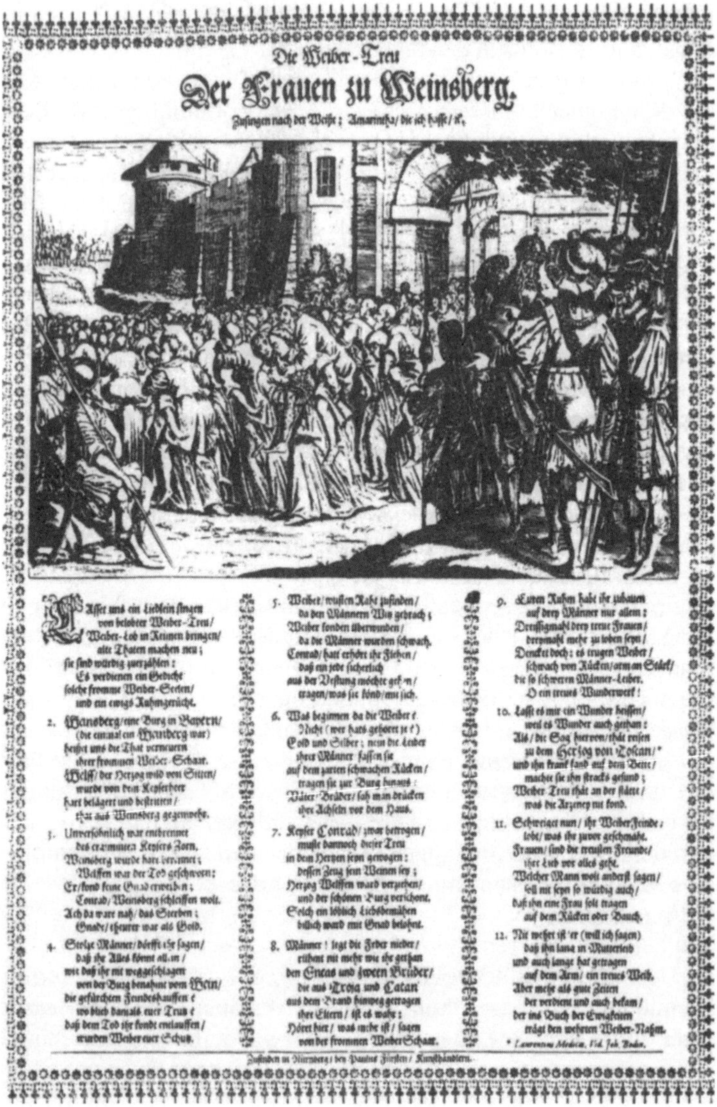

Die Weiber-Treu
Der Frauen zu Weinsberg.
Zusingen nach der Weise; Amarintha/ die ich hasse/ rc.

Lasset uns ein Liedlein singen
von belobter Weiber-Treu/
Weiber-Lob in Reimen bringen/
alte Thaten machen neu;
sie sind würdig zuerzählen:
Es verdienen ein Gedichte
solche fromme Weiber-Seelen/
und ein ewigs Ruhmgerüchte.

2. Weinsberg/ eine Burg in Bayern/
(die einmal ein Weinberg war)
heisset uns die That verneuern
ihrer frommen Weiber-Schaar.
Welff/ der Herzog wild von Sitten/
wurde von dem Keyserheer
hart belägert und bestritten/
that aus Weinsberg gegenwehr.

3. Unversöhnlich war entbrennet
des ergrimmten Keysers Zorn.
Weinsberg wurde hart berennet;
Welffen war der Tod geschworn:
Er/ kond keine Gnad erwerben;
Conrad/ Weinsberg schleiffen wolt.
Ach da ware nah/ das Sterben;
Gnade/ theurer war als Gold.

4. Stoltze Männer/ dörfft ihr sagen/
daß ihr Alles könnt allein/
wie daß ihr nit weggeschlagen
von der Burg benahmt vom Wein/
die gefürchten Feindeshauffen?
wo blieb damals euer Trutz?
daß dem Tod ihr kondt entlauffen/
wurden Weiber euer Schutz.

5. Weiber/ wusten Raht zufinden/
da den Männern Witz gebrach;
Weiber konden überwinden/
da die Männer wurden schwach.
Conrad/ hatt erhört ihr Flehen/
daß ein jede sicherlich
aus der Vestung möchte gehen/
tragen/ was sie kond/ mit sich.

6. Was beginnen da die Weiber?
Nicht (wer hats gehöret je?)
Gold und Silber; nein die Leiber
ihrer Männer fassen sie
auf dem zarten schwachen Rücken/
tragen sie zur Burg hinaus:
Väter/ Brüder/ sah man drücken
ihre Achseln vor dem Haus.

7. Keyser Conrad/ zwar betrogen/
muste dannoch dieser Treu
in dem Hertzen seyn gewogen:
dessen Zeug sein Weinen sey;
Hertzog Welffen ward verziehen/
und der schönen Burg verschont.
Solch ein löblich Liebsbemühen
billich ward mit Gnad belohnt.

8. Männer! legt die Feder nieder/
rühmt nit mehr wie ihr gethan
den Eneas und zween Brüder/
die aus Troja und Catan
aus dem Brand hinweg getragen
ihre Eltern/ ist es wahr:
Höret hier/ was mehr ist/ sagen
von der frommen Weiber Schaar.

9. Einen Ruhm habt ihr zubauen
auf drey Männer nur allein:
Dreissigmahl drey treue Frauen/
dreymahl mehr zu loben seyn/
Dencket doch: es trugen Weiber/
schwach von Rücken/ arm an Stärk/
die so schweren Männer-Leiber.
O ein treues Wunderwerk!

10. Lasst es mir ein Wunder heissen/
weil es Wunder auch gethan:
Als/ die Sag hiervon/ thät reisen
zu dem Herzog von Toscan/*
und ihn krank fand auf dem Bette/
machet sie ihn stracks gesund;
Weiber-Treu thät an der stätte/
was die Arzeney nit kond.

11. Schweiget nun/ ihr Weiber-Feinde;
lobt/ was ihr zuvor geschmäht.
Frauen/ sind die treusten Freunde/
ihre Lieb vor alles geht.
Welcher Mann wolt anderst sagen/
soll nit seyn so würdig auch/
daß ihn eine Frau solt tragen
auf dem Rücken oder Bauch.

12. Nit wehrt ist er (will ich sagen)
daß ihn lang im Mutterleib
und auch lange hat getragen
auf dem Arm/ ein treues Weib.
Aber mehr als gute Zeiten
der verdient und auch bekam/
der ins Buch der Ewigkeiten
trägt den wehrten Weiber-Nahm.

* Laurentius Medices. Vid. Joh. Bodin.

Zufinden in Nürnberg/ bey Paulus Fürsten/ Kunsthändlern.

Liedflugblatt

Königs, Einsprache tat, weil das nicht die Meinung des Vertrags gewesen wäre, und es deshalb nicht geschehen lassen wollte, so lächelte der König über den listigen Anschlag der Weiber und erklärte zu ihren Gunsten, dass ein Königswort unwandelbar bleiben müsse (regium verbum non decere immutari). Seitdem nannte das Volk die Burg ›Die Weibertreue‹.

369. Die Kölner Chronik berichtet: De keyser unde bischopp Reynolt de bleuen beliggen vor Melan und wolden de Stadt hebben. He bot oen to, dat se œm huldigeden, he wolde œrer nein kretten sunder den borgermeister, den wolde he hengen. Se boden œm neyn. Do lach he dar so lange vor, dat se ock van hunger nicht lengk bestan konden. So lach an der muren eyn nunnen closter, dat heyt sunte schartus unde in dem closter weren de dre corpus der hilligen dre konigh, de dar gekomen weren ut parsia ut Constantinopolis, und weren to Melan gewesen seß hundert und ein unde seuentich iare. In dyssem closter was eyn ebbetinne, de was des borgermeisters suster, den de keyser wolde laten hengen. De nunne bedachte do eynen clogen rad unde leyt den bischop van Kollen vorboden an de muren unde sede deme, wu dat de borger des anderen dages dem keyser wolden de stad geuen, unde de borgermeyster, den de keyser wolde laten hengen, dat were œre broder; wolde he den vorbidden ieghen den keyser in sodener wyß, alse se œm wolde seggen, unde dar vore wolde se œm geuen de hilligen dre konigh. De bischop Reinolt sede gerade ia, unde vordrogen sick, wu se dem don wolden. Se antwort œme de hilligen dre konigh. Des morgens do opeden de van Melan de stad unde wolden deme keyser huldigen. Do bat de bischopp van Kollen den keyser, dat he œm dat wolde geuen, wat de n°unne droge upp œrem halse. De keyser de dachte dar nicht up unde sede œm ia. Unde do de borger kemen ut der stadt unde vellen dem keyser vor upp de kny, leygen unde papen, do droch de ebbetinne œren broder den borgermeister up dem halse. Do de keyser dat sach, he sede: »dat hebbe ick nicht vorgeuen.« De bischop de sede, dat he œm helde, wat he œm gelouet hedde. De keyser de was des to frede. De bischop hadde wol by œm dan. Alse wart de borgermeister los mit dem schatte der hilligen kercken unde da wuste de keyser nicht van. De keyser de leyt de Stadt to Melan to breken, de torne unde muren umme storten un let dat gud dar ut voren.

370. Martin Montanus berichtet. Wir lesen in einer Chronica, dass auf ein Zeit ein Stadt, deren Namen mir abgefallen, nach langem Stürmen erobert ward. Nun ward aber der Herr, so die Stadt gewunnen, dermaßen erzürnet, dass er allein den Weibern Freiheit gab, abzuziehen und sollten mit ihnen tragen, was sie ertragen möchten; so wollte er hernach die Stadt mit allem, das darinnen wer, verbrennen. Ach Gott, die gouten Weiber waren betrübt umb ihre Mann und Kinder, dass sie sollten also jämmerlich verbrennen. Derhalb miteinander zu Rat gingen und sich besannen, dass ein jegliche Fraw ihren Mann und Kinder auf den Rucken nemmen sollten und zuor Stadt hinausziehen. Solches alsbald geschah, und ein jegliche Fraw nahm ihren Mann auf den Rucken und die Kindlin under den Arm und zogen erbärmklich zuor Stadt hinaus. Nun sagt die Histori, als solches der Herr gesehen hat, seien ihme die Augen übergangen und hab ihnen allensammen das Leben geschenkt, darzu Freyung der Stadt geben.

Das ist ein schön herrlich Exempel von Weibern und eine große Tugent, dass sie ein solche Freundschaft an ihren Mannen begangen haben. Was haben sie aber dardurch erlangt? Das haben sie erlangt, dass man ihnen allen das Leben geschenkt und nicht allein das Leben geschenkt, sunder alles ihr Hab und Guot frei und unverletzt wieder zugestellt. Das kann ein schön Exempel sein, darinn sich billich alle Frawen ersehen sollen, was für Trew ihren Ehemannen gebührt.

371. Der treue Knecht. Der letzte Besitzer der Burg zu Schönweide, von der noch der Burgplatz mit den Resten der Wälle und Graben zu sehen sind, war ein Ranzau. Er hatte sich den Hass der Dänen zugezogen und ward von ihnen belagert. Von einer Anhöhe auf demTrestorfer Felde beschoss man die Burg mit Kanonen. Endlich musste der Besitzer mit seinen Dienern fliehen, und um die Feinde zu täuschen, ließ er den Pferden die Hufeisen verkehrt auflegen. Er entkam, und nie hat man wieder etwas von ihm gehört. Ein anderer Teil der Leute rettete sich auf Kähnen über den Trestorfer See.

Der Graf hatte aber seinen verwachsenen Sohn auf der Burg zurückgelassen, und als die andern alle flohen, blieb ein treuer Knecht allein bei ihm; der steckte ihn in einen Sack und verbarg ihn im Keller. Als nun die Belagerer eindrangen, bat er fußfällig um sein Leben und um die Erlaubnis, sein bißchen Zeug mitnehmen zu dürfen, und da man ihm gewährte, nahm er den Sack und rettete so den Sohn seines Herrn. *(Schleswig-Holstein)*

372. Die Schwarze Margret von Dänemark. Es herrschte einmal eine Königin, die swarte Margrete, über Dänemark, die ließ die Elbe mit langen Pfählen und einer großen Kette sperren, sodass niemand heraus- noch hineinkonnte. So hat sie auch den Kieler und Flensburger Hafen versperrt und die Schlei ruiniert. Sie belagerte einmal Itzehoe und am Tage Mariä Geburt (8. September) hat sie einen großen Wall und eine Brücke quer durch die Stör legen wollen, um das Wasser in die Stadt und in die Marsch zu treiben. Da ist aber an demselben Tage zweimal ganz wider die Ordnung die Flut gestiegen, und zwar so hoch, dass Wall und Brücke zerbrachen. Über der Stadt aber sah man die Mutter Gottes erscheinen, und die Bürger haben allezeit den Tag hoch gefeiert und ihn Borgerdag genannt

Die schwarze Margret

373. Das Danewerk. Die swarte Margret hat auch das Dannewerk bauen lassen, um damit Dänemark vor den Deutschen zu verschließen. Als sie noch nicht damit fertig war, ward sie vom Feind angegriffen. Da stellte sie eine Reihe Kühe an dem äußern Graben auf, der davon der Kohgraben heißt, und die Feinde verschossen alle ihre Munition, weil sie die Kühe für behelmte Soldaten hielten. Unterdes ward sie fertig. Sie war überaus listig und ritt immer auf Pferden durchs Land, deren Hufeisen verkehrt standen, sodass niemand wusste, wo sie geblieben sei. So entkam sie auch einmal den Oldenburgern.

Sie hatte nämlich ihren Sohn nach Oldenburg geschickt, um da Schatzgeld einzukassieren. Aber die Oldenburger Schuster griffen ihn, hackten ihn in Stücke und schickten ihn eingesalzen wieder der Mutter zu. Darüber ergrimmt, belagerte sie die Stadt und warf Schanzen auf, die noch bei Weißenhaus an der Ostsee zu sehen. Aber die Russen kamen den Bürgern zu Hilfe, und Margrete entkam nur mit genauer Not durch jene List. Seit der Zeit dürfen die Oldenburger Schuster aber nicht aus der Stadt und bis auf diesen Tag keinen Jahrmarkt besuchen. *(Schleswig-Holstein)*

374. Die Totenglocke. Die Preußen hatten schon lange vor der Burg Bartenstein gelegen, ohne sie bewältigen zu können. Schließlich waren alle Vorräte und zuletzt gar die Rosse in der Burg verzehrt, sodass die Ordensritter sich nicht mehr länger halten konnten. Vor dem Abzuge wollten sie dem Feinde noch eine herbe Wunde beibringen, hielten sich eine Zeitlang ganz ruhig, sodass die Belagerer meinten, der Hunger hätte schon alle getötet, und stürzten dann plötzlich aus der Burg auf die Feinde, deren sie viele erschlugen. Das taten sie dreimal, bis sich die Feinde nicht mehr durch die anscheinende Ruhe verlocken ließen. Nunmehr mussten die Christen die Burg aber wirklich verlassen. Ein blinder Greis erbot sich, zurückzubleiben und zu den bestimmten Gebetszeiten regelmäßig das Glöcklein zu läuten, damit die Feinde annehmen sollten, die Burg wäre noch bemannt wie sonst.

Die übrigen Brüder entkamen glücklich unter der Hülle des nächtlichen Dunkels; der blinde Messner läutete die Glocke wie gewöhnlich, bis auch diese zuletzt verhallte und die Feinde nun wussten, dass die Besatzung vom Hungertode hinweggerafft war. Aber wie erstaunten sie, als sie nach dem Eindringen in die Burg niemand fanden als den toten Messner, der den Glockenstrang noch in der Hand hatte. Der erboste Feldherr wollte seine Wut noch an dem Leichnam des Greises auslassen, doch als er zur Kirche kam, war er vom Boten des Himmels hin weggerafft.

375. Die Marienburg. Das Gewölbe auf dem großen Remter des hochmeisterlichen Schlosses zu Marienburg wird getragen von einem einzigen starken Pfeiler, sodass, wenn dieser Pfeiler stürzet, das ganze Gewölbe zusammenfällt. In dem dreizehnjährigen polnischen Kriege nun, als das Schloss hart belagert ward, war ein verräterischer Troßbube in demselben, der beschrieb den Polen den Pfeiler und die Beschaffenheit des Remters und versprach ihnen, ein Zeichen mit einem ausgehangenen roten Hut zu geben, wenn das ganze Kapitel in dem Remter beisammen sei, und wohin dann ein Schuss gerichtet werden müsse, um den Pfeiler zu treffen, damit unter dem herabstürzenden Gewölbe alle Ritter auf einmal zerschmettert und begraben würden. Und als darauf eines Tages der Hochmeister mit allen Ordensbrüdern in dem großen Remter bei Tische saßen, da gab der Verräter das verabredete Zeichen, und der Schuss geschah auch, aber er tat keinen sonderlichen Schaden, denn die Kugel verfehlte den Pfeiler und schlug bloß oben in die Mauer, wo sie noch jetzt über dem Kamin, in dem Loche, welches sie geschlagen, zu sehen ist. Nach wahrscheinlichen Nachrichten hat sich diese Geschichte zugetragen im Jahre 1410, nach der Tannenberger Schlacht. *(Ostpreußen)*

376. Überirdische Kampfhilfe. Die Ordensritter. Als im Jahre 1260 die heidnischen Preußen mit großer Heeresmacht die Stadt Elbing belagerten, da beschlossen die Christen, die Heiden durch einen Einfall in ihr eigenes Land zur Aufhebung der Belagerung zu zwingen, was auch ins Werk gesetzt ward. Als sich nun beide Hee-

Überirdische Kampfhilfe (Flugblatt 1625)

re gegenüberstanden, fing die Vorhut der Feinde plötzlich an zu fliehen und riss das ganze feindliche Heer mit in die Flucht, noch ehe es zur Schlacht gekommen war. Die nacheilenden Christen konnten sonder Mühe viele Feinde erschlagen. Die Gefangenen bekannten nachher, sie hätten einige mit weißen Mänteln und schwarzen Kreuzen bekleidete Männer vom Himmel herabsteigen sehen, die mit feurigen Schwertern die Ihrigen angegriffen und getötet hätten. Dieses Wunder soll der heilige Anselmus, der sich in der belagerten Stadt befand, vom Himmel erfleht haben.

377. Der heilige Georg. In dem Kriege zwischen Hochmeister Albrecht und den Polen belagerten die Polen das Städtchen Preußisch Holland; aber obwohl sie mit achttausend Mann davor lagen und in der Stadt wenig Volks war, so mussten sie doch, nachdem sie zweitausend Mann verloren, mit Schimpf wieder abziehen. Die Gefangenen bekannten, dass sie beim Sturm den heiligen Georg auf den Mauern gesehen, deshalb hätten sie weichen müssen. Dass himmlischer Schutz über der Stadt wartete, zeigte sich auch, als eine aus einer Notschlange geschossene Kugel in eine Wiege zwischen zwei Kinder fiel, ohne diesen den mindesten Schaden zuzufügen.

378. Tillys Gebet. An dem Tage, wo bei Pforzheim die vierhundert Bürger dieser Stadt fielen, kniete Tilly, in's Gebet versunken, in der Kirche des Klosters der Dominikaner zu Wimpfen. Seine Gegenwart bei der Armee schien nötig, und man sandte ihm aus dem Lager zwei Kuriere nacheinander, um ihn zu rufen, weil das Gefecht schon begonnen hatte. Tilly aber erhob sich nicht einmal von seinem Betschemel, sondern zeigte auf das Bildnis der heiligen Jungfrau Maria und sprach: »Diese kämpft für mich«, dann betete er weiter fort. Unterdessen sah man im Felde plötzlich einen Reiter erscheinen, der gleich Tilly einen grünen spanischen Mantel trug und ein weißes Ross ritt. Sofort richteten sich mehr als fünfhundert Gewehrläufe auf ihn, aber er blieb nicht nur unverletzt, sondern sprengte sogar mitten durch die feindlichen Reihen hindurch und warf Feuer in die Pulverwagen, sodass sie alle in die Luft flogen. Der furchtbare Donner dieser Explosion erschütterte die Kirche, Tilly erhob sich und trat auf die Straße, aber da kam ihm bald schon die Siegesbotschaft entgegen. Den Reiter hat niemand wiedergesehen.

Tilly

379. Strohsoldaten. Nattenheim soll den entferntesten Völkern und namentlich den Türken als eine große Stadt und uneinnehmbare Festung bekannt sein. Die Bewohner von Nattenheim aber sollen ein eigentümliches Militärwesen kennen, und deshalb bei allen Angriffen der Feinde den Sieg davontragen. Bei dem Anzuge eines Feindes machen sie keine Vorbereitung zu dessen Empfange; sie pflanzen keine Kanonen auf, noch auch senden sie ihm eine bewaffnete Mannschaft entgegen. Sobald sich der Feind dem Dorf genaht hat, eilt Mann und Weib, Groß und Klein mit Strohbündeln auf die Flur und streut dieselben um das Dorf herum. Augenblicklich ist jeder Strohhalm in einen wohlgerüsteten Streiter umgewandelt, und wie vom Himmel gefallen steht in wenig Minuten ein in allen Waffengattungen schlagfertiges Heer zur Verteidigung des Ortes da. Durchbricht der Feind die Reihen dieser Armee, so wird die Lücke im Nu auf die leichteste Weise ausgefüllt, und dem Feinde bleibt nichts übrig, als schleunigst von dannen zu fliehen. *(Eifel)*

380. Der Zauberer. Als die Schweden im Lande hausten und ihre Armee zu Bengel stand, wurden einem schwedischen Soldaten, der sich äußerst ungebührlich aufgeführt hatte, auf der Scheidweiler Mühle Nase und Ohren abgeschnitten. Als derselbe in diesem Zustande in das Lager kam, schnaubten alle Soldaten nach Rache und brachen sogleich auf, um den Scheidweilern ihren übertriebenen Mutwillen auszutreiben. Zum Glück für letztere fand sich nun unter ihnen ein Mann, der, wie man zu sagen pflegt, mehr als Brot essen konnte. Der Mann begann wacker Häcksel zu schneiden, und so viele Häckerlinge so viele wohlgerüstete Männer standen da. Als der heranrückende Feind diese imposante und ihm an Zahl weit überlegene Streitmacht gewahrt, blieb ihm natürlich nichts übrig, als schnell den Rückzug anzutreten und sich zu gratulieren, mit heiler Haut von dannen zu kommen. *(Eifel)*

381. Die versunkene Glocke. Der Krätseldobben ist ein morastiges, mit Wasser gefülltes Loch und liegt in der Nähe des Maiglöckchenwaldes. Und damit hat es folgendes auf sich. Das war im Dreißigjährigen Krieg. Da fielen die Mansfelder, etwa zweihundert Mann, ins Saterland ein, von Ostfriesland kommend, und raubten und plünderten alles, was nicht niet- und nageltest war. Jetzt kamen sie in den Ort Scharrel und nahmen die einzige Glocke, die im Turm hing, mit. Darüber waren die Bauern derart erbost, dass sich alle Männer zusammenfanden und mit Dreschflegel und Harken bewaffnet die Mansfelder bald einholten. Diese stellten sich zum Kampf, und es blieben Tote und Verwundete zurück. Die Bauern konnten die Glocke wieder an sich bringen, und die Mansfelder ergriffen die Flucht.

Weil aber die Horden schon öfter durch das Land gezogen waren, vermuteten die Scharreler, dass die Mansfelder wohl mit einer größeren Zahl Krieger wiederkommen würden, um alles zu erbeuten. Darum sammelten sie alles Gold und Geld – das war ja damals Silbergeld – und gaben es in die Glocke hinein und versenkten sie im Krätseldobben. Und darauf wälzten sie einen großen Stein, um feststellen zu können, wo die Glocke im Dobben sich befand. Die Mansfelder kamen ja dann zurück und fanden nichts mehr und haben aus Wut alles verwüstet. Aber die Scharreler hatten ja ihr Gold und ihre Glocke gerettet.

Als nach Jahren der Friede wieder ins Land zog, wollten die Scharreler ihre Glocke mit dem Schatz wieder heben. Weil der Boden sehr morastig war, war die Glocke schon recht tief versackt, sodass die Scharreler große Mühe hatten, den Stein zu heben.

Während die Männer bei der Arbeit waren, kriegten sich schon die Frauen in die Haare, wessen Eigentum die einzelnen Teile des Schatzes wären. Es war eine Frau darunter, die behauptete, auch einen großen Wert da mit hineingegeben zu haben, während andere sagten: »Soviel hattest du ja gar nicht!« Diese Frau war als Hexe bekannt. Und weil sie glaubte, ihr Ziel nicht erreichen zu können, hat sie den Ausspruch getan: »Die Glocke soll nie wieder ans Tageslicht kommen. Wenn ich mein Recht nicht bekomme, sollt ihr auch nichts haben!« Daraufhin ballten sich die Wolken zusammen, und in kürzester Zeit entlud sich ein schweres Gewitter, und der Krätseldobben war bis an den Rand mit Wasser gefüllt, sodass die tagelange Arbeit umsonst war.

Im Laufe der Zeit, auch noch nach der Jahrhundertwende, wurde wieder versucht, mit moderneren Geräten das Wasser auszupumpen und die Glocke zu heben. Das war nämlich die Firma Brinkmann. Die verfügte über moderne Pumpwerke. Das war um das Jahr 1935, damals zur Nazizeit. Bei dem Versuch, die Glocke zu heben, hatten die Nazis die Leute von dem Krätseldobben zurückgehalten, damit sich die Leute nicht schon im voraus um den Schatz stritten. Aber die haben es auch nicht geschafft. Die Bagger hatten den Stein schon in ihren Greifern. Aber es kam wieder ein Unwetter, und alles, sogar die Bagger, versackte in dem Morast. Erst nach Monaten, als der Dobben einigermaßen ausgetrocknet war, konnten sie die Bagger wenigstens wieder rausholen. Und so wird die Glocke wohl nicht mehr gehoben werden. *(Oldenburg)*

382. Der Friede von Münster und Osnabrück. Groß war die Freude im ganzen Reich, besonders aber in der guten Stadt Osnabrück, als hier nach dem schrecklichen Kriege, den man den Dreißigjährigen nennt, endlich der Friede geschlossen wurde. Die Leute umarmten sich auf der Straße; bunte Flaggen wehten an den Häusern und von den Kirchen scholl das Geläute der Glocken.

Ganz Osnabrück wollte den Feldherrn Piccolomini sehen, der von Wien gekommen war, um im Namen des Kaisers Ferdinand III. den Krieg zu beenden. Die Stadt war beleuchtet; die Männer brachten einen Fackelzug; Frauen und Mädchen drängten sich in den Straßen; nur die Knaben sollten überall zurückstehen. Sie wollten aber auch mitwirken, und am nächsten Morgen bereiteten sie dem Gesandten eine eigenartige Überraschung: Feine Trompetenstöße riefen ihn auf den Altan, und siehe da, aus den nächsten Straßen kam ein langer Zug von Knaben, die trugen grüne Reiser am Hute und Fähnlein und Lanzen in den Händen. Sie kamen

Auß Münster vom 25. deß Weinmonats im Jahr
1648. abgefertigter Freud- und Friedenbringender Postreuter.

Der Friedensbote aus Münster
(Flugblatt zum Westfälischen Frieden 1648)

nicht zu Fuß, ihrer 1478 Männlein ritten, trotteten und galoppierten alle auf Steckenpferden. Es war von oben wie ein großes, bewegtes Wasser anzusehen, wie sie durcheinanderritten und mit ihren feinen Stimmen »Vivat! Vivat!« schrien. Der Herzog und alle Gesandten lachten. Ja, sogar der Kaiser lachte, als er die Geschichte von den Osnabrücker Jungen hörte, und er befahl sogleich, dass besondere Pfennige für die Steckenpferdreiter geschlagen würden. Diese Pfennige sind heute noch zu sehen. Sie sind viereckig. Auf der einen Seite ist ein Knabe, der auf einem Steckenpferd reitet, dargestellt mit der Inschrift ›Friedens-Gedächtnis, Nürnberg 1650‹. Auf der anderen Seite steht in lateinischer Sprache ›Es lebe Ferdinandus III., der römische Kaiser!‹ *(Osnabrück)*

383. General Suworow. Als Suworow 1799 mit seinen Soldaten über den Kinzigpass kam, wurde den Leuten in Muotathal alles gestohlen. Die Soldaten gruben die Kartoffeln aus dem Boden und aßen sie roh, samt Schalen und Dreck. Den Leuten zogen sie die Schuhe auf der Straße ab. Bei einer solchen Gelegenheit soll ein Senn auf einer Alp einen Soldaten über eine Felswand hinuntergestoßen haben, als sich dieser nach seinen Schuhen bückte. *(Muotathal)*

384. Befehlsverweigerung. Als Suworow über den Panixerpass kam, warf er auf der Passhöhe von einem Steg aus seine Geldkassette in den Abgrund. Man vermutete daneben, dass vielleicht nur ein Saumtier gestürzt sei und die Kassette unfreiwillig hinunterstürzte. Die Soldaten weigerten sich, noch weiter zu gehen, da befahl er ihnen, ein Grab auszuschaufeln und sich hineinzulegen, damit man sie lebend begraben könne. *(Muotathal)*

385. Der Werber Friedrich Wilhelms I. Den Schwanewert kennt man in der oberen Emsgegend noch heute. Wenn es dunkel wird, und die Kinder spielen noch draußen herum, macht man sie bange mit ihm und ruft: »Swanewät kümmt!« Bei Lebzeiten ist dieser Schwanewert ein preußischer Werber gewesen, unter dem König Friedrich Wilhelm I., der so hinter den langen Kerls her war. In dem Schwanenwirtshaus bei Ölde soll er geboren sein; und von Bielefeld aus, das damals schon preußisch war, hat er seine Streifzüge ins Münstersche unternommen.

So kommt er eines Tages zu einem jungen Bauern, der war gerade im Düttinger Esch am Düngen, dem Kolonen Große Dütting sein zweiter Sohn war's, auch so ein langer Mensch, so seine fünf Fuß zehn Zoll groß. Der Swanewät tut ganz freundlich und bittet um Feuer. Und wie der Bauer ganz arglos Stahl und Feuerzeug herauskriegt, wird er von dem Werber und noch drei Kerls, die sich der mitgebracht hat, gepackt und nach einem Wagen geschleppt, der stand schon hinter der Hecke auf dem Land weg, und darauf ging's dann fort mit ihm nach Preußisch Minden. Erst nach vielen Jahren, als schon lange der Alte Fritz regierte, ist er wiedergekommen, er ist bei Prag desertiert; aber da war er ruiniert an Leib und Seele.

386. Die verräterische List. So hat er sich auch an den ›langen Schaiper‹ herangemacht, als der beim Eggerlinghof in Lintel seine Schafe hütete. Er hat erst ganz gemütlich mit ihm geklönt und dann so beiläufig mal gefragt, ob er das auch wohl könne: die Hände noch auf dem Leib falten, wenn er seine Schäferschüppe über'n Rücken zwischen den Armen durchsteckte. Er macht's ihm vor, und der Schäfer probiert's auch. Es ging nicht leicht, und gerade hatte der Schäfer es fertiggebracht und seine Hände vorne zusammen, da wirft ihm der Swanewät eine Schlinge um die Hände und fesselt ihn.

387. Die Entführung. Einmal ist er zu einem Schreiner gekommen, das war der längste Kerl in der ganzen Gegend. Swanewät bestellt bei ihm einen Sarg, er müsste aber für einen besonders großen Menschen sein. Da nahm der Schreiner das Maß an sich selber. Wie nun der Sarg fertig ist, kommt Schwanewert mit seinen Leuten. »Der Sarg ist doch zu klein!« sagte er. »Der passt mir sogar«, sagt der Tischler und legt sich zum Beweise gleich selbst hinein. Wie das Donnerwetter sind die Kerle drüber her, stülpen den Deckel drauf, schrauben ihn fest und fahren mit dem Sarg nach Berlin; aber unterwegs soll der Tischler erstickt sein.

388. Schwanewerts Ende. Aber zuletzt hat er selber daran gemusst. Er war gerade mit seinen Leuten im Klosterbusch bei Herzebrock, da sagte er auf einmal: »Nehmt euch in acht, ich höre einen Hahn schnacken!« Im nächsten Augenblick trifft ihn eine Kugel in den Leib. »Jetzt habe ich genug geholt«, waren seine letzten Worte. Aber nach seinem Tode hat er keine Ruhe gehabt; hinter den Fenstern erschien er abends als ein breiter, knöcherner, welker Mann mit Schlapphut und weitem Mantel, wurde immer größer und wuchs über den Fensterrahmen hinaus. Oder er irrt als schwarzer Hund mit Feueraugen an den Orten seiner Untaten herum; schießen auf ihn half nichts, dann wurden seine Augen tellergroß; da müsste man schon eine geweihte Kugel nehmen. In Wiedenbrück soll er jeden Abend als Zehn-Uhrs-Hund durch die Straßen laufen. *(Westfalen)*

389. Ein Leuteschinder wird ermordet. Auf Gut Ihorst, Kirchspiel Holdorf, geht beim sogenannten Hauptmanntimpen allnächtlich ein Hauptmann in voller Uniform. Als die verbündeten Truppen im Lande waren, lag nämlich ein Hauptmann Devis oder Dewitz, ein Hannoveraner wie man sagt, auf Gut Ihorst in Quartier. Er war sehr brutal gegen seine Soldaten und ließ unter anderem einen Soldaten, der morgens beim Exerzieren etwas zu spät kam, Gassen laufen. Der Soldat wurde hierüber so erbittert, dass er den Vorsatz fasste, den Hauptmann zu töten. Er führte den Vorsatz aus, als eines Abends der Hauptmann von Burg Dinklage, wo der

Höchstkommandierende, ein blinder Prinz, sein Quartier hatte, zurückkehrte, und zwar an der Stelle, wo der Hauptmann noch jetzt wiedergeht. Die Leiche wurde zuerst in der Miststätte des Brämswig zu Brokdorf, hernach in der Dinklager Wöste verscharrt, endlich aber nach dem Dinklager Kirchhofe gebracht. Der Täter wurde von den Gerichten nicht ermittelt, obwohl seine Kameraden und die gewöhnlichen Leute es recht gut wussten. Er hat später Dienste in England genommen und soll auf der Rückreise nach seiner Heimat im Wirtshaus auf Gut Lethe getroffen worden sein. *(Oldenburg)*

390. Die Vergeltung. Wird auch so erzählt: Bei einer Einquartierung wurde ein Soldat von seinem Hauptmann zum Spießrutenlauf verurteilt. Der Delinquent hatte die ihm zudiktierten fünfundzwanzig Gänge gemacht, als der Hauptmann rief: »Nun noch einmal zu meinem Vergnügen!« Und der arme Sünder musste nochmals laufen. Nach kurzer Zeit fand man den Hauptmann ermordet in einem Pfuhle in der kleinen Wöste. Alles Forschen nach dem Täter war vergebens. Später kam ein Schreiben an den Vogt in Dinklage: »Suchet nicht weiter nach dem Mörder, die eigenen Leute haben den Hauptmann getötet.« Seit dieser Zeit meiden die Leute den Weg durch die kleine Wöste, sie glauben, den Geist des ermordeten Hauptmanns im Wasser zu sehen. *(Oldenburg)*

391. Die List des Alten Fritz. Nach der siegreichen Schlacht bei Leuthen verfolgte Friedrich der Große die Österreicher. Mit einem Häuflein seiner tapferen Soldaten war er bis nach Peterwitz gekommen. Die Österreicher hatten sich bei Jägerndorf gesammelt. Sie waren an Zahl den Preußen weit überlegen. Es wäre dem Alten Fritz an den Kragen gegangen, wenn die Feinde seine Schwäche gekannt hätten. Aber wie immer, so wusste er sich auch hier Rat. Er verstand es, auf folgende Weise den Feind zu täuschen.

Der Alte Fritz hatte am Mühlberge und am Ziegelberge bei Peterwitz sein Lager aufgeschlagen und Schanzen aufgeworfen. Die Österreicher nahmen ihre Stellungen auf den Bergen bei Jägerndorf ein. Von Stunde zu Stunde verschlimmerte sich die Lage der Preußen. Es fehlte an Munition, und die Soldaten fingen an zaghaft zu werden. Da ersann der Alte Fritz, nachdem er noch einmal seine Stellung überschaut hatte, im letzten Augenblick eine List. Er sammelte schnell seine Mannschaften hinter dem Mühlberge und ließ sie hintereinander um den Berg herummarschieren, bis sich alle zu einem Kreise geschlossen hatten. Die Österreicher sahen einige Zeit dem vermeintlichen Anmarsch der Preußen ruhig zu. Bald aber ergriff sie Angst und Schrecken, und in Eile zogen sie sich nach Böhmen zurück. Warum aber? Die Österreicher sahen von dem marschierenden Kreise immer nur einen Teil, während der andere durch den Berg verdeckt wurde. Sie glaubten also, es kämen unaufhörlich neue Truppen an, und deshalb ergriffen sie die Flucht. (Oberschlesien)

392. Friedrichs des Großen Rettung. Als die Schlacht bei Mollwitz verloren schien, riet der Feldmarschall Schwerin dem König, nach Oppeln zu reiten und das Korps Holstein zu sofortigem Eingreifen zu veranlassen. Nach einem abenteuerlichen Ritt, der mehrfach sein Leben gefährdete, langte Friedrich, von ungarischen Husaren hart verfolgt, in Oppeln an und trat in das Haus Odervorstadt Nr. 2. Es gehörte dem Branntweinbrenner und Schiffer Schreier, der gerade abwesend war. Seinem Weibe Rosalie, die nur schlecht deutsch sprach, machte der König mit Mühe klar, dass sie ihn gegen Belohnung vor den Husaren verstecken sollte, die ihm auf der Spur waren. Das gutmütige Weib, das nicht ahnte, wen sie vor sich hatte, verbarg ihn unter einem Maischbottich, auf dessen nach oben gekehrten Boden sie gärende Maische goss. Dann öffnete sie die zur Oder führende Hintertür sperrangelweit. Kaum war sie damit fertig, als auch schon ungarische Husaren ins Haus stürzten und nach dem Preußen fragten. Die Frau wies auf die offen stehende Hintertür und machte den Soldaten begreiflich, dass sich der Preuße dort hinaus ins Weidengebüsch der Oder geflüchtet hätte. Die Husaren durchsuchten die Stube, gingen aber achtlos an der Maischbütte vorbei und eilten schließlich zur Hintertür hinaus. Der König, der bald durch die Schiffersfrau aus seiner unangenehmen Lage befreit wurde, war gerettet. *(Schlesien)*

393. Napoleon in der Schweiz. Als Napoleon 1798 von Seelisberg herkam, versperrten die Isenthaler, besonders die Frauen, den Weg vor Bauen. Sie warfen Felsblöcke und Steine auf die Straße hinunter. Ein Mädchen traf dabei den Tambour, den man in den See purzeln sah (nach einer andern Version wurde die Trommel von einem Stein getroffen; sie stürzte mit Gepolter in den See hinunter, und die Franzosen stoben vor Schreck über den Lärm davon). Aber dafür waren die Franzosen gute Schützen. Sie trafen einen Isenthaler in die Stirn, als er hinter einem Felsen hervorspähte. Napoleon musste kapitulieren; da gingen zwei Isenthaler Ratsherren zum Verhandeln und verrieten die Isenthaler. *(Schweiz)*

394. Napoleon und der Glöckner. Die Schlacht bei Preußisch Eylau am 7. und 8. Februar 1807 hätte ganz anders ausfallen können, wenn nur der Eylauer Glöckner klüger gewesen wäre. Er musste während der Schlacht Napoleon die Kirchentür aufschließen. Napoleon stieg auf den Turm, von wo er das Schlachtfeld gut überblicken konnte. Nun schickte er seine Franzosen zum Angriff vor. Da entstand aber ein furchtbares Stiemwetter; die Franzosen kamen vom Weg ab und gerade vor die russischen Geschütze auf dem Kreegenberg. Die Russen schossen sie zusammen. Die noch übrigblieben, flohen eiligst auf die Stadt zu, und die Kosaken verfolgten sie bis in die Stadt. Da hätte der Glöckner nur ein bißchen Überlegung und Mut haben sollen, die Kirchentür zuschließen und die Kosaken herbeirufen, dann wäre der Kaiser Napoleon gefangen gewesen und die Preußen und Russen hätten glänzend gesiegt. *(Ostpreußen)*

395. Glück und Glas. Als Napoleon 1812 nach Rußland zog, erhielten der Bürgermeister und die Ratsherren von Stallupönen Befehl, ihn am Goldaper Tor zu empfangen und zu begrüßen. Zwei Tage schon hatten sie vergeblich auf ihn gewartet. Am dritten Tage traf er in der Stadt ein und jagte an ihnen vorbei, ohne sie zu beachten. Er nahm gegenüber dem Rathause Wohnung und befahl, sofort die Stadtväter zu ihm zu führen. Zweimal schickte er Boten, um sie zur Eile anzuspornen. Als sie anlangten, schrie er sie auf französisch an: »In zwei Stunden ist Brot für zehntausend Mann zu liefern!« Neben ihm stand ein General, der Deutsch verstand und dolmetschen musste. Der Bürgermeister war blass geworden, setzte aber mit fester Stimme auseinander, dass in der ganzen Stadt kein Krümchen Brot zu finden sei, weil die Soldaten schon drei Wochen lang in Mengen durch die Stadt zögen und alles aufgezehrt und fortgenommen hätten. Als diese Antwort übersetzt war, überschüttete Napoleon die Ratsherren mit einer Flut von Worten und warf mit ungeduldiger Handbewegung ein Wasserglas, das vor ihm stand, zur Erde, sodass es klirrend in Stücke zersprang. Da sprach der Bürgermeister leise ein paar Worte vor sich hin. Napoleon sah, wie sich seine Lippen bewegten und wollte wissen, was er gesagt habe. »Majestät«, erwiderte der General, »es ist ein einfältiges deutsches Sprichwort und lautet: Glück und Glas, wie leicht bricht das.« Da fuhr es wie ein Schlag durch den Kaiser, er sprach kein Wort, sondern nickte mit der Hand zum Zeichen, dass die Bürger entlassen seien. Sechs Monate später zogen die zerlumpten, flüchtigen Franzosen durch Stallupönen zurück. *(Ostpreußen)*

396. Der Rückzug aus Rußland. Vor dem Jahre 1813 kamen die Franzosen auch nach Liebwalde, ehe sie nach Rußland gingen. Mein Gott, sind die übermütig gewesen! Solch schwarzes Brot, sagten sie, äßen sie nicht. Sie nahmen das Brot und pflasterten damit den Weg. Aber die Strafe hat sie ereilt. Als sie von Rußland zurückkamen, aßen sie mit Appetit gesäuerte Bohnen, und die schmeckten ihnen wie Gold. – Hierweg und daweg ist ein Franzosenberg, da sind die Franzosen begraben. Gott hat sie gestraft. Die Leute erzählten sich, wie die Franzosen des Morgens dagestanden hätten, als wollten sie exerzieren, aber sie waren erfroren. Sie standen ganz steif da und waren tot. Dann hat man sie auf Leiterwagen gepackt und in einer Kaule zusammen begraben und Kalk drüber gestreut. *(Ostpreußen)*

397. Das Hungerjahr 1817. Auf dem Breiteburehof zwischen Ebnet und dem Mattental wurde in der Hungerszeit an Arme Getreide und Essen um billigen Preis verkauft. Drum herrscht seither Glück und Segen auf dem Haus. Ein anderer Hofbesitzer dagegen wollte nicht von seinem großen Getreidevorrat verkaufen und gab selbst um fünf Florin den Scheffel Hafer zum Brotbacken nicht her. Bald darauf wurde zur Strafe sein Getreide lebendig und flog zum Scheuerfenster hinaus. Eine reiche Bäuerin war so hartherzig zu erklären, nichts von ihrem Getreide herzugeben, als bis das Knöpfle einen Groschen gelte. Sie starb lange darauf eines schweren Todes, da sie's fast nicht ersterben konnte. *(Breisgau)*

398. Kaiser Wilhelms Tränen. Als der Französische Krieg war, hat der alte Kaiser nach den Schlachten immer traurig dagestanden und sich die großen Löcher angesehen, in welche die Toten gelegt wurden. Ihm sind die Tränen in die Augen gekommen, und er hat gesagt: »Es tut mir leid, dass meine armen Kinder so hinmussten.« In jener Zeit hat er alles mit den Soldaten geteilt, auch das Brot, wenn die Versorgung zuletzt knapp wurde. Sie haben gesehen, wie er dann neben seinem Schimmel stand und Brot aß. Die Krone hat er in jener Zeit nicht getragen; die verspart' er sich zu Großem; und wenn er sie in den Schlachten getragen hätt', dann wär' es nicht gut geworden, denn, so sagen doch alle Leut', es wird immer am meisten nach dem Höchsten geschossen. *(Ostpreußen)*

399. Vornehme Spione. Der Prinz Friedrich Karl war so'n treuer Krieger. Er spionierte viel herum. Aber einmal ist's ihm doch schlecht bekommen; da wäre er beinah gefangengenommen. Er ging nämlich als Schweinetreiber 'rum; er kauft' die Schwein' und verkauft' sie wieder. Wie er einmal so handelt', riss ihm der Wind den Mantel von der Brust. Da war gleich zu sehen, was er war; und da musst' er flüchtig werden. Einige behaupten, er soll in Königsberg oder in Danzig oder in Rußland gewesen sein; aber es war in Frankreich, damals vor dem Krieg 1870.

400. Der kühne Prinz. Ja, der Kaiser Friedrich! – als der im Krieg anno 1870 noch Kronprinz war, klettert' er über die Mauer von Paris und besah sich alles, weil doch die Stadt nicht zerstört werden sollte. Der alte Kaiser hatte das angeordnet. Die Leut' meinen, er hat das getan, weil dort ein silberner Turm ist. *(Ostpreußen)*

401. Die drei Särge. Es war im Jahre 1913 in der Gegend von Memel. Als da einmal ein Nachtwächter in der Nacht die Mitternachtsstunde auspfiff, trat aus dem Schatten ein kleines Männchen zu ihm und bat: »Pfeif doch dreizehn!« Der Nachtwächter lachte und sagte: »Das gibt es doch gar nicht!« Da verschwand das Männchen. In der nächsten Nacht kam es wieder und bat ihn diesmal viel eindringlicher: »Pfeif doch dreizehn!« Der Wächter wies es wieder ab. Aber die Sache kam ihm doch merkwürdig vor, und er ging am nächsten Morgen zum Amtsvorsteher und erzählte ihm alles. Der riet ihm: »Wenn das Männchen wiederkommt, dann pfeif ruhig einmal dreizehn.« In der dritten Nacht tat es der Nachtwächter wirklich. Da sah er drei Särge vor sich stehen. Einer war voll Blut, einer voll Wasser, und der dritte war leer. Und das war eine Voraussagung des Krieges. In dem ersten Sarge, da war das viele Blut, das fließen sollte. In dem zweiten waren die Tränen, und der dritte Sarg bedeutete das arme, leere Ostpreußenland, das die Russen ausplündern würden. *(Ostpreußen)*

Thalia.at

Quittung

Vielen Dank für Ihren Einkauf!
Umtausch 14 Tage nur mit Kassenbon
eachten Sie auch unsere Sonderangebote

Thalia.at

HALIA Buch & Medien GmbH
Mariahilferstraße 99
1060 Wien
Tel.: +43(1)5954550
Fax: +43(1)5954550-15
mh99@thalia.at

Quittung

oden P.: Odyssee
783455219̃26 15.50 1
oden P.: Hornschnecken
783566803297 10.20 1

UMME (2) EUR 25.70

ar EUR 50.00

URUCK (BAR) EUR 24.30
etrag enthält 2.34 EUR MwSt
10.0% 2.34 Netto 23.36

teuernummer
st-Idnr.: ATU 54829100

assierer 1003 Ka 00005 Dat 10.11.08
adeNr 0005 BNr 00507 Uhr 16:34

Vielen Dank für Ihren Einkauf!
Umtausch 14 Tage nur mit Kassenbon
eachten Sie auch unsere Sonderangebote

KOMMENTAR

Die Kommentare und Anmerkungen zu den einzelnen Sagen geben Hinweise auf historische Zusammenhänge und versuchen, soweit möglich, die Sagenmotive im Rahmen ihrer Verbreitung unter dem Aspekt der Erzählforschung zu deuten. Besonderer Wert wurde auf die Zusammenhänge zwischen Volkserzählung und Kunstdichtung gelegt. Daneben sollen die Kommentare jedoch auch zum Verständnis der geistes- und kulturgeschichtlichen Wurzeln führen, aus denen die historische Sage erwächst. Die zu den einzelnen Nummern angegebene weiterführende Literatur bezieht sich daher zum einen auf historische Darstellungen, zum andern auf motiv- und literaturgeschichtliche Zusammenhänge. Neben den Erläuterungen (Erl.) von Fremdworten und weniger bekannten Ausdrücken werden auch mundartliche (Mda.) Sprachformen erklärt. Weiterhin gibt der Kommentar Hinweise auf Artikel in einschlägigen Lexika, deren Kürzel im Abkürzungsverzeichnis nachzusehen sind. Häufiger angeführte Literatur wird unter dem Verfassernamen und Erscheinungsjahr zitiert; diese Kurztitel werden in der Bibliographie aufgelöst. Die hinter den Herkunftsnachweisen in Klammern aufgeführten Titel entsprechen den Angaben der Herausgeber der einzelnen Sammlungen. Verweise auf ähnliche oder in einem bestimmten Zusammenhang wichtige Sagen sind durch einen waagerechten Pfeil angedeutet. In wenigen Fällen ergeben sich Überschneidungen mit meinen ›Deutschen Volkssagen‹ (DV), dies trifft besonders für die Gruppe der ätiologischen (Erklärungs-)Sagen zu; hier ist jeweils auf die entsprechende Nummer in den DV verwiesen. Es wurden aber in den meisten Fällen andere Stücke (Varianten) ausgewählt.

Die historische Sage ist noch wenig erforscht. Für den Leser, der sich näher mit ihr beschäftigen will und der sich auch für die kultur- und sozialgeschichtlichen Zusammenhänge interessiert, ist das folgende Literaturverzeichnis gedacht. Weitere Hinweise auf Monographien und Quellensammlungen findet er in den Kommentaren sowie in der Bibliographie am Schluss des Bandes.

Allgemeine Literatur zur historischen Sage:

Aries, Ph./Duby, G. (ed.), Geschichte des privaten Lebens, Bd. 3 und 4, Frankfurt/M. 1991/92.
Borst, A., Lebensformen im Mittelalter, Frankfurt 1973.
Braudel, F., Sozialgeschichte des 15.-18. Jahrhunderts. Der Alltag. München 1985.
Brückner, W. (ed.), Volkserzählung und Reformation, Berlin 1974.
Dünninger, J., Volkswelt und geschichtliche Welt, Berlin u. Essen 1937.
Graus, F., Lebendige Vergangenheit. Überlieferung im Mittelalter und in den Vorstellungen vom Mittelalter. Köln, Wien 1975.
Greverus, L.-M., Die Chronikerzählung, in: Volksüberlieferung, Festschrift für K. Ranke, Göttingen 1968, 37–80.
Gurjewitsch, A. J., Das Weltbild des mittelalterlichen Menschen, München 1997.
Harmening, D. u. a. (Hrsg.), Volkskultur und Geschichte, Festgabe für J. Dünninger, Berlin 1970.
Kosellek, R. / Stempel, W. D., Geschichte – Ereignis und Erzählung, München 1973.
Petzoldt, L., Vergleichende Sagenforschung, Darmstadt 1969 (Wege der Forschung CLII).
Petzoldt, L., Märchen, Mythos, Sage. Beiträge zur Literatur und Volksdichtung, Marburg 1989.
Petzoldt, L., Einführung in die Sagenforschung, Konstanz, 1. Aufl. 2003.
Prütting, H., Zur geschichtlichen Volkssage, in: Bayer. Jb. f. Vk, 1953, 16–26.
Rogalla v. Bieberstein, I., Adelsherrschaft und Adelskultur in Deutschland, Frankfurt/M. 1989.
Sprandel, R., Mentalitäten und Systeme, Stuttgart 1972.
Zehnder, L., Volkskundliches in der älteren Schweizerischen Chronik, Basel 1976.
Zender, M., Volkserzählungen als Quelle der Lebensverhältnisse vergangener Zeiten, in: Rhein. Jb. f. Vk. 21 (1973), 114–169.

I. Antike Erzählstoffe

1. Otto von Graben zum Stein, Unterredungen von dem Reiche der Geister, Berlin 1741, III, 14. Unterredung, S. 159f. (nicht bei Peuckert 1961). – HdA V, 1302. – Mda.: tichten = dichten; leimen = Lehm. -Lilith (bedeutet im Hebr. die Nächtliche), nach rabbinischer Tradition die erste Frau Adams und durch diesen Mutter von Riesen (Ahriman) und bösen Geistern. Bis ins 4. nachchristliche Jahrhundert als Nachtgespenst gefürchtet, das Kinder mordet. Sie soll aus Erde wie Adam erschaffen worden sein. Da sie mit Adam gleichgestellt sein wollte, stritt sie mit ihm. Sie sprach den Gottesnamen aus und flog davon und wurde zu einem Dämon. In der späteren populären Überlieferung wird der Dämon in den verschiedenen Sprachen unterschiedlich bezeichnet. Gemeinsam ist allen Volkserzählungen, dass es sich um einen weiblichen kinderraubenden Dämon handelt, der von zwei Propheten oder Heiligen unschädlich gemacht oder vertrieben wird. Die Frage „ob die christlichen, d. h. griechisch-byzantinischen, und die späteren syrischen, äthiopischen, südslawischen und rumänischen Versionen aus jüdischen Quellen geschöpft haben und erst sekundär christianisiert wurden", ist schwierig zu beantworten (Hurwitz, S. 158f.).

Älteste bekannte Darstellung der Lilith (Terrakotta-Relief aus Sumer, 2. Jahrtausend v. Chr.)

Lit.: G. Scholem, Zur Kabbala und ihrer Symbolik, Frankfurt/M. 1973, bes. S. 115f., S. Hurwitz, Lilith, Die erste Eva. Einsiedeln [3]1993. – LDE, s. v.; A. Klein-Franke, Lilith in der jüdischen Tradition, in: W. Daum, Die Königin v. Saba. Zürich, Stuttgart 1988.

2. P. Heitz u. W. L. Schreiber, Oracula Sibyllina. Weissagungen der zwölf Sibyllen, Straßburg 1903, S. 2 (nach Mirabilia Romae). – HdA VII, 338ff. (Prophetie). – Das Erscheinen des Messias wurde bereits von den jüdischen Propheten vorausgesagt, daher versuchten die christlichen Kirchenväter, besonders Lactantius, auch in den sibyllinischen Orakeln Hinweise auf die Geburt Christi zu finden. Unter den sibyllinischen Büchern befanden sich jedoch viele, den nachchristlichen Jahrhunderten entstammende Fälschungen, zu denen wohl auch dieses, der tiburtinischen Sibylle zugeschriebene Orakel gehört. Gervasius von Tilbury bezeichnet die verschiedenen Sibyllen in seinem 1211 verfassten Werk ›Otia imperialia‹ wie folgt:

»Es gab zehn Sibyllen, deren Name aus dem äolischen Wort ›Sios‹ (Gott) und ›boule‹ (Weisheit) zusammengesetzt ist, sodass das Wort ›Gottes Weisheit‹ oder ›göttliche Weisheit‹ bedeutet. Die erste war die persische, die zweite die lybische, die dritte die delphische (sie wurde im Tempel zu Delphi geboren und prophezeite den Trojanischen Krieg), die vierte die Chimaera in Italien, die fünfte die erythräische (geboren in Babylon, sagte sie den um Ilion wohnenden Griechen den Untergang Trojas voraus, und dass Homer unwahr berichten werde), die sechste die samische (Semivate genannt), die siebente die cumanische (namens Amalthea, auch Cymaea), die achte die hellespontische (auf trojanischem Gebiet geboren, soll sie zu Cyrus' und Solons Zeiten gelebt haben), die neunte die phrygische (sie weissagte zu Ancyra), die zehnte und letzte die tiburtinische (namens Albunea).«

In seinem auch in der katholischen Sterbeliturgie verwendeten Gedicht weist der Franziskaner Thomas Celano im 13. Jh. auf die sibyllinischen Weissagungen hin: »Dies irae, dies illa, solvet saeculum in favilla, teste David cum Sibylla.«

Lit.: Real-Encyclopädie der christlichen Altertümer, Freiburg 1886, II, S. 754; E. Kirschbaum, Lexikon der christlichen Ikonographie, Freiburg 1972, IV, S. 150f.; L. Freund, Studien zur Bildgeschichte der Sibyllen in der neueren Kunst, Diss. Hamburg 1936; L. Darnedde, Deutsche Sibyllen-Weissagung, Berlin 1933; Friedlieb, Die sibyllinischen Weissagungen, Leipzig 1852; A. Kurfeß, Sibyllinische Weissagungen, München 1951; W-E. Peuckert, Zwölff Sibyllen Weissagungen, in: Mitt. d. Schles. Ges. f. VK. 29 (1928) 217–257; M. J. Wolff, Sibyllen und Sibyllinen, in: Arch. f. Kulturgesch. 24 (1934) 312–326; Hübscher 1952; C.-M. Edsman, Antik och modern Sibylla, Uppsala 1973.

3. O. Loorits, Pharaos Heer in der Volksüberlieferung, Tartu 1935, S. 108. E: Bruno Dziadkowsky, O: Riga, Dt. Armenasyl, um 1930. – Eine Sage, deren Hauptmotiv der Untergang des Heeres des Pharao bei der Verfolgung der Israeliten durch das Rote Meer bildet. Nach der mündlichen Überlieferung sind aus den Ertrunkenen Meeresvögel, Seehunde und – wie hier – fischschwänzige Seejungfrauen entstanden. In der estnischen populären Tradition hat sich diese Überlieferung auch an den Volksbuchstoff von der schönen Melusine geheftet. Ein bei Loorits (S. 46) abgebildetes Titelblatt eines Volksbuches ›Ilus Melusina‹ von 1893 trägt unter dem Titelbild die Unterschrift: »Ich bin Pharaos Tochter aus dem Roten Meer«.

Lit.: s.o.; vgl. auch O. Dähnhardt, Natursagen I, 1907, S. 318.

Estnisches Volksbuch von der schönen Melusine.
Unter dem Titelbild steht:
Ich bin Pharaos Tochter aus dem Roten Meer

4. Kuhn 1859, S. 2, Nr. 2. – HdA IV, 1028. – Mda.: met sine hünne = mit seinen Hunden. – In der mündlichen Überlieferung wird Herodes neben Dietrich von Bern u. a. oft für den Wilden Jäger eingesetzt.

Lit.: R. Hünnerkopf, Der Wilde Jäger in Oberdeutschland, in: Oberdt. Zs. f. Vk 1 (1927) S. 34ff.; A. Endter, Die Sage vom Wilden Jäger und von der wilden Jagd, Diss. Frankfurt 1933; K. Meisen, Die Sagen vom Wütenden Heer und Wilden Jäger, Münster 1935 (Quellensammlung); weitere Lit.: DV, S. 394; vgl. auch Nr. 225a, b sowie LDE, s.v. (→ 137).

5. Kuhn 1859, S. 3, Nr. 4. – (→ 4)

*6. F.*L.F. von Dobeneck, Des deutschen Mittelalters Volksglauben und Heroensagen II, Berlin 1815 (Neudruck Hildesheim 1974), S. 117f. (nach der Chronica Sancti Aegidii, bei Leibniz, Scriptorib. rer. brunsv.T. 3, S. 561). – HdAVII, 25ff. – Nach einer anderen Überlieferung zeigt man in Forchheim/Oberfranken die Hose und den roten Hut des Pilatus, dort soll er auch geboren sein.

Lit.: W. Creizenach, Legenden und Sagen von Pilatus, in: Beiträge z. Geschichte d. dt. Sprache und Literatur, I. Band, 1. Heft, Halle 1873; K. Hauck, Zum Ursprung der Forchheim-Hausener Pilatussage, in: Erlang. Baust. 6 (1959) S. 34–38; Ders., Pontius Pilatus aus Forchheim, in: Jb. fränk. Ldsforschung 19 (1959) S. 171–192.

7. Oberamtsbeschreibung Ellwangen, Stuttgart (1824ff.), S. 163. – (Hier nach Kapff 1926, S. 121). – (= Petzoldt 1975, Nr. 252, S. 174).

Lit.: K. Burdach, Der Judenspieß und die Longinussage, in: Neue Jahrbücher 37 (1916) 25–56; J. van Haver, Longinus ende Longinuslegende in het Nederlandse taalgebied, in: Handelingen XVII (1963) 397–460; XVIII (1964) 323–364; C. Kröner, Die Longinuslegende, ihre Entstehung u. Ausbreitung in d. französ. Lit., Münster 1899; R. I. Peebles, The legend of Longinus in Ecclesiastical tradition and in English Literature … (Diss.) Pennsylvania 1911.

8. F.H. von der Hagen, Gesamtabenteuer I, 1850 (Neudruck Darmstadt 1961), S. 17f. – AaTh 1501. – Die Erzählung geht auf eine indische Fabelsammlung ›Pantschatantra‹ zurück, in der die Frau des Ministers Wararutschi diesen dazu bringt, sich einen Zaum anlegen zu lassen und auf ihm reitet. Die Geschichte gelangte über die im 13. Jh. ins Lateinische übersetzte Sammlung Bidpais ›Kalila und Dimna‹ in die abendländische Überlieferung. Erst hier wird sie auf Aristoteles übertragen. Als Exempel dafür, wie Frauenlist auch den Weisesten übertölpelt, gehört sie in eine Reihe von Beispielen, in denen Frauen Männer zu Narren machen: Samson, Vergil (→ *12),* Salome – Die Geschichte ist in der Literatur weit verbreitet und wird besonders häufig in Fastnachtsspielen verarbeitet. Die Sage wurde häufig bildlich dargestellt (Nachweise bei Fr. Moth), wobei oftmals der direkte Bezug zur literarischen Überlieferung fehlt, so etwa bei dem

Aristoteles und Phyllis auf einer Spielkarte (Niederlande, 16 Jh.)

Dresdner Stadtwahrzeichen, dem sog. ›Weiberregiment‹, einem Wandrelief, das sich an einem aus dem 16. Jh. stammenden Bürgerhaus befand (vgl. W. Schäfer, Deutsche Stadtwahrzeieben, Leipzig 1858, I, S. 192).

Lit.: Pantschatantra. Das Fabelbuch des Pandir Wischnu Scharma, Düsseldorf 1971, S. 197ff. (Text); B.L. Campion, Aristoteles und Phillis, in: Modern Philology XIII (1915) S. 347–360; Fr. Moth, Aristotelessagnet eller Elskovs magt, Kopenhagen 1916; Kinkel 1876, S. 195–221; L. Petzoldt, Virgilius Magus. Der Zauberer Virgil in der literarischen Tradition des Mittelalters, in: Brunold-Bigler u. H. Bausinger, Hören, Sagen, Lesen, Lernen (Fs. R. Schenda) Bern, Berlin 1995, S. 549–568.

9. H. J. Ch. von Grimmelshausen, Des Abenteuerlichen Simplicissimi Ewigwährender Calender, Nürnberg 1671 (Neudruck Konstanz 1967), S.89–91. – Mda.: Begabung = Geschenk; Bekandtnus = Geständnis. – Auch für diese Erzählung findet sich eine Parallele in der Sammlung des Bidpai (→ *8*), die von dem Verf. der persischen Version in das Buch von Kalila und Dimna eingefügt wurde. Der Stoff gelangte über Griechenland nach Europa. Schillers Gedicht ›Die Kraniche des Ibykus‹ beruht auf der Erzählung bei Plutarch. Der Name Ibykus bedeutet im Griech. Kranich; da in den meisten mündlichen Erzählungen der Ermordete nicht namentlich genannt wird und auch die Vögel wechseln (Taube, Rebhuhn, Ibis), handelt es sich hier um ein Wandermotiv, das auf den griechischen Lyriker Ibykos (6. Jh. v.Chr.) übertragen wur-

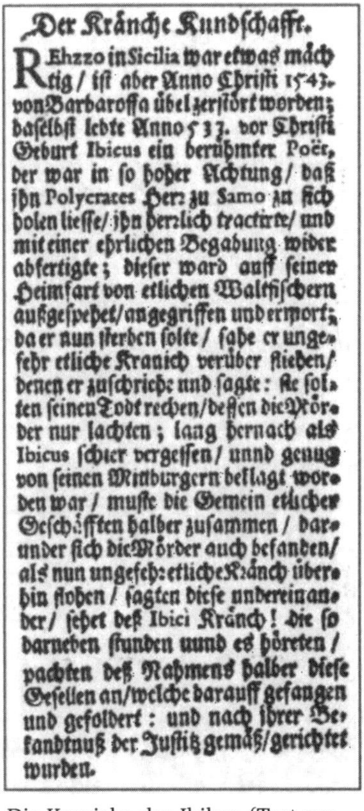
Der Kränche Kundschafft.

REhzzo in Sicilia war etwas mächtig / ist aber Anno Christi 1543. von Barbarossa übel zerstört worden; daselbst lebte Anno 533. vor Christi Geburt Ibicus ein berühmter Poët, der war in so hoher Achtung / daß ihn Polycrates Herr zu Samo zu sich holen liesse / ihn herrlich tractirte / und mit einer ehrlichen Begabung wider abfertigte; dieser ward auff seiner Heimfart von etlichen Walfischern außgespehet / angegriffen und ermort; da er nun sterben solte / sahe er ungefehr etliche Kranich verüber fliehen / denen er zuschriehe und sagte: sie solten seinen Todt rechen / dessen die Mörder nur lachten; lang hernach als Ibicus schier vergessen / unnd genug von seinen Mitburgern beklagt worden war / muste die Gemein etlicher Geschäfften halber zusammen / darunder sich die Mörder auch befanden / als nun ungefehr etliche Kränch überhin flohen / sagten diese undereinander / sehet deß Ibici Kränch! die so darneben stunden unnd es höreten / pachten deß Nahmens halber diese Gesellen an / welche darauff gefangen und gefoldert: und nach ihrer Bekandtnuß der Justitz gemäß / gerichtet wurden.

Die Kraniche des Ibikus (Text aus Grimmelshausen „Ewigwährender Calender" 17. Jh.)

de. – Die Geschichte erscheint auch im Predigtexempel: »Als der Poet Ibycus in der Wüsten von etlichen Mörderen angegriffen und umbgebracht wurde, flogen eben dazumahl etliche Kranich fürüber, die ruffte Ibycus gleichsam zu Zeugen der Mörderischen Greulichkeit an. Nicht lang hernach begab es sich, als dise Mörder offentlich bey andern Leuthen sassen und die Kränich fürüber flogen, sprach einer zum andern: Schet, da fliegen die Zeigen, welche der Ibycus umb Rach hat angerufen. Auff dise Red wurden alsbald die Mörder gefangen, für Gericht gestellt und peynlich gefragt. In derselben bekennten sie ihr Mörderische That und waren nach ihrem Verdienst hingerichtet.« (Antonius Daveroultius, Historischer Catechismus, welcher außerlesene Exempel ... in sich haltend ... Augspurg 1730. S. 227, Nr. 3).

Lit.: G. Amalfi, Die Kraniche des Ibykus in der Sage, in: Zs. d. Ver. f. Vk 6 (1896) S. 115–129.

10. EH. von der Hagen, Gesamtabenteuer I, 1850 (Neudruck Darmstadt 1961), S. 315ff. – AaTh 666. – Frenzel 1962, 266ff. – EB Nr. 83–85. – DV561. – Der Stoff wird zuerst in einem Epos des griechischen Dichters Musaios (5./ 6. Jh. n. Chr.) verwendet, der von Leander aus Abydos berichtet, der sich in eine Priesterin der Aphrodite in Sestos verliebte und im Hellespont ertrinkt. Über Ovid (Heroiden) gelangt der Stoff in die mittelalterliche Dichtung (Hans Sachs, ›Die unglückhafft Lieb Leandri mit Frau Ehron‹, 1541) und in die europäische Literatur. Dramatisch wurde der Stoff in Grillparzers ›Des Meeres und der Liebe Wellen‹ (1831) bearbeitet. Neben der literarischen Tradition gibt es auch lokale Ausbildungen in der oralen Überlieferung (vgl. Lachmann 1972, S. 52, Nr. 27) und im Volkslied ›Es waren zwei Königskinden.

Lit.: M.H. Jellinek, Die Sage von Hero und Leander in der Dichtung, Berlin 1890; H. Kommereil, Das Volkslied ›Es waren zwei Königskinder‹, Diss. Tübingen 1931; E. Rosenmüller, Das Volkslied: Es waren zwei Königskinder, Diss. Leipzig 1917; M. Haavio, Hero ja Leandros, in: Kalevalaseuran Vuosikirja, Bd. 34, Helsinki 1945, S. 5–43; L. Malten, Motivgeschichtliche Untersuchungen zur Sagenforschung, 3. Hero und Leander (Rheinisches Museum NF, 393), 1950; K. Horalek, Hero a Leander v slovanské lidové poezii, in: Cesky lid 50 (1963) 175–178.

11. Text nach dem Volksbuch ›Eine schöne Historie von dem Zauberer Virgilius, seinem Leben und Tod und den wunderbaren Dingen, die er durch Negromantie und mit Hilfe des Teufels vollbrachte.

Frankfurt am Main. Druck und Verlag von H. L. Brönner. Gedruckt in diesem Jahr, ed. Simrock, S. 7–9. – HdA II, 1575ff. (Flaschengeist); vgl. VIII, 1665ff. – HdM II, 449ff. (Geist im Glas). – BP II, 415ff. (Teufel im Glas). LDE s.v. – Erl.: Negromantie = Mischform aus Nigromantie (Schwarzkunst) und Nekromantie (mit Toten wahrsagen). – Der römische Dichter Publius Vergilius Maro (15.10.70 v. Chr.–21.9.19 v. Chr.) wurde im Mittelalter als Weiser und Gelehrter wie Aristoteles, Albertus Magnus *(→ 354*, 359) zum Zauberer und Teufeisbündner. Mit seinem Namen verknüpfen sich eine Reihe höchst unterschiedlicher Wandermotive und Sagentypen. Diese Sagen tauchen im 12. Jh. auf und zeigen ihn zunächst als Wohltäter und ›Schutzheiligen‹ der Stadt Neapel (→ *17, 18).* Die Namensform Virgilius kommt erst seit dem 5. Jh. n.Chr. auf. Mittelalter und Renaissance verehrten Vergil als den größten aller Dichter; da man in ihm auch einen Magier sah, benutzte man seine Gedichte zu Weissagungen. In der Göttlichen Komödie Dantes ist Vergil der Führer durch die untere Welt, hat aber als Heide keinen Zutritt zum Paradies. Die Erzählungen von den Zauberkünsten Virgils wurden zu Anfang des 13. Jh. in den ›Otia imperialia‹ des Gervasius von Tilbury zusammengestellt. In der deutschen Überlieferung berichtet Jansen Enenckel in seinem ›Weltbuch‹ aus dem 13. Jh. von den auf Virgilius übertragenen Erzählungen (vgl. v. der Hagen). Das Volksbuch des 17. Jh. geht auf den altfranzösischen Roman von Virgilius zurück, in dem bereits von der Entdeckung in der Höhle (s. o.) und der Überlistung des Teufels erzählt wird.

Der Zauberer Virgilius
(Hermann tom Ring, Münster 16. Jh.)

Lit.: J. W. Spargo, Virgil the Negromancer, Cambridge/Mass. 1934; E. A. Börner u. M. Geisberg, Zweitausend Jahre Vergil in Buch und Bild, 1931; EH. v. der Hagen, Gesamtabenteuer III, CXXIX–CXLVII;T. Norlind, Spiritusglaube in Schweden, in: Zs. d. Ver. f. Vk 25 (1915) S. 223–227; R. Kühnau, Gefangene Geister, in: Mitt. Schles. Gesellschaft f. Vk 13–14 (1911–12) S. 98–120; K. L. Roth, Über den Zauberer Virgilius, in: Germania, ed. Pfeifer IV (1860) S. 157 ff.; L. Petzoldt, Virgilius Magus. Der Zauberer Virgil in der literarischen Tradition des Mittelalters, in: Bausinger, H. u. K. Brunold-Bigler (ed.): Hören – Sagen – Lesen-Lernen. Fs. f. R. Schenda, Bern, New York 1995, S. 549–568; R. de Simone, Il Segno di Virgilio, Pozzuoli 1982.

12. Ebda, S. 17–19. – HdAV, 241ff. (Korb). – Das Korbabenteuer ist in der orientalischen und mittelalterlich-abendländischen Literatur weit verbreitet. Es gehört in den Umkreis der Erzählungen, in denen gerade die weisesten Männer als Opfer weiblicher List erscheinen (vgl. Aristoteles und Phyllis → *8).* So reimt Heinrich v. Meißen, genannt Frauenlob: »Virgilius wart betrogen mit valschen Sitten; Olofern wart versnitten; do wart ouch Aristoteles von einem wibe geritten.« Mit dieser Geschichte hängt die Redensart ›einen Korb bekommem‹ im Sinne von abgewiesen werden bei einem Liebesantrag zusammen. Sie wird im Deutschen erstmals bei Abraham a Sta Clara bezeugt (›Etwas für alle‹, 206), wo noch die ältere Wendung ›durch einen Korb fallen‹ dahintersteht. Der Redensart liegt die mittelalterliche Sitte zugrunde, dass ein Mädchen einem Freier, dem es zu verstehen geben wollte, dass er ihm nicht angenehm sei, einen Korb mit gelockertem bzw. ohne Boden von seinem Fenster hinunterließ. Im übrigen war es im Mittelalter bei heimlichen Zusammenkünften nicht ungewöhnlich, dass die Frau den Geliebten in einem Korb in ihr Gemach hinaufzog, um Mitwisser zu vermeiden, wie die Darstellung in der Manessischen Handschrift zu Kris-

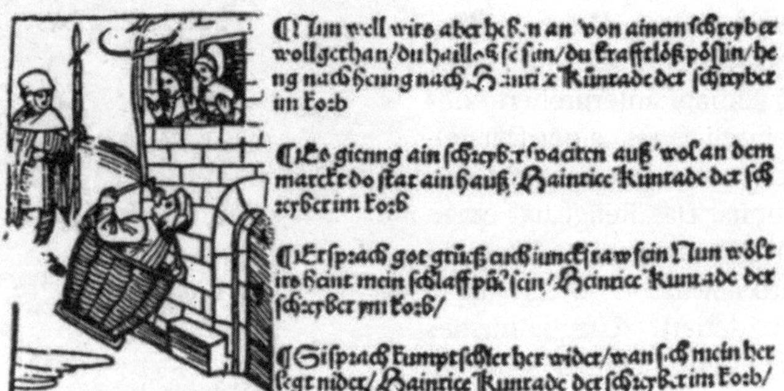

Das Korbabenteuer (Nach einem Lieddruck, Ulm, ca. 1496)

tan von Hamle zeigt. Mitte des 16. Jh. wird die Korbepisode auch unabhängig von Virgil zum Volkslied: ›Der Schreiber im Kort« bzw. das Lied von ›Henßlein Beckenknecht‹ (vgl. E.-B. 144–145).

Lit.: K.L. Roth, Über den Zauberer Virgilius, in: Germania IV (1860) S. 157ff.; F. Liebrecht, Beiträge zur Novellenkunde, in: Germania I (1856) S. 267; vgl. auch A. Schulz, Das höfische Leben zur Zeit der Minnesinger I, 1889 (Neudruck Osnabrück 1965), S. 608f.; (→ *11, 148, 242).*

13. Ebda, S. 26f. – HdAIII, 304. – (→ *11).* – Das Gartenwunder ähnelt dem von Albertus Magnus berichteten Zauber. (→ *355, 366).*

14. Ebda, S. 27f. – (→ *11).*

15. Ebda, S. 36f. – (→ *11).* – HdM I, 473f. (Eideslist) – Ein ähnliches Steinrelief ›bocca della verità‹ (Mund der Wahrheit) befindet sich in Rom an der Kirche St. Maria in Cosmedin. Von ihm wird die gleiche Überlieferung berichtet. In einem Reisebuch des 15. Jahrhunderts heißt es: »Do stet noch der stain, der den leuten di vinger abpays, so si unrecht gesworen hetten. Der steyn hayst welisch la buca de la veritate. Den stain hat Vergilius gemacht.« (Lindblom, Kvinnans list övergär mannens förstand, Fataburen 1931, S. 175ff.; zit. nach: E. Frh. v. Künßberg, Rechtliche Volkskunde, Halle 1936, S. 17). Die lokale römische Forschung interpretiert das Steinrelief als eine Darstellung des Vegetationsgottes Faunus. Das Relief hat einen Durchmesser von 166 cm und wird auf das 4. vorchristliche Jh. datiert. Ein ähnliches Steinrelief befindet sich im Palazzo Ducale, Venedig.

Lit.: G. Kinkel 1876, S. 167–187.

Die Rache des Zauberers Virgil
(A. Alt dorfer 1520/30)

16. Ebda, S. 46 - (→ *11*).

17. Ebda, S. 46f. - (→ *11*). – Ähnliches wird von einer Fliege, die Apollonius v. Tyana für Konstantinopel gemacht haben soll, berichtet. In diesen und ähnlichen (→ *16*) fabulösen Erzählungen drückt sich volkstümliches Wunschdenken aus.

18. Ebda, S. 51 f. - (→ *11*). – Das Bild in der ›gläsernen‹ Flasche erinnert an die sog. Geduldsflaschen mit profanen oder religiösen Darstellungen in der Volkskunst.

19. Ebda, S. 38–41. - (→ *11*). – Die Episode von der missglückten Verjüngung wird auch von Paracelsus (→ *359*), Albertus Magnus, Agrippa v. Nettesheim und anderen der Zauberei verdächtigten Gelehrten erzählt. Vgl. DV 60, 60d.

König Attila (Umschrift: Attila, Geißel Gottes)

20. ZA 160 183. E/A: Theodor Zink, O: Kaiserslautern, um 1890. – Die Sage gibt eine Erinnerung an die Bestattung des Westgotenkönigs Alarich I. (geb. um 370, gest. 410) im Busento bei Cosenza wieder (vgl. das Gedicht von August Graf v. Platen ›Das Grab im Busento‹). Das geschichtliche Ereignis der Beerdigung im Fluss ist hier auf den bekannteren Hunnenkönig Attila (Etzel) und in die heimatliche Umgebung der Rheinpfalz übertragen. - (→ *21*).

21. Baader 1859, S. 26, Nr. 36. – In dem Motiv von den drei ineinandergesetzten Särgen taucht die Erinnerung an reale Grabfunde auf; zweifellos ist die Sage an vorhandene vorgeschichtliche Grabhügel geknüpft.

Lit.: P. Sartori, Der Heidenkönig im goldenen Sarge, in: Westdt. Zs. f. Vk 31 (1934) S. 21–33; F. Leonhard, Vorgeschichtliche Gräber in volkstümlicher Überlieferung, in: Wiener ZS. f. Vk 29 (1924) S. 1-4, 32ff.

22. ZA 149 153c. O: Schweich b. Trier, 1922. – Mda.: Ponte = Fähre, Boot. – Sage mit starkem Einfluss durch lokale Überlieferung und geschichtliches Bildungsgut.
Lit.: Vgl. L. Petzoldt, Friedrich Wilhelm Carove: Volkserzählungen, Glaubensvorstellungen und Bräuche aus dem Rheinland und von der Mosel (1816), in: Rheinisch-westfälische Zs. f. Vk, Bd. XLII, Bonn, Münster 1997, S. 139–202, bes. Nr. 22, 26.

23. Thietmar v. Merseburg, Chronicon VI, S. 17f. (nach Erler 1882, II, S. 254f.) – Kaiser Otto I., der Große, regierte von 936–973.
Lit.: R. Wossidlo, Volkssagen über Rethra, in: Korr. d. Gesamtver. d. dt. Gesch. u. Altertumsvereine 57 (1909) S. 225–246; P. Beckmann, Die Rethra-Sagen in Mecklenburg, in: Dt. Jb. f. Vk 5 (1959) S. 44–73.

24. Adam v. Bremen, Hamburgische Kirchengeschichte, ed. W. Wattenbach, Leipzig 1893, in: Geschichtsschreiber der deutschen Vorzeit Bd. 44, S. 214 ff. – Vgl. auch Adam v. Bremen, Gesta Hammaburgensis Ecclesiae pontificum, ed. B. Schmeidler, Hannover 1917, S. 247f. – Pauly-Wissowa XXIII (1924) S. 24ff. – Eine fabelhafte Schilderung fremder Völker, in der sich die antike und südosteuropäische Überlieferung von hundsköpfigen (kynokephalen) Wesen erhalten hat. In der südslawischen Überlieferung wird von dämonischen, menschengestaltigen Wesen erzählt, auf deren Körpern Hundsköpfe (Kynokephaloi) säßen und die bellend und furchterregend daherkommen. Diese hundsköpfigen Dämonen sind bereits der Antike bekannt und werden bei dem Geographen Strabo, der sie für einen äthiopischen Stamm hält, sowie bei Plinius d. Ä. erwähnt, wo sie als „Cynomolgi caninis capitibus" bezeichnet werden. Sebastian Münster schreibt in seiner ›Cosmographia‹ 1544, »... dass in den Bergen des Landes India Menschen sind, die haben Hundsköpff und Mäuler wie die Hünd ... Item ein ander Volk wird in India gefunden, die werden grau geboren und erst im Alter wird ihr Haar schwartz ... Etliche haben kein Köpff sondern ihr Antlitz steht in der Brust.« Offensichtlich besteht zwischen dem Bericht Adams von Bremen (geb. 1081) und der ›Cosmographia‹ ein Zusammenhang in der Art, dass solche Darstellungen der Andersartigkeit fremder Völker klischeehaft immer wieder übernommen wurden. Kynokephale Wesen tauchen bereits in den ›Persika‹ des griechischen Arztes Ktesias aus Knidos auf, der siebzehn Jahre in persischer Gefangenschaft lebte (um 400 v.Chr.).

Lit.: L. Kretzenbacher, Kynokephale Dämonen südosteuropäischer Volksdichtung, München 1968; F. Hutter, Zu den Sagen von Hundemenschen, in: ÖZV, NS., Bd. XI (1957) S. 68 und ebda, Bd. X (1956) S. 140ff.

25. Adam v. Bremen, Hamburgische Kirchengeschichte, ed. W. Wattenbach, Leipzig 1893, in: Geschichtsschreiber der deutschen Vorzeit Bd. 44, S. 237f. – Vgl. Bremisches Jb. V(1870) S. 175f. – (→ *24*).

26. Gregor von Tours, Zehn Bücher Geschichten (Historiarum libri decem X), Freih. v. Stein-Gedächtnisausgabe, Darmstadt 1974, II, S. 417. – Gregor von Tours, eigentlich Georgius Florentinus (geb. 30.11.538 oder 539 in Clermont-Ferrand), war von 573–594/95 Bischof von Tours. In dieser Zeit schrieb er eine Geschichte seiner Zeit, der merowingischen und fränkischen Könige. Am Schluss des 4. und des 10. Buches berechnet er die Dauer der Welt und spannt so seine Geschichtsschreibung in den Rahmen zwischen Schöpfung und Jüngstem Gericht ein. Sein Denken ist grundsätzlich christlich bestimmt, doch sind seine Bücher auch eine hervorragende Quelle für den Aberglauben und die kulturellen und politischen Vorstellungen seiner Zeit.

Lit.: W. Loebell, Gregor v. Tours und seine Zeit, ^{2}1869; B. Krusch, Kulturbilder aus dem Frankenreiche z. Z. Gregors v. Tours, in: Sitzungsber. d. Berliner AdW, phil.-hist. Kl. 26, 1934, S. 785–800; K. Langosch, Profile des lateinischen Mittelalters, Darmstadt 1965, S. 13–48.

II. Ursprungs- und Erklärungssagen

27. Grimm DS 241 (nach Bange, Thüringer Chronik 1599). – HdA VI, 45 f. ›Maus‹. – BP I, S. 259. – DV 295, 296. – Hatto, Erzbischof von Mainz (891–15.5.913). – Der Sage liegt die volkstümliche Vorstellung von der Maus als Seelentier (Guntramsage) zugrunde. In der bei Grimm abgedruckten Fassung wie in der folgenden (→ *28*) liegt eine volksetymologische Umdeutung vor, die das nicht mehr verstandene Wort Maut (= Zoll-)turm zu einem Mausturm umdeutet. Die älteste Fassung findet sich bei

Thietmar von Merseburg (975–1018), wo sie auf das Jahr 1012 datiert ist. Sie kennt noch nicht das Motiv vom Zufluchtsturm in einem Gewässer. Sie lautet:

»Ein Ritter, der Besitzungen des hl. Clemens gewaltsam weggenommen und eine Sühneleistung dafür abgelehnt hatte, wurde eines Tages in seinem Gemach von zahllosen Mäusen angefallen. Er suchte sie zunächst mit einem Knüppel abzuwehren, dann ging er mit dem bloßen Schwert gegen sie an, hatte aber keinen Erfolg; da schloss man ihn auf seine Bitte in eine frei an einem Strick hängende Kiste ein. Als daraufhin draußen die Plage ein Ende nahm und er wieder befreit werden sollte, fand man ihn tot von anderen Mäusen zernagt. So wird allen Zeitgenossen und Nachfahren offenbar, dass ihn nur der rächende Zorn Gottes um seines Verbrechens willen vernichtet hat.« (Thietmar v. Merseburg, Chronicon, ed. W. Trillmich, Darmstadt ^{4}1970, VI, S. 87).

Die Sage war in der oralen Überlieferung weit verbreitet und wurde auf verschiedene Herrscher und Fürsten übertragen, so auf König Popiel in Polen (→ DV295). Sie ist auch in Österreich, England, Frankreich, Dänemark, Rußland bekannt. Weite Verbreitung gewann sie vor allem durch die Anknüpfung an das Bauwerk im Rhein bei Bingen, das als Wahrzeichen jedem Rheinreisenden bekannt war und daher auch in einschlägigen topographischen Werken beschrieben wurde. Grimmelshausen bringt eine Notiz in seinem ›Ewig-währenden Calender‹ von 1671. Die Stelle lautet:

»Anno Christi 968 ist Hatto der Ertz-Bischoff zu Mayntz, nach dem er zuvor ein Scheur voll armer Leuth verbrennen lassen und sie unnütze KornMäuß genandt, von den Mäusen angewänd und verfolgt worden, wessentwegen er sich in einen Thurn ohnweit Bingen mitten im Rhein stehend retirirt, so ihn aber nichts geholffen, massen sie hinüber kahmen und ihn todt bissen, auch seinen Nahmen überall zernaget, warvon besagter Thurn biß auff diesen Tag den Nahmen Mäuß Thurn behalten.« (Grimmelshausen, S. 142, Sp. 2; vgl. Angaben → 9).

Lit.: F. Liebrecht, Die Sage vom Mäuseturm, in: Zur Volkskunde, Alte u. neue Aufsätze, 1879, S. 1–16; M. Behaim-Schwarzbach, Die Mäuseturmsage von Popiel und Hatto, in: Festschrift, gewidmet der Hauptversammlung deutscher Geschichts- und Altertumsvereine, 1888, S. 69–116; S. Feist, Die Sage vom Binger Mäuseturm, in: Zs. für den deutschen Unterricht 9 (1895) S. 505ff.; R.-D. Kluge, Die Sage von Bischof Hattos Mäusetod im alten Rußland, in: Mainzer Almanach 1968, S. 142–154; B. Beckmann, Von Mäusen und Menschen. Die hoch- und spätmittelalterlichen Mäusesagen ... Zürich 1974; Rud. Engelhardt, Der Binger Mäuseturm Bingen 1970, weitere Lit.:DV295.

28. Athanasius Kircher, Mundus subterraneus, 1665. – Die Mäuseturmgeschichte als Wahrzeichen von Bingen. – (→ 27).

29. Depiny 1932, S. 154, Nr. 78. – (→ *27*).

30. G.Fr. Meyer, Schleswig-Holsteiner Sagen, Jena 1929, S. 105 (hier nach Schneidewind 1969, S. 51, Nr. 56). A: Meyer, um 1920. – (→ *27*). – Übertragung: Im Schaalsee bei Dargow, wie in den Dörfern an dem See erzählt wird, liegt der Mäuseberg. Er ist nun unter Wasser, wenn auch nicht sehr tief, vor Zeiten aber hat da ein Haus drauf gestanden, und das ist so gekommen: Nicht weit von Dargow hat ein Hof gelegen, da ist ein Herr darauf gewesen, ein ganz böser Kerl. Er hat Menschen und Tiere gequält, und einmal, als die Leute auf dem Hof etwas versehen hatten, hat er sie in die Scheune gesperrt, und dann hat er die Scheune angesteckt, und als die Leute dann so jammern, ruft er noch: »Hört mal, wie die Mäuse da piepen!« Von der Zeit an aber hat er sich vor den Mäu-

Die Mäuse verfolgen Bischof Hatto

sen nicht mehr retten können. Im ganzen Hause fingen sie an zu nagen, und das so viele, sie sind ihm zuletzt selbst ans Leben gegangen. Da hat er sich das Haus bauen lassen auf dem Berg im See. Die Mäuse haben ihm aber auch da keine Ruhe gelassen. Sie sind hinter ihm her geschwommen über das Wasser rüber, und es hat nicht lange gedauert, da ist der Mann tot gewesen. Davon heißt der Berg heute noch der Mäuseberg.

Lit.: (→ *27*).

31. Dielhelm, Rheinischer Antiquarius, Frankfurt 1739, S. 143. – HdA I, 1665ff. (Bruder). – DV 283. – Erl.: drei Andachten = gemeint sind die drei Kirchen in Bornhofen, Kiedrich und Notgottes/Rheingau. – Die Sage taucht zuerst in einer Reisebeschreibung des Jahres 1587 auf. Erst in der vorliegenden Fassung von 1739 tritt das Motiv des Betrugs an der blinden Schwester, das auch als selbständige Sage verbreitet ist, hinzu. Eine andere, aus dem Geist der Rheinromantik 1806 entstandene, breit ausgemalte Liebesgeschichte, die weithin als ›rheinische Volkssago besonders in der ausländischen Romantikrezeption galt, bei Vogt.

Lit.: H. Jacke, Die rheinische Sage von den feindlichen Brüdern, Diss. Köln 1932; N. Vogt u. A. Schreiber, Mahlerische Ansichten des Rheins, Frankfurt 1806, 2. Heft, S. 23 ff.; vgl. v. der Leyen u. Höttges, Nr. 47 u. S. 161 f.; E. Schneeweis, Das Motiv der feindlichen Brüder) an verschiedenen Flurdenkmalen in Niederösterreich nebst einigem Vergleichsmaterial, in: L. Schmidt (ed.), Wunder über Wunder, Wien 1974, S. 81–117.

32. Wehrhan 253 (nach Manlius 1562). – AaTh 888. – Vgl. Grimm DS 581; Quensel 1926, S. 25. – Quelle der Sage ist das Grabdenkmal des Grafen Ernst von Gleichen im Dom zu Erfurt, der am Kreuzzug Friedrichs II. 1227 teilnahm und eine Orientalin ehelichte, nachdem seine Gattin gestorben war. Der Sitte der Zeit entsprechend wurde der Ehemann mit seinen beiden Frauen, die er nacheinander geheiratet hatte, auf dem Grabstein abgebildet. Die Thüringer Sage kennt noch das dreischläfrige Bett des Grafen (vgl. Quensel). Erstmals wird die Sage in einem Schreiben Philipps von Hessen erwähnt, der sie 1539 als Argument für seine zweite Ehe benutzt. In zahlreichen Dramen (seit 1580, Nicodemus Frischlin) und Erzählungen wird der Stoff bis in unsere Zeit neu interpretiert. Wesentlich zur Vertreibung trug die Fassung von Musäus (Melechsala) bei.

Lit.: M. Wähler, Denkmale als Ausgangspunkt für Sagen, in: Völkswerk, Jena 1943, S. 99; J. v. Döllinger, Die Papst-Fabeln des Mittelalters, München 1863, S. 34ff.; Splettstösser 1899; Frenzel 1962, s. v.; J. Schauerte, Die Doppelehe eines Grafen von Gleichen, in: Frankfurter zeitgemäße Broschüren IV, 1883, S. 915ff.; C. Reineck, Die Sage von der Doppelehe eines Grafen von Gleichen (Sammlung gemeinwissenschaftlicher Vorträge. N.F. 6), Hamburg 1899; I.I. Weiser, Graf v. Gleichen redivivus, in: Monatshefte f. dt. Unterricht 40, Madison 1948; L. Petzoldt 1999, S. 135f.

Grabstein des Grafen von Gleichen in Erfurt

Grabstein der Gräfin Kunigunde von Orlamünde

33. M. J. M. Groß, Burg- und Marggräflich-Brandenburgische Landes- und Regenten-Historie ... Schwabach 1749, S. 190ff. (zit.nach Dünninger 1964, S. 90f. Nr. 71). – Vgl. Quensel 1926, S. 27; v. der Leyen u. Hörtges, Nr. 252 u. S. 200. – Mda.: Unschuld. Kindleins Tag = Fest d. Unschuldigen Kinder, 28. Dezember; pulcher = der Schöne; diversimodo = verschieden; Scribenten = Schreibern; Carinthe = Kärnten; Declaration = Erklärung; gout = Geschmack. – Auch diese Sage geht wie (→ *32*) auf ein falsch interpretiertes Grabdenkmal zurück, das die als Äbtissin des Klosters Himmelkron in Gründlach 1351 gestorbene Gräfin Kunigunde (!) von Orlamünde im Zisterzienserinnengewand zeigt. Ein weiterer, im Kloster Hirnmelkron vorhandener Grabstein der 1529 verstorbenen Abtissin Ottilie Schenk von Simau zeigt zwei Putten, die das Wappen halten; dieser wurde wohl als Denkmal der beiden unschuldigen, getöteten Kinder gedeutet. Kunigunde v. Orlamünde trat nach dem Tod ihres Gatten frühzeitig ins Kloster ein; die populäre Überlieferung deutete dies als Sühne für schwere Schuld. Auch die Überlieferung von der auf der nahen Plassenburg umgehenden Weißen Frau → *138*) wurde mit der Gräfin v. Orlamünde in Zusammenhang gebracht.

Lit.: M. Wähler, Denkmale als Ausgangspunkte für Sagen, in: Völkswerk, Jena 1943, S. 100; (—), Eine Gräfin Orlamünde-Sage in der Oberpfalz, in: Bayerland 3 (1892) S. 527.

34. Grimm DS 585 (nach v. der Leyen u. Höttges, S. 252 *u.* S. 200). - (→ *33*).

35. Otto von Graben zum Stein, Unterredungen von dem Reiche der Geister, Leipzig 1731,I, S. 272–274 (nach Peuckert 1961, S. 37f., Nr. 20). - Vgl. Grimm DS 340. - DV 200, 201. - Die Sage ist sowohl in der Kölner Version (Richmodis) wie auch als Motiv mit unterschiedlicher Lokalisierung (wiedererweckte Scheintote, → *36*) weithin verbreitet. Sie wird bereits bei Chariton von Aphrodisias um 200 v. Chr. von der Syrakusanerin Kallirrhoe erzählt, die, ebenfalls nur scheintot, durch Grabräuber erwacht, die sie jedoch in Milet als Sklavin verkaufen. Der früheste Beleg für die Richmodis-Erzählung findet sich in der 1499 gedruckten Koelhoffschen Chronik der Stadt Köln. Die Erzählung gehört in eine Reihe von Berichten über Scheintote, die zweifellos bis ins 19. Jh. hinein immer wieder durch die Realität bestätigt wurden. - Die Problematik des Scheintodes und die Angst, zu früh begraben zu werden, veranlasste u.a. Friederike Kempner zu einer Denkschrift an Kaiser Wilhelm I., in der sie auf die Notwendigkeit einer längeren Frist vor der Bestattung hinwies. Wilhelm I. veranlasste daraufhin, dass in allen Verwaltungsbezirken Leichenhäuser eingerichtet wurden. - In der Koelhoffschen Chronik wird noch nicht der Name Richmodis genannt. Neben die literarische Überlieferung tritt die mündliche, die vor allem wieder durch Bildzeugnisse belebt wurde. So erschien die Erzählung 1604 auf einem Einblattdruck des Kölner Kupferstechers Joh. Bussenmacher; hier wird erstmals ›Richmuth von der Adoicht und das Jahr 1357 genannt. In der Vorhalle der Kölner Apostelkirche befand sich eine 1785 zerstörte Erinnerungstafel an dieses Geschehen. Auf diese Tafel bezieht sich auch ein Bericht des Bremer Arztes Joh. Ewich von 1582, der mit dem Hinweis darauf vor einer zu frühen Bestattung der Pestleichen warnen will. Hier heißt es:

»Ein gleiches Exempel weis man, welches auch die gemahlte und auffgehangeneTaffei in der Apostel Kirche bezeuget, von einem Weibe zu Cölln, welche, ob sie wol in dem Sarck verschlossen und mit der Erden all begraben gewesen, so ist sie doch wunderbarer weis errettet worden, zu irem Manne wider gekeret und noch lange zeit mit ihm im Ehestande gelebt; denn da der Todtengräber gesehen, das sie einen köstlichen Ring an eim Finger stecken gehabt, eröffnet er in der Nacht das Grab, im willen, ihr den Ring abzuziehen. Indem er aber an dem Finger also rüttelt und den Cörper erschüttelt, kompt das Weib wider zu ihr selber und lebt noch lange zeit hernach.« (J. Ewich, Pestilentzordenunge 1583, dt., Bl. Ib, f. – übersetzt aus J. Ewich, De officio magistratus tempore pestilentiae rem publicam praeservandi, Neapoli 1582, S. 140).

Mit dem Motiv der wiedererweckten Scheintoten hat sich in Köln das Motiv der Pferdeköpfe am Hausgiebel verbunden, das jedoch auch in anderen Zusammenhängen auftaucht. Im Falle der Richmodis-Erzählung handelt es sich um ein Familienwappen

Scheintote Frau entsteigt dem Sarg (Basler Hinkender Bote 1822).

bzw. Hauszeichen der Familie Hackeney, die um 1500 in Köln lebte. Der Name Hackeney bedeutet Pferd. Das Motiv wird bis in die neuere Zeit hinein in der Zeitungssage und im Bänkelsang aktualisiert (vgl. Petzoldt 1974, S. 54 u. 86).

Lit.: J. Bolte, Die Sage von der erweckten Scheintoten, in Zs. f. Vk 20 (1910) S. 353–383; J. Hertel, J. Bolte u. A. Andrae, Zur Sage von der erweckten Scheintoten, in: Zs. f. Vk 21 (1911) S. 282–285; H. v. Hentig, Der nekrotrope Mensch. Vom Totenglauben zur morbiden Totennähe, Stuttgart 1964 (Beiträge z. Sexualforschung, 30. Heft); vgl. Röhrich 1967, Nr. III; zu der im Text erwähnten Dresdner Geschichte vgl. W. Schäfer, Deutsche Städtewahrzeichen I, Leipzig 1858, S. 167–172 (16. Die aus ihrem Grabe wieder auferstandene Goldschmiedsfrau); G. Jontes, Die Beraubung der scheintoten Frau, in: Volkskundliches aus dem steirischen Ennsbereich, Fs. Karl Haiding, Liezen 1981, S. 303–315.

36. Kühnau 1926, S. 152 (nach O. Wilpert, in: Mitt. d. Schlesischen Gesellschaft f. Vk 2, 1895/96, S. 66). A: O. Wilpert, um 1890. – (→ *35*).

37. Kuhn u. Schwartz 1848, S. 79, Nr. 82. E: »Mündlich von einem alten Arbeitsmann«.

38. W. Schwartz, Sagen und alte Geschichten der Mark Brandenburg, Berlin 1921, S. 3 (Anfang gekürzt). DV 557 Das Motiv vom ›kleinen Fehlen‹, dessentwegen sich der Künstler umbringt, wird in Verbindung mit vielen Denkmälern erzählt.

Lit.: Schmidt 1963, S. 111f.

39. Baader 1851, S. 123, Nr. 132. Sagen von Städtewahrzeichen waren nicht zuletzt dadurch weitverbreitet, dass sie von wandernden Handwerksburschen als Beweis für ihre Anwesenheit in einer Stadt ›gemerkt‹ werden mussten. Häufig versuchte man eine bestimmte Zahl zu erreichen. So heißt es von Neuruppin in Brandenburg:

»Nicht bloß die alte Welt hatte sieben Weltwunder, auch Neu-Ruppin hatte deren sieben aufzuweisen, nämlich: 1. einen Kanal ohne Wasser, 2. einen Weinberg ohne Wein, 3. einen Berg ohne Höhe (den Taschenberg, eine Straße), 4. einen Bienenkorb ohne Bienen (der Kirchturm der Pfarrkirche sieht wie ein Bienenkorb aus), 5. eine Rosenstraße ohne Rosen, 6. ein Kloster ohne Mönche (das alte Dominikanerkloster), 7. eine Nonne ohne Kloster.« (W. Schwartz, Sagen und alte Geschichten der Mark Brandenburg, Berlin 1921, S. 148, Nr. 98).

Lit.: vgl. Grässe 1871, II, S. 587 mit einer Aufzählung weiterer künstlicher Uhren; W. Schäfer, Deutsche Städtewahrzeichen, Leipzig 1858; U. Steinmann, Die Bedeutung der Städtewahrzeichen für die wandernden Handwerksgesellen, in: Volkskunde. Fakten und Analysen, Fs. f. L. Schmidt. Wien 1972, S. 166–176.

40. Meier 1852, II, S. 353, Nr. 390 (nach Crusius, Schwäbische Chronik um 1586, II, S. 410; Anfang gestrichen).

41. Grässe 1871, II, S. 889, Nr. 1086 (nach Grimm DS 463). *Lit.:*H. Dobbertin, Der Kern der Rosenstocksage, in: Niedersachsen, H. 2 (Hildesheim 1974) 69–74.

42. L. Mackensen, Hanseatische Sagen, Leipzig 1928, S. 68, Nr. 105I. A: um 1880. – Das hier erwähnte Epitaph aus dem 16. Jh. befindet sich heute im Museum für Hamburgische Geschichte. Es handelt sich um eine Darstellung aus dem im Mittelalter beliebten Motivumkreis der ›verkehrten Welt‹, was auch aus dem Text des Schriftbandes hervorgeht:

»De werlt heft zik umme kert,
Darumme zo hebbe ik arme cezel pipen ghelert.«

Dieser Stein wurde von reisenden Handwerksburschen als Wahrzeichen der Stadt Hamburg genannt. Die daran geknüpften Sagen (→ *43)* entstanden in der zweiten Hälfte des 17. Jh. und werden zunächst auch in Reiseberichten erwähnt. Es handelt sich um die Bestrafung eines vermessenen Schwurs, ähnlich wie in der Sage vom Ring des Polykrates (→ *93*).

Lit.: H. Tardel, Hamburgische Stadtwahrzeichen, in: Zs. f. Vk, NF8 (1938) S. 169–179; O. A. Erich: Die Tierallegorie, in: Volkswerk, Jena 1943, S. 70–88; M. Vogel, Onos Lyras. Der Esel mit der Leier, Düsseldorf 1973.

43. Ebda, S. 68, Nr. 105. II (nach A. F. Bonaventurus in: Der Hamburgische Briefträger ... Bd. 13, v. 10.12.1803, S. 754). – (→ *39*).

44. Meier 1852, II, S. 356 f., Nr. 395. MdL aus Bretten. Eine andere Version der Sage mit konfessionspolemischem Akzent bei Grimm DS 96. – (→ *60*).

45. Bartsch 1879/80,I, S. 361, Nr. 493. Es handelt sich um einen fossilen Fund bzw. das Horn einer exotischen Tierart, an das sich eine Erklärungssage knüpfte.
Lit.: O. Abel, Die vorweltlichen Tiere in Märchen, Sage und Aberglauben, Karlsruhe 1923; Ders. Vorzeitliche Tierreste im deutschen Mythus, Brauchtum u. Volksglauben, Jena 1939.

46. Birlinger 1861, S. 166, Nr. 259.

47. Joh. Manlius, Locorum Communium. Der Erste Theil ... Frankfurt am Main 1556 (zit. nach Dünninger 1964, S. 30, Nr. 17)

48. M. J. Willen, Das Teutsche Paradeiß in dem vortrefflichen Fichtelberg ... 1692, in: Archiv f. Geschichte u. Alterthumskunde v. Oberfranken XV, Bayreuth 1881 – 83, S. 73 (zit. nach Dünninger 1964, S. 70, Nr. 44). Die Brunnenfigur wurde als schwedischer General Murrmann umgedeutet. Er schwor, bei der Wurst, die er gerade esse, werde er Geiselwind erobern. Eine Katze sprang ihm auf den Rücken und entriss ihm die Wurst. Daraufhin soll er die Belagerung abgebrochen haben (vgl. Klarmann u. Spiegel, Sagen u. Skizzen aus dem Steigerwald, Gerolzhofen 1912, S. 107).
Lit.: W. E. Peuckert, Murrmaunk von Geiselwind, in: Volkskultur und Geschichte. Fs. f. J. Dünninger, Berlin 1970, S. 504–511.

49. Otto von Graben zum Stein, Unterredungen von dem Reiche der Geister, Leipzig 1731, II, S. 248–250 (nach Peuckert 1961, S. 154f., Nr. 101) Vgl. Gugitz 1952 (hier weitere Versionen). Das Wahrzeichen der Stadt Wien ist nach L. Schmidt »ein wirkliches mittelalterliches Rechtsmal«, ein »Gegenstand der sagenhaften Erinnerung an mittelalterliche Weltanschauung«. Es handelt sich wohl um einen Rechtspfahl, ein Symbol der Rechtspflege, das in Form eines Baumes im Mittelpunkt der Gemeinde aufgestellt wurde und so auch den mythischen Stadtmittelpunkt bezeichnete. Später wurde er zum Wahrzeichen der Stadt, und wandernde Gesellen bekundeten durch Einschlagen eines Nagels, dass sie hier gewesen waren. Die vorliegende Sage vom Teufelsschlosser rückt ihn in die Nähe eines Zunftwahrzeichens.
Lit.: L. Schmidt, Der ›Stock im Eisen, in: Die Volkserzählung, Berlin 1963, S. 175–182.

50. Gugitz 1952, S. 134f., Nr. 126 (nach Anton Tkany, Mythologie der alten Teutschen und Slaven, Znaim 1827, II, S. 115) – Gugitz setzt die Entstehung der Sagen um diese Denksäule, errichtet 1451 an Stelle eines zerstörten Marterkreuzes, erst zum Ende des 18. Jh. an. Die Sage ist jedoch zweifellos weiter verbreitet als Gugitz annimmt (→ *51*).

Lit.: vgl. Gugitz 1952, S. 206f.

51. Baader I, 1851, S. 332, Nr. 373 (→ *50*).

52. Ungarischer oder Dacianischer Simplicissimus, 1683, Kap. 8 (Wiener Neudrucke Bd. 3, Wien 1973, S. 37) Erl.: condemniert = verurteilt; consequenter noch dato = bis heute; MalefizPersonen = Verurteilte(n). Der ›Ungarische Simplicissimus‹ ist der Erlebnisbericht eines umherziehenden Schlesiers aus der Mitte des 17. Jh. Er erzählt hier die älteste Fassung der Sage vom Glockenguß zu Breslau, die er zweifellos auf seinen Fahrten aus der populären Überlieferung übernahm; vgl. die Ballade gleichen Titels von Wilhelm Müller.

Lit.: M. Hippe, Zwei Breslauer Sagen, in: Mitteilungen der Schlesischen Gesellschaft f. Volkskunde VI (1904) S. 90–119.

53. P. Zaunert, Rheinlandsagen I, Jena 1924, S. 154 (nach der Koelhoffschen Chronik, Cöln 1499). – Mda.: Kogel = Kopfbedeckung. Eine ätiologische Sage, die eine nicht mehr verstandene antike Darstellung des Kampfes zwischen Herkules und dem nemeischen Löwen erklärt. Es handelt sich um ein Relief mit zwei Löwenköpfen über dem Pfaffentor und einen durchlöcherten Laternenbalken unter der Durchfahrt dieses Tores; damit soll zugleich der Name des Tores gedeutet werden. Die Sage wurde im 14. Jh., zur Zeit ihrer Entstehung, aus den Kämpfen zwischen dem Erzbischof und der Stadt motiviert.

Lit.: J. Klinkenberg, Der Löwenkampf des Bürgermeisters Grin, in: Mitt. d. Rheinischen Vereins für Denkmalpflege und Heimatschutz, 5. Jg. (Düsseldorf 1911) S. 96–107.

54. Grimm DS 525 (nach Reineccius, Expositiones geminae de Welforum prosapia, Frankfurt 1581, p. 22f.; letzter Absatz gestrichen). Landerwerb durch List ist ein häufiges Sagenmotiv, wobei es sich meist um das Umreiten, Umfahren oder Umpflügen des Landes handelt. Dies geht auf einen merowingischen Rechtsbrauch zurück. Eine andere List zum Landerwerb wird in dem Volksbuch von der schönen Melusine berichtet. Reimund bittet hier soviel Land als Lehen in Besitz nehmen zu dürfen, wie er mit der Haut eines Hirsches umspannen kann. Er schneidet die Haut in Riemen und erlangt so eine große Fläche.

Lit.: A. Elsen, Die Sagen vom Land umziehen, in: Deutsche Gaue XXXV (1934) S. 21–23.

55. R. Beitl, Im Sagenwald, Feldkirch 1953, S. 303, Nr. 576 (Schluss gestrichen). HdA III, 1137ff. – Die sog. Grenzlaufsage findet sich in ihrer Frühform bereits bei Sallust (Bellum Jugurthinum, Cap. 79), wo von einem Grenzlauf zwischen Karthagern und Cyrenäern berichtet wird. Vgl. DV Nr. 562.

Lit.: L. Röhrich, Eine antike Grenzsage und ihre neuzeitlichen Parallelen, in: Würzburger Jb. f. Altertumswiss. 1949/50, S. 339–369.

56. Joh. W. Wolf, Deutsche Märchen und Sagen, Leipzig 1845, Nr. 291.

57. Grässe 1871, II, S. 87, Nr. 66 (nach Jos. Müller, Aachens Sagen und Legenden, Aachen 1858, S. lf.)

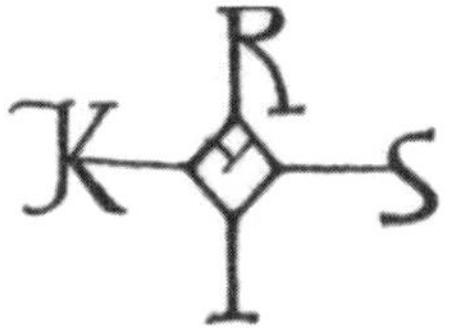

Unterschrift Karls des Großen
Er selbst zeichnete nur die Striche im Quadrat

58. Wehrhan Nr. 42 (nach Bauer, Geschichte von Hildesheim, H. 1891). Vgl. Grimm DS 462.

59. Thietmar von Merseburg, Chronicon VII, 75, ed. W. Trillmich, Darmstadt 1957, S. 437. – Datiert auf das Jahr 1017. – Eine ätiologische Ortsnamensage.

60. E. Deecke, Lübische Geschichten und Sagen, Lübeck [5]1911, S. 8ff., Nr. 4. Literarische Sage mit Anlehnung an Erzählungen von Belagerungslisten. – (→ *44*).

61. Baader 1851, S. 185f., Nr. 200 (zweiter Teil gestrichen).

62. Strackerjan 1867, I, S. 108, Nr. 151d. – Sage von einem Deichbauopfer mit ätiologischer Ortsnamendeutung.

Lit.: G. Schmitt, Das Menschenopfer in der Spätüberlieferung der deutschen Volksdichtung, Mainz 1959.

63. Wehrhan Nr. 269 (nach Grimm DS 549). Die Sage bezieht sich auf eine Holzplastik in der Klosterkirche zu Möllenbeck/Weser.

64. Grässe 1871, 11, S. 889, Nr. 1087 (nach Elbers, Historische Chronik von Hildesheim).

65. Th. Ehrlich, Sage von der Auffindung der ersten Kreuznacher Solquelle, in: Zs. f. rhein.westfälische Vk 6 (1900) S. 44–47. A: Th. Ehrlich, O. Kaltenengers, um 1908. – AaTh 1645. – DV529 mit Karte. – Die Sage gehört zum Sagentypus ›Traum vom Schatz auf der Brücke‹. Die erste deutsche Aufzeichnung der Sage im Karlmeinet-Epos vom Anfang des 14. Jahrhunderts hat folgende Züge: »Hier ist es ein Zwerg, der dem bei Paris wohnenden Bauer Hoderich im Traum verkündet, dass er auf der Pariser Brücke Liebe und Leid erfahren würde. Beides wird ihm zuteil; er empfängt eine Ohrfeige für seine Leichtgläubigkeit, zugleich aber die Nachricht über einen in seinem eigenen Heimatdorf vergrabenen Schatz, den er dann glücklich hebt.« (v. der Leyen, Lesebuch d. dt. Volkssage, Berlin 1933, S. 132). In der vorliegenden Sage besteht der Schatz in der Entdeckung der Salzquelle.

Lit.: J. Bolte, Zur Sage vom Schatz auf der Brücke, in: Zs. f. Vk 19 (1909) S. 289–298; K. Lohmeyer, Der Traum vom Schatz auf der Coblenzer-Brücke, in: Zs. f. Vk 19 (1909) S. 286–289; 23 (1913) S. 187f.; Scheiber 1985, S. 392.

66. Grässe 1871, II, S. 932, Nr. 1153 (nach Bechstein, Deutsches Sagenbuch, Leipzig 1853, S. 265f., Nr. 304).

67. H. Pauly, Der Sagenschatz des Rheinlandes, Köln o. J., S. 77–79. A: J. Pauly, O: Gymnich. Der ›Gymnicher Ritt‹ ist eine Flurprozession am Fest Christi Himmelfahrt. Die in der Sage mitgeteilte Entstehungsursache ist eine Deutung, die durch das erwähnte Wappen angeregt wurde.

Lit.: L. Petzoldt, Volkstümliche Feste, München 1983, S. 364ff.

68. Wehrhan Nr. 281 (nach Deecke 1852). Mda.: osterschen = östlichen; westerschen = westlichen; reußisch = russisch; Rotscheer = Fischart; Regiment = Verwaltung.

Lit.: Gebhardt Bd. 5, Kap. 63 (1, V); Ph. Dollinger, Die Hanse, 1966; D. Schäfer, Die deutsche Hanse, [4]1943 (Monographien z. Weltgeschichte 19); H. Sproemberg, Die Hanse in europäischer Sicht, 1959.

69. Dittmaier 1950, S. 19, Nr. 54. E: Cl. Grommes, Landwirt, O: Müllekoven, 1856. – Sagenhafte Erklärung für die Entstehung (Privileg) einer Bruderschaft aufgrund einer mutigen Tat.
Lit.: Römer 1951.

70. Müllenhoff 1845, Nr. 181.

71. Ebda. Vgl. Nr. 70.

72. Grässe 1867, I, S. 696, Nr. 738, Die Bezeichnung Pumpernickel erscheint 1628 erstmals als Schimpfwort im Westfälischen. Der erste Teil ist die mda. Bezeichnung für furzen, der zweite Teil ist die verkürzte Namensform Nikolaus. Das schwer verdauliche Brot erhielt wegen seiner Wirkungen im 17. Jh. diesen Scheltnamen, der heute zu einer Qualitätsbezeichnung geworden ist (vgl. Kluge 1989; Pfeifer 1989, s.v.).
Lit.: O. Masing, Aus der Backstube, 1931, S. 44 und Anm. 218: Archiv f.d. Studium der neueren Sprachen 154 (1928) S. 271 f.

73. Deecke 1911, S. 326f. – Die Sage versucht die Entstehung der Redensart unter konfessionspolemischen Aspekten zu erklären. P. Hagen weist nach, dass der Drucker Balhorn zu Unrecht in diesen schlechten Ruf gekommen ist.
Lit.: A. Kopp, Joh. Balhorn, Lübeck 1906; G.A. Brüggemann, Wortschatz und Sprachform, Leipzig 1928. P. Hagen, Der Ursprung der Redensart ›Verbessert durch Johann Balhorn‹, in: Zs. f. Bücherfreunde N.F. 21 (1929) 10–17; Röhrich 1991 s.v.

74. J. Künzig, Schwarzwald-Sagen, Jena 1930 (Neudruck Düsseldorf 1965), S. 290. A: K. A. Haas, O: St. Georgen, 1926. – Die überaus populäre sprichwörtliche Redensart wird in zwei Versionen erzählt (→ *75*). Die Stadt Hornberg führt jährlich ein historisches Heimatspiel auf, das inhaltlich der hier angeführten Sage entspricht. Büchmann erklärt die Redensart mit einem Feldzug der Villinger gegen Hornberg, wobei sich ein Teil der Verteidiger durch heftiges, aber erfolgloses Schießen so schlecht verteidigte, dass sie trotzdem kapitulieren mussten. Diese Schlacht wird in

Heinrich Hugs ›Villinger Chronik‹ geschildert (1495–1533, ed. C. Roder, Stuttgart 1883). Die Redensart ist auch in die Literatur eingegangen; in Schillers Drama ›Die Räuber‹ (I, 2) benutzt sie Spiegelberg.

Lit.: Büchmann 1972, S. 681.

75. Meier 1852, II, S. 364, Nr. 406. – Mdl. Überlieferung.

Lit.: O. Masing, Aus der Backstube, 1931, S. 44 und Anm. 218: Archiv f.d. Studium der neueren Sprachen 154 (1928) S. 271 f.

76. Gerhard u. Kleeblatt 1926, S. 27, Nr. 12 (nach H. Eulenberg, Die Erhebung Düsseldorfs zur Stadt, Düsseldorf 1910). Eine ätiologische Sage, die die Entstehung dieses Brauches erklären soll. Die geschichtlichen Tatsachen verhalten sich anders. Herzog Johann v. Brabant ging noch am Abend nach der Schlacht, am 5. Juni 1288, nach Köln. Graf Adolf überschritt den Rhein bei Monheim, wo Erzbischof Siegfried von Westerburg im Kirchturm gefangen saß. Die Erhebung Düsseldorfs zur Stadt erfolgte am 14. August, also zehn Wochen später (vgl. Gerhard u. Kleeblatt 1926, S. 27f.)

77. Meier 1852, II, S. 362, Nr. 403. Mdl. – Eine metallene Vogelfigur, die einen Spatz (Sperling) darstellt, befindet sich auf dem Dachfirst des Ulmer Münsters, östlich vom Hauptturm. Eine aus Hohlziegeln gemauerte Vogelfigur ist bereits 1471 belegt. Ihre Bedeutung ist unklar, doch wird sie bereits im 15. Jh. als Mittelpunkt der Stadt bezeichnet und gehörte wohl zu den Wahrzeichen, die sich die wandernden Handwerksburschen merken mussten. Die Sage hat sich wahrscheinlich erst zu Anfang des 19. Jh. mit der Figur verbunden. Das Motiv vom strohtragenden Sperling, der den Handwerkern zeigt, wie sie einen Balken durch ein Tor bringen können, ist auch in Schleswig-Holstein (Jagel) bekannt, vgl. Müllenhoff 1845, S. 92.

Lit.: R. M. Biedermann, Die Ulmer Spatzensage, in: Ders. Ulmer Biedermeier im Spiegel seiner Presse, Ulm 1955, S. 159–173.

78. Grässe 1867, I, S. 371 f., Nr. 434 (nach: Thüringen und der Harz, Bd. VI, S. 35). – Eine Sage, die den Grund für die Entstehung eines Spottnamens angeben soll. Wahrscheinlich liegt hier eine Parallelbildung zu Luthers Wort von den blinden Heiden (Eph. 4,17.18) vor, die sich vor allem auf geistige Blindheit richtet. In diesem Sinne werden auch die Schwaben oft als ›blind‹ apostrophiert. Sebastian Frank erwähnt in seiner Sprichwörtersammlung

1541 sowohl »Du bist ein blinder Hesse« als auch ein »grober Algeuer bauer, ein blinder Schwab ...«

Lit.: Fr. Wiesenbach, Die blinden Hessen, 1891; vgl. auch Büchmann 1972, S. 99.

79. Grimm DS 522. – Der hier erwähnte Kampf vor Weinsberg fand 1139/1140 statt. Hier soll zuerst der Schlachtruf ›Hie Welf‹, der sich auf das Geschlecht der Weifen bezog, und ›Hie Waibling‹ (Gibling), der von dem staufischen Schloss Waiblingen abgeleitet sein soll, aufgekommen sein. Der Kampf zwischen den schwäbischen Staufern und bayerischen Weifen, den Ghibellinen und Guelfen, wie sie in Italien genannt wurden, war bereits unter dem Vorgänger Konrads III. (1138–1152) ausgebrochen; er gehörte zum Geschlecht der Hohenstaufen, das bis 1254 herrschte. Die Wandersage von der ‹Weibertreu› wird allein in Deutschland von über einem Dutzend Burgen erzählt, ebenso in den Niederlanden, Belgien, Frankreich, Luxemburg, der Schweiz und Österreich. Besonders durch die Dichter der sog. Schwäbischen Romantik wurde der Stoff in ganz Deutschland populär (vgl. die Gedichte von J. Kerner, A. v. Chamisso). Agnes Miegel verwendet den Stoff in ihrer Ballade ›Die Domina‹.

Lit.: R. Davidsohn, Forschungen zur Geschichte von Florenz 4 (1908) S. 29ff. (Über die Parteinamen Guelfen und Ghibellinen); vgl. auch K. Stenzel, Waiblingen, in der deutschen Geschichte; Gebhardt Bd. 5, Kap. 34 (1, V).

80. Schwartz o. J., S. 51, Nr. 28. E: Friedel, Reg.rat, A: Schwartz, O: Ribbek. Eine lokale Überlieferung, die Th. Fontane zu seinem Gedicht ›Herr von Ribbeck auf Ribbeck im Havelland‹ anregte.

81. Grimm DS 232. DV284, 285. – Mda.: Leisen = von ›Kyrie eleysom, allg. für Kirchenlied; Reihen = Reigen; Mittel = Gürtel. – »Die Sage geht auf ein wirkliches Geschehnis zurück, das sich während der Regierungszeit Kaiser Heinrichs II. (1002–1024) zutrug. Einer der im späteren Mittelalter häufigen Anfälle von Tanzwut wird hier unter geistlichem Einfluss ins Legendäre gesteigert. Die älteste Erwähnung der Sage findet sich in der Geschichte des Klosters Hersfeld, die der Mönch Lambert 1075 schrieb. Er erwähnt die Heilung eines Klosterangehörigen von einem Leiden, einem langjährigen, heftigen Zittern. Es wäre einer jener Leute gewesen, ›qui in Collebecce? ... coream illam famosam duxerant‹. Weite und schnelle Verbreitung fand die Sage durch Bettler und

Fahrende, die sich als Teilnehmer an dem Tanz ausgaben und lateinische Bettelbriefe bei sich trugen, in denen die Sage als Erlebnis eines reuigen Sünders in Ichform berichtet wird. Den Wortlaut eines solchen Briefes bringt zuerst ein englisches Werk, die um 1140 entstandenen Gesta Regum Anglorum des Wilhelm von Malmesbury. Ihre Entstehung vor Ende des 11. Jahrhunderts beweist diese wortreiche, ausführliche Fassung durch die Erwähnung von Sohn und Tochter des Kölbigker Priesters, die nach dem Durchdringen der Gregorianischen Reform nicht mehr möglich gewesen wäre. Spätere Fassungen ersetzten die Tochter des Geistlichen durch die Schwester des Küsters. Die Kölbigker Sage wurde eines der beliebtesten Predigtmärlein des Mittelalters. Bald entstanden ähnliche, an andere Schauplätze geknüpfte Tänzersagen, von denen nur die in den Flores Temporum (1278) überlieferte Geschichte vom Tanze auf der Mastrichter Brücke erwähnt sei.« (v. der Leyen u. Höttges 1933, S. 151).

Lit.: E. E. Metzner, Zur frühesten Geschichte der europäischen Balladendichtung. Der Tanz von Kölbigk, Frankfurt 1972 (Frankfurter Beiträge zur Germanistik, Bd. 14); Alfr. Martin, Geschichte der Tanzkrankheit in Deutschland, in: Zs. f. VK 24 (1914) S. 113–134, 225–239; *Interpretati*on: A. Holtorf, Das Tanzlied von Kölbigk, in: Interpretationen mittelhochdeutscher Lyrik, ed. G. Jungbluth, Bad Homburg 1969, S. 13–45.

82. Kühnau 1926, S. 497. - (→ *83*).

83. Grimm DS 240. - Mdl. aus Holland. A: um 1815. - DV279. - AT 736 A. - Eine Frevelsage, die mit dem aus der antiken Überlieferung stammenden Motiv vom ›Ring des Polykrates‹ verbunden ist. Die bei Herodot (III, 39–44) erwähnte Geschichte diente Schiller als Vorlage für sein Gedicht gleichen Titels (→ *93*).

Lit.: J. Künzig, Der im Fischbauch wiedergefundene Ring in Sage, Legende, Märchen und Lied, in: Volkskundliche Gaben, John Meier.... dargebracht, Berlin 1934, S. 85–103.

84. C.M. Laurent u. W. Wattenbach (ed.), Helmholts Chronik der Slawen, ^{3}1910, S. 7ff. - DV 281. - Jumneta ist der alte wikingische Ortsname für Vineta. Er leitet sich von der Jornsburg auf der Insel Wollin (Pommern) her, die 1098 von den Dänen zerstört wurde. Hieraus entstand wahrscheinlich die Sage von der untergegangenen Stadt. Der hier abgedruckte Bericht erwähnt nur die sagenhaft ausgemalte, prächtige Existenz der Stadt. Das Frevelmotiv als

Begründung des Untergangs (vgl. DV 281) ist wohl spätere Zutat. *Lit.:* F. Schmarsel, Die Sage von der untergegangenen Stadt (Diss. Kiel), Berlin 1913; Koch, Vineta in Poesie und Prosa, Stettin 1905.

85. Müllenhoff 1845, Nr. 507. A: um 1840. – HdA IX, 199ff. – DV209ff. – Die konfessionspolemische Sage hat sich mit dem Motiv vom schlafenden König im Berg (vgl. Historische Sagen II) verbunden. (→ *116*).

III. Orakel und Schicksal

86. Spiegel menschlicher Behaltnis, Basel 1476 (Nachdruck Jena 1920, Gemeinschaft ›Die Pforte‹) – HdA IV, 884. Die fünfzehn Zeichen vor dem Weltuntergang stammen aus der altchristlichen Literatur. Der englische Kirchenvater Beda Venerabilis (672–735) fasste diese Prophezeiungen zuerst in die Form von 15 Vorzeichen. In der Zeit der Gegenreformation wird diese Thematik in zahlreichen Erbauungsschriften wieder aufgenommen und auch im Bild dargestellt.
Lit.: L. Schmidt, Werke der alten Volkskunst, Rosenheim 1979, S. 106–108; Nolle, Die 15 Zeichen, in: PBB VI, S. 413ff.

87. Gregor von Tours, Zehn Bücher Geschichten (Historiarum libri decem, II, 14), ed. R. Buchner, 2 Bde., Darmstadt 1970, S. 33. – Datiert auf das Jahr 581. – HdA VIII, 1730– 1760 (Vorzeichen). – In allen außergewöhnlichen und nicht erklärbaren Vorgängen in der Natur sah man im Mittelalter Vorzeichen, die meist auf unheilvolle Ereignisse hinweisen sollten. – (→ *90*).

88. Brunos Buch vom sächsichen Kriege, ed. W. Wattenbach, Leipzig 1893, in: Geschichtsschreiber der deutschen Vorzeit Bd. 45, 2. A., S. 47f.

Raben mit glühenden Kohlen (Basel 1557)

HdA VIII, 1730–1760 (Vorzeichen). – Es handelt sich um tendenziöse Erzählungen, die gegen Heinrich IV. (1056–1106), besonders vor dem Aufstand der Sachsen, von dessen Gegnern verbreitet wurden.

89. Zingerle 1891, S. 548, Nr. 957.

90. Die Chronik des Ekkehard von Aura, ed. W. Pflüger u. W. Wattenbach, Leipzig 1893, in: Geschichtsschreiber der deutschen Vorzeit Bd. 51. – HdAVIII, 1730–1760 (Vorzeichen). – Kometen als ungewöhnliche und daher besonders eindrucksvolle Himmelserscheinungen wurden schon früh als Hinweis auf bevorstehende Ereignisse von besonderer Bedeutung verstanden. So bringt eine Chronik des 15. Jh. aus Kempten die verschiedensten weltgeschichtlichen Ereignisse in Zusammenhang mit dem Erscheinen von Kometen: die Zerstörung Jerusalems, den Brand des Kapitols, den Tod der Apostel Petrus und Paulus, das Konzil zu Konstanz und die Eroberung von Konstantinopel. (Vgl. Wehrhan Anm. zu 124, nach Alemannia X, 1882,49 ff.).
Lit.: O. Lauffer, Der Komet im Volksglauben, in: Zs. d. Ver. f. Vk 27 (1917) S. 13ff.; Kronfeld 1915.

91. Thietmar von Merseburg, Chronicon IV, 26, ed. W. Trillmich, Darmstadt 1957, S. 143. – Datiert auf die Jahre 994/996. – (→ *87, 90*). – Hardorf a.d. Bode bei Oschersleben.
Lit.: Irene Ewinkel, De monstris. Deutung und Funktion von Wundergeburten auf Flugblättern im Deutschland des 16. Jahrhunderts, Tübingen 1995.

92. Text eines Bänkelsängerheftchens, gedruckt bei J. Kahlbrock, Wwe., Hamburg 1866 (gekürzt). – Faksimiledruck bei L. Petzoldt, Grause Thaten sind geschehen, München 1968. – Erl.: Teich einer Weide = wahrscheinlich Druckfehler bereits im Original; soll wohl heißen ›Stumpf einer Weide‹. – Der Wahrsager Thies, im Volksmund ›Wickenthies‹ (Wahrsage-Matthias) genannt, lebte als Schuhmacher zu Beginn des 17. Jh. in dem Hannoverschen Burgdorf zwischen Lehrte und Celle. Seine Prophezeiungen waren so berühmt, dass es hieß: »War mot er sin, Wickenthies hat er geseggt«. Sie wurden immer wieder neu gedruckt und auf Jahrmärkten und Messen als Flugblätter verkauft. Noch lange nach seinem Tode beschäftigten sich die Behörden mit seiner Wahrsagerei, wie ein Aktenstück aus dem Jahr 1774 zeigt. Hier heißt es: »Als von der Wicken-Thieschen Prophezeiung viel Redens vorgefallen ... so wollen wir Hennig Christoph Hillewerth, alt 61 Jahre, ein Mann von guten gerechten Gesinnungen darüber abhören. Derselbe erschien demnach praevia citatione und war bereit, was in seiner Jugend von alten Leuten gehört, zu erzählen.«

Lit.: Schneider, Der Prophet Wickenthies, in: Neues vaterländisches Archiv, oder Beiträge zur allseitigen Kenntnis des Königreichs Hannover und des Herzogthums Braunschweig I (1827) S. 128ff.; L. Petzoldt, Bänkelsang. Vom historischen Bänkelsang zum literarischen Chanson, Stuttgart 1975.

93. H.J.Ch. von Grimmelshausen, Des Abenteuerlichen Simplicissimi Ewigwährender Calender, Nürnberg 1671 (Neudruck Konstanz 1967), S. 91 u. 93. – DV279. – Erl.: Jove = Jupiter. Mda.: Ingeweid = Eingeweide; extraordinari = außergewöhnlich; gefürdert = gebracht. – Die Erzählung vom wiedergefundenen Ring im Fischbauch ist orientalischen Ursprungs und gelangte über Herodot nach Europa. Bei Herodot, der auch die Quelle für Schillers Gedicht ›Der Ring des Polykrates‹ war, lautet die Erzählung folgendermaßen:

»Auch zu Amasis drang die Kunde von den großen Erfolgen des Polykrates. Aber ihn machten sie besorgt. Und als sein Glück immer weiter andauerte, schrieb er folgenden Brief und sandte ihn nach Samos: ›Amasis spricht zu Polykrates: süß ist es zu hören, dass ein guter Freund glücklich ist; aber deine vielen Erfolge wollen mich nicht froh machen, denn ich weiß, dass die Götter neidisch sind. Ich wünsche mir und denen, die ich nicht liebe, dass uns nur einiges gelingt und anderes misslingt. Ein wechselndes Los ist besser als ein dauerndes Glück. Immer noch habe ich gehört, dass ein Mensch, dem alles wohlgeriet, zuletzt ein furchtbares Ende genommen hat. Folge mir, und tue folgendes gegen dein Glück! Sinne nach, was dir das Liebste auf Erden ist und um dessen Verlust du am tiefsten trauern würdest. Das wirf fort, sodass es nie wieder in menschliche Hände kommt. Und wenn auch dann noch nicht Glück und Unglück bei dir wechseln, so hilf dir zum zweitenmal mit dem, was ich dir hier geraten habe.‹

Polykrates las den Brief und erkannte wohl, wie gut ihm Amasis riet. Er dachte nach, um welches seiner Kleinode er wohl am tiefsten bekümmert sein würde, wenn er es verlöre. Da verfiel er denn auf den Ring, den er trug. Es war ein goldener Siegelring mit einem Smaragd, ein Werk des Samiers Theodoros, Sohnes des Telekles. Er beschloss, diesen Ring fortzuwerfen, und gab den Befehl, aufs Meer hinauszufahren. Als das Schiff weit von der Insel entfernt war, zog er den Ring ab und warf ihn vor den Augen aller Mitfahrenden hinaus aufs Meer. Dann fuhr er heim, ging in seinen Palast und trauerte.

Fünf oder sechs Tage darnach ereignete sich folgendes. Ein Fischer fing einen großen schönen Fisch und meinte, er sei würdig, dem Polykrates zum Geschenk gemacht zu werden. Er kam an das Tor des Palastes und verlangte, zu Polykrates geführt zu werden. Als ihm dies gewährt wurde, gab er Polykrates den Fisch und sagte: ›0 König! Diesen Fisch, den ich gefangen, wollte ich nicht zu Markte tragen, obwohl ich von meiner Hände Arbeit lebe. Ich dachte, er sei deiner und deiner Macht würdig. So bringe ich ihn dir als Geschenkt Der König freute sich über die Worte und entgegnete: ›Du hast recht getan! Ich danke dir für deine Worte und deine Gabe und lade dich zur Tafel.‹ Stolz ging der Fischer nach Hause; aber als die Diener den Fisch zerteilten, fanden sie in seinem Bauch jenen Ring des Polykrates. Gleich nahmen sie ihn, trugen ihn voller Freude zu Polykrates und erzählten, wie sie ihn gefunden hätten. Da Polykrates das als göttliches Zeichen erkannte, schrieb er alles, was er getan und was sich ereignet, an Amasis und ließ den Brief nach Ägypten bringen. Als Amasis den Brief las, den er von Polykrates erhalten, wurde er inne, dass kein Mensch einen anderen vor dem Schicksal, das ihm beschieden ist, bewahren kann, und dass Polykrates mit seinem wechsellosen Glück, das ihm sogar wiederbrächte, was er wegwürfe, kein gutes Ende nehmen würde. Er schickte einen Herold nach Samos und löste den Freundschaftsbund mit ihm. Das tat er, damit er nicht um Polykrates als um einen Freund trauern müsste, wenn schweres Unheil über ihn hereinbrechen würde.« (Herodot, Historien, hrsg. v. H. W. Haussig, Stuttgart 1971. III. Buch, K. 40–43.)

Das Motiv wurde in ganz Europa auf die verschiedensten Personen bezogen, und es gelangte wohl über das Predigtexempel in die mündliche Volksüberlieferung (→ *94)*. Der 1240 gestorbene Cäsarius von Heisterbach bringt es in seinen Wundergeschichten (Dial. mirac. X, 61). Es verbindet sich häufig mit Frevelmotiven (→ *83*) und warnt vor menschlicher Vermessenheit.

Lit.: A. Kaufmann, Quellenangaben und Bemerkungen zu Karl Simrocks Rheinsagen ..., Köln 1862, S. 1–4; J. Künzig, Der im Fischbauch wiedergefundene Ring in Sage, Legende, Märchen und Lied, in: Volkskundliche Gaben, John Meier ... dargebracht, Berlin 1934, S. 85–103; Nachdruck in: J. Künzig, Kleine volkskundliche Beiträge aus fünf Jahrzehnten, Freiburg 1972, S. 63–81;

A. Stern, Der Ring in der Sage, im Märchen, in der Novelle, im Drama, im Recht, in: Hess. Bl. f. Vk 30/31 (1932) S. 106–125; W. Aly, Volksmärchen, Sage und Novelle bei Herodot, Göttingen ²1969; Fourlas 1971.

94. Paulus Diaconus, Geschichte der Bischöfe von Metz, Leipzig 1888, in: Geschichtsschreiber der deutschen Vorzeit Bd. 2, S. 4f. – DV 279. – Paulus Diaconus, langobardischer Geschichtsschreiber (730–797). – (→ *93*).

95. Graber 1941, S. 270. – DV 279. – (→ *93*). – Eine volkstümliche Version des literarischen Motivs vom Ring im Fischbauch.

96. H. Papst u. W. Wattenbach (Hrsg.), Annalen und Chronik von Colmar, Leipzig ²1897, S. 154.
Lit. .A.B. Baglianiu. G. Stabile (ed.) Träume im Mittelalter. Ikonologische Studien. Stuttgart, Zürich 1989.

97. Grimm DS 487 (nach Aventin, Bairische Chronik). – Das Ereignis wird auf den Mai des Jahres 1045 datiert.

98. W. Wattenbach u. E. Winkelmann (Hrsg.), Die Jahrbücher von Hildesheim, Leipzig ²1893, S. 79f.

99. W. Wattenbach u. E. Winkelmann (Hrsg.), Die Jahrbücher von Pöhlde, Leipzig ²1894, S. 19f. Kaiser Heinrich IL, der Heilige, regierte von 1002–1024. In anderen Versionen ist die Erzählung mit einer Vision am Grabe des hl. Wolfgang (St. Emmeran) verbunden. E. Böck (Regensburger Stadtsagen, 1982, p. 519) weist auf eine ähnliche Erzählung bei Thietmar v. Merseburg, Chronik (ed. R. Holtzmann ⁴1939) hin, wo es um die Zahl 5 geht.

100. Rosenberger 1952, S. 81 (nach Révélations d'une femme de qualité sur les annees 1830–31, 1, 53). – Karl X., seit 1824 französischer König, wurde in der Julirevolution 1830 gestürzt.

101. W. Wattenbach u. E. Winkelmann (Hrsg.), Der sächsische Annalist, Leipzig ²1894, S. 78ff. – Vgl. Grimm DS 489. – Papst Gregor VII. (Hildebrand v. Soana, 22.4.1073–25.5.1085) war Mönch in Cluny und hatte sich wiederholt seiner Wahl widersetzt. Seine Herkunft als Sohn eines Zimmermanns oder Angehöriger der Familie Aldobrandeschi ist nicht geklärt.

Lit. : Martens, Gregor VII., sein Leben und Wirken, 2. Bde., Leipzig 1894.

102. Meier 1852, II, S. 333f., Nr. 370. – Vgl. Grimm KHM 29; BP 1, 276; AaTh 930. – Das Motiv vom vorhergesagten Schwiegersohn und dem Verhinderungsversuch durch den ›Uriasbrief‹ ist vor allem als Märchen weit verbreitet. Es hat zudem eine weitreichende literarische Überlieferung (z.B. Crusius, Schwäbische Chronik 1, S. 437), In Meiers Anmerkung zu der bei dem Kloster Hirschau lokalisierten Sage heißt es: »Die Mühle, in welcher Kaiser Heinrich geboren sein soll, steht noch jetzt und gilt für eins der ältesten Gebäude in Hirschau. Der Besitzer derselben bekommt, der Sage nach seit jener Zeit, alljährlich 20 Klafter Brennholz und alles Holz, was er zur Mühle gebraucht, umsonst vom Staate geliefert. – Noch vor etwa 70 Jahren stand beim Waldhorn eine uralte schöne Kapelle an dem Platze, wo die Diener das Kind des Grafen von Kalw ›zwischen zwei Bäume‹ wie in eine Wiege hingelegt hatten, und wurde die ›Heinrichskapelle‹ genannt. Man hat sie, gleich anderen dortigen Denkmalen, roher Weise abgebrochen. So erzählten mir alte Leute in Hirschau.« (Meier, S. 336.) – Uriasbrief: Im Alten Testament (2 Sam. 11) lässt König David den Feldhauptmann Uria durch brieflichen Befehl, den dieser selbst übermittelt, umbringen, um dessen Frau heiraten zu können.

Lit.:A. Aarne, Der reiche Mann und sein Schwiegersohn, Helsinki 1916 (FFC 23); St. Grudzinski, Vergleichende Untersuchung und Charakteristik der Sage vom Findelkinde, das später Kaiser wird, in: Zs. f. roman. Philologie 36 (1912) S. 546–576; vgl. auch O. Rank, Das Inzestmotiv in Dichtung und Sage, Neudruck Darmstadt 1974, S. 222, Anm.; weitere Belege bei L. Laistner, Das Rätsel der Sphinx, Berlin 1889.

103. Depiny 1932, S. 140, Nr. 160. – HdA III, 889ff. (Glücksglas). – Die Sage behandelt das Motiv vom ›Glück von Edenhall‹. – Vgl. Ludwig Uhlands Ballade gleichen Titels.

104. Kuhn 1843/1973, S. 254, Nr. 239. – HdA VII, 427ff. (Rabe).

105. Grässe 1867, I, S. 229, Nr. 276. – HdA VII, 427ff. (Rabe). – (→ *87, 92, 104*).

Lit: Kronfeld 1915.

106. Tettau u. Temme 1837, S. 99f. (nach Leo, Historia Pruss., S. 198). – HdA IX N, 181 ff. (Schlacht). – In den sagenhaften Berichten zur Schlacht bei Tannenberg mischen sich historische Wirklichkeit mit Vorstellungen des Volksglaubens.
Lit.: K. Heveker, Die Schlacht bei Tannenberg, Berlin 1900.

107. v. der Leyen u. Höttges 1933, S. 12, Nr. 10 (nach Annalen von Brauweiler, Böhmer, Fontes 3, S. 386). – Datiert auf das Jahr 1140. – HdA IX N, 181 ff. ›Schlacht‹. – (→ *108*).

108. Stöber II, 1892/1896, S. 176, S. 247 (nach E. Francisci, Der Wunderreiche Überzug unserer Nider Welt, oder Erdumgebende Lufft-Kreis …, Nürnberg 1680, S. 615; sowie C. Lycosthenes, Prodigiorum ac ostentorum chronicon, Basel 1557, S. 526). – HdA III, 546ff. – DV 218ff. und Kommentar. – Die Sage gehört in den Umkreis der Erzählungen von den umherziehenden Toten, wobei es sich hauptsächlich um gewaltsam ums Leben gekommene Menschen handelt. Bereits die griechische und römische Antike kennt diese Vorstellung. Pausanias schrieb um 150 n. Chr. von den Geisterkämpfen der in der Schlacht bei Marathon umgekommenen Krieger: »Dort (in Marathon) kann man die ganze Nacht hindurch wiehernde Pferde und kämpfende Männer vernehmen. Wer sich in der Absicht hinstellt, es deutlich zu schauen, der kommt nicht ungestraft davon.« (Meisen, S. 20, nach Pausanias, Führer durch Griechenland I, 32, 4)
Lit.: K. Meisen, Die Sagen vom wütenden Heer und Wilden Jäger, Münster 1935; R. Wünsche, Griechischer und germanischer Geisterglaube, in: Hess. Bl. f. Vk 2 (1903).

109. v. Hagen (Obers.), Das Leben König Sigmunds von Eberhard Windecke, Leipzig 1899, S. 232f. – Datiert auf das Jahr 1432. – (→ *108*).

110. Pohl 1943, S. 65.

111. Pohl 1943, S. 61. – HdAV, 565ff.; IV, 472f.

112. Kühnau 1926, S. 493, Nr. 477; K. Kaisig, Volkslegende und Aberglaube, in: Oberschlesien, 15. Jg. (1916/17) S. 420. – HdAIX, 472ff. (Weltkriegs-Weissagung). – Der Erste Weltkrieg 1914–18 wurde durch zahlreiche Kriegsprophezeiungen vorausgesagt, in denen vor allem die Jahreszahl 1913 in ihrer negativen Bedeutung eine Rolle spielte. In einer Dreizahl-Formulierung ging der Spruch um: 1911 ein Glutjahr – 1912 ein Flutjahr – 1913 ein Blutjahr (HdA IX, 473). Wie in der populären Überlieferung üblich, werden ungewöhnliche Ereignisse, seien es Witterungsverhältnisse oder besondere Vorfälle, als Vorbedeutung auf einen Krieg angesehen (→ *91*, *92*). Die umfassendste Darstellung bringt Peuckert (vgl. HdA IX). Meist sind die Weissagungen mit dem Motiv von der letzten Schlacht unter dem Birnbaum (Eichbaum, Birkenbaum) verbunden (→ *116*).

Lit.: Süddeutsche Monatshefte, 29. Jg. (1932) H. 11, Sonderheft: Weissagungen; A. Spamer, Der Krieg, unser Archiv und unsere Freunde, in: Bayer. Hefte f. Vk 2 (1915) S. 2–7; L. von Egloffstein, Kriegssagen von heute, in: Bayer. Hefte f. Vk 2 (1915) S. 188–193; G. F. Meyer, Weltkrieg und Volkssage, in: Mitt. aus d. Quickborn 26 (1933) Nr. 2, Hamburg 1933; E.M. Kronfeld, Der Krieg im Aberglauben und Volksglauben, München 1915; Hübscher 1952.

113. Pohl 1943, S. 63. – (→ *112*).

114. G. Kapfhammer, Bayerische Sagen, Düsseldorf 1971, S. 170. A: Kapfhammer, O: St. Englmar, 1963. – Mda.: homas = haben wir; gwen = gewesen; Feiazunga = Feuerzungen; Veidreich = Viechtreich, Gebiet um Viechtach; sejchane = ein solcher; oida = alter; schui = Schule. – (→ *112*).

115. Kühnau 1926, S. 493f., Nr. 478 (K. Kaisig, in: Oberschlesien, 15. Jg., 1916/17, S. 367). – Das Motiv vom ›Geldsummen-Beweis‹ (Peuckert) taucht häufig in Verbindung mit Wahrsagerei auf (→ DV1).

Lit.: W. Schweizer, Die Friedensprophezeiung des Kindes, in: SAV40 (1942) S. 49–60. – (→ *112*).

116. Karasek u. Strzygowski 1932, S. 35f., Nr. 7. – HdAII, 815ff. (Endschlacht); II, 505f. (Dürrer Baum). – DV 20, 21. – Der Glaube an eine eschatologische Schlacht, durch die der Weltuntergang eingeleitet wird, besitzt weite Verbreitung. Er geht auf den Mythos von Gog und Magog (vgl. LDE, s. v.) zurück, der immer wieder auf andere Völker übertragen wird. Verbreitung gewann dieser Glaube durch Prognostica und insbesondere durch das Volksbuch ›Zwölf Sibyllen Weissagung) (→ *2*).

Lit.: W. Brepohl, Vom Ende der Tage. Sinn und Geschichte der Schlacht am Birkenbaum, Essen 1936; Ders., Die Überlieferung von der Schlacht am Birkenbaum – Heute, in: Volkskultur und Geschichte, Fs. f. J. Dünninger, Berlin 1970, S. 484–503; F. Zurbonsen, Die Schlacht am Birkenbaum, Essen 1940; M. Andree-Eysn, Der Birnbaum auf dem Walserfeld, in: Bayer. Hefte f. Vk 2 (1915) S. 185–188; V Prasser, Die Sage von der Zukunftsschlacht am Baum, Berlin 1940; Hübscher 1952; R. Alsheimer, Mythos, Prophetie und Chauvinismus, in: Jb. f. Vk, NF 13 (1990) 108–122.

117. Wolf 1853, S. 139, Nr. 225. – HdA II, 505f. (Dürrer Baum); II, 815ff. (Endschlacht). – DV20, 21. – (→ *116*).

118. R. Federmann u. H. Schreiber, Botschaft aus dem Jenseits, Tübingen 1968, S. 284 (nach Grente, Biograph Pius' V). – Erl.: Juan d'Austria, Joh. v. Österreich (24.2.1547–1.10.1578), Sohn Karls V. und der Regensburgerin Barbara Blumenberg. – Durch den Sieg der italienisch-spanischen Flotte unter Don Juan d'Austria bei Lepanto am Golf von Korinth wurde die türkische Übermacht vollständig vernichtet.
Lit.: Moser 1974.

119. Immanuel Kant, Träume eines Geistersehers, Leipzig i.J., S. 47, Anm. S. XXVIIIff. (zit. nach Rosenberger 1952, S. 26f.). – Emanuel Swedenborg (29.1.1688–29.3.1772) war Gelehrter und Theosoph. Der hier geschilderte Fall gehört zu den berühmtesten Beispielen von Hellsehen in der Parapsychologie. – Kant, der das Geschehen in einem Brief an Charlotte von Knobloch erwähnt, führt dazu aus: »Was kann man wider die Glaubwürdigkeit dieser Begebenheit anführen? Der Freund, der mir dieses schreibt, hat alles das nicht allein in Stockholm, sondern vor ungefähr zwei Monaten in Gotenburg selbst untersucht, wo er die ansehnlichsten Häuser sehr wohl kennt und wo er sich von einer ganzen Stadt, in der doch die meisten Augenzeugen noch leben, hat vollständig belehren können.«
Lit.: E. Benz, Swedenborg, München 1948; Moser 1974.

120. Wehrhan 193 (Geschichtsschreiber der deutschen Vorzeit Bd. 60, S. 112f.). – HdA IX N, 1688 (Vorbedeutung).

121. Holder – Egger (Hrsg.), Die Werke des Abtes Hermann von Altaich nebst den Fortsetzungen seiner Jahrbücher und anderen Altaicher Aufzeichnungen, Leipzig [2]1898, S. 45. – Die Sage entspricht nicht den Tatsachen. Wilhelm von Holland wurde von den

Friesen erschlagen; sie erkannten ihn jedoch nicht und verscharrten ihn (→ *Bd. II*).

Lit.: Th. Hasse, König Wilhelm von Holland, Leipzig 1887.

122. W. Wattenbach u. K. Platner (Hrsg.), Die Kölner Königschronik, Leipzig [2]1896, S. 6f. – Gerbert von Aurillac, Erzbischof von Ravenna, Papst Sylvester II. (2.4.999–12.5.1003) war einer der größten Gelehrten seiner Zeit, der bei maurischen Gelehrten in Sevilla und Cordoba studiert hatte. Seines großen Wissens wegen hielt man ihn für einen Zauberer, später für das Urbild des Dr. Faust; zahlreiche Legenden hefteten sich an ihn. In den ›Historischen Miniaturen‹ schildert Strindberg Ereignisse aus seinem Pontifikat.

Lit.: J. v. Döllinger, Papstfabeln des Mittelalters, München 1863; K. Schulteß, Die Sagen über Silvester II, Hamburg 1893.

123. J. Bräuner, Physikalisch – und Historisch – Eröerterte Curiositaeten ..., Frankfurt 1737, Kap. XXXV, S. 538 (Baronius, Annales ecclesiastici, Antverpiae 1546, Tom. V, S. 331f. ad annum 411). – AaTh 470. – DV 123, 124, 206. – Die Übereinkunft zweier Freunde, nach dem Tode zu melden, wie der Aufenthalt in der anderen Welt beschaffen sei, die ›Botschaft aus dem Jenseits‹, wird hier von zwei historischen Persönlichkeiten berichtet, von den Gelehrten Marsilius Ficinus (1433–1499) und Michael Mercato. Neben zahlreichen Versionen dieser Sage aus der mündlichen populären Tradition sind solche Verabredungen aus der Neuzeit und in der parapsychologischen Literatur bekannt. So wird diese Geschichte von Benjamin Franklin und seinem Freund Charles Osborne sowie von dem Entfesselungskünstler Houdini und dessen Partner Ch. J. Carter erzählt.

Auch von Goethe wird eine solche Verabredung berichtet. In Kestners Tagebuch heißt es unter dem Datum des 10. September (1772): »Mittags aß Dr. Goethe bei mir im Garten. Ich wusste nicht, dass es das letzte Mal war ... Abends kam Dr. Goethe nach dem Deutschen Hause. Er, Lottchen und ich hatten ein merkwürdiges Gespräch von dem Zustand nach diesem Leben, vom Weggehen und Wiederkommen usw., welches nicht er, sondern Lottchen anfing. Wir machten miteinander aus, wer zuerst von uns stürbe, sollte, wenn er könnte, den Lebenden Nachricht von dem Zustande jenes Lebens geben. Goethe wurde ganz niedergeschlagen, denn er wusste, dass er am anderen Morgen weggehen wollte.« (Goethes Werke, Hamburger Ausgabe, Bd. 6, S. 515).

Der Philosoph Marsilius Ficinus

Lit.: L. Petzoldt, AaTh 470: Friends in Life an Death. Zur Psychologie und Geschichte einer Wundererzählung, in: Rheinisches Jahrbuch f. Vk 19 (1968) S. 101–161; Nachdruck in: Petzoldt 1989, S. 101–144; G. Petschel, Freunde in Leben und Tod, Diss. Göttingen 1968; A. Jaffé, Gespenstererscheinungen und Vorzeichen, Zürich 1958, bes. S. 129f.; Moser 1974; Scheiber 1985, S. 201f.

124. Das Buch vom heiligen Karl, in: A. Bachmann u. S. Singer, Deutsche Volksbücher. Aus einer Zürcher Handschrift des fünfzehnten Jahrhunderts, Tübingen 1889, S. 111 (hier nach Wehrhan 37). – AaTh 470. – DV 123,124,206. – (→ *123*). Erl.: Jakobus = Jakobus d. Ältere, Apostel, dessen Leib in Santiago di Compostela begraben sein soll. Berühmteste Wallfahrt des Mittelalters.

125. Müller II, 1929, S. 119, Nr. 656.2. – AaTh 470. – DV 123, 124, 206. – (→ *123*). – Mda.: An = Ahne; wytter = weiter; Wyn = Wein; sye = sei; yngedenk = eingedenk; syn = seine; beschlüßlich = abschließend.

126. Einhard, Vita Caroli, 32 (zit. nach R. Buchner, Hrsg., Quellen zur karolingischen Reichsgeschichte, Berlin 1956, 1. Teil, S. 201), S. 203. – HdA IX N, 1730 ff. (Vorzeichen). – Vorzeichen sind Vorgänge gleichnishafter Art, »durch die ein in der Zukunft liegendes Geschehnis angezeigt und sein Ablauf vorbedeutet wird« (Peuckert). – In den ›Monathlichen Unterredungen‹ (einem fiktiven Gespräch zwischen zwei Freunden) Ottos von Graben zum Stein III, S. 314 heißt es: »Ich erinnere mich, lieber Pnevmatophile, in den ältern und neuern Welt-Geschichten gefunden zu haben, dass fast niemals ein Todes-Fall eines hohen Potentaten erfolget sey, wo man nicht vorher gewisse Zeichen in natürlichen Dingen angemercket habe. Es sind z. E. Cometen und andere ungemeine Feuer-Zeichen in der Luft erschienen, die Flüsse haben sich ergossen, die Leib-Pferde oder andere beliebte Thiere sind dahin gefallen, oder es haben sich andere natürliche Wirkungen geäussert.«

127. Hamburgischer Correspondent Nr. 183, 1724 (Buchner 1912, II, S. 132, Nr. 219). – Ein Zeitungsbericht.

128. Decker-Hauff 1964, II, S. 374 (Zimmerische Chronik). – Erl.: Lusingen = Lusignan; Kirchen = Kirchheim/Ries; Güntersdal = Günterstal bei Freiburg; Agnaten = Blutsverwandte väterlicherseits.

129. Meiche 1903, S. 10, Nr. 8 (Grässe I, 1867, Nr. 28).

130. Ch. Richet, Grundriss der Parapsychologie ... Stuttgart 1924, S. 279 (hier nach Rosenberger 1952, S. 123). – Bernhard von Gudden (geb. 7. Juni 1824) ertrank am 13. Juni 1886 zusammen mit dem bayerischen König Ludwig II., dessen Leibarzt er war, im Starnberger See. – Der Tod Ludwigs II. und die Rolle Dr. Guddens wird in der populären Überlieferung und besonders im Bänkelsang häufig besungen.
Lit.: W. Richter, Ludwig IL, 1950; vgl. auch: Süddeutsche Monatshefte 27 (1930); Gebhardt Bd. 16, Kap. 6 (3, III); L. Petzoldt, Bänkellieder und Moritaten aus drei Jahrhunderten, Frankfurt/M. 1982, Nr. 43 (Neuschwanstein-Lied); R. Hacker, Ludwig in Augenzeugenberichten, 1966.

131. Meiche 1903, S. llf., Nr. 10 (Grässe I, 1867, Nr. 151). – HdA IX N, 150ff. (Schicksalsbaum).

132. H. von Racowitza, Von Anderen und mir, Erinnerungen aller Art, Berlin 41910, S. 141 f. (hier nach Rosenberger 1952, S. 118f.). – HdA IX N, 150ff. (Schicksalsbaum). – Helene v. Dönniges (geb. 21.3.1845 in München, gest. 3.10.1911) war Schauspielerin und Schriftstellerin. Ferdinand Lasalle (11.4.1825–31.8.1864), Jurist, war der Begründer der Sozialdemokratie in Deutschland.
Lit.: O. Lauffer, Schicksalsbaum und Lebensbaum im deutschen Glauben und Brauch, in: Zs. f. VK 45, NF 7 (1935) S. 215ff.

133. J. Schwering, Friedrich Wilhelm Weber. Sein Leben und seine Werke, Paderborn 1900, S. 132–134 (hier nach Rosenberger 1952, S. 101). – HdA VIII, 1691ff. (Vorgeschichte); IX N, 248. – DV 8–11 (m. Karte S. 347). – Friedrich Wilhelm Weber (geb. 26.12. 1813 in Alhausen, gest. 5.4.1894 in Nieheim) war Arzt und Dichter. Er schrieb das zu seiner Zeit viel gelesene Epos ›Dreizehnlinden‹. – Die Sage gibt ein Beispiel für das parapsychologische Phänomen der Vorschau (Zweites Gesicht). Diese Vorschauerlebnisse, auch Vorspuk, Spökenkieken genannt, treten auffallend häufig in Norddeutschland (Friesland, Niedersachsen, Westfalen) auf. In ihren ›Bildern aus Westfalen) schreibt Annette v. Droste-Hülshoff, dass man in Westfalen »überall auf notorisch damit Behaftete trifft und im Grunde fast kein Eingeborener sich gänzlich davon freisprechen dürfte«. Im Vorspuk kündigt sich ein zukünftiges Ereignis durch einen sinnlich wahrnehmbaren Vorgang an, der jedoch nur subjektive Realität besitzt.
Lit.: K. Schmeing, Seher- und Seherglaube, Darmstadt 1954; G. Grober-Glück, Zur Verbreitung und Deutung des Zweiten Gesichts, in: Zs. f. Vk 55 (1959) S. 227–258; F. Kammeier, Zweites Gesicht und eidetische Veranlagung. Über den Versuch von Karl Schmeing, das Phänomen des Zweiten Gesichts auf eidetische Veranlagung zurückzuführen, in: Rhein. Jb. f. Vk 10 (1959) S. 253–279; K. Ilg, Über das Verkünden und das Zweite Gesicht in den Alpenländern, in: Innsbrucker Beitr. zur Kulturwissenschaft (Amman-Fs.) II, Innsbruck 1954, S. 132–139; H. Bender, Unser sechster Sinn, Stuttgart 1971; G.N.M. Tyrrell, Mensch und Welt in der Parapsychologie, Bremen 1972; S. J. van der Molen, Het Tweede Gezicht, in: Neerlands Volksleven 17. Jg. Nr. 1 (1967) S. 5–77.

134. Otto von Graben zum Stein, Unterredungen von dem Reiche der Geister, Leipzig 21731, II, S. 246 (nicht bei Peuckert 1961).

135. Pohl 1943, S. 64.
Lit.: W.H.C. Tenhaeff, Kontakte mit dem Jenseits, Berlin o.J.; Kronfeld 1915.

136. Pohl 1943, S. 117. – (→ *135*).

137. Kuhn u. Schwartz 1848, S. 180, Nr. 203. – Mda.: Kempe = Eber, Wildschwein. – Mit der Sage von dem historisch nicht nachweisbaren Forstmeister Hackelberg hat sich das Motiv vom Wilden Jäger verbunden; neben Dietrich von Bern und dem Rodensteiner (vgl. Historische Sagen II) gilt Hackelberg in der lokalen populären Überlieferung als Anführer der Wilden Jagd. – Zu Beginn des 19. Jh. tritt das mythische Motiv vom Ebertraum hinzu, ein schicksalskündender Traum, dessen Erfüllung nicht auszuweichen ist. Dieses Motiv stammt aus der antiken Tradition. Bei Herodot (I, 36–45) wird von dem Eber auf dem Olymp berichtet, den Atys, der Sohn des Kroisos, erlegen will. Kroisos ist durch einen Traum gewarnt, Atys werde durch eine eiserne Lanze fallen, und will ihn nicht zur Jagd ziehen lassen, aber Atys überredet ihn: »Von einer eisernen Lanze, sagt das Traumbild, soll ich fallen? Aber der Eber hat doch keine Hände und keine eiserne Lanze! Wenn es sagte: durch einen Zahn würde ich fallen oder durch andere Waffen, wie sie ein Eber hat, so handeltest du recht …« (I, 39). Kroisos lässt seinen Sohn zur Jagd ziehen und dort wird er von einer Lanze, die den Eber verfehlte, tödlich getroffen.

Die weiße Frau (Notgeldschein)

Lit.: H. Meier, Die Hackelbergsage, Diss. Göttingen 1954; W.-E. Peuckert, Sagen – Gebot und Antwort der mythischen Welt, Berlin 1965, bes. S. 33f.; W. Haussig (Hrsg.), Herodot. Historien. Deutsche Gesamtausgabe, Stuttgart [2]1955; G. Kinkel, Mosaik zur Kunstgeschichte, Berlin 1876, S. 161–243; M. Korten, Die Namen und die Substitutionen des Wilden Jägers ... Diss. Bonn 1959; LDE, s.v.

138. H. Wahl (Hrsg.), Prinz Louis Ferdinand v. Preußen, Weimar 1917, S. 400 (nach Aufzeichnungen des General-Adjutanten v. Nostiz; vgl. Rosenberger 1952, S. 64f.). – Prinz Louis Ferdinand (geb. 18.11.1772) fiel bei Saalfeld am 10.10.1806. – Die Weiße Frau‹ soll nach der Überlieferung im Hause Hohenzollern jedesmal erscheinen, wenn einem der Mitglieder ein Unglück zustoßen wird. So auch in diesem Falle. In der Schlacht bei Saalfeld wurden die Preußen und Sachsen besiegt und Prinz Louis Ferdinand fiel durch einen Säbelhieb. – Die erste Erscheinung der Weißen Frau der Hohenzollern ist bereits im Jahr 1486 im Bayreuther Schloss bezeugt. Die Identifizierung der Weißen Frau mit der Gräfin von Orlamünde (→ *33)* ist zweifellos eine nachträgliche Zutat.

Lit.: R. Kühnau, Über weiße Frauen, in: Mitt. d. Schles. Gesellschaft f. Vk XV (1913) S. 186–207; M. Wähler, Die weiße Frau, Erfurt 1931; C. Lecouteux, Geschichte der Gespenster und Wiedergänger im Mittelalter, Köln, Wien 1987; LDE 178 f.

139. Müllenhoff 1845, Nachtr. Nr. 595 (Müllenhoff 1921, S. 363f., Nr. 533). A: um 1840. – (→ *138*).

140 Grimm DS 123. – (→ *138*).

141. Kuhn u. Schwartz 1848, S. 23, Nr. 29. – (→ *138*).

142. G.Fr. Daumer, Das Geisterreich in Glaube, Vorstellung, Sage und Wirklichkeit, Dresden 1867, 11, S. 166 (vgl. Rosenberger 1952, S. 60f.). – (→ *138*).

143. Quensel 1926/1974, S. 321 (nach Mitzschke, Sagenschatz der Stadt Weimar u. ihrer Umgegend. Weimar 1904, Nr. 104). – Christiane von Laßberg war Hoffräulein in Weimar. Goethe erwähnt diesen Vorfall in seinem Tagebuch im Februar 1787: »17. ward Christel v. Laßberg in der Ilm vor der Floßbrücke unter dem Wehr von meinen Leuten gefunden. Sie war abends vorher ertrunken.« Unter dem 18. heißt es: »Knebel blieb bei mir die ganze Nacht. Viel über der Christel Tod. Dies ganze Wesen dabei ihre letzten Pfade p. p. in stiller Trauer einige Tage beschäftigt um die Szene des Tods, nachher wieder gezwungen zu theatralischem Leichtsinn.« – Vgl. den Brief Goethes an Frau v. Stein, vom 19. Jan. 1778 (Propyläen-Ausgabe III, S. 434).

144. Rosenberger 1952, S. 126–128. E/A: H.H. von Veltheim-Ostrau (nach einer Mitteilung an den Herausgeber). – Paul v. Hindenburg (geb. 2.10.1847 in Posen, gest. 2.8.1934 in Neudeck) war Generalfeldmarschall im Ersten Weltkrieg, seit 1925 Reichspräsident.

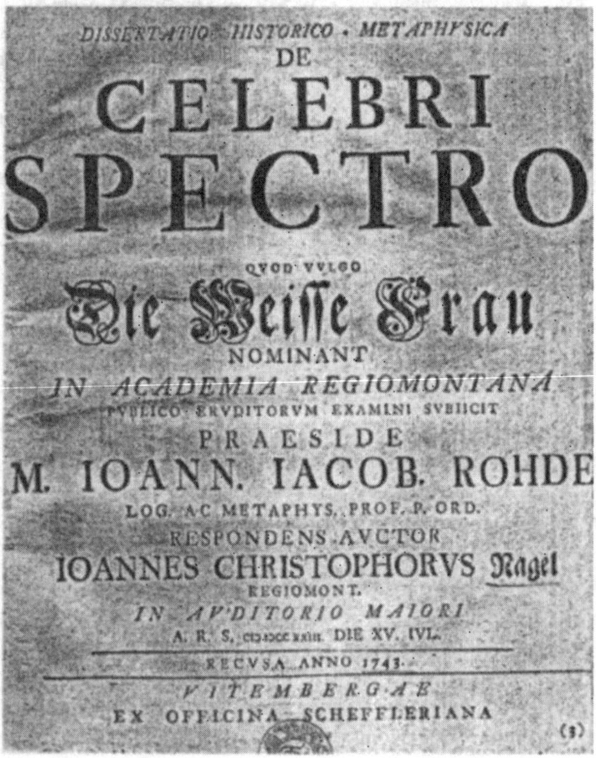
DISSERTATIO HISTORICO - METAPHYSICA
DE
CELEBRI
SPECTRO
QVOD VVLGO
Die Weisse Frau
NOMINANT
IN ACADEMIA REGIOMONTANA
PVBLICO ERVDITORVM EXAMINI SVBIICIT
PRAESIDE
M. IOANN. IACOB. ROHDE
LOG. AC METAPHYS. PROF. P. ORD.
RESPONDENS AVCTOR
IOANNES CHRISTOPHORVS Nagel
REGIOMONT.
IN AVDITORIO MAIORI
A. R. S. [illegible] DIE XV. IVL.
RECVSA ANNO 1743.
VITEMBERGAE
EX OFFICINA SCHEFFLERIANA

Titelblatt einer Doktorarbeit über die „Weiße Frau“
aus dem Jahr 1743

IV. Genealogische Sagen

145. Paulus Diaconus, Historia Langobardorum 1, 15; geschrieben zwischen 787 und 797. – Grimm DS 393, 411, 521. – AaTh 762. – DV290. – Das Motiv von der Vielgeburt wird in vielen Adelsgeschlechtern als Ursprungssage, meist mit etymologischer Deutung des Geschlechternamens (Welf, Hunt → *146, 147)* überliefert. Dass solche Mehrgeburten immer wieder berichtenswert erschienen, zeigt folgende Zeitungsnachricht:

„Portugal!. Zu Lissabon hat eine Frau von 25 Jahren 7 Knäblein zugleich gebohren / die auch alle lebendig die heilige Taufe empfangen /5 aber sind bald nach der Zeit gestorben. In dem vorigen Jahre hat eben diese Frau 4 Kinder zugleich gebohren / davon auch noch zwey am Leben sind."
(Wöchentliche Relationen. Halle 1718. Nr. 9. Buchner 1914).

146. Depiny 1932, S. 429, Nr. 426. – Die Sage geht von einem vorhandenen Relief aus und verbindet sich mit dem Motiv der Namensdeutung ›Hund‹. – (→ *145,147*).

147. Schöppner 1852/53, II, Nr. 477. – AaTh 762. – DV 290. – Erl.: Altorf = heute Weingarten/ Württ.; Kellerin = Haushälterin; Scherz = Scherzach (Bach). – Die Sage erklärt den Namen Welf, indem sie ihn auf Welpe, junger Hund, zurückführt. Auch das fränkische Geschlecht Hunt deutet seinen Namen durch diese Ursprungssage (Panzer, Bayerische Sagen und Bräuche, ed. W.-E. Peuckert, 1954, I, S. 6, Nr. 8a; vgl. auch → *146*). – Die Vielgeburtsage ist in verschiedenen Ausprägungen in ganz Deutschland verbreitet. Zum Verständnis der Sage ist es notwendig, den im ausgehenden Mittelalter verbreiteten volksmedizinischen Aberglauben zu berücksichtigen, dass eine Frau bei dem Verkehr mit einem Manne jeweils nur ein Kind empfangen könne. Zwillingsgeburten und erst recht Mehrgeburten konnten demnach nur aus dem Verkehr mit mehreren Männern herrühren. – Der Name der Weifen wird in anderen Genealogien verschieden gedeutet:

»Einer der frühesten Vorfahren der Weifen nahm die Tochter des römischen Senators Catilina zur Gemahlin. Ihr Sohn wurde ebenfalls Catilina genannt, d.h. verdeutscht Welf (von lat. catulus = Welpe junger Hund). Um ihrer Muttersprache Genüge zu leisten, verwarfen die Wellen den römischen Namen und nahmen den deutschen an.

Andere behaupteten, dem genannten Vorfahr des Geschlechtes habe seine Gemahlin einen Sohn geboren, während er sich beim Kaiser aufgehalten habe. Die Gattin ließ ihm die Geburt eines Sohnes melden und ihn heimrufen. Vor seiner Abreise überbrachte er die gute Nachricht dem Kaiser, der jedoch spöttisch sagte: ›Wie, wegen eines Weifen, der euch geboren wurde, eilt ihr so sehr, heimzukehren?‹). Der Mann erwiderte: ›Den Namen, den ihr schon dem Kinde gegeben habt, werdet ihr ihm später mit mehr Recht geben müssen; denn so Gott will, sollt ihr es unter diesem Namen aus der heiligen Taufe heben!‹ Und so geschah es.« (Eine alte Genealogie der Weifen und des Mönchs von Weingarten Geschichte der Welfen .... übersetzt v. G. Grandaur, Leipzig 1895, ed. W. Wattenbach, S. 7f.) –

Eine ähnliche Sage als Predigtexempel: »In Holland war ein Gräfin, die straffte ein arme Frau mit schmählichen Worten, dieweil sie auff einmahl zway Kinder getragen.

Der Stein der Siebenlinge. An einem Haus in Hameln.
Am 9. Januar 1600 hat eine Bürgerin Anna Breners
„zwei Knäblein und fünf Mädelein auf eine Zeit geboren".

Aber die Gräfin wird wegen ihres freventlichen Urtheils von Gotte gestrafft, wie ihrs das arme Weib gewünscht, dann sie gebahr auff einmahl so vil Knäblein, als vil Täg im Jahr seynd.« (Antonius Davroultius, Historischer Catechismus, welcher außerleßne Exempel ... in sich haltend ... Augspurg 1730, S. 246, Nr. 9).

Lit.: F. Weber, Bildliche Darstellungen alter Volkssagen in Landkirchen und Kapellen, in: Bayer. Hefte f. Vk 4 (1917) S. 231ff.; A. Meyer, Das Neunkindermärchen in Schlesien, in: Mitt. d. Schles. Gesellschaft f. Vk 5 (1903) S. 72–74; M. Schindler, Die Kuenringer in Sage und Legende, Wien 1981.

148. Zimmerische Chronik, ed. H. Decker-Hauff, Darmstadt 1964, II, S. 187. – Mda.: hochzeiterna = Hochzeiterin, Gattin; bethon = beschmutzen; bewist = wie es denn zu beweisen ist; supra modum viriles = überaus potent; zeuglin = Glied(er). Erl.: Durch den Korb gefallen = abgewiesen werden; zu der Redensart (→ *12).*

149. P. Zaunert, Rheinlandsagen, Jena 1924, II, S. 89ff. (nach Gert van der Schuren, Clevische Chronik, 1478). – BP I, 432 (Grimm KHM 49). – Ihre charakteristische Gestaltung fand die Sage zur Zeit der Kreuzzüge, wo sie als Geschlechtersage des Hauses der Grafen von Boulogne (Gottfried v. Bouillon) und später des Hauses Brabant die wunderbare Herkunft dieser Geschlechter bezeugen sollte. In Wolframs von Eschenbach ›Parzival‹ wird die Sage erstmals als Brabanter Geschehen erzählt.

Hier taucht auch zuerst der Name Lohengrin (→ *150*) in der Form ›Garin le Lorraim auf. Nach Cleve gelangte die Sage durch Heirat im 15. Jh. Die Grafen von Cleve-Mark sahen in ihr ein Mittel, den Glanz des Geschlechtes zu vermehren. Sie wurde durch den Sekretär Johannes' II., Gert van der Schuren, aufgezeichnet, der die Namen des Schwanenritters und seiner Gattin französischen Fassungen der Sage entnahm! (v. der Leyen u. Höttges 1933, S. 135f.). Aus dem Brabanter Raum sind bereits im 12. Jh. chronikalische Fassungen bekannt. – Die Sage gehört in die Nähe des Märchens vom Tierbräutigam, ein Märchentyp, für den das Frageverbot, auf das sich die Ehe gründet, konstituierend ist. Die Übertretung des Verbots hat die Rückverwandlung in ein Tier zur Folge. Durch die Verbindung mit historischen Ereignissen wurde dieser Märchentyp aktualisiert. Das deutsche Volksbuch beruht auf dem französischen Chanson des ›Chevalier au Cigne‹ (1770/90); vgl. den Text bei Grimm DS 540.

Lit.: Frenzel 1962, S. 574–577; J.F.D. Bloete, Das Aufkommen von Brabon Silvius, dem brabantischen Schwanenritter, Amsterdam 1904; A. G. Krüger, Die Quellen der Schwanritterdichtungen, 1936; W. Krogmann, Die Schwanrittersage, in: Archiv f. d. Studium d. neueren Sprachen u. Lit. 171 (1937). C. Lecouteux, Melusine et le Chevalier au Cygne, Paris 1982.

150. Grimm DS 542 (vgl. auch 539–541). – (→ *149*). – Der Stoff wurde durch Richard Wagners Musikdrama ›Lohengrin‹ (1847) wiederbelebt. Durch geschickte Straffung der Handlung und Verschmelzung von Personen – er zog die Gestalt des Telramund und des Herzogs v. Cleve zu einer zusammen –, erreichte er dramatische Spannung. Der Schwan, vorher der verzauberte Bruder Lohengrins, wurde zum Bruder Elsas. *Lit.:* R. Heinrichs, Die Lohengrindichtung und ihre Deutung, Frankfurt 1905 (Frankf. zeitgem. Broschüren 24, S. 157–212); Cassel, Der Schwan in Sage und Leben, Berlin 1872.

151. Grimm DS 528 (nach dem altdeutschen Gedicht Erkenbolds aus dem 14. Jh.). – HdMII, 74ff. (Fee).– HdAI, 912ff. ›barfuß‹; III,224f. ›Fuß‹. – HdS494 ›Ameil-a-l'oeil de Lephy‹. – BP II, 326ff. – DV320. LDE, ‚Melusine', ‚Undine'-Mda.: Mette = Messe; Bühne = Decke zum Speicher (Boden, Bühne). – Der früheste deutsche Beleg für diese Sage findet sich in einer mitteldeutschen Versnovelle um 1300. Trotz früher literarischer Bearbeitung liegt hier ein volkstümlicher Stoff vor, der mit dem Motiv der Feenliebe mittelalterlichen Glaubensvorstellungen entsprach. Die hier abgedruckte Grimmsche Fassung zieht außer dem oben erwähnten Gedicht auch die Fischartsche Bearbeitung von 1588 heran, auf die sich der im obigen Text gestrichene Absatz bezieht: »Im 16. Jh. nach Fischarts Zeugnis wusste das Volk der ganzen Gegend noch die Geschichte von Peter dem Staufenberger und der schönen Meerfei, wie man sie damals nannte. Noch jetzt ist der Zwölfstein zwischen Staufenberg, Nußbach und Weilershofen zu sehen, wo sie ihm das erstemal erschienen war; und auf dem Schlosse wird die Stube gezeigt, da sich die Meerfei soll unterweilen aufgehalten haben.« Hier wird sichtbar, dass die Melusinensage in der mündlichen Überlieferung lebte. Sie zeigt nahe Verwandtschaft zu der Geschlechtersage der Herren von Lusignan bei Poitiers. In der ältesten erhaltenen altfranzösischen Fassung der Melusinensage, der ›Histoire de Lusignan von Jean d'Arras (1387/94), ist Melusine die Stammmutter des Geschlechts der Lusignan. Sie verwandelt sich jeweils sonnabends in ein fischschwänziges Meerweib. Als ihr Gatte Raimund das Versprechen sie sonnabends zu meiden bricht und sie im Bad beobachtet, verschwindet sie für immer, und sein Glück verlässt ihn. Kern der Sage ist das ubiquitär verbreitete Motiv der Heirat eines Menschen mit einem übernatürlichen Wesen. Als genealogische Sage dient sie der Hervorhebung der Exklusivität eines Adelsgeschlechtes und wird außer von Lusignan auch von dem in der Ortenau beheimateten Geschlecht von Diemeringen erzählt. Große Verbreitung gewann die Sage durch Volksbücher in Spanien, Holland, England. Das deutsche Volksbuch beruht auf der Prosafassung des Thüting von Ringoltingen (1456). – Diese Erzählung bildet auch die Grundlage für Friedrich de la Motte-Fouqués Erzählung ›Undine‹ (1811).

Lit.: J. Kohler, Der Ursprung der Melusinensage, Lpz. 1895; K. Heisig, Über den Ursprung der Melusinensage, in: Fabula 3 (1959) S. 170–181; K. v. Spiess, Die Sagen von der Fisch- oder Schlangenjungfrau, in: Wiener Zs. f. Vk 46 (1941); O. Dinges, Peter von Staufenberg, Diss. Münster 1942; O.A. Müller, Burgensagen, in: Die Or-

Der Fuß der Melusine erscheint während des Hochzeitsmahles an der Decke (Illustration aus der 1870 verbrannten Handschrift, erhalten durch einen Steindruck von 1823).

tenau 21 (1934) XXII–XXXII; W. Geiler, Schloss Staufenberg, in: Die Ortenau 21 (1934) S. 275–287; R. Asmus, Die Sage von Peter Staufenberg und ihre dichterische Ausgestaltung, in: Die Ortenau 6/7 (1919/20) S. 1–23; X. v. Ertzdorff, Die Fee als Ahnfrau, in: Fs. für Hans Eggers, Tübingen 1972, S. 428–457; Frenzel 1962, S. 424f., (Melusine), S. 647ff. (Undine). L. Petzoldt 2008.

152. Decker-Hauff 1964, I, S. 44. – (→ *151*). – DV 320. – Mda.: beliben, = geblieben; vor authenticum nit anziehen = nicht als Tatsache berichten. – Die Übertragung der Melusinensage (→ *151*) auf das Geschlecht der Grafen von Zimmern.

Lit.: X. v. Ertzdorff, Die Fee als Ahnfrau, in: Fs. für Hans Eggers, Tübingen 1972, S. 428–457; weitere Lit.: *151, 149*).

153. K. Storch, Sagen des Kreises Mies, Dinkelsbühl 1958, S. 24. E: Anna Wenzlik, aus Wellana, O: Nürschan/Böhmen. – (→ *151*). – DV 320, 330. – HdA IX, 629 ›Wind‹. – Die böhmische Sage wandelt den Namen der Melusine mundartlich ab. Melusine wird zu einem Winddämon; die Erzählung ist mit dem brauchtümlichen Motiv des ›Windfütterns‹ verbunden. Als sog. Elementeopfer gab man Feuer, Wasser und Wind etwas von den Speisen ab, um das feindliche Element zu versöhnen. Dieser Brauch ist sehr altertümlich.

Lit.: E. Burgstaller, Elementeopfer in Österreich, in: Jb. d. oberösterr. Musealvereins 101, Linz 1957, S. 163–211 (m. Karte); L. Kretzenbacher, Windfüttern in Steiermark, in: Bl. f. Heimatkunde … 29, Graz 1955.

154. U. Benzel, Volkserzählungen aus dem nördlichen Böhmerwald, Marburg 1957, S. 27, Nr. 95. E: Jos. Salfer, sen. (von der Mutter gehört), A: U. Benzel, O: Lollar, 3.11.1952. – (→ *151*). – DV320, 330. – Mda.: hot bodt = gebadet hat; schein = schön; heint = heute; asstraht = ausgestreut. – Eine Kontamination der Sage von Melusine mit volkstümlichen Vorstellungen von Elementargeistern und dem Brauch des ›Windfütterns‹ (→ *153*).

155. G. Grandaur (Übers.), Die Chronik des Mathias von Neuenburg, Leipzig 1912, S. 3. – Rudolf I. v. Habsburg, deutscher König von 1273–1291.

Lit.: O. Redlich, Rudolf von Habsburg, Innsbruck 1903.

156. Grimm DS 527. – Eine Sage, die den Reichtum durch die Silbergewinnung und damit die plötzlich auftretende Macht des

Geschlechts der Zähringer erklären soll. Verbunden ist damit die Erklärung des Namens Kaiserstuhl und die Gründung der beiden nahegelegenen Klöster St. Ruprecht und St. Peter. Das Motiv, dass ein Köhler Ahnherr eines Adelsgeschlechts ist, wird auch anderswo erzählt (→ *157*).

Lit.: Heyck, Geschichte der Herzöge von Zähringen, Freiburg 1891; F. Pfaff, Die Sage vom Ursprung der Herzöge von Zähringen, in: Ders., Volkskunde im Breisgau, Freiburg 1906, S. 9–34.

157. Kühnau 1926, S. 534f., Nr. 528. E: Schymosch, Diener, A: Kühnau, O: Preußisch-Krawarn, 1924. – (→ *156*).

158. Schweizerisches Heldenbuch 1624 (zit. nach L. v. Bodmann, Geschichte der Freiherrn von Bodmann, Lindau 1894, S. 55, Nr. 201). – Erl.: Salmansweiler = Kloster Salem. – Der Schlossbrand war am 16. Sept. 1307 und Johann v. Bodmann der einzig Überlebende des Namens; von daher trägt jeder männliche Angehörige des Geschlechts den Namen Johann bzw. Hans. – Zum Motiv des ›Nebelheilens‹ stellt sich in einigen Sagen Süddeutschlands noch die Gestalt des ›Nebelmännleins‹.

Lit.: R. Weiss, Nebelheilen, Teufelheilen …, in: SAV45 (1948) S. 225–261.

159. Grässe 1871, II, S. 689. – Schelm bedeutet ursprünglich Leichnam, Aas, toter Tierkörper und wird zum mittelbaren Berufsnamen des Abdeckers (Kluge-Mitzka s.v.). – Die Sage versucht einen Geschlechtsnamen zu erklären; vgl. auch das Gedicht ›Der Schelm von Bergen‹ von K. Simrock.

160. Ebda. – (→ *159*).

161. Ebda, S. 690. – (→ *159*).

162. Grässe 1871, II, S. 688, Nr. 770.

163. Grimm DS 41 (Erster Teil). – Die Sage erklärt die Bildung der verschiedenen Zweige der Familie, die diese Kleinodien erben. – Mda.: Spille = Spindel. – (→ *164*).

164. Grimm DS 41 (nach einer französischen Novellensammlung ›L'amant oisif, Brüssel 1711, S. 405–411, unter dem Titel ›La comtesse de Falinsperk [!], nouvelle Allemand‹). – Die Dreizahl der Familienerbstücke, die an die drei Kinder als Begründer der verschiedenen Zweige des Geschlechts verteilt werden und Glück bringen sollen, ist volkstümlicher Überlieferung entnommen; vgl. die Dreizahl ›Streichmaß, Ring und Bechen (→ *166*). Um die Herkunft der Kleinode zu motivieren, ist das Motiv vom Hebammendienst bei den Unterirdischen mit der Geschlechtersage verknüpft.

Lit.: K. v. Rantzau, Eine Familienchronik, Celle 1865; M. Lüthi, Die Gabe im Märchen und in der Sage, Bern 1943, bes. S. 34–60.

165. Pohl 1943, S. 198f. – HdAIXN. 1064ff. RGA „Hausgeister"– Die Sage erklärt die Herkunft des Familienringes als Geschenk der Zwerge, um seine Besonderheit zu betonen. Verbunden ist damit das Motiv der Zwergenhochzeit; vgl. das Gedicht (Hochzeitlied) von J.W. v. Goethe. Auslösendes Motiv ist der Volksglaube, man müsse die Unterirdischen speisen, um sich ihr Wohlwollen zu sichern. *Lit.:* H. Rühmann, Opfersagen des Hausgeist- und Zwergenkultes, Diss. Kiel 1938; E. Lindig, Hausgeister. Die Vorstellungen übernatürlicher Schützer und Helfer in der dt. Sagenüberlieferung. Frankfurt/M. 1987.

166. Grimm DS 71 (nach: Memoires du maréchal de Bassompierre, Cologne 1666,I, S. 4–6). – DV 318. – HdM II, 74 ›Fee‹. – HdA III, 1239ff. ›Haar‹. – Mda.: Nanzig = Nancy; Schwertmagen = männliche Verwandte; Bassompierre = Bassenstein. – Die Erzählung von der Überraschung eines Liebespaares durch die Ehefrau, die jedoch gerührt von dem Anblick der Liebenden das Haar der Schlafenden zurechtlegt, hat eine umfangreiche literarische Tradition. Goethe erzählt sie in den Unterhaltungen deutscher Ausgewanderten); sie lautet dort:

»Eine schöne Frau, die den Ahnherrn außerordentlich liebte, besuchte ihn alle Montage auf seinem Sommerhause, wo er die Nacht mit ihr zubrachte, indem er seine Frau glauben ließ, dass er diese Zeit zu einer Jagdpartie bestimmt habe.

Zwei Jahre hatten sie sich ununterbrochen auf diese Weise gesehen, als seine Frau einigen Verdacht schöpfte, sich eines Morgens nach dem Sommerhause schlich und ihren Gemahl mit der Schönen in tiefem Schlafe antraf. Sie hatte weder Mut noch Willen, sie aufzuwecken, nahm aber ihren Schleier vom Kopfe und deckte ihn über die Füße der Schlafenden.

Als das, Frauenzimmer erwachte und den Schleier erblickte, tat sie einen hellen Schrei, brach in laute Klagen aus und jammerte, dass sie ihren Geliebten nicht mehr wiedersehen, ja dass sie sich ihm auf hundert Meilen nicht nähern dürfe. Sie verließ ihn, nachdem sie ihm drei Geschenke, ein kleines Fruchtmaß, einen Ring und einen Becher, für seine drei rechtmäßigen Töchter verehrt und ihm die größte Sorgfalt für diese Gaben anbefohlen hatte. Man hob sie sorgfältig auf, und die Abkömmlinge dieser drei Töchter glaubten die Ursache manchen glücklichen Ereignisses in dem Besitz dieser Gabe zu finden.« (Goethes Werke, Hamburger Ausgabe, Bd. 6, S. 165).

Die Memoiren des Marschalls Bassompierre geben eine Geschlechtersage wieder, die neben dem Bemühen, das Geschlecht in Beziehung zu überirdischen Wesen zu setzen (—« *149,151),* auch die Herkunft der vererbten Glücksgegenstände ›la cuiller de la fée, la bague, le gobelet‹ erklären soll. Die Dreizahl ist volkstümlich (→ *162*). Ursprünglich Löffel, Ring und Becher, über setzt Goethe cuiller in Anlehnung an cueilloir als Obstkorb, Fruchtmaß. Die Geliebte des Marschalls ist eine Fee, wie die Ahnherrin der Staufenberger und der Herren von Lusignan. – Die bekannteste literarische Bearbeitung gibt Emil Strauss in seiner Novelle ›Der Schleien (1920).

Lit. : H. F. Rosenfeld, Handschuh und Schleier. Zur Geschichte eines literarischen Symbols, Helsingfors 1957; L. Petzoldt, Die Haare der Saligen. Wanderungen und Wandlungen eines dämonologischen Motivs in Literatur und Volksdichtung, in: Der Dämon und sein Bild, ed. L. Petzoldt u. S. de Rachewiltz, Frankfurt/M., Bern, New York 1989, S. 85–102 (Beitr. z. Europ. Ethnologie u. Folklore, Reihe B, Bd. 2); L. Petzoldt, Von der Liebe zu übernatürlichen Frauen, in: B. Rudin (ed.), „Wahr sein kann man“, zu Leben u. Werk von Emil Strauß, Pforzheim 1990, S. 89–100.

167. H.F. Massmann, Bayerische Sagen, München 1831, S. 68f. (nach dem Brixener Volksbuch vom Untersberg, 1782,S. 10). – (→ HS II). – DV318. – HdA III, 1 239 ff. ›Haar‹. – Eine volkstümliche bzw. in einer anderen sozialen Schicht beheimatete Version der Geschlechtersage von der Liebe zu einer überirdischen Frau, einer Fee bzw. einem ›Wildweibchen‹. Sagen von wilden Frauen weisen häufig erotische Züge auf (→ DV 314a, b).

Lit.: R. Günzel, Die witten Wiewer, Diss. Marburg 1955 (m. Karte); W. Herzog, Die Untersbergsage, Graz 1929, hier S. 77f.

168. J.G.Th. Graesse, Geschlechts-, Namen- und Wappensagen des Adels deutscher Nation, Dresden 1876, S. 112. – HdA VII, 702ff. ›Ring‹.

Lit.: Fourlas 1971.

169. Grimm DS 547 (nach Hamelmann, Oldenburgisch Chronikon … 1599, I, c, 10). – Mda.: lautenden = bellenden. – Die Sage ist literarischen Ursprungs und durch einen Bearbeiter in die sog. Hamelmannsche Chronik 1599 eingeschoben worden, um Auseinandersetzungen wegen Erbstreitigkeiten zu beeinflussen. Dabei griff der Bearbeiter (Herings) auf Vorformen dieses Sagentyps in den ›Gesta Romanorum‹ und den ›Otia Imperialia‹ des Gervasius von Tilbury sowie auf skandinavische Sagen vom ›Ljungbyhorn‹ zurück. – Die früheste Aufzeichnung einer Sage dieses Typs liegt im Jahre 1211. Das Kerngebiet der Sage findet sich auf Seeland, in Schonen und Holland; die Sage verbreitete sich über den skandinavischen Raum, Südfinnland, die britischen Inseln und Norddeutschland. – Den Anstoß zur Bildung der Sage bzw. zur Neuverknüpfung älterer Motive gibt ein besonders wertvolles Trinkgerät. Die fremdartige, besonders wertvolle künstlerische Arbeit regte zu

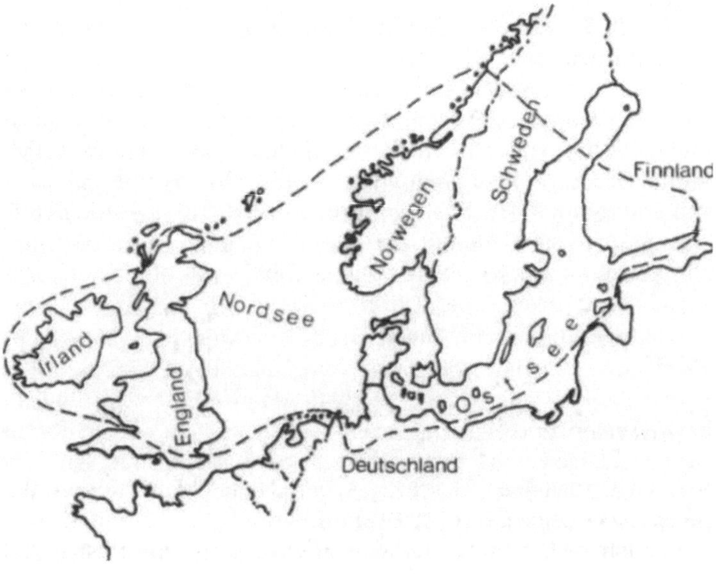

Die Verbreitung der Sage vom Oldenburger Horn umfasst den germanisch besiedelten Teil Skandinaviens und den Herrschaftsbereich der Wikinger in England und Irland, (nach Dageförde).

Fragen über eine außergewöhnliche Herkunft an. Wilhelm Grimm zeichnete für den zweiten Band ›Des Knaben Wunderhorn‹ ein Trinkhorn nach einer Abbildung in Hamelmanns Chronik. Das ›Wunderhorn‹ erscheint 1592 im Besitzverzeichnis der gräflich oldenburgischen Silberkammer unter Nr. 1; es ist das der Nachwelt als ›Oldenburger Horn‹ bekannte Trinkgefäß. Es gelangte durch Erbauseinandersetzungen in den Besitz des dänischen Königshauses und ist heute in der ›Chronologischen Sammlung‹ der dänischen Könige in Kopenhagen aufgestellt.

Lit.: H. Dageförde, Die Sage vom Oldenburger Horn, Oldenburg 1971.

170. Kuhn u. Schwartz 1848, S. 280f., Nr. 314. – (→ *169*).

171. A. Haas, Rügensche Sagen, Bergen 1939, S. 42f., Nr. 79. – (→ *169*). – Vgl. HdS, Sp. 85f., ‹Acker, gepflügter‹.

172. Edelsasser Chronik und ausführliche Beschreibung des unteren Elsasses Straßburg 1592, Buch VIII, S. 41. – Vgl. Stöber 1892, S. 185, Nr. 257.

173. J.G.Th. Graesse, Geschlechts-, Namen- und Wappensagen des Adels deutscher Nation, Dresden 1876, S. 184f.

174. O. Klopp, Geschichten, charakteristische Züge und Sagen der deutschen Volksstämme, Osnabrück 1906, III, S. 174. – Vgl. Grimm DS 474. – Die Erzählung auch als Predigtexempel bei Antonius Davroultius, Historischer Catechismus, welcher außerleßne Exempel... in sich haltend ... Augspurg 1730, S. 399, Nr. 11. *Lit.:* Böhmer, Willigis von Mainz, Leipzig 1895. – K. H. Schäfer, Das Rätsel des Mainzer Rades, Görlitz 1941.

175. Grimm DS 501 (nach Aventin, Bayrische Chronik, Bl. 376a).

V. Fahrten und Abenteuer

176. Heinrich Kurz, Geschichte der dt. Literatur mit ausgewählten Stücken, Leipzig [3]1861, I, S. 381 ff. – HdM I, 473ff. (Eideslist). – Frenzel s.v. – Die mittelalterlichen Tristan-Dichtungen gehen auf ein französisches Epos (Estoire) des 12. Jh. zurück, das aus der mittelhochdt. Fassung des Stoffes bei Eilhart von Oberge (um 1180) erschlossen werden kann. Den Höhepunkt bildet Gottfrieds von

Straßburg unvollendetes Tristan-Epos (um 1210). Hier wird die Liebe Tristans und Isoldes symbolisch überhöht, und das Liebesleben in der Minnegrotte gewinnt sakrale Züge. Die französische Estoire wird zur Grundlage der gesamten mittelalterlichen Tristandichtungen. Die Allgemeingültigkeit des Liebes-Themas hat zu immer wieder neuen Bearbeitungen in der französischen, italienischen und deutschen Literatur geführt. Die erste Übersetzung des Epos Gottfrieds von Straßburg ins Neuhochdeutsche wurde 1844 von H. Kurz vorgelegt. Von Richard Wagner wurde die Handlung auf die dramatischsten Szenen (Liebestrank, Entdeckung im Baumgarten, Liebestod) komprimiert; er hob besonders den Unbedingtheitsanspruch der Liebe zwischen Tristan und Isolde hervor. Wagners Musikdrama (1859) wirkte in vielen Bearbeitungen nach.

Lit.: Friedrich Ranke, Tristan und Isolt, 1925; W. Golther, Tristan und Isolde, 1929; Hinweise auf Zusammenhänge mit einer persischen Erzählung des 11. Jh. gibt FR. Schröder, Die Tristansage und das persische Epos ›Wis und Rämin‹, in: GRM, NF 11 (1961); J. Meyer, Isoldes Gottesurteil in seiner erotischen Bedeutung, Berlin 1914; W. Hierse, Das Ausschneiden der Drachenzunge und der Roman von Tristan, Diss. Tübingen 1969.

177. Kuhn u. Schwartz 1848, S. 145f., Nr. 174. – AaTh 156A; 974. – Vgl. Grimm DS 526. –. Die Sage entstand um 1200, kurz nach dem Tode Heinrichs des Löwen (geb. 1129, Herzog von Sachsen 1142–1180, Herzog von Bayern 1156–1180, gest. 1195). Ursprünglich knüpft sie an das bekannte Denkmal in Braunschweig an, auf dem ein Löwe als heraldisches Tier abgebildet ist. Die historischen Grundlagen sind neben dem Löwendenkmal, das man sich auf diese volkstümliche Weise zu erklären suchte, der Kreuzzug Heinrichs; weiterhin hat wohl auch die Tatsache, dass der Sultan von Ikonion Heinrich zwei Leoparden schenkte, sowie die dreijährige Reichsacht, die über ihn verhängt war, zu der sagenhaften Ausgestaltung seiner Biographie beigetragen. Diese Ausgestaltungen setzten in den ersten 150 Jahren nach 1200 ein. Es wurden Züge aus der mündlichen Erzählüberlieferung (dankbare Tiere, Heimkehrermotiv), aus der Thomaslegende, dem Epos von Erek und Iwein und der Sage von Herzog Ernst (Orientabenteuer) miteinander zu der Sagenbiographie Heinrichs verschmolzen.

Lit.: Jos. Ruland, Die Sage von H.d.L. am Mittelrhein, in: Rhein.-westfäl. Zs. f. Vk 1 (1954) S. 112–126; Karl Hoppe, Die Sage von H.d.L. Ihr Ursprung, ihre Entwicklung und ihre Überlieferung, Bremen-Horn 1952; R Paulsen, Drachenkämpfer, Löwenritter und die Heinrichssage, Köln 1966; Splettstösser 1899; Rank 1926/1974, S. 568ff.; Gebhardt Bd. 4, Kap. 42 (1, IV); Kinkel 1876.

178. Heinrich der Löwe, Volksbücher 52, Leipzig, um 1840, bei Otto Wigand, hrsg. von G.O. Marbach, S. 3–16.

179. Des Edeln Gestrengen Weitberühmten und Streitbaren Heldes Thedel Unverferden von Walmoden etc. wunderbarliche Geschicht etc. in Reim gebracht durch M. Georgium Thym von Zwickau. 1563 (hier nach Colshorn 1854, S. 212–219, Nr. 77).

180. Text nach dem Volksbuch von Herzog Ernst, Volksbücher 34, Leipzig 1842, bei Otto Wigand, hrsg. v. G. O. Marbach. – Im Volksbuch bzw. der Sage von Herzog Ernst vermischen sich historische und heroische Elemente mit fabulösen Abenteuern. Auch in der namengebenden Gestalt des historischen Herzogs von Schwaben (1007–1030) vereinigen sich verschiedene historische Persönlichkeiten bzw. Schichten: Die Empörung Liudolfs von Schwaben gegen seinen Vater Otto I. (10. Jh.); die Aufstände Emsts II. von Schwaben gegen seinen Stiefvater Konrad II. (11. Jh.) sowie die Auseinandersetzungen Heinrichs des Löwen (→ *333*) mit Friedrich Barbarossa (12. Jh.). Damit sind zugleich die verbindenden Motive angedeutet – der Widerstand des Helden gegen einen Mächtigeren; der Konflikt zwischen Vater und (Stief-)Sohn; die Stellung der Mutter zwischen Sohn und Gatten; die Freundestreue Wetzeis. Schon die erste erhaltene Fassung von 1180 verbindet Historisches mit unhistorischen Fabelberichten, den Orientabenteuern, die durch die Kreuzzüge nach Europa gelangten. In den Motiven vom Magnetberg, der Rettung durch den Vogel Greif werden Elemente aus dem arabischen Märchengut und antike Seefahrererzählungen wiederbelebt. Gerade in diesen Motiven verbinden sich auch die Sagen von Herzog Ernst und Heinrich dem Löwen. Der abenteuerliche Stoff wird durch die Volksbuchausgaben der Nachromantik wieder einem breiten Publikum zugänglich gemacht. – Ludwig Uhland schrieb ein Drama (Ernst, Herzog von Schwaben) (1817), das vor allem den heroischen Charakter betont. Neuerdings schrieb Peter Hacks ein Schauspiel ›Das Volksbuch von Herzog Ernst, oder der Held und sein Gefolge‹ (1957), in dem er die Gestalt des H.E. kritisch beleuchtet.

Lit.: Erich Hildebrand, Über die Stellung des Liedes vom H. E. in der mittelalterlichen Literaturgeschichte und Volkskunde, Halle 1937; Clemens Heselhaus, Die Herzog Ernst-Dichtung, in: DVJS 20

(1942) S. 170–199; Hans Neumann, Die deutsche Kernfabel des ›Herzog Ernst‹ Epos, in: Euphorion 45 (1950) S. 140–164; M. Hofmann, Versöhnung in Bamberg »ze wihennacht an Kristes tage« – Ein Hinweis auf die Beziehungen zwischen der Stadt Bamberg und der Sage vom Herzog Ernst, in: Fränk. Bll. 7 (1955) S. 101–104; M. Wehrli, Herzog Ernst, in: DU 20 (1968) H. 2, 31–42; H. Szklenar, Studien zum Bild des Orients in vorhöfischen deutschen Epen, Göttingen 1966; Frenzel 1962, s.v.

181. Ludwig Uhland, Schriften zur Geschichte der Dichtung und Sage, I, Stuttgart 1865, S. 482 ff. – Die Erzählung ist ein Beispiel für die sagenhafte Ausgestaltung der Biographie eines Angehörigen aus dem Hause der Hohenstaufen, die dazu dienen soll, den Glanz des Hauses durch wunderbare Züge und märchenhafte Elemente zu erhöhen. Die Namen sind teilweise erfunden oder auch durcheinandergebracht.

182. Grimm DS 561 (nach Joh. Rothe, Chronicon Thuring., bei Menken II, 1697–1700; u.a.). – Mda.: Richterhaus = Ritterhaus; Sommerlatten = Ruten für Kinder. – Über den Sängerkrieg, der 1206 am Hofe des Landgrafen Hermann L von Thüringen (1190–1217) in Eisenach stattgefunden haben soll, gibt es keine historischen Belege. Solche Sängerkriege bzw. Singwettkämpfe, bei denen die Dichter ihre Gönner preisen im Fürstenlob, sind verschiedentlich belegt. Es ist auch nachgewiesen, dass Walther von der Vogelweide, Wolfram von Eschenbach, Herbort von Fritzlar und Albrecht von Halberstadt sich am Thüringer Hof aufhielten. Dagegen ist die Gestalt Heinrichs von Ofterdingen ebenso wie die des Zauberers Klingsor eine Fiktion. Beide Gestalten tauchen jedoch bereits in der ältesten Quelle auf, in dem mittelhochdeutschen Gedicht vom ›Singerkriec uf Wartburc‹ (um 1260), sodass man schon bald danach Heinrich von Ofterdingen als historische Persönlichkeit auffasste. Besonders durch Novalis' fragmentarischen Roman ›Heinrich von Ofterdingen‹ (1802) wurde die Gestalt zum Symbol des Künstlertums schlechthin. Der Sängerkrieg auf der Wartburg wurde von E.T.A. Hoffmann behandelt: ›Der Kampf der Sängen‹ (1819) und von Richard Wagner dramatisiert, indem er ihn mit der Sage von Tannhäuser (→ *183*) verband (1843).

Lit.: P. Riesenfeld, Heinrich von Ofterdingen in der deutschen Literatur, 1912; Frenzel 1962, S. 253ff.; Fritz Rostock, Mittelhochdeutsche Dichterheldensage, Halle 1925, bes. S. 20–26.

183. Grimm DS 171 (nach dem Volkslied in Prätorius, Blocksberg, Leipzig 1668, S. 19–25). – Der Tannhäuser ist eine geschichtliche Person. Er stammt aus dem in Bayern und Salzburg ansässigen Geschlecht der Herren von Tanhusen und dichtete als Minnesänger zwischen 1228 und 1265. Sein Gönner war Friedrich der Streitbare von Österreich. Tannhäuser führte, wie sich aus seinen Gedichten feststellen lässt, ein abenteuerliches Leben, nahm 1228 an einem Kreuzzug teil und kam, als sein Gönner gestorben war, in bedrängte Umstände. Er beschreibt seine Lage in einem Gedicht: Sein Säumer (Packpferd) trage zu leicht und sein Reitpferd zu schwer, seine Knappen seien ungeritten, sein Haus habe kein Dach, seine Stube keine Tür, sein Keller sei eingefallen, seine Küche verbrannt, seine Scheune sei dem Einsturz nahe, sein Heu verstoben; ihm sei weder gebraten noch gebacken, noch gebraut; sein Kleid sei fadenscheinig, und niemand brauche ihn um seine Vorräte zu beneiden. Er sank zum fahrenden Sänger herab und ist verschollen. Das 1515 bzw. 1520 nachweisbare Tannhäuserlied beruht zweifellos auf einer älteren volkstümlichen Überlieferung; es nennt Papst Urban IV. (1261–64) als den Papst, der ihm die Vergebung versagte. – Das Motiv vom Venusberg geht auf bretonische bzw. gälische Feensagen zurück; die Vorstellung war schon im 14. Jh. im Volk verbreitet. In der deutschen Völksüberlieferung wurde Frau Venus mit Frau Holle kontaminiert und der Venusberg mit dem Hörselberg in Thüringen gleichgesetzt. Das Stabwunder ist wohl spätere Zutat. Es lag aufgrund seiner aus den Gedichten zu erschließenden Biographie nahe, Tannhäuser in Verbindung mit Frau Venus, dem Sinnbild irdischer Lust, zu bringen. Gleichzeitig wurde er zur Symbolfigur, an der sich päpstliche Härte und göttliche Gnade realisieren, wie es ein Lied kritisch darstellt:

»Drum sol kein papst, kein kardinal
kein sünder nie verdammen,
der sünder mag sein so groß er wil
kan gottes gnad erlangen.«

Der Tannhäuserstoff wurde häufig bearbeitet, etwa von Ludwig Tieck, Clemens Brentano, Carl Maria v. Weber. Richard Wagner verband die Sage mit der von Heinrich von Ofterdingen (→ *182*) und dem Sängerkrieg auf der Wartburg.

Lit.: W. Golther, Tannhäuser in Sage und Dichtung, in: Ders., Zur deutschen Sage u. Dichtung, 1911; D. Koegel, Die Auswertung der Tannhäuser-Sage in der dt. Literatur des 19. u. 20. Jhs., Diss. München 1922; A.N. Ammann, Tannhäuser im Venusberg, Zürich 1964; F. Rostock, Mittelhochdeutsche Dichterheldensage, Halle

1925, S. 12–15; Frenzel 1962, s.v.; G. Eis, Die Sage vom Venusberg bei Rudolf Rebmann, in: Studia neophilologica 33 (1961) S. 159–161; R. M. Meyer, Tannhäuser und die Tannhäusersage, in: Zs. d. Ver. f. Vk 21 (1911) S. 1ff.; O. Löhmann, Die Entstehung der Tannhäusersage, in: Fabula 3 (1960); J. Sicher, Der Dichter T, Leben, Gedichte, Sage, 1934; D.R. Moser, Die Tannhäuser-Legende. Berlin, New York 1977. L. Petzoldt 2008.

184. Ludwig Uhland, Schriften zur Geschichte der Dichtung und Sage, Bd. V, Stuttgart 1869, S. 107 ff. (Ignaz Gropp, Lebensbeschreibung deren heiligen Kiliani ... Kolonati ... 1738, S. 207). – Die Biographie des Minnesängers Walther von der Vogelweide aufgrund der Reiserechnungen des Passauer Bischofs Wölfger von Erla hat Hedwig Heger mit Akribie dargestellt. Walther v. d. V. liegt in Würzburg im sog. Klassemsgarten des Neuen Münsters begraben. Die Inschrift, die »eher nach literarischen Gedenkversen denn nach echter Grabschrift« (Heger) klingt, soll auf eine (verschollene) handschriftliche Chronik zurückgehen. Das sog. Vermächtnis Walthers ist sagenhaft und ist wohl aus der Deutung des Namens entstanden.

Lit.: H. Heger, Das Lebenszeugnis Walthers von der Vögelweide, Wien 1970.

185. W. Wattenbach (Hrsg.), Die Chronik des Mathias von Neuenburg (übers, v. G. Grandaur), Leipzig 1912, S. 239. – (MGH, Script. Nova Ser. IVFasc. I, Berlin 1924, S. 312). – Dem Minnesänger Heinrich von Meißen (gest. 29.11.1318) wird die Gründung der ersten Meistersingerschule in Mainz zugeschrieben. Neben der literarischen Überlieferung bei Mathias von Neuenburg gibt es noch eine Darstellung auf dem sog. Frauenlobstein im Mainzer Dom; hier wird die Bahre des Dichters von acht Frauen zu Grabe getragen. Das Relief stammt wahrscheinlich aus dem Jahr 1783 und hält die Sage fest, die sich wohl aus dem Namen des Dichters entwickelt hat.

Lit.: F. Rostock, Mittelhochdeutsche Dichterheldensage, Halle 1925; Hans Ellenbeck, Die Sage vom Ursprung des Meistergesangs, Diss. Bonn 1911.

186. Grimm DS 505 u. 506 (nach einem ungedruckten Meistergesang d. 15. Jh. und Fliegenden Blättern). – AaTh 992. – EB Nr. 100. – HdA III, 1794 (Herz); IX N, 1487ff. (Untreue, Treue). – Das Motiv vom gegessenen Herzen, in der Erzählungsforschung nach Konrads von Würzburg Versepos ›das Herzmaere‹ genannt, stammt wahrscheinlich aus Indien. Zunächst liegt dem Motiv, das Herz zu essen, die archaische Glaubensvorstellung zugrunde, sich dessen Kräfte anzueignen, eine Vorstellung, die vorwiegend in Jägerkulturen verbreitet ist. In der Verbindung mit einer Liebestragödie tritt es erstmals im 12. Jh. in Europa, in der Lebensbeschreibung eines provenzalischen Troubadours (Cabestaing) auf. Auf dieser Quelle fußt wohl auch Boccaccios neunte Novelle des vierten Tages, in der er die Geschichte vom unwissend gegessenen Herzen des Geliebten, das der eifersüchtige Ehemann seiner Gattin serviert, erzählt. – Es lag nahe, gerade dieses Motiv, in dem das Herz als Symbol und Sitz der Liebe eine dominierende Rolle spielt, im Zusammenhang mit dem Minnesang zu verwenden. So wird gegen Ende des 13. Jh. in einer Volksballade der 1276 erschlagene Minnesänger Reinmar von Brennenberg zum Helden des ›Herzmäre‹. In einem Nürnberger Flugblattlied heißt es: »Mann legt den Brennberger auff ein tisch, schneid jn zu riemen wie ein fisch, sein hertz gab mann zu essen, der Frauen inn ein schwartzen pfeffer.« (Staatsbibl. Berlin Yd 9748,1.) Fast gleichzeitig erschien Konrads von Würzburg Versepos sowie eine französische Fassung, in der das Motiv auf den Troubadour Châtelain de Coucy, der um 1200 lebte, übertragen ist. Diese Fassung liegt auch Uhlands Ballade ›Der Kastellan von Coucy‹ zugrunde.

Lit.: A. Kopp, Bremberger Gedichte, Wien 1908; F. Rostock, Mittelhochdeutsche Dichterheldensage, Halle 1925, S. 16ff.; John Meier, Drei alte deutsche Balladen, 3. Das Brembergerlied, in: Jb. f. Volksliedforschung 4 (1934) S. 56–65; H. Patzig, Zur Geschichte des Herzmäre, Progr. Berlin 1891; E. Lorenz, Die ›Kastellan von Couci‹-Sage, in: Ders., Die Kastellanin von Vergi, 1909; Frenzel 1962, s.v.; K. Nyrop, Sangerens Hiaerte, Kopenhagen 1908. *Allgemein:* W-E. Peuckert, Das Herz in Sage und Märchen, in: Das Herz. Im Umkreis des Denkens, Biberach 1969.

187. Wehrhan, Nr. 319 (nach Konrad von Würzburg ›Der Welt Lohn‹). – Erläuterung: Beize = Falkenjagd; Schachzabel = Schachspiel; Aventiure = mittelalterlicher Abenteuerroman. – Die symbolische Personifizierung der ›Welt‹ als verführerisch schöne Frau, deren Rückseite von Maden und Würmern zerfressen ist, war eine im Mittelalter sehr geläufige Vorstellung. Sie hat ihren Niederschlag auch in der bildenden Kunst gefunden, so eine Frauenplastik am Südportal des Wormser Domes, die geradezu als Illustration zu Konrads von Würzburg Epos ›Der Welt Lohn‹, Gesicht

Wirents von Gravenberg‹, auf dem die hier aufgeführte Sage beruht, gelten kann. In der Kathedralplastik hat diese allegorische Darstellung eine stark moralisierende Tendenz, die in den Umkreis der Vanitas- (Vergänglichkeits-)Vorstellungen gehört.

Lit.: W. Stammler, Frau Welt. Eine mittelalterliche Allegorie, Fribourg 1959; W.A. Skreiner, Studien zu den Eitelkeits- und Vergänglichkeitsdarstellungen in der abendländl. Malerei, Diss. masch. 1963; F. Rostock, Mittelhochdeutsche Dichterheldensage, Halle 1925.

188. Grimm DS 529. – AaTh 974; EB Nr. 28. – Erl.: St. Thomas Land = Indien. – Der edle Möringer ist der Minnesänger Heinrich von Morungen (bei Sangershausen/Thür.), der Herr von Neufen der Minnesänger Heinrich von Neiffen; beide lebten um 1200. – Der Dichter war ein Verehrer des hl. Thomas; zwar ist nicht erwiesen, dass er selbst in Indien war, doch hat sein Dienstherr Dietrich von Meißen einen Kreuzzug unternommen, von dem später viel Sagenhaftes erzählt wurde. Auf den berühmten Minnesänger wurde dann die ›Heimkehrersage‹ übertragen, die in der mündlichen und chronikalischen Überlieferung verbreitet war. Einzelzüge dieses Sagentypus finden sich auch in den Sagen von Heinrich d. Löwen und Herzog Ernst, vgl. auch Thedel 242).

Lit.: Friedrich Vogt, Der edle Moringer, in: PBB 12 (1887) S. 431ff.; F. Rostock, Mittelhochdeutsche Dichterheldensage, Halle 1925; Hermann Menhardt, Zur Lebensbeschreibung Heinrichs von M., in: ZfdA 70 (1934) S. 209–234; Carl Butzler, Heinrich von Morungen und der Edele Moringer, in: ZfdA 79 (1942) S. 180–209; W. Splettstösser, Der heimkehrende Gatte und sein Weib in der Weltliteratur, Diss. Berlin 1899; H. Langenbucher, Heinrich v. Morungen, in: Festgabe f. Friedrich Panzer (ed. E. Fehrle), Bühl 1930, S. 53–64.

189. H.E Maßmann, Der Kaiser und der kunige buoch, oder die sog. Kaiserchronik, Quedlinburg, Leipzig 1849/1854, III, S. 1031 (vgl. A. Bachmann u. S. Singer, Deutsche Volksbücher, Tübingen 1889, ›Das Buch vom Heiligen Karl‹, S. 22). – In der Biographie Einhards wird berichtet, dass K. d. Gr. mit dem Kalifen Harun al Raschid freundschaftlich verkehrte und dieser einwilligte, dass das Hl. Grab unter Karls Herrschaft komme. Dies ist wohl der Grund für die Entstehung der Sage von Karls Zug nach Jerusalem. In der Zeit der Kreuzzüge war die Vorstellung verbreitet, dass sie auf Karls Vorbild zurückgingen, dass man ›auf Karls Straße‹ nach

Palästina fahre. Man erzählte sich auch, dass er von den Toten auferstanden sei und die Kreuzritter in das Heilige Land führe. Später wurde die Gestalt Gottfrieds von Bouillon nach Karls Vorbild mit den entsprechenden Zügen ausgeschmückt.

Lit.: Gerh. Rauschen, Die Legende Karls d. Gr. im 11. u. 12. Jh., Leipzig 1910; C. Erdmann, Die Entstehung des Kreuzzuggedankens, Stuttgart 1935 (Neudruck 1955); Steven Runciman, Geschichte der Kreuzzüge, München 1968; Gebhardt Bd. 4, Kap. 15 (1, IV).

190. Decker-Hauff 1964, I, S. 74ff. - Gottfried v. Bouillon (um 1060–1100) Herzog v. Niederlothringen, zeichnet sich auf dem Ersten Kreuzzug (1096–1100) aus und wird 1099 (Eroberung von Jerusalem) zum König von Jerusalem gewählt, begnügt sich aber mit dem Titel ›Beschützer des Hl. Grabes‹.

191. Ebda, S. 78.

192. W. Wattenbach (Hrsg.), Die Chronik des Ekkehard von Aura (übers, v. W. Pflüger), Leipzig 1893, S. 50ff. - Saladin (1138–1193) Sultan v. Ägypten u. Syrien, herrschte seit 1171 und schlug 1187 das Heer der Kreuzritter. Er verständigte sich mit Richard Löwenherz, dem Führer des 3. Kreuzzuges und gewährte christlichen Pilgern freien Zugang zum Hl. Grab.

Lit.: R. Röhricht, Sagen und Mythen aus den Kreuzzügen, in: ZfdPh 23 (1891) S. 421 ff.; Steven Runciman, Geschichte der Kreuzzüge, München 1968; Gebhardt Bd. 4, Kap. 44 (1, IV).

193. Ferd. Bäßler, Sagen aus der Geschichte des deutschen Volkes, Berlin 1855, S. 346ff. (nach Wilhelm von Tyrus VIII, 16ff.).

194. Wehrhan Nr. 208 (nach Zimmerische Chronik I, S. 291ff.). - AaTh 974. - BP II, 318ff., 335ff.; IV, 168.6; Eine Heimkehrersage.

Lit.: Krauß 1893; H. Kügler, Hohenzollernsagen, Leipzig 1922; Oskar Schwebel, Die Sagen der Hohenzollern, o. J.; W. Splettstösser, Der heimkehrende Gatte und sein Weib in der Weltliteratur, Diss. Berlin 1899.

195. Grässe 1871, II, S. 717, Nr. 810 (Anfang gestrichen).

196. Grimm DS 537 (nach einem flämischen Volksbuch ›Florentina de getrouwe. – BP III, 517ff. – Vgl. KHM 218. – HdM II, 221f. – AaTh 888.

Lit: E. v. Heurck, De Vlaamsche Volksboeken, 1924.

197. Depiny 1932, S. 440, Nr. 478. – AaTh 875C. – BP III, 530f.

VI. Persönlichkeiten mit magischer Begabung

198. Ernst Weyden, Kölns Vorzeit, o.J., S. 174ff. – EdM I, Sp. 255–261. – HdAI, 241, s. v. – HdS 2. Lief., S. 256f. – Albert Graf von Boilstädt, geb. 1193 in Lauingen a. d. Donau, gest. 15.11.1280 in Köln, wurde bereits zu seinen Lebzeiten als einer der größten Gelehrten anerkannt. Er trat 1223 in den Dominikanerorden ein; sein Schüler war Thomas von Aquin .Sein universales Wissen wurde im Sinne seiner Zeit in eine geheime und durch übernatürliche Mittel erworbene Macht über die Natur umgedeutet und brachte ihn in den Ruf eines Zauberers und Teufelsbündners. Als kunstreicher Magier lebt er in der volkstümlichen Tradition, und bereits sein Biograph Johannes de Beca bezeichnet ihn als ›magnus in nigromantia, maior in philosophia, maximus in theologia‹.

Lit.: M. Grabmann, Albertus Magnus, Theologe, Philosoph und Naturforscher, in: Philosoph. Jb. 62 (1951) S. 472–480; H. C. Scheeben, Albertus Magnus, Bonn 1955; (G. v. Hertling), A. M. in Geschichte und Sage, Köln 1880; F. Strunz, A.M., Weisheit und Naturforschung im Mittelalter, Wien-Leipzig 1926. W.-E. Peuckert, Die egyptischen Geheimnisse, in: Arv 10 (1954) 40–96; M. Gradmann, Der Einfluss Alberts auf das mittelalterliche Geistesleben, in: Zs. f. kath. Theologie 25 (1928) 153ff.; A. Borguet, Albertus Magnus, Opera omnia (28 Bde.) Paris 1890–99. Zur Bildsäule vgl. K. Müller, Die Golemsage von der lebenden Statue, in: Mitt. d. Schles. Ges. f. Vk 20 (1918) S. 1–40; G. Scholem, Die Vorstellung vom Golem, 1954; L. Petzoldt, Albertus Mag(n)us. Albert der Große und die magische Tradition des Mittelalters, in: U. Müller u. W. Wunderlich (ed.): Mittelalter-Mythen 3, Konstanz 2001, S. 27–46.

199. Alwin Schulz, Das höfische Leben zur Zeit der Minnesänger, 1889, 1, S. 571f. (Neudruck Osnabrück 1965). – (Nach Böhmer, Fontes II, 438). – EM I, Sp. 255–261. – Die Erzählung vom Wintergarten gehört zu den populärsten Episoden, die man Albertus Magnus zuschreibt. Sie wird auch von anderen magiebegabten

Persönlichkeiten berichtet (→ *15*). Musäus benützt dieses Motiv in seinen ›Volksmärchen der Deutschem in dem Märchen ›Richilde‹.

Lit.: W.-E. Peuckert, Der Wintergarten, in: Die Nachbarn 3 (1962) S. 94–110.

200. Grässe 1871, II, S. 72f., Nr. 54. – EdM I, Sp. 255–261. – Wilhelm v. Holland, dt. König 1247–1256, belagerte 1248 Aachen und ließ sich am 1.11.1248 dort krönen. Er wurde jedoch nur am Niederrhein anerkannt und wurde achtundzwanzigjährig, am 28. Januar 1256 in Friesland (bei Alkmaar) unerkannt erschlagen (→ *121*).

Lit: Gebhardt Bd. 5, Kap. 18 (1, V).

201. Michael Pauly, Der Sagenschatz des Rheinlandes, Köln o. J., S. 103f.

202. ZA: 431617d/l (nach Heimat und Volkstum IV, 1926, S. 10). O: Innsbruck. – DV 60. – HdA IXN, 59ff., s.v. – Biedermann 1973, S. 384–387. Theophrastus Bombastus von Hohenheim, gen. Paracelsus, geb. 17.12.1493 in Maria Einsiedeln/Schweiz, gest. 13.9.1541 in Salzburg, war Arzt und Naturforscher. 1526 wurde er zum Stadtarzt von Basel berufen, das er aber zwei Jahre später wieder verließ. Wie viele bedeutende Gelehrte seiner Zeit suchte er nach einer Universalmedizin und wollte den Stein der Weisen finden. Dabei entdeckte er mehrere wichtige Arzneimittel. Er führte die Chemie in die Apotheken ein. Sein leidenschaftliches und nicht selten marktschreierisches Auftreten hat lange Zeit eine gerechte Würdigung seiner Verdienste verhindert. In der Volkssage lebt er als Scharlatan und, mit magischen Kräften begabt, als Zauberer und Teufelsbündner. In dieser Rolle zeichnet ihn auch Johann Nestroy in seinem ›Lumpazivagabundus‹ (z. T. 1834). Ähnlich ist er bei Conrad Ferdinand Meyer (›Huttens letzte Tage‹ 1871) eine suspekte Persönlichkeit. In zahlreichen Dramen wird seine Gestalt gedeutet (vgl. Frenzel 1962, s. v.). Erwin Guido Kolbenheyer schrieb eine Romantrilogie über ihn (1917–25), in der er ihn als epochale Gestalt zeichnet. Von den vielen literarischen Bearbeitungen muss noch Ezra Pounds ›Paracelsus in excelsis‹ (1909) erwähnt werden.

Lit.: H. Müller, Die Gestalt des P. in Sage und Dichtung, Wien 1935; K.-H. Weimann, P. in der Weltliteratur, in: GRM, NF 11 (1961); Joh. Hemleben, Paracelsus, Frauenfeld 1973; J. A. Detoni,

Albertus Magnus

bewährte und approbirte sympathetische und natürliche

egyptische Geheimnisse

für

Menschen und Vieh.

Enthaltend:

Menschen und Vieh vor bösen Geistern sicher zu stellen; sich stark zu machen; das Blut zu stellen; wenn man sich verbrannt hat; für das wilde Feuer; für die Schweine; für den Krampf; für die Würmer; für alle Fieber; für den kalten Brand; für die Kolik; Brüche zu heilen, bei Jungen und Alten; für die fallende Sucht; für den Grind; für die Mundfäule; für das Verenken; für das Augenweh; für das Rothlauf; für die Pest; wenn ein Kind angewachsen ist; für Lungenfäule; für den Stein; für die Ruhr; für den Krebs; einen Dieb zu entdecken; für das Podagra; für Gliederschmerzen; für böse Brüste; gestohlenes Gut wieder zu bringen; einen Dieb zu stellen; für das Mutterweh; die Feuersgefahr von seinem Hause abzuwenden; das Haus zu versichern, daß kein Feuer drin ausgehe; Feuer zu löschen; für Zahnschmerzen; für die Raude; für übel Gehör; Wanzen zu vertreiben; ein unverbrennliches Oel zu machen; Spinnen und Fliegen zu vertreiben; Ratten und Mäuse zu vertreiben; ein Kunststück geringen Wein geschwind zu verbessern; den Wein recht gut und gesund zu machen; den Wein schnell hell zu machen; alle Krankheiten aus dem Urin zu erkennen; für die Wasserscheue und noch viele andere Kunststücke. Bis daher im Verborgenen geblieben und nun zum Besten der Menschhei zum Druck befördert.

Für Städter und Landleute.

Erster Theil.

Reading, bei Louis Enßlin.

Reutlingen, bei Enßlin und Laiblin.

Titelblatt des Albertus Magnus zugeschriebenen Volksbuches

Der Wundermann P. im Volksmunde, in: ZÖV17 (1911) S. 78 f.; Elfriede Grabner, Der Zauberer Paracelsus, in: Antaios XI, 4 (1969) S. 380–392; W.-E. Peuckert, Theophrastus P., Stuttgart 1944; A. Spunda, Das Weltbild des P., Wien 1941; L. Kretzenbacher, Magier, Teufelsbündner und ›Faustischer Mensch‹ im Abendlande, in: Antaios X, 3 (1968) S. 258ff.; R. Weber, Der Zauberer Paracelsus, in: Fs. f. W.-E. Peuckert, Berlin 1955, S. 128–136; A. Leibbrand-Wettley, Zur Psychopathologie und Dämonologie bei Paracelsus und Johannes Weyer, in: Melemata, Fs. W. Leibbrand, Mannheim 1967. Joh. Hemleben, Paracelsus, Frauenfeld 1973; W. Pagel, P., An introduction to philosophical Medicine in the era of the Renaissance, Basel, New York 1958, ^{2}1982; Kästner, Ingrid, P., Leipzig 1989; Pirmin Meier, P., Arzt und Prophet, Zürich 1993; H. Dopsch u.a. (ed.), P. (1493–1541). »Keines anderen Knecht …«, Regensburg 1993.

Vermutliches Jugendbildnis von Paracelsus (Hans Holbein)

Paracelsus (Kupfer 1540)

203. Müller-Orend 1972, S. 158f., Nr. 173. A: Fr. Müller, O: Sächsisch-Regen/Siebenbürgen. – AaTh 331 (Spiritus familiaris). – KHM 99. – BP II, 414ff. – HdA II, 1575 ff. (Flaschengeist). – Biedermann 1973. – (→ *11*). – Der Teufel im Glas bzw. der spiritus familiaris verschafft seinem Besitzer Reichtum und Macht (über seine volkstümliche Bedeutung vgl. DV, Anm. zu Nr. *60b)*. Die meisten von Paracelsus berichteten Episoden stammen aus dem mittelalterlichen Sagenkreis um Virgilius (→ *19*). Wie dieser wird auch Paracelsus bei dem Verjüngungsprozess vorzeitig gestört und kommt um.

Lit.: P. Beck, Der Teufel im Glas, in: Zs. Ver. f. Vk 21 (1911) S. 278f.; C.G. Jung, Psychologie und Alchemie, Zürich 1952.

204. Graber 1944, S. 331.

205. Aus dem Volksbuch ›Leben, Thaten und Höllenfahrt des berufenen Zauberers und Schwarzkünstlers Dr. Johann Faust‹, Volksbücher 24, Leipzig um 1840, bei Otto Wigand, hrsg. von G. O. Marbach, S. 5–7. – HdA II, 126ff., s.v. – DV 61f. – Biedermann 1973, s.v. – Frenzel 1962, s.v. – Johannes Faust wurde zum Prototyp des von immensem Wissensdrang besessenen Gelehrten, Abenteurers und Schwarzkünstlers, wie ihn das 16. Jh. hervorbrachte. Der populären Tradition nach wurde er einmal in Knittlingen, ein andermal in Simmern, Roda b. Weitnar, Anhalt oder wie hier in Salzwedel geboren. Als sein Geburtsjahr wird meist 1485 angegeben. Er soll in Krakau die Magie studiert haben, berichtet Melanchthon von ihm. Zweifellos war er eine historische Persönlichkeit, wenn auch die Nachrichten über ihn spärlich sind. Wahrscheinlich trat er nach 1500 mit magischen Kunststücken auf und betätigte sich als Wahrsager. In einem Ratsprotokoll aus Ingolstadt von 1528 wird der Beschluss gefasst, ihn wegen Wahrsagerei auszuweisen. Das Protokoll der Ausweisung lautet: »Am Mittwoch nach viti 1528 ist einem der sich genannt Dr. Jörg Faustus von Heidelberg gesagt, dass er seinen Pfennig anderswo verzehre, und hat angelobt, solche Erforderung für die Obrigkeit nicht zu ahnden noch zu affen.« (Ostermair, Zur Faustsage, in: Oberbayer. Archiv 32, 1872/73, S. 336. Vgl. dazu: J. Hartmann, Dr. Faust und das Fausthaus zu Ingolstadt, in: Bayerland 10, 1899, S. 315–316). 1587 erschien das Volksbuch ›Historia von D. Johann Fausten, dem weit beschreyten Zauberer und Schwarzkünstler‹ bei Spies in Frankfurt/M. Hier wurden die bereits lange in der populären Tradition verbreiteten Erzählungen zusammengefasst. Das Spießsche Volksbuch wurde 1589 durch das Motiv vom Fassritt und Episoden aus der Erfurter Tradition erweitert. 1593 schloss sich ihm das (Leben Christoph Wagners), seines Famulus', an. In einer Bearbeitung durch G.R. Widmann (1599) wird die Biographie Fausts mit Daten versehen und mit der Biographie Luthers parallelisiert; so wird das Eheverbot in den Pakt aufgenommen. Für die Verbreitung des Fauststoffes wurde vor allem Goethes ›Faust‹ (1808), der sich auf das volkstümliche Puppenspiel und das Volksbuch stützt, bedeutsam.

Lit.: Ch. Dédéyan, Le thème de Faust dans la littérature européenne, 3 Bde., Paris 1954–1956; H. Henning, Faust in fünf Jahrhunderten, Halle 1963; Jörn Göres, Dr. Faust in Geschichte und Dichtung, in: G. Mahal (Hrsg.), Ansichten zu Faust, Stuttgart 1973, S. 9–20; Leopold Kretzenbacher, Teufelsbündner und Faustgestalten im Abendlande, Klagenfurt 1968; K. Theens, Doktor Johannes Faust, Meisenheim 1948; R.

Petsch, Faustisches in deutschen Sagen, in: Zs. Ver. f. Vk. 26 (1916), S. 330ff.; W. Hubicki, Chemie und Alchemie des 16. Jh. in Polen, in: Annales Universitatis Mariae Curie-Sklodowska, Lublin, Sectio AA, Vol. X, 7, 1955; Lublin 1957, S. 61–100; G. Ortutay, Die Faustsage in Ungarn, in: Volksüberlieferung, Fs. f. K. Ranke, Göttingen 1968, S. 267–276. F. Neubert, Vom Doctor Faustus zu Goethes Faust, Leipzig 1932; G. Mahal, Faust. Die Spuren eines geheimnisvollen Lebens, Bern, München 1980; W. Wegener, Die Faustdarstellung vom 16. Jh. bis zur Gegenwart, Amsterdam 1962. *Textausgabe:* L. Petzoldt, Das Volksbuch von Doktor Faust (1587). Mit Materialien. (Editionen für den Literaturunterricht) Stuttgart (1981) 1999; Scheiber 1985, S. 161 f.

Protokoll der Ausweisung des Dr. Faust

Am mitwoch nach Viti Anno 1528. Ist ainem der sich genant Doctor Jörg faustus von Haidlberg gesagt, dz er seinen pfennig anderswo verzer, und hat angelobt, solche ervorderung für die obrigkeiht nit zu anthen noch zu äffern.

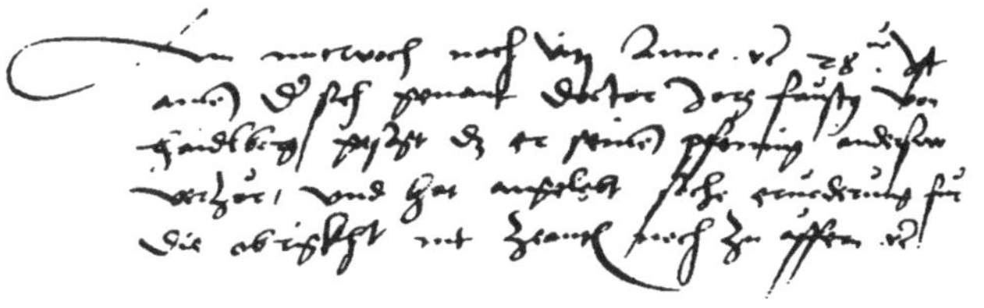

Ostermair: Zur Faust-Sage. Doctor Faust 1528 in Ingolstadt. In: Oberbayerisches Archiv für vaterländische Geschichte 32 (1872/73), Heft 2/3, S. 336.

206. Ebda. – Biedermann 1973, S. 91f. (Beschwörung). – Bei der Beschwörung oder dem Zitieren muss sich der Nigromant in einen Kreis (magischer Zirkel) stellen, da er sonst den Dämonen wehrlos ausgeliefert ist. Der erscheinende Dämon (Teufel) wird sodann durch Zauberworte gezwungen (Höllenzwang), nach dem Willen des Nigromanten zu handeln. Der Glaube an die Macht der Beschwörung reicht bis in die Neuzeit. Eine Zeitungsnachricht von 1728 schildert diesen Vorgang.

»Brüssel, den 26. Juli. Von Lier hat man, dass daselbst vor etlichen Tagen 2 Persohnen, die als hübsche Leuthe ausgesehen, beym Kopff genommen worden; selbige hätten auf einem Schlosse ausser der Stadt ein grosses Zimmer gemiethet, und in demselben 3 Circuln gemacht, welche zusammen den ganzen Fuß-Boden des Zimmers eingenommen, in dem einen Circul hätten sie ein Kreuz gezogen, und in jedem Zwischen-Raum ein kleines Kreuz von anderer Arth gemacht, auch auf ein jegliches hievon einen Leuchter mit einem brennenden Licht, in den andern Circuln aber eine Taffel mit Kreuzen, und Lichter darauf gesetzt. Sodann hätten sie einen Priester aus der Stadt bestellet, ihnen den Teufel beschweren zu helffen, damit er ihnen einige Schätze bringen möchte, wovon der Priester den 3tenTheil haben solte.« (Hamburgischer Correspondent 1728, Nr. 125; Buchner 1912, II, S. 193, Nr. 374).

207. Ebda.

208. Ebda.

209. Ebda. HdS 695–698 (Auerbachs Keller). – Ein heute noch bestehendes Gasthaus, das durch Goethe weiten Kreisen bekannt wurde. Als Treffpunkt bei der Leipziger Messe war es jedoch bereits im 18. Jh. berühmt. Der Fassritt wird erstmals 1630 in Andreas Höhls Chronik unter dem Jahr 1625 erwähnt.

210. Ebda.
Lit.: W.-E. Peuckert, Der Wintergarten, in: Die Nachbarn 3 (1962) S. 94–110.

211. Ebda.

212. Ebda.

213. Ebda.

214. Ebda.

215. Ebda.

216. Meier 1852, I, S. 167, Nr. 188. – HdA II, 1269 (Faust). – DV 61.

217. ZA 203086. Nachlass Schönwerth. A: Schönwerth, O: Neuenhammerl Oberpfalz, um 1860 (unveröffentlicht).

218. Witzschel 1866, 1, Nr. 323.

219. Wossidlo 1939, I, S. 230, Nr. 659. E: Ein Lehrer, A: R. Wossidlo, O: Klink, 1910.

220. Grässe 1867, I, S. 241f., Nr. 295. – (Nach Lercheimer, christliches Bedenken und Erinnerung von der Zauberei, Speyer 1597, S. 52).

221. Müller 1926/1945, I, S. 193, Nr. 284 (gekürzt). E: J.J. Huber, 80 Jahre alt, A: Müller, O: Sisikon. – Eine schweizerische Version der Magdeburger Sage.

222. Witzschel 1866, I, Nr. 319 (nach Hogel, Chronik von Erfurt, S. 1158f.).
Lit.: Siegfried Szamatolski, Faust in Erfurt, in: Euphorion 2 (1895) S. 39.

223. ZA 1516 dr. O: Schellenberg b. Hermannstadt/Siebenbürgen, 1899 (unveröffentlicht).

224. ZA 149425a. O: Noviand b. Bernkastel (unveröffentlicht).

225. Müllenhoff 1845, Nr. 182. – Mda.: Niß = Kobold, Wassergeist.

226. Müller 1926/1945,1, S. 193, Nr. 284. –. – Ein erotisch getönter Schwank.

227. Ebda.

228. ZA 171300. E: Johann Unterkemata, 52 Jahre, A: Dr. Mai, O: Klobenstein b. Bozen/Südtirol, 14.11.1940 (unveröffentlicht). – Mda.: Star = Getreidehohlmaß, ca. 29 Liter (als Kornstar); als Gewicht in Tirol ca. 1 Zentner; Lammer = Steinbruch; Weihbrunnen = Weihwasserbecken.

229. Depiny 1932, S. 195, Nr. 211.

230. ZA 203087 (Nachlass Schönwerth). A: Schönwerth, O: Neuenhammer/Oberpfalz, um 1860 (unveröffentlicht).

231. Decker-Hauff 1972, III, S. 361f. – Mda.: Nigromant = Schwarzkünstler; leuchtlichen = leicht; ellencglichen = elend.

232. Wossidlo 1939, I, Nr. 662. E: Arbeiter, A: Wossidlo, O: Waren/Mecklenburg, 1893. – Mda.: Fatt = Fass; Piermess = Pferdemist.

233. Kuhn u. Schwartz 1848, Nr. 152, S. 160; gekürzt.

Magische Zeichen, um einen Geist zu zitieren
(aus einem Zauberbuch, 19. Jahrhundert)

234. Knoop 1913, S. 117f., Nr. 180 (Anfang gestrichen).

Pan, oder Mistrz (Meister) Twardowski war ein polnischer Adeliger, dessen Leben in polnischen Volksbüchern beschrieben wird; er soll um 1530 auf Schloss Proszowice geboren sein. Sein Vater hatte dem Teufel das erste Lebewesen, das ihm bei seiner Rückkehr entgegenkomme, versprochen (Jephtha-Motiv). Dies ist sein gerade geborener Sohn, den ihm die Magd entgegenbringt. Pan Twardowski führt ein üppiges Leben mit Hilfe des Teufels, das weitgehend den Darstellungen des Faustbuches von 1587 und 1588 ähnelt, doch verbinden sich auch Motive und Episoden ver-

Deutsche Übersetzung eines polnischen Volksbuches von Pan Twardowski

schiedener Traditionen mit dem polnischen Volksbuch. Er hat mit dem Teufel ausgemacht, dass dieser ihn nur in Rom holen dürfe. Aber so heißt auch ein Wirtshaus nahe Krakau, wo dann Twardowskis Leben endet. Eine deutsche Ausgabe des polnischen Volksbuches gab Joh. Nepamuk Vogel heraus: Twardowski, der polnische Faust. Ein Volksbuch. Wien 1861.

Lit.: J. Goldstern, Twardowski, der polnische Faust, in: ZÖV XVIII (1912) S. 36–46; M. Höfler, Einige Ergänzungen zum polnischen Faust Twardowski in: ZÖV XVIII (1912) S. 119; L. Kretzenbacher, Teufelsbündner und Faustgestalten im Abendlande, Klagenfurt 1968, S. 88–102; W. Leppelmann, Twardowski, der polnische Faust, Diss. Münster 1910.

235. Baader 1851, S. 214ff., Nr. 222.– HdA VI, 583ff. (Moses).– Biedermann 1973, S. 536f. (Zahlenmagie), S. 539f. (Zauberbücher). – Die bis in die neueste Zeit hinein verbreiteten Ausgaben des ›6. und 7. Buch Mosis‹ sind eine Kompilation aus älteren Zauberbüchern, u.a. dem ›wahrhafftigen feurigen Drachen‹, der seinerseits wieder auf ein französisches Zauberbuch zurückgeht. Diese Zauberbücher enthalten in der Mehrzahl völlig unsinnige Rezepte aus der sog. ›Dreckapotheke‹ sowie Hausmittel und Hinweise auf primitive Heilmethoden.

Lit.: Adolf Spamer, Zauberbuch und Zauberspruch, in: Dt. Jb. f. Vk 1 (1955) S. 109–127; Irmgard Hampp, Beschwörung, Segen, Gebet, Stuttgart 1961; W.-E. Peuckert, Pansophie. Ein Versuch zur Geschichte der weißen und schwarzen Magie, Berlin ²1956; Ders., Das Sechste und Siebente Buch Mosis, in: ZfdPh 76 (1957) S. 163–186.

236. Meier 1852, I, S. 196f., Nr. 221.2. – Mdl. aus Mössingen. –

237. W. Wattenbach (Hrsg.), Die Chronik des Mathias von Neuenburg (übers, v. Grandaur), Leipzig ³1912, S. 81 f. – Vgl. Grimm DS 503. – HdA II, 1123f. (Fahrender Schüler) – DV 47.

238. N. Hocker, Sagen von der Mosel, in: Zs. f. dt. Mythologie u. Sittenkunde I (1853), S. 189.

239. Grässe 1871, II, S. 112 (nach Lercheimer, S. 66).

240. Ebda, S. 113. –.

Lit.: W.-E. Peuckert, Pansophie, Berlin [2]1956, Register; Biedermann 1973, S. 501f.

241. Ebda, S. 113f.

242. Ebda, S. 114. –. – Biedermann 1973, s.v. und S. 169f. (Familiar). – Cornelius Agrippa von Nettesheim, geb. 14.9.1486 zu Köln, gest. 18.2.1535 in Grenoble, führte ein wechselvolles Abenteurer- und Gelehrtenleben. Er diente im Heer Maximilians I., lehrte in Spanien, Italien, Frankreich, ließ sich als Advokat in Metz, Köln, Lyon nieder (1518–25), war Arzt in Antwerpen (1528) und kaiserlicher Historiograph in Mechelen. Sein berühmtestes Werk ist ›De occulta philosophia‹, in dem er »eine Synthese von Christentum und Magie auf dem Boden der neuplatonischen Mystik« (Biedermann) versucht. Man hielt ihn bald für einen Magier und seinen Hund für einen dämonischen Helfer; dieser Hund ist das Vorbild für den Pudel in Goethes Faust geworden.
Lit.: Barbara Allen Woods, The devil in dog-form, Berkeley 1959.

243. ZA 1723155. (= Bayerland VIII, 1897). Kartaphilus („der sehr Geliebte"), war Türhüter des Praetoriums; es ist einer der Namen des Ewigen Juden. LDE s.v. Ahasver'.

244. Kuhn 1843, S. 280ff., Nr. 9. – (Mdl. aus Brodewin/Uckermark) – François Henry de Montmorency-Boutteville, Herzog v. Luxemburg, Marschall von Frankreich (1628–1695) war an den Eroberungen Ludwigs XIV. maßgeblich beteiligt. Das Volk nannte ihn den ›Tapezierer von Notre Dame‹, da er die Kirche mit Fahnen (als Siegestrophäen) schmückte. Er war in den Giftmischerinnenprozess der Mdme Voyssin von 1679 verwickelt und wurde erst nach einjähriger Haft freigesprochen. – Auf die Verdächtigungen dieses Prozesses, seine Haft in der Bastille und die Gerüchte in Paris lassen sich die ersten Sagenelemente zurückführen. Schon bald sagte man ihm, aus dem Glauben seiner Zeit heraus, einen Pakt mit dem Teufel nach, und während seiner Haft erschien 1680 das erste Volksbuch mit ›Pacta und Verbündnis …‹ in Deutschland.
Lit.: Anton Kippenberg, Die Sage vom Herzog von Luxemburg und die historische Persönlichkeit ihres Trägers, Diss, Leipzig 1901; Nachdruck Wiesbaden o. J.

245. Volksbuch aus dem Jahr 1680 (4 unpag. Blätter, Universitätsbibl. Erlangen). Nach Kippenberg, S. 239–243.

246. Wössidlo 1939, I, S. 226, Nr. 645. E: Ein Ziegelarbeiter, A: R. Wossidlo, O: Gielow/Mecklenburg, 1894. – Mda.: Hackeis = Kiefernzapfen. – In der mündlichen Überlieferung werden auf den ›General‹ Luxemburg verschiedene Wandermotive übertragen, die allgemein von magiebegabten Persönlichkeiten, aber auch von bekannten Gestalten erzählt werden.

247. Wossidlo 1939, 1, S. 227, Nr. 646. E: Ein Arbeiter aus Kargow, A: R. Wossidlo, O: Waren/Mecklenburg, 1894. – Mda.: vertüürnt = erzürnt; soeben = sieben.

248. Wossidlo 1939, I, S. 227, Nr. 648. E: Ein Arbeiter aus Kargow, A: R. Wossidlo, O: Waren/Mecklenburg, 1894.

249. Wossidlo 1939, I, S. 228, Nr. 652. E: Ein Ziegelarbeiter, A: R. Wossidlo, O: Gielow/Mecklenburg, 1894. – Mda.: nahst = danach.

Denkmal des Nikolaus Copernicus

250. ZA 131311. E: Der alte Rupert, A: Hans Westpfahl, Lehrer, O: Hütte, Krs. Elbing/ Ostpreußen, 1926 (unveröffentlicht). – Nikolaus Kopernicus, geb. 19.2.1473 in Thorn, gest. 24.5.1543, Mathematiker und Astronom. Er erkannte aufgrund seiner Forschungen, dass sich die Erde um die Sonne drehe und stürzte damit das bis dahin gültige, durch antike und mittelalterliche Autoren gesicherte geozentrische Weltsystem. Erst 1543 veröffentlichte er seine epochemachenden Kenntnisse unter dem Titel ›De revolutionibus orbium coelestium libri VI‹, die jedoch 1616 im Zusammenhang mit den Wirren um Galilei auf den Index gesetzt wurden. – Die hier angeführte Episode soll die außerordentliche Klugheit des Gelehrten illustrieren; sie erinnert an die Wissensprobe des Astronomen Friedrichs II. *Lit.:* B.-M. Rosenberg, Copernicus, Domherr, Arzt, Astronom, Göttingen, Zürich 1973.

251. ZA 131312. E: Der alte Rupert, A: Hans Westpfahl, Lehrer, O: Hütte, Krs. Elbing/Ostpreußen, 1926, (unveröffentlicht). – Die Anlage von Wasserleitungen durch Kopernikus ist nicht historisch belegt und beruht auf populärer Tradition.

252. Joachim Leopold Haupt, Neues Lausitzisches Magazin, Bd. 15 (NF Bd. 2), Görlitz 1837, S. 203f.

Die Sage von dem Schwarzkünstler und Zauberer ‚Meister Krabat' ist in der Lausitz „auch heute noch unter der sorbischen Bevölkerung bekannt". Im Mittelpunkt der volkstümlichen Sagenüberlieferung steht ein magiebegabter Gutsbesitzer von Groß-Särchen bei Hoyerswerda, der wie weiland Dr. Faust in der Volksüberlieferung mit seiner Kutsche durch die Luft fahren kann, und der wie der Alte Fritz in der Sage aus Haferkörnern Soldaten zaubern kann. Zunächst handelt es sich jedoch um eine der verbreiteten Sagen von Teufelsbündnern und Hexenmeistern, wie sie in fast allen Landschaften namentlich bekannt sind. Erst rund zwanzig Jahre nach der ersten schriftlichen Fixierung der Sage (1837) wird der Name 'Krabat' genannt (1858). Hier finden sich auch erstmals diejenigen Züge, die aus der Zaubersage die Krabatsage machen. Krabat besucht die „schwarze Schule" in Leipzig, wo der „Schwarze" persönlich das Zaubern lehrt. Als Lohn verlangt dieser jährlich die Seele eines seiner Schüler. Krabat wird durch seine Mutter gerettet und erwirbt sich mit seiner Zauberei die Gunst Augusts des Starken, der ihm das Gut Groß-Särchen schenkt. An dieser Stelle wird auch die historische Komponente der Erzählung sichtbar, die sich in dem Namen ‚Krabat' manifestiert. Im Jahre 1704 starb in Groß-Särchen „der Gnädigste Herr H. Obrist Joannes Schadowitz in Croatien von Agram gebürtig". Paul Nedo hat schlüssig nachgewiesen, dass aus der Bezeichnung ‚Kroat' im Volksmund 'Krabat' geworden ist, ein Vorgang, der etymologisch durchaus normal ist. Obwohl der kroatische Reiteroberst nur relativ kurze Zeit in Groß-Särchen lebte, hat seine Gestalt, wohl auch weil sie gewissermaßen exotisch' und in der Umgebung fremd war, „da war eine andere Sprache, ein anderes Religionsbekenntnis, ungewöhnliche Lebensgewohnheiten und Sitten, alles Dinge, die ihn von seiner Umgebung abgrenzten..." (Nedo), die Phantasie des Volkes beschäftigt und verschiedene Volksglaubensmotive auf sich gezogen. Der kroatische Obrist wird zur dämonischen

Kristallisationsgestalt, und man überträgt auf ihn, der dem Volk nicht geheuer ist, alle die Motive und Handlungen, die im Volksglauben mit der Schwarzen Magie verbunden sind; Luftreisen, Soldaten zaubern sowie zauberische Schwankmotive vom Ochsen- bzw. Pferdehandel und vieles mehr. Keines dieser Motive ist originell in dem Sinne, dass es ursprünglich zur Krabat-Sage gehörte; alle sind in anderen, früheren Völkserzählungen belegt und werden im Zusammenhang mit der großen Zahl der in verschiedenen Landschaften bekannten Zaubermeister, Korumel im Badischen, Schlichtriel in Sachsen, oder historischen Persönlichkeiten von Albertus Magnus bis zum Alten Fritz erzählt. Es sind Wandermotive, die in ganz Mitteleuropa verbreitet sind, und die bis in das ausgehende Mittelalter selbst zur Vorstellungswelt gelehrter Kreise gehörten, etwa die von der Fakultät für Schwarze Magie an der Universität Krakau oder der Teufelsschulen in Salamanca und Toledo.

In seinem gleichnamigen Jugendbuch hat Otfried Preußler diese Sage adäquat und mit viel Verständnis für populäre Glaubensvorstellungen umgesetzt.

Lit.: P. Nedo, Krabat. Zur Entstehung einer sorbischen Völkserzählung, in: Dt. Jb. f. Vk 2 (1956) 33–50; M.-L. Eberhardt, Die Krabat-Sage, Marburg 1982; L. Petzoldt, Otfried Preußler und die Tradition, in: H. Pleticha (ed.) Otfried Preußler. Werk und Wirkung, Stuttgart 1983, S. 42–50; L. Kretzenbacher, Teufelsbündner und Faustgestalten im Abendlande, Klagenfurt 1968, S. 137–142.

253. ZA 171635. O: Gossensass/Südtirol (unveröffentlicht). – Pfeifer Huisile ist eine historische Gestalt, die nach einem Eintrag in einer Meraner Chronik 1680 gestorben ist. Das Kerngebiet der Verbreitung der Volkserzählungen liegt um Sterzing/ Südtirol. Er soll ein Bauernsohn aus Ratschings gewesen sein (Huislhof). Er zählt zu den populärsten Tiroler Sagengestalten, der zahlreiche Wandermotive auf sich gezogen hat; insbesondere hat man Wettersagen auf ihn übertragen.

Lit.: Hermann Holzmann, Pfeifer Huisile. Der Tiroler Faust, Innsbruck 1954; vgl. L. Petzoldt, Märchen, Sagen und Schwänke aus Südtirol, 2 Bde. Innsbruck 2000, 2002; passim.

254. Ebda.

255. Ebda.

256. Ebda.

257. Ebda.

258. Joh. Wilh. Wolf, Deutsche Märchen und Sagen, Leipzig 1845, Nr. 336. - DV62, 63; HdA III, 2ff. (Freischütz). - Diese Geschichte findet sich auch im ›Hexenhammer‹ von 1487 (Malleus maleficarum, pars 2, questio 1, cap. 16) als Beispiel ›von den hexenden Bogenschützen. Der Schütze heißt hier Puncker. Er war Vasall Ludwigs IV. von der Pfalz (in Rohrbach b. Heidelberg). Nach dem Hexenhammer ist er ein Zauberer und Ketzer, der durch einen Teufelspakt jeden Tag drei Treffschüsse frei hat. Er lebte in der ersten Hälfte des 15. Jh.
Lit.: E.L. Rochholz, Tell und Geßler in Sage und Geschichte, Heilbronn 1877, S. 95–116; J. Sprenger u. H. Institoris, Der Hexenhammer, übersetzt v. J. W. R. Schmidt, Berlin 1906 (Nachdruck, Darmstadt 1974).

259. Meiche 1903, S. 532f., Nr. 675. Ein Teufelspakt, der zeitgenössische Glaubensvorstellungen wiedergibt.

260. Otto von Graben zum Stein, Unterordnungen von dem Reiche der Geister, III, 486–492. Einer der berühmtesten Kriminalfälle des 18. Jhs.

261. Scheible, Das Kloster 3, Stuttgart 1846, S. 1065, Nr. IV. Nach R. von Mohl, Geschichtliche Nachweisungen über die Sitten und das Betragen der Tübinger Studierenden während des 16. Jahrhunderts, Tübingen 1840, S. 49.

262. Otto von Graben zum Stein, Unterredungen von dem Reiche der Geister, III, Leipzig 1741, S. 502–506 (nach Peuckert 1961, S. 256f., Nr. 176). - HdA II, 72ff. (Christophorus). - Ein überaus weitverbreitetes, populäres Gebet, mit dem man nach der volkstümlichen Überlieferung Schätze graben und Reichtum erlangen konnte. Eine Zeitungsnachricht aus dem Jahr 1725 belegt die Häufigkeit dieser Versuche, mittels magischer Beschwörung zu Reichtum zu kommen. Hier zeigt sich vor allem die Vermischung von christlichen und vorchristlichen magischen Elementen:

»Wien, den 25. April. Dieser Tagen sind etliche 20 Persohnen darum eingezogen worden, weilen sie das Gebeht des Christophori, so ein Schatz Gräber gewesen, gebetet, und vermittelst Beruffung des Satans, auch vorhergegangenen Beichten, Communiciren, Fassten etc. allerhand verbotene abergläubische Thorheiten mit denen Alltrauen (sic) etc., um dadurch ihrer Meinung nach Geld zu erlangen, betrieben haben; weiln nun bis 200 Persohnen, Pfaffen, wohlbemittelten Bürgers-Leuten und andere hierunter intereßiret, so werden selbige anietzo zusammen gesuchet, um zur gebührenden Straffe gezogen zu werden.« (Hamburgischer Correspondent 1725. Nr. 72; Buchner 1912, II, S. 143f., Nr. 234).

– Alltrauen = verschrieben für Alraun.

Lit.: Deneke 1961.

263. Collectaneen des Christoph Schulthaiss I, 162; Stadtarchiv Konstanz (zit. nach Hansen, Quellen und Untersuchungen zur Geschichte des Hexenwahns und der Hexenverfolgung im Mittelalter, Bonn 1910, S. 570f.). – Vgl. Speth, Beschreibung der Stadt Konstanz, 1733, S. 322; Vierordt, Badische Geschichte bis zum Ende des Mittelalters, S. 438. – Der Bericht bezieht sich auf das Jahr 1458; es handelt sich um Melkzauber und Wetterzauber (→ DV 38, 41).

Lit.: W. Gaerte, Wetterzauber im späten MA, in: Rhein. Jb. f. Vk 3 (1952) S. 226–273.

264. Meiche 1903, S. 488f., Nr. 635. – Vgl. Hitzig, Annalen für die Kriminalrechtspflege, 1849, Bd. XLIX, S. 205f. Erl.: Penseeband, = lilafarbenes Band. – Der Hexenprozess am sächsischen Hof begann 1694 unter August dem Starken. Die Tochter der Frau v. Neitschütz war im Alter von 19 Jahren an Pocken gestorben und kurze Zeit später verstarb auch ihr Liebhaber, Kurfürst Johann Georg, ein Bruder Augusts, ebenfalls an den Pocken. Man munkelte, das Fräulein müsse Zauberkünste angewandt haben, um ihren Geliebten ins Grab nachzuziehen. Man öffnete daher ihren Sarg und verdächtigte ihre Mutter der Zauberei. Die Akten füllten acht Bände. Schließlich wurde Frau v. N. nach langer Untersuchungshaft auf ein entlegenes Dorf verbannt.

Lit.: K. Baschwitz, Hexen und Hexenprozesse, München 1963.

265. Peuckert 1961, S. 163f., Nr. 107 (Otto von Graben zum Stein, Unterredungen von dem Reiche der Geister II, Leipzig 1731, S. 287–291, mit Auslassungen Peuckerts). – HdA I, 312ff. (Alraun). – Biedermann 1973, s. v. – DV 434. – HdM II, 304–310 (Galgenmännlein). – HdS 403–422 (Alraune). LDE s. v. – Mda. – Bettzei-

Kaiser Rudolf II., (Porträt von Hans von Aachen, um 1600/03)

chen = Betzeichen, Abendläuten; Totenladen = Särge. – Die menschenähnliche Gestalt der Mandragorawurzel, eines giftigen Nachtschattengewächses (Solanacee), wurde schon im Altertum zum Liebeszauber benutzt. Man kleidete sie in Samt und Seide, badete sie regelmäßig, damit sie dem Besitzer Reichtum und Gesundheit bringe. Kaiser Rudolf II (1576–1612), ein menschenscheuer, zur Schwermut neigender Herrscher, gab sich mit Kuriositäten und alchimistischen Versuchen auf dem Hradschin in Prag ab, wo er zurückgezogen lebte. Zwar lebten berühmte Gelehrte an seinem Hof, wie Joh. Kepler und Tycho Brahe, doch umgab er sich auch mit Scharlatanen aller Art und war, wie seine Sammlung magischer Geräte, Zauberspiegel und die hier erwähnten Alraunen (vgl. Abb.) bezeugen, im Zauberglauben seiner Zeit befangen. Von zahlreichen Persönlichkeiten wird berichtet, sie hätten einen Alraun besessen: Faust, Berthold Schwarz, Johanna v. Orleans, Karl IV. (vgl. HdS 418f.). Im Deutschen Museum, München, befindet sich eine bekleidete Alraunwurzel aus dem 18. Jh. – Vgl. auch den Roman ›Alraune‹ von H.H. Ewers.

Lit.: Karin Figala, Alraune. Veröffentlichungen des Forschungsinstituts des Deutschen Museums für die Geschichte der Naturwissenschaften und der Technik, Reihe A, Kleine Mitteilungen Nr. 63, München 1970; Walter Hävernick, Wunderwurzeln, Alraunen und Hausgeister im deutschen Volksglauben, in: Beitr. z. dt. Volks- und Altertumskunde 10, Hamburg (1966) S. 17–34; A. Schlosser, Die Sage vom Galgenmännlein im Volksglauben und in der Literatur, Diss. Münster 1912; A.T. Stark, Der Alraun, Baltimore 1912; Gebhardt Bd. 9, Kap. 5; Deneke 1961.

266. Vossische Zeitung. Nachricht v. 5. Sept. 1785. Berlin (nach R. Federmann, H. Schreiber, Botschaft aus dem Jenseits, Tübingen 1968, S. 160f.). – Biedermann 1973, s. v. – Alexander, Graf von Cagliostro, eigentlich Josef Balsamo, geb. im Juni 1734 in Palermo, gest. 28. August 1795 in San Leo b. Urbino, war ein weltbekannter

Abenteurer und Alchimist. Er gab vor, Gold erzeugen zu können, verkaufte Lebenstinkturen, Universalessenzen, Schönheitswässer und beschwor Geister. Seine Frau, Lorenza Feliciani, die Tochter eines Gürtelmachers aus Rom, benutzte er bei diesen Schwindeleien. Zu London wurde er in den Freimaurerorden aufgenommen und verkehrte in den höchsten Kreisen des europäischen Adels. Er erfand ein eigenes maurerisches System, das er als ägyptische Freimaurerei bezeichnete, und gab sich als Sendboten des Elias bzw. den Großkophta selbst aus. 1785 kam er nach Paris, wo er mit Kardinal Rohan zusammentraf. Ihm spiegelte er vor, an der Hochzeit von Canaan teilzunehmen, offenbar mit Hilfe von Suggestion; das Motiv gleicht verblüffend ähnlichen Episoden, die man von Virgilius (→ *13*) und Albertus Magnus (→ *355*) erzählt. – In Paris wurde Cagliostro im Zusammenhang mit der Halsbandaffäre verhaftet und, obwohl er nicht beteiligt war, 1786 aus Frankreich verbannt. Im Dezember 1789 wurde er von der Kurie verhaftet und auf der Engelsburg eingekerkert. Die Inquisition verurteilte ihn wegen Ketzerei zum Tode; Papst Pius VI. wandelte 1791 die Todesstrafe in lebenslängliche Haft um und ließ ihn nach San Leo bringen, wo er starb. – Sein Leben und seine Gestalt gab den Vorwurf für zahlreiche künstlerische Bearbeitungen ab, vgl. Schiller: ›Der Geisterseher‹ (1789), Goethe ›Der Großkophta‹ (1791), Leo Tolstoi ›Graf Kaliostro‹ (1921), Horst Wolfram Geißler ›Der Zauberlehrling) (1918). Die Hauptquelle für sein Leben bildet das Werk ›Compendio della vita e delle gesti die Giuseppe Balsamo ...‹, Rom 1791.

Lit.: H. Contad, Das sündhafte Leben des Grafen C; Die Geschichte eines Mysterienschwindlers, bearb. von Ewers, o. J. (1961); Sieske, Schwärmer und Schwindler zu Ende des 18. Jahrhunderts, Leipzig 1875.

267. Schwartz 1921, S. 97–99, Nr. 59. – HdS, S. 464f. (Alter Sparr). – Wie viele Feldherrn galt auch Otto Christoph Freiherr von Sparr, geb. 1605, gest. 9.1.1668 in Prenden, als Teufelsbündner und Schwarzkünstler. Er diente unter Wallenstein im kaiserlichen Heer, war 1656 Sieger in der Schlacht bei Warschau und wurde Generalfeldmarschall. Auf ihn haben sich, bes. in seiner märkischen Heimat, die verschiedensten Zaubermotive übertragen: Luftfahrt, Wiederbelebung von Tieren aus deren Knochen (Gräten) und, wie hier, als Personifikation des Wilden Jägers, der die Jagdbeute teilt (vgl. DV 243; vgl. auch Th. Fontane, Oderland, 1919).

268. Neckel III, 265.

269. Pohl 1943, S. 112. – DV 68. – HdA II, 1389 (Feuer). – Menschen mit magischer Begabung können nach dem Volksglauben das Feuer beschwören. Meist benutzen sie dazu einen ›Feuersegen‹ oder magische Gegenstände oder wie hier den magischen Brauch des Umreitens. – Vgl. das Gedicht von Eduard Mörike ›Der Feuerreiter‹, das diesen Glauben zum Hintergrund hat.

Lit.: Becker, Die Sage vom Feuerreiter, in: Jb. d. Ver. f. mecklenburgische Geschichte u. Altertumskunde 81 (1917); H. Freudenthal, Das Feuer im deutschen Glauben und Brauch, Berlin, Leipzig 1931.

270. Pohl 1943, S. 99f. – Fürst Leopold I. von Anhalt-Dessau (1676–1747) war General unter Friedrich Wilhelm I.

271. Pohl 1943, S. 104.

272. ZA2427 1700/45. E: Frau Bastmann, geb. 1844, in der Familie und auf Dienststellen gehört, A: G.Fr. Meyer, O: Bujendorf, Krs. Eutin/Schlesw.Holstein, 1928 (unveröffentlicht). – HdS 472f. (Alte Ziethen). – Mda.: Hackein = Kiefernzapfen. – Hans Joachim von Ziethen (1699–1786), geb. in Wustrau, Grafschaft Ruppin, baute die preußische Kavallerie auf. Wie vielen Feldherrn wird ihm nachgesagt, er könne aus Kiefernzapfen Soldaten schaffen, bzw. Soldaten (auf der Flucht) in Büsche verwandeln. –

273. Wossidlo 1939, I, S. 227, Nr. 653. E: Ein Ziegelarbeiter, A: R. Wossidlo, O: Gielow/Mecklenburg, 1895.

274. Wossidlo 1939, I, S. 227, Nr. 654. E: Ein Forstarbeiter, A: R. Wossidlo, O: Zirtow/Mecklenburg, 1897.

275. Wossidlo 1939, I, S. 228, Nr. 655. E: Bauer Michel, A. R. Wossidlo, O: Jabel/ Mecklenburg, 1897.

276. Wossidlo 1939, I, S. 230, Nr. 658. E: Ein Bauer, A: R. Wossidlo, O: Neuendorf b. Neubrandenburg, 1907. – Gebhard Leberecht von Blücher, Fürst von Wahlstatt (1742–1819), preußischer Feldmarschall, war ein volkstümlicher Heerfahrer, der vor allem durch den Rheinübergang bei Caub populär wurde. Er hatte den Beinamen ›Marschall Vorwärts‹, und man übertrug auf ihn viele

Wandermotive, die seine außergewöhnlichen Erfolge erklären sollten.

277. Wossidlo 1939, I, S. 229, Nr. 656. E: Ein Arbeiter, A: R. Wossidlo, O: Waren/Mecklenburg, 1895.

278. Wossidlo 1939, I, S. 229, Nr. 657. E: Ein Arbeiter aus Kargow, A: R. Wossidlo, O: Waren/Mecklenburg, 1894. – Motiv von der missglückten Verjüngung.

VII. Volkshelden und starke Leute

279. Aus dem Volksbuch ›Der wiedererstandene Eulenspiegel‹, Volksbücher 12, Leipzig 1845, bei Otto Wigand, hrsg. v.G.O. Marbach, S. 3f. – AaTh 1635*. – EM s.v. – Frenzel 1962, s.v. – Verfasserlex., s.v. – Eulenspiegel war, wie die Forschung nachweisen konnte, eine historische Persönlichkeit, ein Bauernsohn aus der Braunschweiger Gegend, der in der ersten Hälfte des 14. Jh. lebte. Als sein Sterbejahr wird 1350 angegeben. Die ihm zugeschriebenen ›Schwänke‹ wurden von dem Braunschweiger Zollschreiber Hermann Bote in der ersten Hälfte des 16. Jh. aufgezeichnet. Neben Historien mehr biographischen Charakters (→ *597–601*) wurden auch viele Wandermotive auf ihn übertragen, und sein Name wurde im Laufe der Entwicklung zum Inbegriff des Schwankhelden und des Schalks. Zahlreiche literarische Bearbeitungen, Nachschöpfungen und Deutungen sind im Laufe der Jahrhunderte versucht worden, aus denen Charles de Costers ›La legende d'Ulenspiegel‹ (1868) und Gerhart Hauptmanns Epos ›Des großen Kampffliegers, Landfahrers, Gauklers und Magiers Till Eulenspiegels Abenteuer, Streiche, Gaukeleien, Gesichte und Träume‹ (1927) herausragen. Lit.: Wolfgang Lindow, Nachwort zur Ausgabe ›Ein kurzweilig Lesen von Dil Ulenspiegel‹, Stuttgart o. J. (RUB 1687); Oswald Debus,Till Eulenspiegel in der deutschen Volksüberlieferung, Diss. Marburg 1951; M. Heller, Moderne Eulenspiegeldichtung, Diss. Wien 1940; L. Petzoldt, Eulenspiegel, der paradoxe Held, in: Eulenspiegel-Jahrbuch 13 (1973) Schöppenstedt 1973, S. 3–13; W. Meridies, Die Eulenspiegelgestalt in der dt. Dichtung, Diss. Breslau 1924. L. Petzoldt, Tradition und Rezeption. Überlegungen zum Wandel des Eulenspiegelbildes ..., in: SAV 75 (1979) 203–211. – Petzoldt 1989.

280. Ebda, S. 20. – (→ *279*).

281. Ebda, S. 14f. – (→ *279*).

282. Ebda, S. 34f. – (→ *279*).

283. Ebda, S. 96f. – (→ *279*).

284. Ebda, S. 106f. – (→ *279*).

Titelblatt eines Volksbuches von Eulenspiegel

285. Aus dem Volksbuch ›Der Märkische Eulenspiegel. Das ist: Seltsame und kurzweilige Geschichten von Hans Clauert in Trebbins Von O. L. B. Wolff, Volksbücher 39, Leipzig o.L, S. 32f. – Unter dem Titel ›Hans Ciawerts werckliche Historien, vor niemals in Druck außgangen, kurtzweilig und seher lustig zu lesen‹ gab 1587 Bartholomäus Krüger das Volksbuch des Schwankhelden aus Trebbin, Hans Clauert, heraus. Die 35 Geschichten sollen auf wirklichen Begebenheiten beruhen wie auch Hans Clauert, der als Spassmacher des Kurfürsten Joachim II. von Brandenburg ein gern gesehener ›kurzweiliger Rat‹ war, historisch ist. Krügers Buch erschien bis 1609 in fünf Auflagen, geriet aber dann in Vergessenheit. In der modernen Dichtung ist Klabunds ›Bracke‹ (1918) zu erwähnen, der auf Clauerts Geschichten beruht.

Lit.: J. Bobrowski, Hans Clauert, der märkische Eulenspiegel, Berlin 1956.

286. Wilhelm Vischer, Die Sage von der Befreiung der Waldstätte nach ihrer allmählichen Ausbildung, Leipzig 1867, S. 33ff. (Das weiße Buch von Sarnen, 1470; Wehrhan 1920, S. 133ff., Nr. 308). – Frenzel 1962, s.v. – Erl.: ausgereudet = gerodet.

287. Ebda.

288. Ebda. – Die Erzählung vom Vogt von Wolfenschiessen, die zu der Redensart ›jemandem das Bad gesegnen, ›Anlass gab (vgl. Schiller, ›Wilhelm Teil I, 1‹, »... und mit der Axt hab' ich ihm's Bad gesegnet.«), sowie die Geschichte von Melchtal (→ *604*) waren dazu geeignet, die Willkür der habsburgischen Vögte anzuprangern. Dass sich die Tatsachen z. T. anders verhalten haben, lässt sich am Vergleich der verschiedenen Chronikberichte deutlich machen. Auch Max Frisch, der mit seinem Buch ›Wilhelm Tell für die Schule‹ (Frankfurt 1971) einen wichtigen Beitrag zur ›Entmythologisierung‹ der Tellsage leistete, sieht die Verhältnisse anders. Bei ihm lautet die entsprechende Stelle (S. 26–33):

»Obschon die Untat sich nicht auf urnerischem Boden ereignet hatte, wusste jeder Urner davon, und wie Pfarrer Rösselmann sie zu berichten verstand, war der Bauer zu Altzellen natürlich im Recht, als er den habsburgischen Vogt, der splitternackt in einem Bottich saß und gerade sein verschwitztes Haar wusch, meuchlings mit einem Spaten erschlagen hatte[19]. Ohne Zweifel war der dickliche Ritter entsetzt, als er diese Geschichte von seinem Kollegen hörte, und schwieg vorers ... Beamte für diese Waldstätte zu finden war eben schwierig; wer sich irgendwie auszeichnete, daher bei den Herren von Habsburg in Gunst stand, sodass er einigermaßen einen Posten wünschen konnte, ging lieber nach Innsbruck oder Zürich, allenfalls nach Baden, nicht aber nach Sarnen oder Lowetz oder auf Rotzberg. Dieser Herr von Wolffenschießen, das wusste man damals in ritterlichen Kreisen, war zur Strafe nach Unterwaiden versetzt worden, weil er's mit den Pagen trieb[20]. Es verwunderte daher den dicklichen Ritter, dass ausgerechnet dieser Wolffenschießen, in seiner Art ein liebenswürdiger Kollege, eine Unterwaldnerin habe verführen oder sogar vergewaltigen wollen. Ob es dafür, so erkundigte er sich vorsichtig bei Pfarrer Rösselmann, einen weiteren Zeugen gebe außer Gott. Denn er konnte es sich einfach nicht erklären[21]. Auch dünkte es den dicklichen Ritter, wenn er sich die Untat vorzustellen suchte, rätselhaft, dass ein Mann, der ein Weib will, sich selber entkleidet und dann im Bottich sitzt. Aber Pfarrer Rösselmann bestand darauf, als wäre er selber zugegen gewesen, und kein Urner zweifelte dran, dass es sich um versuchte Hurerei handelte, in Tateinheit mit Tyrannei; sonst hätte der Bauer von Altzellen, bekannt als frommer Mann, nicht zum Spaten gegriffen und dem badenden Vogt meuchlings den Schädel gespaltet, was, wie Pfarrer Rösselmann durchblicken ließ, jederzeit wieder geschehen könnte ... Er war also gewarnt, der Vertreter von König Rudolfs Erben, von Christ zu Christ … Es gebe der habsburgischen Untaten mehr, sagte Pfarrer Rösselmann, als er spürte, dass der dickliche Ritter zwar erschüttert war, aber im stillen noch immer zweifelte, wer bei dem Vorkommnis im Recht war, es gebe der habsburgischen Untaten mehr. Ob er, Vertreter von König Rudolfs Erben, beispielsweise die Geschichte von dem ebenfalls braven und frommen Melchtal kenne? Er kannte sie nicht. Sollte Melchtal, der Sohn, sich gefallen lassen, dass König Rudolfs Erben ihm die Ochsen vom Pflug spannten? Da wehrte er sich eben, wobei er einem Habsburger-Waffenknecht versehentlich den kleinen Finger brach. Was aber tat der Vogt darauf? Er wütete, er holte den greisen Vater und ließ ihm beide Augen ausstechen[22]. Auch diese Geschichte, nicht minder schauerlich, berichtete Pfarrer Rösselmann, als wäre er zugegen gewesen, und es war nicht Zweifel, sondern Ausdruck des Ent-

Älteste Darstellung der Apfelschussszene (Seb. Münster 1628)

setzens, als der dickliche Ritter sagte: Ist das wahr? Er hielt die Hand vor seine eigenen Augen, so entsetzt war er, wie sehr diese Waldleute immer im Recht sind[23], und daran änderte es auch nichts, dass die Geschichte vom Melchtal schon damals, 1291, eine ziemlich alte Geschichte war.«

Max Frischs Anmerkungen nehmen kritisch zu dieser Überlieferung Stellung, das zeigt ein Vergleich mit der Chronik von Aegidius Tschudi hundert Jahre später: »Do begert Er, Sie sölt Im ein Wasserbad zubereiten, denn Er wäre vom Wandeln schweissig und müd worden«, was also noch kein unsittliches Ansinnen wäre; trotzdem erschrickt die brave Bäuerin auch bei Aegidius Tschudi, nur schickt Gott nicht ihren braven Mann nach Hause, sondern sie holt ihn draußen auf dem Feld. Je älter die Erzählungen sind, je einfacher erscheinen sie; je jünger, desto umständlicher, ja, die späteren Schriftsteller wissen mehr zu erzählen als die früheren.‹ (Georg von Wyss, 1858, zur Geschichte der Urschweiz.) In keiner Chronik erwähnt wird das Herbergsrecht, das der landesherrliche Vogt hatte; alle Chroniken stimmen darin überein, dass der Vogt, Herr von Wolffenschießen, im Wasserbad saß, während die Bäuerin angekleidet blieb, und der einzige Zeuge dafür, dass der Vogt mehr begehrte als ein Wasserbad, bleibt die brave Bäuerin selbst. – [20] Chronikalisch gibt es keinen Hinweis auf die Homosexualität des genannten Vogtes, was allerdings auch daraus zu erklären wäre, dass Homosexualität in der Urschweiz ein Tabu war. – [21] Noch 1943 kam es in dieser Gegend, da wir als verschwitzte Soldaten an einem Dorfbrunnen unsere Hemden auszogen und wenigstens den nackten Oberkörper waschen wollten, zu einem Aufruhr; der Priester lief zum Hauptmann, beschwerte sich über unser lasterhaftes Treiben, das die Weiber des Dorfes verderben würde, und als der Hauptmann, ein Städter, darauf bestand, dass wir nach einem Tagesmarsch uns waschen dürften, versicherte der Priester, er und seine Gläubigen hätten in ihrem Leben noch niemals gebadet und stünden unter dem Segen Gottes. – [22] Auch hier weiß Aegidius Tschudi hundert Jahre später zu präzisieren: »von einer geringen Ursachen wegen, da sin Sun Arnold von Melchtal söllt übertretten haben, und in Straff gefallen sin«, d. h. die Beschlagnahme der Ochsen erfolgte als Strafe für ein Vergehen vorher. Ferner wird bei Tschudi erkennbar, warum der arme Vater ›Heinrich von Melchtal, ein wiser, verständiger, ehrbarer, hablicher Mann‹) geblendet wird: er verschweigt, wo sein unbotmäßiger Sohn sich aufhält. ›Die Blendung, womit der greise Melchi-Bauer bestraft wurde, ist eine der gebräuchlichsten Strafarten des Mittelalters.‹ (Karl Meyer, ebenda.) – [23] Die Tendenz der mündlichen Überlieferung, das eigene Kollektiv zu rechtfertigen, ist natürlich. Vgl. hiezu Johannes Dierauer, 1887: ›der Eigenliebe des Volkes schmeichelnde Geschichten‹. Vgl. ferner die mündliche Überlieferung in der Neuzeit, z.B. wie die Schweiz sich im Zweiten Weltkrieg meint verhalten zu haben. Schon nach einem Vierteljahrhundert werden Vorkommnisse vergessen oder zumindest nicht überliefert, die etwa unsere Gewissheit, die Schweiz sei immun gegen Faschismus, erschweren könnten. Die mündliche Überlieferung setzt sich sogar gegen Dokumentationen durch, wie sie dem mittelalterlichen Chronisten nicht zur Verfügung standen; die Publikation von Dokumenten bringt daher nicht selten einen Schock, wie z. B. der sog. Bonjour-Bericht über die Neutralität der Schweiz im Zweiten Weltkrieg, verfasst zuhanden des Bundesrates und 1970 dem Volk erst nach einigem Zögern vorgelegt. Hätten auch wir, wie damals die Urschweiz, nur die mündliche Überlieferung (Stammtisch, Volksschule usw.), so gäbe es in der Schweiz von 1933 bis 1945 beispielsweise keine hitler-freundlichen Großbürger und Offiziere usw. und dies schon nach einem Vierteljahrhundert mündlicher Überlieferung. –

Das weiße Buch von Samen, die früheste Chronik des Schwurbundes in den Waldstätten, wurde erst 180 Jahre nach den Vorkommnissen verfasst. (Vgl. hierzu Quellenwerk zur Entstehung der Schweizerischen Eidgenossenschaft, herausgegeben von der Geschichtsforschenden Gesellschaft der Schweiz, Abteilung III Chroniken, Band 1, ›Das Weiße Buch von Sarnen‹, 1947.)

Lit.: Rudolf Hallo, Vom Vogt von Wolfenschiessen, dem mit der Axt das Bad gesegnet wurde, in: SAV 27 (1927) S. 1–26.

289. Ebda.

290. Ebda. – In einer badischen Sage, die sich von der Teil-Überlieferung ableitet, wird das Motiv vom Hut auf der Stange zum Anlass für den Ausbruch des Bauernkrieges umgedeutet: »In einem noch jetzt stehenden Hause der Stadt Königshofen an der Tauber wohnte einst ein Edelmann, der von seinen Unterthanen gleiche Achtungsbezeugungen verlangte, wie der Urner Landvogt Gessler. Er hatte ausserhalb des Ortes seinen Hut auf einen Pfahl gepflanzt und schoss vom Fenster aus jeden nieder, der sich vor dem Hute nicht verneigte. Die darüber empörten Bürger stürmten hierauf das Haus, stürzten den Vogt zum Fenster des Oberstockes hinaus und schlossen sich dem damals ausgebrochnen Bauernkriege an« (zit. nach Rochholz, s.u., S. 464). – Das Apfelschuss-Motiv besitzt, wie Rochholz u. a. nachwiesen, eine umfangreiche Tradition. Bei Saxo Grammaticus wird es bereits von dem Meisterschützen Toko und Harald Blauzahn erzählt, es findet sich auch in der Thidreksaga (Egils Meisterschuss) und wird in der neuzeitlichen Sagenüberlieferung auf verschiedene Volkshelden übertragen.

»Während dieser Zeit trat der junge Egil, Welents Bruder, in König Nidungs Hofgefolge, weil Welent ihm Botschaft gesendet hatte. Egil war über alle Maßen schön, und eins hatte er allen anderen voraus: mit dem Bogen schoss er besser als irgendein anderer. Der König nahm ihn freundlich auf, und er blieb eine Zeitlang da. Nidung wollte erproben, ob Egil so gut schösse, wie man sagte, oder ob es übertrieben sei. Er ließ den drei Jahre alten Sohn Egils nehmen und ihm einen Apfel auf den Kopf legen und forderte Egil auf, so zu schießen, dass er nicht zu hoch, nicht zu weit nach links und nicht zu weit nach rechts ziele, sondern gerade den Apfel träfe. Er verbot ihm aber nicht, den Knaben selbst zu schießen. Denn das, meinte er, würde Egil auf keinen Fall tun, wenn es in seiner Macht stünde. Nur einen Pfeil dürfte er verschießen, nicht mehr. Egil nahm drei Pfeile, strich an dem einen die Fiederung, legte ihn auf die Bogensehne und schoss den Apfel mitten durch. Der Pfeil riss die eine Apfelhälfte mit sich fort, und beides fiel gleichzeitig auf die Erde. Dieser Meisterschuss blieb lange berühmt. Auch der König lobte ihn sehr, und man pries Egil weit und breit in allen Landen und nannte ihn Ölrunen-Egil.

König Nidung fragte hinterher, warum er drei Pfeile genommen habe, da er doch nur einen Schuss tun durfte. »Herr«, antwortete Egil, »ich will dir nichts vorlügen. Hätte ich den Knaben mit dem einen Pfeil getroffen, hätte ich die die beiden andern zugedacht«. Der König nahm ihm das nicht übel, aber alle andern fanden die Antwort recht dreist.« (»Die Geschichte Thidreks von Bern«, Sammlung Thule Band 22)

Lit.: Lilly Stunzi, Tell. Werden und Wachsen eines Mythos, Bern/Stuttgart 1973; F. Müller-Guggenbühl, Die Gestalt Wilhelm Teils in der modernen schweizerischen Dichtung, Diss. Zürich 1950; Bruno Meyer, Weißes Buch und Wilhelm Tell, Weinfelden 1963; Max Wehrli, Quellenwerk zur Entstehung der Schweizer Eidgenossenschaft, Abt. III Bd. 2,1, Aarau 1952; Ernst Ludwig Rochholz, Tell und Gessler in Sage und Geschichte, Heilbronn

1877; Hans Georg Wackernagel, Die Freiheitskämpfe der alten Schweiz in volkskundlicher Beleuchtung, in: Ders., Altes Volkstum der Schweiz, Basel 1956, S. 7–29.

291. G.Fr. Meyer, Schleswig-Holsteiner Sagen, Jena 1929, S. 135. Mda.: Rethschallen = Schilfrohr. – Eine Version des Apfelschuss-Motivs. – Wie der Mythos des Freiheitskämpfers auch in der Gegenwart aktualisiert werden kann, zeigt eine Reportage in der Wochenzeitung ›Die Zeit‹ über die Unruhen gegen das geplante Atomkraftwerk in Brokdorf:

»Brokdorf/Unterelbe: ›Gehen Sie in die Kirche von Wewelsfleth, dort hängt ein Bild von Henneke Wulff, er ist unser Patron.‹ Rolf Hellerich, ein biederer Landwirt aus der Wilstermarsch, ballt die Faust. Nun, da der erstewohl aber nicht der letzte Sturm – vorüber sei, bekomme er wieder einen klaren Kopf. Nein, dies sei kein Rausch gewesen, ›das war eine Sache, dazu muss man stehen‹. Henneke Wulff habe für die Freiheit der Dithmarscher gegen den Dänenkönig gekämpft, jetzt seien die Kieler in das ruhige schöne Marschenland eingebrochen. ›Wir haben eine lange Tradition des Widerstands, wir haben uns jahrhundertelang gegen den ›Blanken Hans‹ zu erwehren gehabt, wir kämpfen auch bis zum letzten gegen dieses Ungeheuere Etwas pathetisch spricht der Vorsitzende der Bürgerinitiative Umweltschutz, Rolf Hellerich, seine Formeln. Für ihn ist es mehr als Phrasendreschen; so drücken sich die Leute hier im Norden hinter den Deichen aus, wenn sie verzweifelt sind« (Rainer Burchardt, Sie kämpfen weiter, in: ›Die Zeit‹ Nr. 46 vom 5. Nov. 1976, S. 13).

292. Schöppner 1852/1874, Nr. 949 (Gustav Neckel, Sagen aus dem germanischen Altertum I, Leipzig 1935, S. 299f.).

293. Grimm 1865, Nr. 218 (Etterlinsche Chronik, Basel 1764, S. 12f.; Stumpf, Chron. Helvet. VII, cap. 2). – DV 515. – HdA II, 364ff. (Drachen). – LThK III (Drache). LDE s.v.; EM s.v. – Mda.: Heute = Haut; Lindwurm, von ahd. lint, Schlange, ist eine tautologische Wortbildung. Als man das Wort nicht mehr verstand, ergänzte man es durch die Nachsilbe -wurm.

Lit.: P. Zinck, Drachen- und Lindwurmsagen, in: Mitteidt. Bl. f. Vk 6 (1931) S. 177–193 u. 221–229; W.-E. Peuckert 1942, S. 18–33; H. du Bose, The Dragon. Image and Demon, London 1886; – G. Roheim, Drachen u. Drachenkämpfer, Budapest 1912; P. Zinck,

Drachen- u. Luidwurmsagen, in: Mitteidt. Bll. f. VK 6 (1931) 177–193, 221–229.

294. Emil Theuner, Die Schlacht bei Sempach und die Sage vom Winkelried, in: Preuß. Jb., ed. Treitschke u. Delbrück, 58 (1886) S. 283–303, hier: S. 292. – Die Schlacht von Sempach am 9. Juli 1386 gegen die Österreicher war entscheidend im Unabhängigkeitskampf der Eidgenossen. Sie gilt zugleich als Wendepunkt in der abendländischen Kriegsführung, da sich die wendigeren Fußtruppen gegen ein durch übermäßige Rüstung behindertes Ritterheer durchsetzen konnten. – Die Geschichtlichkeit der Tat Winkelrieds forderte schon früh Zweifel heraus, da in der zeitgenössischen österreichischen Chronistik nicht davon berichtet wird. Einen neuen Erklärungsversuch bietet Wakkernagel an, indem er das Opfer Winkelrieds als kriegerischen, traditionsgebundenen Brauch interpretiert.

Lit.: Otto Kleißner, Die Quellen zur Sempacher Schlacht und die Winkelriedsage, Göttingen 1873; A. Bernoulli, Winkelrieds Tat bei Sempach, Basel 1886; Bürkli, Der wahre Winkelried, Zürich 1886; Schweitzer, Eine Studie zur Schlacht bei Sempach, Zürich 1902; Hans Georg Wackernagel, Kriegsbräuche in der mittelalterlichen Eidgenossenschaft, in: Ders., Altes Volkstum der Schweiz, Basel 1956, S. 283–317, hier: S. 288; Beat Sutter, Arnold Winkelried, der Heros von Sempach. Diss. Zürich 1977.

295. Abraham a Santa Clara, Auff auff ihr Christen, 1683 (von der Leyen u. Höttges 1933, S. 47, Nr. 36). – Das Durchschlagen eines Feindes in zwei Teile ist ein in mittelalterlichen Kampfschilderungen häufiger Topos. Die Erzählung geht auf die Schwäbischen Annalen des Martin Crusius (1593, dt. v. J. J. Moser 1733) zurück, wo der Ritter Wicker (Wigger) heißt. Von einem ähnlich gewaltigen Schwertstreich berichtet das ›Rolandslied‹, um 1100: »Der Graf (Roland) schlug mit aller Kraft auf ihn ein, zerbrach ihm das Schild, riss ihm den Halsberg ab, spaltete die Brust, zermalmte ihm die Knochen und riss ihm den (sic) Rückgrat vom Leibe.« (A. v. Keller, Altfranzösische Sagen, Heilbronn 1876, S. 70.) Die gleiche Episode wird auch von Konrad III. vor Damaskus 1148 und einem Ritter von Rappoltstein im Elsaß erwähnt. Vgl. hierzu Ludwig Uhlands Gedicht ›Schwäbische Kunde‹.

Lit.: Franz Harder, Ein Schwabenstreich, in: Zs. Ver. f. Vk. 37/38 (1928) S. 107–111.

296. Rudolf Kapff, Schwäbische Sagen, Jena 1926, S. 168. – Mdl.

297. Schöppner 1852/1874, I, S. 107.
Lit.: Josef Dünninger, St. Erhard und die Dollingersage, in: Bayer. Jb. f. Vk 1953, S. 9–15; A. Steinberger, Die Geschichte von Hans Dollinger und dem Helden Krako, in: Bayerland 1 (1890) S. 236–237.

298. Kuhn u. Schwartz 1848, S. 138f. – August II., der Starke (1670–1733), seit 1694 Kurfürst von Sachsen, seit 1697 König von Polen.

299. Ebda.

300. Johann Kruse, Der starke Klas, Hamburg 1949, S. 25f. – HdA V, 350ff. (Kraft).
Lit.: Anna Ithen, Männer von herkulischer Körperstärke, in: SAV2 (1898) S. 11–13.

301. Johann Kruse, hs-Sammlung (= Burde-Schneidewind 1969, S. 166, Nr. 208). – HdA V, 350ff. (Kraft).

302. Notker der Stammler, Mönch von St. Gallen, Über die Taten Karls des Großen, übers. von W. Wattenbach, Leipzig 1912, in: Geschichtsschreiber der dt. Vorzeit, Bd. 26, S. 68f. – (Grimm 1865, Nr. 18; Aventin, Bair. Chronik, Frankfurt 1570, S. 285b). – HdA IX N, 1008f.; 1120f. (Riese). – Der hier erwähnte Riese entstammt nicht der germanischen Mythologie, sondern er zeigt die Züge eines riesenmäßigen Helden bzw. eines ›Menschenriesen‹ (Höttges). Sein Name Eishere bzw. Einher wird von Notker richtig gedeutet. Die Beschreibung seiner Größe und Stärke entspricht sog. ›Proportions-Phantasien‹; auch diese Züge gehören nicht zu den ältesten Riesenvorstellungen.
Lit.: H. Bertsch, Weltanschauung, Volkssage und Volksbrauch, Dortmund 1910; E.H. Ahrendt, Der Riese in der mittelhochdeutschen Epik, Diss. Rostock 1923; C.W. von Sydow, Jättarna i Mytologie och Folktradition, Malmö 1920; Valerie Höttges, Typenverzeichnis der deutschen Riesen- und riesischen Teufelssagen, Helsinki 1937 (FFC 122); Karte: ASV 249, 252 (Riesen und Starke Männer); ANÖ V, 20a.

303. Tettau und Temme 1865, S. 60f., Nr. 55 (Wehrhan 1920, S. 118f., Nr. 293). – HdA IX N, 1008f. (Riese). – Auch der preußische Riese Miligedo gehört wie Eishere (→ *302*), der sächsische Riese Hidde, der Villinger Riese Romäus und der Tiroler Haymon (→ *197*) zu den Menschenriesen.

304. Otto von Graben zum Stein, Unterredungen von dem Reiche der Geister, Leipzig 1731/1741, II, S. 387f. (nach Peuckert 1961, S. 181, Nr. 118). – HdA IX N, 1008f. (Riese). – DV 439. – Reste prähistorischer Tierknochen und Skelette wurden häufig als Beweis für die vorzeitliche Existenz von Riesen angesehen.
Lit.: Othenio Abel, Die vorweltlichen Tiere in Märchen, Sage und Aberglauben, Karlsruhe 1923; H. Seger, Die Denkmäler der Vorzeit im Volksglauben, in: Mitt. d. Schles. Ges. f. Vkll (1904) S. 1–13.

305. Zingerle 1891, S. 128f., Nr. 212. – HdA IX N, 1008f. (Riese). – In der Erzählung vom ›Menschenriesen‹ Haymon sind verschiedene Motive zusammengeflossen: der Drachenkampf, die ausgeschnittene Zunge, die schon in der Sage von Tristan und Isolde eine Rolle spielt, und schließlich der Kirchenbau. *Lit.:* (→ *197*).

VIII. Räubersagen

306. Gerhard u. Kleeblatt 1926, S. 272f., Nr. 233. (In der Mundart von Kettwig). – Mda.-Übertragung: Es waren schlimme Zeiten, als der Räuberhauptmann Schinderhannes und Konsorten über Land zogen. 1796 kurz vor Weihnachten sind die Räuber in die Ohligsmühle eingebrochen und haben den Müller und seine Familie geknebelt. Die Frau hatte vor kurzem ihr Erbteil ausbezahlt bekommen, wie sie sagen 600 Reichstaler. Der Schuster vom Brahmenhof war gekommen und hatte ihr geraten, das Geld als Hypothek auszuleihen, aber der Müller hatte gesagt, er wolle es selber brauchen. Der Schuster stand in keinem guten Ruf. Ob er wohl den Räubern einen Wink gegeben hatte? Die Müllerin hatte, als sie merkte, dass es auf dem Hof verdächtig unruhig wurde, sofort den Geldsack herausgeholt, war auf die Bühne (Speicher) gelaufen und hatte ihn unter einen Haufen Holzasche gesteckt, die sie dort verwahrten. Mittlerweile hatten die Räuber Posten aufgestellt. Wohl 20 Mann stark war die Bande; alle hatten sie Flinten und Pistolen und ihre Gesichter hatten sie kohlrabenschwarz gemacht. Fünf oder sechs Mann hatten mit einem Wiesbaum (Balken, den man auf den beladenen Heuwagen legt, um das Heu festzuhalten) neben der Haustür ein Loch in die Wand gerammt, und dann sind sie hereingekommen. Sie hatten Wachslichter an die Wände geklebt und angezündet, damit sie überall sehen konnten. Der Müller und seine Frau, die alte Bessemoder und die Tochter wurden geknebelt; der Müllerknecht aber ist über das Mühlrad herausgekrochen und nach Kettwig vor der Brücke gelaufen und hat dort Mord und Brand geschrien und die Brücker alarmiert. Der Räuberhauptmann – einige sagen ›Hüskeshannes‹ zu ihm – hielt abwechselnd dem Müller und seiner Frau die Pistole vor das Gesicht und wollte wissen, wo sie das Geld versteckt hätten. Die aber blieben dabei, sie hätten es fortgebracht und Schulden damit bezahlt. Mittlerweile sind dann auch die Brücker mit Flinten und Mistgabeln angekommen, waren aber doch zu bang, gegen die Räuber anzugehen. Denn die waren fest gegen Blei und Eisen, wie erzählt wurde. Kisten und Kasten haben sie kaputt geschlagen. Kupfer- und Zinngeschirr, auch Leinen, Schinken und Speck haben sie aufgeladen und sind dann unter Fluchen und Schießen dem Kraumeweg zu davongezogen. Auch etwas Geld hatten sie mitgenommen, aber die Erbschaft hatten die Leute doch glücklicherweise gerettet.

Werbeanzeige (um 1960)

Die Ohligsmühle lag in Raupendahl, oberhalb der Ringelbergmühle am Linderbach. Bis nach 1870 war sie noch Papiermühle; die alten Fachwerkbauten sind noch teilweise erhalten (Ebda).

Der hier geschilderte Raubüberfall wurde nicht von der Bande des Schinderhannes, sondern von der Meersener bzw. Neußer Bande des Matthias Weber, genannt Fetzer, ausgeübt. Wie aus den Gerichtsakten hervorgeht, war er Anführer bei dem Überfall auf die Ohligsmühle, stand aber draußen Wache. Der als Unterführer genannte Hüskeshannes hieß Johannes Herkenrath, geb. 1751 in Grünlinghausen, er war ursprünglich Schiffszimmermann und hatte sich der Bande des Fetzer angeschlossen. Er wurde 1801 von Wesel aus nach Sibirien deportiert. Weitere Teilnehmer an dem Überfall waren Karl Heckmann, ein Sattler aus Mülheim/Ruhr, der

1801 in Köln enthauptet wurde, und Peter Nagels, der in Düsseldorf gehängt wurde. Mathias Weber, gen. Fetzer, wurde 1778 in Grefrath bei Krefeld geboren und gehörte zeitweise zur Bande des Schinderhannes. Er wurde 1803 auf dem Alten Markt in Köln hingerichtet. Es war die letzte öffentliche Hinrichtung in Köln.

Lit.: Karl Rauchhaupt, Aktenmäßige Geschichte der rheinischen Räuberbanden, Kreuznach 1892, hier: 1,124; II, 19; Tilmann Rörig, Mathias Weber, genannt der Fetzer, Neunkirchen/Odw. 1975; Matthias Zender, Schinderhannes und andere Räubergestalten in der Völkserzählung der Rheinlande, in: Rhein.-westfäl. Zs. f. Vk 11 (1955) S. 84–94 (mit Karte); Georg Fischer, Die Einzelgänger. Struktur, Weltbild und Lebensform asozialer Gruppen im Gefüge der alten Volksordnung, in: Ders., Volk und Geschichte, Kulmbach 1962, S. 235–262; E. Grimm, Die volkstümliche deutsche Räuberdichtung im 18. Jh. als Protest gegen den Feudalismus, in: Weimarer Beiträge 6 (1960); F. Meinert, Zur Taktik der Räuberbanden in alter und neuer Zeit, in: Tb. f. Kriminalisten 17 (1967) S. 86ff.; T. Röhrig, Mathias Weber, genannt der Fetzer, Neukircher 1975.

307. Paul Zaunert, Hessen-Nassauische Sagen, Jena 1929, S. 252f. – AaTh 1525 B. – BP III, S. 379ff. – Frenzel 1976, S. 578ff. (Räuber, der Gerechte). – Johannes Bückler, genannt ›Schinderhannes‹, wurde am 25.5.1738 in Miehlen/Taunus als Sohn eines Abdeckers (Schinder) geboren und am 21.11.1803 zusammen mit 19 seiner Genossen in Mainz hingerichtet. Schon zu Lebzeiten genoß er große Popularität unter der Bevölkerung, insbesondere bei den kleinen Leuten, die in ihm einen Sozialrebellen sahen, der den Reichen das Geld nahm und die Armen an der Beute teilhaben ließ. Doch war Johannes Bückler ein Raubmörder, der dreier unter seiner Anführung begangener Morde, des Straßenraubes, zahlreicher Überfälle und Diebstähle angeklagt und überführt worden war. Man muss Bückler jedoch zugutehalten, dass er das Kind einer zerrissenen und gewalttätigen Zeit war, die, moralisch verwildert und durch ständige Kriege erschüttert, zahlreiche Existenzen an den Rand der menschlichen Gesellschaft drängte. Die französische Revolution hatte zwar der Aufklärung zum Siege verholfen, in ihrem Gefolge aber Schrecken und blutige Auseinandersetzungen und heftige soziale Umwälzungen mit sich gebracht. Von daher haben auch schon zeitgenössische Beobachter, die den Prozess gegen Schinderhannes in Mainz miterlebten, seine Taten und seine Entwicklung beurteilt. Ein solcher aufgeklärter und verständnisvoller Betrachter schrieb im Jahre 1802: »Dem wohlwol-

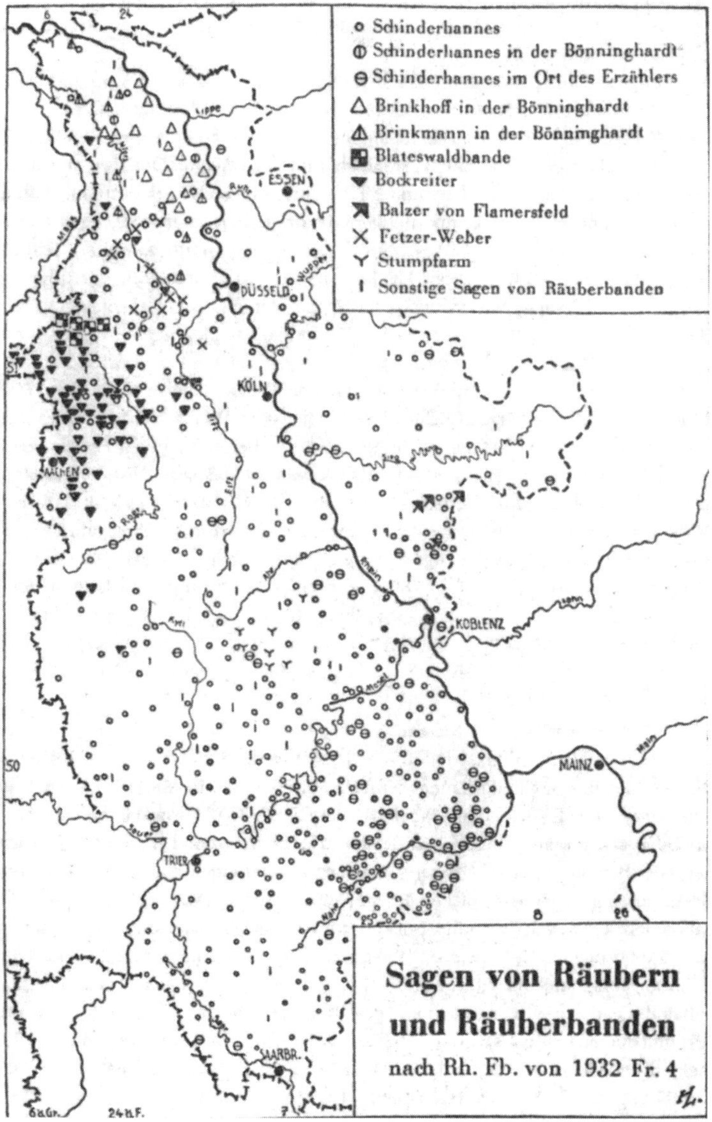

lenden Freunde der Menschheit kann der Anblick dieser großen Zahl von Verbrechern, und das harte Schicksal eines großen Theils derselben nicht anders als Bedauern und Betrachtungen über das Mangelhafte unserer gesellschaftlichen Verfassung erwecken. Die meisten derselben sind junge Leute, die während des Kriegs und der schrecklichen Szenen, die er veranlasste, ohne Unterricht und Erziehung aufwuchsen. Mehrere hat die bittere Armuth, die Zerstörung jeder Nahrungsquelle durch den Krieg, oder auch nur die Furcht vor den Anführern der Räuberbande in eine minder strafbare Verbindung mit ihnen gebracht, wofür sie nun hart büßen. Die Anarchie, welche in den Gegenden herrschte, die so lange der Schauplatz des Kriegs waren, die Lähmung der obrigkeitlichen Gewalt, begünstigte diese Menschen auf dem Pfade fortzufahren, den sie einmal betreten hatten. Sie würden das Maas ihrer Verbrechen nicht so haben anhäufen können, wenn Ordnung, Friede und Ruhe im Lande geherrscht hätten. Dann würde man ihren Gewaltthaten bald ein Ziel haben setzen können, und manche, welche jetzt auf dem Schafott bluten werden, hätten nach einer mildern Strafe ihrer Vergehungen wieder zu reuigen und rechtlichen Menschen werden können. Der Mensch ist das, was er ist, durch Erziehung, Unterricht und Beyspiel, beydes erstere fehlte ihnen ganz, und die Handlungen verheerender Soldaten waren ihnen kein edles Muster.« (Elwenspoek, S. 169.)

Schinderhannes und seine Genossen waren nicht die einzige Bande, die zu jener Zeit die Lande unsicher machte und raubend und mordend großes Elend hinter sich ließen. Gerade am Rhein, der großen Kriegs- und Handelsstraße, trieben zahlreiche größere und kleinere Banden ihr Unwesen, die zum Teil überaus grausam und geradezu teuflisch unter der Bevölkerung wüteten. Vielleicht ist die Figur des Schinderhannes deshalb so volkstümlich geworden, weil er, anfangs zumindest, immer bemüht war, Blutvergießen zu verhüten und wirklich manchmal ein ritterliches Verhalten an den Tag legte, sodass ihm selbst der Gerichtspräsident in seiner Urteilsverkündigung bestätigte: »Sie haben im Laufe der Untersuchung eine so ernstliche Reue an den Tag gelegt und so viel Beweise von guten Charakteranlagen gegeben, dass der Gerichtshof gerne von den Gesetzen die mildeste Anwendung gemacht haben würde, wenn nicht die Anzahl und Größe der von Ihnen begangenen Verbrechen den Versuch jeder Ihnen günstigen Interpretation unmöglich gemacht hätte. Betrachten Sie ihre Strafe als eine Sühne für die von Ihnen begangenen Verbrechen.« (Aus der Urteilsverkündigung, vgl. Elwenspoek, S. 164.) In der vorliegenden Sage ist das Motiv vom Meisterdieb (Pferdediebstahl) auf den volkstümlichen Räuber übertragen. Diese Episode wird bereits in einem Gedicht von Grübel ›Der Schinderhannes‹ im Jahr 1798 auf den Räuber übertragen (Sämtl. Werke, ed. Frommann, III, 15 b). Der

Bänkelsängerschild zur Moritat vom Schinderhannes

gleiche Schwank wird auch von dem französischen Räuber Cartouche erzählt (Stückrath). Bekanntgeworden ist der Schwankstoff vor allem durch J.P Hebels Bearbeitung im Rheinischen Hausfreund: ›Der Heiner und der Brassenheimer Müllen von 1810.

Lit.: Matthias Zender, Schinderhannes und andere Räubergestalten in der Volkserzählung der Rheinlande, in: Rhein.-Westf. Zs. f. Vk II (1955) S. 84- 94; Curt Elwenspoek, Der Schinderhannes, ein rheinischer Rebell, Trier 21953; Otto Stückrath, Zur Entstehung eines Volksbuches von Schinderhannes, in: Zs. f. Vk NF8 (1938) S. 149–160; Curt-Martin Franke, Der Schinderhannes in der deutschen Volksüberlieferung, Diss. Frankfurt 1958; Franz Buchholz, Der Schinderhannes in Geschichte, Volksphantasie und Dichtung, Diss. Bonn 1952; Edmund Nacken, Schinderhannes, nach den Mainzer Voruntersuchungsakten und anderen Quellen dargestellt. Mainz 1968; A. Grünewald, Dichtung und Wahrheit im Schinderhannes-Schrifttum, in: Jb. f. Geschichte und Kunst d. Mittelrheins ... 14 (1962); Paul Hugger, Sozialrebellen und Rechtsbrecher in der Schweiz, Zürich/Freiburg 1976; E. Grimm, Die volkstümliche dt. Räuberdichtung im 18. Jh. als Protest gegen den Feudalismus, in: Weimarer Beiträge 6 (1960).

308. Joh. Künzig, Badische Sagen, Leipzig 1923, Nr. 353. – Mda.-Übertragung: Der Schinderhannes ist durch einen Wald gegangen und hat von weitem einen Reiter kommen sehen. Da hat er zwei Krücken abgeschlagen und hat sie ins Gesträuch gehängt. Und hat sich in den Graben gelegt und hat gejammert. Der Reiter hat ihn gefragt, warum er jammere.

Da hat der Schinderhannes gesagt, sie hätten ihm die Krücken in das Gesträuch gehängt und jetzt könne er nicht mehr gehen, er möchte ihm die Krücken herunterholen, er würde ihm auch das Pferd halten. Der Reiter ist ins Gesträuch gestiegen. Der Schinderhannes aber hat sich auf das Pferd gesetzt und ist fortgeritten, jetzt hat der Reiter die Krücken gehabt und der Schinderhannes das Pferd.

309. ZA 2731. E: Peter Jos. Kurth, Landwirt, geb. 1858, A: Dittmaier, O: Eschmar/Sieg, 7.12.1936 (unveröffentlicht). – Mda.-Übertragung: Ein Mädchen musste alleine durch den Wald gehen. Es trug einen Korb. Da kam auf einmal einer und fragte es, ob es keine Angst habe allein durch den Wald zu gehen. Es hätte Angst vor dem Schinderhannes, sagte das Mädchen. Es brauche keine Angst zu haben, sagte der Mann, er ging mit ihm. Wie sie zum

Dorf kommen, sagt das Mädchen, es bedanke sich, es wäre jetzt daheim, es könne jetzt alleine gehen. »Es ist gut«, sagte der Mann, »sag aber daheim, der Schinderhannes wäre so schlimm nicht, wie sie sagen, er hätte dich durch den Wald geführt.«

Das Motiv wird auch auf andere populäre Räubergestalten übertragen.

310. ZA 12324 11a. E: Stefan Rhein, Steinbrucharbeiter, geb. 1839, A: Heinrich Dittmaler, O: Oberkassel/Sieg, 11.12.1936 (= Dittmaier 1950, S. 35, Nr. 117). – (→ *307*). – Erl.: Maue = Ärmel. – Mda.-Übertragung: Der Schinderjohannes und ein anderer Räuber haben sich getroffen. Der andere Räuber hat dem Schinderjohannes die Pistole auf die Brust gesetzt, und der musste ihm das Geld und die Uhr herausgeben. Damals hatte man noch keine Revolver gehabt. Der Räuber hatte eine zweiläufige Pistole. Der Schinderjohannes sagte zu dem Räuber, er soll ihm einen Schuss durch die Maue geben und einen durch den Hut, dass sie sehen könnten, dass er im Gefecht wär gewesen. Das hat der andere Räuber auch getan. »Du dummer Kerl!« sagte da der Schinderjohannes, »du bist kein richtiger Räuber, du musst bei mir noch in die Lehre gehn!« Derwar ja jetzt wehrlos, der hatte ja keinen Schuss mehr in der Pistole, und er musste nicht nur dem Schinderhannes die Sachen, die er ihm abgenommen hatte, wiedergeben, er hat ihm auch das Seine noch abgenommen (Dittmaier 1950, S. 35).

311. ZA 153843. E: Heinrich Vogel, 38 Jahre, A: Ulrich Benzel, O: Fronhausen/Hessen, Oktober 1951 (unveröffentlicht).

312. ZA 15072d. E/A: Ein Lehrer, O: Lindenschied/Mosel, 1925 (unveröffentlich).

313. ZA 123241 ac. E: H. Zander, Landwirt, geb. Küdinghofen 1863, A: Heinrich Dittmaier, O: Holzlar/Sieg, 27. Mai 1936 (= Dittmaier 1950, S. 40, Nr. 129). – 624). – Mda.-Übertragung: Der Schinderjohannes war hier im Gau gefangen genommen worden von den Franzosen. Später vom Gericht mit zwölf seiner Genossen zum Tod verurteilt worden. Er wurde auch dem Napoleon vorgestellt. Zu diesem sagte Schinderjohannes:. »Du ein großer, ich ein kleiner!« Napoleon hat verstanden: »Er selbst war ein großer, und Schinderjohannes wär ein kleiner Spitzbube.« Drum hat der Napoleon ihn nicht begnadigt. Als nun Napoleon abends mit seinen Generalen zu Tisch saß, da sagte der Napoleon zu seinen Generalen – »Was mag der damit richtig gemeint haben?« Worauf der General sagte: »Du ein großer Feldherr, ich ein kleiner.« Worauf der Napoleon rief: »Da soll der Kerl begnadigt werden!« und schickte einen Eilboten mit dem Begnadigungschreiben, welches aber eine Stunde zu spät kam, da er schon vor 'ner Stunde gehängt worden war (Dittmaier 1950, S. 40).

314. Marie Andree-Eysn, Volkskundliches. Aus dem bayrisch-österreichischen Alpengebiet, Braunschweig 1910, S. 205–218, Sagen aus der Rauris, hier: S. 212, Nr. 29. –HdA VI, 293f. (Milchhexe). – Biedermann 1973, S. 545f. (Zauberspiegel). – Mda.: vertickt – verzaubert; Sechterl = kleines Holzgefäß. – Übertragung des populären Namens auf einen Zauberkundigen.

315. ZA 1231821 a. E: Wilh. Hackelsberg, Landwirt, geb. 1857, A: Heinrich Dittmaier,O: Hangelar/Sieg,23.7.1936(= Dittmaier 1950, S. 36f., Nr. 120). – Mda.-Übertragung: Der Schinderjohannes ging mal von Beuel nach Pützchen. Unterwegs traf er da eine alte Frau, die war am Kreischen. »Warum kreischst du?« frägt der Johannes. Da sagte die Frau: »Ich hab von einem Viehhändler zu Beuel eine Kuh gegolten und ich kann sie nicht bezahlen und er hat gesagt, er tät mir alles fortholen, wenn ich sie heut nicht bezahlen tät. jetzt will ich bei den Händler gehn. Halb hab ich das Geld.« »Wieviel muss du dann haben?« frägt der Johannes. »40 Reichstaler kostet die Kuh!« »Da hast du noch 20 Taler!« »Da muss ich mich aber bedanken«, sagte die Frau. »Das ist gar nicht nötig,« sagte der Johannes. »Du gehst jetzt nach Beuel und sagst für den Händler, du hättest das Geld, aber du hättest es nicht mitgebracht wegen dem Schinderjohannes. Er soll mitkommen nach Pützchen und sich das Geld holen. Du lässt dir das aber schriftlich geben, dass du die Kuh bezahlt hast!« Die Frau ist nach Beuel gegangen und hat das dem Händler gesagt vom Schinderjohannes, dass sie das Geld nicht mitgebracht hätte, es wär zu gefährlich. »Da muss ich wohl mit Euch gehn«, sagte der Händler und er ist mit nach Pützchen gegangen. Da hat die Frau ihm das Geld gegeben und der Viehhändler ist wieder auf Beuel angegangen. Unterwegs stand der Schinderjohannes und rief dem Viehhändler: »Komm mal her!« »Was ist?« sagte der Viehhändler. »Gib mal die 40 Reichstaler raus, die du von der Frau für die Kuh gekriegt hast!« »Al, ich hab gekriecht kain Geld bei der Frau«, sagte der Händler. »Bist du an der Brühe krank!« sagte der Johannes und zog eine

Pistole heraus und hielt sie dem Händler vor die Brust: »Raus mit dem Geld!« Da hat er lamentiert, aber er musste die 40 Taler rausrücken (Dittmaier 1950, S. 36f.).

Ein verbreitetes Motiv, das zum Bild des ›edlen Räubers‹ beiträgt und auf verschiedene populäre Räubergestalten übertragen wird.

316. Pohl 1943, S. 58 (Hs. Sagensammlung d. Instituts f. Heimatforschung d. Universität Königsberg/Pr., Nr. 312).

317. Depiny 1932, S. 418, Nr. 379.

318. Schöppner 1852/1874, III, S. 234, Nr. 1221. – Frenzel 1962, s.v. (Hiesel); 1976, S. 578ff. (Räuber, der gerechte). – Der Sohn eines Taglöhners und Viehhirten Matthaeus(!) Klostermaier, genannt der ›Bayrische Hiasl‹ wurde am 3. Sept. 1736 in Kissing geboren. Als Wilddieb verurteilt, findet er nach verbüßter Zuchthausstrafe nicht mehr den Weg in die bürgerliche Gesellschaft zurück und wird Anführer einer Räuberbande. Nach langen Verfolgungen, bei denen er immer wieder in der Bevölkerung Rückhalt und Unterschlupf fand, und nach vielen Raubüberfällen und Zusammenstößen mit den ihn verfolgenden Soldaten wird er am 14. Januar 1771 im Wirtshaus zu Osterzell gefangengenommen, wegen Landfriedensbruch, Raub und neun Totschlägen zum Tode verurteilt. Er soll, wie es in der Urteilsverkündigung heißt, ›zur Richtstatt geschleift, daselbst mit dem Rad, durch Zerstoßung seiner Glieder von oben herab, vom Leben zum Tod gerichtet, alsdann der Kopf von dem Körper abgesondert, dieser aber in vier Stücke zerhauen, und auf den Landstraßen auf gehangen, der Kopf hingegen auf den Galgen gesteckt werden ...‹ Die Hinrichtung am 6. Sept. 1771 in Dillingen wurde zu einem Volksfest.

Das Schicksal des Bayrischen Hiasl hat weniger in der Hochdichtung als vielmehr in der Volksliteratur seinen Niederschlag gefunden. Zahlreiche Volkslieder sind über ihn verbreitet, und die Erzählüberlieferung hat viele Wandermotive von Wilddieben, z.B. übernatürliche Körperstärke, festbannen und Kugelfestigkeit, auf ihn übertragen. Seine bereits zu Lebzeiten ungeheure Popularität besonders im Raum westlich des Lech, im Schwäbischen, wo er sich hauptsächlich aufhielt (und wo er als Bayer galt, daher sein Name), ist vor allem darauf zurückzuführen, ›dass die schonungslose Wilddieberei als willkommener Bei-

Die Bande des Bayerischen Hiasls wird ins Gefängnis nach Buchloe gebracht (Rdierung v. J.G. v. Rugndas; Ausschnitt)

stand gegen den Wildschaden auf gefasst wurde, unter dem vorwiegend die kleineren Bauern besonders zu leiden hatten‹ (Kramer, S. 9). Klostermaier selbst argumentierte so vor den Bauern in seiner Umgebung (Beispiele bei Rattelmüller), sodass es nicht verwundert, wenn er zum gefeierten Helden wurde, den man im Lied idealisierte. ›Er ist zu einer Personifikation der Rechtsanschauungen des Volkes geworden, zu einem Zeitpunkt, als sich diese weit von der konkreten Rechtsordnung getrennt hatte‹ (Kramer, S. 10). Mit seiner Hinrichtung begann eine rege Produktion von Biographien, Fliegenden Blättern, Kolportageromanen und Dramatisierungen, die weitgehend auf einer anonymen, 1772 erschienenen Biographie beruhten. Selbst Ludwig Tieck benutzte diese Darstellung als Vorlage für seine Räuberbiographie in seinen ›Thaten und Feinheiten renomierter Kraft- und Kniffgenies‹ von 1791. Jahrmarktsausgaben, Volksbücher, Lebensbeschreibungen und Dramatisierungen erhielten die Popularität des Bayrischen Hiasl bis in die Gegenwart.

Lit.: Paul Ernst Rattelmüller, Matthäus Klostermaier vulgo der Bayrische Hiasl, München 1971; F. Moczygemba, Matthias Klostermayer, genannt der Bayrische Hiesel in der dt. Dichtung, Diss. Graz 1938; Viktor Zack u. Viktor v. Geramb, Die Lieder vom boarischen Hiasl in Deutschösterreich, in: Bayer. Hefte f. Vk 6 (1919) S. 1ff.; Karl-S. Kramer, Grundriss einer rechtlichen Volkskunde, Göttingen 1974; Hugo Hayn, Vier neue Curiositäten-Bibliographien, Bayerischer Hiesel ... Jena 1905 (Nachdruck Leipzig 1968).

319. Zeitgenössischer Bericht des Premierlieutnants Schedel über ›die den 14. Jänner 1771 zwischen 7. und 11. Uhr Vormittags in dem Wirthshauß zu Osterzell Reichs-Ritterschäftl. und Closter Rottenburgl. Herrschaft Vorgefallenen Recontre, und gänzlicher Aushebung des Verrufenen Bayrischen Hiesels und neun seiner Cameraden ...‹ (Rattelmüller, S. 74–81).

320. Pohl 1943, S. 60 (Hs. Sagensammlung d. Instituts f. Heimatforschung d. Universität Königsberg/Pr., Nr. 147, aus der Toppriener Schulchronik). – Eine Räubersage, die verschiedene Wandermotive an sich gezogen hat.

321. Ebda.

322. Ebda.

323. Kuhn u. Schwartz 1848, S. 159ff. Nr. 186. – Mdl. von einem Kuhhirten aus Röderhof, einem Schäfer aus Schwanebeck und einem Bürger aus Halberstadt. – Motive aus der antiken Sage, dem Märchen und der Volkssage sind in dieser Räubererzählung zu einer ›vita‹ verbunden worden. Die Ermordung des Bruders nach dem Bau der Höhle erinnert an die Gründungssage Roms von Romulus und Remus, der Schlaf im Schoß des Mädchens findet sich in dem Märchen vom Teufel mit den drei goldenen Haaren, und die Tötung durch Brei aus Erde und heißem Wasser erinnert an die Drachensage (→ DV *515c*).

324. ZA 0477 A.E: Joh. Inninger u.a., A: Romuald Pramberger, O: Bruck a.d. Mur / Steiermark, 1938. – Mda.: Schinder = Abdecker, Wasenmeister; Keusche = Hütte; Regerl = Regina.

325. ZA 496. E: Wilhelm Busch, Landwirt, 73 Jahre, A: Gottfried Henßen, O: In der Melbeck, Ober-Elfringhausen/Rheinland, 1925/27 (unveröffentlicht). – HdA IV, 1243ff. (Kerze).
Lit.: Fritz Byloff, Volkskundliches aus Strafprozessen der österreichischen Alpenländer, Berlin 1929 (Nr. 33, 53); Stefaan Top, Dämonische Züge in flämischen Räubersagen, in: Fabula 14 (1973) S. 1–43.

326. ZA 497. E: Wilhelm Busch, Landwirt, 73 Jahre, A: Gottfried Henßen, O: In der Melbeck, Ober-Elfringhausen/Rheinland, 1925/27 (unveröffentlicht).

327. ZA 498. E: August Finkenbusch, 68 Jahre, geb. in Dönberg, A: Gottfried Henßen, O: Elberfeld, 1925/27. – HdA I, 100f. (abschneiden); II, 197ff. (Diebstahl); V, 1099 (Zauberei m. Leichenteilen). – Der ›Diebsdaumen‹ oder ›Diebsfinger‹, meist der abgeschnittene Finger einer Kindesleiche, war ein weitverbreitetes und häufig benutztes magisches Requisit, mit dessen Hilfe man die Bewohner in Schlaf versenkte.
Lit.: Hovorka u. Kronfeld, Vergleichende Volksmedizin, 2 Bde., Stuttgart 1908/1909.

328. Kühnau 1910/1913, I, S. 62f., Nr. 69 (nach: Schles. histor. Labyrinth 1737, S. 198).

329. Depiny 1932, S. 421, Nr. 395. – Mda.: Schwärzerei = Hehlerei.

330. Karl Bartsch, Sagen, Märchen und Gebräuche aus Meklenburg, Wien 1879,I, S. 446, Nr. 621. – AaTh 470 A. – DV181. – Mda.: ik heff = ich habe mir heute ein paar Fische gekauft, komm' heute abend und iß bei mir Fisch und Kartoffeln. – Die Sage von der Einladung des Gehenkten gehört zu den volkstümlichen Vorstufen der Sage von Don Juan. Zu deren ältesten Bestandteilen zählt die Begegnung eines Menschen mit einem Toten (bzw. Totenschädel, Gerippe), den er zum Mahl einlädt. Die älteste Dramatisierung durch Tirso de Molina ›El Burlador de Sevilla y convidado di pietra‹ (1630) stützt sich auf antike Tradition und volkstümliche Überlieferung. Die Fabel von Don Juan, die am bekanntesten durch Mozarts Oper ›Il dissoluto punito ossia il Don Giovanni‹ (1787) wurde, ist dabei nur der Seitenzweig eines umfangreichen Erzählkomplexes, der sich aus volkstümlichen Glaubensvorstellungen, christlichem Predigtexempel und hochschichtlichem Drama zusammensetzt.

Lit.: L. Petzoldt, Don Juan in der volkstümlichen Überlieferung, in: Laographie XXII, Athen 1965, S. 354–363, Nachdruck in: Brigitte Wittmann (ed.), Don Juan. Darstellung und Deutung, Darmstadt 1976, S. 224–237 (Wege der Forschung 282); L. Petzoldt, Der Tote als Gast. Volkssage und Exempel, Helsinki 1968 (FFC 200).

331. ZA 187002. E: Mädchen aus dem Tirnauer Heimgart, A: Romuald Pramberger, O: Tirnau/ngersdorf, Steiermark.

332. Ebda.

333. Ebda. – Erl.: Glastrager = Hausierer.

334. ZA 187405. E: Kienberger, Pöllau, A: Romuald Pramberger, O: St. Marein b. Neumarkt/Steiermark.

335. Ebda.

336. Buchner 1912, III, S. 389, Nr. 687 s. – Ein zeitgenössischer Zeitungsbericht der ›Vossischen Zeitung‹ vom 26.4.1786. – Die hier berichtete Gefangennahme der Räuberbande hatte noch ein Nachspiel, das in der gleichen Zeitung unter dem Datum vom 22. Juli berichtet wird:

»Aus Italien, den 22. Juli. Der Graf von Carpegna hat wegen der bei der Gefangennehmung des Räuber Rinaldini geschehenen Verwüstung seines Schlosses gegen den Lieutenant Piccoli, der die päpstl. Truppen kommandierte, und die Feueranlegung befahl, nun wirklich den Prozess anhängig gemacht. Der Schaden, den das Schloss erlitt, ist unbeschreiblich, unersetzlich und in neuern Zeiten selbst von feindlichen Truppen beispiellos. Das ganze Dach, von beträchlichem Umfange, mit allen kupfernen Rinnen, die kostbarsten Zimmereinrichtungen, herrliche Gemälde der größten Meister, und darunter Stücke von Rafael, Michael Angelo u.a., das Archiv, die zahlreiche Bibliothek, alles wurde ein Raub der zur Bezwingung von 5 unmächtigen Räubern angelegten Flammen, wozu ein sehr überlegenes Korps von Truppen die Zuflucht nahm, zu feigherzig, einen Angriff zu wagen.« (Vossische Zeitung. Berlin 1786, Nr. 97; Buchner ebda, Nr. 687b.)

Erst durch den dreibändigen Roman von Goethes Schwager Christian August Vulpius (1762–1827), der 1799 unter dem Titel ›Rinaldo Rinaldini, der Räuberhauptmann. Eine romantische Geschichte unseres Jahrhunderts...‹ erschien, wurde die Gestalt des italienischen Räubers ungemein populär. Der Roman fand ein immenses Interesse beim Lesepublikum, sodass Vulpius noch drei weitere Bände folgen ließ, die lose verbundene, meist erotische Szenen romantisch-klischeehaften Charakters aneinanderreihen, die mit der eigentlichen Biographie kaum in einem Zusammenhang stehen.

Lit.: A. Bergmann, Der historische Rinaldini, in: Das literarische Echo 31 (1929) S. 379; Curt Elwenspoek, Rinaldo Rinaldini, der romantische Räuberhauptmann, Stuttgart 1929; M. Beujean, Der Trivialroman in der zweiten Hälfte des 18. Jhs., Bonn 1964.

337. Grässe 1871, S. 692, Nr. 776 (nach: Hans Sachs, ed. Hopf, Bd. I, S. 224).

338. Hugo Barbeck, Als Nürnberg freie Reichsstadt war Nürnberg 1895, S. 97ff. (vgl. R. v. Liliencron, Die historischen Volkslieder der Deutschen I, Leipzig 1865, S. 92ff.). – Eppela – oder, nach der urkundlichen Form, Ekkelein – von Gailingen ist historisch bezeugt. Wegen seiner Räubereien gefangen, soll er jenen sagenhaften Befreiungssprung gewagt haben, der den Nürnbergern den Spottvers eintrug. »Die Nürnberger hängen keinen, sie hätten ihn denn zuvor.« 1381 wurde Eppelein in Neumarkt hingerichtet. Mit der Zeit wurden verschiedene Wandermotive, vor allem Sprungsagen, auf ihn übertragen und seine Gestalt wurde mythisiert; so etwa in einer bayerischen Sage, wo er als geisterhafter kleiner Reiten bezeichnet wird (F. Panzer, Bayerische Sagen und Bräuche, München 1848, II, S. 179, Nr. 298). Im Kindervers und Volkslied auf Fliegenden Blättern lebt die Gestalt des Eppele weiter. Vgl. Rochus v. Liliencron, Deutsches Leben im Volkslied um 1530, Berlin 1884 (Neudruck Hildesheim

Bildnis des Eppelein von Gailingen
(Altes Gemälde)

1966), S. 60ff., Nr. 15. Lit.: H. Kunstmann, Das Rätsel um Eppelein von Gallingen in der fränkischen Schweiz, in: Fränk. Bll. 4 (1952) S. 71 f.; Paul Georg Lücke, Historisches vom ›Eppele‹, in: Bayerland 24 (1913) S. 705–707; Rochus v. Liliencron, Die historischen Volkslieder der Deutschen, Leipzig 1865, Nr. 28.

339. Grimm 1865, Nr. 130.

340. Dünninger 1964, S. 92, Nr. 73.

341. Grimm 1865, Nr. 500 (vgl. Joh. Trithemius, Chronicon hirsaug. II, 181f.). – Das Motiv vom rettenden Lauf des Geköpften wird auch von Störtebeker erzählt. Lit.: Max Lüthl, Warnbild und Leitbild in der Volkssage, in: Ders., Völksliteratur und Hochliteratur, Bern / München 1970, S. 38–47, hier: S. 42.

342. Deecke 1911, S. 171f., Nr. 87 (Otto Beneke, Hamburgische Geschichten und Sagen, Hamburg 1854, S. 107–116). – Gebhardt Bd. 5, Kap. 63 (1, V) – Erl.: Vitalien = Viktualien, Lebensmittel. – Die Vitalienbrüder, auch Likendeeler (= die die Beute zu gleichen Teilen aufteilen; in dieser Bezeichnung werden zweifellos sozial-revolutionäre Züge sichtbar) genannt, versorgten im Auftrag der Herzöge von Rostock und Mecklenburg seit 1389 das von den Dänen belagerte Stockholm mit Lebensmitteln. Sie machten sich selbständig und wurden zu einem gefürchteten Seeräuberbund. Sie waren so mächtig, dass sie 1392 einen Angriff auf die reiche Hansestadt Bergen/Norwegen unternehmen konnten und auch Visby auf Gotland eroberten.

Lit.: H. Chr. Corden, Beiträge z. Geschichte der Vitalienbrüder, in. Jb. d. Ver. f. mecklenburg. Geschichte 73 (1908); F. Teichmann, Die Stellung und Politik der hansischen Seestädte gegenüber den Vitalienbrüdern in den nordischen Thronwirren, 1931; K. Pagel, Die Hanse, Braunschweig 1965; Ph. Dollinger, Die Hanse, Stuttgart 1966.

343. Adolf Haas, Rügensche Sagen und Märchen, Stettin 21869, S. 128, Nr. 256 (A. Haas, Pommersche Sagen, Stettin 1912, S. 131, Nr. 230), – Klaus Störtebeker und Godeke (Gottfried) Michels waren Anführer der Vitalienbrüder bzw. Likendeeler, die auf eigene Faust einen Kaperkrieg gegen die Schiffe der Hanse führten. Ihre Mitgenossen kamen aus fast allen Häfen, die von der Hanse angelaufen wurden, daher kontrollierten sie den Schiffsverkehr. Durch ihre Freibeuterfahrten störten sie den Fischfang und den Handelsverkehr in der Nordsee empfindlich. Der englische König Richard II. und die schwedische Königin Margarete rüsteten eine Flotte aus, um den Vitalienbrüdern das Handwerk zu legen, blieben jedoch ohne Erfolg. Durch den Deutschen Orden wurden sie 1398 von Gotland vertrieben. 1401/02 wurden Störtebeker und Michels von den Orlogschiffen der Hanse unter Simon von Utrecht bei Helgoland bzw. in der Wesermündung gefangen (→ *485*) und hingerichtet.

Lit.: Ludwig Frahm u. Friedrich Sundermann, Klaus Störtebeker in Sang und Sage, Reinfeld 1885; K. Koppmann, Der Seeräuber Klaus Störtebeker in Geschichte und Sage, in: Hansische Geschichtsblätter 7 (1879); Gehbardt Bd. 5, Kap. 63 (1, V); Dieter Zimmerling, Störtebeker und Co. Die Blütezeit der Seeräuber in Nord- und Ostsee, Berlin ^{2}1997.

344. Grässe 1871, S. 990f., Nr. 1222 (Otto Beneke, Hamburgische Geschichten und Sagen, Hamburg 1854, S. 110f., S. HOL).

345. Ebda.

346. Haas 1939, S. 131 f., Nr. 254. – (→ *343*). – In der Volkserzählung aus Rügen wird die Gestalt des Störtebeker mythisiert, indem man ihm übernatürliche Kräfte zuschreibt.

347. Ebda, S. 132f., Nr. 255. – Frenzel 1976, S. 578ff. (Räuber, der gerechte). – Wie auf Schinderhannes und den Bayerischen Hiasl werden auch auf den Seeräuber Störtebeker Züge des Sozialrebellen bzw. des ›edlen Räubers‹ übertragen.

348. Ebda, S. 132f., Nr. 255.

349. Otto Beneke, Hamburgische Geschichten und Sagen, Hamburg 1845, S. 110ff. (Grässe 1871, S. 990–995, Nr. 1222.). – Die Popularität des Störtebeker bezeugt sich, ähnlich wie im Falle des Bayerischen Hiasl, auch im Volkslied. Schon bald nach seiner Hinrichtung entstanden zahlreiche Balladen, die auf Fliegenden Blättern verkauft wurden. Zum Motiv vom rettenden Lauf des Geköpften (→ *341*). Lit.: Rochus von Liliencron, Die historischen Volkslieder der Deutschen, Leipzig 1865, S. 210ff., Nr. 44.

350. ZA 241014d. E: Hans Willer, Fischer, geb. 1844, von Berufskameraden gehört, A: G.Fr. Meyer, O: Heiligenhafen/Schlesw.-

Holstein, 1928. – Mda.-Übertragung: In Hamburg haben sie Störtebeker festgesetzt. Seeleute haben ihm das Steuer mit Blei begossen. Dann kann man nicht steuern. Er hatte gesagt, wenn sie ihn freilassen würden, dann hätten sie eine Kette haben sollen, die dreimal um Hamburg reicht, eine goldne Kette. Sie haben ihn aber doch hingerichtet. Stuvenseel und Brand sind mit ihm gefangen worden. Die wollten auskneifen. Sie haben alte Teerjacken angezogen und wollten nach Mecklenburg. Da wurden sie aber gefangen und eingesperrt. Sie jammerten und jammerten. Da kamen die Wärter (und fragten), was sie machen. Sie nahmen die Wärter fest und warfen sie in das Loch und schlossen sie ein. Und dann los. Nun konnten sie nicht raus. Da war eine große Tür. Da passte einer auf. Sie sagten, er solle öffnen, sonst würden sie ihn töten. Er tat es und schloss auf. Sie kamen weg. Sie wollten nach Lübeck und dann nach Mecklenburg. Als sie in Lübeck waren, haben sie ein Boot gestohlen. Damit wollten sie nach Wismar, und da sind sie verunglückt.

351. Otto Beneke, Hamburgische Geschichten und Sagen, Hamburg 1845, S. 110ff. (Grässe 1871, S. 994f., Nr. 1222).

352. Haas 1939, S. 134f., Nr. 257.

353. Ebda, S. 135, Nr. 258.

354. Otto Beneke, Hamburgische Geschichten und Sagen, Hamburg 1845, S. 110ff. (Grässe 1871. S. 995. Nr. 1222).

IX. Kriege und Notzeiten

355. Olaus Magnus, Historien der mitternächtigen Länder, Basel 1567, S. CLVI – Erl.: Dufflin = Dublin; schüff = befahl. – Den Realitätswert der hier berichteten Kriegslisten wird man auf den ersten Blick nicht hoch ansetzen, zumal es nicht einfach zu entscheiden ist, was der Fabulierlust des 16. Jahrhunderts mehr verdankt, der Gedanke, tote Soldaten wieder in einer Schlachtordnung aufzustellen oder Hausschwalben zu Brandraketen umzufunktionieren. Umso mehr erstaunt ein Bericht in dem Nachrichtenmagazin ›Der Spiege‹ vom 8.12.1969, in dem amerikanische Versuche während des Zweiten Weltkrieges geschildert werden, die den Einsatz von Fledermäusen mit Brandbomben gegen japanische Städte zum Ziel hatten. Die Stelle im ›Spiegel‹ lautet:

»Geleitet wurden die Forschungen von Professor Louis F. Fieser, der an dem unheimlichen Plan beteiligt war, Fledermäuse mit winzigen Brandbomben auszurüsten. Die Fledermäuse sollten über Japan aus Flugzeugen abgeworfen werden, um dort Hunderte von Bränden auszulösen. Fieser und seine Mitarbeiter entwickelten eine entsprechende Bombe, die weniger als 30 Gramm wog, aber die Fledermäuse verweigerten die Zusammenarbeit. Durch einen kleinen chirurgischen Eingriff und einen Haltegurt sollten die Bomben an der Brust der späteren Fledermausbomber befestigt werden. Es war geplant, die Fledermäuse über großen japanischen Städten abzuwerfen; dort sollten sie sich Unterschlupfe suchen, die Haltegurte zernagen und die mit Zeitzünder ausgerüsteten Bomben zurücklassen.

Nach zweijähriger Forschung wurden in Carlsbad Caverns, New Mexico, die Fledermausbomber erprobt. Am ersten Tag entkamen einige der Tiere und verursachten Brände, die das Auto eines Generals sowie einen Hangar im Wert von zwei Millionen Dollar völlig zerstörten. Daraufhin wurde das ›Unternehmen Fledermaus‹ abgeblasen.

Die US-Marine versuchte es anschließend mit einer neuen Methode. Künstlich in Winterschlaf versetzte Fledermäuse wurden wie Eier in Kisten verpackt, nach New Mexico geflogen und dort abgeworfen. Theoretisch sollten sie in einer bestimmten Höhe aus den Kisten fallen und dank der warmen Luft über der Wüste wieder aufwachen. Aber wie ein Bericht nicht ganz richtig meldete: ›Die meisten schliefen weiter‹ – und stürzten zu Tode. Das war im August 1944, und das makabre Projekt wurde daraufhin endgültig aufgegeben« (Seymour M. Hersh, Unternehmen lautloser Tod, in: Der Spiegel Nr. 50, 23. Jg. (1969) S. 154–170, hier: S. 170).

Der Geschichtsschreiber Olaus Magnus ist jedoch nicht der einzige, der eine solche Belagerungstaktik referiert. Im Jahr 1717 finden wir bei Hilarius Salustius folgende Notiz:

Schwalben geben Mordbrenner ab.

Als Hadingus Königs Gram Sohn/ seines Vatters Tod rächen wolte/ liesse er eine grosse Menge Schwalben fangen/ ihnen brinnenden Zundel an die Füß binden/ welche dann in deren Dunenser Häuser geflogen/ und also die gantze Stadt Duna in Brand gesteckt haben.

156.
clvi

Von Helden vnd Rysen

dern hat er einen vberwunden/der Gunhelm geheissen/vnd jhn mit dem Knopff seines Schwerdts zů tode gestossen/den sonst niemands wundt hauwē mocht/aber in dem stach er sich selber in die Hand/vñ ward an allen Fingern lahm. Auff ein zeit belägert er ein Statt in Irlandt/Dufflin genant/da er aber die nicht gewinnen kondt jhrer vesten mauren halb/thet er Hadingen seinen bossen nach/vnd schůff/das man die Haußschwalben auffieng/vnd jnen vnder die flügel angezündten Schwammen bandt/vnd die wider fliegen ließ/als die widerumb in jhre Nester geflogen/giengen die Tächer an/vnd wurden brennend/ Dieweil nun das Volck in der Statt dem Feüwr zůlaufft/vnd mehr sorg tregt auff die Brunst dann auff den Feindt/nam Fridlew in solchem gethümmel die Statt ein. Nach dem ward jm sein Volck in Engellandt geschlagen/vnd da er forcht/er möcht schwärlich widerumb auff das Wasser kommen/ließ er die erschlagnen Krieger widerumb auffrichten/vnd in ein Schlachtordnung stellen/also das der Feindt vermeinet jren weren noch so vil vber die zal des erschlagnen Volcks/wolt er nicht mehr schlagen/vnd gab die flucht. Den list/so er (wie obgemelt) mit den Schwalben gebraucht/hat er von König Hading in Denmarck gelernet/welcher sein jugend wol zůgebracht/sich aller wollüst enthalten/vnd seine gedancken allein zů den Waffen stůnden/mit Mannlichem gemůt betrachtende/wie er die zeit seines lebens in ansehenlichen Kriegen zůbringen möcht. Er griff auff ein zeit mit Krieg an den Hellespontischen König Handuanum/der jhm zů Duna in der vesten Statt widerstand thete/welcher Rinckmauren so hoch waren/das er die mit dem Sturm nicht anlauffen/oder besteigen kondt/derhalben ließ er allerley Vögel auffahen/so in die Statt gewohnt hatten/befalhe vnder jhr gefider angezündte Schwammen zůstecken/welche mit dem Feüwr widerumb in jre Nester geflogen/vnd die Statt allenthalber angezündt/die Bürger lieffen alle das Feüwr zů löschen/vnd liessen vnder den Pforten kein Wacht. Also nam Hading die Statt ein/vnd fieng Handuanum/doch ließ er jhn seinen Leib widerumb mit Gelt lösen/schanckt jm das Leben/welches er jm/als einem Feindt/hett nemen mögen. So offt nachmals die Statt widerumb belägert ward/můßt man auß Königlichem befelch alle heimische Vögel vmbbringen.

Von dem

Eine belagerte Stadt (Dublin) wird durch Schwalben mit brennendem Zunder in Brand gesteckt. (Olaus Magnus 1567)

Noch raffinierter erscheint, was der Exempelschreiber Odilo Schreger 1766 berichtet:

Als die Stadt Coloski in Rußland wieder ihre Lands-Fürstin, Ohla mit Nahmen, rebellirte, die Fürstin aber nicht in Stand wäre, diese rebellische Unterthanen mit Gewalt zu bewzingen, erdachte sie folgenden List. Sie ließe ihnen Fried antragen, jedoch mit dieser Bedingnuß, dass man ihr zuvor aus jedem Haus ein paar Tauben schicken sollte. Als sie diese bekommen, liesse sie einer jeden Tauben einen brinnenden Lunten unter die Flügel binden, und solche also nach Haus fliegen. Da sie nach Haus kommen, haben sie die gantze Stadt angezündet, und verbrennt.

356. Rudolf Kapff, Schwäbische Sagen, Jena 1926, S. 126f. (J. W. Wolf, Deutsche Märchen und Sagen, Leipzig 1845, S. 322; Bayerland 18, S. 184).

357. Grimm 1865, Nr. 582 (Annales Fuldenses ad anno 850; C. Rehdantz und W. Wattenbach (Hrsg.), Die Jahrbücher von Fulda und Xanten, Leipzig 21889, S. 19ff. - HdA IV, 502ff. (Hunger). - Fälle von Anthropophagie, verursacht durch anhaltende Hungersnot, sind auch aus dem Dreißigjährigen Krieg belegt. Ein Aktenstück aus dem Bistum Augsburg vom Februar 1635 enthält den Bericht des Pfarrers Michael Lebhard aus Kutzenhausen, der das Filialdorf Agawang besucht, um dort etliche verhungerte Menschen zu beerdigen. Während vier Gemeindeangehörige die Gräber ausheben, erzählen sie, wie es im Bericht des Pfarrers an seinen Generalvikar heißt, folgendes:

»es seyen nur noch die 4 personen in dem vorbesagten hauß zuer erden zestatten vorhanden, die übrige(n) habe man in einem hauß auf dem khirchberg, darinnen Elß(e) Millerin wittib und Christina Reglerin wohnet verzehrt und geeß (gegessen), über welches Ich ser erschrockhen samt dem schuelmalster, die sach recht zu erkhundigen, dem hauß zugeeilet: - in dem Ich aber zu der Thir hinein will, tragen 2 Weibsbilder ein scheffle (ein Schäffchen) voller Menschen eingeweidt (Eingeweide) gegen mir herauß, ab welchen ich ser erschrocken gefragt? was sie da machen? geben sie zuer (zur) antwordt, eß sey halt ein ellendt, darauf ich gleich gesagt, eß ist ja freylich ein ellendt, über alle ellendt, dass ihr Gottloße Leuth so kheckh und vermessen seyet, und darfft diese todte Cörper, schon so längst verstorben, eßen, sie sagte: ›es hats der große unleidige (unleidliche) hunger gethan‹. Wellen ich aber gesechen, dass sie noch allermaßen hatten wohl gehen, und etwan, wie andere thun, sich mit Heutragen nach der Stadt Lenger erhalten khenden (länger ihren Unterhalt hätten finden können), hab ich sie mit einem Stecken wohl zerklopfet, Ihne(n) auch ernstlich anbefohlen, die 4 noch übrige(n) Leiber (Leichname), sampt den uff das khleinst zerhackhten Menschenbainer (Gebeine), bei anderhalb Metzen in einem seckhle (Säckchen) auff den khirchhoff zue tragen. Nach verrichter sach hab ich sie lassen in des vogtshauß khommen, erforschet wieviel sie menschen verzerht, und ob sie Alles davon geeßen haben? sagten sie einhellig, sie haben zwo Weiber mit namen Barbara Mayrinn und Maria Weldeßhoverin, so vor 14 Tagen gestorben, sampt 2 Mennern, alß Gregori thüronger am 5ten Tag nach seinem tod auffain mal und sitzend verzerth. Item Jacob khreiner, welcher 5 ganzer Wochen in seinem hauß unvergraben gelegen, auf zweimal hingericht (zur Speise hergerichtet). Ich fragt(e) darüber, wie es Ihnen geschmeckht und vorkhommen were (wäre): (sie) antwortten, ›es habe ihnen wohlgeschmeckht, und sey das beste an Ihnen gewesen, dass Hürn (Hirn), Herz und die Nieren‹. gleichwohl sie bitter weinendt die hendt (Hände) aufgehoben, (und) solcheß die Zeit ires Lebens nit mer zue thuen versprochen(!). Zu diesen oberzelten personen haben sich in der Nachbarschaft noch 2 andere Apell(onia) und Anna thüringerin Wittfrauen gesellet und mitgehalten. Quarum una nempe Appolonia Gregorium Thüringer maritum suum devorare non exhorruit. Dieses hab(e) Ich E.H. und G. anzufuegen nit versweigen khönden (können) etc. Actum Kuzenhausen den 3. Febr. 1635. E.H.W.G. underthenigister Gehorsamer Michael Lebhardt Plebanus.« (›Zwei merkwürdige Aktenstücke über die zur Zeit des Schwedenkriegs im Winter des Jahrs 1634/35 zu Agswang geherrschte grässliche Hungersnoth‹, in: Jahresberichte d. histor. Ver. f. Schwaben u. Neuburg, 1939/40; zit. nach: Peter Lahnstein, Das Leben im Barock, Stuttgart 1974, S. 24f.).

Lit.: F. Boehm, Formen und Motive der Anthropophagie, 1932. Chr. Spiel, Menschen essen Menschen, Frankfurt/M 1974; Chr. W. Thomsen, Menschenfresser, Wien 1983.

358. Chronik v. St. Peter zu Erfurt 11001215, übers. v.W. Grandaur, Leipzig 1893, S. 39f. – HdA VI, 1497 (Pest).– LThK VIII (Pest). – Gebhardt Bd. 4, Kap. 33–44 (1, IV). – Ein tendenziöser Bericht, der die Seuche dämonisiert und als Strafe für die Streitigkeiten des Kaisers mit dem Papst deutet.

Lit.: J. Nohl, Der schwarze Tod. Eine Chronik der Pest, Potsdam 1924; Anna Ithen, Erinnerungen aus der Pestzeit im Volksmunde, in: SAV3 (1899) S. 133–137, E. Otto, Friedrich Barbarossa, 1940; K. Jordan, Friedrich Barbarossa, 21967; K. Clement-Strasser, Die Pest im Volksglauben. Diss. (masch.) Graz o.J.; F. Graus, Pest-Geißler-Judenmorde, Göttingen ^{2}1988.

359. Decker-Hauff 1967, S. 199. – HdA VI, 1497 (Pest). – LThK VIII (Pest). – Mda.: schweher = Schwager; sterbender leuf = was das Sterben betrifft; liechtbraten = Mahlzeit am Martinstag, 11. Nov.; victualia = Lebensmittel; geschwer = Geschwür; bresthaftig = krank; betauren = Bedauern. –
Lit.: Anna Ithen, Erinnerungen aus der Pestzeit im Volksmunde, in: SAV3 (1899) S. 133–137.

360. Gugitz 1952, S. 150f.,Nr. 141 (nach: Joh. Konstantin Feigius, Wunderbahrer Adlers = Schwung ..., Wien 1694,I,S. 335f.). – Die Erzählung von dem in die Pestgrube geworfenen Musikanten ist eine Wandersage, die lange vor der Pest in Wien (1679) in Deutschland bekannt war. Erst am Ende des 18. Jhs. wurde die Sage mit dem Tanzlied »Oh Du lieber Augustin, 's Geld ist hin, 's Mensch ist hin. O Du lieber Augustin, alles ist hin« in Verbindung gebracht. Die Erzählung findet sich bereits 1675 bei Abraham a Santa Clara. Die Kontaminierung des Augustinlieds mit der Pestsage geht auf M. Bermann zurück, der beide Elemente zu der heute populären Erzählung verbindet in seinem Buch ›Alt-Wien in Geschichten und Sagen‹, Wien 1868 (Gugitz 215).
Lit.: Leopold Schmidt, Der liebe Augustin. Sein Lied und seine Legende, in: Wiener Geschichtsblätter 2, 62 Jg. (1947) S. 73ff; Gustav Gugitz, Zur Legende vom lieben Augustin, in: Unsere Heimat 18 (Wien 1947) S. 164ff.

361. Theodor Voges, Sagen aus dem Lande Braunschweig, Braunschweig 1895, S. 299, Nr. 268.6. – E: Bahnwärter Möke und Wesche, O: Nauen. – Die Sage bezieht sich auf die Schlacht bei Lutter am Barenberge 1626. Sieg des Feldherrn der Liga Tilly über Christian IV. von Dänemark.

362. G. Meyer von Knonau (Übers.), Ekkeharts IV. Casus Sancti Galli nebst Proben ... Leipzig 1891, S. 79ff. – Gebhardt Bd. 3, Kap. 5 u. 11 (1, III). In Ekkeharts Bericht vermischen sich tatsächliche mit sagenhaften Elementen. Unter Otto I. fielen die Ungarn 926 in St. Gallen ein. Sie wurden von ihm 955 in der Schlacht auf dem Lechfeld besiegt und endgültig zurückgeworfen. Lit.: Johannes Duft, Die Ungarn in St. Gallen, Zürich 1957; B. Eberl, Die Ungarnschlacht auf dem Lechfeld (Gunzenle) im Jahre 955, Augsburg 1955 (Abh. z. Gesch. d. Stadt Augsburg 7); Th. von Bogyay, Lechfeld. Ende und Anfang 1955; Karte: ANÖ ›Feindeinfälle in der Sage‹.

363. Karl Haupt, Sagenbuch der Lausitz, Görlitz 1863, Nr. 18, 19. (Wehrhan 1920, S. 70f., Nr. 76). – Gero Markgraf der Sorbenmark (937–965) unter Otto d. Großen.
Lit.: Gebhardt Bd. 3, Kap. 12 (1, III); A. Brackmann, Die Ostpolitik Ottos d. Gr., in: HZ 134 (1926); Heinemann, Markgraf Gero Braunschweig 1860.

364. Otto von Freising, Chronik oder die Geschichte der zwei Staaten (Chronica sive historia de duabus civitatibus), ed. W. Lammers, übers. v. A. Schmidt, Darmstadt 1961. – Gebhardt Bd. 2, Kap. 24 (1, II). – Erl.: Konrad, fränkischer Graf, Vater des späteren Königs Konrad. Er war nicht der Bruder König Ludwigs. Das Bistum Bamberg besteht seit 1007. – Die Sage spielt vor dem Hintergrund der historischen Auseinandersetzungen zwischen den Babenbergern und Konradinern. Im Verlaufe dieser Rivalitätenkämpfe gelang es den Konradinern, ihre bambergischen Rivalen niederzuwerfen und Adalbert am 9. Juli 906 vor seiner Burg Theres (am Main) hinrichten zu lassen. Nach der Sage ist Adalbert jedoch nicht, wie die geschichtlichen Tatsachen ergeben, freiwillig, sondern durch Verrat in die Hände seiner Gegner gefallen. Welche Rolle Hatto von Mainz spielte, ist, außer dass er zu den politischen Gegnern Adalberts gehörte, nicht nachzuprüfen. Offensichtlich haben diese Vorgänge im Volke ein großes Echo gefunden, denn der Italiener Liutprand hörte schon um die Mitte des 10. Jhs. die von ihm niedergeschriebene Version der Vorgänge, und im 12. Jh. wird erwähnt, dass im Volke von Adalbert und Hatto gesungen und erzählt werde (Wehrhan 189).
Lit.: K. Hammer, Die Babenberger, Diss. Münster 1945; F. Geldner, Zum Babenberger-Problem, in: Histor. Jb. 81 (1962); Julius Heidemann, Hatto I. Erzbischof von Mainz ..., Progr. d. Berliner Gymnasiums zum Grauen Kloster 1865; Siehe auch Katalog: 1000 Jahre Babenberger in Österreich. Ausstellung Stift Lilienfeld 1976.

365. Ludwig Strackerjan, Aberglaube und Sagen aus dem Herzogtum Oldenburg, ed. K. Willoh, Oldenburg 21909, II, S. 378.

366. Gustav Brünnert, Sagenhaftes in der Geschichte, in: Jb. d. Kgl. Akad. gemeinnütziger Wiss. zu Erfurt, NF XIX, Erfurt 1893, S. 225–246, hier: S. 240ff. – Die Erzählung bezieht sich auf die Schlacht bei Mühldorf/Inn 1322, wo Friedrich II., Herzog v. Österreich, von Ludwig dem Bayern geschlagen und gefangengenommen wurde. Die Teilnahme eines Seyfried Schweppermann ist nicht belegt; wohl aber wird ein Siegfried Schweppermann 1313 in einer Urkunde als Teilnehmer der Schlacht bei Gammelsdorf/Oberbayern erwähnt. Nach anderen Quellen war Siegfried Schweppermann (1260–1337) ein oberpfälzischer Edelmann. Er soll sich in der Schlacht von Mühldorf (28.9.1322) durch seine Tapferkeit hervorgetan haben. Als am Abend für die Tafel Kaiser Ludwigs von Bayern ein Korb mit Eiern vorhanden war, soll Ludwig ausgerufen haben: »Jedem ein Ei, dem tapferen Schweppermann zwei!« Die Worte wurden in das Wappen und die Grabschrift Schweppermanns aufgenommen (Kastel i. d Obpf.).

Lit.: Gebhardt Bd. 5, Kap. 37 (1, V); Gustav Brünnert, s.o.; von Geyso, Feldhauptmann Siegfried Schweppermann, Berlin 1894.

367. Onno Klopp, Geschichten, charakteristische Züge und Sagen der deutschen Volksstämme, Osnabrück 1906, III, S. 41 (nach Liutprand von Cremona; vgl. Maßmann, Kaiserchronik, Quedlinburg/Leipzig 1849–54, II, S. 423ff., 1054f.). – Gebhardt Bd. 3, Kap. 1 (1, III). – Arnulf von Kärnten, seit 887 ostfränk. König, 896–899 Kaiser.

368. Meier 1852, S. 341, Nr. 374. – Gebhardt Bd.4, Kap. 29 (1, IV). – AaTh 875 IV. – Die Sage von den Weibern von Weinsberg wird auf das Jahr 1140 datiert, als Konrad III. die schwäbische Burg Weinsberg nahe Heilbronn belagerte und die weifische Besatzung kapitulieren musste. Obwohl es sich um eine Wandersage handelt, die allein in Deutschland von über einem Dutzend verschiedenen Burgen erzählt wird (vgl. die Zusammenstellung bei Fr. Ranke) und ebenso in den Niederlanden, Belgien, Frankreich, Luxemburg, der Schweiz und Tirol verbreitet ist, wird sie von Historikern für »durchaus glaubwürdig« gehalten (Gebhardt Bd. 4, S. 102). Die Erzählung geht auf die zeitgenössischen, leider verlorenen, Paderborner Annalen zurück, gelangt von dort in die Kölner Königschronik 1175, taucht dann aber erst um 1500 bei Trithemius in der Geschichtsliteratur wieder auf. Die Geschichte wird im 16. und 17. Jh. in einer großen Anzahl von Chroniken bekannt, von denen einige die Geschichte schon von anderen Orten erzählen. Bei M. Crusius, ›Annales Suevici‹ (1595) und M. Stettier, ›Annales in Helvetia. (1627) lässt sich direkter literarischer Zusammenhang mit Trithemius nachweisen. Ein weiterer Übergang von den Chronistenerzählungen zur echten Volkssage entzieht sich unserer Beobachtung. Die Erzählung wird als Inbegriff weiblicher List und

Treue durch die Jahrhunderte tradiert. – Justinus Kerner, Sänger der Weibertreu hat im Andenken an das Ereignis folgenden Spruch über den Eingang der Burgruine setzen lassen:

»Getragen hat mein Weib mich nicht, aber ertragen!
Das ist ein schwerers Gewicht als ich mag sagen«

Auch Adelbert von Chamisso widmete dem Andenken der Frauen ein Gedicht ›Die Weiber von Winsperg‹. Vgl. hierzu: L. Petzoldt, Deutsche Sagen. Texte für den Unterricht (RUB), Stuttgart 1977. Auch Michel de Montaigne erwähnt diese Sage in seinen ›Essais‹, im 1. Buch.

In der »Vossischen Zeitung« vom 6. Januar 1768, Nr. 7, findet sich folgende Nachricht:

»Maynstrom, vom 6. Januar. Zu Brüssel in den Oesterreichischen Niederlanden feyern die Frauen in der Nacht vom 18ten zum 19ten dieses den sogenannten Weiberabend, zum Andenken einer Geschichte, welche sich unter Karl dem Fünften zugetragen. Die Brüßler, welche sich an dem Kayser vergangen hatten, sollten dafür ins Elend verschickt werden; man erlaubte aber doch den Frauen, welche sich nebst ihren Männern ausser der Stadt mit ihren Habseligkeiten befanden, um sie wegen des Verlusts ihrer Männer schadlos zu halten, dass jede einen Sack mit ihren Effecten angefüllt, welcher unter den Thoren nicht durchsucht werden sollte, in die Stadt bringen durfte. Die Frauen kamen durch diese Erlaubnis auf den besondern Einfall, und steckten, statt aller andern Waare, ihre lieben Ehemänner in die Säcke, nahmen solche auf ihre Schultern, trugen sie ungehindert zu Hause, und setzten selbige auf das Ehebette nieder. Ehe sie nun die Säcke aufknüpften, musten die Männer ihnen eidlich versichern, dass man ihnen auf der Stelle alles verwilligen wollte, was sie verlangen würden. – Wenn nun in der gemeldeten Nacht die gesetzte Stunde kommt, so tragen die artigen Frauen ihren besten Mann auf das Bette, und verlangen hier von demselben, was sie haben wollen, und was jener thun und geben kan.«

Allein Bert Brecht bietet eine Alternative zu dem Verhalten der Frauen an: »Jedermann kennt aus den Lesebüchern die rührende Geschichte von den getreuen Weibern von Weinsperg, die ihre Ehemänner auf dem Rücken aus der belagerten Stadt trugen. Aber Eulenspiegel war dabei und hat gesehen, wie die Weiber mit ihren Lasten im Bauernlager ankamen. Es ist ganz wahr, dass die Bauern den Weibern erlaubt hatten, von dem, was ihnen am teuersten war, so viel aus der Stadt zu bringen, als sie auf dem Rücken schleppen konnten. Aber als man ihnen in die Säcke schaute, stellte es sich heraus, dass die Klügeren da drin nicht ihren Ehemann, sondern das schwerer zu ersetzende Bettzeug, und nicht den Bischof, sondern die wertvolleren goldenen Messgeräte gerettet hatten. Eulenspiegel stand am Lagertor und verbeugte sich vor jedem Weib, dessen Sack keinen Bürger enthielt.« (Bertolt Brecht, Gesammelte Werke 11, Prosa 1, Frankfurt 1967, edition suhrkamp, S. 368.)

Lit.: Textsammlung. Friedrich Ranke, Volkssagen I, Leipzig o.J. (1934) (Volkskundliche Texte, H. 1); Ernst Bernheim, Die Sage von den treuen Weibern zu Weinsberg und der Zusammenhang sächsischer Annalen, Göttingen 1875; K. Weller, Die neuere Forschung von den treuen Weinsberger Weibern, in: Zs. f. württemb. Landesgeschichte 4 (1940); Werner Hoffmann, Die Sage von der Weinsberger Weibertreue, Diss. Königsberg 1928; R. Holtzmann, Die Weiber von Weinsberg, in: Württ. Vierteljahreshefte f. Landesgeschichte NF 12 (1903) S. 95ff.; Ders., in: Histor. Vierteljahresschrift 18 (1916) S. 1ff.

369. Koelhoffs 'Cronica van der hilliger stat van Coellen' (1499), ed. H. Cardauns, Leipzig 1876 (Chroniken d. dtsch. Städte 13, S. 513f., Chroneken der Sassen, Mainz 1492). – Mda. – Übertragung: Der Kaiser und Bischof Reinold belagerten Melan und wollten die Stadt haben. Sie sagten, die Stadt solle ihnen huldigen, dann würden sie die Stadt verschonen außer dem Bürgermeister, den wollten sie hängen. Die Stadt lehnte ab. Da belagerte er sie so lange, dass sie vor Hunger nicht länger bestehen konnte. An der Mauer lag ein Nonnenkloster ... und in dem Kloster waren die Leichname der hl. drei Könige, die aus Persien und Konstantinopel gekommen waren, und waren in Melan 670 Jahre. In dem Kloster war eine Äbtissin, die war des Bürgermeisters Schwester, den der Kaiser hängen wollte. Die Nonne dachte sich einen klugen Rat aus und lud den Bischof von Köln an die Mauer und sagte ihm, dass die Bürger anderntags dem Kaiser die Stadt übergeben wollten und den Bürgermeister ... Wenn er beim Kaiser Fürbitte einlege, so wie sie ihm sage, dann gäbe sie ihm die heiligen drei Könige. Der Bischof war einverstanden... Am andern Morgen öffneten die von Melan die Stadt und wollten dem Kaiser huldigen. Da bat der Bischof den Kaiser, dass er ihm das geben möchte, was die Nonnen am Halse trügen. Der Kaiser sagte ja. Die Bürger kamen vor die Stadt und fielen vor dem Kaiser auf die Knie, Laien und Priester, da trug die Äbtissin ihren Bruder, den Bürgermeister am Halse. Als der Kaiser das sah, sagte er, das habe er nicht erlaubt. Der Bischof bestand darauf, dass er ihm halte, was er versprochen habe. Der Kaiser war zufrieden ... Also wurde der Bürgermeister frei durch den Schatz der heiligen Kirche und davon wusste der Kaiser nichts. Der Kaiser ließ die Stadt brechen, die Türme und Mauern schleifen und den Besitz wegnehmen.

370. Johannes Bolte (ed.), Martin Montanus, Schwankbücher, Tübingen 1899, S. 341 (M. Montanus, Gartengesellschaft II, cap. 80; um 1560).

371. Müllenhoff 1845, S. 10. E: Pasche, Lehrer, O: Wankendorf.

372. Müllenhoff 1845, Nr. 16. – Gebhardt Bd. 5, Kap. 63 (1, V). – Margarethe, Königin von Norwegen, Dänemark und Schweden (gest. 1412).

373. Ebda. – Erl.: Danewerk = befestigter Grenzwall in Schleswig, um 808 von König Gottfried erbaut, seit dem 14. Jh. verfallen. 1849 von den Preußen gestürmt und wieder verstärkt, 1864 kampflos geräumt und von Preußen geschleift.

374. Tettau u. Temme 1865, Nr. 64 (Wehrhan 1920, S. 119, Nr. 294).

375. Ebda, Nr. 98. – Die Sage ist weitgehend historisch. Nach der verlorenen Schlacht bei Tannenberg 1410 verteidigte der Hochmeister Heinrich von Plauen die Marienburg erfolgreich gegen den polnischen König Jagiel. Eine offenbar gegen den einzigen Pfeiler des Remters gerichtete Kugel wurde später in die Wand des Saales eingemauert (von der Leyen u. Höttges 1933, S. 168).
Lit.: R. Bergau, Das Ordenshaupthaus Marienburg, Berlin 1871, S. 17ff.

376. Pohl 1943, S. 39 (Tettau u. Temme 1865, Nr. 51). – HdA IX N, 181ff. (Schlacht).

377. Ebda, S. 40 (Tettau u. Temme 1865, Nr. 111). – HdA IX N, 181ff. (Schlacht). – Erl.: Notschlange = Geschütz.

378. A. Nodnagel, Hessische Sagen, in: Zs. f. dt. Mythologie u. Sittenkunde I, Göttingen 1853, S. 30–36, hier: S. 33f. – Johann Tserclaes, Freiherr von Tilly (1559–1632), war katholischer Heerführer im Dreißigjährigen Krieg und Anführer der Truppen der Liga, besiegte 1623 Christian IV. von Dänemark in der Schlacht bei Lutter am Barenberge. Führer des kaiserlichen Heeres nach Wallensteins Entlassung 1630.

379. J. H. Schmitz, Sitten und Sagen, Lieder, Sprüchwörter und Rätsel des Eifler Volkes, Trier 1858, II, S. 53 (Bormann, Beitrag zur Geschichte der Ardennen, 2. Tl., S. 131). – Eine Erzählung, die das verbreitete magische Motiv, aus Häcksel Soldaten zu erstellen, ins Schwankhafte wendet.

380. Ebda, S. 52f.

381. Ernst H. Segschneider, Zur mündlichen Überlieferung der Sage in Südoldenburg, in: Fs. Matthias Zender, ed. E. Ennen und G. Wiegelmann, II, Bonn 1972, S. 876f. E: Käthe Piaspohl, 48 Jahre, geb. Scharel/Oldbg., von ihrem Vater, Landwirt, gehört, A: Segschneider, O: Cloppenburg/Oldbg., Juli 1971 – (Strackerjan 1868, 2, S. 364ff.).– {→ DV *539–548*). – Die Sage wurde 1846 erstmals von Strackerjan aufgezeichnet und 1971 von Segschneider wiederum aus der mündlichen Überlieferung aufgenommen, wobei zu beobachten ist, dass die Erzählerin die Sage aktualisiert, indem sie sie bis zur Zeit des Nationalsozialismus weiterspinnt.
Lit.: Segschneider, s.o.

382. Ludwig Schirmeyer, Osnabrücker Sagenbuch, Osnabrück 1967, S. 97. – Bezieht sich auf das Ende des Dreißigjährigen Krieges im Westfälischen Frieden von Münster und Osnabrück 1648. – Seit 1953 veranstaltet die Stadt Osnabrück jeweils am 25. Oktober in Erinnerung an den Abschluss des Westfälischen Friedens und aufgrund der hier angeführten sagenhaften Überlieferung ein ›Steckenpferdreiten‹ für Kinder.

383. ASV, Kommentar II. Teil, 7. Lieferung, Basel 1971, S. 645. Zu ASV Karte 250 (Frage 130): Historische Persönlichkeiten. – Gebhardt Bd. 14, Kap. 8 (3,I). – Alexander Graf v. Suworow. Rimnikskij, russischer Feldherr (1729–1800), Oberbefehlshaber der siegreichen russ.-österr. Truppen im 2. Koalitionskrieg gegen Frankreich. 1799 erhielt Suworow den Befehl, in die Schweiz ein-

zumarschieren und die Franzosen aus dem Land zu treiben. Das Unternehmen im Sept. bis Nov. 1799 scheiterte.
Lit.: H. Hüffer, Der Krieg des Jahres 1799 und die zweite Koalition, 2 Bde, 1900/01; v. Reding-Biberegg, Der Zug Suworows durch die Schweiz, Zürich 1896.

384. Ebda.

385. Paul Zaunert, Westfälische Sagen, Jena 1927, S. 216 (aus: Heimatblätter d. Roten Erde, Zs. d. Westfäl. Heimatbundes, Münster 1920, S. 290).

386. Ebda.

387. Ebda.

388. Ebda.

389. Ludwig Strackerjan, Aberglaube und Sagen aus dem Herzogtum Oldenburg, ed. K. Willoh, Uldenburg 21909, S. 202f., Nr. 172e (Burde-Schneidewind 1969, S. 274, Nr. 330).

390. Ebda.

391. Kühnau 1926, S. 355, Nr. 370. E/A: Emil Hillebrand, O: Peterwitz/Krs. Leobschütz (Gnielczyk, Am Sagenborn der Heimat, Leobschütz 1922, S. 182). – EM I, 395–404 (Alter Fritz). – HdA III, 99ff. (Friedr. d. Gr.). – HdM II, 230–246 (Friedrich d. Gr.).

392. Richard Kühnau, Mittelschlesische Sagen, Breslau 1929, S. 404, Nr. 483 (gekürzt). – Die gleiche Sage bei Kühnau 1926, S. 413f., Nr. 410, mit der Anmerkung: »Zuerst aufgezeichnet in einem Gesuch des Korbmachers Franz Schreier zu Oppeln (1826) an den König«. Wahrscheinlich ist der Vorgang aber nicht historisch.
Lit.: Grünhagen, Aus dem Sagenkreise Friedrichs des Großen, 1864.

393. ASV, Kommentar II. Teil, 7. Lieferung, Basel 1971, S. 643. Zu ASV Karte 250 (Frage 130): Historische Persönlichkeiten. – (K. Gisler, Geschichtliches, Sagen und Legenden aus Uri, Altdorf 1911, S. 43f.). – »Die ... Episode hat keinerlei Beziehung zu Napoleon. Sie gehört vielmehr in den Zusammenhang der Erhebung der

Innerschweizer im Frühjahr 1799, an der sich auch die Urner beteiligten. Dem französischen General Soult gelang es, den Aufstand niederzuschlagen; den Isenthalern gewährte er eine ehrenhafte Kapitulation.« (ASV ebda, S. 643f.)

Lit.: Gebhardt Bd. 14, Kap. 8 (3, I).

394. Pohl 1943, S. 55 (Hs. Sagensammlung d. Instituts f. Heimatforschung d. Universität Königsberg/Pr., Nr. 335).

395. Pohl 1943, S. 56 (nach Karl Plenzat, Sage und Sitte im Deutschherrenlande, Breslau 1926, S. 31f.). – HdA III, 889 (Glücksglas).

396. Ebda, S. 57 (Hs. Sagensammlung d. Instituts f. Heimatforschung d. Universität Königsberg/Pr., Nr. 537). – Mda.: Kaule = Kuhle, Erdloch.

397. J. Waibel u. H. Flamm, Badisches Sagenbuch. Sagen Freiburgs und des Breisgaus, Freiburg 1899, S. 92. – Mdl. – HdAIV, 502ff. (Hunger). – Im Freiburger Adreßkalender von 1865, S. 11ff., wird die damalige Hungersnot beschrieben:

»Das Jahr 1816 war ein Missjahr gewesen, deshalb stellte sich in den durch die vielen Kriegsjahre der Napoleonischen Zeit aller Vorräte entblößten Gebieten bald großer Mangel ein. Zu Ende des Januar 1816 kostete auf den Fruchtmärkten zu Freiburg und Staufen der Sester besserer Weizen 2 fl, geringerer 1 fl 45 kr, Gerste 55 kr und Hafer 36 kr. Am Anfang des nächsten Jahres stellten sich die Preise in Freiburg auf 2 fl 45 kr, in Emmendingen und Staufen auf 8 fl, bei Gerste in Freiburg auf 4 fl 23 kr, in Emmendingen auf 5 fl 30 kr und in Staufen auf 5 fl 18 kr. Der Sester Hafer kostete in Freiburg 2 fl 58 kr, in Emmendingen 2 fl 41 kr. In demselben Verhältnis waren die Preise der übrigen Nahrungsmittel gestiegen. Ähnliche traurige Verhältnisse herrschten in Bayern und Württemberg; Tausende wanderten deshalb aus dem Breisgau nach Amerika; die Zurückbleibenden waren auf kaum genießbare Nahrungsmittel angwiesen. Ein Gemengsei aus Stroh und Heublumen diente vielfach als Brot. Zur Linderung der großen Not eiferten bald alle Stände, ohne Unterschied des kirchlichen Bekenntnisses; voran die Frauen Freiburgs. Gegen Ende des Jahres 1816 wurden die sogen. Rumford'sche Suppe: aus Kartoffeln, Erbsen, Gerste, Brot, Butter, Salz, Pfeffer, Lauch und Zwiebeln oder Sellerie zubereitet, an die ganz Armen unentgeltlich verteilt. In Ebringen fügte der damalige Landphysikus Dr. Riegerdt, der täglich 120 Personen speiste, dieser Suppe noch Knochen-Gallerte hinzu, was bald auch anderwärts angewendet wurde, da man dem allzugroßen Andrang nicht mehr genügen konnte.

Bald musste auch das Sammeln der Knochen polizeilich überwacht werden. Immerhin gelang es, der Not insoweit abzuhelfen, dass wenigstens kein Todesfall infolge der Hungersnot zu verzeichnen war. Mit unermesslichem Jubel wurden im Jahre 1817 die ersten Wagen mit dem reichen Erntesegen begrüßt. Von Geschütz und Glockengeläute angekündigt, von Bäumchen mit Blumenkronen und flatternden Bändern überragt, zur Seite fröhliche Schnitter und Schnitterinnen mit Rechen, Sicheln und ährenbekränzten Hüten, zogen die Wagen in Dorf und Stadt ein, wo sie von den Behörden und den Bürgerkorps mit Musik und der Schuljugend unter dem Gesange ›Herr Gott, Dich loben wir‹ empfangen wurden« (Waibel u.Flamm a.a.O.,S. 92f.).

Erl.: fl = Gulden, in Baden damals ca. 1,70 Mark; ein Gulden hatte 60 Kreuzer (kr); Sester = von lat. sextarius, früheres badisches Maß für sackfähige Produkte, etwa 15 L. bzw. Kg.

398. Pohl 1943, S. 62 (nach Elisabeth Lemke, Volkstümliches in Ostpreußen, III, Allenstein 1899, S. 132, Nr. 116). – Gebhardt Bd. 15, Kap. 15 (3, II). – Es handelt sich um den Krieg 1870/71.

399. Pohl 1943, S. 62 (nach Elisabeth Lemke, Volkstümliches in Ostpreußen III, Allenstein 1899, S. 132, Nr. 115).

400. Ebda (nach Lemke, a.a.O., S. 133, Nr. 117).

401. Ebda, S. 64 (nach Niederdt. Zs. f. Vk VII, S. 183). – HdAV, 565ff. (Krieg); VIII, 1730ff. (Vorzeichen).

Lit.: E.M. Kronfeld, Der Krieg im Aberglauben und Volksglauben, München 1915.

ABKÜRZUNGSVERZEICHNIS

A	= Aufzeichner der Sage, bzw. Sammler (gegebenenfalls mit Datum der Aufzeichnung)
AdW	= Akademie der Wissenschaften
ahd	= althochdeutsch
ANÖ	= Atlas für Niederösterreich, Wien 1955
AOG	= Archiv für österreichische Geschichte, Wien 1848ff.
ARW	= Archiv für Religionswissenschaft, Leipzig 1898ff.
ASV	= Atlas der schweizerischen Volkskunde, Erlenbach - Zürich 1949ff.
AaTh	= Erzähltypus nach: Antti Aarne u. Stith Thompson, The Types of the Folktale (FFC 184), Helsinki 1961
BP	= Johannes Bolte u. Georg Polivka, Anmerkungen zu den Kinder- und Hausmärchen der Brüder Grimm, Leipzig 1913ff.
Diss.	= Dissertation, Doktorarbeit
DS	= Jacob u. Wilhelm Grimm: Deutsche Sagen, Berlin 1816/1818 (zit. mit Nr.: Bd. 1, Nr. 1–363; Bd. II, Nr. 364–585). (Faksimileausgabe: L. Petzoldt, 2 Bde., Hildesheim 2005)
DU	= Der Deutschunterricht, Stuttgart 1948ff.
DVjs	= Deutsche Vierteljahresschrift f. Literaturwissenschaft und Geistesgeschichte
DV	= Leander Petzoldt (Hrsg.): Deutsche Volkssagen. 2. Aufl. München 1978 (zit. mit Nr.). Neuauflage: Hohengehren ^{3}2001, Wiesbaden 2007.
E	= Erzähler, Gewährsmann (gegebenenfalls mit Wohnort, Beruf und Alter)
EB	= Ludwig Erk u. Franz Magnus Böhme, Deutscher Liederhort, 2. A., Leipzig 1893/94 (Neudruck Hildesheim 1963)
ed.	= Herausgeber, herausgegeben
EM	= Enzyklopädie des Märchens, Berlin 1975ff.
Erl.	= Erläuterung(en)

FFC	=	Folklore Fellows Communications (Schriftenreihe der Finnischen Akademie d. Wissenschaften), Helsinki 1910ff.
Fs.	=	Festschrift
GRM	=	Germanisch-Romanische Monatsschrift
GSA	=	vgl. von der Hagen 1850 (Gesamtabenteuer)
HdA	=	Hanns Bächtold-Stäubli (Hrsg.), Handwörterbuch des deutschen Aberglaubens, Berlin, Leipzig 1927ff.
HdM	=	Lutz Mackensen (Hrsg.), Handwörterbuch des deutschen Märchens, Berlin 1930/40 (nur 2 Bde. erschienen)
HdS	=	Will-Erich Peuckert (Hrsg.), Handwörterbuch der Sage, Göttingen 1961/63 (nur drei Lieferungen erschienen)
HZ	=	Historische Zeitschrift, 1859ff.
Jb	=	Jahrbuch
Jh	=	Jahrhundert
KHM	=	Jacob u. Wilhelm Grimm, Kinder- und Hausmärchen, Berlin 1819
lat.	=	lateinisch
LDE	=	Leander Petzoldt, Kleines Lexikon der Dämonen und Elementargeister, München 1990, 2. Aufl. 1995, 3. Aufl. 2003
Lit.	=	weiterführende Literatur
LThK	=	Lexikon für Theologie und Kirche, 2. A., Freiburg 1957/1967
Ma, ma	=	Mittelalter, mittelalterlich
Mda.	=	Mundartlicher Text (Erklärung)
mdl.	=	mündlich; nach mündlicher Erzählung aufgenommener Text
MGH	=	Monumenta Germaniae Historica
mhd	=	mittelhochdeutsch
Ms	=	Manuskript, schriftlich
O	=	Ort, an dem die Sage erzählt wurde
ÖZV	=	Österreichische Zeitschrift für Volkskunde, Neue Serie, Wien 1947 ff.
PBB	=	Beiträge zur Geschichte d. dt. Sprache u. Literatur, begründet v. H. Paul u. W. Braune, 1874ff.
PMLA	=	Publications of the Modern Language Association

RGA	=	Reallexikon der Germanischen Altertumskunde, 2. A. Berlin, New York 1991 ff. (Auch zit. Hoops).
RGG	=	Die Religion in Geschichte u. Gegenwart. Handwörterbuch f. Theologie u. Religionswissenschaft, 3. A., Tübingen 1960ff.
SAV	=	Schweizerisches Archiv für Volkskunde, Zürich 1897ff.
s.v.	=	sub verbo; unter dem entsprechenden Stichwort
Vk	=	Volkskunde
VNB	=	Volkskundeatlas von Nederland en Vlaarns-Belgie, Antwerpen, Amsterdam 1959 ff.
WA	=	Wossidlo-Archiv; Manuskript der Wossidlo-Forschungsstelle, Rostock
ZA	=	Manuskript des Zentralarchivs der deutschen Völkserzählung, Marburg
ZfdA	=	Zeitschrift für deutsches Altertum
ZÖV	=	Zeitschrift für österreichische Volkskunde, Wien 1895 ff. (später ›Wiener Zs. f. Vk‹, dann ÖZV)
Zs.	=	Zeitschrift
Zs.d.Ver.f.Vk	=	Zeitschrift des Vereins für Volkskunde, Berlin 1891/1928
Zs. f. Vk	=	Zeitschrift für Volkskunde, Berlin 1930ff.

BIBLIOGRAFIE

Abel 1939 = Othenio Abel, Vorzeitliche Tierreste im deutschen Mythos, Brauchtum und Volksglauben, Jena

Baader 1851 = Bernhard Baader, Volkssagen aus dem Lande Baden und den angrenzenden Gebieten, Karlsruhe (Neudruck Hildesheim 1973)

Baader 1859 = Bernhard Baader, Neugesammelte Volkssagen aus dem Lande Baden, Karlsruhe (Neudruck Hildesheim 1973)

Barack 1881 = Karl August Barack, Zimmerische Chronik, 4 Bde., 2. A., Tübingen.Vgl.auch Herrmann 1932.

Bäßler 1855/1875 = Ferdinand Bäßler, Sagen aus der Geschichte des deutschen Volkes, Berlin (1. A.1855; 2.A. 1875)

Bechstein 1853 =Ludwig Bechstein, Deutsches Sagenbuch, Leipzig

Biedermann 1973 = Hans Biedermann, Handlexikon der magischen Künste von der Spätantike bis zum 19. Jahrhundert, 2.A., Graz

Birlinger 1861 = Anton Birlinger,Volkstümliches aus Schwaben, 2 Bde., Freiburg 1861/62 (Nachdruck Hildesheim 1974, 2 Bde. In 1 Bd.)

Buchner 1912 = Eberhard Buchner, Das Neueste von Gestern, 4 Bde., München

Buchner 1914 = Eberhard Buchner, Liebe. Kulturhistorisch interessante Dokumente aus alten deutschen Zeitungen, München 1914

Büchli 1966 = Arnold Büchli, Mythologische Landeskunde von Graubünden, 2 Teile, Aarau (hiernach zitiert). Neuausgabe in 4 Bänden, Disentis 1989–92

Büchmann 1972 = Georg Büchmann, Geflügelte Worte, 2. Aufl., Berlin 1972

Burde-Schneidewind 1969 = Gisela Burde-Schneidewind, Historische Volkssagen zwischen Elbe und Niederrhein, Berlin

Colshorn 1854 = Carl u. Theodor Colshorn, Märchen und Sagen, Hannover

Decker-Hauff 1964 = Hansmartin Decker-Hauff (Hrsg.), Die Chronik der Grafen von Zimmern, Bd. I, Darmstadt

Decker-Hauff 1967 = Dass. Bd. II, Darmstadt

Decker-Hauff 1972 = Dass. Bd. III, Darmstadt

Deneke 1961 = Bernward Deneke, »Sage« im 18. Jahrhundert. Zu den ›Unterredungen‹ des v. Graben zum Stein, in: ÖZV 64 (1961) S. 255–266

Depiny 1932 = Adalbert Depiny, Oberöstereichisches Sagenbuch, Linz

Dittmaier 1950 = Heinrich Dittmaier, Sagen, Märchen und Schwänke von der unteren Sieg, Bonn

Dünninger 1964 = Josef Dünninger, Fränkische Sagen vom 15. bis zum Ende des 18. Jahrhunderts, 2.A., Kulmbach

Fourlas 1971 = Athanasius A. Fourlas, Der Ring in der Antike und im Christentum, Münster

Frauenfelder 1933 = Reinhard Frauenfelder, Sagen und Legenden aus dem Kanton Schaffhausen, Schaffhausen

Frenken 1925 = Goswin Frenken, Wunder und Taten der Heiligen, München

Frenzel 1962 = Elisabeth Frenzel, Stoffe der Weltliteratur, Stuttgart (8.A.1992)

Frenzel 1976 = Elisabeth Frenzel, Motive der Weltliteratur, Stuttgart

Froeschle 1973 = Harmut Froeschle, Ludwig Uhland und die Romantik, Köln, Wien

Gebhardt 1973/75 = Bruno Gebhardt u. Herbert Grundmann, Handbuch der deutschen Geschichte, 4 Bde., 9. A., Stuttgart 1970–1973 (zitiert nach der Taschenbuchausgabe in 17 Bänden, München 1973–1975)

Gerhard u. Kleeblatt 1926 = Oswald Gerhard u. Wilhelm Kleeblatt, Düsseldorfer Sagen aus Stadt und Land, Düsseldorf

v.Graben zum Stein 1731/1741 = Otto von Graben zum Stein, Unterredungen von dem Reiche der Geister, Bd. I, 2. A., Leipzig 1731; Bd. II, Leipzig 1731; Bd. III, Berlin 1741

Graber 1941 = Georg Graber, Sagen aus Kärnten, 5. A., Graz

Grässe 1867 = J. G. Th. Grässe, Sagenbuch des Preußischen Staats, Bd. I, Glogau

Grässe 1871 = Dass. Bd. II, Glogau

Grässe 1874 = J. G. Th. Grässe, Der Sagenschatz des Königreichs Sachsen, 2 Bde., 2.A., Dresden

Graus 1969 = Frantisek Graus, Die Herrschersagen des Mittelalters, in: Archiv f. Kulturgeschichte 51 (1969) Köln, Wien

Graus 1975 = Frantisek Graus, Lebendige Vergangenheit. Überlieferung im Mittelalter und in den Vorstellungen vom Mittelalter, Köln, Wien 1975

Gredt 1964 = Nikolaus Gredt, Sagenschatz des Luxemburger Landes, 3. unveränderte A., Bd. I, Esch-Alzette 1964, Bd. II, Esch-Alzette 1967 (Bd. II enthält eine Konordanz der 1. u. 2. Aufl., 1883 und 1963.)

Grimm 1865 = Jacob u. Wilhelm Grimm, Deutsche Sagen, 3. A., Berlin (Neuausgabe von H. Rölleke, Frankfurt 1994)

Gugitz 1952 = Gustav Gugitz, Die Sagen und Legenden der Stadt Wien, Wien

Von der Hagen 1850 = Friedrich von der Hagen, Gesamtabenteuer, 3 Bde. (Neudruck Darmstadt 1961), auch zitiert: GSA

Harmening 1979 = Dieter Harmening, Superstitio. Überlieferungs- u. theoriegeschichtliche Untersuchungen zur kirchlich-theologischen Aberglaubensliteratur des Mittelalters, Berlin.

Heilfurth u. Greverus 1967 = Gerhard Heilfurth u. I. M. Greverus, Bergbau und Bermann in der deutschsprachigen Sagenüberlieferung Mitteleuropas, Bd. I: Quellen, Marburg

Heilmann 1973 = K. E. Heilmann, Kräuterbücher in Bild und Geschichte, 2. A., München

Herrmann 1932 = Paul Herrmann, Zimmerische Chronik, 4 Bde. Meersbrug, Leipzig

Hoops 1968 = Joh. Hoops, Reallexikon der Germanischen Altertumskunde, 2. Aufl. hrsgg. v. H. Beck u.a., Berlin, New York (zit. RGA)

Hübscher 1952 = Arthur Hübscher, Die große Weissagung. Geschichte der Prophezeiungen, München 1952

Isenring 1962 = Johannes Isenring, Der Einfluß des Decameron auf die Spruchgedichte des Hans Sachs, Genf

Kinkel 1876 = Gottfried Kinkel, Mosaik zur Kunstgeschichte, Berlin (darin: V. Sagen aus Kunstwerken enstanden, S. 161–243

Kippenberg o. J. = Anton Kippenberg, Die Sage vom Herzog von Luxemburg und die historische Persönlichkeit ihres Trägers, Leipzig

Knoop 1913 = Otto Knoop, Sagen der Provinz Posen, Berlin-Friedenau

Kronfeld 1915 = E. M.Kronfeld, Der Krieg im Aberglauben und Volksglauben, München

Kuhn 1843/1973 = Adalbert Kuhn, Märkische Sagen und Märchen, Berlin (Neudruck Hildesheim 1973)

Kuhn 1859 = Adalbert Kuhn, Sagen, Gebräuche und Märchen aus Westfalen, 2 Bde., Leipzig

Kuhn u. Schwartz 1848 = Adalbert Kuhn u. Wilhelm Schwartz, Norddeutsche Sagen, Märchen und Gebräuche, Leipzig

Kühnau 1910/1913 = Richard Kühnau, Schlesische Sagen, 3 Bde., Leipzig

Kühnau 1926 = Ricchard Kühnau, Oberschlesische Sagen geschichtlicher Art, Breslau

Lachmann 1972 = Th. Lachmann, Sagen und Bräuche am Überlingersee, neu bearb. v. M. Maier u. K. Sättele, Weißenhorn 1972

v.der Leyen u. Höttges 1933 = Friedrich von der Leyen u. Vaerlie Höttges, Lesebuch der deutschen Volkssage, Berlin

Marzell 1938 = Heinrich Marzell, Geschichte und Volkskunde der dt. Heilpflanzen, Stuttgart (Neudruck Darmstadt 1967)

Meiche 1903 = Alfred Meiche, Sagenbuch des Königreichs Sachsen, Leipzig

Meier 1852 = Ernst Meier, Deutsche Sagen, Sitten und Gebräuche aus Schwaben, Bd. I u. II, Stuttgart

Meyer 1929 = Gustav Fr.Meyer, Schleswig-Holsteiner Sagen, Jena (Unveränderte Neuausgabe 1968)

Moser 1950 = Hugo Moser, Uhlands Schwäbische Sagenkunde, Tübingen

Moser 1974 = Fanny Moser, Okkultismus. Täuschungen und Tatsachen, 2 Bde., München 1935 (Faksimile-Nachdruck in 1 Bd. U. d. Titel: Das große Buch des Okkultismus, Olten u. Freiburg)

Moser-Rath 1964 = Elfriede Moser-Rath, Predigtmärlein der Barockzeit, Berlin

Moser-Rath 1973 = Elfriede Moser-Rath, Gedanken zur historischen Erzählforschung, in: Zs. f. Vk 69 (1973) 61–81.

Müllenhoff 1845 = Karl Müllenhoff, Sagen, Märchen und Lieder der Herzogtümer Schleswig, Holstein und Lauenburg, 4. A., Kiel 1845

Müller 1926/1945 = Josef Müller, Sagen aus Uri, 3 Bde., Basel; Bd. I 1926; Bd. II 1929; Bd. III 1945 (Neudruck Basel 1969)

Müller-Orend 1972 = Friedrich Müller, Siebenbürgische Sagen. Neue erweit.Ausgabe v. Misch Orend, Göttingen

Panzer 1848/1954 = Friedrich Panzer, Bayerische Sagen und Bräuche, Beiträge zur deutschen Mythologie, 2 Bde., München (Neuauflage ed.W.-E. Peuckert, Göttingen 1954)

Pauly o.J. = Michael Pauly, Der Sagenschatz des Rheinlandes, Köln

Pauly-Wissowa 1893 = Pauly-Wissowa-Kroll, Realencyklopädie der classischen Altertumswissenschaft, Stuttgart

Petzoldt 1969 = Leander Petzoldt, Vergleichende Sagenforschung (Wege der Forschung CLII), Darmstadt

Petzoldt 1975 = Leander Petzoldt, Schwäbische Sagen, Köln

Petzoldt 1978 = Leander Petzoldt, Magie und Religion. Beiträge zu einer Theorie des Magie (Wege der Forschung Bd. 337). Darmstadt

Petzoldt 1979 = Leander Petzoldt, Deutsche Schwänke, Stuttgart (2. Aufl.Baltmannsweiler 2001)

Petzoldt 1982 = Leander Petzoldt, Zur Interdependenz von Literatur und Volksdichtung, in: Österr. Zs. f. Vk NF36 (1982), 266–276

Petzoldt 1984 = Leander Petzoldt, Die Geburt des Mythos aus dem Geist des Irrationalismus, in: W.Siegmund (Hrsg.), Antiker Mythos in unseren Märchen, Kassel

Petzoldt 1986 = Leander Petzoldt, The Eternal Loser:The Jew as Depicted in German Folk Literature, in : International Folklore Review 4, London (1986), 28–48

Petzoldt 1987 = Leander Petzoldt, Tendenzen und Perspektiven der Volksprosaforschung. Die Sagenforschung nach 1945, in: Rh. Jb. f. Vk 26 (1985/86), 69–91. Bonn

Petzoldt 1988 = Leander Petzoldt, Probleme und Dimensionen des Erzählerischen in der Literatur und Volksdichtung, in: Lutz Röhrich und Erika Lindig (Hrsg.), Volksdichtung zwischen Mündlichkeit und Schriftlichkeit. Tübingen 1988 (Scriptoralia Bd.9), 67–81

Petzoldt 1989 = Leander Petzoldt, Die Haare der Saligen. Wanderungen und Wandlungen eines dämonologischen Motivs in Literatur und Volksdichtung, in: Petzoldt, Leander u. Siegfried de Rachewiltz (Hrsg.), Der Dämon und sein Bild, Frankfurt/M. 1989, 85–102

Petzoldt 1989 = Leander Petzoldt, Märchen-Mythos-Sage. Beiträge zur Literatur und Volksdichtung. Marburg

Petzoldt 1990/95 = Leander Petzoldt, Kleines Lexikon der Dämonen und Elemtargeister, München 1990, 2. Aufl. 1995 (zitiert: LDE) 3. Aufl. 2003 Italienisch: Piccolo Dizionario di Demoni e Spiriti

Elementari. Napoli 1995. Estnisch: Väike Deemonite Ja Vaimolendite Leksikon, Tartu 2003
Petzoldt 1991 = Leander Petzoldt, Tod und Jenseits in Märchen und Sagen, in : Tod und Wandel im Märchen (ed. U. Heindrichs u. a.). Regensburg 1991, S. 34–56
Petzoldt 2000/2001 = Leander Petzoldt, Sagen, Märchen und Schwänke aus Südtirol, Bd. I, II, Innsbruck
Petzoldt 2002a = Leander Petzoldt, Tradition im Wandel. Studien zur Volkskultur und Volksdichtung. Frankfurt M.Berlin. NY.
Petzoldt 2002 = Leander Petzoldt, Einführung in die Sagenforschung, 3. Aufl. Konstanz
Petzoldt 2007 = Leander Petzoldt, Deutsche Volkssagen, 2. Aufl. 1978, 3. Aufl., Wiesbaden (zitiert: DV)
Petzoldt 2008 = Leander Petzoldt, Melusinen in der populären Tradition, in: Mühltaler u. Schnyder (ed.): 550 Jahre deutsche Melusine, Bern 2008, S. 203–215
Petzoldt 2008 = Leander Petzoldt, Venusberg, in: Mittelter – Mythen, Bd. 5, u. Müller u. W. Wunderlich (ed.), Konstanz 2008, S. 917–926
Peuckert 1961 = Will-Erich Peuckert, Die Sagen der Monathlischen Unterredungen Otto von Grabens zum Stein, Berlin
Pfeifer 1989 = Wolfgang Pfeifer u.a., Etymologisches Wörterbuch des Deutschen, 3 Bde. Berlin
Pohl 1943 = Erich Pohl, Die Volkssagen Ostpreußens, Königsberg
Pramberger Ms = Romuald Pramberger, Volkskunde der Steiermark, Ms. Im Steirischen Volkskundemuseum, Graz
Quensel 1926/1974 = Paul Quensel, Thüringer Sagen, Jena (2. A., Köln 1974)
Rank 1926/1974 = Otto Rank, Das Inzestmotiv in Dichtung und Sage, Leipzig u. Wien 1926 (Neudruck Darmstadt 1974)
Röhrich 1962/196 = Lutz Röhrich, Erzählungen des späten Mittelalters und ihr Weiterleben in Literatur und Volksdichtung bis zur Gegenwart, 2 Bde., Bern, München
Rostock 1925 = Fritz Rostock, Mittelhochdeutsche Dichterheldensage, Halle
Scheiber 1985 = Alexander Scheiber, Essays on Jewish Folklore and Comparative Literature, Budapest
Schell 1897 = Otto Schell, Bergische Sagen, Elberfeld
Schmidt 1963 = Leopold Schmidt, Die Volkserzählung, Berlin
Schmidt 1974 = Leopold Schmidt (Hrsg.), Wunder über Wunder. Gesammelte Studien zur Volkserzählung, Wien
Schneidewind 1969 = Gisela Burde-Schneidewind, Historische Volkssagen zwischen Elbe und Niederrhein, Berlin
Schöppner 1852/1874 = Alexander Schöppner, Sagenbuch der Bayerischen Lande, Bd. I–III, München
Schwartz 1921 = Wilhelm Schwartz, Sagen und alte Geschichten der Mark Brandenburg, 10. A., Berlin o. J. (7. A. 1921)

Stöber 1892 = August Stöber, Die Sagen des Elsasses, Straßburg (Neue Ausgabe v. C. Mündel, 2 Bde., Straßburg)

Stöber 1896 = Dass. Bd. II, Straßburg

Strackerjan 1868 = Ludwig Strackerjan, Aberglaube und Sagen aus dem Herzogtum Oldenburg, 2 Bde., Oldenburg

Teske 1943 = Hans Teske, Die abendländischen Sagenkreise in der deutschen Dichtung des Mittelalters, Brüssel

Tettau u. Temme 1865 = W. I. A. v. Tettau u. J. D. H. Temme, Die Volkssagen Ostpreußens, Litthauens und Westpreußens, Berlin

Tscheinen u. Ruppen 1871 = M. Tscheinen u. P. J. Ruppen, Walliser Sagen. (Neudruck Zürich 1979)

Uhland 1865/1873 = Ludiwg Uhland, Schriften zur Geschichte der Dichtung und Sage, 8 Bde., Stuttgart

Warburg 1920 = Aby Warburg, Heidnisch-antike Weissagung in Wort und Bild zu Luthers Zeiten.

Wehrhan 1920 = Karl Wehrhan, Die deutschen Sagen des Mittelalters, 2 Bde., München

Witzschel 1866/1878 = August Witzschel, Kleine Beiträge zur deutschen Mythologie, Sitten und Heimatskunde in Sagen und Gebräuchen aus Thüringen, 2 Teile. Wien

Wolf 1843 = Johann Wilhelm Wolf, Niederländische Sagen, Leipzig

Wolf 1845 = Johann Wilhelm Wolf, Deutsche Märchen und Sagen, Leipig

Wossidlo 1939 = Richard Wossidlo, Mecklenburgische Sagen, 2 Bde., Rostock

Zender 1966 = Matthias Zender, Sagen und Geschichten aus der Westeifel, Bonn (mit Konlordanz der Auflage 1935 ›Volkssagen der Westeifel‹)

NAMENREGISTER

Die angegebenen Ziffern beziehen sich auf die Nummern der Sagen.
Das Namenregister enthält, der Eigenart historischer Sagen entsprechend, außer den Namen historisch nachweisbarer auch die historisch nicht fixierbarer Persönlichkeiten. Es wurde jeweils von der in den Texten genannten Namensform ausgegangen, auch wenn sie dem tatsächlichen Namen nicht entspricht oder durch fehlende Angaben bzw. Beinamen nicht näher bestimmt werden konnte. Daher sind Mehrfachnennungen der gleichen Persönlichkeit unter verschiedenen Bezeichnungen möglich; dasselbe gilt für die Ortsnamen.